社会根理论

知识行动论研究

第一卷 社会根论

郭强 著

广西师范大学出版社
·桂林·

图书在版编目(CIP)数据

社会根理论：知识行动论研究. 第一卷 / 郭强 著. —桂林：广西师范大学出版社，2013.4
ISBN 978-7-5495-2619-2

Ⅰ. ①社… Ⅱ. ①郭… Ⅲ. ①社会学-研究 Ⅳ. ①C91

中国版本图书馆 CIP 数据核字(2012)第 225419 号

出 品 人：刘广汉
策划编辑：杨志友
责任编辑：刘冬雪
装帧设计：蓝 鸢

广西师范大学出版社出版发行
(广西桂林市中华路22号　　邮政编码：541001
网址：http://www.bbtpress.com)
出版人：何林夏
全国新华书店经销
销售热线：021-31260822-882/883
北京外文印务有限公司印刷
(北京市通州区马驹桥镇景盛南四街15号　邮政编码：101102)
开本：690mm×960mm　1/16
印张：36.25　　字数：540 千字
2013 年 4 月第 1 版　　2013 年 4 月第 1 次印刷
定价：98.00 元

目　录

前言：我的不完全交代 …… 1
引论：根性、根感和根思的三通论 …… 1

第一篇　社会根性域境：我们遭遇鬼打墙

第一章　社会何在：我们遭遇鬼打墙 …… 169
　第一节　生活在笼子中：鲍曼式的生存 …… 170
　　一、生活在笼子里 …… 170
　　二、扎根性寻路 …… 171
　　三、共同体：梦幻世界 …… 173
　　四、之间：无家与无根 …… 175
　　五、走出笼子的策略 …… 178
　第二节　眼下如何办：灯下黑现象 …… 181
　　一、世界公民社会提出的背景 …… 182
　　二、世界公民社会的构筑 …… 184
　　三、井水犯了河水：社会学边界的拓展 …… 189
　第三节　想象在体系里：有托邦的梦呓 …… 195
　　一、我们所在：混乱时世 …… 195

二、现代性：欺世之作…… 201
三、出路：建立有托邦…… 209
四、终结的归结 …… 215
第二章 保卫社会还是守护个人：社会根性探寻 …… 223
第一节 知识与风险 …… 223
一、个人与社会的风险机制 …… 224
二、知识缺失与风险叠加 …… 232
三、风险与知识性信任 …… 242
四、社会无根化风险原理 …… 247
第二节 双重抛弃：社会与社会学的张力 …… 249
一、回归社会 …… 250
二、被社会抛弃的社会学 …… 258
三、布迪厄为何放弃社会 …… 261
四、社会性的终结 …… 265
第三节 保卫社会的公共社会学：解决社会与社会学分裂的一剂药方 …… 269
一、社会学的类型学 …… 270
二、社会学的知识论 …… 272
三、市场化浪潮与社会学的卷入 …… 276
四、为了保卫社会的公共社会学 …… 279
五、布洛维保卫谁的社会 …… 285
第三章 新社会原理：社会的知识样子…… 294
第一节 现代社会的知识原理 …… 294
一、知识中轴原理 …… 294
二、"知识/权力"：知识到底是谁的力量 …… 310
第二节 资本的奴婢：知识的现代性命运 …… 334
一、知识与劳动的异化关系 …… 334
二、知识嵌入社会的反思 …… 340
第三节 知识社会是新社会吗 …… 348
一、知识价值观的时代演进 …… 348

二、知识人的边缘性和集团化 …… 355
三、知识社会的基本特征 …… 366

第二篇　系铃与解铃：根系社会行动者

第四章　行动者环 …… 387
第一节　社会行动者命题 …… 387
一、行动者环命题 …… 388
二、“人死了，行动者还活着”命题 …… 392
三、“社会扎根者：行动者”命题 …… 396
第二节　上帝并非真死 …… 398
一、黑格尔对上帝的拯救 …… 399
二、上帝死了：尼采的宣称 …… 400
第三节　人死了吗：基于知识的分析 …… 405
一、人的出现 …… 406
二、人的追问 …… 409
三、人之死 …… 413
第四节　无所不在和出处难寻的涂尔干 …… 420
一、问题的由来：对涂尔干的误解 …… 420
二、现代社会的可能：涂尔干关键词 …… 422
三、涂尔干想干什么 …… 426
第五章　ASD 框架中的行动者 …… 433
第一节　行动者出场的路径：重建抑或颠覆 …… 433
一、知识有限性 …… 434
二、知识破碎性：能力有限性 …… 434
三、知识代沟 …… 435
四、整合知识：寻找知识碎片化的黏合剂和知识性代沟填充剂 …… 436
第二节　ASD 框架与行动者 …… 437

一、行动者：ASD 框架的构成者 …… 438
二、行动者的能动特征 …… 442
第三节 行动者与行动规则 …… 444
一、人类历史的深层结构 …… 445
二、行动者：知识性规则 …… 449
三、进化：规则、知识还是行动（行动者承担） …… 453
第四节 ASD 能做什么：对其检视 …… 458
一、总体性评价 …… 459
二、从嵌入到 ASD …… 459
三、检视与追问 …… 460
第六章 行动者：组织社会学视野 …… 462
第一节 行动者知识论 …… 462
一、行动者理论与组织分析方法 …… 462
二、行动者：知识与行动的共生模式 …… 468
第二节 行动者与行动 …… 480
一、行动者 …… 480
二、行动者行动 …… 487
第三节 行动者系统 …… 510
一、行动者存在 …… 510
二、行动者系统 …… 513
三、行动者行动系统 …… 516
参考文献 …… 524
全三卷简目 …… 547

前言：我的不完全交代

如果说，社会根理论或者知识行动论成立的话，那么这还是刚刚起步的事情。就这部《社会根理论：知识行动论研究》来说还没有完成，即便是所给出的这三卷也还没有写完。知识行动论在路上。

从我的角度讲，这部著作包括的内容应是很广泛的。一是，马克思主义关于社会根的思想或者知识行动论思想还需要更多的挖掘和整理。我是个坚定的马克思主义者。马克思思想深深影响着我，对无根的现代人来说，不说找到能够依据现实写出几十卷著作的人，就是找到能够认真读完《马克思恩格斯全集》的人，也很是困难。这不仅印证了社会无根的说法，同时也越发表明马克思、恩格斯的伟大。尽管这三卷著作中涉及马克思主义的思想与观点并不是太多，但是我把这种敬仰当作写作的指导思想留在了写作和思考的背景之中了。很显然，在以后的写作中，马克思出现的次数将更多。二是，中国思想，特别是中国优秀传统文化，是社会根理论的思想基础，这个思想基础的缺失将使这种知识变得轻飘，甚至转变为无根化。这部著作还没有来得及把根扎向这块沃土。我深信，只有在更广阔的根域中一个社会或者一种知识才能更好地生长。接续传统是社会根理论的基本宣称，去传统是断根的表现，任何忽视或者丢弃传统的知识，都无法绵延自己的生存。作为生存的知识、作为存在的知识、作为行动的知识在中国早期思想的沃土中都已经生根成长。在以后的写作中这部分内容不仅有专门的吸收式讨论，而且会转化为一种原则性的思想在整个写作中被坚持下来。三是，帕森斯、哈贝马斯、布迪厄、鲁曼以及后现代主义思想家关于社会的理论将在以后的写作中专门出场，因为这对我们判定社会的无根特性和社会扎根的知识行动都提供了更加广泛的根域。所以，在以后的写作中似乎出场的人物都能够在社会根域的土台上演绎出更为精彩的景致，因此可能还是值得期待的。

还需要说明的是，不仅历史深度的泛起性昭示没有出场，即便全三卷内容也留下了许多需要讨论的重大问题或者需要扩充的重要内容。这里呈现的仅仅是一种用读书笔记填充的思想框架，更多的则留给了读者和我们共在的这个时代。让我们用深沉而又愉悦的思考，让我们用有力而又轻盈的行动来为我们共在的这个社会植根吧！

一、我们都在社会实验室中观察：庆幸我们所在的时代

我们处在大时代，这个时代是大变革时代、大转型时代，也可能是大分裂时代。第一，我们处在一个大时代，应该庆幸我们所处的时代。尽管在书中介绍和讨论了对我们所经历时代的不同说法，但是有一点是肯定的，那就是：我们处在社会的实验室之中。我们经历和感受着这个时代所发生的一切。时代给了我们这样的机会，饱览春色无边，历经世事剧变的阵痛，目睹英雄与枭雄的挣扎；感受风起云涌的变幻，体验激越而丰富的生活；膨胀着理想的豪情，奋战在激流险滩的漩涡。在这些细节的背后是大时代的大转型，从传统到现代的现代性迈进，从现代（工业时代）到后现代（后工业时代）的转变等。非常感激这个大转型的大时代，让我们遭遇了数千年未遇之变局，提供了取之不尽用之不竭的体验元素。这样丰富的经历是祖先们从来没有过的。前人几辈子都没有今人一辈子经历的东西多，这是时代给我们的馈赠。这个年代需要能贯穿古今、打通学理与事理的人来问诊和把脉，需要历经变革的人对变革记录、思考与粗加工，为后世留存史料。无论是否成为大师或者不成为什么，无论会遭遇到何种挑战，我都试图对我们所处时代进行思考，尽管依然还是行色匆匆、囫囵吞枣，难以推敲和咀嚼。伴随着这个社会的转型而产生的大时代，在社会根的冥想中记载了被激情燃烧的岁月和过渡者的涉水心绪。“人类始终只提出自己能够解决的任务，因为只要仔细考察就可以发现，任务本身，只有在解决它的物质

条件已经存在或者至少是在生成过程中的时候，才会产生。”（马克思、恩格斯，1995c：33）因为现实的要求和矛盾最强烈地表现在人类面对的问题之中。马克思曾经说过：“一个时代的迫切问题，有着和任何在内容上有根据的因而也是合理的问题共同的命运：主要的困难不是答案，而是问题。因此，真正的批判要分析的不是答案，而是问题。”（马克思、恩格斯，1995a：203）马克思在这里强调的正是问题之于时代的重要意义。第二，大时代一定需要大叙事吗？这是由大时代所牵出的联想。先说叙事的大小。我深信，社会根理论不属于大叙事范畴，但是同样也是不属于小叙事范围的，甚至不是后现代主义思想下的那种叙事。我的观点是：我们生活的当下社会是大小通吃的，有大叙事也有小叙事。但是我更倾向于小叙事，中国有句古话叫“以小见大”，我想从最小的地方开始，从最底边的地方开始，所以把日常生活世界的普通行动者视为社会根理论的原始起点。问题是所涉及的主题无法在小的圈子里游荡，只能是大时代大转型的大主题。“如果社会学还不关注它的大问题，那么，社会学的确会变得越来越沉闷，而且很可能瓦解。”（吉登斯，2003：7）吉登斯的这句话给我们很多的警醒。所以有大叙事的嫌疑，甚至看不到小叙事的影子。或许，通过远离现实的方式接近现实，在无人的地方呈现人的存在也是一种方式。因此，某种意义上这是同大叙事没有多大关系的一种知识追求。大时代的小人物、大转型的小变化更是社会青睐的话题，但是只是作为影子在这种知识领域中晃荡，真正的出场将在下一幕。所以作为元理论的论述，这三卷内容只是吊胃口之作。再说帕森斯。社会根理论的设想，使我常常想起帕森斯。帕森斯时代的变迁在美国只是单线型的，后工业社会的来临敲响了新时代的钟声。而我们所处的时代不是单线型的大转型，而是复合化的大转型，特别在中国表现得更为明显。我们既具有传统社会转型的全部特征，也有发达国家转型的所有特征；我们既有本国特色的转型，也有新世界体系到来的全球转型。这一切都叠加在中国社会发展的变迁过程中。帕森斯时代需要大理论，我们现在所处的即大时代大转型同样更加需要大理论。很不幸，帕森斯成为靶子。两次世界大战是欧洲文明的一个危机时期，社会失序，人心动荡，欧洲各国的学术大都处在风雨飘摇之中，社会也没有形成适合人文社会科学学者发展的良好制度和光明前景，学术重心逐渐转移到了相对孤立而安详的美国本土。社会学研究作为一门新兴的知识体系，更是在美国安定的社会环境中找到了肥沃的土壤。知识的大转折是同社会的大转折密切关联的，帕森斯宏大理论出现之时就是后工业社会来临的黎明时刻。这时候，青年帕森斯雄心勃勃，试图通过发展普适的宏大图式，综合并改进欧洲的经典社会学唯意志论与纯强制论分离的传统，建立"后经典"社会学。1937年，他发表了第一部力作《社会行动的结构》，创建了作为结构功能体系的社会"模型"；1951年又出版了两部理论巨著《价值、动机和行动系统》、《社会系统》，完善了其"宏大叙事"的结构功能主义理论体系。此后，在战后西方社会政治稳定、自由民主意识形态高度繁荣的时期，信心膨胀的美国理论家们共同描绘了帕森斯的学术神话。但是几乎一致认为：帕森斯宏大理论本身隐藏着深刻的结构性弊端。他是想在理论中整合唯物论与唯心论、理性观与非理性观，主张社会行动的多维结构因素，但在实际论述中往往又片面注重主观的规范因素；他想整合社会秩序的个体论与集体论、个人自由与社会控制，后期又片面强调个人唯意志因素。此外，他的理论过于宏观与抽象，远离了微观层面和经验视野，对不少暗自反思的学者来说，其实是一门"屠龙术"——大而无用。结构功能主义的"宏大屋宇"一间间坍塌，"后帕森斯"或"反帕森斯"的理论家们一个个崛起。在20世纪60—80年代的"后帕森斯"理论发展时期，我们经常看到随着一个又一个新理论家的崛起，一个又一个的帕森斯，成为各种社会学论著开篇中理论回顾的标准靶子——以供批判。为什么理论大师一晃就沦为学术靶子了？我的最基本看法是：这在于帕森斯的理论本身，但是又不全在此，而是在于时代的变化。也就是说时代注定了帕森斯被否定，或者说不是后来的理论家否定了帕森斯，而是时代否定了帕森斯，同时这种否定仅仅是除去非时代化的内容，而实质性的知识内涵依然具有学术史之外的启发意义。我随后将加以说明。说时代否定了帕森斯的某些观点，在于帕森斯的理论产生于新时代的前夜，而非在新时代大转折的过程中或者转折后。当时美国的情景一边是扎根性表现，而另一边则兴起了拔根性行动。20世纪60年代以后，社会环境又发生了变化，南北矛盾、种族冲突、民权运动、左翼思想等此起彼伏，这些都成为新时代的动力，同潜伏在工业社会中后工业社会的新的行动体系共同营造了一个新时代的背景。帕森斯以美国为"样板"的"良性"社会模型变成明日黄花，他的理论中的各种弊端被学术思想的革新激荡潮流冲刷了出来。顺便提出一个问题加以思索：那些诠释现代和谐思想的所谓理论家们难道不需要，难道不能从帕森斯的和谐体系中获得启发吗？这是一个不需要回答的问题。提出帕森斯理论宏大而抽象进而否定这种理论则正好证实了这个理论而非否定。太宏大和太抽象的说法恰好说明帕森斯的理论成就太大了，就像一座大山，实在无法绕道而过，只能从中找准薄弱点开道前进，偏偏帕森斯理论中的薄弱点甚至自相矛盾之处又确实不少——这几乎是所有理论的特点。不过，这些开出狭隘山道的反帕森斯理论家，往往也难以避免帕森斯理论中先天隐藏着的“理论困境”，在解释好一端的同时，为了避开另一端的混淆，只好在自家的理论中添加“剩余范畴”缝缝补补，聊以进行表面上的自圆其说。[①] 随之而来的问题是：赞美帕森斯是否肯定自己呢？用社会根的观点，我的解释是：其一，帕森斯是护根之作；其二，社会根理论不仅要护根，而且还要拔根与扎根，包括寻根。维护帕森斯也是维护社会的知识之根，文化的绵延就是知识之根和社会之根的表现，我们如果连根都拔了，何来社会理论的发展？关于护根之思，我要说，大转型造就大时代，大时代需要大理论。但是仍有两个问题需要回答。第一个问题是，社会根理论——知识行动论是否是大理论？中国18世纪的思想大师袁枚曾经说过：“学问之道，当识其大者。”所谓“大者”，并非单指现代性视域中的那种宏大叙事之“大学”，尽管这种“大学”探索社会变迁和社会转折的规律与历程，但是现实的学问途径要求我们既要从细纹观察或者从细微着手深入思考和研究社会生活中重大的理论和现实问题，也要求我们直面社会的宏大问题与宏大叙事，这时大学皆为“大者”。从研究的对象上和研究的学科性质上以及要回答的问题上应该把这个理论归结为大理论。把社会的特性或者社会的本质属性作为研究对象，就社会根理论的学科属性来说既不属于哲学的研究（甚至不包括社会哲学），也不单纯是社会学的研究，应该看作处在哲学和社会学之间的一种知识形态。如果说社会根理论是个大理论的话，那么这个大理论可能有两个前景。第一个前景带来的问题是：是否早了？照我看来，帕森斯的理论是大时代所需要的，但是在大时代到来之前这个理论就出现了。所以作为早产儿，它尽管没有夭折，但是最终也没有长寿。那么，应该可以肯定，社会根理论作为大理论的一种不是早产儿，但也不是顺产儿。说不是早产儿就在于，我们正好生活在这个大转折时期，我们正在经历这个大转折，或者说我们正好生存在大时代到来之时，我们用身体体验这个过程，我们用心灵感受这个转折，我们用身心记录这些变化。如果等到大转折完成，大时代定型，回应这个转折和定型的理论可能更客观一些，更理性一些。但是那种实时性就逝去了。说是难产

① 这是网友Chinabard在2004年7月15日在《从理论大师到学术靶子——帕森斯传奇》网文中提出的说法。参见 http://blog. tianya. cn/blogger/view-blog. asp? Blog Name-Chinabard & categorg ID.

儿,原因在于:就大转折过程中某个问题的具象分析好像具有生动性,但是抽象性或者持久的解释力受到影响,而就宏大问题加以说明即对整个社会的大转折和大时代来临作出整体上的回应就凸显抽象性而降低了生动性和纪实性,所以比较难产。现在似乎露出了头,让我们期待吧!第二个前景带来的问题是:同帕森斯有点相似吗?作者没有期望于此,因为帕森斯理论不管怎样被时代否定,但是这个理论还是体现现代性特征的书写,是被众多的读者阅读的。而社会根理论的期待最多体现后现代主义的路数:只要生存了,哪怕昙花一现,哪怕众人皆唾,理想还是真实的,知识上的一种风格、一种气派、一种特色都浸入到中国大转型(折)的宏大行动过程中了。伟大的行动实践需要宏大的知识回应,这种大国气派、风格与特色滋生了无畏的胆量和想象的无限时空。我相信,帕森斯的截断众流的综合气势同美国当时的情形有着鲜明的一致性。即便是帕森斯理论的衰落也同样精彩,兴也何其盛,衰也何其忽!在社会根理论身上体现的这种理想也是显在的,当然遭受的批判也可能很猛烈。好在我早就做好了准备。第二个问题是:大理论作为社会理论,是谁的理论?这个问题是必须加以厘清的,无论在正文中是否获得了更加明晰的说明。当帕森斯的大理论直接是为资产者的时候,也就注定了或者内含了衰败的结局。我清楚地知道:社会底层是社会扎根的地方。无论什么时候,常人甚至穷人都承担了社会扎根的最为基础的劳作。社会根理论是日常生活领域中最为普通的行动者的理论,因为这是这个知识的表现形式和这个知识的一个起点。从普通人(日常生活世界的普通行动者)出发回到普通人(甚至是穷人)是社会根的逻辑。不反对精英但更关注常人,是社会根理论的基本党性,也是长存之基。这种理论的党性,社会大转型时期似乎也必须坚守。常人逻辑是社会逻辑,也是社会根逻辑。我认为,这才是大时代的要求和大转型的内涵。所以这个声称也就底气十足。

二、社会根理论的设想与提出是胆大妄为吗

大转型的大时代的知识回应是知识人都明白的社会诉求。可以肯定地说,当下的许多知识人都在以各种形式对大转型大时代做出理论回应。但是大理论的大回应则需要气派。问题是这个底气来自何处呢?学识、敏感和想象力都

是需要的，但更重要的还是这个社会的大变革大转型所蕴含的那种气派、那种胜景、那种美妙。我崇尚"中国化"概念和这个概念背后的理念。"中国化"也是世界化，这种说辞不是抽象的话语，也不是象征性的叫嚣，还不是学术史意义上的脉络梳理，更不是新民族主义的虚妄，而是在世界转折的背景下理论与实践的现实途径和实现方式与知识表达。这不是一种自我压缩的规定，也不是一种殖民他者的思路，而是更多地展示了勇气存在的方式。对世界大变革及全球大转型的知识形态的中国化回应，就是这种大变革和大转型本身，因为中国融含了世界。这种超脱民族本身的壮举，将融进世界的大变革进程，似乎正在表明一种引领性存在。大变革、大转折的大实践的大气行动为对这个时代做出中国化的知识回应垫足了底气。可能会有这种发问：那么多的优秀学者，那么多的国宝级专家，那么多的高人……你算老几？如果要回答，是无法排列的。但要问我是否有胆，我的回答则是非常肯定的。这种胆量源自于中国大变革的实践气派。这种气派可能表现在中国社会主义或者中国马克思主义的大行动，涉及每个人的大行动，这是社会大变革和社会大转折的根本所在。在这里要声明的是，作为一个学者，我真诚地信仰马克思主义，而非迎合。我可以极端地说：社会主义是当代世界的对应词，没有社会主义的实践活动，就没有卷入全球的社会大变革与社会大转型，就没有社会的大转折与大事件，社会主义的实践主题是在世界范围内提出具有普遍意义的问题的不可或缺的根据。没有这种对应，世界不会成为目前的这种样子，世界在社会主义的知识行动中得以转换。只要是世界性的，必然含有社会主义的实践主题和行动方式，任何超越社会主义而讨论当下社会或者形成一种大社会的理论都是不可能的，因此丰富人类知识体系，离开社会主义的实践主题，只能是一种"假设的完美"和一种"超历史的理想"。(《中国社会科学》编辑部，2008）这不是社会主义的一种赞歌，而是一种壮胆的思路。中国社会主义抑或中国马克思主义在世界范围内体现了某种高贵和优雅，彰显了某种大气和品格，趋向理性的成熟的和稳健的行动姿态，也日益附着在对世界探索的知识属性上。所以，这种大胆源于中国社会主义伟大实践所提供的依据。但是对这种实践能否做出具有时代性的知识回应，恐怕在于回应者面对现实的思维能力、分析能力和表达能力能否达到时代对这种知识的要求和期望，理论建构能否达到实践所开辟的历史深度、实际水平和思想领域。这就是社会主义中国化的深度实践对学者社会责任的提问和基本使命的要求。我很清楚，我无法满足。问题还在于：我们处在这样一个时代，作为学者总得做些什么。我们都是这场大变革、这场大行动的当事人,我们都融进了作为实践过程的这种重叠的事件之中(这是一种过程哲学的思维)。作为历史的当事者,我们有幸生活在这样一个充满张力和希望的时代。这种张力随处可见,人类的生存困境和美妙前景组成了一副心酸又畅快的复杂情境。马克思说:"甚至科学的纯洁光辉仿佛也只能在愚昧无知的黑暗背景上闪耀。我们的一切发现和进步,似乎结果是使物质力量成为有智慧的生命,而人的生命则化为愚钝的物质力量。现代工业和科学为一方与现代贫困和衰颓为另一方的这种对抗,我们时代的生产力与社会关系之间的这种对抗,是显而易见的、不可避免的和毋庸争辩的事实。"(马克思、恩格斯,1995a:775)马克思所说的这种对抗在当下的实践中不仅没有消失,反而更加夸张,那种黑暗的背景被牢牢地钉在我们希望的路途上。关于这种时代性的张力在本书的很多地方都有触目惊心的描述,但是这种张力也促进了希望的想象,这种希望的情境可以使我们回溯到恩格斯曾热情洋溢地赞颂的欧洲文艺复兴时期。恩格斯认为"这是一次人类从来没有经历过的最伟大的、进步的变革,是一个需要巨人而且产生了巨人——在思维能力、热情和性格方面,在多才多艺和学识渊博方面的巨人的时代"。(马克思、恩格斯,1971:361)可能这种巨人的诱惑远不如"大学"的诱惑充实,但是我们确实是历史的当事人,我们的确是事件的参与者,我们不能不把"回顾历史、检审当下、走向未来"作为我们的生存方式,时代的坐标也规定了我们生存的象限。这个时候,知识不是确切的明知的,而是生存在生命之中的那种刻骨的感受和行动的激情冲动。于是就大胆起来,在这种激情的冲动中学习、体察、畅想和写作。这个结果或许不是知识,不是理论,而是一种散乱的胡思、想象的碎片、观点的拼接。因此这只是郭氏回应,一种把深度埋藏在浅层的回应,一种通过远离现实来接近现实的回应。

同时需要说明的是,这种对社会根的设想是大胆的,但是却非妄为的。第一,它并不跟随西方的知识模式。这并不完全是一种民族主义思想在作祟,而是呈现出中国传统文化的绵延状况。中国的问题场域和实践样式,完全可以有一种独立的知识形式加以呈现,这在这部著作的下部可能更加明显地表现出来。实现西方理论的脱域,不管是一种假设,还是一种想象,都可以成为一种知识建构的方式。从西方理论中获得想象,如果能够脱域,就在一定程度上获取历史与普遍交往的理性光辉。但是并不是所有的东西甚至最近最新的东西都能产生亮光,因此我看的更多的是中文版,我看的更多的是中文著作。我要做的不是跟在这些著作后面，不是从世界发展的那个抽象的一个个片段中无限放大。我要做的是从那些不完整的体系中，从那些知识表述的断章取义中，从那种社会关系的脱域过程中，获得社会根思想的无穷尽的想象力。我要做的是：形成一种知识想象。为此，我做得有时还比较夸张，比如把专有词汇用汉语拼音表达，比如尽量不去对一个人的思想做系统考察，比如直接参考最近或最新的外文文献等。因为我知道，我必须汉化；因为我知道，我不能陷入；因为我知道，即便再过很多年，他们也不能提出和深化研究这种社会根理论。如果说这些做法含有胆大妄为的意义，我只能说这是一种自信的力量在左右着这种夸张性的知识想象。第二，并不跟风。社会根理论必须有根，这个根就是不能漂浮。但是如果整日跟风，那只能在世上漂。如果理论仅仅跟风，只满足于事实与权贵话语的诠释，只醉心于知识者自我实现的光鲜富有；如果学术只醉心于象牙塔中的寻章摘句，只满足于脱离实际的高蹈论列，并不能独立为一种知识体系。(《中国社会科学》编辑部，2008)留给读者的作者体验，留给读者的知识反思，留给读者的行动参考才是一种知识体系的能效。保持独立性是理论具有知识资格的条件。跟随时代的脚步而不是盲目跟随时代的风向，才可能保持这种知识的自主性。

胆大而非妄为还有一个表现，就是这部书写成之前，很少张扬或者声张。这倒不是为了所谓的保密，而是基于所在的这个社会的特点，这样的追问或者由这个追问演化的某种行动可能会挫败我那种膨胀的或者是扎根的野心：那么多的大家都没有提出或者很少提出所谓什么理论或(和)大家都在世上漂，你太不自量力了吧！所以，只有很少的人知道我在做什么。如果说这是一种理想的话，我希望在漂浮的状态下沉默坚守。但是同时也带来问题，即无法向更多的人学习和讨论，这就不可避免地带来保守性。我希望下部的写作能够有所改变。我知道：同大师对话(包括读书)、向世人学习，不仅仅是理论建构的事情，也是生活的态度和个人扎根的表现。

三、去框而思：一种发问的模式

本书出版后会有成堆的各种各样的问题提出。对此我有如下想法，与有问题的读者一起讨论。

无论做出什么问题的发问,无论发问形式如何,有一点是可以确认的:它们都是根据已有的知识发问,而这些知识都是已经给定了要发问的问题以及形式。如果不能使已有的知识剥落或者粉碎后重构,任何形式的发问都不能说明什么,也会造成意义的缺失。沿袭过去的思维,实际就是进入一种知识建构社会的陷阱中,这个陷阱就使得知识者成为井中之人。这个说法,不是反知识主义的言辞,而是揭去知识身上的那些被人覆盖的掩饰真实的面纱而做出的善意提醒。所以,我一点都不反对发问,只是希望所提出的问题是真的而非假的,是实在的而非虚化的。应该明白:我们的问题往往也在知识的干预下变成一种虚在,问题指涉的对象也成为被知识所建构的问题。

这时就需要提出一个知识行动论的概念:知识框。要做出有益的发问,必须打碎以往的知识框,放弃固化的思维,否则就会被以往框住。需要说明的是:这是否就是一种反基础主义的观点。这是扎根还是拔根?回归真实,不被知识所异化,不被知识框所框住,尽管是很困难的,但是却留下了扎根之思的印象。打破知识框的发问,不是不要知识的发问。我们需要的是不被知识框住的一种发问,这种发问就是知识行动论的一种表现。因此这是一种扎根。问题是能否修炼到不被知识所禁锢不被知识框框住。这种修炼肯定就是一种扎根。

知识何以会成为框,进而禁锢知识行动者的思维?从知识社会学的观点看,知识是社会建构的结果,甚至科学知识也与社会情境有关,这是科学知识社会学(SSK)所揭示的核心内容。科学知识被常识化不仅改变了学者的发问方式而且影响着日常生活世界里普通行动者的思路与行动。当行动者被异常建构或者科学化建构(强构)的时候,知识转化为知识框,从而转变为思维禁锢。固化思维以及这种思维情境下的行动包括了固化的发问方式。

去框而思,知识、行动、知识行动等关联问题才可以获得根性启发。知识与行动并非已有知识框下的那种裂解和认知。但是到底是什么,无法也无须言说,只能留给读者去框而思。同时还需要说明的是:这三卷内容留下的很多问题可能在以后的写作中得到解决。一个双赢的建议就是:思而问之,而非看而问之,可能是一个好的方法。或者更直接说就是:读完了思定了,再说再问。

四、社会根理论的写作方式与理解

这部书的写作方式可以看作附带感受的札记体。这部书的写作更多的是一种札记的方法，边记边议、边叙边述，所以好像没有观点，似乎没有结论。或者，观点的凸显和明说，仿佛是很困难的事情。如果有观点，如果这些观点可以串成体系，那么这些东西都隐含在那些冗长的记述之中了。我的观点如果像幽灵一样在时刻动摇，肯定会吓到读者的；如果我的观点是固定的，像固化的知识框，肯定会害人的。那么如果是这样的一种写法，这种学术这种做法肯定就是一种失败情绪的结果。

这样的一种写作方法和思路的安排，使作者的叙说更加顺畅和简便，但也使读者的阅读更加困难。那么多的往往会招引瞌睡虫蜂拥的文字能给读者留下什么呢？用后现代主义的术语说是：肯定留下成堆的无意义的意义。现实些，留下更多的是思考（更坦率说是读书而非翻书——我恨死了让我快速翻看的书及其作者），因为在明处没有结论甚至意犹未尽，至少在这三卷的内容中还没有完全显露出来。在暗处读者能够读出什么来，这全在读者的阅读方式。接着出现的问题是：既然这个所谓的理论宣称具有本体论关怀或者说以日常生活世界的普通知识行动者为出发点和归宿地，那么这种写作方式就使得这种宣称成为虚伪。应该说，札记写法使得知识的层次化更为明显，而读者的知识层次事实上同作者的这种内涵的知识层次是重叠或者相互镶嵌的。这样所谓的精英阅读理解不仅可能完全误读，而且可能再次被重构。二次建构的特点非常有可能蒸发作者，消失了作者的重构可能会冲垮作者的知识框，从而进入社会知识框，这就彰显了知识的社会建构性。对作者来说，这种社会化的知识框可能是被误读过的，进而可能是虚假的。这个时候，只要读者达到可以领悟与体会作者的知识框才有可能去伪存真，获得思考性问题，并在日常生活中体察。走进作者的能力不仅仅是作者的写作期待，也是社会知识化水平的评价方式。这就是说，作者留下了一系列的知识结构缺口，或者说是结构性知识落差，从而产生新知。这也是作者期待的知识进化方式。

更明确的说法或者问题是：扎根的写法湮没了作者。社会根和社会根理论在哪里呢？如果一定回答，我只能说就在你阅读的过程里和阅读后的思考中。“社会根理论”的出场可以作出许多可能是致命性的评价：牵强附会、断章取义、冗长乏味、精简嫁接、拼凑组合等。这些都是意料之中的，因此知识层次性也就决定了评价的层界性。毁而建之，破而立之，是建构主义者的思维，所以期待摧毁一种知识框而建构另一种知识框，这是知识演进的要求。

由于写法的给定，这部书名是“社会根理论”，实际上读者不要被这种夸大其词的说法蒙蔽。因为这只是札记性思考，说它是东拼西凑，一点也不为过。知识并没有体系化，观点并没有知识化，思考并没有理论化。能够给读者的就是：这些东西可能开了一扇窗。能作为一个批判的靶子，能提供一点反思的材料，能体现一丝想象的努力，就足够了。

五、社会根理论与知识行动论何以关联

笔者最基本的想法是：通过知识行动使社会扎根，进而促生新社会。实际上，通过知识行动而扎根不仅针对个人而且针对社会。社会根理论，说到底是解决社会何以可能的问题，针对当下当然是现代社会何以可能的问题尤其是知识社会何以可能的问题。“社会何以可能”是社会理论中的核心问题或者最为基础的问题，围绕这个问题的解答出现了不同类型或者不同学派的社会理论。所以，社会根理论所涉及的问题并不新鲜，但是使用“社会根”这个概念或者视角来说明和观察社会何以可能的问题倒是显得比较新鲜。作者自以为是的新意是否可以形成一种新的知识框另当别论，但是依然是涉及社会生存和发展的根基问题。为社会奠基就是社会扎根的内容。

“社会何以可能”的问题在当下社会转型——并非仅指中国，而是指涉全球化的情境——也就必然转换为“现代社会何以可能”的问题。“现代社会何以可能”问题的任何理解都必须同知识相关，都必然同知识行动相关。社会的知识化是社会何以可能的基本命题，在伯格和卢克曼那里被以社会化的形式加以处理，很是巧妙地解决了社会建构的问题。社会知识化伴随着知识社会化而在一定历史时期定型化为知识社会的形态。这个时候，“现代社会何以可能”的问题无论伴随何种类型的知识演进，比如以“现代性”问题来表达，也就自然

转换为“知识社会何以可能”的问题。需要说明的是，“社会根理论”并非仅仅解决“知识社会何以可能”的全部问题，同时亦并非仅仅解决“知识社会何以可能”的问题，但是要强调的是这个理论以“知识社会何以可能”为其关键问题加以思考。前现代性问题在知识上并非是一劳永逸的，现代性（甚至包括前现代性）自始至终地同社会知识化契合在一起，甚至成为现代性的根基性内容。所以，社会根系很长，社会根域很广，但事实上的“本体论”关怀同知识的当下性注定以解决“知识化社会何以可能”的问题为某种标志。问题接踵而来，知识社会的真实性何以确定？在这里无法做出详细的说明和给出所有的证据。知识社会尽管内含了时代所赋予的意识形态因素，但是这种社会类型——权且作为一种社会类型，越来越清晰地呈现出来，其真实性显得无以质疑。这个时候，有几个特点或者现象可以透露出这种真实性：社会建构作为一种知识化的建构越来越明显，“社会实体的知识建构”已经不仅仅是一个知识社会学的理论命题，而是成为一种实在本身——一种广泛存在的实在。知识（进而知识行动）成为社会进化动力的力量越来越强大，越来越进入社会的机体之中。类似这样的描述是无穷尽的，同时本身也成为社会根理论的组成内容。但是最为核心的说明是：“知识社会何以可能”的问题是“社会根理论”或者“知识行动论”所要解决的核心问题或者根性问题。当然，这个说明似乎有两个方面的意思：其一是“知识社会何以可能”的问题涉及社会根基问题，所以思考“知识社会何以可能”的问题所得出的理论也就可以成为“社会根理论”。而因为要解决的问题是“知识社会何以可能”的问题，也就必然同知识行动（实践）问题的解决内在地联系在一起，所以一定程度上“知识社会何以可能”的问题也就可以转换为“知识行动论”的问题。很明显，知识社会同知识有关，但是这种关联的机制就是知识行动。还要说明的是：由于作者把知识行动论定位于社会哲学（哲学）和社会学理论之间的一种知识形态，故而，尽管知识行动与知识实践有大量重合，但是还是优先选用“知识行动”这个概念加以应用。首先，知识行动作为一种社会行动的类型如同理性行动、沟通行动等行动类型一样（哈贝马斯以“沟通或者交往行动”为对象或者出发点而形成了一套社会理论，这是20世纪的重要的知识遗产）。其次，作为一种不同于其他任何类型行动的特殊社会行动，知识行动对个人和社会具有根性意义。这里的特殊性也就在于这种类型的行动无论是单个人的还是互动的行动都是一种超越性的覆盖性的社会行动，任何一种社会行动都可以在一定程度上被理解为知识行动。知识社会的真实性实际同知识行动的广泛性与二者之间的嵌入程度强相关。高度普遍化的知识行动是社会知识化的必要条件，知识社会必须用知识行动来奠基，知识社会必须以知识行动为动力，知识社会必须以知识行动者为主体。知识行动同知识社会相关，而知识社会何以可能是社会根理论要解决的问题。因此社会根理论也就天然地同知识行动论契合一致。

六、社会理论中心转移到中国的可能性

社会理论中心的转移是一种知识运动的事实，这种转移可能无法不涉及科学中心或者社会发展中心的转移问题。关于后者有更多的理论和说法。我想说的是：由于中国在社会主义意识形态下的大变革是一种更加复合性的和超越性的，更加强烈需要更多社会知识加以说明和解释。因此存在着社会理论的知识中心转移到这的可能性。

社会理论在欧洲兴起是同欧洲的率先发展一致的，欧洲作为社会理论的中心不仅同工业化和城市化有关而且与文艺复兴和启蒙运动有关。在欧洲开启的社会学研究成为这种社会理论的核心知识，我们看到这个知识中心发生的作用。马克思改变了整个世界，而资本主义社会理论家包括孔德、斯宾塞、涂尔干、韦伯、帕累托、齐美尔①等对资本主义世界产生了很大的影响。然而好景不

---

① 格奥尔格·齐美尔（1858—1918），生于德国柏林，从宗教信仰上来说，他是个基督徒，而从民族归属来说，他却是个西班牙裔犹太人，后面这一点说明了为什么他尽管才华横溢、成绩斐然，但在学术生涯中只获得了一种边缘性的位置。在柏林大学，他要求晋升的愿望屡次受挫。万般无奈之下，1914 年他离开柏林大学，就任德法交界的斯特拉斯堡大学哲学教授，但那儿的学术也是一片凋敝景象。1918 年 9 月郁郁不得志的齐美尔永别人世。虽然齐美尔作为社会学家的地位总有争议，但他对社会学的贡献是有目共睹的。此外，他同样以哲学家或心理学家著称。他中期最广为人知的著作是《货币哲学》与《社会学》。他是“形式社会学”的创立者，形式社会学的目标就是对社会生活的各种可能形式进行分类，而不是实例分析。他对社会的剖析着力于个体日常的感性经验（比如时尚、都市生活等），以对众多支离破碎的生活片段的追问阐发社会学，走出了一条个性鲜明的研究道路。齐美尔的许多研究思路，和百年后学界所倡导的反对宏大叙事（所谓宏大叙事，通俗地说，就是动辄拿自然、历史、社会、理性、形而上这些概念来说事）、注重感官经验、综合多学科视角的主张不谋而合——这或许是百年后他重新受到重视的原因。而当时，他的思想被驳斥为“时髦、肤浅”，只能在临死前的日记中感慨自己的学问后继无人，不日将被世人遗忘。

长,20 世纪 30 年代后世界科学中心转移到美国,社会学的研究中心和知识中心也就转移到美国。“早在 1894 年,美国的工业生产总值就跃居世界第一。30 年代末,美国的科学技术水平已赶上欧洲先进国家。1931—1940 年,获诺贝尔自然科学奖的人数,美国占 26% 以上,高于英国和法国,与德国相当：1941—1978 年,美国占 50% 左右,超过英、法、德三国总和。与此同时,诞生于欧洲的社会学,其研究和发展中心也随之转移美国。当代美国社会学。无论在研究机构和研究人员的数量方面,还是在研究课题的深度和广度方面,都居世界首位。”(陈金桂,1994a;陈金桂,1994b)美国 H. 斯梅尔瑟和 J. 戴维斯在他们主编的《社会学》(1969)一书中指出：第二次世界大战后,“全世界的社会学家对于探求社会学的科学性方面唯美国的马首是瞻”。然而同样好景不长,权力中心发生了转移。1969 年,古尔德纳(A. W. Gouldner)发表了《即将到来的西方社会学危机》,“响亮而清晰地宣告了帕森斯时代的结束”①,美国社会学理论的中心地位也由此走向了衰落。默顿的去世(2003 年 2 月 23 日)在某种意义上宣告了美国社会学中心地位的彻底终结。“过去美国社会学占据了世界社会学的主导地位,但是现在再也没有那种情况了。尤其是就社会学的理论建构而言,重心已经转移到其他地方,特别是转向了欧洲。现在主要的社会学思想家不是来自美国,比如说皮埃尔·布迪厄、卢曼或者乌里希·贝克(Ulrich Beck)等。”(吉登斯,2003：4 -5)当然也包括吉登斯、哈贝马斯、鲍德里亚、埃利亚斯、卢曼等。“可以说,欧洲文化的多样性和不可通约性成为欧洲社会学理论有别于美国并重新崛起的一个重要原因,正是当代欧洲社会学理论与现象学、解释学、语言哲学等哲学传统的结合,才使其结出了丰硕的学术成果。在理论回归与复兴的同时,整个欧洲社会学界也形成了各自不同的主题特色,如英国多以阶级、团结与冲突为主题,法国多以结构、权力为主题,而德国多以对现代性的探讨为主题,这一三足鼎立的局面共同创造并引领着西方社会学理论的未来发展。”(文军,2007)但是当布迪厄、鲍德里亚、埃利亚斯、卢曼等相继去世,而存活的社会学理论大家也都步入老年,欧洲中心的转移已经不是迹象而是一种趋势。

社会学知识中心进而社会理论的知识中心将转移到何处？尽管在后现代

---

① 古尔德纳的这一宣称,实际也预示着知识衰落的到来和中心转移的开始。古尔德纳的宣称,参见[美]史蒂文·塞德曼:《有争议的知识——后现代时代的社会理论》,刘北成等译,中国人民大学出版社,2002 年,页 67。

主义、知识社会等问题的分析上似乎美国社会学家在引导着潮流，但是美国的资本属性所导致的美国衰落同样可以在一定程度预示不可能再转移到美国，思想和历史本身决不会重演这样一种景象："欧洲⟷美国"。美国的衰落已经不是华勒斯坦①所做的理论分析，而是变成了一种实在。我认为这个社会理论中心转移到中国是可能的。首先，中国传统文化的复兴会产生像欧洲文艺复兴一样神奇的影响。文化复兴所载有的知识行动不仅建构一种承接这种转移的场域，而且去塑造表达这种转移的专业知识行动者。广泛的根域和根系定会滋养这种回应巨大社会变迁的社会实践。其次，正如已多次言明的，中国在社会主义意识形态下的知识理性会把中国社会的转型奠定在更加有意义的行动追求上。要在知识上回应中国社会转型的重叠模式远比美国的那种单线进化复杂得多、艰难得多、多彩得多和神奇得多。这种神奇蕴含了无尽的亿万行动者的事件串，从而呈现了跨越所谓现代与后现代的界限，而一往直前地大气。这种胜景只有在中国是可能的。我甚至加入了这种蓝本的实践行动中，尽力吸取着这处处迷漫的神气。我无法承担什么，但是总可以在这种神气的滋养下尽情想象。社会根理论抑或知识行动论就是在这个背景下的一种知识想象。

七、社会根何在：尝试性概括

社会根何在的追问是同"社会是否有根"关联的。我的基本判断是：社会是无根的。可以有两种情况加以思考。第一种情形即现代社会是扎根的社会，扎根本身就是一种寻找的过程；后现代则要拔根，因为现代社会的根或者是腐了，或者扎错了地方。第二种情形即现代社会依然是飘浮的社会，现代性表现为无根性。

关于什么是社会根的问题，尽管是必须回答的问题，但确是无法那么容易

---

① 伊曼努尔·华勒斯坦（Immanuel Wallerstein，1930— ），世界著名社会学教授，美国纽约州立大学宾厄姆顿大学费尔南·布罗代尔经济、历史和文明研究中心主任，主要代表作有《现代世界体系》、《转型时代——世界体系的发展轨迹：1945—2025》、《所知世界的终结——二十一世纪的社会科学》、《自由主义的终结》、《走出社会科学》和《自由主义之后》等。

答出的问题。实话实说，我暂时无法说出社会根是什么，若要列出一些简要的说明或许是可能的。说社会根只能是一种比喻，是带有固源性特征的一种形象性探索。社会根是复数的盘根错节，无论多么准确地说到社会的根，可能也仅仅是看到了社会根系中的某个基根；无论探索社会领域多么广泛，也仅仅只能观察到社会根域的一个部分。

如果一定要我说明社会根是什么，我只能说出社会根的一些表现。做出这样的无法概括的一句话概括就是：普通行动者通过知识行动使自我和社会扎根从而建构新社会。所以，这个理论叫"知识行动论"，"社会根理论"，或者"新社会理论"。这三个叫法都说明同一个内容，即所概括的那句话。

历史文化的绵延而非断裂可能是社会有根的一个表现。何谓绵延？看看柏格森的这段话："我发现有一股连续不断的流，我所见到的任何一种流都不能同它相比。这是一系列的状态，其中每一个状态都预告着随之而来的状态，也都包含着已经过去的状态。事实上，只有当我跑到它们的后面，转过身来回顾它们的踪迹的时候，它们才形成不同的状态。当我正在感受它们的时刻，它们是由一种共同的生命紧紧地结合着，深深地鼓动着，我根本无法说这一个到哪里为止，那一个从哪里开头，事实上它们中间的任何一个都是无始无终的，全部是相互渗透，打成一片的。"（柏格森，1963：4）如果一个有历史的社会突然丢弃了历史，隔断了文化，那么这个社会的文化就无以绵延，这个社会就是无根的。绵延是社会的生命体征，任何一种断裂都是拔根行动。在某种意义上说这个人或者社会断了根，实质就是没有了过去的东西，文化断了。无论是现代性还是后现代性，没有文化的绵延所征兆的社会都是短寿的和没有生存依据的，都不是我们所追求的那种社会应显示出来的特征。用当下的话语说，中国社会的转型是一种可以绵延文化的转型。因为在没有全面现代化时，我们又踏上了后现代主义的快车，同时而非错时地实现社会转型，从而保留了文化绵延的特征。

社会行动的情理性普遍存在和成为社会行动者的价值追求可能也是社会根性的一种表现形式。知识行动作为社会行动的基础，并不仅仅靠着理性来维持，尽管知识行动是一定意义上的理性行动，但是这种行动不仅不是扎根行动反而是拔根行动，正是这种理性特别是工具理性或者形式理性毁掉了知识行动的根基，在理论上和实践上完全败坏了知识行动的名声。只要理性的社会与只要理性的行动在社会实际生活似乎是难以存在的。所以知识行动绝对不是完全意义上的理性行动，如此不仅把社会根理论陷入纯粹现代主义的困境中，同时也毁坏了人们对知识社会美景的憧憬。即便是社会行动中都必须有知识的动力,因为这是社会人的基本条件。但是知识动力和理性想象必须使用情感发动。所以合情合理的行动才是知识行动,没有情感的发动,就没有知识动力的功效,这是社会行动的微观机理。这样说来,没有感性,理性是难以存在的。把感性和理性分开是一种知识陷阱,社会根性的知识行动论就是要拆除一个个的知识陷阱,把知识上的视角还原到现实中的真实。追求合情合理的行动是知识行动论的内在冲动,也是提出社会根理论的一个生命体征。如果一个社会满是不合情理的行动,没有对大自然的内心敬畏,没有对人与人之间美好关系的内心向往,它肯定是无根的社会。激情燃烧岁月的同时也点燃了知识,提供了那种充盈理性的社会行动。感性以及衍生的情感在我们领教了理性行动特别工具理性的恶性之后也不能获得霸权,必须实现合情合理,社会行动才是有效的,才可以转化为扎根的知识行动。

社会运行的人本化作为对良性化的一种修正,同样也可以看作社会根的一种表现形式。除了马克思主义社会学或者社会理论之外,"实际上,在社会学发展的某些阶段,它与政治右翼之间一直有着密切的关系"。(吉登斯,2003:1)所以,"良性运行论"一直可以看作右翼社会学的基本理念。那么,社会运行的人本性能否改变这种意识形态色彩呢?在一种意识形态下的"社会良性运行"则被另一种意识形态看作"恶性社会运行",这在涂尔干社会学方法论的准则中已经得到过明确的说明。改变这种强意识形态色彩的表达。"社会运行的人本性"体现了一种"间性"或者共同性。无论在何种形态的社会中,如果所有的社会发展不是指向民众的,如果不是以人为本的,那么这样的社会也就无以成为社会的了,因为这个时候,成员就会对社会失去依赖感和归属感,人与社会就无法融合在一起,人与社会的分离是社会无根化的标准表达。现代性所呈现的"个人与社会的深度卷入和深层互构"作为一种经验模式实质上含括了一种难言之隐:社会沙化逐渐成为事实。因此这才有"知识社会何以可能"问题的产生。把"社会运行的人本性"看作社会根的一种表现并非毫无根据,而是考虑了"人与社会"的关系,事实上这种关系并没有得到一劳永逸的解决。越发感觉到:我们离社会越来越远,社会似乎在远离我们。这是社会在飘荡,还是我们像浮萍?但无论原因在我们还是在社会,都改变不了这种社会无根性的事实。

"社会结构的和谐化"似乎深入到社会理论的核心问题,社会结构一直是社会学建构知识体系的梁柱。在微观的社会结构中，不同阶层之间，同一阶层之间，实现和谐共处好像是社会结构均衡化的体现。我们在反思资本主义社会学特别是帕森斯社会学的时候，一定会把帕森斯对社会结构的均衡化研究作为批判的靶子，帕森斯为此还对自己的理论做出了一些解释性修改，从而加注了一些社会变迁的因素。在这样的知识背景下，提出“社会结构的和谐化”是捍卫帕森斯，还是与时政同谋？我们放下这个意识形态式的追问，提出这样的问题作为思考的基点：如果没有社会结构的和谐，社会是否是有根的？在某种程度上说，社会的根基问题必须同社会结构的状况一同考察，否则就可能失去根基。社会结构的制度化与秩序化是社会学的永恒主题，把“社会结构的和谐化”看作社会根性的一个表现并不影响社会学的反思和批判性质，因为无论何种类型的社会，只要社会结构是不合理的，或者说是不和谐的，那么这个社会是不稳的。当这个社会结构缺口越来越大的时候，当这个社会结构裂变越来越严重的时候，这个社会就要解体（组），这是社会理论已经揭示出来的道理。社会根理论要创新说明的东西无外乎：社会结构同社会根是同一性质的东西，社会结构裂变预示了当阶层关系进而阶级关系越发紧张的时候，社会根基就是被动摇的和不稳的。所以，我坚持用“社会结构的和谐化”程度看待社会根性的特征。

“社会结构的和谐化、社会运行的人本化、历史文化的绵延性、社会行动的情理性”可能在一定程度上表现一个社会的根性，但是这些并非全部。

八、为了谁：社会根理论的党性何在

关注普通人是社会根理论的全部视角。所以，我把日常生活世界的普通行动者作为社会根理论的起点和终点。在某种意义上社会根理论又是一种环理论，因为环绕着日常行动者而建构（当然在这部著作中可能还只是一种宣称）。作为一种知识行动论，必须要把知识行动者定位为这种理论的中心，但是这个知识行动者是谁的问题又是不得不问的问题。于是日常生活领域的普通行动者也就当然地成为这个理论的全部关注点。日常生活世界的理论也就同时为知识行动论提供了资源（本书并没有解决这样的问题）。

我不是反精英主义者，因为我甚至可能在某种意义上被看作精英之一。问题是精英不是社会根理论的基点。精英社会学给出许多关于精英与社会之间某种关联的事实或者想象，甚至从社会学诞生那天起就铺就了精英论的基础。由普通者成为精英可能是普通人的一种期待，问题是这种期待造成了几乎所有的目光落在精英身上。知识社会需要精英，更需要普通知识行动者。没有日常生活领域的普通行动者社会将无处扎根，日常世界的普通行动者不但是社会根域，而且还是这个根域上的每一个根系。没有历史文化的绵延，社会无根；但是如果没有日常生活以及日常生活世界的行动者的知识行动，社会也无以生存。如果你把自己当作普通人，就会理解社会根在哪里；如果你像普通人那样生活，你就知道社会如何扎根。在行动的层面上，你也就理解了社会根理论。所以，在表面上这部著作是写给精英看的，但是实际上这部著作是在实践层面上为普通人准备的。

在日常生活世界的普通人中穷人是最值得关注的，如果社会学不关注这部分人，如果社会根理论更不关注这部分人，那么社会也将永远失根。事实上，马克思的实践社会学甚至马克思的全部学说都直言不讳地鲜明地把无产者作为自己的全部学说基础。可以说，没有对无产者的关注就没有马克思主义。要继承马克思主义必须坚持马克思主义的这个党性。除此还有所谓的穷人社会学和穷人经济学等。但是问题是解决穷人问题的目的何在？比尔·盖茨的所谓新资本主义也是从穷人出发的，但是确是为了资本家。因为资本剥削得以继续的条件就是殷实的剥削对象持续存在。在长久看来，资本家不需要皮包骨头的穷人。这就是资本主义社会中社会学家与资本家为了资本的本性而进行同谋的逻辑。作为马克思主义者的社会学家必须旗帜鲜明地把穷人看作日常生活世界中普通行动者的重要组成部分，反对任何形式的剥削和压迫，让穷人不再受穷。

九、现代还是后现代：为何提出社会根的理论构想

这似乎是必须要交代的问题，我放在最后说，也算是最后的交代了。首先，得从自我的生活状况说起。无根感似乎成了我最为基本的生存感，甚至

进入到每一个行动的过程中，构成了一种深度的实践感。人生就是一种漫游，生活就是一种流动，这种漂浮不定的生存状况使我获得的这种切身的无根感越来越强烈。不定的学术方向感也加深了这种感觉。作为处在社会大变革大转型时代的学者，路在何方是内心发出的呼唤，是随波逐流还是安身立命，于是“冷板凳”古训所产生出来的效应在我的思考中发酵了。社会根理论的构想就是这种发酵的产物，不管是苦辣酸甜。至于社会根理论何以同知识行动论关联起来，在别处则有更多的交代。其次，我们所遭遇的鬼打墙也是提出社会根理论构想的社会条件。我们所生活的时代是一个大转型时期，这种转型在有的国家则表现为由传统向现代转型，在有的国家则表现为由现代向后现代转变，在有的国家则表现为复合的社会转向。不同的转角和转速则呈现了不同的社会变迁特点，这些特点综合起来就是在特定时期我们自我营造了一种鬼打墙情境，无根成为我们生存的社会的最大展现，同样出现了“转往何处”和“路在何方”的日常式追问。最具追问形式的社会根理论是“在路上”的一种知识，既不能规定为现代性的呈现，也不能说是社会转型的征相。它既非显学，亦非隐知，而是一种路学。再次，社会根之说并非是我的专利，并非由我首先提出，而是一个历史性的沉淀的显露。社会行动领域的索引性是社会学的重要命题，在现象学的社会学那里得到了很好的揭示。然而知识领域的索引性则是更为明显的原理，这也遵循“如来掌原理”的规定，是谁也逃脱不了的。我并没有考证社会根概念的最早提出者是谁，但是海德格尔、薇依[①]、阿伦特、鲍曼[②]等西方学者关于社会根的比喻性论述，齐美尔、韦伯、帕森斯、吉登斯、哈贝马斯等社会学家关于现代社会何以可能问题

---

① 西蒙娜·薇依（Simone Weil，1909—1943），20世纪法国哲学家，社会活动家，神秘主义思想大师。一生著述颇丰，思想尖锐广博。因英年早逝，她的思想少为人知；但随着其著作的整理出版，声誉日益上升。她的重要著作有《重负与神恩》（1952）、《哲学讲稿》（1959）、《西蒙娜·薇依读本》（1977）等。

② 齐格蒙特·鲍曼（Zygmunt Bauman，1925— ），英国利兹大学和波兰华沙大学社会学教授。最有影响力的著作是“现代性三部曲”和“后现代性三部曲”。鲍曼本人把《立法者与阐释者》（1987）、《现代性与大屠杀》（1989）和《现代性与矛盾态度》（1991）称之为“现代性三部曲”，而贝尔哈兹则把《后现代伦理学》（1993）、《生活在碎片之中》（1985）和《后现代性及其缺憾》（1997）称为“后现代性三部曲”。进入新千年后，耄耋之年的鲍曼仍笔耕不辍，每年都有新书问世，最近的著作包括《流动的现代性》（2000）、《共同体》（2001）、《个体化的社会》（2001）、《被围困的社会》（2002）、《流动的爱》（2003）、《虚度的光阴》（2004）等。

的阐述,尤其是中国古代思想家(特别是儒道学说)关于社会根的思考都成为社会根理论构想的思想渊源。在这样的知识沃土中可以获得丰富的营养,于是飞驰的想象力也就引出了社会根的言说。

十、社会理论是累了病了还是死了:是否对我保持期待

不要指望这部书能够带来什么,这只是作者个体化的读书笔记!这似乎是最后的交代了,实际应该是放在最前面要说的。第一,这个所谓的社会根理论及知识行动论研究绝对不是对某个人或者某段历史的研究。我再次交代和声明,我不是某个人的思想与某个事件的研究专家,介绍、引用这些人的思想目的不是展示我对此的研究,而是为了说明我的观点和提法。这样展现给读者关于那些人物的思想或者事件可能是另类的、不着边际的,专家看来可能另类(不看好),普通人读起来则云里雾里。我承认,可能会存在这样的情况,这也可能是比较危险的情况。问题是我们为何不往另一个方面想想:呈现出另类的涂尔干……难道我们不能从这种另类中获得更多更大的学术想象吗?或许这种另类是一种创新啊!固守是性格的表现,但是另外一个视角的呈现也会带来视野,可能使我们的视域更加宽广。因此,我的许诺是:不期待和希望能够在对某个人物或事件的研究中获得增长的知识,这个著作只是从这些思想中获得知识行动论的启发——启发大小或者启发多少倒是需要说明的。第二,关于物与词的问题也是需要交代的。因为一般说来,随便创造一个词或概念是很容易的,这离围绕着这个概念(词)创设一套理论或者一通说法大相径庭的或是有较大距离的。这是无须交代的常识,但是正是在这个常识上可能会出现一些质疑:提出个"社会根"和"知识行动"就能构建一套社会理论吗?我的想法是:可能不能,但是我们得努力尝试一下,本书就是我努力尝试的行动表现——不管是粗制滥造的,还是精工细作的。第三,作为社会根的元理论著作在以西学为读本文献的写作过程中何以多参照中文文献?这个问题我是要做出特别交代的。首先是:我尽管能够阅读英文著作,但是速度没有阅读中文著作快。我自设的任务又特别重,只好选择了快的而非慢的——这符合中国国情(倒还不知道这是否是无根的体

现）。其次，我具有报复的心理，或者说在中国崛起的背景下，在我心中有一种算得上是狭隘的民族主义意识在滋生，并可能开始膨胀。我是中国学者，以中文写作。可能这不是理由，或者不能算作理由之一，但是在写作的过程中，我的确有这样的想法：在对有些问题的研究上，读国外学者的著作发现其中没有或者较少引用中文文献。可能有人会说，中国人对此研究较少，没有更多的文献可供参考。我想，这种说法值得讨论。如果说中国学者（历代）系统的研究或者系统论述不多，倒是可以理解的。事实上，我国学者在许许多多的领域都有极具创新性的观点，这些观点同西方学者的观点一样具有启发性并富有想象力。既然西方学者在学术研究时不用或者很少用中文文献即中国学者的创新思想，我相信，不用或者较少使用西方学者的思想也同样可以创造出某种能让他们接受的理论。这是我真实的想法。另外，就我所掌握的情况，西文中没有或者较少有我研究的内容的系统论述——关于社会根理论或者知识行动论研究；同样有一些可以参考的观点和思路。在有限的时间内我尽可能地找到同我叙述有关的西方一手文献并加以阅读和引用。对此有这样的想法并做出了努力，但是离我自己的目标还有一定距离。

不是社会理论（学）累了（亚历山大语），而是社会理论（学）死了。但是我更期待：社会理论（学）死而复生！因为社会扎根的行动激情还需要这种知识点燃呢！

郭强

2009年2月5日（春节）于沪上寓所书屋

2010年6月28日于沪上寓所龙茗爻书屋

2011年3月11日于华东理工大学梅陇校区办公室

2011年11月27日于上海嘉定悠活城新居

2012年10月20日于上海江南星城家中

2013年2月4日于上海江南星城家中

引论：根性、根感和根思的三通论

篇首语

在社会根范围内，根性、根感和根思在实质上就是连接了本体论、知识论（认识论）和方法论的关键性概念。这种贯通或者架通实质上体现了社会根理论的根性特征、知识论意义和方法论价值。任何事物特别是社会现实中的社会现象或者社会事实都具有生存性和根本性，这就是根性所在的地方，没有这一点，事实存在的基础就会失去。根感实际是生存感或者存在感，这是一种知识论上的意识形态，无根感或者非根感是其对应的概念，很显然这个概念与布迪厄的实践感有一定的比较意义。作为一种透彻和洞见的思维方法，根思对把握世间（实践和事件）的根本特性（根性）比反思来得更加实在。活得实在，做得扎实，想得深入，就是根性、根感和根思的生活术语化的写照。

对社会根理论，方法论意义之一在于发现了一个最为基础的思维方法，这就是根思法。我们知道，反思是对正思的一种革命或者颠覆，正是有了这种方法才有了社会的多样性，比如反思行动的出现就是社会变样的实践，这种变化就是对原样的知识与行动以及在此基础上的一种社会现实的转变，社会改革、社会革命或者社会转型目的都是要使社会变个样子，社会变样最初来源于方法论的创新，也就是来源于反思方法的社会化应用。在反思方法的作用下社会变样的速度和规模无法控制的时候，比如社会变得不像社会的样子了，人变得不像人样子时，就需要在方法论上对反思进行颠覆。那么问题是用何种思维来补充或者修正反思方法的独断专行呢，于是社会根理论的方法论就派上了用场，这时根思就成为同反思方法并存的一种根本思考方法。这种根思方法的发现与其说是对反思方法的颠覆,不如说是对思维方法的本性回归。根思方法的发现与弘扬在方法论引导着知识扎根的方向感,从而见证着思维方式变迁而推动符合人类自身需要的社会变样的知识行动历程。

作为引论,本篇内容回答了为什么现在这个时候提出社会根的概念以及对社会根的系统思考。首先对前社会理论时期关于“社会何以可能”问题的根思进行了索引式回顾。在现代社会理论的视域中,海德格尔、阿伦特以及薇依开启了社会根问题的真实思考,于是现代社会拔根的原因、失根的情形以及扎根的方案都在这种思考中体现了一种根感。引论还讨论了四种可能的问题,即人何以可能,行动何以可能,秩序何以可能以及社会何以可能,这种可能性所蕴含的那种生成性逻辑被留在了历史的种种线索中。作为引论最吸引人(可能非“入胜”)的是简要说明了社会根理论的基本宣称,发现了在社会生活领域中也有一只看不见的手在引导所有的社会行动者思考和行动,于是提出了如来掌原理、社会知识框概念;提出了社会无根性一大命题(也可以算得上一个发现),即社会的非社会化,提出了社会沙化原理,社会与个人的紧张关系,在很大程度上是社会沙化所导致的社会归属感和认同感的离析。社会是社会的,而非我的,社会是他的,而非我的,非我化社会使社会成员无法分有社会,除了在时间上无法分有社会之外,在空间上同样也有这种疏离感,不知道社会在哪里,不知道社会是谁的,于是不知不觉完成了非社会化的过程。

社会的非社会化同义于生活的非生活化,是社会无根的表现之一。在社会生活领域里,明白了我们所有的思想和行动被另一只看不见的手所左右。除非非社会回归社会,在我们眼前呈现真实的社会,我们过着真实的生活,这是社会根理论寻找另一只看不见的手的目的,也是社会扎根的思路所在。

大约四亿年前，地球发生了一次剧烈的地壳运动，海洋里的一些藻类漂移到了陆地上，为了吸收水分和养料，藻类的茎顽强地向地下生长延伸，扎进土壤中，便成为根。因为有了根，在阳光雨露的滋润下，地球才变得丰富多彩，充满生机。根不仅孕育了人类的生理性特征，也成为人类精神家园的养料提供者。

根的使用并非仅限于植物学中，根在本源的词义上引申到宗教、伦理等非常广泛的知识领域，得到极其广泛的应用，蕴含了非常丰富的内容，即便是自然科学，比如数学、计算机科学等，也都使用根的概念。同根有关的社会理论包括社会科学方法论都有很多的呈现[①]，社会力理论在某种程度上是较早的最能体现社会根的理论观点[②]，作为后现代思路的根状茎理论[③]拓展了现代性和后现

---

① 需要辩解的问题是：根是属于植物的，没有植物好像就没有根；生物（包括动物）从根的含义上都不存在根的说法，如果说一定要用根来说明某些特性只能是一种隐喻。那么为何将植物的根性引入社会理论领域进而说明社会的基础性呢？植物对人类来说具有根性吗？这是一种什么样的思维呢？这些问题是对根的根思，如果一定要回答这样的问题，只能采用超现代的方法，这种方法既非后现代的，亦非传统，当然更不是现代的，而是一种贯通历史的方法，这种方法所含有的本意就内在了何以从植物根的境界进入到社会的领域。

② 社会力理论是沃德的纯粹社会学的一个重要部分。沃德是美国心理学派社会学的奠基人，用社会力解释社会的发展或社会结构的出现。社会力理论不是社会根理论，因为社会力不是社会根，尽管这种理论在一定程度上表明了或者阐明了社会扎根和社会成长的力量以及这种力量的机制。第一，沃德把社会力指涉为一种欲望，从而打上了心理学的烙印。但是如果我们对这种所谓心理学的结论做出这样的追问或者说是改造就是很有意义的：欲望作为行动的意图，进而转化为社会的社会行动的社会意图，并对个人的社会行动产生影响，那么这时社会力就靠近了知识力，社会力理论也就可以靠近知识行动论。第二，沃德的社会力理论的内在逻辑，我想是否可以这样表述：社会力—行动力—知识力的循环。社会力的作用和机制无论多么诱人和美妙，只有同行动结合起来才能呈现，否则就是乌托邦。所以，沃德提出活力行动（dynamic action）的概念并讨论了这种行动和知识的关系，进而提出活力知识的概念。从社会力包括理性力（知识力）到活力行动和活力知识，都可以看出沃德的行动与知识的关系以及行动与知识的活力特征。第三，沃德的社会力理论尽管还比较粗略，但的确勾勒了社会建构的模式，比如从成就的个人化到社会化，从思想到知识，从知识分布失衡到知识分布平衡等都表明了个人与社会的关系。社会的运行必然要依靠力量的推动，这种事实则提供了社会发展的知识线索。从社会力到知识力，从知识力到知识活力的线索在理论上昭示了社会的运行轨迹。不能完全否定社会扎根力量的理论就不在社会根理论的范围，只能说沃德的社会力理论并非一定成为社会根理论的要素，只能说这是社会根理论的思想资料。

③ 与传统哲学的纵向思维方式的“树状结构”相对立，德勒兹和伽塔里（Guatarri）等人提出了后现代的横向思维方式的“根状茎”（rhizome）理论。如果说“根状茎”理论成立的话，那么这种说法也是一种比喻。作为一个比喻，德勒兹和伽塔里提出的“根状茎”理论的目的就在于拔除传统哲学之树和它们的第一原则，消解二元对立的逻辑。作为一种方法，“根状茎”结构以及这种结构下的理论表征着一种带有典型后现代特征的思维方式，它具有动态的、异质的、非二元对立的特点。“根状茎”理论属于一种后现代的现实主义。

（转下页）

代性研究的领域，而扎根理论最为直接的贡献在方法论上使得知识有了根[①]。

我在社会理论中使用“根”之词，提出社会根概念，最基本的考虑也是取其丰富含义、广泛用途和刨根求底的方法。理解生活同样可以用根的方法，比如在生活的表面有许多浮萍一样的载体，让我们看到繁华与生机，其实，我们并不了解根的含义。更多的时候，我们对自己茫然无知；更多的时候，我们对生活一无所知；更多的时候，我们对社会一无所知。往往，知而行之，才能深知根的含义。在社会在精神家园中也往往陷入无根化状态，困惑、迷惘、无所适从等征状，看上去是个人的，实则是社会的，重建所有社会成员的文化心理意义上的社会根系连接是至关重要的。

把根引入社会理论领域，或者说在社会理论中首先使用根的概念，并不是我的创举，以后的内容中将更加清晰地体现这一点。但是我要做的是放大这种引入的影响，并以根的思维考察社会特别是现代社会的可能，讨论现代社会“根扎何处，路在何方”的根本问题。至于社会根到底是什么，我这里似

(接上页)我的看法是：“根状茎”理论在一定意义上表达了社会根理论的要旨，但是并没有全部表达社会根理论的要旨。“根状茎”理论无法全部表达社会根理论中的所有含义。尽管我们无法断定“根状茎”理论是一种现实主义的变态形式，但是这种理论所具有“根状茎”的根的特征和借助根的作用都在一定意义上看到了社会本身所具有的根的特色和作用，所以这种理论影射了社会根理论的某种意义。但是“根状茎”理论并不是社会根理论，社会根理论也不是缘于这种“根状茎”理论。因为，社会根理论研究的是社会之根，而非社会之茎。一个是讨论根的，一个是研究茎的，尽管根茎是一个整体，但是二者总是有对象性区别的。必须说明的是，你若接受了“根状茎”理论，似乎也意味着你必须正视社会根理论。“根状茎”理论是基于根的想象，这种想象具有丰富的震撼力和表达性，从而使后现代主义保持了一种超强的张力。抛弃以往的知识框架或者超越过去知识框而呈现一种新思维和新方法，对过去来说“越框而思，去框而行”可能是“根状茎”理论与社会根理论一致的相通的场域，这种理论上的方法论的追求是知识产生的原动力。

① 扎根理论(grounded theory)是一种作质的研究的方式，由格拉斯(Glaser)和斯特劳斯(Strauss)1967年提出(格拉斯、斯特劳斯，1967)，其主要宗旨是从经验资料的基础上建立理论(斯特劳斯，1987：5)。如果社会根理论成立的话，那么社会根理论的产生也同样遵循扎根理论的基本要求。所以，很简单，扎根理论不是社会根理论，相反它是社会根理论产生的一种方法论。但是社会根理论何以成立，也同样关切着扎根理论的有关问题，也就是说社会根理论之根何以扎得下去，实际上也在一定程度上取决于自己的方法论是否成立。从其产生的路径上分析，社会根理论也必须向下扎根，否则也就没有真实的根基性。这种向下扎根表明的意义就是：社会根理论必须要有自己产生的实践逻辑和能够在行动的过程中得到逻辑证明。社会根理论能否从知识行动的过程中产生、能否对这种知识行动进行解构和建构是这种理论的生存力和正当性所在。需要说明的是，社会根理论的根域都放在叙述的背景中了。

乎一下无法严格地表明，在前言中虽稍有交代，也是不彻底的，因为整部书似乎都是在某种意义上说明这个社会根的内涵和意义的，而且我还有一个基本想法：了解了植物的根和根系的分布情况就应该知道或者明白要真正说出“社会根是什么，社会根在哪里”等问题是何等地困难。某种意义上，“社会何以可能”的问题可以转换为社会根的说法。这样说来，社会理论甚至社会科学理论难道不是都在探究“社会何以可能”的问题吗？这是毋庸置疑的，甚至也是无须回答的问题，但是何以再去创造一个新词也说明同一个问题呢？我的回答其实很简单：作为社会理论的终极问题之一，为何要将持续不断的霍布斯的秩序问题当成社会理论的终极问题之一，为何要持续不断地探究呢？而且这些探究都以不同的理论出现，比如结构功能主义，比如建构主义等。同样比“社会何以可能”的问题，特别是“现代社会何以可能”的问题更值得关注的是“未来社会何以可能”的问题，它不仅含括了秩序何以可能的问题，也包括了对秩序社会建构的解答，于是这才有了所谓的社会根概念和社会根理论的提出。

引入根的概念是一件并不复杂的事情，但是围绕着这个根去建构一套含有逻辑的思路则是不容易的。我把社会根性、社会根感和社会根思作为社会理论本体论、知识论和方法论的一种贯彻覆盖在了整部书的论说中。社会生存和发展的机制根域，延伸久远。实际上，即便我们回到生活原处，是否就能找到真实的根域，也难以清楚回答。把根的概念引入社会（学）理论领域，其目的在于从另一种视角看待社会，而非显露社会的一切。尽管我有意让另一只看不见的手露出来。

在这里仅仅说明根所具有的那种隐含的特征在社会理论中呈现的特征。第一，我使用根的说法是否说明我看到了根的在域和扎（生）根路向以及根撑主干的机理？我的回答就是：我没有看到，但是我渴望看到。我能否看到和看到多少，不取决于我提出社会根理论，而取决于我是否扎根和这种根基是否牢固，取决于我的环境和条件是否允许这样做。第二，使用社会根的说法是否说明了就没有人看到了根的在域和扎（生）根路向以及根撑主干的机理？我的回答是：所有的社会行动者都在观察，包括科学家，尤其是社会科学家，特别是社会科学家中的哲学家和社会学家，同时也包括日常生活中的人们——最普通的行动者。至于看到的程度，我的看法是因人而异的；同时，不管是社会学家还是其他，到目前为止，还没有完全看清社会的根系、根域扎（生）根路向以及根撑主干的机理。正是基于这一点，社会科学不仅有存在和发展的合理性与正当性，而且还有同自然科学同样的艰难性和重要性。并且这个特点是超越国界长久存在的。第三，既然所有社会行动者都在看查社会根的在域和扎（生）根路向以及根撑主干的机理，那么还有没有使用“社会根理论”说法的必要？我的回答是：很有必要。一是，在社会的根系中和社会的根域中，观察者由于视角不同，看到的根是不同的。有的看到了社会的侧根①，还有的看到了社会的不定根②；有的看到了社会的主根③，还有的看到了社会的须根④。看到了不同的根，可能就会产生不同的社会理论。二是，我的做法是在其他观察的基础上进一步观察社会的主根，找到人何以能为人、社会何以可能（包括社会生成和社会进化）的根基所在。⑤

到这里是该说明本义了：社会根到底是什么，社会根的意义表现在哪些方面，社会何以扎根等根性问题。实话实说，我无法也不能说出，这不仅是社会根的内在特点。如果真的说出了，那么这就不是社会根了。只要方法得当，在这部书中，更恰当地说在社会生活的著作中大家都能理解。不说出也无妨，尽管说也是行动的一种，但是社会之根扎在我们生活中展开的全部行动中。

尽管社会根展现在全部的社会生活中，我们对根依然可以有许多说法。我们从宗教里特别是从佛教中的根说得到更多的启发（敬请参阅有关宗教书籍），这些启发当然都融入了这部著作。

---

① 当主根生长到一定长度后，它会产生一些分枝，这些分枝统称为侧根。在黄豆芽、绿豆芽中，有时会看到当主根长得较长时，就会在主根的近末端处，有一些向侧面生长的分枝，这就是侧根。侧根生长过程中，可能再分枝，形成新的侧根，这就是第二级侧根。当然还可以有第三级、第四级……无穷无尽地产生新的侧根，但作为主根则永远只有一条，不存在第二级主根。

② 不定根是植物生长过程中，从茎或叶上长出的根，它不来自主根、侧根。例如剪取一段垂柳枝条，插在潮湿的泥土中，不久在插入泥中的茎上长出了根，这就是不定根。一个水仙头，放在水中没几天，就在底部密集地生出一环根，这也是不定根。不定根可以产生分枝，如垂柳的不定根有分枝，这些分枝也称为侧根；不定根也有不分枝的，如水仙的不定根无分枝。

③ 直根系由主根和侧根共同构成，但在外观上，主根发育强盛，在粗度与长度方面极易与侧根区别，这种根系称直根系，例如雪松、石榴、蚕豆、蒲公英等植物的根系。

④ 须根系由不定根构成，其主根不发达，早期即停止生长或枯萎，由茎的基部生出许多较长而粗细大致相同，呈须状或纤维状的根，这种根系称为须根系，例如水稻、玉米、小麦以及水仙、葱、蒜等植物的根系。

⑤ 需要说明的是，“找到根并不一定能够找到一切”。这也是我与亚历克斯·哈里在寻根问题上理念不同的地方。关于亚历克斯·哈里的寻根之思请阅读其《根》。

照我的思考，社会根的说法也是一种隐喻词义的表现。但是首先，社会根概念很中国化。在中国的古代典籍中，根不仅已经有社会根的意义，而且使用的领域非常广泛，包容的内容十分丰富，引起的联想也连篇累牍。这些关于根的文化遗产进入到社会理论中不仅有助于知识的中国化，还有助于我们生命的绵延。在西学的话语体系中有根的说法，但是一则不如中国多，二则所表达的意义也没有中国丰富——这是无须论证的常识。因此从知识历史的常识中可以得出社会根的说法是很中国化的一种表达。其次，超历史性。根的说法留给人们最初的或者最重要的意义可能在于寻根，在于某种历史性。社会根概念的首位意义恐怕也在于某种历史性，保持历史的延续性、文化的持续性和社会的整体性，作为对社会根的联想会首先进入人们的思绪。再次，特形象化。抽象的理论用形象的词义表达自然有它的好处。树要有根，否则就要死亡；人要有根，否则不能生存。那么把根这个概念移用到对社会生存和发展的思考上，也会使人们浮想联翩，当社会割断历史、断裂沙化的时候，当社会在人们眼前像浮萍随风飘荡的时候，也是社会解体的时候。所以，社会根这个概念能够很形象地使人们把握社会生存的根本。

一、漫漫寻根路：我们在路上

在探索社会根的时候[①]，一是，要循着历史的足迹特别是思想史的轨迹进行考察；二是，我自己要设定一条寻根之路。

如果把社会之根看作“社会何以可能”的问题，包括社会的生成与进化的内容，那么社会生成和社会进化之根何其多，但是何者为主根，何者为次根，尚需要我们作一番探寻。当然这种探寻不仅仅牵涉着社会学生存的合法性，实际牵连着众多学科是否成立的命题。

---

① 欧阳康提出了哲学之思对于社会本体的意义，认为：人是社会性的存在。生活在社会中的人如何理解社会，他们就相应地在社会中如何生活。人们对于社会的了解程度和理解水平，表征着他们的社会自觉程度，决定着他们在社会中获得自由的程度和范围。社会哲学理解之不同于其他社会科学对于社会的研究之处，在于哲学家们自觉不自觉地将其寻根究底的思维方式运用于对社会的研究和理解，将其提升到本体论诠释的水平。（欧阳康，2002：238）我对此有不尽相同的看法，因为不仅仅是哲学或者说是社会哲学，而且社会理论（尤其是社会学理论）对社会本原也做出符合学科特征的本体论讨论，我所做的实质上就是这种讨论的努力。

历史上所有思想家都毫不例外地、或多或少地对社会生成和社会进化的社会根性进行了各具特色的探索。从社会到社会性是社会理论由古典的传统演进到现代的样式的一种直白说明。[①] 由此可以这样说,讨论“社会何以可能”的问题可以看作传统社会理论的着力点或者是同现代社会理论的分界处——尽管传统社会理论对“社会何以可能”问题讨论的样式各异——而对现代性所表征的社会性的研究应该被看作现代社会理论彰显其特色的关键点。可以利用知识想象力——传统社会理论并没有把传统性作为所有社会理论形式或样式的活跃的触发点,而现代性却激发了现代社会理论中的无尽热情,激动和色情构成了现代社会理论的生态性特征。但是无论样态何异,无论以“社会何以可能”作为主流思路还是把现代性作为理论之树,其共同点都是寻根之思。

(一)社会的现代性理解和现代性的社会理解

社会范畴的现代性理解与对现代性范畴的社会理解是同一个过程,但是后一个过程总是通过现代性论者的话语意义来呈现。

1. 社会范畴的现代性理解

作为不同于一个私人世界和国家领域的视域,社会的兴起促成了三个核心问题域,集中体现了现代性的自我理解。[②] 这三个领域分别是:个体的社会化、知识的理性化和权力的合法化。[③] 需要说明的是,现代性作为社会性在现代社会中的表达,核心问题在于说明“现代社会何以可能”的问题,所以,我不会按照通常的做法沿着这三个领域对现代性问题加以说明,而是按照我所设定的原则遵照现代性理论家的思路说明现代社会的根在何处和根扎何处等关于知识行动论的核心问题。

---

① 社会理论是现代性的一个产物,因此种种变动不居的现代性形式也会体现在社会理论史之中。(德浪蒂,2003:32)

② 这里我重点介绍式地讨论现代性对社会的自我理解领域。介绍的观点主要来自于G.德浪蒂在《社会理论的基础:起源与流变》一文中的思想。(特纳,2003:32-33)。

③ 刘小枫将现代性划分为三个题域:现代化题域——政治经济制度的转型;现代性题域——个体—群体心性结构及其文化制度之质态和形态变化;现代主义题域——知识和感觉之理念体系的变调和重构。(刘小枫,1998:3)衣俊卿把现代性划分为精神性维度(个体的主体性与自我意识、理性化的和契约化的公共文化精神、意识形态化的社会历史叙事)和制度性维度(经济运行的理性化、行政管理的科层化、公共领域的自律化、公共权力的民主化和契约化)两个部分。(衣俊卿,2004:4)

（1）个体的社会化

个体社会化机制是社会构成的机制。个体行动者同社会无论如何是不同的，也就是说私人领域并未包含在社会的内容之中，尽管作为现代性的产物或者作为个体社会化的结果，私密关系的公开化构成了社会的某些特点。所以，社会“本身也是一种有能力把自身的结构强加到行动之上的实在”。一方是自主的个人，另一方是社会的种种要求与习俗，两方之间的关系是现代社会中长久沿袭的问题之一，可以看作对社会主体性的一种反思。个体和社会的存在在某种意义上是一样的，但是就从二者之间的关系上说二者的存在都是互为结构化的存在方式。问题是社会的存在则必须以个体社会化作为全部条件。

（2）知识的理性化

现代性关注知识的理性，认为这是塑造现代性文化缘起的力量。知识摆脱古老权威的解放与世俗化过程以及它的民主化过程，都有助于现代社会的规范结构、认知结构和审美结构的兴起。知识不仅建构自身，而且通过建构自身而定义社会；以知识为核心的理性化形式和过程被看作现代性的构成方式。我认为，哈贝马斯把交往行动的理性化看作现代性的核心问题，他在《关于现代性的哲学演讲》中认为现代性问题的核心是韦伯揭示出的现代社会制度上的合理化。（罗如春，2004）在韦伯那里天启神性与形而上学祛魅后的理性化过程所产生的结果是现代制度的理性化，但是在哈贝马斯这里则转换为同交往行动相关的理性化问题，哈贝马斯认为这种合理化主要是在新的交往行为以及与这种行为相关的、普遍的行为规范和价值的导向下形成和发展起来的。（知识理性化是否为伪命题是需要反思的。）

（3）权力的合法化

如果现代性有本质的话，那么它的本质在于自由。这必然要涉及权力问题，所以现代性条件下权力的合法化不仅是构成现代性的内容，也是现代性显现的标志。现代性在社会结构上表现为社会秩序和行为规范的制度化。[①] 现代社会秩序与传统社会秩序的区别，不仅仅在于秩序和规范的制度化，更重要的还在于制度性规范本身的形式化。与现代性的形式合理性相一致，现代性制度在很大程度上也是一种形式化、程序化的规范，而法律则是这种制度性规范的

---

① 吉登斯认为，“现代性是一种后传统的秩序”，亦即制度化的秩序。吉登斯强调：“我们必须从制度层面来理解现代性。”（吉登斯，1998c：3－4）

典型体现。没有这种程序化、合理化和形式化的法律,现代社会结构形态的存在就是不可能的。因此,从社会结构层面来看,现代性也就是社会秩序的制度化、形式化和程序化。(李佑新,2004:1)

这三个题域实质是关联在一起的,个体的社会化是通过制度规范的内化来实现的,制度化又是同权力合法化联系在一起的,而这两个方面都同知识和知识的理性化分不开。实际,这"三化"都同知识化有着密切的链接,但是由于知识化的机制在这里没有得到更好的呈现,那么现代性的知识化内涵也就被置于括号中了,难道社会化不是以知识化为核心吗?难道制度化不是以知识化为内容吗?难道权力不是以知识化为合法化的依据吗?社会被建构出来,现代社会被建构出来,都是一种知识化机制。所以,对现代性的知识化特征关注往往还被看作具有现代属性的一种理论,有时社会根理论也就被贴上了对应现代社会的标签。但是,我要提前说明的是,事情远非这么简单。

从宽视域观察,对社会范畴的现代性思考并不仅仅涉及这么三个题域,不管社会具有何种形态,作为传统社会也好还是作为现代社会也罢,其意义在现代性的内容中是主旨化的或者是统领式的。

2. 现代性范畴的社会理解

对现代性问题的理解应该说是各式各样的。我这里简单介绍一些说法,可能有助于这样的思想表达:现代性是现代社会所具有的特性,这种特性是附着在现代社会的本体之上的。所以,"对现代性的研究至少包括两个相互联系的层面。第一个方面是对现代性的知识的检讨,第二个方面是对现代社会过程的检讨。这两个方面不能完全分离开来看"。(汪晖,1999)

(1) 关于现代性的知识来源

康德(Immanuel Kant)是较早分析现代性问题的学者。他认为理性是现代性的核心,进而倡导高扬人的主体性,树立起一种"人为自然立法、为道德立法、为社会立法"的现代性精神。正如福柯[①]所说,"康德的批判标志着我们的'现

① 米歇尔·福柯(Michel Foucault,1926—1984),1926 年 10 月 15 日出生于法国西部古城普瓦提埃。1946 年,福柯以第四名的优异成绩考上法国名校巴黎高等师范学校。就读期间,福柯广泛阅读了古今哲学著作,做了大量的读书笔记,此外,还涉猎了心理学、精神分析学和精神病学,开始了自己对疯狂和性欲这些特殊领域的研究。1955 年 8 月,在著名神话学家乔治·杜梅泽尔(Georges Dumezil)的大力推荐下,福柯被瑞典乌普萨拉大学聘为法语教师。1961 年,福柯的博士论(转下页)

代性'的开始"。哈贝马斯对现代性名称的起源有自己的看法，认为："现代性首先是在审美批判领域里被意识到的。虽然'现代性'这一名词（它总是与一对反义的形容词'古代的'和'现代的'一起出现）早在古代后期就已在编年史的意义上被使用，但在欧洲现代语言中，形容词'现代的'（modern）的形成是很晚的，大概在19世纪中叶才出现，而且它最初出现在纯艺术范围内。因此，'Moderne'、'Modernität'和'modernité'等表示'现代性'的词汇至今仍然具有审美性的本质含义，并集中表现在先锋派艺术的自我理解中。"[①]哈贝马斯指出，现代性就是一个可远溯至笛卡儿开始的人类的理性化的展开过程，其结果产生了韦伯所说的西方世界由宗教社会向世俗社会的转变，并且发生了知识、道德、审美三大文化领域的分离与自律发展。康德没有意识到这种分离就是一种"分裂"，并没有从明确的现代意识的角度去弥合由理性原则的贯彻所导致的裂隙，而黑格尔则既以自觉的现代意识捍卫康德所代表的启蒙精神，同时又企图超越它。（罗如春，2004）现代性的思想史开端就是现代性的知识起源，当然这个知识史是相当繁复的。要说明的是，现代性的知识起源与现代性的起源尽管可能具有同源性，但是二者并非可以完全等同。

（2）关于现代性的阶段

美国社会学家伯曼认为现代性在时间发展历程上可以划分为三个阶段。"第一阶段是16世纪初到18世纪末。在这一阶段，人们刚开始体验现代生活，对其知之甚少。第二阶段始于18世纪90年代的法国大革命。社会生活全方位产生爆炸性巨变，人们像生活在分裂的世界中。第三阶段即20世纪，随着现代化在全球范围的扩展，人类生活呈现出一种碎片化状态，人与人之间的可交

（接上页）文《癫狂与文明》获得通过。这篇论文也被评为当年哲学学科最优秀的论文。1966年，福柯出版了《词与物》，大获成功。不久后，福柯又一次离开了法国，前往突尼斯大学就任哲学教授。突尼斯爆发了一系列学生运动，福柯也热情地投身其中，发挥了相当的影响。1968年10月间，新任教育部长艾德加·富尔在巴黎市郊的万森森林兴建了一所新大学，来试验各种有关大学教育体制改革的新想法。福柯被任命为新学校的哲学系主任。1972年12月2日，福柯走上了法兰西学院高高的讲坛，正式就任法兰西学院思想体系史教授。福柯的最后一部著作《性史》的第一卷《求知意志》在1976年12月出版，这部作品的目的是探究性观念在历史中的变迁和发展。1984年6月25日，福柯因艾滋病逝世，终年58岁。

① 哈贝马斯认为，他的这个观点主要依据的是H. R. 姚斯《文学传统与现代性的当下意识》一文。请参阅哈贝马斯《现代的时代意识及其自我确证的要求》注17（哈贝马斯，2009）。

流性大大降低，人们发现处于一个与现代性的根源失去联系的现代世界中。”（伯曼，2002：17）在西方，现代性的时空特征是现代社会理论的主题，现代社会的发展过程注定了现代性的过程性。

东方的现代性过程体现的阶段性特征则要比西方的复杂得多，现代性的封建性（或者传统性）注入和后现代性的注入似乎在同一个过程中完成或实现。这在西方的历史中是无法想象的事实，东西方现代性的阶段是一种完全不同的东西。对这种事实的描述还需要更多的细节，这也是本书有待进入的内容。

（3）关于现代性的内涵

马泰·卡林内斯库提出现代性为启蒙现代性和审美现代性。认为现代性的观念虽然与欧洲历史中的世俗化过程有关，这个概念却起源于基督教的末世教义世界观，因为这种世界观所隐含的时间意识具有不可重复的特点；现代性作为西方文明史的一个发展阶段，存在着无法消除的矛盾。（卡林内斯库，2002：10－11）鲍曼认为现代性包括有两种规划：文化筹划与随资本主义工业社会发展完成的生活形式。这两种规划都有共同的本质：对确定性、统一性及秩序的追求。但伴随对秩序追求的过程的恰是秩序的他者：混乱与矛盾，它更多地以现代主义表现出来。现代性无法避免内在矛盾，现代性就是矛盾性。（鲍曼，2003b：6－7）法兰克福学派传人韦尔默也从这个角度区分了“启蒙的现代性”和“浪漫的现代性”。哈贝马斯虽然强调现代性是一项尚未完成的设计，但他更倾向于从作为“时代意识”的文化精神方面理解现代性，把现代性“用来表达一种新的时间意识”。（哈贝马斯，2003：178）吉登斯则明确把现代性理解为一种制度安排，“‘现代性’指大约从17世纪开始在欧洲出现，此后程度不同地在世界范围内产生影响的社会生活或组织模式”。利奥塔也在精神层面上界定现代性，但他的兴奋中心是作为“宏大叙事”的现代性。他认为，关于理性、自由、解放的允诺等“元叙事”（meta narratives）或“宏大叙事”（grand narratives）“是现代性的标志”。（包亚明，1990：167）

我们列举了学者——也可能是非代表性的——对现代性的认识，其目的是想说明对现代性这个事实和价值有多种多样的看法和认识，这也就说明了现代性的多元化特征。但是最关键的问题是现代性的根在何处，如何奠定现代性的根基。“如果不从现代社会的深层的和内在的机理、结构、图式、活动机制、存在方式、文化精神等方面对现代性做多维度的、深层的、全方位的透视和统摄性理解，那么，我们就现代性的某一维度、某一方面的分析无论有多深刻，都注定是片面的。更为严重的是，依据关于现代性的单向度的和片面的把握而做出的关于现代性的价值判断，无论是捍卫、重建还是批判和否定，都是无根基的。”（衣俊卿，2004）

我的看法是，现代性的根就是现代社会的根，现代社会具有的特性表征现代社会实存的合理性，有了这种合理性也就有了现代性。所以，知识和行动的关系可能根系着这种现代性。

（二）古典社会理论对现代性的说明

“现代性是社会学中经典传统的背景。这门学科的三位创建者，即马克思、涂尔干和韦伯，分别以不同的方式表现了现代性状况之下社会范畴的兴起。从孔德、斯宾塞到涂尔干，极为注重功能主义，这股现代化思想传统强调分化观念作为现代性的独特性质：在工业社会的演进过程中，社会功能愈益分化为各个专业化的领域。在韦伯的社会学里，至关重要的概念是理性化的观念。现代性带来的是理性化在宗教、经济、法律和科层制等领域中逐步展开的过程，而对马克思来说，现代性的独特性质既不在于分化，也不在于理性化，而在于商品化，或者说是资本主义的社会关系渗透到所有生活领域中去。马克思所致力解决的问题，就在于结构（资本法则）和行动（劳动从阶级关系中解放出来）之间的关系。齐美尔所代表的对这些研究途径的结合，则标志着欧洲社会理论的衰落和美国社会理论的兴起，因为齐美尔的思想直接影响的正是早期的芝加哥学派社会学。”（德浪蒂，2003：19）这里我并非要研究或讨论古典社会理论家对现代性问题研究结论的转述或评价——任何转述不仅没有必要，还易错——我要做的是要说明这样一种意思：古典社会理论家通过对现代性问题的讨论来思考社会之根何在（根系和根域），这种思考可能是显现的，也可能是隐含的。同时还需要说明的是：在古典社会理论中讨论“社会何以可能”的思想家并非三大家，事实上“社会如何可能”的问题是社会理论，不论是古典社会理论，还是现代社会理论，甚至是所谓后现代社会理论的主题，所以我选择孔德和三大家的思想做一种说明性回顾而已。

1. 开路孔德：秩序的现代性论证

社会的转型与社会学的产生是关联的。转型社会学源于孔德。资本主义现代社会的现代性在形成之初，何以充满着冲突？这种社会是否是可能的？所以，孔德创立的社会学就成为以现代性为主题论证资本主义社会何以可能的学科，于是秩序就必然成为现代性的关键词。

在孔德生活的年代，欧洲正经历着巨大的社会变迁。工业革命和政治革命波及欧洲社会的每一角落，最终把资产阶级推上了历史舞台。“孔德创立社会学，是因为他看到大革命对法国社会和文化遗产所造成的残酷破坏，非常悲伤，乃决心考察研究人类社会事象之运行，是否有其客观的原理原则，寻出原理原则后，即应依照之以重建社会，使其由破坏衰敝再恢复到繁荣康泰。”（杨懋春，1983）孔德社会学的目的，就是“摧毁现代社会中的革命建设”，用建立在科学基础上的“实证主义精神”来重组社会秩序。① 所以，追求秩序与和谐是孔德创设社会学并用社会学分析转型社会之社会性——现代性的一种直接目的。

孔德追思“社会何以可能”（这一问题的开启意味着思考社会根何在），主要是从传统的或封建的到现代的或资本主义的社会如何保持稳定和秩序，从而转变成为一种新型社会制度进行论证的另外一种形态，这种形式就是社会学，用革命社会学的眼光来看待：这就是保守社会学。② 孔德的社会学诞生也就种下了社会学灭亡的种子，因为一旦社会学成为或者自觉地成为某种社会制度的论证工具的时候③，社会学的依附性就不可避免了，于是社会学的客观性和独立性（自主性）也就只能在名义上成为一种宣称而已。所以，从绝对意义上，孔德创设了社会学，也为社会学准备好了墓穴。

尽管孔德并没有提出要解决“霍布斯问题”，但是实质上他一生都在为解决这个问题做思想上的努力。因为孔德的现代性论证方式是从“社会如何可能”转换为“社会秩序何以可能”，解决了社会秩序问题也就论证了“社会何以可能”的问题，也就解决了传统社会向现代社会转型中现代社会所表现出来的

---

① “孔德建立社会学的基本思想，就是要把实证主义原则贯彻到社会现象的研究之中去。在他看来，社会领域是神学和形而上学的最后领地，不把实证精神贯彻到社会领域，在理论上就无法完成整个实证哲学体系，也无法使社会研究走向实证，变成科学。”（席恒，2001）

② 社会学的出现最初乃是对法国大革命及革命造成的旧社会秩序崩溃后果的消极回应。正是这一点导致了社会学中自孔德起到现在为止始终占主导地位的保守主义倾向。（蔡特林，1968）

③ 马克思对此评价说：巴黎工人知道，孔德在政治方面，是帝国制度（个人独裁）的代言人；在政治经济学方面，是资本家统治的代言人；在人类活动的所有范围内，甚至在科学范围内是等级制度的代言人。巴黎工人还知道，他是一部新的教义问答的作者，这部新的教义问答用新的教皇和新的圣徒代替了旧教皇和旧圣徒。（马克思、恩格斯，1995c：106）

基本特性即现代性——另一种类型的社会性——在孔德这里，社会性或者说现代社会的基本特性就是秩序性。“过去的一切已经消逝，未来的一切尚未到来”，是孔德论证现代性的起点和写照。孔德指出，“真正的科学”无非是“确立现代性秩序，这是其他一切秩序的基础”。建立这种秩序的科学必须对人性进行研究，也就是说社会秩序之根扎在何处必须考察构成社会的基本要素的社会成员的本质特性。孔德试图在人性中找到社会秩序的根基。社会上存在两种重要的人性特点：一是情感能胜过理智。在社会关系中，最私人的倾向胜过比较高尚的倾向；他相信人类自然拥有博爱的倾向，扩充这种倾向就可以引导人类迈向有秩序与和谐的境地。孔德断言，人们生命中的真正动力是感情，而不是不断发展的人类智力。[①] 他建议重新组建社会，用礼仪去唤醒对“人类的伟大存在”产生纯洁无私的爱。孔德反复论证说，就社会价值来说，女性的感情和利他主义情操比男性的理智和自私好得多。孔德认为人性的培育必须在人类所处的初级社会群体中（比如家庭等）和这种群体中的社会关系形成过程中进行。

孔德社会学的创建意味着现代社会特征的专业性考察已开始，留下的遗产是我们在社会学知识的搀扶下走进社会，于是“社会何以可能”的问题，包括和谐有序社会的建构问题所呈现的全部社会性问题，都成为考察社会根性特征的知识基础和方法原则。孔德正好处在社会转型的过程中，对新出现的现代社会还没有比较清晰的轮廓，所以现代性的陈述基本上都是围绕着社会秩序这个命题来进行的，包括秩序建立的道德基础、宗教基础等。尽管在孔德这里没有进行清晰的现代性问题的理论架构，但是孔德对即将来临的现代社会的结构和变迁等问题的关注实质上隐含了一种现代社会的社会性特征的体察。

---

① 实际上孔德对生命动力的非理性赞赏是孔德社会变迁理论上一种张力的凸显，因为孔德对社会性的考察是独具特色的，最重要的特点就是孔德研究了社会变迁的知识基础和现代性的知识内涵。这种张力是孔德思想变化历程的一种显现，因为从对知识的追求到对人之爱的本性的推崇体现了孔德对社会冲突的无能为力感。尽管如此，孔德的这些变化使那些法国学术界和他的崇拜者感到很扫兴。他们认为，他不谈理性和智力，却大肆赞美感情和爱，这就等于否定了在《实证哲学教程》中提出的实证主义观点，否定了他“随着人类精神的不断发展，未来将会出现一个更开化的社会”这一信念。“孔德因受到启蒙主义的影响而相信科学，但也受到保守思想的影响而推崇情感和爱。”（宋林飞，1997：17）

2. 激情马克思：新社会生根之思

资本主义的落地生根标志着西方社会转型的完成。马克思正是在这个时刻进入社会视野的。"如果说,资本全球化是马克思唯一批判性考察的现代社会的现存对象,那么,正是在对这一对象的批判理解中,马克思得出了关于现代性的深刻理解。马克思在《共产党宣言》中对资本全球化扩张所带来的从传统社会向现代社会转变的精彩描述,《雇佣劳动与资本》和《资本论》中对全球化的批判性考察,都是关于现代性文本的经典之作。"(任平,2003：352－353)实际上马克思的现代性思想并不那么简单,因为现代性绝对不是一个简单的现代社会的属性问题,而是现代社会何以存在和现代社会何以演进等社会根性问题。① 我对马克思现代性思想的表述是：露根和生根。"露根"说明了现代社会根系何处和有怎样的根脉等现代社会生存性问题。"生根"说明了一种新样式的"现代社会何以可能"的问题——这是马克思的激情所在②,而且这两个问题是联系在一起的。马克思恰逢现代性的全盛时期,对现代性的理解、反省和批判是其毕生的思想主题,同时这个主题是马克思主义的全部内容,其基本的价值向度是多维的,历史审视、价值判断和理想建构是马克思现代性学说的基本结构。

社会的生存和现代社会的生存可以作为一个主题进行思考,但是二者又不是完全相同的概念。马克思之所以是古典社会理论的三个创建者之一,之所以被公认为社会学理论的创建者,在某种意义可以说是因为他不仅解决了社会的生成问题,同时也解决了现代社会的扎根问题。对社会生成的问题,马克思把行动(特别是交往行动,特别是以劳动为表现形式的社会行动)看作行动者构建社会的根基。在马克思看来,无论是现实的世界,还是人本身,都是实践的结果。整个世界史不外是通过人和人的劳动而诞生的过程而已;人是怎样的,和他们的生产(生产什么和怎样生产)是一致的。马克思不是把世界理解为绝对

---

① 人们迄今为止对于马克思学说与现代性问题的关系阐发得并不充分。实际上无论是在马克思早期对于资本主义命运的宣判中,或者在《资本论》中对于资本主义运行机制的批判中,还是在晚年关于东方社会理论的新探索中,现代性问题都以显性的或隐性的方式"出场"。(衣俊卿,2005)

② 丹尼尔·本塞德在《激情马克思——现代性的象征》中对马克思城市生活理论和城市性问题作了细致分析。我这里使用"激情"只是想说明马克思对现代社会生活的一种激情和书写的激情。

与人无涉的“纯客观的”东西，而是人的感性活动即实践显现的世界。“世界本身”离不开主体以实践方式介入世界，把握世界。通过实践建立的人与世界的关系，是我们把握世界的前提和基础。作为主体的人、人的感性活动和实践，是显现这个世界，使抽象世界成为现实世界的必要条件。“自在世界”借助主体的实践转化为“自为世界”，在这个交往和转化过程中，“世界本身”以对象世界的方式呈现出来。(孙美堂，2002)社会生活本质上是实践的，从而也是行动的。

现代社会作为人类历史的一个阶段，它的形成过程实际上就是现代性生成的过程或者是现代性增加的过程。这个过程的机理何在呢？马克思深入研究了资本主义大工业对推动人类社会的发展，特别是对推动人类“历史向世界历史转变”的巨大威力和作用，指出了人类历史从传统社会向现代社会转变进程的基础条件、基本途径和主要动力。我们在马克思那里可以领略到，知识或者某种类型的知识(比如科学技术知识)成为现代性的某种基础条件。马克思认为现代大工业和科学技术是从传统社会向现代社会转变和发展的基础条件。他以资本主义的产生、发展为实例，具体分析阐述了大工业在现代社会生成、发展过程中的巨大作用，同时又指出了科学技术的进步对推动大工业和整个社会发展的重大意义。由社会矛盾运动推动的社会变革成为现代社会产生的基本动力，马克思认为从传统社会向现代社会转变和发展的主要动力是社会基本矛盾运动和社会变革；生产力与生产关系、经济基础与上层建筑的矛盾运动，推动着人类社会形态由低级向高级发展。世界性的普遍交往成为现代性铺就的基本途径。马克思揭示了在传统社会向现代社会转变进程中，社会基本矛盾运动和社会变革的规律和特征，并指出，从传统社会向现代社会转变和发展的基本途径是商品经济和普遍的世界性交往。因为正是商品经济的发展，促进了以前的传统社会形式的瓦解，把商品交换的范围扩展到了整个地球，建立了世界性的联系，驱动人们创造了现代社会的生产力和物质财富。

在现代社会的形成过程中并非一切都是美好的，尽管美好的东西很多。所以马克思承认现代性的积极作用，肯定由传统社会向资本主义社会转变所带来的进步。马克思可能比他的所有同时期人都更清醒更直接地察觉到资本建造的社会恶行，他觉察到现代性的后果有着什么样的破坏作用，也知道无论如何它都不会逆转，因而又批判现代性的病态(如异化)，号召全世界无产者联合起来推翻资本主义社会，建立共产主义，以此抑制现代性的恶果。

作为社会转型的结果，资本主义社会成了现代社会的一个可视性阶段。这个阶段同样是一个现代性不断形成和不断固化(扎根在社会性之中)的过程(社会扎根在社会性中成为社会根理论的一个原理)。用什么来表征这种现代性呢？在现代性累积之初,孔德把资本主义社会的本质特性(现代性)看作秩序与和谐。当秩序与和谐被逐步建立起来的时候,却隐含了深沉的危机,这种危机就是资本主义现代社会最本质的特征吗？这必然引起马克思的深思。在马克思看来"革命的变动性"成为现代社会的一个根本特征,实质上这种变动性就是人的命运的变动性。"资产阶级除非使生产工具,从而使生产关系,从而使全部社会关系不断地革命化,否则就不能生存下去。"(马克思、恩格斯,1995a：254)但这种不断变化的特性与资产阶级想永远保持自己的统治地位,保持现存的资本主义生产关系的努力是相冲突的,并最终会使这种努力成为梦幻泡影,"这个曾经仿佛用法术创造了如此庞大的生产资料和交换手段的现代资产阶级社会,现在像一个巫师那样不能再支配自己用符咒呼唤出来的魔鬼了"。(马克思、恩格斯,1995a：256)资本主义的命运同资产阶级的命运联系在一起,而这些又通通同资本的命运连接在一起。在马克思看来,现代社会及现代世界乃是资产阶级按照其性格创造出来的,在"现代性的命运"与"资本的命运"二者之间,存在着一种不可分割的本质联系①,因此,从"资本的角度"来透视"现代社会",从"资本的命运"出发来探讨"现代性的命运",被马克思自觉地确定为解剖现代世界最恰当、最有效的途径。马克思耗尽毕生心血,通过对"资本"的解剖,确立了关于"现代性"的"发生学"、"病理学"和"未来学",从而完成了他对"现代性命运"的系统的、全方位的考察。(贺来,2005)

在马克思与现代性的关系中,有一个很有意思的问题需要迷惑者清醒：谁的现代性和为谁的现代性。这个问题不解决就无法解决一系列问题。比如,现代性是否是马克思批判的对象？这是个假问题,或者说是一个无法回答的问题——不仅我自己无法回答,就是马克思本人恐怕也无法回答,因为"这个现代性是谁的现代性"的问题解决不了,对现代性的考察将失去原初的意义。我的解释是具有资本属性或者更为直接地说是现代资本主义社会——马克思称之

① 马克思在《1857—1858年经济学手稿》中指出,现代史是以自身为前提的,"资本为了生成,不再从前提出发,它本身就是前提,它从它自身出发,自己创造出保存和增殖自己的前提"。所以,过去的历史前提"作为这样的历史前提已成为过去,因而属于资本的形成史,但决不属于资本的现代史,也就是说,不属于受资本统治的生产方式的实际体系"。(马克思、恩格斯,1980：457、456)

为资本主义现代社会——所显露的现代性或者说是规定资本主义社会本质特性的现代性是马克思的批判对象，马克思是反对这种现代性的，所以马克思不仅不是这种现代性的同谋者反而是送葬者。“现代性可谓受到了形形色色的批驳。然而在这些批判中，使人感到不安的是马克思作为批判者的形象却日益模糊起来，在很多场合下，马克思几乎成了现代性的同谋者；即便是作为批判者而出现的，他也被等同于一位后形而上学者。”[①]很显然，马克思不是资本主义现代社会所彰显的现代性的同谋者，不管马克思以怎样的方式来说明和批判这种现代性——不要以为马克思强调现代性自身的自我批判为现代性的批判形式[②]，就怀疑马克思对资本主义现代社会的现代性的无情批判。

当资本主义现代社会作为现代性表现的主体和主题时，现代性同样遵循流动性的规则——无论现代性是作为一种观念形式，还是作为一种行动方式或者作为一种制度结构，马克思说“这些观念、范畴也同它们所表现的关系一样，不是永恒的。它们是历史的暂时的产物”。（马克思、恩格斯，1995a：142）资本主义现代社会正是因为其作为社会性表现的现代性具有一种非永恒的特征，也可以推论出资本主义现代社会是一种非永恒的可能性，资本主义作为一种社会形式是可能的，但是这种社会形态非永恒也是可能的——这是马克思承继“社会何以可能”永恒主题的一种现代性理论上的解答。但是问题又出现了：什么样的现代性所规定的现代社会是可能的呢？同时还要回答这个问题是否需要超越。我认为，在现代性问题上马克思不是资本主义现代社会所彰显的现代性的同谋者，也不是马克思所设计的一种超越资本主义现代社会的一种现代性的超越者。在现代性的宏大论域中和实践行动中，马克思既是批判者，也是建构者。马克思对一种形式的现代性展现了批判锐利性，对另一种形式的现代性投入了无尽的激情。马克思是共产主义社会应该表达的现代性的方案设计者。使用哲学的工具对资本主义生产关系进行剖析，马克思得出这样的结论：现代社会不应该是资本主义社会所暴露

---

① 很明显，现代性是可以成为马克思的批判对象的，但这种批判不同于现代西方哲学语境下的批判，它对“本质主义”没有恐惧症。形而上学的问题既已通过辩证法（黑格尔）得到了克服，那么它就不可能成为马克思对现代性批判的主要对象，反而会成为马克思的一种理论顾虑。用马克思的话来说，要实现对现代性的批判只有通过资产阶级社会的自我批判来完成，而要进行这种自我批判就必须找到这种支配性的关系。（臧佩洪，2002）

② “结论很明显，马克思是以现代社会自身为基础来展开对现代性的批判的，即他所力求推动的是现代性的自我批判。”（臧佩洪，2002）

出来的那种样子，真正的现代性应该是另外一种样子。于是马克思设计了具有独特品质的另外一种样式的现代社会——共产主义社会。

在所有现代性的思考中，唯有马克思的思考最具有主体性和复合性。这种主体性充分表征了现代性是谁的现代性，也就是说现代社会是谁的社会。在马克思所有的著作中，在马克思全部思想中，这是时刻呈现的最核心主题，由此马克思的现代性思想也具有了强烈的批判性和激情的建构性。这可能是最容易被所有现代性的理论家忽视的思想。遮蔽这个"强烈的批判性和激情的建构性"就等于宣告马克思思想的死刑，也等于遮蔽了马克思主义的阶级属性。

3. 涂尔干主义：一种折射转折的思想

谢立中指出："我把涂尔干在他那一系列以探讨现代性为主题的著作（《社会分工论》、《自杀论》、《职业伦理和公民道德》、《道德教育》、《社会主义和圣西门》等）中提出来用于解决他所看到的那些现代社会问题的一套方案称为'涂尔干主义'。因此，为了阐明本文所说的'涂尔干主义'这个术语的具体含义，我们就必须具体说明：涂尔干所看到并试图加以探讨和解决的那些现代社会问题到底是什么？涂尔干所提出的用于解决这些社会问题的具体方案是什么？"①

不管我是否同意涂尔干主义的提法，我都要说明的是涂尔干是社会学或者社会理论上的转折人物：这个转折一个表现为社会转型，第二个是范式转向。②社会转型说明是涂尔干本人的现代性思想完全地受到社会变迁的影响：涂尔干所处的时代是由机械社会向有机社会转型的时代，"和斯宾塞一样，涂尔干也相信，自己所处时代的这个社会已经抵达了一个转折的关头，机械的整合形式已经瓦解，但现代的形式尚待显现。这或许可以说是他为何有兴趣研究'失范'，即通过自杀之类规范缺失状态的病态现象体现出来的社会统合的崩溃"。（德浪蒂，2003：46）关于第二个转向，我的意思是涂尔干是承继实证主义社会学和理解主义社会学的过渡人物，也就是说涂尔干涉入了从实证主义社会学到

---

① 这种主要试图通过职业群体和职业伦理的建设来重建社会的道德秩序以解决19世纪西方发达国家所遭遇的经济、社会和精神危机的理论方案，我们就称之为"涂尔干主义"。（谢立中，2003）

② 渠敬东认为：涂尔干的意义不仅仅在于他在为社会学获得学科合法性的问题上所做的贡献，也不仅仅是他在《社会学方法的准则》或《自杀论》中所提出的所谓的实证方法（其实，这两个方面都与广义上的学术政治有关），更重要的在于他为现代性问题提供了另一条研究理路。（渠敬东，2002）

理解主义社会学的转向，这表现为他以宗教研究为特色的知识社会学研究。[①]

方法论上的综合使涂尔干更加明白现代社会根植何处。涂尔干从有机团结与集体意识弱化的角度来界定现代性。现代社会首先意味着社会分化现象的出现（社会转型从社会分化开始，是社会根理论的原理之一），人与人主要通过有机团结组成社会，在这种形式的团结中，人与人不再彼此相似，而是彼此有别，相互补充。当然，团结和失范的张力所衍生的不可预见的系统化或者碎片化的后果是涂尔干极其关切的问题，也是资本主义现代社会现代性建构方案设计的理论前提。

在涂尔干那里，“失范”被视为当时社会各种危机最主要的根源之一。[②]（失范引发的失序应该被看作社会无根的表达。）要解决现代社会所遭遇的各种危机，就必须在现代社会的基础上重建集体意识和社会规范，消除现代社会的“失范”状态。但是失范的具体原因何在呢？涂尔干指出：第一，个人欲望在现代社会结构中急剧滋长。[③] 第二，现代社会不能满足所有人的欲望。第三，社

---

① 渠敬东认为：我们也应该换个角度来考察涂尔干的宗教社会学。首先，涂尔干通过用一种全新的方式来处理人类学研究的成果，提出了他的知识社会学，也就是依据分类图式所构造的社会世界和视界，这样的研究范式不仅对后来的结构主义影响极深，而且对当代科学哲学甚至经济学的范式革命都起到了促动作用。其次，涂尔干的宗教社会学也不光是宗教解释的普通社会学，他的人性宗教和实证宗教并不是简单的概念，如果结合道德个人主义来看，恐怕我们对通常意义上的“实证”概念都要重新加以检视和深化。实际上涂尔干在《原始分类》和《宗教生活的基本形式》中已经把图腾制度、亲属制度和原始心灵的分类形式当作知识图式来处理了，从这个意义上讲，宗教和科学都是看世界的方式，都是知识社会学的安排，没有什么区别。涂尔干这一创见的影响，其实也不局限于结构主义方面，同时也对集体记忆的研究（所谓的集体思维）、科学哲学以及后来布迪厄的社会理论影响很深；不仅如此，当威廉姆森等经济学家用所谓“流”（flux）的概念来考察经济行为的时候，我们也可以从中发现涂尔干—柏格森这条法国思想传统所留下的印记。其实，这个传统可以追溯到“社会学年鉴”学派的莫斯（Mauss）、胡伯特（Hubert）、哈布瓦赫（Halbwachs）、戴维（Davy）、希米安（Simiand）和布格勒（Bouglé）那里，我们以往在这个方面的研究太薄弱了。（渠敬东，2002）

② 这些危机主要有：第一，经济危机，“从 1845 年到 1869 年，破产现象就增加了 70%”。（涂尔干，2000a：314）第二，社会危机，“工业职能越是朝着专业化的方向发展，劳动和资本的对抗就越激烈，远远超出了社会团结的水平”。（涂尔干，2000a：314）工人和雇主之间“永无休止的敌对状态”已经成为“工业社会的显著特征”。（涂尔干，2000a：316）第三，精神危机，其重要表现之一就是自杀率的上升，从 19 世纪初到 19 世纪中后期不到五十年的时间内自杀率在西方几个主要的发达国家里增长了三倍、四倍甚至五倍。（涂尔干，1989：317—318）

③ 工业化的发展使各种欲望层出不穷，就在传统法规失去权威性的同时，为欲望提供的丰厚奖励却在刺激着欲望，使其变得更加强烈，更难于忍受约束。欲望获得解放，社会各个阶层从上到下都在滋长着贪婪，野心再也无法得到有效的遏制，谁也不承认还有什么适当的自我限制。

会骤变会使个人欲望失去社会约束。那么如何在现代性条件下解决或防止失范与社会动乱？

应对社会失范，涂尔干提出道德化、组织化和中间化的三化策略。第一，道德化。涂尔干认为，建立新的道德秩序是最重要的措施。工业社会现行的活动方式，即使引起再大的骚乱，也停留在无节制的状态。这些活动方式是道德全面败坏的根源。“道德化”包括两个过程：一、依靠社会权威，制定各个阶段欲望与目标的上下界限。在个人主义盛行的时代中，只有社会本身有能力划出贪欲不得逾越的界线。二、要培养普通的道德意识，使人们尊重与自愿接受社会确定的界限。第二，组织化，控制经济活动。在一个已将个人主义变成最高准则的社会里，需要集体生活较完善的组织。要依靠这种组织将个人整合于社会架构与社会群体之中。要改善劳动分工，使个人承担的社会职能之间建立起协调融洽的关系。第三，中间化，创造政府与个人之间的中间团体。现代社会中的危机是由孤立的个人与全能的政府之间的直接冲突导致的。政党冲突与国会混乱影响社会运作与改革。创立中间团体，以避免国家集权与个人分散、无力的状况，使社会更富有机性。这种中间团体，不是地域性或区域性的，而是功能性的组织，原型是会社。通过这种中间团体，实行间接参政权。

涂尔干主义并没有使资本社会更加有序，但是涂尔干主义对社会从机械到有机的转型所投入的关注给我们考察社会的根化特征留下了丰富的遗产。

4. 韦伯悖论：理性主义的现代性方案

社会的现代性使我们遭遇“文明的碎片”。“随着不可避免的专业化和理智化的过程，主要作用于物质领域的进步，也将精神的世界分割得七零八落；生活领域的被分割，进而使普世性的价值系统分崩离析，信仰的忠诚被来自不同领域的原则所瓜分，统一的世界于是真正变成了‘文明的碎片’。”（韦伯，1998：4）如何把这些碎片粘贴起来，是社会根理论的典型语言表达，韦伯为此设计了自己的现代性方案。[①] 但在韦伯那里，现代性的方案本身的内在矛盾已经成为

---

① 韦伯生活在19世纪末20世纪初的德国，“经济的腾飞”促使工业化完成并向现代化的纵深迈进。但是德国的现代化却使得工具理性迅速膨胀，而价值理性同时缺失。这种转型为韦伯提供了现代性理论的发酵剂，这种转型的社会为韦伯提供了实验厂。

理论焦虑的来源。这种方案没有能力保护生活世界免受市场和官僚体制的侵蚀和制约，因而他对这个价值领域分化的结果持深刻的怀疑态度。

韦伯的现代性概念，被理解为价值领域的形式分化。韦伯认为，现代社会结构特质的生成过程，就是理性化的过程。依据韦伯的观点，理性化和合理性是区分现代社会与传统社会的关键，所谓现代化就是理性化，而“现代性”则是“合理性”。但是，韦伯又将合理性划分为工具合理性和价值合理性，或形式合理性与实质合理性等理想类型。工具合理性和形式合理性主要被归结为手段和程序的可计算性，是一种客观的合理性；而价值合理性和实质合理性则以信念、理想、主观价值为目的，是一种主观的合理性。在韦伯看来，现代性主要表现为工具合理性和形式合理性。[①] 根据韦伯的分析范式，从工具合理性和形式合理性的角度来看，现代社会结构中的市场经济、民主政治、科学技术和独立的个体等是具有高度合理性的。（李佑新，2004）在韦伯看来，社会中的每个人都是行动的个体，而个人的行动通常是矛盾而非一致的，因此社会的行动是难以分解的。但是，社会认可的人的行动并非毫无规律的，而是基于某种规律，使社会免于混乱，表现为一定的秩序。从社会学的意义上，韦伯将这一现象概括为“合理性”的结果，即以理性、知识的方式，澄清人与人之间、人与自然之间、人与超自然之间的关系，并予以系统化。

韦伯对现代性讨论的重要贡献在于从知识的角度分析现代社会（资本主义社会）产生的根源，也就是说现代资本主义社会根扎何处和如何扎根。“西方现代社会的特征在于自由劳动的资本主义理性化组织方式、法律和行政机构的理性结构，这种社会结构产生的深层根源不在于科学技术或追求经济利益，而是源于西方文化中存在的数千年的祛魅过程，即人们试图凭借理智，而不必求助于神秘力量实现自我拯救。”（尹树广，2003）作为理性核心的知识成为社会扎根的动力。韦伯把合理性概念赋予和扩展以社会建构之意义，将“现代性”

---

① 但是，现代性不仅仅表现在外在的社会结构层面，而且表现在内在的文化心理层面。有如舍勒所指出的，从传统社会向现代社会的转变，不仅是环境和制度的转化，而且是人自身的转化，这是一种发生在人的“灵魂和精神中的内在结构的本质性转化”。（舍勒，1997：207）这就是说，随着外在的社会制度结构的转型，发生了一种更为深层的变化，即人的文化心理性质的变化，人的内在心性秩序的变化。其结果便出现了舍勒、齐美尔等社会理论家所着力揭示的“现代人”类型。“现代人”是一个哲学人类学的概念，指涉的是现代人的精神气质和心理结构，这是为韦伯等人的社会理论在某种程度上所忽视了的现代性的另一维度。（李佑新，2004）

等同于“合理性”，将“现代化进程”等同于“合理化过程”。[①] 韦伯把作为人的思考能力的理性拓展到人的行动或历史、社会的具体现实领域，成为人的行动或社会所具有的特性，或者是成为能说明这种现实的根据，从知识领域到行动领域，理性领域到实践领域，从知识到理性，从理性到理性化，从理性化到现代性，韦伯完成了一种现代性论证的结构建造。

在分析韦伯的现代性问题时，不管他所描述的社会是天堂，还是地狱，也不管他的思考是真理，还是谬误，给我的启发确是充满想象的：露根而思。一是，社会的根基在于社会行动，同样社会学的根基也在于社会行动，“社会学是一门试图理解社会行动的意义以便对其过程及影响做出因果解释的科学”，于是才有了社会学的突破：一种理解主义方法论的社会学。正是在这个意义上，韦伯与社会学的创始人所开辟的寻求在外部的和客观意义上控制人类行为的普通科学法则的实证主义分道扬镳了。这里也蕴含了这样一个真实的假设：持续的有知识的社会行动者是社会生存和发展之根。如果我们要对韦伯的思想作一个评说，那么韦伯的成功和失败都在于此。韦伯为社会理论开了个好头：承担社会行动的社会行动者是社会学的起点——不仅是逻辑起点，也是社会学的党性所在。但是韦伯也起了个坏头：有血有肉的行动者在韦伯的理性化的平面化下没有了踪影，我们能够看到的只是抽象的理性。二是，理性主义悖论提供了社会消解或者社会灭根性的机制。在韦伯看来，现代性的基础就是理性主义悖论：一种根本性的悖论。就从意义的生成路线来说，西方世界对意义的追寻——意义的主观赋予加入了这个追寻的过程——产生出了一种理性化的充满意义的秩序——不管是否真实——而这种秩序却又毁灭了意义的可能性本身。举例说，新教伦理越是使世界理性化和理智化——以及由个体维系的那种秩序连同那种有序化实践，就越是将意义从这个世界中清除出去，最终也清除了宗教的各项条件本身，社会生活本身被社会生活所解构。所以，这种韦伯式悖论产生出两种核心冲突：第一种是各种现代价值体系之间的冲突，即“一种

---

① 韦伯认为，理性化是现代性的基本特征。理性化表现在文化、社会和个人三个层面。文化理性化是指世界的祛魅，包括宗教世界观的消除和世俗文化的形成。社会的理性化体现在新的社会结构的经济系统和行政系统中，资本主义企业的运营管理突出地体现了经济的合理性，可靠的法律体系和照章办事的行政管理制度体现了行政的合理性。个人的理性化强调伦理理性主义对个人生活的渗透。同时，他也指出人们总是以牺牲个体创造性而屈服于肆意扩张的官僚制度为代价来获得所谓的物质进步，现代人深陷“目的合理性”的行动观，个人变得越来越势利、冷漠和孤立无援。

统一的世界观不复存在，科学、道德和艺术等各个自主秩序开始兴起，其原因便是他所谓的文化的'祛魅'，即文化不再有能力使人着迷或提供魔力"。这时，意义越来越成为主体性的东西，而在现代性的状态之下，诸如科学和道德之类的文化领域再也不能够调和在一起。所以，现代性归根到底是建立在"伦理非理性"的基础上的。第二种是价值理性和工具理性之间的冲突，也就是说"在总体上的文化与科层制、法律和经济等工具化了的秩序之间存在的冲突，后者似乎摆脱了主体文化的束缚"。（德浪蒂，2003：47－48）

韦伯所设计的现代性方案所孕生的边祛魅边加魅的实践操作，使现代社会更加无根，一方面引导我们胆大妄为，另一方面又使我们惊慌恐惧。

（三）现代社会理论的现代性视域

现代社会理论同古典社会理论在时间上不可能有一个明确的界碑，因为知识之路是无时间尽头的永恒延伸。我只能选择几位学者思想的片断[①]进行阅读，以期说明现代社会理论以同样的热情关心着自身关心着社会——"社会如何可能的"，这个古老而又常新的话题。

1. 米德的说法：心灵、自我与社会的互构

现代社会根植在互构的行动中，似乎是米德的全部学术思想的归纳。米德是符号互动论的奠基人。他一直坚持行为主义的立场，认为不应当用意识解释人的行为，而应当根据人的行为来解释意识。米德强调应当在两者间加入主体间的互动，这样才能揭示行为背后的意义。比起宏观的社会理论，从行动的主体出发研究主体间互动的微观社会理论似乎更吸引人，因为对于每个个体来说没有什么比自己的主观感受印象来得更为强烈。"自我"（self）正是米德互动论的核心概念之一。在这里，"自我"不是主体生而有之的，而是产生于主体与他人间的互动中。庞杂的社会结构正是建立于人们以互动为基础的理解和行动之上的。

乔治·赫伯恃·米德（1863—1931）在《心灵、自我与社会》一书中系统地揭示了心灵、自我和社会是怎样通过互动而产生和发展的。社会的社会性或者说现代社会的现代性是通过符号互动而产生，并通过符号来表现的。米德的这

---

① 由于引言后的内容中涉及众多的学者，比如帕森斯、哈贝马斯、吉登斯、舒茨、加芬克尔、哈耶克等思想家，因此凡是后来有更多阐述内容的学者，在这里就不再作为阅读对象。

个思想在现代性思想家甚至后现代学者的思想中都能很明显地体现出来。米德把这种具有普适性意义的姿态称作常规姿态[①]——即一种类型的符号,这些符号能增强个体间互动的有效性,因为它能促使人们的愿望、需求连同有意识的行动过程在更精确的层面上交流,从而提高个体彼此适应的能力。同时米德认为,心灵就是应用符号的一种过程,因为心灵具有用符号来表示环境中的客体的能力;悄悄预演针对这些客体可选择的行动方案的能力;抑制不适当的行动方案,选择一种合适的公开行动的路线能力。米德把这种悄悄地使用符号或语言的过程称作想象性演习(imaginative rehearsal)。[②] 米德指出,社会的存在与延续或组织群体的协作,都是建立在想象性预演的能力之上的,并借此选择那些有利于协作的行为。

米德有关社会性质的假设与他在解释人类推动力时表现出来的矛盾是一样的。他相信那些高度发展的组织化的社会,是以繁多和复杂的关系为特征的。米德强调理想社会就是在最先进的知识基础上通过再定义的实用过程不断寻求其自身价值的完善。(珀杜等,1992:282)米德思想体系中的社会只不过是他的"组织化自我"的一种扩展。更准确地说,自我通过互动对更广泛的环境承担"概括社会态度"的任务。这些参照系超出了私人关系、亲密群体或社区的直接范围。对米德来说社会制度由根植于这些态度中的"普遍反应"组成。(珀杜等,1992:285)米德指出:"因而,社会制度是群体或社会活动的组织形式,社会成员以这种形式组织起来是为了通过其他人的态度来确定自己应采取的适当的与社会相一致的行动。……这里并没有充分的、无可辩驳的理由说明为什么社会制度必然是压制的或僵硬保守的,或者说明它为什么不是灵活的、进步的和有利于而不是抑制个性的发展。(正像现实中大量存在的那样。)"从而可以看出,米德对僵硬的、压制的社会组织模式的厌恶。他把社会

---

① 运用姿态,且用相同的意义来解释姿态的能力,意味着人类心灵、自我和社会的发展。通过接受和理解姿态,人们现在就可以对那些为求生存必须与之合作的人的姿态进行透视(看其意向、需求、愿望和行为倾向)。通过辨认和解释常规姿态,个体能够想象性预演各种行动方案。这就是说,通过将自身置于另一个人的位置,或如米德所言的通过"扮演他人的角色"使行动预演的能力达一个新的高度,因为行动者可以更准确地估计行动可能产生的影响并进而增加与他人合作性互动的可能性。

② 米德认为,当一个有机体能(1)懂得常规姿态的含义,(2)通过这些姿态来领会和理解他人,并(3)想象性地预演可选择的行为方案,那么,这一有机体具有了"心灵"。(米德,1992:119)

看作一种构成的现象，产生于个体间的适应性互动，正因为这样，社会才能够在心灵和自我的活动过程中被改造和重组。（特纳，1988：437）为什么社会成员必须参与社会互动？在米德看来，自我只有在与其他自我的明确关系中才能存在，因此自我离不开社会。人因为自我的获得而天然成为社会的一员。否则，我们无法形成自我，也无法享有社会权利。社会源自于社会的人与人之间的互动，而不是如结构主义认为人类社会受着稳定的社会规律的支配、社会结构制约着个人。一方面，行动者自我意识是在社会中获得的；另一方面，由于主我的能动性和选择性，主体对于社会的建构是具有积极意义的。同时，在社会变迁过程中，社会并非受稳定的规律支配，而是由无数个人的细小的互动推动的，使得社会变迁常常是未知的和不可侧的。

米德的思想体系构建了这样的一个社会如何可能的逻辑结构：社会的可能取决于心灵的可能，而心灵的可能是同自我在概化他人中应用符号是一起的。我的观点是：米德的现代性之思是同社会的符号性构成联系在一起的。[①] 也就是说，社会根论的米德逻辑就是现代社会的可能在某种意义上取决于社会符号所承载的互动类型行动的意义，这个意义既有自我赋予的也有社会给定的。

2. 海德格尔：一种无根的现代性

现象学与现代性的关系问题——以现象学的方式思考现代社会的根化问题——是一个需要解决的问题，从现象学的著名学者的论述中我们可以考察这种关系的呈现。[②] 尽管我们在呈现的状态下观察现象学中的现代性陈述（包括

---

① 以米德主义的符号互动论传统去理解的“身份”是一种在社会中可变的，但在精神上不变的实体，其坐标为传统社会学的社会地位和社会角色。

② 俞吾金提出现代性现象学的说法，认为：现代性现象学也就是运用现象学的理念和方法，尤其是海德格尔的此在现象学的理念和方法，对现代性现象进行全面的考察。将着重阐述现代性现象学的基本立场、观念和方法，并从现代性现象的总体视域出发，对现代性的含义及与现代性一起共现出来的其他现象的含义做出明确的界定。俞吾金还认为，在对现代性现象的探讨中，胡塞尔所说的“普遍悬搁”是无法达到的，但“有限悬搁”是可能的；现代性现象构成一个总体视域，当人们面对它时，其他相关的现象也会共现出来，必须在这一总体视域中来界定现代性的内涵；现代性现象学本质上是意欲或意志现象学，它要求探讨者必须先行澄清自己的历史性，才能进入探讨现代性现象的过程。（俞吾金，2003）我的看法是：如果有现代性现象学，那么这种现象学可能会提供考察“现代社会何以可能”的社会根性问题的某些思路，共在的方式——更多的是同现代社会现代性现象的同在——对社会根思考是必需的，作为行动者的现代性探索者无须澄清自己的历史性，因为这种共在就是历史性的某个阶段。

解构现代性和重构现代性)的努力可能是困难的,但是这种存在却是真实的。

(1) 在与现代性:在者何以在

海德格尔的现象学理论博大精深,他的"此在说"很好地体现我要表达的意思,也就是说社会可能源于作为现象学对象的此在的意义。"只有存在和存在结构才能作为现象学意义上的唯一的现象。"(海德格尔,1986:147)在才是根性之意义,所以,海德格尔所关注的现象或事物本身乃是存在的意义,这种根本性的现象始终处在被遮蔽的状态下,这是社会根理论出场的理由之一。

第一,人之在何在。

海德格尔认为,人之存在乃在于所有的"存在者"中,唯有作为人之存在的"此在"能够询问存在的意义。当然,人不是此在的规定;相反,此在是人的规定。人是这样一种特定存在者:人的存在(如何生存)先于人的本质(人是什么);人在生存中对之有所领会、有所作为的总是属己的存在;追问存在的意义,这一活动本身就是人生的存在样式之一。在海德格尔看来,存在总是存在者的存在。但只有当一种特殊的存在者能理解它时,存在的问题才开始变得具有意义。这一特殊的存在者即人,海德格尔称之为此在。"此在是一种存在者,但它并不仅仅是众存在者之一种。从存在者层次上来看,其与众不同之处在于:这个存在者在它的存在中就关心存在问题。因此,对存在的关心就是此在之存在的一个构成部分;而这就表明,此在在它的存在中对这个存在有关。……对存在的领会本身就是此在之存在的规定性特征。"此在的"生存"结构也就是"在世之存在",而存在的意义正是在"此在"在世中显现出来的。

人之所在的此在对社会根性的思考带来这样的方法论意义:人之何在涉及社会与个人之间的关系,意义的追寻与社会的建构是同一个过程;人之所在的此在规定了社会生成过程中的生动性和具体性。当人失去此在也就没有了历史性,人与社会是互相抛弃的,人与社会的分离是社会失根的表达方式。

第二,此在与共在。

海德格尔强调"此在"的原始的基本结构是"在世界之中存在"即"在世"。他对"客观世界"论提出了批判,认为有没有一个世界以及这个世界的存在能否证明,这个问题只能由"此在"提出。因此,世界的本质是随"此在"的在而展开的。"此在本质上是共在。"也就是说,即使他人不是现成地摆在那里,不被感知,共在也从生存论上规定着此在。此在之独在仍然是在世界中的共在,独在不过是共在的一种残缺的样式。此外,此在的独在不可能通过在它旁边出现的第二个人或更多的人来加以消除，“因此，共在和相互共在的事实性并不奠基于许多‘主体’的一起出现”。在海德格尔看来，即使当独在夹杂在许多人中时，也不等于说这许多人都是现成地摆在那里的，独在与这许多人的关系本质上仍然是共在的关系。不过，这种共存是以冷漠和陌生的方式来照面的。（俞吾金，2003）所以，从这个意义上没有离开共在的独在。此在与同在的关联，在这方法论昭示了现代社会的社会性与个体性之间无以割舍的关联成为现代社会之现代性的根本，现代社会之根存意义也就体现在这里。在海德格尔看来，此在、共在和世界作为原初现象具有同样的始源。不是此在先存在，然后再通过他人、陌生经验或同感，发现所谓“先验交互主体性”，而是此在的存在方式就是共在，即使此在没有领悟到这一点，它的存在也始终是共在。而此在认识到自己的本质是共在，也不是靠外在的感知或推论，不是靠外在的许多人的存在，而是它在骨子里就是共在的，共在就是它存世的无法逃避的方式。（俞吾金，2003）因为“共在”，“此在”就形成了“畏”和“烦”的整体结构。我们可以把这种存在结构论看成“此在”的体验，但它的客观内容正是人在现实世界中遇到的矛盾。“烦”从根本上说是“此在”把可能性变成现实，从而超越自身的意向，是在实现这意向时遇到的与世内在者、与“共在”他人的复杂关系。很显然，海德格尔的这种思想与现代性好像没有关联。实际上，海德格尔所揭示的这种此在与共在的关系就是现代性的一种表现形式，也是社会构建的一种策略性方式。现代性的表现方式和现代性的种种表现以及社会以现代性的表象而存在的事实体现了这种此在和共在的关系。现代社会的根性与根化都同这种社会存在——社会在——的状态与方式有关。

第三，世界化，世界之为世界。

世界的世界化是随着技术的展开而推延的。海德格尔从“世界性”或“世界化”（为“世界之为世界”）的含义上来理解“世界是此在本身的一种性质”。此在的世界向来是一个有序世界，此在不仅向来领会这个世界，而且向来在用语言解释这个世界。世界秩序不能用函数来把握，作为秩序特例的混沌更不能用函数来把握。（海德格尔，2003：102）然而世界化的过程中技术的加入就使得情况变得更加复杂和危险，“在技术—科学文明世界化的整体面貌中首先应看出一点：历史地看，较后露面的现代技术布局并不是近代科学的结果，甚至也不是近代科学的应用。按事情自身言，宁可说近代科学已经被现代技术深藏不露的本质规定好了。从此一方面看，这再次说明在工业时代有一种独一无二的方式,依此一方式,是者之是起支配作用"。一旦技术的规定成为一种技术的本质,那么"科学"就进入不思状态,"在把包括人在内的一切是者都进行绝对设定的存在规定的意义上,或许可以说,现代文明的世界化已经进入划时代的存在命运的终局"。(海德格尔等,1988：276)所以,现代社会的终结或者说现代性的终结是同技术的本质的显现同步的。世界的世界化之终结同技术所规定的科学不思状态有关。技术的本质摧毁了技术所呈现的现代性。

第四,现代性导演无家可归。

"一旦人类思考无家可归状态,它就已经不再是什么不幸了。"(海德格尔,1996a：1204)无家可归的状态对社会来说就是无根的状态,海德格尔把现代社会的无根状态看作一种无家可归的状态。但是对这下面的说法我有不同的看法,或者说需要对海德格尔的说法进行补充。海德格尔说:"无家可归状态是忘在的标志。"(海德格尔,1996a：382)由于忘在,人的存在之真理就总未被深思熟虑,那么,对人的终极关怀、对人类精神家园寻觅也就只及皮毛而不得要害。但是事实上抛开知识史上的无家可归状态同忘在之间的关联可以认同之外,应该表述为：现代性过程中无家可归状态是无在的表达。无在可以是忘在的结果,但是有意建构无在状态,也是无在的缘由。作为此在敞开的样式,情态、理解和沉沦从此在这方面构成了无之无化。沉沦于它的日常性同样是"在世存在",且没有何来何去。于是没有更纯洁和更高的本原状态,沉沦由此而来和所去而归。世界不揭示自身,却掩盖自己;在之在没有敞开,反倒遮蔽。因而,"无家可归状态变成了世界命运"。(海德格尔,1996a：383)这种命运注定人无定所,物无定在,社会无着,于是社会现代性转换为无根的现代性。由此海德格尔将整个西方文明史的演进夸张为一步步走向无家可归的深渊。

(2) 失根：技术化世界观

第一,人类扎根于传统。

对"此在"在"日常生活"中"沉沦"状态的思考,对"此在"现实困境的审美救赎途径的探索,特别是现代社会技术理性对"此在"存在的异化问题,是海德格尔哲学探索的重心。海德格尔后期以艺术的方式追寻"此在"的自我领会与回归。海德格尔选择了一条向希腊回归的还乡之路。(刘海,2010)所以海德格尔说:"我知道一切重要而伟大的东西只是产生于一点：人类有一个故乡并须扎根于传统。"这个传统当然是会具体化为回归德意志自身的历史的本原性。但是我在这里要表达的意思则是：人类社会的根基必须在历史传统中才能找到，历史不能绵延，传统不能延续，这种社会是无根的，尽管我们不能直接地把传统延续看作社会扎根。海德格尔说的人类扎根传统的意义在于看到了人类社会必须要有自我根基——不管这个根基是传统性还是现代性——一旦这个根基遭到毁坏，人类就处在毁灭之中。克服技术异化是海德格尔寻找社会根的答案。①

第二，技术使人失根。

"技术—工业文明时代自身隐藏着对自己的根基思之甚少的危险，且此一危险与日俱增：诗、艺术和沉思的思物已无法经验自主言说的真理。这些领域已沦为支撑文明大工厂运转的空泛材料。他们原本自行宁静流淌着的言说在信息爆炸的驱逐下消失了，失去了他们古已有之的造形力量。"（海德格尔，1988：275－276）这段话可以看作海德格尔的现代性的一种典型描述。人们对技术的解释归为如下两个基本观点：技术是目的的手段；技术是人的行动。海德格尔称这些对技术的流行观念为"工具性的和人类学的技术规定"。他强调，这个规定的立足点应设立在技术对人类生活的"有用性"原则之上。他认为技术只不过是为了使人的生活更安逸，减少人们为物质条件而进行的日常斗争，为人们赢得闲暇和舒适用来改变自然面貌的工具和手段而已。而技术一旦被定义为手段，就会像任何手段一样能够被肯定或否定。那么，人们就只能把大自然视为加工制作的材料和被动的附属，以期对其进行开发利用（到了现代，已经到了无限度开发利用阶段）。通过技术，人与自然形成了主、客体的分化。作为主体，人是他周围世界的存在方式的尺度。这样就造成了人与世界的剥离，破坏了人与世界的原初统一，于是人类征服的空间虽然越来越大，但人们心灵的天地却越来越小，技术渐渐堵塞了人通向存在的澄明之途。海德格尔反对这种对技术的工具性的和人类学的规定，而认为技术是天道展现的一种方式，认为"新时代的技术是本体论的基本事件，它对事物、人和世界都以一种独特

① 海德格尔技术座架的实质在于：不是反对技术，而是在沉思中把握技术的本质，使思契合于技术的本质；技术不是近代科学的应用，相反，近现代科学早已被希腊人深思熟虑的技术本质所规定，它只不过是这一古老的本质规定的缓慢实现而已；不是人向技术提出要求和驾驭技术，而是人的本质被技术及其座架要求着，这种要求之广阔和具有命运性，早已超出了哲学以及由哲学而来的人道主义、人论、世界观、主—客体、辩证转化这些衍生物的解释能力，对这种广阔的具有命运性的文本转移过程，人类还没有做好思想准备，甚至还处在盲思状态。正因为如此，海德格尔多处提示，技术座架仍处于待思状态，"有待去思的东西的伟大之处太伟大了"。

的、还未曾有过的方式去加以展现”。海德格尔认为,“技术就其本性来说,是人从自己出发不可能制服的某种东西”。技术的本性是设置。“设置的统治作用是指:人是被一种力量所设置,所强求,所挑战,这种力量在技术的本性中展示出来,而不是人本身所能掌握的。”海德格尔明确指出:“技术使人们愈来愈同大地分离,并使人们失根,这恰恰是令人不安的事情。”①

第三,何以扎根。

尽管海德格尔明确指出人类社会扎根于传统,但是这种传统又是何以可能的呢?海德格尔的社会扎根说太过繁复,实在难以说清,好在我并不专注于此。

个人在世界中栖居是社会扎根的方法。通过栖居不再无家可归,是海德格尔为无家可归的人类指明了得以栖息的“诺亚方舟”之所在。章忠民认为,海德格尔为人们指出了终极关怀的新方向:人的存在最本己的、最大的可能性,也是最有意义的事情、最高的真理就是从在场的存在中把握不在场的无,从而实现终有一死的有限者通达作为世界之世界的关怀。无是比存在本身更为隐秘、更为本己的东西。(章忠民,2003b)海德格尔强调,死亡,只有死亡才是人类通达存在之途。但是,“常人从不死”。(海德格尔,1986c:489)并非人人都能通晓这种天命。因为,人们或是混迹于尘世的喧嚣忙碌,追新猎奇而沦为常人,以逃遁死亡而坠入“不死”的深渊;或是厌弃尘世的感性世界而超升到非感性的世界,在观念、信仰的王国以求永恒不朽。怯于承担死亡的死亡而与本己的存在擦肩而过,最终无法在人的有限的存在中响应存在者之存在的呼唤!从而备感生存的茫然、迷惑,饱受无家可归的苦涩。(章忠民,2003b)用心去栖

---

① 海德格尔认为20世纪30年代的欧洲(包括德国)形势非常糟糕,这不仅仅指政治的,亦即德国无数个政党相互倾轧的混乱局面,也不仅仅指经济衰退、工人失业等,甚至也不仅仅指第一次世界大战给德国留下的外在和内在的创伤,而是指人性的和精神的普遍的困境。这一困境导致了尼采的“上帝死亡”、胡塞尔的“欧洲科学的危机”和斯宾格勒的“西方的没落”。所谓的“上帝”和“科学”都是意指西方(欧洲)传统的理性,当然它们各具自身的维度,而“死亡”、“危机”和“没落”则意味理性不再是西方人的最高规定,它已穷尽了自身的使命,于是人性和精神就失去了其根基。海德格尔认为糟糕的形势并不只是理性的死亡,也是技术对于人的垄断,对于存在的设置,这使欧洲的命运面临了挑战,它具体表现为美国主义和俄国主义。前者是民主和科学(技术),后者是苏维埃和电气化。一般人认为美国主义(资本主义)和俄国主义(共产主义)是两种对立的思想,因为它们总是试图消灭对方,但根据海德格尔的观点,它们两者在本性上是一样的,即技术化的世界观。美国的科学与俄国的电气化如出一辙。而美国的民主和俄国的苏维埃只是以不同的方式所建立的政权,但它们又都是被技术所操纵。(彭富春,2000)

居，在栖居中接受并感悟不在场的东西，听从无的呼唤。在世界之中，人既无须奋力战天斗地与鬼神相抗争，也不必一味放弃自己而迎合天地神人之所谓融合。人唯一要做的只是去栖居，去存在，去成其所是。人之为人，就是通过栖居才获得自己的存在意义和价值的。栖居，即带来和平，意味着：始终处于自由之中。栖居的基本特征就是这种保护。它贯通栖居的整个范围。在本真朴实的栖居中朝向终有一死的有限，而无所畏惧地得一好死！在拯救大地、接受天空、期待诸神和护送终有一死者的过程中，栖居表现为对四重整体的四重保护。在天地神人的四重保护中，人的存在得以成其所是，存在的真理得以自行解蔽呈现。每个将死者都得终极关怀，享受到天伦之乐，领略生活本身的甘苦。人一旦最终在存在者中把握到存在，在存在中把握到无，在生存中正视死亡，去承担死亡的死亡，视死如归，人便安居乐业，不再无家可归了。（海德格尔，1996a：1204）章忠民认为，海德格尔为我们指明了对人的终极关怀的新方向，道出了人类精神家园寻觅的新意，终有一死的人通过栖居不再无家可归。（章忠民，2003b）然而这种社会扎根的方案依然是整个西方资本主义世界处在失根的无家可归状态中，因为只有常人有根，社会才有根，让少数的"死人"通过栖居而有家可归，并非社会之常态。拯救大地、接受天空、期待诸神和护送终者作为栖居的方式与范围也是不着边际的臆断。用心栖居而获得保护不是哄骗就是想象。

在技术的本性中根植着和成长着拯救是海德格尔为西方社会寻根的一个方式。海德格尔认为，现代技术并非单纯的手段，而是属于事物和世界的构造——展现及解蔽。"技术不仅仅是手段。技术是天道的一种展现的方式。"如果这么理解技术，那么，在人与自然和人与世界的关系方面就发生了一个彻底的变化，人与自然、人与世界不再是彼此分裂的，世界就是人栖息于其中的天、地、人、神的四重统一体；人对世界的关系就是保护、爱抚、保藏与照料，而不是盘剥、利用、奴役和掠夺。由此，我们重新考察"座架"的概念，就会理解海德格尔这一思想的深刻内涵：海德尔以群山、性情为比喻，强调座架"会集"的特性，这个会集指的就是自然和世界在技术展现中呈现出的多种方式。这样，我们就可以理解为什么海德格尔会说"在技术的本性中根植着和成长着拯救"。所以，海德格尔并不试图去拯救理性的危机，而是想让技术得到更本原的规定，对于海德格尔而言，"事情只还有一种可能性：同那些现实还有生命力的建设性力量一起，来试着对付正在到来的发展"。而建设性的力量在海德格尔所处的时代就是民族社会主义。[①] 当然海德格尔所指出的现实与生命力的建设力量无论是在理论上，还是在实践上都只能以破产终结，因为不管技术具有怎样的异化性和异化力量，但是作为知识的一种形态，是同主义所内含的知识力量一样的性质，拒绝技术意味着拒绝知识，意味着拒绝现代社会所彰显特性的底层力量。实际上海德格尔的思想走上了林中路——显而易见的一种迷途。[②] 思想走向迷途，所探索的社会形态和现代社会的现代性也就是易失的和漂浮的，归根到底是无根的。[③]

3. 阿伦特：社会的可能源于人的可能

汉娜·阿伦特（Hannah Arendt，1906—1975）要让那些从未存在过和不幸永远消失在历史的地平线之外的人们同时存在，这可能就是社会扎根的一种类型。她不仅对自身感兴趣，而且对这个世界和于其中生活的人们拥有一种真正的客观的兴趣和爱。[④]

（1）公民共同世界是社会存在的形式

在阿伦特那里，公共领域（公民共同世界）既有别于“社会”，也有别于“社群”。（徐贲，2002）公共领域不是一个人们协商一己利益或者展现血浓于水之情的地方；相反，它是一个人们显露独特自我的场所。每一个公民在公共领域

---

① 彭富春认为，海德格尔所说的民族社会主义之“社会主义”一方面强调反对资本主义，另一方面强调反对共产主义。而民族社会主义之“民族”是这种社会主义的限定，它不是国家的，也不是文化的和历史的，而是种族的。因此民族社会主义的基本原则是“大地和鲜血”。（彭富春，2000）

② 在海德格尔那里，最本原的不是混沌，也不是理性之光和上帝之光，而是林中空地，此林中空地不是佛道的怡然澄明之境，而是遮蔽和去蔽之地。一旦思想进入林中空地，它的路途必然是林中路，亦即迷途。（彭富春，2000）

③ 海德格尔说：“我深信，现代技术世界是从什么地方出现的，其转向也只能在那里准备，这个转向不可能通过接受禅宗思想或什么其他东方的世界经验来完成。还是要借助于欧洲传统及其新格局来转思。思只有通过具有同一渊源和同一规定的思来转变。”为此海德格尔在“与荷尔德林恳谈的意义上”看到了德国人肩负这一思的转向的特殊能力，其依据是“德语与希腊语及希腊思想具有特殊的内在亲缘性”。在这个基础上，海德格尔也认为神圣的激情和清醒的叙事，这种尼采意义上的狄奥尼索斯和阿波罗的冲突，“是德国人历史规定中隐然不现的格律，终有一日，我们必将愿意并准备完成它的造形”。（陈春文，2003）

④ 我对阿伦特关于现代性隐含社会根性的思想的认识来源于《人的条件》（阿伦特，1999）、《爱这个世界：汉娜·阿伦特传》（阿洛伊斯·普林茨，2001）、《极权主义的起源》（阿伦特，2008）等作品以及中国学者对阿伦特思想的研究成果。同时还需说明的是：对阿伦特的知识与行动关系的内容，我将在其他地方加以考察。

中的言论和行为都在其他公民前面显现着他是“谁”。“谁”是相对于“什么”而言的，“我是谁”说的是我这个独特的、不可重复的自我。而“我是什么”说的则是一些我可与他人共有的社会属性或职能（宗教、职业、性别、好恶等）。阿伦特认为，公共环境比隐私环境更能充分显示自我。公共领域是一种“外观”，一种“井然有序的戏景”，它为每一个公民的参与行动提供了舞台和以公共成就延长个人有限生命的机会。（阿伦特，1958：29）但是我认为，阿伦特的公共领域尽管有别于社会，可是仍可以理解为社会的一种形式。因为在阿伦特看来，公共领域“是一个由公民们共同维持的可见领域和共同拥有的世界”。阿伦特写道：“我们认为，显现的——那些别人和我们自己都能眼见耳闻的——才是真正现实的。与眼见耳闻的现实相比，内心生活（激情、思绪和愉悦）再强烈，也是变化无常、朦胧模糊的。人的这些内心东西只有经过改变，去隐私和去个人化，才能定型为公共显见性。……每当我们（公开）谈论只能在（自己的）隐私和内心才能感受到的东西时，我们就已经把它带到了一个它可以获得显露性的领域。”（阿伦特，1958：50）只有在显见的公共领域中，人的经验才可以分享，人的行为才可能经受公开评价，人的角色才得以向他人展示。

个人到公民的转换是个人社会化的表现。阿伦特指出：人并非天生就是公民，但却可以成为公民。当然，这种信念不是无条件的，它以人的自我启蒙为条件。人必须经过自我塑造才能担当起公民的角色，这种自我塑造也就是最深刻意义上的启蒙。并非任何启蒙都有助于塑造公民。塑造公民的启蒙必须具有与公民政治理念（自由、民主、法制等）相一致的价值和实践方式。

从私人情境到公共领域，从公共领域到社会生成是阿伦特考察社会何以可能的知识路径；从个人到公民则是社会生成的实践逻辑。

（2）人的条件是否是社会的条件

人的存在和人的条件，是阿伦特对老师海德格尔的一种隐性的继承或发挥。阿伦特认为，人的存在总是在一定条件下的。所以，人的条件不仅仅是指有生命的人的条件。人的条件是一种扩展性的条件，这些条件大致可以分为两类。一类是既定的或者说是给定的条件——用阿伦特的话说就是——与生俱来的既有条件。另一类是自造的条件，因为任何事物只要与人发生牵连，就会马上成为人生存的一种条件。人的活动创造了各种事物，并进而构成了 Vita Activa 所在的这个世界；人们总是在与生俱来的既有条件之外，或是在这些条件之中，再创造出他们自身的一些条件，而这些条件在人的产生和发展进程中具有和自然环境一样的约束力。①

人的条件并非人的本质。阿伦特特别提出：要避免这样一种误解，即认为人的条件就是人的本质，与人的条件相应的人的各种活动和能力构建了人的本质。阿伦特认为，人的本质是人不能去认识、决定和界说的——这就像要跳出我们自己的影子一样是不可思议的。即使我们真的有什么本性或者本质，也只能由神界定。“我是谁？——你是一个人。”“我是什么？——这个问题只能由造人的上帝给予答案。”

人的条件是劳动、工作和行动。这三种活动构成了人的三种基本条件。劳动控制着人的整个生命历程，劳动即是人的生命本身。工作，作为人的条件之一，是一种现世性。工作营造了一个与自然界截然不同的“人工”世界。工作的有限性无法通过人的生命的无限循环得到补足。行动是人们而不是人类居世的群体条件。群体性是人类行动的条件，因为我们每一个人都不可能和另外某一个人一模一样，无论这个人是已故的、活着的还是将要出生的。

人的条件实质就是社会的条件。阿伦特说，劳动不仅确保了单个人的生存，而且维持着整个类的生命的延续。工作及其人化成果，使短暂徒劳的生命与稍纵即逝的时间得以延续和永存。而行动，就其对政治体的奠定和维护而言，是在为历史创造进行回忆的条件。劳动、工作和行动这三项活动关注和预见着新生命的不断涌现，并为这些初涉人世的陌生人承担提供和维护这个世界的重任，因此它们始终根植于人的诞生之中。其中，行动与人类诞生的条件有着最为密切的关系；人之所以一出生就能体会到与生俱来的在世感受，是因为他们拥有一种新能力，即行动的能力。以此为第一步，可以说其后人类的所有活动都继承了行动，因而也是诞生的基本因素。阿伦特的这段话明确了：历史的记忆、时间的永存和人类的延续都同劳动、工作和行动有关。当然这对于知识行动论来说，阿伦特的言说所引出的问题还有一些疑问要讨论：尽管劳动、工作和行动有很多的不同，但是三者之间的内在联系表现如何？行动的基础是理性，还是以知识所表现的理性？阿伦特所处时代中的现代性同这些行动的基

① 无论什么事物，一旦和人的生命发生沾染或形成比较持久的关系，就会产生作为人的某种生存条件的特性。这就是人们千方百计却始终无法摆脱束缚的原因。不管是因为自身的认同而被融入这个世界，还是因为人力的作用而被吸纳进这个世界的万事万物，最终都将构成人类生存条件的一部分。人所感受到的现实世界对其存在的影响就是一种约束力。

础有没有关联？诸如此类问题，阿伦特对其中关键问题还没有明说。

(3) 爱恨交加的现代性

我们生活在一个充满孤独、游荡的个体时代，过着一种类似于兽群的生活。我们虽然聚居在一起，却没有维系共同生活的纽带。怎样开始恢复城邦共同体、公共性、政治、友爱，就是阿伦特的努力。阿伦特对现代性的态度，是爱恨交加的。本哈毕伯用"勉强的现代性"来概括阿伦特，我则用爱恨交加来说明阿伦特的现代性。实际上，我更倾向于把阿伦特的努力理解为对现代性的一种超越，不是批判现代性，不是回到古希腊，而是要超越现代性。①

第一，总体性说明。

阿伦特说，在现代条件下，剥夺人民、摧毁物质、蹂躏城市会变成一个不仅仅是恢复过程，也是较迅速和有效地积累财富的过程的强有力的刺激因素，只要这个国家的现代化程度足以根据生产过程来做出反应。在德国，彻底的破坏取代了蔑视世间一切东西的这一无情过程，成了我们现在身居其中的剩余经济的标志。其结果几乎如出一辙：繁荣兴旺（正如二战后德国表明的）并非来自物质产品的极大丰富或任何稳定的和赋予的东西，而是来自生产和消费这一过程本身。在现代条件下，不是摧毁，而是保存招致了毁灭，因为保存的东西的坚固耐用是倒转过程的最大的障碍，这一过程迅速的、不停的所得仅仅意味着其所得地方的不停的所失。阿伦特还指出：在现代性的过程中，所有的财产权都在其没收的过程中被摧毁了，所有的东西都在其生产过程中消耗殆尽，世界的稳定在一种不停的变化中遭到了破坏——会变得怎么样是没有根据的。同时信仰的丧失和剥夺性增长也成为现代社会的条件。照我看来，这就是无根社会的标准特征。

第二，孤立与孤独。

阿伦特认为，孤立与孤独不一样。孤立是指社会交往方面的孤独。我可以是孤立的——处于我无法行动的情景，因为谁也不会与我共同行动——但是不孤独；我也可以是孤独的——处于我作为一个人而感到自己被所有的同类遗弃的情景——但是不孤立。孤立是一种人被驱入的绝境，他们的政治生活、他们

① 需要说明的是，阿伦特的现代性思想或者直接说现代性论述内容是十分丰富的，我们可以从她的许多著作中领略。我这里做出的介绍仅仅是一个或者几个片断。我希望从这几个片断中欣赏阿伦特的现代性思想和透过现代性的思路探究社会之源的努力。

追求一种共同目的的共同行动都被摧毁。然而孤立(尽管会摧毁力量和行动能力)不仅未影响人的所谓生产性活动(productive activities),而且也是这种活动所必需的。人,只要是一个制作工具的人(homo faber)就会倾向于使自己孤立,暂时离开政治范围。人在孤立中仍然与作为人类建制的世界保持接触;只有当最基本形式的人类创造活动(人在共同世界里增加自己的某种东西的能力)被摧毁了,孤立才变得令人完全无法忍受。当一个世界的主要价值受劳动支配,一切人类活动都被转变成劳动时,才会发生这种情形。阿伦特还说,孤独令人无法忍受的原因是,人在现代性条件下失去了可以在孤寂中实现的自我,但是又只能靠同类的信任才能肯定自己的身份。在这种情形下,人失去了对自身的信任(自身本应是他的思想的合伙人),也失去了存在于一个为提供经验而必需的世界中的基本信心。自我与世界,思维能力与经验,都同时失去了。西方现代性过程中我被抛弃,同时也就成为一个无根的多余者。

第三,无根:我们是多余者。

阿伦特说,无根意味着在这个世界上没有立足之地,不受别人的承认和保障;成为多余者意味着根本不属于这个世界。无根可出成为变成多余者的先决条件,正如孤立可以(但并不一定)成为孤独的先决条件一样、孤独自身并不考虑其最近的历史原因与它在政治中的新作用,它同时与人类的基本要求相反,也与每一个人生活的根本经验相反。即使是物质与感官的世界的经验,也取决于我同其他人的接触,取决于我们的共同感觉(common sense),共同感觉规范并控制其他一切感觉。若无共同感觉,我们每一个人都会被封闭在自己特殊的感觉资料中,而这种感觉资料自身是不可靠的。正因为我们有共同感觉,正因为不是一个人,而是许多人生活在地球上,我们才能相信自己的直接感觉经验。然而,我们必须提醒自己,终有一天,我们将不得不离开这个共同世界,而它却将一如既往地存在,为了实现孤独状态这种被一切事物和每一个人抛弃的经验,相对于其同世界的继续存在而言,我们都是多余者。多余感滋生的无助感就是现代社会的无根感。这是现代人的共同感。

(4) 开始行动:摆脱可怕的现代性

面对如此可怕的现代性,我们何去何从,是阿伦特的追问。为此阿伦特警告:如果不根本诊治现代性的痼疾,极权主义可能以一种极有诱惑性的方式,以解救种种悲苦的姿态出现。

第一,开辟行动领域:公共领域标志的社会成熟。

在一个已经发生天翻地覆变化的现代世界上，在一个存在爱恨交加的现代社会中，如何生活才有意义？我们如果已经在“其中活动和参与”，是积极的，那么到底应该干什么？海德格尔提供的方案主要是个人的“出世”，阿伦特正好相反，阿伦特所“照亮”的不是“林中空地”，而是人们共同生活的领域，是在超越了个人谋生和生存的需要之后，从封闭的一己的领域中走出来，和别人一道分享这个世界和共同的话题，公开地亮相、自由地讨论，“被他人看见和被他人听见”，在公共生活中达到一种“可视性”，于一种多元化视野中最大限度地表达和提升自己的个性。①

按照我的理解，要摆脱可怕的现代性必须增加人性，也就是增加人的社会性，也就是使社会根植在传统的情景下发育更成熟。当然标志就是公共领域的形成。阿伦特说，作为一个共有的世界，公共领域可以说把我们聚在一起，又防止我们彼此竞争。只有公共领域的存在以及随之而来的世界向一个世俗共同体（它使人相聚，又彼此相连）的转变，才完全依赖于一种永恒性。这个世界如果有一个公共空间，就不只能为一代人而建立并只为谋生而筹划；它必须超越凡人的寿命。阿伦特认为，我们的存在感完全依赖于一种展现，也就依赖于公共领域的存在，在这一领域中，事物可以从被掩盖的存在的阴影中走出，并一展其风貌，因此，就算照亮了我们的私人生活的微光，最终也从公共领域中获得了更为耀眼的光芒。阿伦特还指出，正是公共领域的公共性才能够吸纳人们想从时间的自然废墟中拯救出来的任何东西，并使之历经数百年而依然光彩照人。当我们成为社会人，当我们有了我们的空间，当我们成为我们的时候，我们就可以进行扎根性行动。

第二，开始行动：扎根。

在公共领域中，人和人处于最大限度的开放之中，人们互相能够看见和听见，他人的在场保证了这个世界和人们自己的现实性，使得一个人最大限度地表现了自己的个性和实现自己的最高本质。正是公共领域的形成才为行动开辟了疆域。所以，阿伦特说，所谓“行动”则是在“公共领域”中的活动。“行动”

① 公共领域和社会领域，在阿伦特看来是互相连结的。她指出：以生产为特征的“社会领域”是一个处于私人领域和公共领域之间的“雌雄同体的领域”。从表面上看，在这个领域中人们彼此结合在一起，不像在劳动状况下个人处于与世隔绝的状态，但它本质上仍然是服务于自然的生命过程，仍然是为生存的目的组织起来的，与纯粹的生存相联系的活动被获准在公共领域。

是由于别人的在场而激发的，但却不受其左右，它存在一种“固有的不可预见性”，有可能“迫使取消所有限制，穿越所有界限”。一个行动完全可能突然间产生不可思议的面貌和令人耳目一新的意外条件。由于深深扎根于人和人的交往当中，“言谈”成了“行动”的最重要的内容之一。言谈的前提是拥有公共的话题，关心共同的幸福或正当性。行动意味着在人类“多样性”的条件下，每个人通过他人之在场来揭示“我是谁”。正是在这样的基础上阿伦特提出了自己的行动理论。

我们的行动使我们进入这个世界。阿伦特说：我们以言行使自己进入了这个人类世界，这种“进入”不像劳动那样为情势所迫而强加于我们，也不像工作那样由功利所激发。它也许是由一些人（我们期望作为伙伴加入到他们中去）的在场激发的。稍加解释即我们的在场激发，更直接说我们交往的需要，使我们走在一起，使我们扎根在这个社会之中。行动者的行动则是一种扎根。但是阿伦特也指出：在行为中不揭示行动者，行动就失去了其特有的品质，成为其他诸种成就之一。然而，行动者从不了解他正在做的事，他总是对它从未有意为之，甚至不能预见的结果感到“内疚”；无论他的行为结果是怎样可怕和难以预料，他都无法制止这一行动；他开始的行动过程也绝不可能确定无疑地在一单独的行为或事件中被圆满地完成；此外，行动者从不了解行动的意义，只有不行动的历史学家在事后才能发现这一意义。

第三，以绝望的姿态积极生活。

“悲伤，仿佛点燃在心头的烛光，把我的黑夜照亮。我有了光明，便不再需要悲伤。我穿过了漫漫长夜，远征在回家的路上。”这段话很恰当地说明了阿伦特以绝望姿态积极生活的态度，即初版于1958年的《人的条件》（*The Human Condition*，德文版名为“积极生活”，“Vita Actita”，阿伦特最初为此设想的书名是“热爱世界”）中表述的思想。

阿伦特使用“Vita Activa”说明她热爱生活和积极生活的态度。她认为，Vita Activa是一个富有传统，甚至是传统性过多的称语。而Vita Activa这个成语，概括了人类的各种活动，是从沉思的绝对静寂观中得出来的。同时在阿伦特看来，Vita Activa包括了劳动、工作和行动三个方面。从事劳动、投入工作和不停行动似乎是人们积极生活的表现。但是积极生活并非快乐，而是痛苦着积极生活，这不仅是阿伦特的生活态度，也是阿伦特所倡导的生活态度。绝望而又痛苦地积极生活可能是现代社会中现代性的表征，或许是现代社会扎根的土壤。

4. 本雅明：高度城市性表征的现代社会根性

城市的现代性源于其城市性的生成，但是城市性[①]是一个历史的过程。这个过程实际说明了城市何以可能的问题。从韦伯、齐美尔到贝克再到本雅明，都对现代性与城市性之间的关系进行过很多的讨论，这些讨论表面上看是说明城市性的形成和城市如何可能的问题，但是实质都是为了解答社会，尤其是“现代社会何以可能”的问题。我以本雅明在《拱廊街计划》中所阐述的城市性与现代性之间的内藏式关系来说明“社会何以可能”的隐含线索。[②] 本雅明的《拱廊街计划》是一部非常重要的著作，也是本雅明现代性思想的一个展台，因为这个计划的完成也就意味着本雅明生命的终结。[③]

拱廊街，一种扎根的表征，是资产阶级形成其社会的标志。拱廊街早在18世纪就有人开始使用，用来描述一个非常狭窄的一个街道，可以把人引到一个较大的建筑中去。但是拱廊街作为一个建筑术语很快就超越了建筑学的范畴，变成一个具有多种意义的概念，比如表示一个单行街或单行道，也用来表示书中的一个空白页，或音乐作品中的过渡旋律等。但是我更加对拱廊街的社会学意义感兴趣，并把这种兴趣带入到对本雅明、对现代性的考察中。

(1) 为什么从建筑开始

“现代性意味着一种与传统的断裂，其中作为文化价值的保护者与创造者的知识分子何去何从就成了问题。作为一名文人，当本雅明面对这个世界时更是悬在了空中：退，无路可退——现代性扯断了与传统连接的脐带，已经抽去了退的可能性；进，无路可进——犹太教的悲观意识、犹太民族的苦难经历始终纠缠着他，让他看不到希望；尽管弥赛亚终将降临人世的犹太福音曾给他以深

---

① 城市性的概念是沃斯提出的，但是在这里我要提出一个高度城市性概念——受吉登斯高度现代性概念的启发——这个概念指涉的是城市现代化过程中城市现代性的所有内涵。

② 我并没有读过本雅明的《拱廊街计划》，我只是通过他人的介绍——德国汉堡大学社会研究所 Wolfgang Krauschaar 教授2004年在北京师范大学文艺学研究中心的讲演《历史与无意识——论本雅明〈拱廊街计划〉中的商品拜物教概念》以及弗里斯比在《现代性的碎片》(商务印书馆，2003年)对本雅明有关城市性问题的介绍——来发挥我的想象——这些想象可能是遐想或者幻想——寻找城市根性和社会根性。

③ 当完成所有的计划后，本雅明于1940年9月16日在西班牙边境小镇波特博结束了自己的生命。

刻的影响。"(石天强,2005)在古代性和现代性并蓄的处理上,其中古代性是本雅明分析现代性的重要筹码之一。虚拟的神话世界是随着超现实主义进入到新奇的现代社会,那是一种人们可以谈论创造城市生活的现代神话的方式。神话充斥现代性,但是又将世界送入梦魇。而拱廊街就是现代社会中的通往神秘梦幻的迷宫。"大都市最隐蔽的方面:这个带着相同的街道和无数排房屋的新大都市历史对象,已经兑现了古代人梦想的建筑:迷宫。人群中人,使主要城市成为迷宫的驱动力,在拱廊街被遮挡的通道里实现。"(弗里斯比,2003:28)

(2) 城市就是拱廊街本身

在《拱廊街计划》的第一部分,本雅明把城市喻为一个复杂的拱廊街,这就使得拱廊街这样一个历史空间成为一种时代的表达:高度复杂的机器乌托邦,使人们对幸福的追求成为一个新的时尚和观念,从而使得人们能使用激情的能动性来取代道德的强制或古老的道德。这样既获得了城市性也同时获得了现代性。本雅明认为在现代都市的规划和官僚主义之下,潜伏着一个物品极大丰富然而又充满混乱的世界,新的消费品开始产生新的象征意义,使得整个都市变成了一系列图画式的象征符号。城市被描述为一个"小世界",在那里历史的各种意义微缩成一幅物体的拼贴画。"他描述了城市世俗生活的革命含义,把街谈巷议转变成激烈的格言,破解了每一个拾来之物中潜藏的真义。"(理查德·卡尼,1998:302)

(3) 追随传统的方式,在城市中展现乡村

《拱廊街计划》的第二部分,表达了人们在19世纪城市里面生活时形成的一种崭新的观念:人们普遍想在大都市里体验乡村风景。城市中的乡村体验的实现依赖于照相术。要想把城市变成农村,他们只能借助于技术的手段,所以巴黎的市民当时普遍都想用技术的手段来模仿自然,体会到乡村生活的乐趣。

追随传统的方式,在城市中展现乡村,是城市人高度城市性的表现,同时也反映了本雅明对传统与现代或者说古代性和现代性无法实现断裂的征兆。最能表现这种征兆的就是经验和体验的一种撕扯性断裂的表现。

本雅明把经验作为现代性批判的核心范畴,因为从经验到体验是传统社会到现代社会转型的表征。经验在现代如何成为可能是本雅明试图连接传统和现代的一种努力。我们现在只能把我们的一些个人经历,也就是我们的一些体验表达出来,而无法把我们的经验表达出来,其根本原因在于每一个个体都丧

失了其自主性和主体性。本雅明的根本的目的是要探讨新经验形成的条件。[①]经验是传统社会的产物，是传统文化心理结构的积淀。本雅明认为“经验的确是一种传统的东西，在集体存在和私人生活中都是这样。与其说它是牢固地扎根于记忆的事实的产物，不如说它是记忆中积累的经常是潜意识的材料的汇聚”。经验是前工业时代的最具有集体性、稳定性和整合性的特殊精神结构。经验社会中，自由自在，充满着甜蜜温馨，充满着神秘诗意，充满着和谐宁静。人与人之间在这种亲密团结的传统社会进行着情感与思想的交流，互相表达着贴己的经验，这种经验就是一种点点滴滴无意中积累的生活智慧和生命感悟。人们的这种经验来自于日常生活积淀下的无意识。（本雅明，1989：156）这种经验是知识和人的生活的纽带，人与自然的和解和传统与现代的和解。（俞吾金，2002：17）

在现代社会中，日常世界的疏离感使得涉身经验逐步贬值、消失。“经验的贬值是世界史上最大的经历。”（本雅明，1999：253）“在资本主义的社会合理化、生活金钱化、生产机械化的洪流中，维系过去与现在、个人与社会的经验结构解体了，人陷入绝望、孤独和痛苦之中。”（俞吾金，2002）现代社会经验的贫乏导致精神的贫乏，很显然，精神上的贫乏必然使社会无根，因为这种经验的贫乏不是个人的，而是全人类的，无教养就是这种无经验的结果。现代社会人们剩下的只有体验。19 世纪大城市与传统乡村社会相比具有迅猛得多的生活节奏，生态和社会环境都发生了巨大变化，科技大发明带来了城市交通通信工具的大发展，大量的人口涌入城市，人们每天承受的外界刺激急剧增多。面对现代社会急剧增多的强烈刺激，人类脆弱的有机体不再能按传统方式那样保护自身，不能够完全吸收这些外界刺激。由此就产生了与经验不同的现代社会所具有的大批量体验。（罗如春，2004）所以，本雅明认为，震惊体验已成为现代社会普遍的感知模式，其原因在于大城市“文明大众的标准化、非自然化了的生活所表明的经验”已经取代了传统自然化的、人化的和谐经验，这种经验带给人的是异化的感受、惊颤的体验。

在这种情景下，如何应对这种嘈杂的现代性或者现代社会的城市性呢？唯

① 能否这么说还是值得讨论的：从这个意义上讲，本雅明的理论就其本质而言，是一种关于经验的实验理论。

一的办法就是寻回已经失落的经验。重新"把握一种'真实'经验[①],这种经验同文明大众的标准化、非自然化的生活所表明的经验是对立的"。(本雅明,1989:126)

(4) 游手好闲者,城市中的风景下的无根性的内心独白[②]

游手好闲者[③]主要混迹于新的大都市的人群中,但他们不管是在大街上的人群中,还是其所属的阶层中,都不觉得有在家里的感觉。这样一些人混迹在大都市中主要是要把有关田园风光的幻想想象成自己的一个内在空间,供自己逃避。所以说拱廊街正是一种逃避想象的结晶。

作为现代文化研究中重要的一个形象,游手好闲者在本雅明的著作中有着重要的地位。也可以说,本雅明对游手好闲者非常着迷,因为游手好闲者是都市城市的一种原型,是现代城市生活中典型的社会现象,较好地体现了城市现代性或者高度城市性的一种矛盾性和复杂性。这是生活在本雅明笔下的城市里,由"五颜六色"的人组成的不固定的群体,"随时势浮沉而流荡"。他们的特征是"四下环顾"。他们走走停停,对所有事物感兴趣,但是又缺乏特别的关注。他们是闲逛、浪游、厌恶、恐惧与不可捉摸的替身。这个群体的主体是职业密谋家、文人和拾垃圾者。他们处在社会的下层或边缘,他们是社会的弃儿。[④]

---

① 真正的经验是自19世纪末以来哲学力图把握的,与之对立的经验采自诗歌、自然,并最终采自神话时代,试图把握这种经验的哲学家们的出发点并不是人在社会中的生活,恰恰相反,是呼吁人们起来反对那种陌生的环境。真正的经验存在于宗教和历史这些启蒙的盲区。他坚信,在那里才有"真实经验"。在宗教那里,通过把经验概念与先验意识相连,让知识中关于上帝的经验和教义成为可能。(万书辉,2003)

② 在19世纪和20世纪初的时候在拱廊街漫游的人都是三位一体的,既是漫游者(Passanten),又是旅游者(Touristen),同时又是游手好闲者(Flaneure)。

③ "假如拱廊街是失去幻象的重要建筑遗迹的话,它就坐落在城市本身的大迷宫中内,通过它本雅明笔下关键的社会类别——游手好闲者——也就可能纵容他游手好闲的欲望。或者游手好闲者有可能在坐落于街道本身的持续流动的最新而极富活力的迷宫——大众中,迷失了自己。"(弗里斯比,2003:283)

④ 在本雅明看来,文人随着"波希米亚流浪汉"进入了"游手好闲者"的行列,他们是大城市的产儿,他们在拥挤不堪的人流中漫步,"张望"决定了他们的整个思维方式和意识形态,文人正是在这种漫步中"展开了他同城市和他人的全部的关系"。本雅明果断地把现代大都市精神的阐释权交给具有"波希米亚"精神的文人,他说,"大城市并不在那些由它造就的人群中的身上得到表现,却是在那些穿过城市,迷失在自己的思绪中的人那里被揭示出来"。

游手好闲者体现了现代都市的现代性下的无根性。游手好闲者的出现并不是偶然的，而是高度城市性或者说城市现代性的结果，是一种给定的安排。当人们失去自己赖以生存的环境，就不得不成为游手好闲者。[①] 从表面上看，游手好闲者是非常悠闲的城市生活者，他们似乎避免了城市生活的拥挤，在繁忙的都市生活中获得了回身的空间，但是他们是被喧闹的城市抛出来的。“游手好闲者是资本主义社会合理化的反现象，在他身上还保留着传统社会的最后一点痕迹。这正是游手好闲者形象的辩证性。”（俞吾金，2002：32）

本雅明看到，不仅拱廊街，整个巴黎都陷入了无意识的海洋中。大众被本雅明看作城市迷宫中的新迷宫。如果城市确是“古代人梦幻迷宫的实现”的话，那么大众作为人群“是……在城市迷宫中的最新、最少研究的迷宫”。大街可以被看作荒唐的楼群迷宫——不单单是一个空洞的舞台，街道是“集体的家”。[②] 对这些集体来说，拱廊街是一个沙龙——拱廊街获得了新的意义。在街道上，这个永恒的运动和变化的集体可能作为人群而出现。

（5）城市现代性的其他风景

除了以上所表明的城市现代性的表征外，幻想、竞争、欺骗、风险等同时构成了城市性或者城市现代性的风景。19 世纪欧洲大城市都出现的类似巴黎拱廊街这样的建筑物，主要是用来表达一种新的生活感受。所以，作为一个人们投资冒险的场所，拱廊街里面每个人购物和冒险的欲望都得到了充分发挥。拱廊街是和一个阶级的命运即资产阶级的兴起衰败联系在一起的。可以说拱廊街作为竞争资本主义的产物是和自由主义的一套意识形态联系在一起的。在拱廊街中，拱廊街这个建筑物身上实际上体现了竞争资本主义的形成和毁灭，自由和强制、幻想和现实，所有竞争资本主义的这些精神在拱廊街身上都有了具体体现。拱廊街也是人们幻想的一个场域。拱廊街外表是一些冷漠的玻璃建筑，从外向内看恰恰是一些大玻璃窗，所有这些使得拱廊街成为一个充满幻想的空间。从建筑上看，拱廊街使用的技巧是把人从外部引进去，它通过对商品的陈列，是要把内部展现给外部，一方面是要把人从外面引到里面，另一方面又把内部展示给外部，使人们对它充满幻想。拱廊街把城市变成了一个自足的

---

① “一旦人们被剥脱了他们所属的环境，就不得不成为游手好闲者。”（本雅明，1994：595）

② 本雅明说：这个集体是永恒唯一而不平静的，永远运动存在着，就像个体在四面墙中怡然自得那样，它生活着、体验着、认知和感觉着实在。

微型的空间,它用最狭小的空间来展示最完整的商品形态。在这种商品文化的氛围当中,充满了梦想与幻想,充满了投机与偶然,充满了欺骗与想象。

(6) 我的结论性看法

城市之根何在?不在我们后面,而在我们面前——深层的下面,这是本雅明的看法,也是我的结论。"'后退',走向过去,走向大地的深层。对于本雅明而言,过去从来不只是在我们'后面'——它从没有被抛弃过——却在深层的'下面'。它在潜意识中是即刻的……城市依旧坐落在隐藏在自己历史的(过去)的土地上。今日城市,从记忆的角度将自身转变成一座承载以往时代例证的被发掘的城市。"(弗里斯比,2003:301)同时我也部分同意这样的说法:本雅明为了发掘城市的过去,而倾注心血研读有关城市图景的空间和社会结构的早期文献,具体来说,本雅明试图建构的巴黎地形学,不仅是巴黎的丰碑和废墟,也是关于巴黎的神话。广义而言,本雅明蓄意建构的地形学,是巴黎 19 世纪首都的意识形态的概貌。(弗里斯比,2003:301—302)我不完全同意的地方是:本雅明对巴黎城市意识形态的发掘目的是露根,也就是显露城市根性进而寻求城市社会之根。[①] 如果在城市现代性的研究上,我则同意:本雅明是现代性不屈的批判者和抗争者,他见证了这个时代的罪恶、痛苦和无意义,但是他从不放弃寻找缺席的意义和拯救的希望。(俞吾金,2002:40)

(四) 原于拔根与失根的寻根和扎根

"根"是生物种中植物的生长源头。对"根"的强调旨在为事物追本溯源,发掘新与旧之间的潜在联系。从字面上看,"寻根"这个措辞是一种隐喻。叶落归根,绿叶对根的情义,狐死必首丘,鸟飞返故乡,等等,这些贯穿古今的不同说法,都是基于同样观念的隐喻。人们之所以津津乐道这些比喻,正是因为它们充分代表了人类深藏于心底的某种情愫。寻根的隐喻把人的文化归属心理表达成一种具有普遍性的生物法则。其背后的实质却是文化认同的一种方式。

① 在本雅明看来,任何一种革命要想发挥力量,都必须依靠一种乌托邦,而这种乌托邦正是我们今天所缺少的。但是否有条道路可以建立一种带有乌托邦性质的阶级意识之路呢?在本雅明看来,这种具有乌托邦性质的阶级意识事实上已经深入到了商品的生产过程当中。如果我追问的话,会有这样的一些问题:社会之根真的在建立一种乌托邦性质的阶级意识吗?假如是,这种意识根源又何在?或者说它同知识有什么关联?如果有一种真切的关联,我们必须考察这种关联。但是这种考察在本雅明那里是没有的。这也就是我要选择本雅明进行讨论的一个原因。

(叶舒宪,2003)

1. 现代性：对社会无根状态的表述

从我对现代性片断阐述的研读,可以归纳为一种隐含的观点,就是现代性的思考实际就是对现代生活的社会性存在的意义和“现代社会何以可能”问题的思索——这种思索不管是以知识为中心,还是以城市性为中心都成立。我对现代性更要表明一种观点：现代性是对整个社会空浮与无根状态的一种追思和对社会与生活之根的寻求。

现代社会之根何在？这是社会理论甚至是全部社会科学的主题,当然这个主题在一般社会科学领域的范围内是社会如何可能的问题,在现代社会中“社会如何可能”的问题也就自然转化为“现代社会何以可能”的问题。“现代社会何以可能”问题的操纵性表述也就是现代社会的本质特性,即现代性是什么或者有哪些的问题。所以,任何探索现代性问题的理论实质上都内含了这样的问题：现代社会所容涵的特性是如何的,如果这些特性是有悖于社会理论家所设定的特性或者某种社会类型应该显现的特性,那么就会设计一种现代性方案来修正某种类型的现代性。

话说回来,如果现代社会的本质属性可以直观地显现出来,也就是说现代性是裸露的,或者说现代社会之根是裸露的,那么我们无须再寻找现代性。但是事实上,社会之根并没有裸露,这使我们难以看到社会的根基所在。[①] 社会是无根状态的吗？这种询问,深深扎根在社会理论家的理论土壤中——从社会生存所表现的特性出发或许是观察社会是否有根的一种办法,于是在这种土壤中便生长出现代性的理论之果来。因此,我的意见：现代性是对社会无根状态的一种表述。

2. 现代性之根同我的讨论无关

现代性的根基问题在现代性问题源起时就隐含在现代性之中。但是现代性本身的根基同我所讨论的现代社会的根基问题尽管是关联的,其本质却是不同的。

---

① 表面的繁荣之下将是难以掩盖的无根性。在祛魅的世界中,人们获得了自由,但也失去了生存之根。失去生存之根,即割断与“终极实在”之间的联系而不再对任何存在心存敬畏。人类之所以深陷于生态危机与无根生存状态中的骄傲有着内在的联系。

现代性被奠基于何种根基之上？自从后现代主义对现代性哲学的这种“基础主义”发动攻击以来，现代性自我奠基的问题不是被解决了，而是被更为清晰地反衬出来了。（王治河，1998：84－103）伯恩斯坦曾经指出，“基础”与“阿基米德点”是西方哲学的两个重要隐喻。在现代，笛卡儿最早开始使用这两个隐喻。（伯恩斯坦，1992：1－24）对“基础”的渴望主宰着自笛卡儿以来的整个西方现代哲学。罗蒂将这种倾向一直追溯到古希腊哲学。（罗蒂，1987：11）一些后现代主义者则干脆将这种寻根思维挖到了赫希俄德的《神谱》！（朱阿蕾罗，1999：48－67）美国学者舍阿格则认为，自笛卡儿以来，哲学家们一直声称要为哲学重新奠定基础，以揭示出永恒不变的牢固出发点，一部现代哲学史似乎就是不断改变这个阿基米德点的历史。现代性的自我确证问题既与现代性的奠基问题相关，也与现代性的正当性问题相关。就前者而论，现代性的自我确证也是一种须有明确且稳固的根基的要求；就后者而论，现代性的自我确证则标明了另一类要求：即这一根基不仅是稳固的，而且还是正当的、好的与可欲的。需要说明的是，现代性的根基不管其需要什么，比如具有稳定性和正当性等——到目前人们还不是很清楚，因为现代性的根基被不同学科的知识给遮蔽了。

如果把现代性的根基看作现代社会——再行细化为社会结构或者再根基一些说是社会行动结构的话，那么现代性的根基性讨论就同我所讨论的内容是一致的。如果把现代性的根基仅仅看作一种表象，比如把自由看作现代性的根基等观点，就仅仅看到了现代性所显现的东西，而被现代社会的非本质属性所遮蔽的本质属性才是现代性的要义。

3. 现代社会处在拔根状态

我这里在介绍西蒙娜·薇依的社会拔根之思的基础上讨论社会的拔根状态。[①] 西蒙娜·薇依在其名著《扎根——人类责任宣言绪论》[②]中说，“在人类灵魂的一切需求中，没有什么比过去更不可或缺的”；但“几个世纪以来，白种人

---

① 在西蒙娜·薇依看来，人的“根”就是完整的人性。因而，现代社会的“拔根”状态，也就是人性的扭曲异化状态。当然这种状态的表现十分复杂和多元。

② 《扎根——人类责任宣言绪论》是体现薇依社会与政治思想最为成熟的著作。在该书中，通过对人的权利与义务的研究、人的灵魂各种需求的分析，薇依揭示了如今依然流行的空话和谬误，而这些空话和谬误往往被用作道德激励；她对君主制原则的审查则体现了其敏锐、均衡和良好的判断力；而她对法国政治史的简短回顾，既是对法国革命的谴责，又是对王权复辟之可能性的有利驳斥。见薇依：《扎根：人类责任宣言绪论》，徐卫翔译，三联书店，2003 年。

愚蠢而盲目地到处毁灭过去，无论是在自己的天下，还是在他人的地界”，“被毁灭的过去再也不会重现，毁灭过去也许是最重大的罪行”。尤为重要的是，薇依所讲的“过去”不是指空泛的历史，而是指传统的乡村生活；她认为现代的城市生活使人们脱离了对土地的依赖，也脱离了对过去的团体、过去的精神营养的依赖，于是所有的人都像无根浮萍，处于“拔根状态”。最可怕的事实是没有真实，只有无数呈现出来的生活的面纱。我把这种处境称之为生活的“拔根状态”。拔根状态意味着某种漂浮，一种灵魂失重的晕眩，生命如同轻尘在各种变幻的凄厉之风中轻舞飞扬难以落定。“我精神的骨骼缺钙，我灵魂的家园风雨飘摇。”个人消失在“许多人”中，在数量中消失了生命曾在的质量。一种典型的“拔根状态”，使个体存在在无安慰状态下趋向虚无。当我们睁开眼，看到的却是自己灵魂的“拔根状态”。只有在这种生存无根基的状态中，个体才会懂得从存在的深渊中伸出求告的双手。①

（1）什么是社会的拔根状态

最简单说，灵魂的匮乏状态就是社会的拔根状态。薇依认为，人的灵魂具有各种需求，但灵魂经常地处于那种未得到满足的匮乏状态——对薇依来说，这种匮乏状态就是灵魂的“拔根状态”。治愈拔根状态就得让灵魂获得营养而“扎根”。

（2）社会拔根状态的特点

薇依把拔根状态视为一种现代生存的疾病。她说，拔根状态是“各种人类社会之疾病中最危险的一种，因为它会自我增殖”。现代人流行的乡愁或无家可归感大概和薇依所说的拔根状态相若。所以，自我增值可以看作社会拔根状态的最突出特点。

（3）社会拔根状态的原因

她认为造成拔根状态的因素主要有两大方面：军事征服和侵略导致的传

---

① 正是有了这种状态，才使得薇依成为一个爱者。而且我也认为，薇依之所以提出社会的拔根和扎根也是由于她对社会的责任和爱。刘小枫说：“如果说，薇依曾是一位劳工阶级革命的理论家和实践家，那么，作为这种理论家和实践家，薇依与其他所有革命理论家和实践家的重大差异——精神情怀上的差异——首先就在于，薇依是一位爱者。既非为了一种革命事业，也非为了一种历史的社会使命，更非为了印证历史发展规律，而是出于爱的缘故。薇依才成为革命家。也正是出于爱，她一旦发现革命的理论和实践并非那么真实可靠时，决然转向爱的宗教。挚爱，不仅是薇依短短的一生的基质，也是她思想的基质。”（刘小枫，1995：173）

统中断,金钱和经济支配力量的冲击。[①] 军事征服、移民、金钱和经济力量以及一个国家的内部社会关系都是引起拔根状态的因素,其中金钱是一种不可小觑的拔根力量,因为金钱渗透到哪里,就毁坏了哪里的根,用赢利的欲望替换掉所有的动机。

(4) 被社会拔根人的表现

薇依指出,真正被拔根的人只有两种表现:或者他们落入一种灵魂的惰性状态,这几乎无异于死亡,就像在罗马帝国时期大部分奴隶那样;或者他们总是倾向于投身于——常常采用最暴力的方式——那些不是尚未被拔根的,就是已经被部分拔根的人拔根的活动中。

(5) 影响社会拔根状态的因素

薇依认为有两大因素影响社会的拔根状态。其一,薪酬。薇依指出,有一种社会状况,完全且持续与金钱相挂钩,那就是薪酬,尤其是计件工资迫使每个工人不得不把注意力集中在铜板的数量上以后。在这一社会状况下,拔根状态的疾病是最为尖锐的。然而贝尔纳诺斯(Bernanos)写道,我们的工人们并不像福特先生(M. Ford)的工人们那样是外来移民。我们时代的主要社会困难来自这样一个事实:在某种意义上他们的确是移民。虽然待在同一地理区域内,他们已经在道德上拔根了,被放逐和被重新接纳(如在宽容的处境下)进工作岗位。当然,失业是次强的拔根状态。在那里他们都没有家园感,无论是在工厂、在自己的住处,在自称代表他们利益的党派和工会中,还是在理智文化中——假如他们试图接纳这些组织的话。其二,一种拔根教育。薇依说,这种教育就是大众与精英分裂的教育、现实与历史传统分裂的教育,结果导致非全球化的和实用主义的教育。薇依指出,这种教育结果就形成了这样一种文化:它在非常狭窄的环境中得到发展,与世界相分离,一种很大程度上以技术及技术所产生的影响为取向的文化,极富实用主义色彩,因专业化而极端破碎,现代社会既丧失了与这一世界的接触,又丧失了通往另一个世界的门径。在一个如此封闭、有缺陷、对真理漠然无视的环境中培养起来,夺走它本可具有的珍贵财

① 就目前的发展态势看,这两方面的威胁在新世纪有增无减。拔根状态的加剧也必然激发更强烈的归根需求。这就给现代知识谱系中的社会心理学和精神医学,以及尼采意义上的文化治疗学,提供了充足的用武之地。艺术治疗或文学治疗命题的倡导,其实正表明文化寻根所具有的重新滋养的治疗学意义。(叶舒宪,2003)

富——这一过程人们称之为通俗化——把其残余塞进愿意学习的不幸者的记忆中，就像一小口一小口地喂鸟。同时这种教育的目的不是使生活更加幸福和追求真理而是向上爬，薇依说，为学习而学习的愿望，即追求真理的愿望已变得非常罕见。文化的魅力已变得差不多具有社会排他性，一个农民会梦想他儿子当上小学教师，小学教师希望他儿子是高师学生，到了社交界，人们则去奉承学者和名作家。薇依指出：若一个农民在地里一边干活，一边想他之所以是农民，就是因为他没有足够的智力去做学校教师，则这个社会制度从根本上说是有病的。

4. 社会失根与社会扎根

(1) 社会是否处在失根状态

薇依和海德格尔显然都是从个体的精神需要方面来发挥"根"的比喻的。在他们看来，人的"根"就是完整的人性。因而，现代社会的"拔根"状态，也就是人性的扭曲异化状态。

海德格尔曾经充满忧虑地警告世人，构成现代性之动力的科学技术力量正在把我们人类从这个大地上"连根拔起"。[①] 社会之根既然被彻底拔起，那么还在吗？也就是说社会是处在失根状态吗？

社会处在拔根状态，是薇依和海德格尔以及许多现代性学者都同意的看法。但是社会处在失根状态的情景则是需要我们作出一番说明的。

对此我要说明的原则是：社会的具体化可以帮助我们解决社会是否失根的问题。在不同的社会情景下应该说存在着失根现象，这样的社会是飘浮的，这样的社会生活是飘浮的，这样的社会人性是缺失和裂变的。

同时我还要说明的事实就是，失根性不仅仅是某种类型社会中所存在的一种或者显性的或者隐含的事实，而且是所有社会中所存在的共有现象。这就是文化寻根和现代性理论在全球引起学者和公众共鸣的一个原因，或者把这个原

---

① 这种"拔根"究竟是怎么发生的呢？海德格尔在《诗人何为》中结合对里尔克诗歌的阐述有过精当的说明："技术统治之对象事物愈来愈快，愈来愈无顾忌，愈来愈完满地推行于地球，取代了昔日可见的世事所约定俗成的一切。技术的统治不仅把一切存在者设立为生产过程中可制造的东西，而且通过市场把生产的产品提供出来。人之人性和物之物性，都在贯穿意图的制造范围内分化为一个在市场上可计算出来的市场价值。这个市场不仅作为世界市场遍布全球，而且作为求意志的意志在存在的本质中进行买卖，并因此把一切存在者带入一种计算行为当中，这种计算行为在并不需要数字的地方，统治得更为顽强。"（海德格尔，1996b：432）

因作为一种社会失根性的佐证。

(2) 面对社会失根的重新扎根

薇依认识到人性拔根的危险和扎根的重要性。她说,“扎根(enracinement)也许是人类灵魂最重要也是最为人所忽视的一项需求。这是最难定义的事物之一。一个人通过真实、活跃且自然地参与某一集体的生存而拥有一个根,这集体活生生地保持着一些过去的宝藏和对未来的预感。所谓自然地参与,指的就是由地点、出生、职业、周遭环境所自动带来的参与。每个人都需要拥有多重的根。每个人都需要,以他作为自然成员的环境为中介,接受其道德、理智、灵性生命的几乎全部内容”。很显然,扎根不仅是人类灵魂的需要,同时也是社会生成的要求。

在薇依看来,扎根的关键在于真理精神的存在。当然,这种真理精神和通常科学意义上的真理迥然相异,而是关于上帝、基督的爱之真理精神。科学意义上的真理精神并不免除人类的拔根,薇依从希特勒那里看到,实际他所实施的一切恰恰就是把不可抗拒的自然法则所获得的启发强加到人类的命运中来,结果这种野蛮暴力导致了更为巨大的拔根状态。如果纯粹的善不能在人类活动中产生真正的伟大,那么扎根就毫无指望,就“不会有另一世界对这一世界的朗照”。而另一种意义上的可供人类扎根的真理精神,“与其说是对真理的爱,还不如说爱之中的一种真理精神”。在薇依那里,扎根离不开上帝之爱,因为上帝出于爱而死在这个世界之中,以使这个世界本身成为爱。对这种真理精神的信仰意味着,信仰本质上不是一种安慰,而是重负,是受苦。真理精神——受苦,恰恰是它们构成灵魂扎根的真正营养。

薇依虽然宣称要“重新扎根”,但又未能提出行之有效的扎根办法。我想,这恐怕是因为找不到真正有效的办法。“我”挣脱了枷锁,从遥远的时空娉婷地走来。可是,怎样才能扎稳根基,不至于再次成为一个飘浮的幻影?重新“扎根”之后获得的那种精神立场可靠吗?它会不会把我们带向另一种虚妄?一种可靠的精神立场的获得是可能的吗?如何可能?

所以,薇依的重新扎根给我的最大启发,就是这个社会处在拔根和失根状态,同时这种状态不能持久,否则这个社会就会像薇依一样早逝,那么这个无根的社会就要重新扎根。然而根扎何处,恐怕薇依不是十分地清楚,在灵魂中寻找和扎下,在上帝那里……即便在爱的行动里,也只是薇依本人的内心自慰。所有,薇依的重新扎根是个人化的路径。可能,我们从薇依书中获得许多的根性依赖，但是当我们离开了薇依的思想，我们依然是飘浮的、无着的。因此，我得出的结论就是薇依提出了社会何以要重新扎根的理由，但是从社会学意义上的或者社会理论意义上的或者说社会性意义上的找到根扎何处和如何扎根，于是现代性理论依然要行使自己的职务——就是要露根，揭露当代社会的无根性，于是文化寻根便兴旺起来。

(3) 面对社会失根的文化寻根

拔根和失根的社会状态，要求我们尽快寻根和或者扎根。当现代性体现这种扎根的努力在持续的同时，文化寻根也表明了不同知识人对社会生存状态的关注。

“寻根”的比喻从假想中的生物的认祖归宗现象出发来类推人类的习性。这种类比认同的自觉寻根意识解说成在农耕文化的生产生活方式中得到强化的心理情结，或者是由大自然的季节性周期变异而得到启迪的一种向往“永恒回归”的执著的思想倾向：寻根是一种灵魂的需求，是灵魂的滋养。人，永远需要扎根。那是灵魂的需要。“如果将视野拓展开来，从现代性的宏观背景去审视，就会意识到寻根不只是文学现象，而是包括和涵盖了文化艺术各个方面的一种思想现象和文化现象。”(叶舒宪，2003)把寻根看作一种思想现象和文化现象实质上看到了社会无根状态下的思想史历程和文化扎根的特性。因此从“学术意义上看，文化寻根大潮虽然与个人的精神需求密切相关，但其文化的超个体向度负载着更丰富的知识内涵，对于人文社会科学的其他方面也产生了积极的影响。引发了许多学科成见和历史成见的消解和再认识过程。对于原有学科和知识体系的反思、重新整合和重新认识评价，多少具有再启蒙的性质”。(叶舒宪，2003)

英国人伯纳尔的《黑色雅典娜》，副题叫“古典文明的非洲亚洲之根”(*The Afroasiatic Roots of Classical Civilization*)，此处的“古典”同英语中的惯用法一致，专指古希腊罗马文化，作者显然是要告诉世人，西方文明之根并不在西方自身，而在东方。而且，这种“根”(roots)是复数的，是一种复杂的盘根错节，而不是一目了然的单一根脉。伯纳尔不是在陈述或者颠覆欧洲人的东方学，他是在重构东方学，使它成为西方学不可分割的知识，成为西方文明史的基础。伯纳尔这部书的精彩之处当然不在于他调和各种观点的能力，而在于他成功地引入了知识社会学的视角，在清晰地陈述学术史的复杂多变的脉络的同时，透过“学术”和“科学性”的表象去揭示背后发挥作用的文化因素和种族偏见，从所以然的层面上说明为什么在不同的历史时段会产生某种貌似真理的知识编造。现代知识社会学对于人文、社会科学的研究的最重要贡献就在于揭示知识生产的社会机制：信仰和观念均可视为象征性的商品，其产生与价值取决于象征商品的市场(the Market of Symbolic Goods)，从20世纪初的《金枝》到20世纪末的《黑色雅典娜》，西方知识界的文化寻根一派经历了一次又一次认识上的启蒙，终于站到了全面清算西方中心历史观和白种人优越论偏见的自我解构立场之上。这一历程十分清晰地体现出从殖民时代到后殖民时代学术思想的巨大变迁和批判理论的日益深化。(叶舒宪，2000)我认为，这种寻根尽管说明了社会之根的意义，也说明了社会之根的部分内涵，但是总体说，《金枝》和《黑色雅典娜》中的寻根是同我所说的社会之根有着不同的意义，因为他们要寻找的根应该说是民族之根，或者更广泛地说是人类产生之根源。它当然同我们的日常生活之根是联系在一起的，但是总体上意义是不同的，因为我所说的根实际上是"社会何以可能"问题的根源，或者说人何以为人，社会何以为社会的根由。

很显然，民族之根或者人类之根的寻找对社会之根的寻找是有启发的，"寻根比喻背后的实质是文化(身份)认同问题。处在文化变迁加剧时代的人，如何在传统与现代、西方化与本土化的冲突背景中确认自己的文化价值取向的问题。因此，它既是每个人都无法回避的普遍性问题；又是迫在眉睫的难题。它充分体现了现代性与后现代性之间的纠结与张力。我们在这里把20世纪以来的全球文化寻根运动理解为对现代性的一种反拨、反思和反叛的结果。当然，也可以从更加宽泛的意义上把它理解为对现代性的反思的一种表现，即包含在现代性自身之内的自我质询与自我批判"。(叶舒宪，2003)

(4) 寻根是寻求确定性吗

风险和不确定性成为现代社会的基本特征，我们的社会也成了风险社会，这种风险社会的不确定性实际上就是社会无根性的一种表现。

以劳(Lau)为代表提出了现实主义的"新风险"理论。这种理论认为风险社会的出现是由于出现了新的、影响更大的风险，如极权主义增长、种族歧视、贫富分化、民族性缺失等，以及某些局部的或突发的事件能导致或引发潜在的社会灾难，比如核危机、金融危机等。而普里特威茨(Von Prittwitz)和拉什等人认为风险作为一种心理认知的结果，在不同文化背景有不同的解释话语，不同群体对于风险的应对都有自己的理想图景，因此风险在当代的凸显更是一种文化现象，而不是一种社会秩序。贝克认为，在古典现代性中，财富和权力是其标志性概念，而风险和不确定性则是反思现代性的概念。贝克认为，随着现代科技的发展，生产效率的提高，财富分配和不平等问题得到了有效的改善，但是人类面临着新出现的技术性风险，比如核风险、化学产品风险、基因工程风险、生态灾难风险等。这些风险摧毁了现代制度应对风险所依托的理念与方法：风险计算或计算理性。这体现在四个方面：A. 风险造成的灾难不再局限在发生地，而经常产生无法弥补的全球性破坏。因此风险计算中的经济赔偿无法实现；B. 风险的严重程度超出了预警检测和事后处理的能力；C. 由于风险发生的时空界限发生了变化，甚至无法确定，所以风险计算无法操作；D. 灾难性事件产生的结果多样，使得风险计算使用的计算程序、常规标准等无法把握。在吉登斯看来，这个世界的风险与现代制度发展的早期阶段不同，是人为不确定性带来的问题。这种不同主要体现在三个方面：第一，这种人为不确定性是由启蒙运动引发的发展所导致的，是“现代制度长期成熟的结果”，是人类对社会条件和自然干预的结果。他说，虽然在某些领域和生活方式中，现代性降低了总的风险性，但是同时也导入了一些以前所知甚少或全然无知的新的风险参量。这些参量包括后果严重的风险，它们来源于现代性社会体系的全球化特征。

那么，寻根是否就寻找社会的确定性呢？从寻根的知识事实上看，寻根是一种回复，是在传统性中寻找慰藉和心灵的归宿。“寻根的努力就可以理解为重新寻找确定性的生存需要了。这里既有生物种群面临生存威胁时的近乎本能的自我保护反应，也有出于理性和智慧的权衡与选择。换言之，寻根者的目光好像是向后看的——回头寻找来路；但是由于他是在前瞻的前景黯淡情况下不得以才回头望的，所以他的向后看也就充当着和包含着替代性的向前看。社会文化的生命延续在面临莫名的不可测的风险威胁之下，为保存自身而采取的以退为进的生存战略。而今，反思现代性的结果使人们终于意识到，未来既没有救赎，也未必是进步，不确定性的召唤声中祸福参半。我们突然变成了现代性的瞎马背上的盲人！面对前所未有的巨大风险，我们究竟要被带到哪里去，谁也无法说清。这样，回头寻找来路，以求从困顿和迷失中解脱出来，这就是文化寻根的真实的精神底蕴吧？正是这种终极关怀性质的精神底蕴才使得寻根的激情具有其宏大而深沉的召唤力。”（叶舒宪，2003）

如果这样的说法成立的话，寻根是一种知识上对社会性的追求，这种追求如果是具有理论形态的话，可以看作同现代性对立的一种理论样态。“作为对抗现代性和片面发展的高科技社会的内在要求，自20世纪中期以来，有一种愈演愈烈的生态觉悟与文化寻根激情，激荡在处于迅猛文化变迁中的西方社会物质繁荣表象之后。一些敏锐的艺术家和知识分子在审美趣味上自觉或不自觉地要求复归人与自然的本来和谐状态，重新通过艺术感知来寻找和确认自己在宇宙中的位置。弥漫在整个20世纪艺术中的原始主义风潮，就是这种以归根和复古来抗拒激烈变迁引起的自然破坏和人性失落的表现。”（叶舒宪，2002）由此得出的结论就是：在这个意义上，“寻根文学”并非为未来的社会提供一套经济学指标或展示一个社会规划远景，而是力图从美学的维度为人们展现出更自由的生存图景，规引未来的趋势。它以种种独特的文化姿态、价值观念出示了某种异于现代性话语的向度。如果这样认为，那么问题就接着来了：作为反叛现代性的寻根之思，反叛的现代性是何种现代性？是反派西方现代性道路吗？“质疑知识的普遍有效性和合理性；彰显西方知识建构中的殖民立场，冠以理性和客观性历史的欺骗面貌就暴露出来了。20世纪文化寻根思潮就是反叛西方现代性道路，在非主流传统中重新寻找文化认同的努力。价值重估带有的文化破圣性和解构性是文明人的骄傲，还是悲哀？”（叶舒宪，2003）我的观点是很明确的：西方现代性道路是需要颠覆的。质疑知识的普遍有效性和合理性，文化破圣性和解构性等具有的方法论意义上的颠覆路径都是可取的[①]，问题是路在何方，根扎何处，如何扎根。这也是现代性对立理论的寻根理论（包括寻根文学）所难以完成的任务。很明显，这也是知识行动论出场的理由。

二、逻辑之路：能否走得通

梅列日科夫斯基对人的自我意识过程有过精辟的论述：“我在自己的身体中意识到自己，这是自我之根；我在他人的身体中意识到自己，这是性之根；我在所有人的身体中意识到自己，这是社会之根。”我的看法就是：寻找社会根实质是探索“社会何以可能”的问题，“社会何以可能”牵扯着人何以为人、行动何以可能和秩序何以可能的关联性问题。社会生存和社会进化之根必须讨论“社

① 知识是智慧的产物，但如果失去了对知识的警觉和怀疑，如果失去了直接面对生活实践的独立思考和心智的创造力，知识就会成为词句的沙漠，反过来就会枯竭智慧。——知识社会学成为寻根的显学所体现的方法论意义一直保留在知识行动论的研究中。

会何以可能”的问题。

这种追问式的逻辑道路，只是一种思路而已。但是无论我是否实现构想或者达到目的，请不要怀疑这种追问。因为这不仅仅是一种思考问题的方法也应该被看作一种隐含在方法中的一种理论逻辑。

“……何以可能”是一种哲学意义上（即广义哲学意义上的，指对一般问题追问的意义上）的追问，因为它所追问的主要是事物产生和存在的一般根据。从语言学上分析，“何以可能”也就是凭什么可能的问题。从事物存在的逻辑看，事物存在的可能有大小之分，小到极点就是不可能，大到极点就是完全的现实性。从存在条件与事物存在之可能性的关系上看，只要存在着足够的必要条件就意味着最低限度的可能，这种最低限度的可能随着充分条件的逐步满足会越来越大，直至最后成为现实性。所以，事物的现实存在必须既具备必要条件，又具备充分条件，而事物存在的可能则主要与必要条件相关，因为只要存在着必要条件，就意味着有某种可能，如果必要条件不存在或不充分，就意味着没有可能。所以，事物可能存在的根据，就既包括必要条件，又包括充分条件，但其中的关键是必要条件。对于事物存在的可能性来讲，充分条件无疑只是事物得以存在的非必要的特殊根据，其必要条件则是事物得以存在的必要根据，也就是它的一般根据。所以，“何以可能”所追问的主要是事物得以产生和存在的一般根据，而这种一般根据正是所谓广义上的哲学所追问的内容。（高懿德、牛磊，2003）

尽管我对以上的说法有所保留——比如作者把这种逻辑式追问看作一种哲学追问，实际上解决社会行动问题和行动秩序问题以及行动者问题仅仅依靠哲学是不够的，有时候可能还是有害的，这就是孔德从哲学到实证哲学再到社会学的一种知识下移的可能原因——但是我将遵循露根原则，通过追问人之可能、行动之可能、秩序之可能，进而社会何以可能，来显露社会之根——扎在何处、如何扎根。

（一）人何以可能

这里考察人的问题，我想表达两层意见：一是作为社会根理论实际存在的一个说法，二是为了说明社会根理论的出发点和归宿点。也就是提出人的问题，实现的是学术的本质性追问。正是由于人的存在才构成了社会，正是在人与人的关系的基础上才形成了社会关系。作为研究社会的科学应该是一种什么样的知识形态,是为社会设计人,还是为人设计社会?是一种精英知识,还是日常知识?作为研究人的社会科学是把真实的人虚化,还是同人一起在场——不是作为研究者怎样看人,而是人怎样看我——我认为这种考察本身是没有意义的,因为人的问题就是哲学的问题(终极问题),人的问题也是全部社会科学的中心问题——不管意识形态上和实践形态上是否如此——但是这种考察如果作为一种使社会科学中的人活着且有意义地活着,则是很有意义的。需要说明的是,人是否活着在社会根理论中就只能转化为人作为行动者①是否活着的问题,这个问题的关键实质上不在于我的假设,而在于读者——您看到了活生生的人在行动,是我的理论追求。

1. 什么是人:思想史上的考察

人的问题是社会科学的永恒主题,不管这种主题以什么形式出现,也不管这种主题是显性还是隐性的。② 因为认清了人,也就认清了社会,也就认清了生活,所以人的问题是同人的实际生活联系在一起的社会科学问题。③ 我在这里要做的就是就思想家对人的一些看法和认知作一些最为简单的说明,其用意在于解释社会根理论存在合理性的一种逻辑。

(1) 人:无法定义

对社会科学来说,认识人是艰难的,这种艰难性就取决于人本身的复杂性。"人的问题之复杂难解,并不在于人的生命现象的复杂(尽管人的生命现象本身也十分复杂),而在于'人如何成为人'这一内在问题的复杂难解。'人如何成为人',说穿了即'如何做人'。"(韩庆祥、邹诗鹏,2001:81)何为人?人之为人的特性在于:世界上一切存在都只能是"是其所是",而唯有人这种存在不仅是"是其所是",而且还可能是"是其所非",他是一个必须不断去"在"中的"能在"。(王啸,2003)

---

① 人的问题和行动者的问题实际是同一个问题,但是知识行动论更加关注行动意义上的人。

② 韩庆祥、邹诗鹏认为,人的问题可以说一直就是哲学的隐蔽的主题。苏格拉底之所以把"认识你自己"当作哲学的最高目标,就是因为人的问题之复杂。(韩庆祥、邹诗鹏,2001:81)

③ 卢梭曾经讲过:"我觉得人类的各种知识中最有用而又最不完备的,就是关于'人的知识'。"

第一，西方古代思想家的看法。

在亚里士多德那里，作为实存的人，其人性规定性直接来自于一切物的本质规定性，人性本质就是物性本质，而人之生成的原因也主要是各种生物性的原因及其构成要素，而不是文化上的原因及其要素。把人的生存还原为与一般生命物无异的肉体生存，实际上正是迎合了中世纪宗教神学抬高神性、贬低人性的理论需要。（韩庆祥、邹诗鹏，2001：70－71）苏格拉底从来不对人下定义，但却对成为人的那些品质，诸如美德、善良等进行讨论并把德性看作人的本质。在基督教看来，人的现世的生存都是低级的、有限的，人要获得永生，注定要彻底超越其肉体生存/趋向于神性存在，并且通过神性实现灵与肉的合一。后来，为了否定宗教神学对人的世俗生活的否定，近代文艺复兴到法国唯物主义的哲学家更为强调人作为自然存在物的本性，强调人生存同自然一样，甚至把人的生命直接等同于机器。（韩庆祥、邹诗鹏，2001：71）卢梭主张理性是人的本性，人之所以变坏是由社会环境所造成的。法国唯物论者狄德罗（1713—1784）认为理性就是人的本性。在资产阶级启蒙思想家看来，理性就是一切事物的根据，理性就是人性，理性高于一切。德国古典哲学家把人性问题又发展到一个新的阶段，把自然主义的人性论发展到了唯理主义的人性论。康德和黑格尔从绝对理念来论述人性问题，他们从超经验的理性原则出发，认为人具有超自然的某种社会意义，人能够按照理性原则自由行动。德国古典哲学家虽然把自然主义的理性发展到超自然的理性，却把人性与社会性联系起来。在康德那里，人是理性的存在者，人是自由的存在者，所以人是道德的存在者。这就是人的本质！正是在这点上，康德甚至超越了整个西方哲学的理路，独与我们的儒学相会通。黑格尔认为，人作为自然的实体，并没有达到人的本质，人的本质只有在社会中才能体现出来，他认为每个人都是其时代的产儿。

第二，中国古代思想家的看法。

中国古代思想家也对人的问题倾注了大量的精力和热情，表现了人类精神活动的共同理性下的共同行动，这种行动逻辑就是：从对我外世界的认识到对自我世界的认识，从对物质世界的认识到对知识世界的认识，从而实现一种和谐的统一性认识。

在提出和解决人的本质是什么的问题时，孔子不是把人当作自然物对待的，他没有从人生而具备的形体特征或行为特征去定义人，而是怀着对人生价值的崇高追求，把并不是生而具备的东西规定为人的本质："仁者，人也。"[①]以仁为人的本质，不是孔子从对现实的人之分析得出的，而是对人的一种规定。（肖万源、徐远，1994：6）把仁作为人的本质特征，实际上等于认识到把人的社会性之一的表现即仁作为人之为人的依据。

老子和庄子则认为，人与物无异，天人合一。将人等同于物，生死只是无穷变化的一环而已。宇宙天地是"大炉"，自然造化是"大冶"，人不过如被铸的金属而已。虽失去人形，但本质不易，又借于"异物"的形态，处于无穷变化之中。[②] 墨家把人看成形体与知识的统一，也就是说，从人自身的性质和特点来把握人的本质和意义。如《经上》说："生，刑与知处也。"[③]从"形与知"的统一来规定"人生"，表明既强调了"形"（有形的肉体）的重要，又强调了"知"（无形的精神）的重要，而且只有把它们统一起来才能正确理解和对待"人生"。这就把人与动物的区别，人自身的认识能力和认识作用更加深化了。（肖万源、徐远和，1994：53）管仲提出了"以人为本"的主张。[④] 但是，问题在于人是什么，为什么人。管仲并没有给人下一个定义，而是泛指一切的实存之人，但主要是指占人口大多数的奴隶和自由民。[⑤]

人为万物之灵，这是中国理学家最为典型的人学思想。理学家讲人为万物之灵，意在重视人的理性，其中包括认知理性与道德理性。强调"人为万物之灵"，是人类自我认识能力（即理性自觉）进一步提高的表现。（肖万源、徐远和，1994：142）在理学家看来，人不仅是万物之灵且为天地之心。[⑥] "人并不是抽象地栖息在世界以外的东西，人就是人的世界"，马克思的这一思想，是同他

---

① 《中庸》所谓"仁者人也"，即仁是人所以为人的本质特征。

② 人是自然的产物，"道与之貌，天与之形"，"天"和"人"本是合一的。庄子从"道"的角度，把人与物等同起来，以至于认为有生命和无生命也是一样的。对此一形态来说是死亡，对彼一形态来说就是产生，所以，死生合一。人绝对顺从自然，安时处顺，面临生死，不乐不哀，这叫"帝之悬解"。但这种"安命"，唯"有德"者才能做到。（肖万源、徐远和，1994：29）

③ 《经上》说："知，材也。"《经说上》解释说："知材，知也者所以知也，而不必知。若明。"《经上》说："知，接也。"《经说上》解释说："知也者，以其知过物而能得之。若见。"

④ "以人为本"的命题最早见于《管子・霸言》："夫霸王之所始也，以人为本。本理则国固，本乱则国危。"意思是说，统治者治理国家，要以人为根本。

⑤ 管仲把被统治的广大人民群众按其职业性质划分为士、农、工、商四大类别，或者说是四大社会集团。（肖万源、徐远和，1994：83）

⑥ 参见《二程集》、《明儒学案》卷十、《诗广传》等典籍。

的“人是一切社会关系的总和”的看法相一致的。人的世界并不是历史运动的力场，不是在人之外的盛装人类的容器，它本身就是人的表现、人的活动及其后果的总和，亦即人的本质力量的一个对象。

到底人是什么，或者说如何定义人，我的看法是无法界定人[①]，对人的本质属性的认识只能推演和说明。从人与动物的区分中也可以把握人的属性，特别是人的本质属性。

(2) 人与动物的区别：一种知识劳动

很显然，人与动物的区别在于人的社会性。人具有什么实质取决于人与动物的区别，如果能够科学地区分人和动物，那么人的本质属性和什么是人的问题也就解决了。围绕着人和动物的区别，古今中外的思想家都作过很多的思考。我沿着这种思考作一点简单的考察，其目的并非真的搞清人与动物的区别，只是想在这种区别上看看人和动物所具有的内在区分，其目的是说明人的知识性劳动造就了人。

按照传统的说法，A. 有无社会性，是人与动物区别开来的一个显著特点。马克思说：“社会是人同自然界的完成了的本质的统一。”（马克思、恩格斯，1979：122）人在本质上是社会的存在物。“力不若牛，走不若马，而牛马为用，何也？曰：人能群，彼不能群也。”（《荀子·王制》）“人之生，不能无群。群而无分则争，争则乱，乱则穷矣。”（《荀子·富国》）所以，人之所以是人，从根本上说，并不在于人的自然属性，而在于人的社会属性。人的社会性是主要的、根本的，它渗透着并制约着人的自然属性。因为人是社会活动的主体，是社会关系的承担者和体现者。人的社会活动一开始就是社会性的活动。它改变着客观物质世界，也在改变着人类自身，是人本质力量的重要体现。卢梭认为，社会性是天生的一种情感，而在自然状态下它只是存在于潜在的状态之中，人天生具有社会性，或者至少是人天生注定要成为具有社会性的动物。人的这种潜在的情感，在人的自我完善化的智力的作用下，随着他的种种需要而逐渐发展起来，使之成为由孤独的人向社会的人过渡的动力之一。B. 人与动物区别还在于人通过社会关系互相交往，达到意志和力量的统一。中国古代思想家指出，在筋

---

① 亚里士多德说人是政治动物，这标志出欧罗巴的古代的特征；孔子以有仁、义、礼、智特性为人，这标志着亚细亚的古代的特征；法兰克林把人看作“制造生产工具的动物”，这标志着当时美国社会的特征。

骨爪牙等自然力方面，人比不上某些功物，人的力量的深厚基础在于有组织的社会生活，在于智慧与力量的统一。[①] C. 有无意识是人区别于动物的又一个显著特点。马克思说："有意识的生命活动把人同动物的生命活动直接区别开来。"（马克思，2000：57）中国古代的人学往往从道德意识上揭示人不同于动物的本质："水火有气而无生，草木有生而无知，禽兽有知而无义；人有气、有生、有知亦且有义，故最为天下贵也。"（《荀子·王制》）水火、草木、禽兽所具有的东西如气、色、知（感觉）等，人都具有，但人所具有的东西，如道德意识，却是包括水火在内的天下万物所根本不可能具有的。因此，人高出于万物，"最为天下贵"。卢梭认为，人区别于动物的特质还包括人的情感。人的需要产生了超出动物的智慧，而且需要产生情感，情感促进悟性。人的情感主要包括自爱心和怜悯心。自爱心是人为了求生存自然而然产生的，而怜悯心则产生于人类看见自己的同类受苦时天生就有的一种反应。怜悯心是一种自然的情感，由于它调节着每个人自爱心的活动、所以对于人类全体的相互保存起着协助作用。正是这种情感，使我们不假思索地去援救我们所见到的受苦的人；正是这种情感，在自然状态下代替着法律、风俗和道德。D. 有无生产实践活动是人与动物之间的根本区别。马克思说："一当人们自己开始生产他们所必需的生活资料的时候，……他们就开始把自己和动物区别开来。"（马克思、恩格斯，1995a：25）在马克思那里，劳动只有作为人类目的树立和目的实现之间的中间环节，即有意识的创造性的实践活动，才是"人的"劳动。只有在这样的劳动中，才存在着人的一整个族类生活的共同特征。这种劳动不仅创造手段，而且创造目的；不仅满足需要，而且创造需要，这种创造常常表现为手段对于目的的超越。它代复一代地进行，形成文化，形成复杂的精神文明。这样一来，各个具体人的感性的、现实的存在，不仅是生物学和社会学上的存在，而且是这种精神文明的存在，是这种精神文明的现实的生成。[②] 所以劳动，是作为主体的人的有意识的、

---

① 中国古代思想家对这一点也有所觉察："今夫虎豹便捷，熊罴多力，然而人食其肉而席其革者，不能通其智而一其力也。"（《淮南子·兵略训》）鸟兽"虽所好恶，其与人无以异，然其爪牙虽利，筋骨虽强，不免制于人者，知不能相通，才力不能相一也"。（《淮南子·修务训》）动物"知不能相通，才力不能相一"，人则恰恰能够"通其智而一其力"。人凭借这一点，能够制服凶猛的动物并进而有效地利用和改造自然界。（肖万源、徐远和，1994：207）

② 在马克思主义的著作中，"劳动"这一概念具有深广的实践意义，不同于通常所谓的"干活"等。他写道："我们要考察的是专属于人的劳动。蜘蛛的活动与织工的活动相似，蜜蜂 （转下页）

自由自觉的、主动能动的实践活动，这种活动不仅创造了世界，也创造了人。换句话说，世界历史和在其中不断递变的一切社会关系，不过是这个实践活动及其后果的总和而已。（高尔泰，1981）

按照我的说法，人与动物的不同在于知识劳动及其成果①——如果知识劳动成立的话。首先，人的生产劳动的自由自觉性只表明人的生产劳动的性质，但不是生产劳动的根本性质（即本质）。人的生产劳动的性质是自由自觉的活动，但其深刻的内涵乃是通过这种自由自觉的活动来实现其创造性的本质（这里的"创造性"被理解为创新、改造、建造、建立和积极能动性等含义）。（韩庆祥，1992：27－28）正是由于人的创造性活动，人才能"超越"其本能和自身有限性的限制，才成其为人。需要解释的是，这种创造性的来源是什么？回答这个问题离开知识是难以进行的。知识成为创造性劳动的前提和结果，也是表象上的人与动物区分的一个标志。其次，人与动物的区别还表现在知识的存储和传播的技术性知识以及这种知识基础上的知识承继特性。在某种意义上动物可以劳动而且可以进行以智力为基础的劳动（行动），但是问题在于动物劳动所依据的知识仅仅是经验性的直接劳动体验，这些体验型的涉身知识无法脱身，间接的知识也就难以形成，所以只好无数次地重复那种含有知识性质的行动。而人的知识可以走出自身，成为自身的对象性存在，这种存在性也成为一种知识，随着脱身知识越来越多，保留这种知识的知识也得到了前所未有的发展或

（接上页）建筑蜂房的本领使人间的许多建筑师感到惭愧。但是，最蹩脚的建筑师从一开始就比最灵巧的蜜蜂高明的地方，是他在用蜂蜡建筑蜂房以前，已经在自己的头脑中把它建成了。劳动过程结束时得到的结果，在这个过程开始时就已经在劳动者的表象中存在着，即已经观念地存在着。他不仅使自然物发生形式变化，同时他还在自然物中实现自己的目的。"（高尔泰，1981）

① 桑新民所提出的超生物经验的遗传方式也在一定程度上说明了人与动物的区别。桑新民指出：超生物经验的遗传方式就是要使人类社会延续和发展下去，就必须在生物遗传和物质遗传之外，寻找一种超生物的遗传方式，以便使后代能在较短的时间内获得和掌握其祖先在漫长的进化和发展过程中所积累的超生物经验（包括在社会中生存和制造使用工具等经验），在这一超生物遗传过程中，婴儿要重演生物个体向真正人的转化过程。重演主要包含两方面内容：一方面，通过掌握人类的生活方式、符号系统（语言、文字）、行为规范而成为社会的人；另一方面，通过掌握使用和制造工具的知识和技能将前人留下的、外在于他的工具等生产资料，转变成自己的超生物肢体，从而成为能够在劳动中改造自然的真正的人。这两个方面又是交织在一起、不可分割的。由于这种超生物遗传是在前人的指导下完成的，因而不是自发的过程，而是自觉的过程。这种人类特有的超生物遗传方式就是教育。（桑新民，1993：114－116）只有学会在社会中生存的人，才是完全意义上的人。只有具备了超生物肢体和超生物经验的人，才是完全意义上的人。（桑新民，1993：114）

增长，于是人类便有了储存知识的各种技术和各种载体，有了书本，有了图书馆……至今还没有发现动物编写的著作和由这些著作组成的图书馆。我认为这才是真正区分动物和人的标志。[①]

(3) 人的本质：以知识劳动为核心的知识行动

第一，知识劳动是知识行动的形式。

现在对知识劳动的提法和含义多是具象意义上的，或者更直接说是经济学意义上的知识劳动。这些具象的说法，这种以知识劳动显现知识社会的说法，尽管不是我所要表述的形式，但是还是有所启发的。

厉无畏认为，在马克思的时代里，知识劳动还不普遍，知识也还未成为重要的生产要素。但历史发展到今天，知识经济向我们逼近，一种以知识创新为特征的新经济正在深刻地改变着人们的生产和生活方式，生产性劳动的形式已经发生了巨大的变化：一方面，劳动已不仅仅是体力的支出，甚至已不再主要是体力的支出，而主要是脑力的支出；另一方面，知识日益成为重要的生产要素，生产知识的劳动便成为生产生产要素的劳动。作为一种高度复杂的智能劳动，知识劳动等于“自乘的”、“多倍的”简单劳动，能够创造出巨大的价值。因此，我们对按劳分配中“劳动”的含义要有新的认识，从事复杂的知识劳动者理应得到较高的报酬。知识同样也是人类劳动的成果。为便于分析我们可作这样的抽象分类，即活劳动可以物化为有形的物质成果（如日用品、机器设备等），或知识化为无形的知识成果（如科学理论、技术诀窍等）。当然，在现实生活中物化劳动里总包含有一定的知识化劳动，但这并不影响我们的分析。马克思认为，活劳动创造价值是在与非活劳动因素的结合中实现的。这里非活劳动因素包括物化和知识化了的劳动，但两者在创造价值的过程中有着不同的作用。（厉无畏，2002）龚正荣认为，所谓知识性劳动包括两个方面：一是学习和掌握知识，形成人力资本；二是人的脑力运用知识进行创造性劳动。学习和掌握知识需要耗费活劳动，掌握的知识越多，耗费的劳动也越多。学习和掌握知识本身虽然耗费了活劳动，但是并不创造价

① 这也是人走向知识牢笼的悲剧，知识越来越多，人活得越来越累。所以，无论是针对成人的，还是针对儿童的“减负”只能是形式上的，只要竞争以制度化的形式存在，只要知识依然是竞争的决定要素，只要知识越来越多，人类在获得知识和应用知识以及遴选知识上的负担只能越来越重，因为我们的基础越来越高，但是知识遗传的进化速度尚无法突破。我把这个现象叫作“越来越悖论”。

值，因为在智力劳动力形成过程中还没有使自己成为商品。然而学习和掌握知识不是目的，关键是要在实践创新中运用知识，这样就形成了一个智力劳动过程。在这个劳动过程中，人们所掌握的知识像人们所占有的生产资料被使用一样，离开了人的活劳动，生产资料不可能独立地转移其价值，形成新产品；知识也一样，离开运用知识的智力劳动，知识的价值也不会转移，新的知识产品也就生产不出来。（龚正荣，2004）汪丁丁则认为，知识劳动的特征是劳动效率在很大程度上取决于劳动者的创造精神，而创造精神是无法靠强制力量激发出来的。知识劳动者可以从思想和言论中获得灵感，并且更重要的是，从灵感获得新观念和实现新观念的技术途径。（汪丁丁，2002）徐迅雷指出，英国作家罗斯金曾说："只有经由劳动，思想才会变得健全；而只有经由思想，劳动才显得快乐：此二者不能分割。"罗斯金富有哲理的话语，尽管没有提到"知识劳动"的概念，但已经渗透了"知识劳动"所蕴含的精神。知识劳动，是与时俱进的劳动形态，在知识经济时代发挥越来越重要的作用，创造越来越大的价值。大自然赐予人类知识的种子，经过劳动，长成了参天大树。知识劳动是人类创造的必经之途。"知识劳动"四个字，让传统意义上的劳动概念发生了非同寻常的变化；知识劳动，同时也颠覆了劳动形态，甚至生活形态。① 在"知识劳动"中，知识与劳动不是简单的相加，而是一种渗透，一种交融，一种聚集，一种裂变。在这种裂变中，知识成了创造的杠杆，知识劳动

---

① 观察美国的现代经济运作，不难看到，当知识劳动者的工资已经成为诸生产成本中最大的成本时，机器、厂房、办公室等固定资产的"服务"，都可以临时租赁。在知识经济时代，工作与休闲的界限可以变得模糊，工作与生活、休闲开始融合。你完全可以诗意地栖居在希腊小岛上，就着海风露天从事写作，头上是地中海的太阳，眼前是爱琴海的波光，知识劳动与生活休闲就这样水乳交融。资料表明，过去三十年，发达国家三分之一的资本耗费在处理数据和信息的设备等方面；知识劳动者通过采用最先进的信息技术，来识别、分析和解决问题，他们成了全球经济的信息源流的操作者、提供者和创造者；知识劳动的比重越大、知识劳动的含金量越高，管理、科技、智慧、创造等知识要素就越受到尊重；因为工作效率高，知识劳动者往往能获得较高的报酬。历史已经告诉我们：知识劳动的敌人不是"非知识劳动"，而是"反知识劳动"。可以这样说，劳动之船，如果没有知识压舱，任何风暴都可能将其打翻。而未来也告诉我们：今后竞争的主导力量，必定是知识劳动者。已有经济学家预言，具有较高的理论知识水平和较高的操作技能水平、动手动脑相对平衡的复合型人才——"灰领"将成为知识劳动社会的主力军。以后白领、蓝领和灰领的比例将呈椭圆的橄榄形状，中间的灰领会越来越多，两头白领和蓝领的比例会逐渐减少，这就是结构优化的"正态分布"。未来将属于两种人，思想的人和劳动的人；实际上这两种人是一种人，因为思想也是劳动。（徐迅雷，2004）

的杠杆就能撬动地球。对知识劳动的看法，就中国国内来说还有许多，比如李新春对知识劳动与合约关系的讨论（李新春，2003），李继樊对知识劳动特征的分析（李继樊，2002）等。

不管知识劳动包括知识实践的提法（李国昌，2000）多么诱人，我都坚持认为，如果知识劳动成立的话，这种劳动也只能是知识行动的一种表现形式（方式），因为在劳动之外的领域，特别是知识行动论更为关切的领域——日常生活世界——更是知识行动的在域。萧伯纳说："劳动是唯一导向知识的道路。"柏拉图在他的《理想国》中则说："知识是一切能力中最强的力量。"

第二，人的本质的不同表述。

"我从何处来，现在在哪里，将向何处去？"的追问，对"天人之际"、"古今之变"的不懈探究，对文明之兴衰交替、社会之治乱相因的艰难解读，总是会深深地牵动着每一时代人的精神世界，拨动每一时代人的情感心弦。（刘鸿武，2000）但是人的本质到底是什么，或者说"人就是人，没有什么可以追问的"是否是一个真命题，确实值得我们在时代的变迁中加以思考。① 应该说对人的本质的说法就像人一样多。我这里仅仅要追问马克思提出的人的本质的两个问题：人的本质是劳动；人的本质是一切社会关系的总和。

首先，人的本质是劳动吗？如果人的本质是劳动，那么问题在于什么是劳动。劳动是人类创造物质或精神财富的活动，包括体力劳动和脑力劳动；劳动的方式是体力劳动和脑力劳动，劳动的内容和过程是体力的付出和脑力的付出，劳动的结果是得到物质财富和精神财富。但是问题依然存在，劳动者是谁？劳动如果仅仅被界定为人类的活动或者行动，那么动物具有劳动属性的活动或行动就排除在劳动的范畴之外了。仅仅从劳动主体的规定上加以说明劳动是人类特有的属性，是没有说服力的。因为在动物的活动中的确存在类似人类劳动的活动形式和内容。从劳动概念所包括的内容上分析，把劳动作为体力支出，或者把劳动作为智力支出，抑或二者兼之，都是有问题的。把劳动作为体力

---

① 有学者建议：第一，对人的本质还需进行具体的量化研究；第二，对人的本质的理解应该具有新的时代特征；第三，可能性的视野必然要求我们要把人的本质作为一个过程来研究。（程家明：《人的本质的可能性及其向现实性的转化》，中国哲学大会 2004 年 8 月 12 日发表）还有学者认为，正如我们不能在离群索居的、孤独的个人身上寻找人的本质，我们也不能从个人抽象出来，只得从个人相对立的所谓"社会"中去寻找人的本质。人的本质只能在这种个体和整体的统一之中。（高尔泰，1981）

支出的世俗之说，不必多说因为这样就把人与动物不加区别地连在一起了。[①]那么，把劳动看作以智力为基础的活动也是存在问题的，因为研究表明，动物也是有智力的，因为许多动物是有脑干的；同时有些动物的活动（特别是生存性活动）也是以智力为基础的。所以这种理解也是难以把动物排除在外的。不能把动物活动排除在外的劳动概念是无法体现人类劳动者的特性的。如果我们承认劳动是人的本质，首先要承认劳动是人类特有的行动或活动，否则无法把人和动物区分开来。如何在理论上说明劳动是人类特有的行动，尚需要结合人类社会变迁的实际进程加以讨论。所以，这个问题不仅不能免于讨论，而且更重要的是持续不断地加以讨论，这就是该问题的常新性。

其次，人的本质是一切社会关系的总和吗？讨论这个问题的意义不在于说明社会关系[②]，而在于社会关系缔结或形成的机制，因为这个问题是同知识有关的，或者说是同知识行动有关的，尽管是同知识行动论的正当性有关的。人是社会关系的总和，不考察社会关系的形成实际上也就无法解决人的本质属性问题。很明显，社会关系无论表现形态如何只能表现为一种行动关系，也就是说尽管社会关系具有既定性或给定性，但是如果没有交往行动，这种关系就仅仅是一种状态而已。社会关系作为一种社会实在，更多地表现为一种过程性和活动性。作为构成社会关系的基础的社会行动（或者说交往行动）必须以知识为基础——不论这种行动是在日常生活的世界中，还是在体系世界中。所以，作为人的本质，社会关系的总和如果得不到质疑或者不去质疑的话，那么社会关系的形成也就需要考察，这种考察的结果最明显的表现就是可以看出马克思为

---

① 曾有一句著名的口号是："知识分子劳动化，劳动人民知识化。"其潜台词无外乎是知识分子的工作不是劳动，而劳动人民不包括知识分子。在许多国家，学生进行户外农业、工业等社会生活体验的科目就叫"劳动课"；犯人的苦役被称为"劳动改造"；刚离校的青年学生到生产线上的实习叫作"劳动锻炼"。总而言之，"劳动"在世俗理解中就是体力耗费。这种理解，是无法排除动物所具有的劳动性的。

② 人的本质是全部社会关系的总和。第一，决定人的本质的社会关系不是单一的，而是多方面的，有经济、政治和思想关系，还有家庭亲属关系等。而生产关系是全部社会关系中最本质的关系。在阶级社会，人们的社会关系主要表现为阶级关系，人的社会性主要表现为阶级性。全面把握人的本质，必须把人放在以生产关系为基础的各种社会关系中进行综合考察。第二，人的本质是具体的、历史的。人们之间的社会关系的历史变动性，决定了人的本质的具体历史性。总之，不能在现实的社会生活之外去寻找人的本质，人的本质就存在于现实的、可感知的、发展变化着的社会关系之中。以科学的历史观观察社会，对人的本质问题做出科学的解释是马克思主义的唯物史观所实现的一项革命性变革。

何把人的本质从劳动转化为社会关系。[①] 一旦我们考察社会关系的形成就很明确知道行动,特别是交往行动对社会关系的意义,如果继续考察交往行动的基础,我们就会知道知识对于交往行动的意义。

第三,人的本质是知识行动吗?

人的本质问题实际上是指人之为人的问题,是人如何产生和发展的问题。人们探讨人的本质,就是要洞察人的根本,揭示人产生的原因,找出人存在、发展的根据,以及反映人的发展趋势。人的本质是人之为人并区别于动物的根源,也就是产生、形成人及其特性的内在原因和根据。

很显然,我们现在所接受的观点就是,劳动是人的本质。我的追问是,其一,什么样的劳动是人的本质?首先应该肯定的是,劳动是社会性劳动。马克思认为,一切劳动都是社会性的,都是社会劳动。劳动是社会性劳动,进行劳动的人是社会性的人。劳动不是人类个体所固有的特性,认为人的本质是社会关系的总和,而人的本质是社会关系又是以人的本质是劳动为前提的。人之所以是人,正是由于人的社会性劳动,或者是具有社会关系属性的劳动形成了人并使人得到发展。人的本质是一定社会关系下的劳动,这是人之为人的根据,也是主体之所以为主体的根据。劳动创造了人,也形成、表现和确证了人的主体性。人的主体性是以人的本质为基础的,主体性又进一步丰富、深化了人的本

---

① 袁贵仁指出:严格地说,"社会关系"也和劳动一样,它并不直接回答人"是什么",而是说明人是"如何"才成为人的,说明人应当"怎样"才能正确地认识人。也就是说,人的本质是社会关系的总和,不是关于人的严格定义,而是认识人、理解人的科学方法。(袁贵仁,1996:92)同时,袁贵仁还认为,在马克思的思想发展史上,从劳动到社会关系,不是后者对前者的简单的否定,而是由前者上升到后者,由一般的劳动深入到现实的劳动,根据劳动的物质条件,人是怎样劳动的,用什么方式劳动的,来进一步思考和揭示人的本质问题。应当这样看待它们的关系:劳动是人的本质的看法是正确的,但完整地看还是不充分的、不全面的。"人的本质是社会关系"有待于深化或具体化为"人的本质是社会关系"。"人的本质是社会关系"是以"人的本质是劳动"为前提的。(袁贵仁,1996:93)韩庆祥认为,第一,社会关系是人的生产劳动借以存在、表现和实现的必然形式,就是说,单个人的有限性使他无法进行生产劳动,只有在一定的社会关系条件下,他才能生产自己的物质生活以及与这种物质生活有关的东西。第二,生产有一个生产什么、怎样生产和为谁生产的问题,这实质上就是一个生产的社会物质条件的问题。而生产的社会物质条件最主要的就是社会关系的基本关系——生产关系。如果说人的创造性生产劳动是人的类本质,那么,在一定社会关系总和条件下的人的现实具体的生产劳动,则是人的本质的具体内容或具体体现,亦称个人的现实具体的本质。人的社会关系的总和是人的生产劳动的对象化或客观现实化的产物,是人的生产劳动的现实性,由其可以直观和表现人的本质。(韩庆祥,1992:29-30)

质的内容。从人的本质的角度，劳动是人的类特性；从人的主体性的角度看，劳动既可以肯定人，也可以否定人。因为在人类历史上，既有“自由自觉的劳动”，也有“异化的劳动”。离开了社会，仅有人的自然存在，是无法成为“人的存在”的。同样离开了社会，人的劳动同动物的生存性活动无异，人也就无法真正成为人，从而社会也就无根而言。

但是，接下来的问题是：社会性的劳动是什么？是实践吗？我认为“劳动是实践的一种形式”这一说法并没有含括实践的所有内容。作为一种形式的实践，劳动就成为经济学以外的学科，特别是哲学和社会理论考察的对象。

其二，人的本质也表现为行动，因为行动不仅仅存在于体系世界中，更有意义的是它也存在于日常生活世界中，这样就更能体现实践主体的自在性，更能表明一种知识的归属特征。我这里不想解释行动与实践的关联或者区别，而是仅仅说明从社会理论的意义上说或者从社会学的视角来说，行动作为一个中性的没有被意识形态化的概念，更能说明人的社会性行动对人属性的生态性意义。可以这样说，没有人的社会性行动就没有真正意义上的人的存在和人的发展。行动的社会性同实践或者劳动的社会性是一样的，是构成人的基本属性，也就是人的本质所在。马克思并没有把他的考察狭隘地仅仅局限在实践或者劳动领域，而是对行动问题非常关注——我将有专门章节讨论这种关注——尤其是对交往行动在人的社会关系形成以及社会形成的价值进行了本体论上的研究。由于在实践的劳动过程表现出两种关系，一种是自然关系，一种是社会关系，因此，马克思在对人的主体规定性也包括两大部分，一是主要表现于主客体之间人的主体能动性、自主性和自为性，二是表现于主体与主体之间的交往，即主体间性。并且，马克思认为，即使是主客体之间的关系也是以主体间的交往为中介的，因此，主体间的交往是人的生产活动赖以进行的必要条件。交往是个人主体意识形成的重要条件，交往形成集体意识，交往促进人和社会的发展。

但是接下来的问题是：什么样的社会行动才对人的生成有意义？社会行动的类型，我将在别处进行说明，但是这里还是要使用一个概念就是知识行动。在这里使用这个概念的主要目的就是说明无论是实践还是劳动都可以表述为一种行动类型，当把知识行动作为人成立的依据时，所指涉的是知识与行动的合一性。在这里，我既没有说是知识使人成为人，也没有完全同意而只是追问式地同意行动使人成为人，而是强调了知识行动是使人成为人的本质。所以，当我们说正是由于社会性劳动或者社会化实践——我把这种说法转化为知识劳动或者知识行动是人的本质的时候，请不要把知识和行动分开，因为事实上是不能分开的——如果要研究知识行动的构成要素或者结构时，可以做学理上的分开，但是在实践上是无法分开的。把知识行动当成人的本质，不仅说明了人同动物的区别，还说明了人本质的时代特征。所以，我这样说并非标新立异，而是一种涉身性思考所得出的体验。

2. 人的社会化：社会性获得

人之所以为人在于人是社会人，在于人具有的社会性。但是这种社会性并不是天生的或者神赐的，而是通过社会化的途径实现的或者得到的。

（1）社会性：完全知识性

人的社会性，应该指涉人的群性，或者从行动论上说就是人的交往属性，也可以说是基于交往行动基础上的社会关系属性，公共性、协作性是这种属性的表现形式。这是标志人和动物本质区别的人的基本特性之一。“个人是社会的存在物。因此，它的生命表现，即使不采取共同的，同其他人一起完成的生命表现这种直接形式，也是社会生活的表现和确证。”（马克思、恩格斯，1972：122－123）“孤立的一个人在社会之外进行生产——这是罕见的事，偶然落在荒野中的已经内在地具有社会力的文明人或许能做到——就像许多个人不在一起生活和彼此交谈竟有语言的发展一样，是不可思议的。”（马克思、恩格斯，1972：734）人离不开社会，因而社会势必对人发生作用和影响，造就其人性，使人具有社会性。

我这里要对人的社会性表现形式添加一个特征，即知识性。知识性并不随着知识增长而存在，而是在人的社会性特征中一种永恒的表征。如果把人的社会性看作关系属性，那么这种关系的建立是在行动的基础上完成的，但是行动无法离开知识——无论这种行动是何种类型的行动（即便是纯粹的情感性行动），中间也含有知识性要素。入群如同入世，是需要认识条件的；交往或者沟通也是有知识性条件的。这种知识性条件所规定的社会性所直接标明的知识性特征随着知识增进而越来越明显。人、现代人，必须是知识人，必须具有知识并能够应用知识。

（2）社会化：以知识化为内容

“凡是有某种关系存在的地方，这种关系都是为我而存在的；动物不对什么发生‘关系’，而且根本没有关系；对于动物来说，它对他物的关系不是作为关系而存在的。”（马克思、恩格斯，1972：35）就是说，动物没有“我”，对它来说也就不存在“我”与“他”的关系，它只是自在地处于并非它安排，更非由它建立的关系之中；人有自我意识，有了“自己”，也就有了同外界对象的关系问题，并且一切活动都归结为处理这个关系了。（张国珍：1997）人的社会化过程是人的知识化过程，从本质意义上说人的社会化过程就是人不断学习知识和应用知识，从而一体化到社会中去的过程。刚刚出生的人对他所存在的世界是一无所知的，我们正是通过社会化使对世界无知的人变成了解他所存在的世界。社会化的过程包括两个相互联系的方面：其一是社会建构个人的过程，即个人在社会中学习、接受教化等各种手段，了解和掌握社会的知识、技能、价值标准和行为规范的过程；其二是个人建构社会的过程，即个人积极活动，介入社会生活，加入社会关系系统，对已有的社会经验和社会观念进行再生产和再创造的过程。在这个过程中，社会文化得以承上启下，代代相传。由此看来，人的社会化过程，实质上就是作为一个“社会学习者”和一个“社会参与者”的人的个性和社会性的全面发展的过程。

3. 从社会化到知识化

我们认为社会化是同知识化联系在一起的一个概念，早期社会化概念主要指人们学习知识和技能的社会过程。

（1）社会化与知识学习

在对社会化含义的阐述上，学习、内化和社会化常常被相提并论，视为等同，认为社会化就是个体学习社会规范并使之内化为自己的行动准则的过程。其实，仅仅把社会化归结为学习，是远远不够的。通常人们所说的学习则是指个人通过一定的程序、手段和方法，自觉地、有目的地接受一定的文化知识和社会价值系统。但是，仅仅通过学习远远不能够达到社会化的要求。常常有这样引人深思的社会现象存在：两个生下来差不多的人到后来会相差很大，相距很远，究其原因，主要是环境使然。此正所谓“人之初，性本善，性相近，习相远”。后天的环境和行为既然可以使本来相近的人变远，不言而喻，它也能拉近本来相距很远的关系，而这正是社会化的目的所在。可见，学习和社会化虽然目的都是培养合格的社会成员，但在基本含义上还是有差别的。当然，应该加以肯定的是，学习是实现人的社会化的最基本手段，施教者、施教机构和施教内容对社会化过程进行指导、帮助,使学习在社会化过程中具有决定性的作用。

每一个人的知识的获取、习得实际都是一个社会性的过程,我们要么从实践的社会劳动中习得经验的知识,要么从前人积淀的文化中汲取知识,总之我们是在与外界的交流中获得了知识,增进了自身的智慧。如果我们习得的知识和智慧没有去进行充分的交流和分享,那么就不足以满足自身的需要,更不能满足别人或社会的需要。知识的分享流通所带来的社会互补性,与商品经济社会物质生产的交流互补不同,知识的分享过程不会带来个人知识的遗失。相反,分享越多,增值就越大。

(2) 社会化与知识化的亲和

人类的历史就是一个程度不同的知识化过程,而人类社会的方向也是一个以知识化过程为核心的现代化发展。同时在社会发展过程中,知识化程度的不断提高,是同知识的社会化有关的。所以,无论过去、现在还是将来,人类社会的发展都没有离开过知识化过程的推进。因此知识化是了解历史的一种工具,也是认识未来的一把钥匙。作为知识时代财富的基础,知识化是一个正在进行的动态过程;它包含了我们发现现存模式及同时预测新范式的能力。社会化是人们不可选择的社会过程,在这个过程中开始了社会化也就意味着开始了知识化,因为社会化和知识化有一种选择性亲和的关系。

第一,初社会化与初知识化。

我把社会化划分为初社会化、继续社会化和复社会化三个阶段,而初社会化是人社会化的基本阶段。同样我把知识化过程分为两个阶段,即初知识化和继续知识化。初知识化是初级知识化的简称,是知识化实现的第一个层次,它主要是通过教育和人们的生产实践活动而实现的。教育对初知识化的实现起到至关重要的作用。因为初知识化对知识化对象,尤其是对劳动者的要求偏重于知识数量的获得上。这种说法也同我们对知识化的界定是一致的,衡量对象是否实现或完成了知识化,首先是要看获得多少知识。没有足够知识的获得也就谈不上知识化。对一般人来说获得知识的重要途径就是接受教育,对一个民族或一个国家来说在刚刚进行知识化建设的时候知识普及要比知识创新重要得多。所以教育的面越广,知识化对象的数量也就越多;教育越发达,社会知识化的程度也就越高。因此在现代化建设的过程中推进知识化首先必须大力发展国民教育事业。从宏观上说,初知识化又是整个社会知识化实现的第一个阶段，是社会知识化实现的必经过程，所以对社会成员来说，对社会劳动者来说，实现初知识化对自己全面发展至关重要。特别是对青年人来说要努力达到社会知识的平均水平，同时在获取知识的过程中要注意培养和锻炼自己的活化知识的能力以及有效使用知识的能力和水平。

初社会化与初知识化是亲和的关系。社会化是人的自然过程，要成为一个合格的社会成员，就必须进行社会化，逐步摆脱自己的自然性，增加自己的社会性；而知识化也同样是人们不可选择的自然过程。社会化的内容在很大程度上都是知识化的内容，只不过社会化强调知识的学习过程，而知识化更强调一些知识的应用过程；同时知识化不仅是自然过程，还是历史过程。

第二，继续社会化和继续知识化。

人的社会化过程伴随着人生的整个过程，之所以在基本社会化的基础上进行继续社会化和重新社会化，其主要原因在于知识的陈旧速度和更新速度加快。这也是人们进行继续知识化的理由。

继续知识化是知识化的较高层次。可以这样描述继续知识化：人们完成初知识化以后由于其获取和使用的知识中一部分已经或正在陈旧，已不再适合发展的需要，为了适应发展重新获取和使用新知识的过程。继续知识化是一个持续不断的过程，对劳动者来说为了满足自身发展的要求要持续知识化。因为随着知识化建设的知识材料的不断变化而会引起社会加速发展，知识对经济增长贡献率的不断提高，知识对社会进步作用的不断加强，都要求对象，包括个人、企业、社区以及全社会都要不断地知识化，即继续知识化。

知识更新是人们调适社会的一种手段，人们要适应不断发展和变化的社会必须不断进行知识更新和不断进行知识化。因为知识化建设的知识材料不断变化而会引起社会加速发展，知识对经济增长贡献率的不断提高，知识对社会进步作用的不断加强，都要求个人不断地知识化，即继续知识化。

第三，社会化与知识化的其他比较。

社会化和知识化尽管有一种亲和的关系，但是在许多方面也有不尽一致的地方。在此我们做一些简单分析。

从过程上看，社会化一般分为三个阶段，即初社会化、继续社会化和复社会化，这三个阶段分布在人的不同年龄时期。而知识化一般只分为初知识化和继续知识化两个过程阶段。在一定程度上说社会化的过程是人的自然过程，人要成为人就必须进行社会化；而知识化则是自然历史过程，人猿相揖别主要是因为人有知识。人一旦没有了知识，对自己所处的世界一无所知，不能通过社会化而获得生存的基本技能，那么人也就很难作为人而生活。所以知识化过程在一定程度上也是社会化过程，但是人们获得知识的多少、何时获得知识，应用多少知识、何时应用知识在很大程度上却是一个历史过程。

从内容上看，社会化的内容主要是学习生存技能、教导社会规范、指点生活目标、提供角色人选等；而知识化的内容主要是获取知识和应用知识。这里的知识包括生存技能、社会文化、角色规范等。从广义上讲，社会化的内容又是知识化的内容；从微观上分析，社会化的内容还包括知识以外的内容，在社会化过程中人们除了要学习一定知识之外还要培养能力养成人格等。

从结果上看，社会化的结果是使人更加适应这个社会，而成为合格的社会成员；而知识化的结果更多的是增强社会成员在社会上的竞争力。所以衡量社会化的指标和衡量知识化的指标是不同的，能够接受社会文化、具有一定生存技能、能够按照社会规范行动就可以看作完成了初步的社会化；但是只有这些，我们却不能说是完成了知识化，获得了和应用了一定程度的知识，比如大学毕业而就业了一定时间，我们才可以看作完成了初知识化。

结论性追问：上述的说法可能在一定程度上解决了人之为人的问题，人是社会存在物，人类千万年的实践活动及其所创造的文化，通过内在自然的人化和外在历史的积淀以及人的社会性遗传，都会形成人的潜在力量。在这个意义上，人的发展实质就是人的劳动的发展、人的劳动能力的发展。人的劳动和人的能力是分不开的，劳动发展的核心是劳动能力的发展。人的劳动能力是人所具有的表现、实现和确证自己的社会本质的内在力量，是主客体对象性关系得以建立的必要条件。不仅如此，人成为人还有一种同动物世界中不同的机制，即社会化机制，这种社会化机制实质上就是知识化内涵。我认为这些结论应该说都是正确的，而且在知识化与社会化的关系界定人的形成机制也有一定的新意。但是问题在于，如果把人的本质看作知识行动的话，那么这种行动何以可能？社会之根在于人，正是由于社会人或者社会化与社会化着的不断实践①或

① 人的本质虽然在其现实性上来讲是由交往而产生的社会关系的总和，但形成社会关系的这种交往却又离不开实践活动。人为了满足自身的某种需要就要产生实现这种需要的实践活动，交往只是在这种实践活动中才产生出来的。可以说没有实践活动，就没有交往；没有实践，也就没有体现人的现实性本质的各种社会关系。人的本质深深地植根于社会生活方式即实践活动之中。（孙绵涛，2003）

者行动的人为社会奠基，形成了人类群化的社会。社会之根在人，人之根在行动。换一个并不新鲜的说法就是：劳动的产生，就是人类的产生；劳动的发展，就是人的发展。人只有通过劳动才能在改造客观世界的同时改造自身，在劳动发展中获得自身的发展。离开劳动，人类的存在和发展都是不可思议的。这里得出的逻辑是：人的可能源于其社会化，而社会化就是某种意义上的知识化，而知识化就是知识行动的结果或产物。我接着追问：这个结论是如何形成的？这就不得不解决行动何以可能的问题。

"社会的可能"（即便是"现代社会的可能"）必定关注"人的可能"问题上。一定意义上，人的可能应该源自于社会化，没有社会化人也就无法完全脱去兽性进而实现人性的成长。但是很明显，人的社会化必须也一定以知识化为核心，没有生活技能的掌握，没有行动本领的学习，没有思考世事的思维，人无法成为真实的人。所以人的可能必定同知识有关，而这个知识又必须是某种类型的行动。所以，人的可能与知识之间的关系的讨论只能是一个引子，后边必须引申出这样的问题：行动何以可能？

（二）行动何以可能

社会是由人构成的，可以说人是社会之根。但是问题是，人所以是人，原因不是人的自然存在而是人的社会存在，也就是说社会性是人的本质特征。

1. 行动的可能源于人的可能：从实践的角度关注人的命运

人存在的奥秘，不是向人的自我意识、道德意志、感性肉身的情欲生命中寻求，而是向人的实践活动中寻找。实践既是人的存在及其苦难发生的原因，也是人的问题得以解决的途径。对人的存在要在人的实践中加以把握，更在于它是以实践的高度来关注人。于是人学在实践哲学的视野中就不是单纯的"学"，而是批判的武器，并以此批判作为对人的自我活动定向的导引。（樊志辉，2003）

在我们说人的可能性的时候实质上是在说行动的可能性，因为没有人的实践或行动的存在，人就难以存在——对这个命题将在下面进行分析，同样没有主体性的存在行动何以存在——主体性是人作为实践主体的主体性，主体性以实践为基础；实践是人作为主体所从事的实践，实践表现了主体性。马克思科学地揭示了人与行动的关系。马克思说："从前的一切唯物主义——包括费尔巴哈的唯物主义——的主要缺点是：对事物、现实、感性，只是从客体的或直观的形式去理解，而不是把它们当作人的感性活动，当作实践去理解，不是从主观方面去理解。所以，结果竟是这样，和唯物主义相反，唯心主义却发展了能动的方面，但只是抽象地发展了，因为唯心主义当然不知道真正现实、感性的活动本身。"对实践要从人的角度去理解，不仅要把人当作实践的主体，而且要把人当作实践的目的。社会生活在本质上是实践的。马克思指出，人是社会关系的产物和社会关系的主体。人的存在无不历史地受到他在具体的社会关系体系中的地位的制约，人的发展无不现实地表现在具体的社会关系变革中……在这个意义上，人的发展就是人的社会关系的发展，就是人的社会交往的普遍性和人对社会关系的控制程度的发展。

马克思认为，劳动实践是人类的"第一个历史活动"，人类的任何一个劳动实践活动都必然发生主体与客体之间的自然关系和主体与主体之间的社会关系。所以，人不是一个既成性的存在，而是一个生成性的存在。人的生成就在于实践的现实性与历史性。当人的需要作为有机体的环节展开时，人是通过自己的实践实现在自然界中继续维持自身的生命存在的。维持自身的存在是在对自我的超越中实现的，即自己的实践活动使自己的有机体指向未来，把未来和现在联系在一起。实践为人类各种知识话语，甚至权力性话语确立了发生学机制。

从行动的角度关注人的命运，实际上就是要解决"行动何以可能"的问题。如果不把人看作行动者——我将专门对行动者问题进行论述，如果不把行动看作涉身性的，如果不把人看作实践化的，那么就无从认识人和人的实践行动。之所以说马克思哲学作为行动哲学对世界加以翻天覆地式的改变，其根本的原因就在于它揭示了人本身的实践性，以及人的有意图的实践性。所以作为实践或行动必然是生态性的，或者说实践或行动不是一个单纯的概念，而是活生生的人或行动者，这是全部社会理论的基础。

2. 行动成为人成为人的一种需要

当我们说劳动是人的需要的时候，实质上也是在说行动或者实践是人的需要。劳动需要的满足，是人的本质力量的实现过程。劳动是人的需要中最根本、最具有决定意义的需要。

人要成为人，最简单的做法就是人要成群。人的群化源于人的交往行动的需要[①]和交往行动的现实化。人的群化的社会生活本身就是社会性的[②]，按照马克思的说法就是"人类社会生活按其本质上说是实践的"。（马克思，1972：18）而这种实践活动"恰恰就是人的类特性"。（马克思，1972：18）人的美好在于与人相处。（马克思，2000：57）

人的存在根源于人的行动，人的行动根源于人的行动的需要。行动不仅仅是人成为人的需要，同时也是人满足包括行动在内的需要的条件。人为了满足自身的某种需要必须进行满足这种需要的实践活动，交往只是在这种实践活动中才产生出来的。可以说没有实践活动，就没有交往；没有实践，也就没有体现人的现实性本质的各种社会关系。人的本质深深地植根于社会生活方式，即实践活动之中。人的现实状况和现存的关系对于人来说是匮乏的，人的需要的满足唯有依赖于人的实践。实践具有双重的性质，"对现存的关系来说，实践是否定性；不过它永远是否定之否定；对所指望的对象说来，实践是肯定性；但是这种肯定性是通向'不存在'，通向尚未存在的东西的"。也就是说，实践是人克服现实状况的努力，是人站在目前决定着他的那些实际因素之上，对某种他希望产生的和即将到来的对象的争取。因此，人在实践活动中既逃避和拒绝现存一切因素的关系，又跃进到和实现着即将到来的关系。一句话，人的实践活动是扬弃，是不断地用未来否定现在和把可能性活动转化为现实性的。通过扬弃，既否定了又创造了现实的社会结构，包括自我建构过程。

交往，作为行动是社会理论的主题，作为社会理论核心的社会学同样把交往

---

① 人与人友好交往，可以互通信息，交流经验，相互切磋，条分缕析，有助于增知识、开眼界、出成果。这是因为，人们可以通过交往中的互助切磋、互相争论、互相补充、互相启迪、互相碰撞而更接近真理。有人说，友谊是沙漠里的绿洲，是夜空里的星月，是寒冬里的篝火。一个人如果没有朋友，就如同沙漠里没有绿洲一样荒凉，就像夜空里没有星月一样岑寂。如果没有良好的人际关系，任何人不管本事有多大，也不可能取得事业的成功。良好的人际关系是一个人的无形资产，是开创未来、取得成功的重要条件，而交往则是保持良好人际关系的前提。

② 人作为万物之灵，必须依附群体生活才能保持旺盛的生命力。每一个人，都需要与人交流、沟通，得到他人的理解、信任和帮助。与人交往，不仅是成就事业的必要条件，而且是身心健康的前提。现代医学认为，在与人交往和互助的过程中，能使人产生一种愉快欣慰的感觉，有助于身心健康。美国心理学教授查迪尼说："伸出援助之手会令人产生美好的感觉，对健康和情绪都有莫大的裨益。"瑞典的科学家通过调查发现，孤独的人比正常参加社会活动的人更易患心脏病和其他疾病。美国曾发表过一份关于长寿老人的调查，在年逾八十岁的长寿者当中，好交往的占85%以上。由此可以看出，交往广泛的人比孤独寂寞的人更长寿。不擅长交往的人最大的苦恼是自己的爱无处施与，这种心境很无奈也很悲哀，更易催人衰老。

行动作为建构自己理论的重要起点。所以行动成为人之为人的需要,不仅是一种哲学上的思维,而且还是现实生活的逻辑。从哈贝马斯的交往行动论、哲学的语言学转向、知识与行动的关系等都可以领略到这种逻辑中内含的那种迷人魅力。

3. 实践或行动是人存在的形式

对人的存在方式,我是遵循马克思的,无论有多少种说法,我都坚持行动,尤其是知识行动,是行动者的存在方式或者说是人的存在方式。这种坚持,不取决于同任何信仰有关的知识,而在于体验型认识。但是,我仍然要介绍几种关于人的存在的说法。

第一,悬搁是自我存在方式。

"什么是自己呢?如何达到自己?人身上的许多'东西',也许一切'东西'都不是自己的,其物质组成属于这个古老的宇宙,其社会行为受制于各种各样的社会关系。若是把人当作一件物进行分析,那就确实找不到什么独特的'自己'。要达到自己首先要具有一种悬搁的能力。人作为人的存在方式就是对一切外在事物的悬搁,向着'无'(它)回归。向着'无'回归,便同时是向着无限的可能性展开——向着无限的可能性展开与向着无回归是一件事情的两个方面,或者说是一回事。这是人的基本存在方式。对无的持守是人的本质,也是人的'无'本质,因为人确实没有本质。对无的持守也就是永远保持一种超越的姿态,不限定在任何既有的格局之中,向着过去、现在和未来开放。向着无穷的可能性展开、向着过去和未来伸展,这正是时间性的根源。"(吴国盛,2001)这种很具有哲学味道的说法抛开了人的真实存在,而向着那种纯思的存在而存在。无限的可能性和无限的过去与未来是一种纯思的形而上学故事,在这个故事的情节中人就成为一种悬隔式悬搁。

第二,技术是人自我的存在方式。

"人之所以是人的存在,是由人自己通过技术造就的。技术是人之本质构成的基本要素。当代法国哲学家贝尔纳·斯蒂格勒(Bernard Stiegler)在他的《技术与时间》一书中充分揭示了人与技术的这种关系。这样的思路对一切简单的反技术主义者是当头一棒:卢梭所谓的技术对于原始人性的背离只是一个形而上学的神话,这样的原始人性只是一个抽象。理性也好,主体也好,时间也好,都只能从技术中找到根据。"(吴国盛,2001)这种技术主义的形而上学规定说到底不仅规定了人的存在方式,也规定了技术自身的存在方式,我们可以从这种规定里看到人同技术的相互依存的某种关联。但是用技术规定人自身的存在方式则是把人陷入了一种非人的境地。

第三，理解是自我存在方式。

“说到底，一切理解都是自我理解。”哲学家伽达默尔曾经这么说过。虽然此言意在阐明人的存在方式，其本质不在于找出文本背后的原初意义，也不是为了寻求新的知识，而是为了解释我们存身其间的世界。或用他的老师海德格尔的话说，是为了使“存在敞亮”，但它仍然揭示了理解的主观性造成的“自我理解”、“解释循环”的困境，并阐明了“理解总摆脱不了误读与曲解”的真理。（易晖，2004）在哲学解释学看来，人是一种理解的存在，即理解是人类的生存和存在方式，有了理解便有了人。由理解酝酿生成的意义，浸透于人生的各个层面——意图、目的、情绪、思想、价值。理解展开的是人生存在的精神世界。“人在理解中意识到他存在的意义与价值，理解也同时拓宽了人生的境界。人生每时每刻都卷入理解，失去理解，人生变成一片无意义的阴影。因而，理解是构成人存在的基本状况与方式。”（殷鼎，1998：1）显然，这种论述只是把人生的意义当作本体的存在，因而，当理解与人生意义挂起钩来时，人们便在学理上“顺理成章”地把理解、解释置于本体论门下，从而把方法论剔除于诠释学门外。然而，我在这里试图说明的是：人既是一种本体性的目的，也是一种方法性的手段。“当我们认为‘人是万物之灵’、人是一切存在的存在、人是目的时，这是在本体论意义上解释人的；但当我们说‘人是机器’、人是符号的动物、人在理解中存在时，这是在方法论意义上解释人的。在人的存在方式中，不能缺乏手段性因素，就表明当我们讲理解作为人的存在方式时，即使它所表达的是一个关于人之存在的准确的信息，也不可或缺地包含着人是手段的含义在内。从此一视角可发现，理解与解释既是人的本体性存在，也是人的方法性存在。由这一认识提升而来的诠释学，自然应包含诠释的方法在内。对诠释法律作为一种方法的这种理解，可以使我们直接地体味到诠释法律中方法不能缺席的真正底蕴。”[①]（谢晖，2001）

---

① 谢晖作了这样的说明：就物质—行动意义的法律实践而言，它对诠释法律之方法的呼唤体现在：恰当的诠释方法及诠释结果，是指引人们法律实践的灯塔。对立法活动而言，诠释法律及其方法显得尤为重要。这是因为立法须以人们对对象的了解为前提。诠释法律所导致的不同法律理念，直接决定着人们对法律的不同态度，并且进一步影响着人们对法律行为的选择。如把法律诠释为国家施行的暴力工具时，人们在有关法律的心理态度上以畏法为主、行为选择上以避法为主就不难理解；相反，倘把法律诠释为人的存在方式，则人们在心理上对法律的尊重、在行动中对法律的依赖就在情理之中。（谢晖，2001）

第四,行动是人的存在方式。

“我认为,按照文本如实地把马克思哲学理解为‘实践的唯物主义’,就能够合乎逻辑地凸显人的主体地位并对人的问题给予合理的说明。人是实践的主体,实践是人的存在方式。在马克思哲学中,实践问题和人的问题,实践性原则和主体性原则之间,具有深刻的内在一致性。”(杨学功,2002)实践是人的存在方式,社会生活在本质上是实践的。实践是人的存在方式,是说实践规定了人的本质,人只有通过实践才成为人,才表现为人;只有通过实践人才能生存和发展。具体表现在:(1)从人类生存的前提看,实践是人类赖以生存的前提。(2)从人与动物的重要区别看,“有意识的生命活动把人同动物的生命活动直接区别开来”。(3)从人的本质上看,人的本质在其现实性上是社会关系的总和,而现实的社会关系是在人的实践活动中生成的。(4)人在实践活动中把自己从动物界提升出来,创造出了人之为人的一切特征。人就是人的活动、人的实践活动,也就是人生。人类实践是人的存在方式和本质力量的真正基础。人类只有通过人与人的关系才能发生与自然的关系。人类要想真正自觉全面地驾驭自身与自然的关系,必须能够真正地驾驭自己的社会关系。只有实现社会平等和公正,才能建立互助合作的关系,才能使科学技术上的可能性转化为现实性。(陈芬,2005)

在这个问题的开始,我就申明了我的态度:遵循马克思。但是,也明确说明,这种遵循不是没有问题的,因为实践也好,行动也罢[①],其基础是什么和其时

---

① 杨学功这样理解实践:首先,从形式上看,实践不仅包括通常理解的那些具体形式,而且包括交往实践。在马克思看来,实践不仅表现为人与自然的关系,而且必然同时甚至首先表现为人与人的关系。拿生产实践来说,如果没有人与人的关系——以一定的方式结合起来共同活动和互相交换其活动,就根本不会有生产。其次,更重要的是,从实践的具体形式去看问题,没有把握到马克思哲学“实践论”的实质,或者说,这样的理解降低了实践的观点在马克思哲学中的地位和意义。只有把实践的观点理解为一种哲学解释框架或哲学视界,才能把握到它对于马克思哲学的全局性和根本性意义。而这样的“实践论”,不仅不会导致对人的遮蔽,相反,它为马克思哲学中人文关怀维度的凸显提供了根本的哲学前提。实践论的哲学解释框架或哲学视界,为马克思哲学的人文关怀提供了正确的出发点——“从事实际活动的人”。从这样的哲学视界出发,马克思哲学开创了解决人的问题和其他哲学问题的新视野、新境界,并且提供了一幅新的哲学世界观图景。在这样的世界观图景中,世界是以人的实践活动为基础和纽带联结而成的“感性世界”、“现实世界”、“对象世界”;“自然”和“社会”在这个“世界”中都是通过人的活动联结和统一起来的。(杨学功,2002)在我的叙述中,对实践或行动的说法有时在内容上是一致的(马克思说过,所谓历史规律,不是什么外在于人的活动的规律,它就是“人们自己的社会行动的规律”。(马克思、恩格斯,1995c:634)但是也不是完全相同的。至于二者之间存在的不同,将在适当的时候进行说明。

代属性是什么，是不能不予以考察的——实质上是想说行动或实践的知识基础在知识时代中正在被打牢。(1)物质生产实践(即人类的劳动)不仅是人类产生和发展的基础和前提，而且是人存在的基本方式。作为人的存在方式，实践业已形成一个十分庞大而复杂的社会体系。(2)当前知识与行动更为明显地连接在一起了，尽管在逻辑上人的智慧是与人的实践存在方式内在地联系在一起的。智慧是宇宙以铁的规律产生的最美丽的花朵。智慧与人的实践相联系，实践是物质世界的特殊运动形式。劳动创造了人，在实践活动中形成了主客体之间的分化和统一，主体正是智慧的载体。人在对物质世界的实践把握过程中得到了发展，增长了智慧。基于此，我想这样说：知识行动是人，特别是行动者，存在的方式。

4. 行动的可能有赖于行动者的行动力

行动力并不是我最先提出的一个概念——与此相联系的是另外一个概念，即实践力[①]，但是对说明行动何以可能的问题是有益的，所以我就采用了这种说法。因为行动是否是真实的行动，也就是说行动是否是可能的，在于行动者是否有一种力量进行或思、或知、或说、或做或者兼而有之的活动。那么这种力量就可以界定为行动力。

行动力(agency)意味着一种人类行动者独立于社会结构(structure)的决定性限制而运作的力量，指涉人类行动的意向性的、目的性的性质，强调人的自由、自主、自决。如果从行动的内涵来说，这种力量实质上包括了说的力和做的力，也就是言止之力。话可以表征许多的内涵，但是话语权实质上也表现了一种说话者的力量，这种力量特征表现为行动的力量；同样，做同说话一样是行动的一种样式，或者是在话的基础上的一种行动样式，无力做则表明了行动者的行动力弱得无法使行动者进行做的行动，心有余而力不足，实际也就说明了思与做的关系，说而不做也说明了说与做的关系，思、知、说和做作为社会行动的组成部分或者表现形式，都体现了一种力量的特征。能否思、能(可)否说、能

---

① 实践力，包括各种行动力、外化力、理论力、建构力、教化力、复制力、协调力、科学共同体的自治创建力、产业化的构建力和普及力等；没有建立和实践中的真知，就不可能有令人信服的成果。在其中，既要有现实的科学活动的参与，更要有创造性地对实践中的主体、客体、中介系统等进行必要的关系性建造。参见李燕：《科学文化及其原创力之哲学解析》，http://202.112.112.222/dept/teacher/Index.html。

(是)否知、能(会)否做可以构成行动力的结构,或者是构成行动力的结构性要素。

从根本上说,行动力是特指行动者的,也就是说行动力具有对象性特征。但是问题是如何理解行动者?我这里的行动者是指活着的行动者,而不是把这种活着的行动者抽象化,成为象征性的行动者,比如把国家或者把社区或者把某个集团作为行动者——我承认这种行动者是存在的,但是至少不是我所关注的,因为理论如果是活的,其对象也必须是活的,否则将是无根和无效的知识。

这种行动力是社会力的表现方式和组成部分。[①] 当然对社会力概念,我并不完全同意沃德的说法,但是对这样的说法同样是有所保留的。"社会力是社会有机体的运动所蕴含和表现出来的能量。形成社会力的基本因素是社会要素、社会系统、社会运动,它们相互联系、相互渗透、相互作用,统一在社会运动之中。社会力蕴藏在社会之中,具体的社会力是特定社会系统功能的表现,其形式多种多样,各个社会系统功能的汇合就形成总的社会力。社会力的大小,决定社会发展的快慢。"(胡国祥,1996)"社会力是人对社会发生作用的总和。社会力是通过社会组织力来实现的。人有了组织功能才构成社会。社会组织力是人类组织功能的总称,是人类驾驭大自然能力的集中表现。社会组织力作为一种社会功能使人力、物力、工具力[②]与资源进行分布与组合,汇成强大的社会力为人类造福,具体表现在生产、流通、交换、研究、教育等的种种单元和体系。人类通过不同的社会组织力利用内含科学技术的工具力操作大自然(资源)及其产生出来的物质条件、物资资料进行各种形式的生产,构成社会生产力。社会生产力,是通过社会组织力所体现出的社会力主体。"(霍俊,2003)我

---

① 人具有自然力、生命力,是能动的自然存在物;这些力量作为天赋和才能、作为欲望存在于人身上。它是人的全部能力的生理基础。与"人本身的自然力"不同,人的社会力是人在历史社会实践中通过锻炼、培养和学习而形成的能力。社会力是个复杂的系统,是多样性的统一。"生产力"在社会力中占有特殊地位。人的社会力包括行动力、生产力、政治力、思想力、知识力、理想力和信念力等。

② 社会工具力是指一切起到工具作用的总称。社会工具力是人类一切智慧和实践的集中表现,是社会组织力的物质基础,是社会生产力的主力,是人类社会发展水平和方向的标志。社会工具力为特征的时代可以分为:无动力工具力时代、有动力工具力时代、信息控制有动力工具力时代、思维控制有动力工具力时代。驾驭工具的工具——思维工具力的功能,应该超过人的大脑,将是人类高度发达的标志。人类通过社会组织力使工具进一步信息化、思维化,将使人类生产、生活、交通、航天等进入到高度自动化,走向按思维模式的自适应化。(霍俊,2003)

除了在适当的时候对社会力加以详细说明和讨论外，在这里阐明我的简要观点：(1)社会力既有沃德所说的行动者的一种心理学意义上的欲求力，也包括行动者作为行动者所具有的所有力量——我接下来就讨论这种力量。(2)社会力既指涉行动者单个人的社会力，同时也包括抽象的行动者的社会力，更明白地说就是包括了个人的社会力和社会的社会力。(3)个人的社会力是社会的社会力的源泉，但是无论二者的关系是怎样的，有一点是确定的：就是这种社会力都源于个人的或社会的行动力。由于这是开篇引论部分，我不可能在这里阐述行动力问题，仅仅想向读者说明，社会扎根的力量是行动者的行动力，也就是说社会是否可能取决于行动者是否是真实的行动者，取决于行动者是否是具有行动力的行动者，取决于行动者的行动是否可能。而行动是否可能首先取决于行动者的行动力是否真实的和有效的。

综述之，行动或者实践是社会成员(社会行动者)——更直接说就是人(一种现实的人)——的存在方式，离开了行动，社会人无法真实地生活。这样行动的可能同人的可能还原到同一个层次的问题，最终指向了知识的问题，在实证上行动力或者实践力的大小决定着行动的真实性，建立在行动者内部的那种理解的知识结构以及行动者之间的关系与共同认知价值都同行动者的知识和弥漫在这种关系上空的那些匿名的社会知识脱不了干系。探索行动何以可能的问题依然没有脱离我时刻在场的意识：知识行动何以可能，以及同现代社会是否存在一种根性关联。

(三) 秩序何以可能

行动是否是可能的，应该取决于行动秩序是否是可能的。在逻辑上，行动力是从行动中衍生出来的一个用来说明行动基础的概念，而行动秩序以及行动规则是用来讨论何以可能的问题。所以，不能说行动力为行动奠基，就能推演出有了行动力行动就是完全可能的。如果有这样的认识，那么，恕我直言，这是一种狭隘的看法，因为应该把行动看作社会行动而非某些学科意义上的单纯举止。所以，从社会理论的视角来看，行动的可能，源于或者赖于秩序的可能。

1. 霍布斯问题：无法绕过

社会秩序问题又简称为秩序问题。在社会思想史上，秩序问题首先出现在

“霍布斯的秩序问题”[1]这一命题中，并且它第一次是以“霍布斯的秩序问题”这一自觉形式出现的。（高懿德、牛磊，2003）我把“霍布斯的秩序问题”简称为“霍布斯问题”。这是社会理论（特别是社会学理论）无法绕过的一个基础问题。在这里，我的主要目的还不是讨论和研究秩序问题，而是希望通过这个问题说明社会行动的可能在一定意义上取决于行动的秩序问题。如果行动无序，行动即无可能；行动缺乏可能，行动者作为人的性质就难以保证，当然社会也就荡然无存。

（1）霍布斯问题的含义

“霍布斯问题”的基本含义就是：人们在合理地追求自己的私人利益之际，如何可能保持社会秩序，而不陷入一切人反对一切人的战争中。弦外之音是行动如何有序，从而社会如何有序不仅在理论上而且在实践上都是社会进化之根本。当然这是我的理解，但是霍布斯问题的意义可能就在于此。“社会整体的和谐性表现为社会秩序，不和谐性则表现为社会冲突。因此，社会秩序是社会基本的整体性特征。也许人们都希望生活在这种特征的社会之中。社会为什么有秩序？怎样使社会有秩序？这是困扰过许多学者的‘霍布斯难题’。”（宋林飞，1997：15）

（2）霍布斯问题的实质

“霍布斯问题”明显是以功利主义作为前提的，这使得霍布斯眼中的秩序问题带有功利主义的底色，但这并不能削弱它的更为普遍的意义，即它在更为普遍的层面上指出了“社会秩序何以可能”这个更为一般的问题。尽管“霍布斯问题”是一个特殊命题，但其所蕴含着的更为普遍的意义，即“社会秩序何以可能”则是更为基本的，因而它正是“霍布斯问题”的实质所在。[2] 我的看法更接近社会行动论：霍布斯问题的实质在于行动秩序何以可能，从而延伸到这样的命题：社会何以可能？所以，我可以把霍布斯秩序问题的实质概括说是“人

---

① “霍布斯问题”（Hobbesian Problem）这个提法是社会学家帕森斯于1949年首先使用的，它可以表述为“社会秩序（以及伦理规范）是怎样可能的问题”，也可以表述为个人利益的价值判断如何能够推出社会义务价值判断。（张华夏，2000）

② “霍布斯问题”作为对“社会秩序何以可能”问题进行一般解答的一般社会理论，就其宗旨来看也只能以对社会秩序的一般根据的解答为限，否则它就失去了自身应有的普遍性特征。因此，秩序问题或“霍布斯的秩序问题”的实质就可进一步看作社会秩序的一般根据问题。（高懿德、牛磊，2003）

与社会的关系问题”。

(3) 霍布斯问题的基础

霍布斯问题的基础在于对人的认识和理解。“在霍布斯的理论中，我们发现了这样的假设：人们在自然上是自我主义的，是被决定的生物，但是，人类也有进行理性活动的能力。这个假设已经为许多自然主义理论所采纳。虽然大部分自然主义理论家只是含糊地表达了人们天生的自我主义的观点，但他们都暗示，社会对于个人的强迫是必需的。这样一来，人就基本上被看作社会秩序的产物，而不是一种能够设计和创造他们自己的世界的生物。像霍布斯一样，自然主义的社会学家也观察到人类的那种使用必需的手段以获得他们所期望的目标的理性，但在他们看来，无论是目标还是实现这个目标的手段，都是社会秩序中所固有的。”(波洛玛，1989：8)在自然主义社会学家看来，正是有秩序的社会才能防止人们堕入霍布斯称之为“一切人反对一切人的战争”的灾难，因为在那种“一切人反对一切人的战争”中，是人们的激情占据了统治地位。把人看作秩序的产物，把人看作具有一定的给定性，是霍布斯问题提出的基础。

(4) 霍布斯问题的内容：激情与理性

通过释放激情与发挥理性来摆脱自然状态，是霍布斯提出的解决人反对人的问题的策略。[①] 霍布斯说：超脱自然状态，“这一方面要靠人们的激情，另一方面则要靠人们的理性。使人们倾向于和平的激情是对死亡的畏惧，对舒适生活所必需事物的欲望，以及通过自己的勤劳取得这一切的希望。于是理智便提

---

① 人的自然状态是霍布斯提出的一种假说，内容包括：第一，人都是自私自利的，每个人都力求满足自己的最高欲望，无休止地追求个人利益，这是一种“得其一，思其二，死而后已，永无休止的权势欲”，人们同时想占有某物而又不能共有或分享时，他们便成了敌人，“互搏互击”，你争我夺。(霍布斯，1985：72)第二，人的能力在各方面大致平等。“自然使人在身心两方面的能力都十分相等”(霍布斯，1985：92)，由这种能力上的平等出发，就产生达到目的希望的平等。任何人都不可能对其拥有的东西高枕无忧，而要时刻警惕来自他人的威胁。这个假说的存在才有可能产生人们摆脱自然状态的努力，才有了激情的释放和理性的应用。霍布斯认为，人性本恶，人又受到自己无休止的权势欲的驱使，因而达成合作的可能性极小。只是由于人对自然状态中普遍存在的死亡的畏惧以及对舒适生活所必需的事物的欲望，才使人产生了和平心愿，同时在理性启示下，人与人之间达成了普遍同意的方便易行的和平条件，这就是自然法。当然，自然法归根到底是一种道德规则，仅仅依靠约束人的内心的道德规则是不可能真正避免公共悲剧的发生的。这样，法律等强制性制度权威的出现就有了现实的需要。(李庆钧，2003)

示可以使人同意的方便易行的和平条件。这种和平条件在其他场合下也称为自然律”。(霍布斯,1985：97)人人都有“畏死”之情,又有“乐生”之欲望,在理性启示下,自然法提供了超脱自然状态的可能性。因为这种自然法“禁止人们去做损毁自己的生命或剥夺保全自己生命的手段的事情,并禁止人们不去做自己认为最有利于生命保全的事情”。(霍布斯,1985：120)

无论是激情的释放还是理性的应用,其目的都是为了解决秩序问题。[①] 霍布斯指出,每个人都想在竞争、战争中征服他人直到对自己安全的威胁不复存在,因此,社会秩序的建构始终被锁定在个体无法自我解除的竞争状态中。依靠单独个体的自助力量无法打破锁定状态,并建构某种秩序,秩序的建构更可能的是依赖于集体行动。人类也许具有某种合作的能力,虽然“合作”并不必然是一个一定出现的结果,但若没有相互合作,支配竞争、无序状态的“丛林法则”一定会成为经常起作用的规律。(李庆钧,2003)

(5) 霍布斯问题的行动取向

“霍布斯问题”的实质是行动秩序问题。人反对人的战争就是一种行动,就是一种在社会行动基础上产生的关系状态,这种状态在霍布斯看来就是人的自然状态。建立自然法和缔结社会契约的目的也就是要禁止可能导致战争状态、引发人们无休止争斗的一切行为。自然法对人的心灵,即“在内心范畴中是有约束力的”。(霍布斯,1985：128)但当人们把它付诸行动时,却不永远如此。

合作作为一种行动类型,相互合作的行动蕴含着破除“丛林法则”魔咒的可能,并有助于秩序的构建。不仅如此,促成合作行动的信任也是另外一种行动类型。“信任以一种秩序为基础。而要维护这种秩序,就要依靠各种禁止不可预见行为和机会主义行为的规则。我们称这些规则为‘制度’。”(柯武刚、史漫飞,2000：3)内涵行动是霍布斯秩序问题的全部内容,只不过我们需要相当程度的梳理才能证明这个说法,尽管不少学者都为此做出了努力,比如帕森斯。

---

① 需要说明的是,激情和理性仅仅是为了摆脱自然状态的一种个体性、可能性,或者说是一种可能性条件。而缔结社会契约才是超脱自然状态的必要条件,人们希望安全保障能终生保持,为了实现这个目的,“只有一条道路——把大家所有的权力和力量付托给某一个人或一个能通过多数的意见把大家的意志化为一个意志的多人组成的集体”,让某人或集体拥有权威和力量来管理社会。

同时我还想说明，霍布斯秩序问题还涉及社会行动的结构问题，激情和理性作为结构要素是十分牢固地内嵌在行动者的行动之中的。我更关心的是，作为理性和秩序表现的规则是何种关联，进而知识同理性以及同规则又有何种牵涉。这些问题，都是从秩序出发并隐含在秩序问题之中的。解决了这个隐含的问题也就彰显了知识行动论的问题，也就说明了我的寻根之思。

2. 秩序问题为何成为社会学主题：从行动到秩序和从个人到社会

"西方社会学者对于社会秩序的理论兴趣与热情，一方面来自公众舆论的感染，另一方面可能更多的是因为政府需要与鼓励，以及各种资产者金钱购买的推动。"秩序论是西方社会学的一种主要范式。它在回答"什么使社会成为可能的"这个问题时，使用了"集体意识"、"共识"、"社群本性"、"社会成员一致性"等范畴与假设。坚持秩序论范式的西方社会学家，一般都把价值、规范与行动的"一致性"视为任何社会结构与制度的基础。他们认为，秩序是社会的本质，社会是客观的历史的联合力量。（宋林飞，1997：3－4）我更愿意把行动秩序问题看作社会学的永恒主题，这个主题还同时与社会的状态紧密连接在一起，尤其是社会转型时期社会秩序问题就成为凸显问题。

（1）从孔德的努力来观察

社会学是从孔德开始的。尽管秩序问题不是从孔德开始的，但是社会学的开启却是围绕着社会秩序，或者更直接地说是社会行动秩序展开的。孔德为社会学的提出和创建做出了贡献，同样也为社会秩序的研究和建构贡献了一生。

应该说，孔德一生都致力于秩序的研究和建构。崇尚科学知识和自然法则是孔德社会秩序观的基本原则之一。孔德认为，秩序导致新社会，当然这个社会作为规范的社会制度必须同自然法则一致，只有这种一致性才能使自然发展成为社会和政治改革的基础。同时孔德还认为，拯救社会的方法只有在科学知识的统治中去寻找。在这个社会中，具有启蒙作用的理智将促使人们产生相互合作的行为，将会彻底消灭迷信、恐惧、无知、强制和冲突。法国当时动荡不定的社会政治局势，使孔德深为忧虑。根据他的判断，当时的社会受到学术上、社会上和政治上混乱状态的威胁。如果要确保社会持续进步，就必须按照实证主义者对社会的自然法则的正确认识来恢复社会秩序。（宋林飞，1997：15）

扩大博爱行动，也是孔德社会秩序的基本原则之一。孔德试图在人性中找到社会秩序的根基。他指出，社会上存在两种重要的人性特点：一是情感能胜过理智；二是在社会关系中，最低下的和最私人的倾向胜过比较高尚的倾向。他相信人类自然拥有博爱的倾向，扩充这种倾向就可以引导人类迈向有秩序与和谐的境地。

孔德接受世俗的、专断的和等级的秩序，并在世俗的等级制度上增加了一种精神秩序。孔德指出，西方的一小部分人不应当征服其他种族的居民，把自己的文明强加于他们头上。西方人如果靠刺刀传播他们的文化，就会犯错误，这对他们自己及对别人都是不幸的。他相信，只有当全部指导思想为一个集体的全部成员所采纳，透过共同的信仰形成一个协调一致的整体时，社会才会有真正的统一性。当一个社会内同时存在许多相互矛盾的思想与信仰，存在好几种相互排斥的观念时，这个社会一定是混乱不堪的。（宋林飞，1997：17－18）

孔德在后半生致力于建立一个"人道教"，即把人的情感、人本主义宗教化，把人道教作为一个规范的理想，依靠它建立社会秩序。显然，这是不可行的。宗教告诫人们顺从世俗社会，因而在大多数情况下是有利于社会稳定的。但是，宗教不能积极地引导人们建设与优化社会秩序。孔德认为，实证哲学尽管能说出事物的新秩序是如何出现的，但是要实现这一新秩序只能凭借"情绪原则"——感情才能办到。然而从前他教导说，人独具的特点正如它在历史中发展的那样，只有在理智克服感情中去寻找，而现在他盼望从心灵胜过理智的优势中满足他的希望，他将此化为公式："以爱为原则，以秩序为基础，以进步为目的。"孔德便以此作为他狂热崇拜女人的根据，他极愿意使这一崇拜成为人道宗教的基本组成部分。他开始时骄傲地要求实证主义的教皇制度，最后又向无产阶级呼吁，为妇女解放而呼吁。

道德是社会秩序的另一精神支柱。社会秩序也依靠与其他社会分工有关的劳动分工和经济合作。这都是孔德发现的社会秩序原则。

照我看来，孔德的社会学实质就是研究社会秩序的学问，尽管有人指出孔德的社会静力学是研究社会秩序，社会动力学是研究社会进化的。[①] 但是我却认为无论是静力学还是动力学都是研究社会秩序的，都是以社会秩序为主题的。只不过稍微遗憾的是，行动问题尽管隐含在孔德的社会学理论之中，但是

---

① 一般认为，社会静力学是关于人类自发社会秩序的一般理论，在于考察社会行动和社会系统各个不同部分的反应规律，研究社会机体的各部分之间的平衡与和谐。社会动力学是综合研究人类理性和人类社会发展过程的，研究社会进步与发展，进步是秩序的发展。

明说的部分并不多，因此社会秩序作为社会行动秩序还不是十分明显。可是无论怎样说，孔德的社会学开启了社会秩序研究的大幕。

（2）秩序是行动秩序吗

第一，霍布斯问题是行动与秩序的关系问题吗？

"'霍布斯的秩序问题'所关注的是：众多的关怀自己利益，从自身利益出发行动的个人，如何能够相互结合而形成有序的社会生活。所以，它指涉着两个对象即个人行动和社会秩序，以及二者之间的关系三个方面的内容，概括起来就是个人行动与社会秩序的关系这样一个大问题。所以，秩序问题或'霍布斯的秩序问题'集中体现为个人行动与社会秩序的关系问题，即体现为社会秩序如何经由个人行动得以可能的问题。因此，个人行动与社会秩序的关系正是秩序问题或'霍布斯的秩序问题'的核心内容。"（高懿德、牛磊，2003）我对这个说法是有保留性赞同的。之所以赞同，就在于霍布斯秩序问题的确是要解决秩序何以可能的问题，实质上也就是解决"社会何以可能"的问题。之所以保留，是因为这个说法并没有解决秩序和行动的关系问题。

第二，秩序是行动得以可能的条件。

"行动与秩序的关系即个体行动和社会秩序的关系，也即自由和秩序的关系，归结起来就是个人行动的自由和社会生活的秩序的关系问题。这几对概念具有同等性质。它们所表达的核心观念就是社会秩序问题。因为，社会生活的主题是秩序问题，而不是个体或个人行动的自由问题。"（高懿德、牛磊，2003）但是能否这样说，社会生活的主题表现为秩序问题，实际是行动何以可能的问题，因为没有行动、没有生活性行动，实质上也就没有社会生活，这时社会秩序问题难以显现。但是行动如何实现，特别是个人行动如何转为社会行动，个人的社会行动何以可能，可能会为社会秩序提供条件。所以，"秩序正是个人行动得以可能，从而也是社会生活得以可能的必要条件或一般根据"。但是还是需要说明的是，在行动可能性的秩序条件的认知上，我们不能"唯秩序论"，因为如果把秩序看作"个人行动和社会生活的核心和灵魂，构成着社会生活的主题"，就可能陷入一种生活给定论，就难以说明秩序的行动基础。

第三，秩序和行动无法分离。

行动秩序是个结构性存在，在事实上无法把行动与秩序截然分开，人们分别讨论秩序与行动以及二者的关联只是为了方便起见。一般说明行动多是有序的行动——不管行动者对这种秩序是否知晓及其知晓程度如何，也不管这种秩序是强制的还是自愿的，还不管这种秩序直接对何种行动者有益——所以行动与秩序是内嵌性的或者是选择性的亲和关系。同时行动还创设着秩序——无论是从秩序产生的本原意义上还是秩序产生后的修补意义上——这种创设也包括了把这种秩序转化为规则知识的内化行动和成为行动指南的实践。“在个人行动与社会秩序的关系上，个人行动是这一关系中的基础性因素，社会秩序则是这一关系中的主导性因素，所以，这一关系实质上是一种秩序性关系，体现为社会秩序如何经由行动得以可能的关系。”（高懿德、牛磊，2003）

第四，制度与秩序：一种行动的规则。

“要维护这种秩序，就要依靠各种禁止不可预见行为和机会主义行为的规则。我们称这些规则为‘制度’。”（柯武刚、史漫飞，2000：3）一定的制度能够提供一定秩序“足够的保证”，有了一定的“足够的保证”的秩序，人与人之间就能建立有序的行动。

社会制度是基于一定的价值标准而设立和形成的一套相对稳定的、模式化的、被人们习惯和自觉遵守的行动规范体系。萨姆纳认为社会制度起源于人类的四种基本需要，即饥饿、爱情、虚荣和恐惧。饥饿产生社会自存制度，如工业组织等；爱情产生社会自续制度，如婚姻、家庭；虚荣产生社会自足制度，如礼仪、娱乐等；恐惧产生宗教制度。就从社会化的内容来说，通常表现为通过对合乎规范的行为进行鼓励和对偏离规范的行为进行惩戒，调适角色关系，消除社会运行的障碍，建立正常的社会秩序，促使社会行为有序化。从制度化层面看，社会化是制度化过程；从社会化层面看，制度化是社会化的手段和方法。社会制度作为人类文化的精华，通过价值标准，主导社会化的内容和方向，通过规范、组织和物质为社会化提供基本保障。

“作为一种共同行为框架，制度意味着一种约束与限制，它是人类设计的制约人们相互行为的约束条件。根本上防止不可预见行为和机会主义行为的制度，构成了我们的生活安全感和共同体生活的真正基础。”（诺斯，1994：3）行动开始之前的预期规则与行动进行过程中的实际支配规则有重大区别。事实上规则是在执行过程中不断地被检验效力、效率和被重新构造的。这种被行动不断检验和动态构造的规则才是真正具有支配力的规则。（樊平，1998）作为行动的规则在一定情况下可以提供一种行动的预期机制，行动者正是通过这种机制才获得行动成功，当然这种成功是通过在预期机制下的一种共同行动的约束框架降低人们在相互交往中的不确定性而构建一种有效的合作行动。所以，人与人之间有效的合作行动是社会秩序建构的基础之一。

第五，社会秩序的行动特征。

首先，社会秩序的人为特征。社会秩序是人们行动的结果和结构，没有实践性行动，从秩序的来源上说就不可能有秩序的出现，所以实践或行动或者实践性行动是秩序之源。[①] 从秩序所发挥功能的对象上看，秩序对行动者的行动有意义，它表现的是一种行动关系状态。

其次，社会秩序的行动结构。社会秩序本身是一个复杂的系统，是多种因素复合作用的总体结果。从构成要素上看，我认为能够体现更加明显的行动特征，因为社会秩序由三个相互联系的部分组成：A. 行动者（社会秩序建构和接受秩序规约的社会成员）；B. 行动规则（以知识形式表现出来的行动者在行动

---

① 有人认为，作为“社会得以聚结在一起的方式”，社会秩序同自然秩序是有区别的。这种区别更多地反映在二者具有不同的特点上。自然秩序并不以人及其活动为转移，社会秩序则与此不同，它是人们在社会实践过程中创造出来的。从这一意义上说，社会秩序是一种“人为的”秩序，不管社会秩序多像自然所为，在多大程度上是得自然造化之妙，它都是人有意而为的产物。在此，社会秩序具有双重性。一方面，作为社会的、人为的秩序，它必然与人们有意识、有目的，甚至是情绪化的活动联系在一起，是人们在其行动和互动过程中创造出来的，必须反映作为主体的人的需要、愿望、情感和意志；另一方面，作为世界秩序的一部分，社会秩序又必须寓有意于无意之中、寓人为于自然之中、寓目的于规律之中，应当是合目的与合规律的统一。社会秩序的这两个方面本来是既相对立又相统一的，但是在实际情况中，由于受到各种主客观条件的限制，人们往往形而上学地对待它们的关系，要么把社会秩序看成人为建构的产物，要么把社会秩序完全看成自发生成的结果。这十分鲜明地表现在西方文化传统的建构论理性主义和进化——演进论理性主义的对立中，前者以大陆唯理主义为典型代表，认为社会秩序是人为建构的，是理性和逻辑的产物；后者以英美经验主义为典型代表，认为社会秩序是在自由主体之间的互动过程中自发地、必然地生长出来的。显然，二者都存在严重的片面性，问题不是在社会秩序的人为性和自发性之间做出舍一取一的抉择，而应当把它们看成社会秩序本来具有的两种内在属性和构成方面，使二者有机地协调和统一起来。在自由秩序的形成过程中，我们应当充分发挥人的主观能动性，自然会侧重秩序的人为方面；但我们在确立应当追求什么样的秩序状态时，自然把重点放在了自发性之上，力求使社会秩序从现实社会生活中自发地生长出来。（秦扬、邹吉忠，2003）我基本上同意这种关于秩序生成的观点，这种同意，读者可以在关于哈耶克一篇的内容中更加明晰地看到，这里我要表达的意思就是，秩序无论是自然秩序还是社会秩序都是调正行动者行动关系的自然—人为的产物。即便是一个具有非常明显特征的人造秩序，实质上它的生成也表现为一种自然过程，同样即便非常具有自然特色的一种自然生成的秩序也要通过行动者才能形成，这时就必然要加以人的因素特别是行动的因素，从而体现一种人为的意涵。

中遵循的规范）;C. 行动者对于行动规则而产生的一种关系状态。[1]

社会秩序的行动特征：A. 行动主体之间在结构上的张力平衡性。这种结构从更本原的意义说是一种行动结构，但是它表现为行动主体及其间性构成的社会结构。在具有张力的社会结构中（主要表现为行动者的行动关系张力），行动主体会形成一种竞合的张力关系和主体间性的容斥的张力关系，这些关系实际上都表现为某种行动关系（以社会关系为表现），而社会秩序不仅表现为这种张力关系的状态（比如行动者之间聚散、分合的有序性），同时这种关系也缔结着某种秩序状态比如张力关系动态平衡状态的。B. 行动主体之间社会互动的规则性。社会的秩序体现为社会主体遵守社会生活公共规则的状态，社会行为的规则性是整个社会有序性的必要条件和基本标志。相反，要是所有的社会主体都不遵守规则，都各行其是，井然有序的社会生活就无从谈起。（秦扬、邹吉忠，2003）我的陈述更为激进，行动者的社会互动不仅遵守着社会秩序本身内附的规则，同时也创造着一种以隐含知识形式存在的新规则——或者是潜规则，或者是显规则。C. 社会互动的可预测性。与社会生活的规则性相联系，在有序的社会中，人们可以有预见地行动，可以建立起起码的相互信任和信用，因为“所谓社会的秩序，在本质上便意味着个人的行动是由成功的预见所指导的，这也就是说人们不仅可以有效地运用他们的知识，而且还能够极有信心地预见到他们能从其他人那里所获得的合作”。这种行动预测性实际上可以从规则知识和非规则知识的区分中以及这两种知识在行动中的应用得到体现。D. 秩序的结果也能表现行动的特征，作为一种结构，秩序实质是内嵌在社会结构之中的，同时行动与秩序也是一种结构性关联，行动的结构性结果实际不仅以秩序性规则来显现，也产生着社会结构，所以行动的结构性与秩序的结构性的相互嵌合就产生一定的社会结构。所以，从本质上分析，社会结构尽管表现形态各异，但是总归可以看出它是行动秩序的结构性产物。

（3）社会秩序作为社会学的主题

第一，严正声明。

社会秩序作为社会学的主题是由社会学本身的学科属性决定的。社会化

---

① 有人认为社会秩序由这样三个相互联系的部分组成：一是具有人格特征的主体（包括自然法人），即进行着自由行动和社会到动的主体；二是连接行动主体的社会规则和行为规范；三是使多元主体有规则地、合规范地互动的社会权威。（秦扬、邹吉忠，2003）

使自然人成为社会人，使单个人成长为行动者，从行动者的行动到行动秩序，从行动秩序到社会秩序，建构起一种人们永居其间的社会来。所以，似乎社会学就是为社会秩序的解释和建构而设立的一种建制。社会学把社会秩序作为社会学的主题有两个非常明显的好处：说明了社会是何以可能的和同统治者需要的一种有意或无意的切入。[①] 但是社会学把社会秩序作为研究主题也犯下了不可饶恕的罪恶：在社会秩序的平面化下，永远看不到行动者了。社会学产生之前上帝死了——正是由于上帝死了才有包括社会学在内的以关注人类本身的社会科学产生，但是由于把行动者看作精英，普通行动者事实上也死亡了——新神又一次以理性的形式完全地笼罩。这也是我要清算社会学在内的社会科学的理由。在这里我要介绍帕森斯和亚历山大对社会秩序主题的说明，以表达行动的可能有赖于秩序的可能之义。

第二，正式说明。

其一，秩序问题作为社会学的主题并非从帕森斯开始[②]，事实上，社会学产生之前的社会理论就把社会秩序问题视为其主题进行研究。需要说明的是，社会学的产生也就意味着社会秩序问题的社会学化大幕的正式开启。社会秩序问题是内嵌在社会学的内容结构之中的——不管这种内嵌是有益的，还是有害的。无论是保守的社会学还是革命的社会学，实质上都是把解构或者建构抑或维持社会秩序作为其使命。当然我这里不是论证而是说明这种知识情况，详细的论证我将在本书引论外的地方进行。

其二，社会秩序问题同样也与社会结构在同一个问题集中。帕森斯把秩序与结构问题统一在行动的意志中加以分析，明确地将秩序作为结构的本质，认为结构由“行动者在行动情景中彼此的互动而组成”。（帕森斯，1951：5－6）帕森斯结构功能论的着眼点在于社会互动的稳定模式和和谐机制。帕森斯用“地位—角色”作为最基本的分析单位来解释和分析这一稳定模式与机制，“地位—角色是社会体系中，最重要的互动过程所包含的个体之间的关系的结

① 其实，社会秩序是否是社会学的核心主题也不是没有争议的。吉登斯认为古典社会理论并不像帕森斯所说的，是以秩序问题为核心的，而是以资本主义与现代性这一历史问题为核心的。

② 当帕森斯提出“霍布斯的秩序问题”并自觉地以其为思考问题的中心而力图解决它的时候，他实际上已经把这一问题看作社会学的中心问题，并在实际上把其核心内容个人行动与社会秩序的关系视作社会学的中心主题。可以说，帕森斯的社会学就是围绕着行动和秩序（结构）的关系而展开的，无论是他前期的社会行动理论，还是他后期的结构功能主义理论都是如此。

构……也是行动模式化的互动关系中的参与,是最重要的社会体系单位"。(帕森斯,1951：25)这里"地位—角色"就成为帕森斯眼里的社会体系之"结构的"组成部分,正是这个组成部分构成了社会的运作机制和形成稳定的和谐模式。"地位"为行动者所处的结构位置,"角色"表达社会对这一位置的行为期望,它是社会与个人联系的中介,又是众人分享的象征。(帕森斯,1951：6)这样一来,行动者的互动,就成了一连串具有"地位—角色"的行动者之间的互动,而互动中的个人不管怎样变化,角色互动作为社会模式化的准则则是相对稳定的,而社会结构就成了一系列相对稳定的、模式化了的成分之间的关系。这就是帕森斯所谓的"模式变项"解释框架。当然讨论秩序与结构的关系问题必然要涉及行动的问题。因为秩序本身只是现实的社会结构所具有的一种常规性或恒常性特征,因此,秩序问题实质上就是指社会结构如何具有或获得秩序性特征的问题,于是,对秩序问题的解答便必定落实到对社会结构如何获得秩序性特征这一问题的探讨上。其实,我的意图很显然,就是说明秩序的可能有赖于行动的可能。秩序问题同行动问题联系在一起,而行动问题又可以转换为互动问题;在互动过程中地位与角色担当着行动成功的保证职能。理解了行动,才能说明结构,而说明了结构,就看定了秩序,这是帕森斯逻辑。同样也是社会根理论同知识行动内在关联的隐性特征。

其三,社会秩序作为社会学的主题,同把社会行动作为社会学的对象一样,二者是一种结构性的亲和关系。比如,"社会结构→社会秩序→社会行动→行动意图→社会规范"是帕森斯社会理论的一条线索。帕森斯始终认为,社会结构直指社会秩序,这一定连接到社会秩序中行动者的行动问题,而研究社会秩序和人的行为又脱离不了行动者的思想情感的规范问题,"价值是构成社会秩序的条件"。"唯意志论的行动论"的说法源自这种研究链条。"秩序问题,是社会通过互动协调稳定的本质,秩序在这里所指的,是行动者在某种规范准则下的动机整合问题。"(帕森斯,1951：5、6)这里可以看出秩序问题也在一定程度表现为在社会行动基础上的社会结构问题。社会结构及其秩序性特征都是个人行动造成的,所以对秩序问题的探讨便最终落脚到个人行动与社会结构的关系问题上。因此,行动与秩序的关系,在其现实性上就是行动与结构的关系。可以这样说,没有行动秩序的揭示就没有帕森斯的社会理论。

其四,亚历山大利刃真的锋利吗?美国当代著名社会学家杰弗里·C.亚历山大敏锐地把握了"行动"和"秩序"这一主题。他指出:"社会学理论像中世纪的年迈的国王一样，有‘两个躯体’。一方面，它是超越的、抽象的，是对人类社会行为和秩序的基本规律的永恒探索。另一方面，这一‘纯粹’的理论总是表现为另一种具体的历史形式。”（亚历山大，2000：277）亚历山大认为，在个体的层面上，必须预设行动，特别是预设行动者的手段与目的之间的关系；而在集体的层面上，则必须预设秩序，即行动者相互关联的方式。（沃斯特，2000：164）亚历山大指出：从其作为普遍性参照来说，行动和秩序具有“结构性”地位；从综合的标准来看，行动和秩序问题具有足够的广度来涵盖其他问题，而且它们之间具有相对的独立性，不允许任何方式的还原；从外在的等级来判断，行动和秩序问题需要多维的取向。这三条标准确立了对任何社会学理论进行评价的依据，即任何社会学理论都必须放在行动和秩序这个预设层面来加以检验。这样，行动和秩序作为基本问题就获得了客观性地位。行动和秩序的这种客观地位就使其作为社会学基本问题这一地位被确立起来了。“正是个体的自主性使‘秩序’成为问题。正是这种秩序问题使得社会学成为可能。”（亚历山大，2000：9）“正是自由和秩序之间的这种紧张关系为社会学提供了知识的和道德的理论基础。在一定程度上说，社会学要探索的也正是社会秩序的本质，因为它关系到个人自由的内涵。”（亚历山大，2000：9－10）这样，亚历山大就把行动和秩序认定为社会学的基本问题或社会学的主题。“秩序/行动”就具有一种充当社会学理论标准的坐标系的作用。由于这种作用，人们将其称之为“亚历山大的利刃”。（高懿德、牛磊，2003）对此还要说明的是，亚历山大利刃的磨制过程在这里我不想多加介绍[①]，而是要加以追问：亚历山大利刃真的锋利吗？或者说秩序问题是一个形而上学的假问题吗？我的解释就是：亚历山大利刃并非真的锋利，因为当秩序转化为规则的时候，行动者的行动是产生新规则还是受旧规则的制约，如果承认行动者的行动是规则的或者说是有序的，那么这种秩序或规则对于行动者来说是默会的还是明知的，也就是说规则作为行动的指南和秩序作为行动的背景对于行动者来说不仅仅是一个行动的实践问题还是一个知识问题，更确切说是知识行动问题。[②] 缺乏行动结构中

① 在讨论结构功能主义社会学的秩序问题时，我肯定要涉及结构功能主义的新发展，这必然要涉及亚历山大的新功能主义社会学以及亚历山大利刃。这些说明请参见帕森斯部分。

② 亚历山大说：关于社会的研究总是围绕着自由和秩序问题展开。每一种理论都介乎于两极之间。（亚历山大，2000：9）这种论断表达了如下见解：秩序问题并不仅仅是社会学的基本问题，也是一般社会理论的基本问题；任何一门关于社会的理论都是一种广义的秩序理论。事实上，无论哪种关于社会的理论，其基本的线索都是通过对行动问题的考察来阐释秩序问题的。（高懿德、牛磊，2003）

知识的分析解决秩序问题是困难的。

3. 社会秩序问题的转化：秩序/规则（规范）/知识（理性）

只有转化为规则或者规范问题，秩序问题才是可以操作的。[①] 同样规则要发挥其作用必须使行动者知道，也就是说规则的社会功能发挥是以规则的知识化为前提的。因此我这里提出两个问题：秩序规则化和规则知识化，当然结果就是知识行动化和行动规则化。

（1）秩序规则化：秩序不等于规则但是可以转化为规则

简单说规范就是行动准则或者行动规则。社会规范是人们在改造社会的长期实践中形成的适应性行为模式。它一方面是对人们社会行为和社会关系普遍规律的反映，是一定社会人们行为和相互间关系基本要求的概括；另一方面，它是通过某种习俗、传统方式固定下来或由国家及社会组织认可，构成一定社会成员普遍遵循的行为准则。（樊平，1999）人类的集体生活需要秩序，不同的人类群体在长期的共同生活中发展出了不同的秩序范式，这些秩序范式的不同在于其中蕴含着不同的规则。

"不可否认，社会秩序离不开规则，它是一种有规则的状态，但是，社会秩序并不能被直接地等同于规则。人们有时却错误地将二者混淆起来。"（秦扬、邹吉忠，2003）这里的不同在于社会秩序具有更为明显的自发性或者自然性，但是社会规则则具有更加明显的人为性或者人造性。但是二者也是有关联的。"社会秩序是指人们的社会行为呈现着规则。任何社会秩序都是由稳定的社会制度、确定的社会关系、反复呈现于人们行为中的行为规则来体现的。与社会秩序状态相反的是社会无序状态。所谓社会无序状态，是指每一个人的行为皆由自己随意支配，人们相互间没有确定的关系，行为没有规则可循的社会状态。在这种无序状态下，人们相互之间的行为冲突、相互争夺、以武力决定利益的分配就是不可避免的。人们通常力求避免这种状态出现。社会秩序之所以受人们珍视，是因为社会秩序能给人们提供以下的满足。首先，社会秩序使人们对自我和他人的行为可作预测。由于在有秩序的社会中，不利后果可以被预见、避免。有利后果可预见、并通过一定的方式去获得，所以，在形式上，人们便具

---

① 我在哈耶克部分对这个问题作了一些简要的说明，在这里只是为了逻辑上的需要讨论秩序的非情景化下的规则行动秩序转化问题。

有安全感。其次，社会秩序的存在，使人们可以对自我行为做理性控制，从而使人们在既定的秩序、规则中具有某种形式上的行为自由。第三，社会秩序中的规则的普遍适用，在形式上满足着人们的平等要求。第四，社会秩序的存在使人们作行为选择节约了时间和精力，使人们的行为、活动在形式上具有效率。”（恒山，1999）维持社会秩序主要是靠规则，可以说没有规则就不可能有秩序。

秩序规则化的途径就是秩序意识的行动者内化，当然这仅仅是一个比较有效的途径，而且这个途径还是一个长时段的历史过程，体现了秩序形成过程中由行动者组成的一种民族性文化积淀。秩序给我们提供了有序的生活，这种有序的生活构成生命的意义。这一切在民族性的意识结构中积淀就是秩序规则化的过程。秩序规则化的提出表明秩序并不等于规则但是又可以转化为规则，这种转化过程就是秩序规则化，但是如果深究这种过程的机制则需要我们详加考察。很遗憾在这里我的目的就是说明知识行动论成立的宏观逻辑，无法就这个问题做出解答。

（2）规则知识化

规则从根本上说就是行动规则，而行动规则是行动指南。这个命题是否成为真命题还需要使之活化，也就是说必须有行动者出场，才可能有真实的生活中的行动者的行动规则以及这种规则对行动的指导。所以，行动规则化和行动知识化在某种意义上是一致的。对规则知识化的有关详细内容可以参阅本书哈耶克部分，我这里仅仅提出一些命题。

第一，规则内容的知识性：规则即知识。社会行动（互动）规则无论与秩序有怎样的关系以及这种规则怎样沉淀行动文明的结果，最终只能表现为一种知识或者一种类型的知识，否则这种规则无法存在也无法成为指南。[1] 规则的知识内容是非常丰富的，包括规则是否成立的知识——对行动者来说在行动的时候无须知晓，即可以是无知者，但是如果能够知晓当然对行动的理性化更有好处了，更包括规则本身的知识——规则行动（互动）的成立就必须使行动者对这样的知识了解掌握和应用，还包括如何应用规则的知识——行动者有时候对行动规则是有知的，但是并不能按照规则行事，其原因就是没有如何应用规则的知识。

---

① 人们之间在生产和生活中要发生各种联系，规则将人们联系起来，使人们知道自己的行动会引起别人和社会公众的何种反应，自己需要承担什么样的责任，从而采取理性的行为，这种规则是由长期经济社会发展的历史积淀形成的，形成一种文化，成为公共意识。

规则内容的知识性是规则成为文化或者文明的条件，也是规则生存的基础。孔德指出，“真正的科学”无非是“确立理性秩序，这是其他一切秩序的基础”。因此，孔德的实证主义的社会学探索，是为了建立一门关于社会稳定与社会重建的科学。孔德希望社会学能像自然科学那样，发现客观存在的社会规律；“了解以便预测，预测以便控制”，即发现社会规律才能预测与控制。控制不是以人力来干预社会运行的规律，而是利用关于社会运行规律的知识，缩短社会危机的时间，避免革命与内战，改善人类的命运；支配人类和社会现象的规律可用作社会改革的基础。韦伯认为，包括法律、习俗和常规在内的社会规则“既不是一种存在的形式，也不是一种‘知识的形式原则’”，因为其中包含的因果命题无法规定社会行动的因果逻辑。在他的定义中，“经验的法律秩序”是“被视为‘知识’的法律的经验存在，这种知识是行动准则形成过程中的构成性因素。这种知识，换句话说，这种‘经验的法律秩序’，是人类行动者之行动的一个限定。在某种程度上，它是一个‘障碍’。在这种意义上，当一个行动者有意图地行动时，他总是试图去把握它，他或是尽可能审慎地去违反它，或是使自己‘适应’它”。

第二，行动与规则行动：一种知与行的关系。极其私人领域的个人行动，如果转变为社会学或者社会理论研究对象的社会行动，必须是规则行动，无论是越轨的还是循矩的。规则行动（互动）的成立是行动者知晓这些以知识形式存在的规则。这时，规则行动实质上就包含了知识与行动的关系。① 我们能否使我们的行动成为规则行动——一种类型的知识行动——取决于我们是否掌握了关于行动规则的知识——不是关于规则的全部知识——也没有必要知道关于规则的全部知识，而且这种对规则知识的掌握状态会同规则知识的存在状态一致，也就是说对这种知识的掌握或了解可能是显在的，也可能是隐含的。哈耶克由于个人对他人、对自己、对社会的知识的“无知”，只能依赖某种“社会行动规则”才能行事，“行动者在很大的程度上是通过遵循社会行动规则而把握他们在社会经济世界中的行事方式的，并且是通过这种方式而在与其他行动者的互动过程中维持和扩展社会秩序的，因为在哈耶克看来，遵循社会行动规则，‘把我们从这样一种麻烦中

① 规则被理解成关于如何协调分工的人们的知识的载体。由于接受这种知识的每个人事先都能知道其他人对他的行为会做出的反应，这就大大减少了个人决策中的不确定性。也就是说，规范的作用在于它能够降低交易成本。如果环境中含有大量不确定性因素，建立习俗就会很困难。

解救了出来，即在某些问题每次发生时都对它们进行思考的那种麻烦'"。（邓正来，1998：134）也就是说，遵循社会行动规则有助于我们"俭省"地行事，哪怕我们不知道这些规则的存在理由，甚至对遵循它的后果不能确定时也只能如此，因为如果每件事都要"先知而后行"，我们将寸步难行，况且有些知识从其性质上根本就是我们无法完全、确切地知道的。一个人不能被强制遵循某种规则，因为不这样他自己的个人知识可能得不到有效利用；但同时一个人又必须去寻找一种规则，因为不这样别人和社会的知识便可能得不到有效利用。他必须在个人知识和非个人知识之间找到一个平衡，用最小的知识代价来达到最大的预期收益；这样个人自由便转化为一个效率问题。（赵晓力，2003）

秩序问题到规则问题再到知识问题和行动问题，是社会学把秩序问题作为其主题的内在逻辑。把秩序问题作为社会学的主题尽管有其改良性的嫌疑，但是在逻辑上还是具有优势的，只不过社会学（包括社会理论）并没有完全按照这个逻辑之路走下去。因为秩序问题关注行动问题和知识与行动的关系问题，必然要进入行动者领域，必然要用某种形式声明这种理论的党性：是为精英的理论，还是为大众的理论。尽管有了这种宣称——有些宣称可能还是不情愿的，但是却败坏或者糟蹋了社会学，因为社会学在企图建构社会的时候实际上是通过精英来完成的，这时社会学或者社会理论就必然成为某种或某些精英的工具。因此，建构秩序与解构秩序同维持秩序一样就成为一种类型精英的需要，也自然成为社会学或者社会理论的内在要求。

（四）社会何以可能：齐美尔非碎片化解答

选择齐美尔对社会如何可能问题的回答之讨论，首先在于齐美尔是现代性问题研究和解答开启者，其次还在于齐美尔对社会如何可能问题的直接关怀式论述所阐发的那种带有现代性理论的特质。但是也需要说明：对齐美尔思想的任何介绍（包括总结式介绍或者说明）都只能是齐美尔思想的一个碎片而已。这里我所展示的这几个碎片仅仅能够看出齐美尔的某种思索或者对社会何以可能问题非碎片化解答的几层意义，并没有也不能展现齐美尔思想的整个内容。

1. 秩序问题的转化：社会何以可能

（1）一种说法

"秩序何以可能"的问题可以转化为"社会何以可能"的问题。"社会秩序何以可能”与“社会生活何以可能”的统一就是“社会何以可能”的问题:“社会生活何以可能”是这一问题的表象,“社会秩序何以可能”则是这一问题的本质。由此可见,“社会生活何以可能”[1]的问题进一步变成了“社会秩序何以可能”的问题。而对“社会秩序何以可能”的探究,实际上就是对社会秩序存在根据的探究。

(2)我的说明

“秩序何以可能”的问题转化为“社会何以可能”的问题在某种程度上是可以实现的,从表象上看秩序何以可能的问题也可以转化为“社会何以可能”。但是存在的问题大致有:第一,构成社会的根基并不是秩序,而是具有秩序属性的行动者(社会成员),这是常识和共识。如果把秩序当成社会基础,那么社会生存的主体性就是漂浮的或者说就是缺失的,这样的社会应该说是不存在的。第二,如果说“秩序何以可能”的问题可以转化为“社会何以可能”的问题,那么在这两个问题之间实际上还有许多路程和环节。本书引言的一大部分内容就是想把这种道路修通。我真切地意识到工程浩大,是否修得通另当别论,但是秩序问题和社会生存之根问题之间的转换却值得我们讨论。从我所选择的社会之根之寻与思的历史之路与逻辑之路的分析,大家可以看出我对这一问题的一些努力。

2. 齐美尔的解答:弱还是强

“社会何以可能”的问题是所有思想家都关注的问题,在历史之思部分我对这个问题进行了关注。这里之所以特别关注齐美尔,就在于齐美尔本人十分关注“社会何以可能”的问题,并以此为题撰写了研究论文;同时齐美尔在社会

---

① 行动是社会生活的基础,秩序是社会生活的核心和灵魂,有秩序的行动正是社会生活的本质。秩序问题并不仅仅是社会学的基本问题,而且也是一般社会理论的基本问题;任何一门关于社会的理论都是一种广义的秩序理论。社会生活得以可能在其本质或根据,而社会生活的这种本质或根据就是社会秩序。所以,“社会生活何以可能”的问题就进一步转化为社会秩序问题。这种思路的合理性基于如下逻辑:社会生活的最深刻本质在于,为了利益进行合作。利益出自个人,合作构成社会。合作是社会生活的基本目的,冲突只是合作中的一个环节和中介,所以,社会的本性是合作。而社会合作是通过稳定的社会交往关系即社会秩序来实现的,所以,社会秩序是社会生活和社会合作的基础和本质。社会之所以成其为社会,是因为它有着自身的秩序即社会秩序,也就是说,社会乃是因其秩序而构成,没有社会秩序就没有社会,所以,社会秩序乃是社会的基础、根据和本质。社会的实质就是按照某种秩序组织起来并按照这种秩序运行的组织系统。(高懿德、牛磊,2003)

学理论史中是一位从关注社会性到关注现代性的过渡性人物，在讨论和分析“社会何以可能”的时候提出了自己的分析概念工具。

（1）一种强弱式的评述

“社会何以可能”的问题在齐美尔的论证中是一种什么样的形式，或者直接地说就是齐美尔是否在逻辑上解决了“社会何以可能”的问题？有人认为齐美尔的解答论证不充分，不让人信服。所以在20世纪80年代以后又不断有社会科学家做出新的回答。（汪丁丁，2004）我并不认为，齐美尔对“社会何以可能”问题的解答是论证下面这样两个问题。第一，“社会何以可能”的问题是齐美尔所有社会问题的基点，正是从这个问题出发，才有了齐美尔对社会结构和社会变迁的考量，才有了齐美尔形式社会学的产生。[①] 第二，“社会何以可能”的问题在齐美尔这里不仅仅是直接表述为社会之根，即讨论社会生成的根基问题，而是转化为社会性（sociability）的论证。一个社会是否成立不在于某种机构，不在于是否有某种成员，而在于社会性的状况。

（2）社会性：解答的概念性工具

社会性概念的提出是齐美尔解答“社会何以可能”问题的工具。我的看法是：如果没有这个概念，那么解答“现代社会何以可能”的问题是困难的。如前述，在前现代社会，人们关注社会的视角是人作为社会之根的存在，从这个意义上讨论“社会何以可能”。但是从传统社会到现代社会，追问“社会何以可能”的方式也一定要发生变化，社会性概念的提出正是这个变化的产物。追问社会性和考量社会性是解答社会何以可能的基本方式，同时也是社会理论建构的线索。

1949年齐美尔在美国《社会学》杂志发表了*Sociability*，Sociability是他创造的一个新的概念，直接翻译就是可社会性。他对照这个概念来界定了一个新的社会学理论，叫作“The Sociology of Sociability”。

何谓社会性？纯粹的社会交往形式就构成社会性，从而构成社会，构成社会学的研究对象。“所有物质上的利益全都被抽象掉以后，所有这些特殊的含义之后、之上和之外，这些联系还伴随着一种情感。这种情感就仅仅是为了在

---

① 齐美尔认为，社会是由个体相互作用形成的，社会学是研究这种相互作用的性质与形式的学问，人和人之间的相互影响结合成社会的过程就是社会化的过程，所以社会学也可以说是围绕社会化展开的。

一起而在一起。这就回到了亚里士多德说的,有价值的、最终的目的一定是为了它自身而存在的目的。幸福的定义就是对其自身有意义的事。挣钱不是幸福,因为挣钱是为了其他的事情,使用链条的方式追问下去,挣钱是为了买房,买房又是为了什么呢?最后总有一件事情是不可能再为其他事情服务的,那就是最终的目的。那件事就是它本身因它是自身而获得利益的事情。在这里齐美尔仿照了亚里士多德的论证方式,我们是不是有这样一种深层的情感或者感受,仅仅是为了在一起而在一起。如果有这样的感受,他把有这种情感的生物,包括这种特征叫作 Sociability,可社会性,就是可以构成社会。只有当我们悬置了人与人之间的一切利益动机之后,纯粹的对等关系,纯粹的仅仅是为了联系而在一起的这样一种对等关系才凸现了它的意义。"(汪丁丁,2004)

齐美尔认为,生命并非完全是社会性的,个体从未彻底包含于或认同于社会角色,总有未经社会化的特性。个体既在社会之内,又在社会之外,是两种逻辑上相矛盾的倾向的综合:一方面,作为社会的成员、产物和内容;一方面,作为一种自主的存在,以自身为中心和以自身为目的。个体只有放弃某些个体性,以换取角色所要求的一般性,才能进入社会,但在具体程度上则因个体和情境而异。所以,在齐美尔看来,社会生活的实在尤其是个人社会生活的实在是社会性与非社会性的结构。

齐美尔指出:女人比男人有更多的社会性。但是男人比女人更会享用社会性。首饰使个体人格张扬,但自己却是"非人格的"——同一件任何人都可以佩戴,不像同为装饰品的文身那样与身体密不可分。恰恰是这种非人格性,使首饰成为高雅的装饰品,因为非人格性意味着与其他人有关——意味着首饰具有受到其他人普遍认可的价值。原始社会中,男人们最早的个人财产一般是武器,而女人最先拥有的是首饰。[①] 任何财产都是个人人格的扩展,所以,男女最早拥有的个人财产的区别说明了:女人心理上、人格上对他人的依赖更多一些,或者说女人比男人有更多的社会性。

---

① 佩戴首饰是为了突出佩戴者的个性,使他/她得到某种心理上的满足,所以首饰是"利己主义"的。可是,没有别人的欣赏和羡艳,佩戴者是得不到满足的,于是首饰又是"利他主义"的。首饰先为着他人存在,又从他人那里把满足馈赠给佩戴者。佩戴者的满足只能是虚荣,不是高傲——获得虚荣才需要其他人,获得高傲是不需要的,高傲者甚至不需要任何装饰。那么,首饰只能在个体与他人相互作用中才成为首饰,换言之,它是具有社会学意义的。从社会学意义上看,个人也是同时兼具"利己"和"利他"特性的,这种特性在首饰这里直观地表现出来。

我认为，齐美尔的社会性概念不仅是说明现代性的概念工具，同时也是一种现代性的内涵。所以，我们不能仅仅把社会性看作社会成员个体摆脱生物性的一个对应，而是社会所具有的一种特性。我的这种说法就为说明齐美尔的社会何以是可能的一种论证逻辑的结构。

(3) 玫瑰故事：社会性的拓展

齐美尔在《玫瑰：一个社会性的假定》中通过对玫瑰的象征意义来说明社会性的意义构成和内容拓展。所谓的“玫瑰”显然是一种象征，代表自然界或上苍赋予的个体与客体之间的差异，即别人拥有而自己没有的东西，可喻以金钱的多寡、地位的高低或智能的高下。

第一，社会形成的玫瑰形式。

当我没有拥有玫瑰的时候，“玫瑰香味不仅迎合感官，而且用甜蜜的刺激渗透到我们生命最细微、最遥远的地方——同样，在人民的欢呼声中，灵魂的最后渴望和最深层的文明思想同人民过于人性的冲动紧密相连”。(齐美尔，2000：103)一个人看到邻居的园地种有玫瑰而自家没有玫瑰，抑或自家玫瑰不如人家的艳丽，引发了人类亘古难改的嫉妒之情。人们对差异的愤懑和对公平的渴求聚合为群众的行动，在种植玫瑰的园地产生了社会动荡。然而起义的成功使得公民拥有的任何一片最小的土地上，都盛开着玫瑰。正义胜利了，差别夷平了，家家的园地都种植了玫瑰，人人享有相等的权利，而问题并未解决，有的园地土壤不宜生长玫瑰，也有的园地主人不擅长培育玫瑰。大自然中有一股冥冥的力量总是在干扰人类所期望的平均性与对称性，当人们适应了变革后的境遇，那深植于人性中的骚动不安的潜流又在玫瑰园中奔涌。

第二，可变的内容与不变的形式。

关于玫瑰故事的结局是悲剧性的。差异—平等—新差异—新平等是齐美尔的社会进化公式。齐美尔在文中多次提到人类与生俱来的两个心理特征：对差异的敏感性和对境遇的适应性。社会变迁的内容随着时代的不同是不断发生变化的，但是社会变迁的形式不会改变。而这些形式正是社会学研究的对象。玫瑰在不断地变化，有时多，有时少；有的人有，有的人没有，但是人们为了玫瑰的交往形式却是一定的和不变的。这既构成社会，也构成了齐美尔的社会学。

齐美尔用玫瑰故事也说明社会历史变迁的规律，似乎同马克思的说法有异曲同工之妙，但是这个玫瑰故事尽管很形象，也依然缺乏马克思那样的实在和真诚。

3. 现代性的诊断还是社会性的诊断

“社会何以可能”的问题在齐美尔这里已经转换为对社会特性的考察。如果我们对“社会何以可能”问题做出一个阶段性划分，我认为至少可以这样：第一阶段，作为宏大叙事的弱解答，笼统地追问“社会何以可能”，而且这个问题成为困扰古代思想家（尤其是社会思想家）的一个关键问题——不管这问题是隐含地存在于思想的论述之中，还是被明白地提出加以阐述。第二阶段，尽管还是以“社会何以可能”的问题方式加以提问，但是论证方式则是由弱变强。在解答这个问题的时候，已经不再单单地或者不再笼统论证社会构成，而是讨论社会特性是什么，也就是说“社会何以可能”的问题已经转化为社会性的问题，社会是否可能取决于这个社会是否有社会性，当社会发展到现代社会，“社会何以可能”的问题就自然地转换为“现代社会何以可能”的问题，论证方式上的“社会性论证”也就当然地转换为“现代性论证”。齐美尔是完成这种转换的一个典型社会学家。

（1）反思抑或诊断

齐美尔被公认为是开启现代性研究的大师。在没有提及或者在没有分析其“社会性”概念的时候，我们这样认为是没有问题的。但是作为解答“社会何以可能”的概念性工具，当被理解者赋予齐美尔解答问题的中心意义的时候，“社会性”可能就会存在问题。这个问题就是：齐美尔到底是对社会特性的反思[①]，还是对现代社会的诊断？就齐美尔所要解决的问题上看和从这个问题的

---

① 对于齐美尔之后的或者说当代社会学的反思性研究可以参阅以下说法。（资料来自中国社会科学院社会理论重点学科课题组：《人文社会科学前沿扫描——社会理论研究篇》，《中国社会科学院院报》，2004年12月9日）

自20世纪80年代以来，“反身性”（reflexivity）在社会学、人类学和社会理论中的地位日益显著，几乎到了人人必谈的地步。“反身性”作为一种话语在学术领域中的兴起，是由它所暗含的认识论的后现代转向决定的：质疑启蒙运动所确立的理性主义认识论的确定性信仰和各种二元论信仰。与上述各种范式指涉的单一性相比，“反身性”应该是一个多维度的范式。这一点可以从“反身性”的多元内涵及其内在张力中得到体现。“反身性”在不同语境中的内涵特别丰富，但最为基本的主要有三种：自我反思（self-reflection）、悖论和诠释学循环。“自我反思”在这里有两种指涉：一指笛卡儿意义上的有条件的怀疑理性，即“温和的内省”，它被设想为能达到对世界的真理性把握，获得确定性知识；另一指涉则更为激进，是对前一种反思没有触动的、反被视为理所当然的预设和前提的不断追问和质疑，并必然造成使任何理性的反思都不能达到笛卡儿所期待的终极性的“磐石和硬土”，而仅仅是“沙子和浮土”，即不确定性状态的后果。“悖论”是对理论和实践各自的逻辑自恰性预设的否定，在启蒙主义中，“自我反思”的理性遵循着逻辑的自恰性原则，但“反身 （转下页）

学术史上看，似乎第一个说法比较成立，因为齐美尔在解决“社会何以可能”的问题时是循着历史的思路一路走下去的，所以齐美尔的解答应该看作对社会性的反思。但是由于齐美尔把这种社会性转换为现代性，也同样可以看作是对现代性的一种诊断。

（2）社会与社会学

第一，关于社会与社会观。

对齐美尔社会的界定和社会观的说明是一件非常困难的事情，但是对我来说又是非常重要的事情，因为要说明齐美尔的社会是如何可能的命题，没有对社会观的解释应该说是不真实的。问题是齐美尔的社会观是其理论的全部内容和中心主题，要想用较短的文字把齐美尔的社会观很真实地加以说明和解释，的确很困难，但是由于我把主题放在说明齐美尔的社会定义问题，仅仅想说明，“社会是如何可能的”同“社会是什么”直接关联，这种关联是以解释何谓社会为条件的。

（接上页）性”的悖论指涉恰恰表明这种理性主义方法在逻辑上的自相矛盾。“诠释学循环”揭示了主体与客体、个体与社会、行动与结构等各自内部的不可阻隔的相互循环和建构关系。更为吊诡的是，无论是“悖论”还是“诠释学循环”，都是“反思”这一理性活动的构成性特点。如果我们把激进的自我反思、悖论和诠释学循环三个面相简化为“自反性”的话，就可以把“反身性”的多元内涵之间的紧张关系简化为一对范畴：反思 VS 自反。在不同语境中，“反思 VS 自反”的指涉是可以变动的，或者为温和的反思 VS 激进的反思，或者为反思 VS 悖论，或者为反思 VS 诠释学循环，并因此而具有不同的理论价值。

“反思 VS 自反”已作为知识社会学质疑“科学何以可能”和“社会学何以可能”的基本认识论依据（如 SSK、布迪厄），而且是社会理论洞察和反思我们身处其中的现代社会，即追问“社会何以可能”（如符号互动理论、常人方法学、结构化理论、开放社会理论）及“现代性诊断”（如风险社会理论、反身性现代化理论）的重要视角和方法论基础，并因此成为卢曼、吉登斯、布迪厄、鲍曼、贝克等当代社会理论学者建构理论的基石，其中尤以吉登斯和贝克的现代化理论为典型。吉登斯的“现代性的反身性”理论立足于“启蒙理性的悖论”语境：启蒙理性的彻底怀疑原则具有内在的自我指涉的悖论性，必然导致理性的自我反驳和毁灭；这种普遍怀疑主义在知识建构中被制度化，生产出各种相互抵触却没有一种具有总体性的真理效果的科学知识形态；这些知识是现代社会的制度性反身性的参照；由于“双重诠释学”的作用，这类知识不断嵌入到社会中去，构成现代社会的基础，生产出各种意外后果，使现代社会成为始终处于不确定状态、难以驾驭的风险社会。贝克也认为启蒙理性和现代化的预设本身具有内在的自反性，这些预设一方面为现代化的发展提供动力，同时又促使简单现代化的自我消解和破坏，走向第二个现代化即反身性现代化阶段，使工业社会逐渐转化为风险社会。在风险社会中，规避风险需要科学，但科学同时又制造新的风险，解铃与系铃、反思与自反是同一个过程。

在如何看待社会的问题上，齐美尔既不同意涂尔干、斯宾塞等人把社会视为物或有机体的观点，也反对黑格尔历史哲学把社会说成是绝对精神所展现的唯心主义。在他看来，社会是由人们彼此之间不断的相互作用亦即互动的关系网络所构成的："社会无非是由相互作用联结起来的大量人群的名称。"（库尔特·沃尔夫，1950：10）那些庞大的个人结构，如国家、群体、家庭、城市乃至工会、公司等，无论它们显得多么独立自主而又历久弥新，以至于表现为一种异己的力量而与人相对立，它们都只是人际互动关系的对象化。

社会是同社会互动有关的或者说社会是由社会互动所建立的某种关系建构起来的。"哪里有一些个体进入互动，哪里就有社会存在"，或者，"社会不过是因互动而联系起来的一些个体的名称而已"。（齐美尔，1978：10）所以，照齐美尔看来，社会研究应该把关注的重心放在人们的交往上，它是人们联系和相互作用的特定类型和形式，而不应把重点放在那些超人的结构上。

社会概化的面纱[①]构成了社会关系何以可能的条件，社会关系的成立是"社会何以可能"的前提。齐美尔指出，"现实给蒙上了社会概化的面纱"。所以，"人们仿佛是透过一层面纱来看对方。而这层面纱不仅隐藏了这个人的独特性，也给予了一种新形式"。尽管这层面纱掩去了个人的独特性，妨碍了对人的全面认识，却也构成了使我们所谓的社会关系得以可能的条件。（齐美尔，2002：366）社会关系的可能实质上也就为社会成立提供了直接的依据，或者可以更为直接地说社会的可能源于社会关系的可能，正是这种可能性才使得我们所面临的世界由给定的世界（the given world）转换为一个可理解的世界（a knowable world）。（齐美尔，2002：366）

个体的游离性也确定了社会的生存性依据。齐美尔认为，个体既在社会之内，又在社会之外，具有一种社会的游离性，社会就是两种在逻辑上相矛盾的倾向的综合：一方面，作为社会的成员、产物和内容；一方面，作为一种自主的存在，以自身为中心和以自身为目的。个人必须放弃自我，才能成全社会，当然的

① 行动者类型化就是行动者之间关系的一种概化（Generalization）。正是这种概化才有了"我们"和"我们感"。因为在社会互动中，既不可能完全了解对方，也不可能将之归结为一种具有固定特征的客体。作为特定群体的成员，在与其他成员交往时，不会仅仅根据双方交往时所获得的零星经验来看待对方，而是会在群体强加于每一参与者的先验原则的基础上，即从群体所赋予的角色，来将其他成员类型化。我们同他们之间的关系也是如此。

途径就是通过社会化增加社会性。[①]“这样一来，从根本上讲，社会也许最有意识地，至少是最普遍地产生着生存的一种基本形式：个人的心灵永远不会处于一种结合之内而又不同时处于结合之外，它不可能被置于一种秩序之内，又不发现自己与之相对立。从超验的和最最普遍的相互联系，直至于简单的和偶然的关系，情况都无不如此。”（齐美尔，2002：369）

当个体走出自身的时候，社会就演变为一种客观体系。社会成为“其要素的客观存在与行动及其交互关系的总和”。也就是说，“社会可以视作一个经由空间、时间、概念和价值而联系起来的内容和行动的纯粹客观体系”。

“实体的社会是内容与形式的辩证统一。社会的内容就是各种各样的利益关系，比如说血缘的、经济利益的、政治权利的、友爱的。它的形式就是要把这些具体的物质内容一层一层地抽象掉，直到最后只剩下一个纯粹的概念形式。这个概念形式如果还有意义那就是社会的概念的意义。”（汪丁丁，2004）“在齐美尔对社会带有现象学意味的分析中，互动是一块关键基石。”（成伯清，1999：32）所以，“社会如何可能”源于行动者行动何以可能的问题，社会行动（尤其是社会互动）是社会关系建立的当然条件。尽管互动或社会交往形式本身，并不是社会的“先行原因”，而是所谓“社会”这种综合的部分，社会既不是社会体验的真实产物，也不是社会体验的超验预设，正如他在《货币哲学》中所写的，“并不是‘社会’已然存在，然后导致交换行为，而是相反，交换是创造人与人之间内在联系的功能之一。……社会并非一种绝对实体，需要预先存在，以使其成员的所有个体关系能在它的框架之内形成。社会只是这些互动的总体的综合或一般名称”。（齐美尔，1978：175）因此，行动者的行动产生社会，是齐美尔社会观的核心内容。这种讨论所得出的结论也就越来越接近知识行动论了。

第二，关于社会学。

把社会行动作为社会学的对象无疑使齐美尔成为一个揭示社会真谛的社会学家。“所有的人类行动都发生于社会之中并受社会的影响。”这是齐美尔

---

① 齐美尔说：每一个个体都承认其他个体是真实的，否则的话就是唯我主义了，没有一个社会的概念。为了承认其他个体是真实的，他必须把他自己呈现给其他个人，让其他的个人来认识他自己，认识他是一个与其他人平等的主体。所以这是一件非常艰难的事情。正是在这样一个社会个体之间相互认知的过程中才有了所谓社会化过程。这样一个社会认知的过程通常是被利益关系覆盖着的，很难追究一个理性的个体在其他理性个体的意识或者说头脑中被视为纯粹的、没有利害关系的个人加以认知的一个过程。（汪丁丁，2004）

的著名观点，同时也是齐美尔形式社会学得以成立的条件。齐美尔指出，人的全部本质和所有表现，都取决于与他的互动，这一洞识实际上应当导致一种全新的思维方式。我们能够根据互动和协作，根据无数个人的汇聚和升华，根据存在于个体之外的社会结构中所蕴含的能量，来理解历史现象。在这个意义上，齐美尔把他的形式社会学比喻为社会生活的几何学："几何学的抽象只考察人们的特殊形式，尽管这些形式从经验上看仅仅是作为某种物质内容而给定的。同样，如果社会被认为是个人之间的相互作用，则对这种相互作用的形式的描述从最严格和最基本的意义上说就是社会科学的任务。"

社会学作为方法是齐美尔研究社会学或者使用社会学的重要依据。要对社会性，特别是以现代性所表征的现代社会的社会性进行研究必然要选择一种适合的方法[①]，这种方法就是社会学。"社会学不仅是一门有自己的研究对象的、与一切其他科学有明确分工界限的科学，而且它正好成为历史科学和整个人文科学的一种方法。为了利用它，这些科学根本不必离开它们自己的方位，它们不必像社会学概念的那种幻想的负荷超载所要求的那样，成为社会学的一些部分。"（齐美尔，2002：6）需要说明的是，齐美尔非常重视社会学作为方法的意义，因为社会学所研究的内容同其他学科中的内容是一致的，或者说是重合的，但是社会学的发展却为探索这些问题提供了一种全新的方法。"只要它倚仗的是人必须被理解为社会的动物，社会是一切历史事件的载体，那么，它所包含的对象就没有一个不是已经在现有的科学中被研究的，它仅仅是为所有现存科学找到一条新的途径，一种科学的方法，这种方法正是由于它可以应用于所有的问题，所以不是一门具有自己的内容的科学。"（齐美尔，2002：7）

正是因为社会学方法具有普遍性，它才构成各类问题的一种普遍的基础，它们此前缺乏某些解释，即这一类问题只能从另一类问题得到的解释。被社会化让各种个人的力量相互决定，社会学认识方式的共性与这种被社会化的共性是相适应的。根据这种认识方式，赋予某一个问题在某一种内容完全不同的认识领域以某种解决或者深化的可能性。从这些考虑出发，经由方法的纯粹概念，视野开阔了，目光直视社会学的第一个原则的问题范围。这种范围的开阔性如同社会概念的广泛性一样使得社会学在社会的所有领域都像一个幽灵一

① 在同其他现存的科学的关系中，社会学是一种新的方法，是一种研究的辅助手段，借以采用一条新的途径去拿捏那些领域的所有现象。（齐美尔，2002：18）

样存在并活动着[①]——当然这是我对齐美尔思想的一种发挥。

第三，关于现代性。

我的看法：现代性可以看作现代社会的特性。[②] 现代性命题实质上是齐美尔社会性命题的一种转换，是社会如何可能问题的一种解答方式。问题是，齐美尔的现代性命题是其全部理论的基础和内容，梳理和说明齐美尔的现代性理论不仅不是我目前的任务，而且在这里我也不可能做到。我仅仅想通过呈现齐美尔的现代性思想的碎片，使我自己明白：齐美尔现代性的分析是同社会性如此地契合，这种契合说明了齐美尔讨论社会如何是可能的一种思路。

齐美尔被确认为"第一位现代性社会学家"，他率先突出现代性题域的纵深，致力把握现代性社会中，个体和群体的心性质态以及文化制度的形式结构：对"钱"的文化社会学分析、对都市人的处身心态的社会分层以及与之相应的文化心理现象（审美主义）的社会学分析，相当周到地勘定了现代学诸课题的位置和论题。（刘小枫，1998：8－9）

对现代性的分析必须奠定分析的基础，这个基础在齐美尔看来就是现代人或者说是现代人的境遇问题，现代性的分析这时就可以转换为对现代人的考察。人的本质是由自然生命和社会生活来界定的。齐美尔以为，每一时代都有一个主导理念：在希腊是存在；在中世纪是上帝；在17、18世纪是自然；在19世纪是社会；在20世纪则是生命。齐美尔在现代人理念中看到人的形而上学的瓦解。齐美尔看到现代性不是生命的新形式反抗生命的旧形式，而是生命反抗形式原则本身；对于何谓生命的意义，人们大多会依其职业经历给出一个专业化的回答，并没有一个共同的意义理想可供人们给出一致的回答，现代社会缺乏综合的、共同的文化理想。（刘小枫，1998：24）

---

① 孔德等人对社会学对象的综合性、整体性的解释是大而无当的，他本人则宁愿把社会学对象局限在他所说的"社会原子的相互作用"上。齐美尔认为，企图对社会生活有关的全部现象做出因果性说明不啻是一种幻想，正如不存在关于一切物质的总体科学一样，也没有囊括一切的社会科学。同时，社会学同其他任何一门学科一样只是研究现象的不同维度或方面，而不是什么普遍的总体性或整体。诚然，社会学要与各种方面的社会现象发生关系，但这并不意味着要以这些不同方面的社会现象为对象，它只是把关注点集中在人们政治的、经济的、文化的行动基础的相互作用的形式上，如冲突和协作、平行关系和隶属关系、集权化和分权化等形式。这也是人们把齐美尔的思想称为"形式社会学"的原因。

② 何谓现代现象之本质？齐美尔说：现代性现象之本质是它根本就没有本质。照我的看法，这就是一种典型的后现代表达方式。

现代行动者的行动是齐美尔现代性分析或者是现代人分析的关键内容。齐美尔认为“相较于部分之间真实的互动,社会只是第二性的,是结果”。所以,社会现实处于永不停歇的流变状态之中,这就是社会现代性的基本特征。[①]这种特征表明社会互动的碎片化,也就是社会互动的“偶然生成的碎片”。“我们全都是碎片,不仅是一般人类的碎片,也是我们自身的碎片。”这样的一堆堆碎片之间存在着个人之间的互惠或者对等的,或者相互的决定。现代社会互动的短暂化,使得我们只能根据我们实际所知的有关他人的片断和零星的资料,拼凑出一幅图景来,这样就将给定的碎片转化为类型的共性。我们看待自己时也是如此。因为“我们总是在各个不同的平面之间来回循环,它们中的每一个都根据不同的规则构成了世界总体,但从每一个平面来看,我们的生命在任何特定的时刻获得的只是一个碎片”。所以,碎片不再仅仅是碎片,而是作为一种“社会快照”,蕴含了昭示整个世界的总体意义的可能性。(成伯清,1999:62)社会互动的碎片化是现代社会的社会性的表现形式,这种碎片依然具有整体性,这种整体性就是现代性的表现,其方式就是行动的类型化,其机制就是我可以再做一次的方法。通过这种类型化使得我们所身处的情景构成一种我们生存的条件,这就是社会,就是现代社会,就是充满现代性的社会,于是社会就成为可能。依然需要说明这种类型化可能首先在于行动的类型化,才分化为性格的和人格的类型化。所以,可以引申出这样的结论:正是由于行动的可类型化和行动的实际类型化,才提供了社会成其为社会的条件。

(3)社会是如何可能的

是什么东西使迄今适用的任何意义上的“社会”恰恰变成为社会?齐美尔说:显而易见,这就是相互作用的方式。一定数目的任何人成为社会,不是因为在每一个人身上都存在着一种由物所决定的,或者推动的他个人的生活内容,而是只有当这些内容的活力赢得相互影响的形式时,当一个个人对另一个个人——直接地或者通过第三者的媒介——产生影响时,才从人的单纯空间的并存或者也包括时间的先后,变成一个社会。(齐美尔,2002:21-22)

第一,关于社会化的意识。

社会是如何可能的,在齐美尔看来取决于一种社会化的机制。但是如何看待

① “最能体现这种流动的现实的概念,莫过于关系性的概念。于是,互动和社会交往便成了齐美尔的关键概念。”(成伯清,1999:61)

社会化，则是要讨论的问题。齐美尔认为，社会化的意识或者干脆就是社会化，则表现为一种知识。[1] 齐美尔指出："我这里所指的以及作为社会化的一般概念应该审视其条件的东西，是一种认识性质的东西：进行社会化的意识或者被社会化的意识。也许人们与其把它称为一种认识，还不如把它称为一种知晓。因为主体在这里面对着的不是一种能逐渐获得一种理论观念的客体，而是社会化的那种意识直接就是社会化的载体或内在的含意。"（齐美尔，2002：363）

同时齐美尔把这种社会化的意识看作一种社会认识论，因为这种意识是同社会相互作用相互关联的。齐美尔认为社会化的意识"所涉及的是相互作用的各种进程，对于个人来说，相互作用的过程意味着被社会化的事实——虽然不是被抽象的事实，却是能够被抽象表达的事实。必须以什么样的形式为基础，或者人必须仿佛顺便带来什么样的特殊的范畴，才能产生这种意识，因此，什么东西是形式，业已产生的意识——把社会作为一种知晓的事实——必须支撑着这些形式，这也许可能称为社会的认识论"。（齐美尔，2002：363）

第二，知识的局限必须借助类型化进行互动。

我们关于他人的知识总是不完全的，我们并不是在纯粹个体性的意义上与他人形成关系的，我们只有借助于类型化（typification）[2]才能与他人互动。相似性是认识他人的条件。"对一个人的心灵的任何模仿都是由与它的相似性决定的，虽然这种相似性绝不是心灵的认识的唯一条件；因为一方面似乎需要有一种同一时间的不相同，才能保持距离和客观性，另一方面需要有一种智慧的能力保持在存在的相同和不相同之外，但是，充分的认识是以完全的相同为前提的。"（齐美尔，2002：364）在这里我们也可以看作充分的认识就在于某种相似性的存在，所以我们看另外一个人在某种程度上是普遍化了的。[3] 因此，齐美

① 构成社会的意识虽然不能抽象地令一个单独的人感到历历在目。但是无论如何，任何人都知道其他的人与他结合在一起，尽管这种知晓其他的人作为被社会化的同伙，这种认识整个综合体看作一个社会，但这种知晓和认识一般都仅仅在单一的、具体的内容里实现。不过，这也许无异于"认识的统一体"，根据这种认识的统一体，我们虽然采取意识过程的办法，把一种具体的内容纳入另一个具体的内容，但不是从这种认识的统一体本身，而是从罕见的和后来的抽象中得到一种特殊的意识。（齐美尔，2002：362）

② 我在对舒茨的现象学方法论的讨论中重点考察了舒茨的类型化问题，这个问题还会涉及福柯的知识型问题以及我所提出的关于行动型问题的关联。

③ 齐美尔指出：也许是因为没有让我们达到这种程度，可以在我们身上完全代表一个有别于我们的个性的个性。

尔说：我们认识人，不是依据他的纯粹的个性来看他，而是通过掌握包括他在内的普遍的类型，来体现、提高或者贬低他。

社会的可能实际上是同我对他的认识也可能是对他的碎片的认识的基础上并建立某种相互关联的时候实现的。“生活的实践迫切要求我们，仅仅用我们通过经验从人身上知道的实现的部分来塑造人的形象；但是，生活的实践恰恰是建立在那些变化和补充之上的，建立在把那些残缺碎块改造为一种类型的普遍性和理想的人格的完整性之上的。”[①]对他人的概念化或者他人行动的类型化尽管抹去了现实社会的生动性，但是却提供了社会成立的条件，而且我们还可以从现实社会的似乎被抹去的生动性来寻找社会，来获得对社会认识的启迪。“在这里，处处都存在着通过社会的普遍化来掩盖现实的线条，这些掩盖原则上排除在一个社会分化十分严重的社会之内发现实现的线条。因此，从这些先验发挥作用的范畴出发，从人作为他的类型，从他自己的完善的思想，从他所属的社会的普遍性，人在人的观念中发现政变、折扣和补充，因为普遍化总是同时比个性多一些或少一些。在这一切上面，都飘荡着他的现实的、一般是个人的确定性的思想，作为认识的启迪的原则。”（齐美尔，2002：366）

第三，个体成为社会成员的条件。

个体成为社会成员的条件[②]，最简单地说就是“他的被社会化的存在的方式是由他的不被社会化的存在的方式决定的一起参与决定的”。齐美尔解释说，每时每刻都发现我们被人际的关系所包围，它的内容是直接或间接由这种关系所决定的，这与上述现象并不相左，而是社会的包围本身恰恰涉及没有完全由它所包围的一些本质。（齐美尔，2002：367）也就是说，经验的社会生活并不完全是社会性的，社会之外的因素渗透在个体的社会存在之中。个人作为社会实在成为社会的因素或条件就在于这个社会实在不被社会所完全确定。“经

① 从共同的生活基础出发，形成某些假定，人们通过这些假定相互察看，犹如通过一层面纱一样。面纱固然不能简单地掩盖个人人格的特性，但是，它给人格的特性以一种新的形式，因为个人人格的特性的完全个体的现实的存在与面纱融化为一个统一的形态。我们看待别人，一般不是把他看作个人，而是把他看作同事、同伴或者同志，总而言之，把他看作同一个特殊的世界里的一起居住者，而这个不可避免的完全自动发挥作用的前提，是在另一个人的观念中使他的人格和现实具有他的社会交际所需要的品质和形式的手段之一。（齐美尔，2002：365）

② 实际上，这是个体成为社会成员的前提条件，也是以往的交往所凝聚而成的自主的形式，个体通过内在主观的召唤（calling）与之产生关联。（成伯清，1999：22）

验的、社会的生活的先验是：生存并非完全是社会的；我们塑造我们的相互关系，不仅在我们的个人人格的没有进入相互关系的部分的消极的保留物中进行；这一部分不仅通过一般的心理学的联系，对心灵里的社会的进程产生影响，而且恰恰是它处于后者之外这一形式上的事实，决定着这种影响的方式。各种社会是由同时处于各种社会之内和之外的人构成的产物。”（齐美尔，2002：368、369）

在这里我要解释的就是：个体的社会性和社会的社会性是完全不同的两个概念。个体通过社会化实现或者完成社会性，个体的社会性，在齐美尔看来是不被社会性的特性。社会的社会性是一种现代性，这种现代性当然地包括个体的现代性，但是个体的社会性永远不等于社会的现代性。

第四，个人与社会的结构性关联。

首先，社会作为一种秩序。按照齐美尔的看法，社会是一个由众多因素构成的结构秩序。“倘若人们把社会想象为纯粹客观的模式，那么社会就表现为一种内容和奉献的秩序，它们依空间、时间、概念、价值，相互间发生关系。”[①]正如齐美尔所说的，如果把社会看作（表现为）一种秩序，那么这种秩序的结构就仅仅指涉社会所容涵的内容和奉献，可以“撇开人格不谈，可以撇开承载着它们的动力的自我形式不谈”。这种秩序是一种结构，齐美尔把这种结构称为“社会的现象学结构”。这种结构不仅表现为一种秩序的要求，同时还表现在，它是一种机制或者说是一种协调机制。齐美尔这样说：社会的现象学的结构是各种要素的一种秩序，是各种客观上和在其社会的重要性上有意义的、尽管并不总是十分有价值的职能和职能中心的协调。社会的现象学结构就是由每一个要素在客观上——社会上提供的生存方式和奉献的总和、关系，而每一种要素占有一个个别确定的位置。其次，社会风格化的构成。齐美尔认为，社会的构成就像在一幅装饰画里一样，进行无限制地简化，这就是风格化。[②] 再次，社会

---

① 齐美尔指出：如果各种要素的那种不平等让在这个秩序之内的任何奉献或品格都作为一种具有个性的、取它而代之是确定无疑的奉献或品格出现，那么，社会似乎是一个整体；虽然根据其存在和运动整体的多样性是无法估量的，但是，在整体之内，任何一点只能以那些特定的方式得到和发展，如果不是整体的结构应该改变的话。（齐美尔，2002：373）

② 为此，齐美尔解释说：从官员阶层得到的社会的形象也有相似之处，官员阶层本身由一种特定的“职位”的制度组或，由预先规定的奉献组成，奉献是由它们各自的载体偿付的，产生着一种思想的相互联系。（齐美尔，2002：373）

是制度性位置。这表现为，一是社会成员都有一定的社会位置。齐美尔说：在这个制度之内，任何新任者——我的看法不管是新任者，还是其他，都得到一个明确无误的特定的位置，这个位置仿佛等待了他——也就是说这个社会位置对个人来说还是给定的。[①] 二是，这种位置从先验的哲学层面上是给定的，但是从社会现实的事实出发则是自致的，“在社会里的各种位置不是通过一种建设性的意志产生的，而是只有通过个人的现实的创造和经历才能掌握的”。（齐美尔，2002：374）

第五，社会是和谐的结果。

其一，社会位置与社会位置的承担者在能量上应该是和谐的，否则社会也难以可能。齐美尔说：在这个制度之内，任何新任者都得到一个明确无误的特定的位置，这个位置仿佛等待了他，而他的能量与这个位置必须是和谐的。（齐美尔，2002：373）其二，社会是依赖关系上的和谐。齐美尔认为，从现象学上看，构成社会的各个要素的位置包括社会成员的社会位置在整体上都是预先给定的。那么问题是齐美尔所说的这种给定性是否就是和谐的呢，或者说这种给定的和谐性同我们的理想要求是否有一段距离呢？齐美尔说：尽管有理想的要求的种种不和谐，它仍是这样进行的，仿佛它的一切环节都处于一种统一的关系之中，这种关系使得每一个人都依赖所有的其他人和所有的其他人都依赖他，这正是因为他是这种特殊的人。其三，社会的生存被置于一种个人与社会和谐的原则基础之上的。齐美尔说，我们认识生活是建立在我们的精神上的，哪怕还是个人的能量和外在的、客观的存在之间的一种原先就稳定的和谐之上的。所以，社会的生存本身是被置于个人和社会的整体之间的一种原则上和谐的前提之上的，尽管这并不会使伦理的和幸福论的生活明显地不和谐。倘若由于这个原则性的前提使得社会的现实得以畅行无阻地和没有过失地形成，那么，我们就会有一个完善的社会——不是在伦理的或者幸福论的完善的意义上，而是在概念的完善的意义上可以说我们将不能（在伦理方面或者幸福论方

① 每一个个人由于他的自身的品格而被确定在他的社会的环境之内的某一个特定的位置上，这在思想上居于他的位置，在社会的整体中也确实存在——这就是单个人生活的前提，我们可以把这个前提称为个性的普遍性的价值。这个前提并不取决于它要升华为清楚的概念的意识。不过，同样也不取决于它在现实的生活过程中是否得到实现——犹如作为认识的形成形式的前提，因果律的先验性并不取决于意识是否把认识用特殊的概念加以表达，或者心理学的实际是否总是依照这种认识而行一样。（齐美尔，2002：373－375）

面)拥有完善的社会,而是在概念上拥有完善的社会。[1] 其四,职业的使命感是和谐社会建构的条件。为了能在根本上有一种“职业”,就必须有那种和谐——不管是如何产生的——即一方面是社会的构造和生存进程,另一方面是个人情况和冲动之间的和谐。建立在作为普通的前提的这种和谐之上的,还有这样的观念：在社会之内,对每一个人都存在着一个职位和奉献,他“负有使命”去履行这个职位和奉献,而且也存在着这样的绝对命令,要去寻找它们,直至人们找到它们为止。[2] 当然这种职业的使命感应该被看作社会化的一种意识过程。“社会化借以进行的意识过程：由很多人组成的统一体,各种单一个人的相互决定,单一个人对于其他人的整体性以及这种整体性对于单一个人的相互之间的重要意义——这些意识过程是在这种十分原则的、并非抽象地意识到然而表现在实践的现实里的前提之下进行的：单一个人的个性在普遍的结构里找到一个位置,是的,尽管有个性的不可预计性,但这种结构甚至在某种程度上从一开始就要求要有个性及其奉献。这种因果的相互关系把每一种社会的要素都编织到每一个其他的要素的存在和行为之中去,并使社会的外在的网络结构得以实现。一旦人们从个人的载体即它的生产者的角度来观察这种因果的相互关系,它就变成为一种目的论的相互关系。个人的载体即它的生产者感到自己是一些自我,他们的行为举止产生于自为的、自我决定的个人人格的基础上。那种现象的整体性服从这些仿佛是从外面走近它的个性的目的,这就给这些个性的由内在决定的生存过程,提供着场所,在这里生存过程的特殊性变成为在整体的生存中的必要的一个环节——这作为基本的范畴赋予个人的意识以形式,它指定个人为一种社会的要素。”(齐美尔,2002：375)

讨论至此,有一个结论性的意见：齐美尔讨论的“社会的可能”是社会性问题,而现代社会的可能则是现代性问题。需要保持这样的追问：社会性包括现代性是谁的和是什么的。很显然,社会性可以还原为社会关系的社会性,进而还原为社会行动的社会性,或者直接说是社会行动者的社会行动的社会性,这

---

① 只要个人没有找到或者认为没有找到他的社会的生存的这种先验的认识——他的个人的存在与周围的各种阶层不间断的关系,为了整体的生存,他的由于个人内在的生活所决定的特殊性进行整合的必要性——那么,他就恰恰没有被社会化,社会就不是它的概念所表示的那样完美无缺地相互发挥作用。

② 齐美尔极为看重职业对社会何以可能问题的意义,他甚至认为,“经验的社会只有通过这一种在职业概念上被推至登峰造极的先验才是‘可能的’”。(齐美尔,2002：373)

个道理同样适用现代性。问题依然存在，如果说社会行动可能在逻辑上构成了社会，特别是现代社会的可能，那么，这种行动绝对不是我们心目中旧有的任何一种行动类型，而是一种存在于我们日常生活世界中的在我们手边和嘴边的那种知识行动，这种行动既可以是个人行动，也可以是互动。

三、不是结论的结语：社会根理论何以可能

在讨论了思想家寻根的历史之路和逻辑之路的知识史之后，似乎留下了这样的问题：社会根到底是什么？社会根何在？社会如何扎根？现代社会“根扎何处，路在何方”？……这些被留下的问题说明了寻根的努力和结果，也为知识行动论留下了生存和发展的成长空间。

（一）社会根是知识行动吗：在与是的时代之思

“社会根是什么”是一个难以回答的问题，在前言中尽管对社会根的属性作出了一些简略的交代，但是真实地说出社会根就是什么似乎是一个唯心主义的提问方式。但是我却可以这样提问：社会根是知识行动吗？要思考这个问题需要了解这样几个问题。

1. 为什么是现在：时代的昭示

这是需要特别说明的问题。这个问题的详尽说明在“社会根理论的行动逻辑”一篇中可以略加实现。这里我还是用最为精要的解释来说明。

现在正是时候。但是对这个现在要加以甄别。本书的很多地方都涉及这个问题。

我的观点是，我们并没有进入后现代，尽管社会的许多方面都有后现代的许多特征；我们也并非生活在传统的前现代，尽管我们的传统依然在社会生活中处处有所呈现，那么真实地说我们依然处在现代，这个现代所体现的特性，在吉登斯看来是高度现代性或者是高度现代性所构成的社会中，我则要改变这个说法，认为我们依然生活在复杂的现代性社会中。这种复杂性体现在我们常常触及后现代性，同时我们也常常被传统性——也可能是后传统——包围，所以这种生活是复杂的现代性生活。在这里我提出两个同现代性相关或者表达现代性程度的概念，一个是复杂现代性，一个是深度现代性。

当下现代性的深度在某种意义上源于现代性的复杂性。这种情形有两种方式呈现：其一是西方的深度现代性，作为一种无根的现代性迷失了方向感，这是一种直线型的深度；其二是东方的深度现代性，似乎可以以中国现代化建设过程中所累积的现代性为代表，这是一种不同于西方深度现代性的复杂性。现代性的深度越深，说明这样的社会越是复杂，深度同复杂性紧密关联，同时现代性的深度同现代化程度也是正强相关。这两种类型的深度现代性的复杂性充斥着这部著作。

21 世纪的前期使这种现代性越发复杂。其中一个事件就是发端于美国的次贷危机后来演化为全球化的经济危机。意识形态下知识的狂妄在某种程度上导致了这场使许多人蒙难的大危机。对待经济危机，马克思提供过正确的知识途径，但是由于这个途径是真理性的，并将直接伤害剥夺者——资本家利益，所以这套知识遭到了诅咒。

我们知道，马克思通过对资本主义市场经济下的经济危机的研究进而推论认为，只要资本主义制度根源没有改变，经济危机就不会被消除，像加强监管等都是表面工作。经济危机的发生社会都要付出巨大的成本，当制度的成本大于收益时人们就会变革制度。马克思预测，资本主义将会被取代。取代它的就是马克思的构想：社会主义。赵磊指出：马克思曾经对市场经济的危机有过相当深刻的剖析，即便是放在今天的语境中，其深刻性也依然是现代经济学所不能望其项背的。1929 年世界经济危机之后，凯恩斯的理论几乎已经接近于马克思的逻辑了，虽然他由于“站在有教养的资产阶级一边”，最终未能跨出那致命的一步（在“有效需求不足”的节点上，凯恩斯停了下来，并将有效需求不足的根源最终归咎于心理因素）。令人遗憾的是，与凯恩斯相比，当下的现代经济学不仅没有多少长进，反而后退了一大步：凯恩斯至少还承认“有效需求不足”，而现代经济学却连这一点都不敢正视，王顾左右，言不及义，只是一味地用“低估风险”、“政策失误”、“缺乏监管”之类的数学模型来掩盖危机的本质。（赵磊，2008）如果将马克思的追问进行到底，结论必然会颠覆资本主义制度的神圣性：“玩是死，不玩死得更快”——这就是资本世界内生的悲剧所在。（赵磊，2008）知识的改变也是一种新的思维与行动框架的建构，把许多人都给框住了，马克思的知识被所谓的现代经济学以及所谓的现代社会学等嵌入了那种资本意识形态的知识导演了这场大危机。尽管我们不能直接说“都是知识惹的祸”，但是所谓的现代性注入的知识成了市场之外的另一只看不见的手在引导我们，我们被建构得甚至无法拒绝这种引导，于是我们与时俱退。[①]

大危机同大时代联系起来，这一联系可能同知识有关。同样这种被注入资本意识的知识也呈现了这样一种特点，可能也被诅咒——最直接的体现就是不再被信任。马克思这样说："在我们这个时代，每一种事物好像都包含有自己的反面。我们看到，机器具有减少人类劳动和使劳动更有成效的神奇力量，然而却引起了饥饿和过度的疲劳。财富的新源泉，由于某种奇怪的、不可思议的魔力而变成贫困的源泉。技术的胜利，似乎是以道德的败坏为代价换来的，随着人类愈益控制自然，个人却似乎愈益成为别人的奴隶或自身的卑劣行为的奴隶。甚至科学的纯洁光辉仿佛也只能在愚昧无知的黑暗背景上闪耀。我们的一切发现和进步，似乎结果是使物质力量成为有智慧的生命，而人的生命则化为愚钝的物质力量。现代工业和科学为一方与现代贫困和衰颓为另一方的这种对抗，我们时代的生产力与社会关系之间的这种对抗，是显而易见的、不可避免的和毋庸争辩的事实。有些党派可能为此痛哭流涕；另一些党派可能为了要摆脱现代冲突而希望抛开现代技术；还有一些党派可能以为工业上如此巨大的进步要以政治上同样巨大的倒退来补充。……要使社会的新生力量很好地发挥作用，就只能由新生的人来掌握它们……"（马克思、恩格斯，1995a：775）这是马克思所描述的时代的特征，但是这些特征在21世纪的早期不是消失了，而是越发凸显了。作为一种思想体系，马克思主义越发成为我们观察社会的知识形式，指引着我们前行。识别我们被资本所骗的工具在马克思那里又被重新发现。

不变的时代主题似乎在21世纪早期被忽视般的存在着。[②] 第一，社会进入到了利用知识进行科学壮根的时代。每一个社会的生成和进化（变迁）都是同知识有关的，知识力是社会变迁的一种重要动力——尽管有时候这种力量会内嵌到其他力量之上，否则就不是人类社会，这是人类社会所固有或者是独有的特点。但是到了21世纪的时候，人类社会生存状态和变迁情景发生了撕扯性的断裂。知识成为社会和围绕社会的一切的轴心：知识所定义的知识和知识

---

① 放弃马克思主义的基本观点和立场，盲目地、不加区别地跟在别人的后面东施效颦，亦步亦趋，这就不是与时俱进，而是与时俱退了。（赵磊，2008）

② 照我的看法，这确实骗了不少人，问题是有些人甘愿受骗。知识背后的主义不被注意，成为这种被骗的一种生动写照。事实并非如此简单，知识充当面纱，隐含背后的主义成为现代性忽悠人的惯用伎俩。

所定义的社会日益互为建构。从知识人(知识行动者)到知识行动,从知识行动到知识经济,从知识经济到知识社会,从知识行动者的日常生活到职业生活……知识吹响了新时代的号角。第二,21 世纪社会实在知识需求的迫切机制在形成。当然这就是"是"与"在"的关系的一种确切体现。社会的转向体现为社会的知识依赖的转向,这种转向导引了社会结构的变迁和社会存在方式的转型,而且这种转型成为全球式的。全球式的社会转型作为一种社会实在滋生出许多内在的结构性需求。传统社会到现代社会,现代社会到后现代社会在同一个时间的框架内完成,于是传统和现代、传统与后现代、现代与后现代互为关联、相互建构的新的世界图景,使得全球化成为一种用以保存知识差异、追求共同知识以及在此基础上的行动过程与结果的机制;于是这种在的形势使得时间和空间无限地压缩,从而知识成为表现这种压缩形式的内容。

是时候了,也正是时候。这就是"为什么是现在"的一种不涉及个体力量的解释。如果有个体实在的时间解释,我认为也是无关紧要的。因为它是社会实在的时间性限定的结果。

这种复杂性实质内含现代社会在推进现代性的时候可能是有意无意地在为这个社会拔根之意,即使不是拔根行动,也是一种腐根动作,现代性使我们生存在无根的社会,生活在飘荡的时代里。于是扎根之思也就成为时代的要求和时代本身,于是知识回应就是理所当然的了。除此之外,理论好事者从时代出发也就在拔根的故事情境下进入现代社会"根扎何处,路在何方"的构思。可以这样说,现在这个时期具有的特殊性——现代性历史推进的社会根何在、社会该扎根何处——甚至转换成这样的命题:现代社会路在何方——的确需要所有的人追问。知识人的追问可能会形成一种对时代回应的知识形式。正像我们无法超越左右一样,我们也无法闭着眼生活。这可能就是一个时代的命运。

2. 社会根是知识行动吗

为什么是知识行动?我们不仅需要知识,还需要行动,这种行动就是知识行动。但是何种知识,何种行动,何种知识行动等都需要连同时代一起加以考察。

第一,无法超越左和右的知识行动。

这种行动在日常生活世界里可能只是一种生存和生活性的行动类型,同意识形态的链接并不是直接的,而是以一种间接的或者潜在的被殖民或者被建构的社会化方式来完成。但是当我们把这种行动拿出来晒一晒的时候，就会发现，意识形态注入的知识形式中已经内嵌了一种行动方式，构成现代性的属性。这个现代性在资本主义社会中涌起了一起起拔根或腐根行动，其中当然包括了那种有意无意的知识行动；这个现代性在社会主义的意识形态中唤起了一拨拨扎根或者护根行动，其中也当然包括了有意无意的知识行动。

还是从事件说起。

21 世纪初叶的这场经济危机必然引起世界共产党和工人党的反应，这种反应不仅仅是一种认知上的或者知识上的，也是知识行动上的回应。2008 年 11 月 21—23 日第十届世界共产党和工人党国际大会在圣保罗召开，世界 65 个共产党和工人党参会。会议认为，这场严重的危机也颠覆了苏联、东欧剧变代表着资本主义最终获得胜利的神话。它揭示了资本主义作为一种社会体系的局限性，表明共产党人需要经由革命的方式来推翻它。会议最后通过的《圣保罗宣言》（简称《宣言》）强调在资本主义危机面前，“社会主义才是替代选择”。《宣言》认为，当今世界敢于挑战美国霸权地位的进步力量不断强大，具有十分积极的意义，人类已进入了一个为人民和国家的独立、发展与社会进步而进行反帝斗争的活跃期。当前的危机表明，资本主义体系的内在矛盾正不断恶化，资本主义固有的历史局限性决定了通过革命推翻资本主义的必要性。此次危机是对社会发展及民主的巨大威胁，并为历史上独裁主义和军国主义运动的死灰复燃提供了现实基础，共产党和所有民主及反帝国主义的力量都应对此保持高度的警觉。当上亿的公共资源被用于拯救那些危机的始作俑者——垄断资本、高级金融业和投机商时，工人、小农、中产者和所有勉强维持生计的人们正处在垄断阶层的重压之下难以喘息，他们甚至还将遭受更为严重的剥削、失业、低工资和养老金、不安全感、饥饿和贫穷。当权者企图用意识形态斗争来转移人们的视线，掩盖危机的真实起因，并阻止任何可能有益于人民的解决办法，这些办法包括建立新的权力格局、建立有利于人民的国际秩序和加强各国人民之间的团结与友谊。为实现对资本主义体系的短期自救、强化帝国主义的剥削和压迫机制，以美国、欧盟和日本为首的主要资本主义大国企图通过其操控的国际组织——国际货币基金组织、世界银行、欧洲中央银行、北约甚至联合国，疯狂地寻求“出路”，同时也不可避免地为其日后的新危机埋下了种子。《宣言》指出：资本主义大国通过寻找替罪羊和虚伪、失败的资本主义管制、教化与改革，试图改变资本主义的面貌，其实是换汤不换药。那些亲“资本”的政党草率地接受了“华盛顿共识”，最终自食其果，被金融资本无情地吞噬。而社会民主党一方面不断掩饰它与新自由主义的勾结和自身向帝国主义的靠拢；另一方面则指望通过姗姗来迟的凯恩斯主义式的“管制”，在不改变政权阶级本质及产权关系的基础上，尽可能回避由工人阶级和广大人民群众发起的暴力革命。《宣言》认为，人类正处在历史上最为艰难和复杂的时期之一；伴随全球经济危机到来的还有能源危机、食品危机和环境危机，世界正陷入严重的不公正、不平等、战争和冲突中。历史正处于两股力量尖锐交锋的十字路口，一方面是对和平、主权、民主、工人和人民权利的巨大威胁，另一方面是为人类解放事业、为社会进步与和平事业、为社会主义与共产主义事业而奋斗的强大力量。《宣言》还认为，新自由主义的破产绝不仅仅是一种资本主义管理政策的失败，而是资本主义自身的失败，同时也是对共产主义理想和模式的肯定。我们坚信只有同垄断资本政权、同帝国主义集团及其同盟彻底决裂，并通过自由、深刻的反垄断变革，工人阶级和人民群众的解放事业才能最终实现。我们坚信社会主义是实现真正、彻底的人民独立、保障工人阶级权益、结束资本主义破坏性危机的唯一途径。我们号召全世界的工人阶级和人民加入共产主义的革命事业，团结在他们自己的阶级利益和正义追求下，用他们自己的双手为人类创造一个繁荣、公正与和平的未来世界。机会已经来临，当前的资本主义经济危机和帝国主义侵略已激起了全世界范围内的人民斗争和抗议。[①] 我们坚信一个没有阶级剥削和压迫的世界是可能的，因此我们有决心为建立一个没有剥削和压迫的社会主义新社会而不懈努力。

这个《圣保罗宣言》无疑成为21世纪初叶共产党和工人党迈向目标而进行知识行动的一个为新社会扎根的证据。这个证据将保留在历史的档案中，有意无意地不让更多的人知道这个宣言的内容也同样会作为证据留在历史的档案里。但是同时也成为一个要求：需要在知识上对这种知识行动做出回应。这个回应的理论名称就是：社会根理论，一种知识行动论研究。问题是，尽管给出了《宣言》所具有的意义，但是现在我们依然无法摆脱那种所谓左右的思路和意识形态因素，这就是很多人不知这个宣言的原因。

第二，什么是知识行动：没有定义。

---

① “占领华尔街”进而“占领全世界”可能是一场无法取得胜利的乌托邦式的闹剧，但在21世纪初发生这种全球化的运动，最大的成果就在于让我们思考“这个世界怎么啦”。

知而行之,是把知识与行动分裂开来的一种思路,如果我们把知道本身作为一种行动类型,那么所有的行动都是知识行动。但是如果把社会扎根同知识行动连接起来,则无论如何也无法实在地说出知识行动是什么。可能,真的说清了知识行动的定义,也就无所谓什么知识行动了和知识行动论了。尽管这个说法可能会在意会知识的概念中获得影子,但是却应该是指涉一种真实。

(1) 知识行动是**知识**行动

但是什么是知识呢?这个问题的提出如同提出什么是知识行动一样没有任何意义——对知识创造者来说。因为很简单,不能清晰地界定什么是知识,如果能够严格说明什么是知识,那么这种知识肯定不是知识;对行动者——普通行动者来说,无须清晰界定什么是知识,然后再去应用这些知识——如果这样做的话,行动者是有问题的行动者,其行动也不可能是知识行动。所以公认的知识是知识行动的构成知识,非公认的(个人化)的知识也同样是知识行动中知识的结构性构成,不要把知识认定为某种既定的东西,也不要把知识看作一样或者两样东西。

那么,这里既然强调知识行动的知识,知识行动应该如何说明呢?是以知识为基础的行动,还是知识结构化地内嵌到行动之中的知识结构性行动?如果一定要解释,那么我的解释就是知识是行动的基础,同时也是行动的结构性要素——这种要素要超越一般性要素,并成为一般性要素发挥作用的条件,所以也可以看作结构化的功能性要素。因此,如果把知识行动解释为以知识为基础的行动,仅仅解释了知识行动的直观含义,内涵内容并没有涉入;如果把知识行动解释为以知识要素为核心要素的行动,也同样要犯上述错误。世俗的说法是否可以接受仁者见仁、智者见智:以知识为基础建构的行动。所以,正确的做法就是不要给知识行动以定义。

(2) 知识行动是知识**行动**

这个说法并非同义反复,因为知识行动不管如何把知识作为自己的基础,也不管怎样把知识作为自己的结构性要素,最终还是要体现在行动的归宿上。

行动是什么?对此有不同的说法,有人认为我们如果特别强调意图,就说是行动;如果特别强调结果,就看作实践。我的看法:无论是实践还是行为,都是构成行动的要素,或者都可能是一种类型的行动。但是需要说明的,我所关心的行动类型是社会行动,纯粹个人的心理行为不是我所关注的,也不应该看作知识行动论的对象。社会行动,从日常生活世界的层面,更多的指涉个人的社会性行动。

(3) 知识行动是知识与行动互构的一种行动类型

互构性是知识行动的第一特征，“知识即行动，行动即知识”就是在一定程度上说明了知识与行动的互构特征。知识是行动的结果也是下一个行动的条件，行动是知识的存在方式也是新知识的生成模式。作为实证的个案研究，我们可以具体分析特定的知识与特定的行为所构成的特定行动，但是作为整体的知识行动论所包括的知识行动并不特别指涉某种类型的知识或某种类型的行动，因为行动就是行动建构的行动，而知识就是行动的知识，无论最初的表现形式和状态是什么。

行动论更准确说是社会行动论似乎是社会理论的核心内容，也就是说产生影响的社会理论多以行动论来命名。特别是哈贝马斯的交往行动论，选取交往这种行动类型形成和发展了社会理论中的许多思想。这种知识行动的研究是否同以往行动论有关呢？这是无须回答的问题。我的看法是，哈贝马斯的交往行动论目的在于建构一种和谐社会，甚至和谐世界，途径当然是通过交往实现沟通，达成共识，从而行动一致。而我的做法好像更激进一些。因为我把知识行动看作一种社会扎根行动，知识行动论就是某种意义上的社会根理论。个中缘由当然同知识行动作为一种行动类型所具有的基础性相关，无论是单个行动还是互动类型（比如交往行动）都是某种意义上的知识行动，这种行动不仅同理性有关，还同情感关系密切。我仍然坚持，使用知识行动是具有丰富想象力的。主要原因可能在于：知识行动不仅可以实证，也可以抽象，不仅可以在个人圈子里游荡，而且还可以进入社会体系范围内驰骋，不仅可以具体化为一种小框架，而且可以对应时代变迁大势。

3. 知识行动论的非独占性

如果说社会根就是行动者的知识行动，那么这种知识行动并不排斥其他类型的行动对社会建构的意义与功能。

知识行动的第一属性：基础性。

马克斯·韦伯的社会行动概念使行动成为社会学的主题，从而开启了社会行动论的研究。齐美尔的交往行动形式的研究不仅创设了形式社会学的范式，同时也为哈贝马斯的交往行动论的产生提供了直接的思想资料。帕累托的非逻辑行动论揭示了意识形态与行动之间的关系，成为知识行动论的学术起源。

哈贝马斯的交往行动论成为其所有理论的基础,说明了“社会何以可能”的沟通机制。科尔曼的理性行动论解释了行动的理性基础。……

上述社会行动论都在一定程度上开启了知识行动论的思路。但是需要考察的是:何谓社会行动的基础?交往是社会行动的基础属性吗?显然不是,因为交往是社会行动的一种类型,它是社会互动的基础属性。逻辑与非逻辑是社会行动的本质属性吗?显然也不是,因为它仅仅考察了社会行动的逻辑特性。所以,根据对已有社会行动论的研讨,我认为知识是行动的基础属性——无论何种类型的行动即便是单纯的情感性行动,也不可能不以知识为基础,因为知识已经渗透到行动的所有构成要素之中并发挥其力量和功能。这种覆盖性就构成了知识行动的基础性,无论何种类型的行动都含有知识的要素,都可以转换为知识行动。因此知识行动是社会行动中具有第一属性的行动类型。这也是说它为社会根的一个佐证。

知识行动的第二属性:含括性。

知识行动的基础性使其具备了含括性的特点。这个含括性就是说明知识行动包括了其他类型的社会行动所有的内容。可以肯定地说,任何意义上的社会行动都是一定程度的知识行动,这是人猿相揖别的根本所在,这是社会得以成立的唯一条件。这也是社会根理论即知识行动论的第一命题。

(二)结构性安排:可供批评的纯粹个人性意见

书写的安排并不等于内容逻辑结构的构成,但是我愿意以书写的安排来反映事实或实在的内容结构安排。而且我所做出的书写安排并不是某种明显的彰显,看起来在对某个思想家的知识讨论中也可以从这种微观上显示我的这种意愿。但是我还是把书写的内容安排做一些简略的交代,要领略这种交代的彻底性和隐含性,还是需要翻过导论部分直面事实的陈述。

1. 知识行动论的知识线索和知识行动论的行动线索

实际上这里要表明的是知识行动论研究的学术史。当然知识行动论不管是新提出的,还是可能是旧有的,它都会有一定的线索。这个线索就是关于研究知识的学术史和关注研究行动的学术史抑或是二者结合的一种学术史。需要进一步说明的是:讨论知识行动论的学术线索关键问题是要为知识行动论提出启发,这个启发最关键的就是要找出在学术史上研究知识和行动取得的成效会存在的问题。这些问题的揭示可能会给知识行动论打开一个知识喷发的缺口。

第一，知识行动论的知识线索。

“人猿相揖别”在于知识，知识一旦被纳入人类社会生活的视野，便产生了惊天动地的影响。知识伴随人类一起发展与成长，知识发展史是人类文明发展史的轨迹。

对知识的探索经历了这样的一个过程：从哲学领域内的本体论到认识论，再到知识论的纯哲学路径；从知识论到社会知识论，再到知识社会学的社会学路径。当然在哲学和社会学之外的领域也广泛存在着知识论的内容，因为知识问题是社会科学无法回避的问题，在社会科学领域无论什么样的主题都和知识问题内在地嵌在一起。但是我这里最为关注的是哲学知识学和知识社会学的路径。

在哲学知识学领域中，一开始知识问题是一个本体论问题，在本体论问题展开的时候，也就必然涉及认识论，认识论实质上是同知识论胶合更为密切的领域。早在古代，思想家们就试图解开知识这个精神产品的奥秘，建立了古代知识论。经历了中世纪漫漫长夜之后，欧洲遭受践踏的知识焕发出巨大的生命力，并成为迎来资本主义新社会曙光的思想武器。文艺复兴时代的知识“巨人”们为近代知识论的问世开拓了道路。“英国唯物主义和整个现代实验科学的始祖”培根，成了近代知识论的开创者。近代德国哲学革命的思辨大师们对知识也进行了深刻反思。从康德到黑格尔的知识学，都试图实现古代知识学和近代知识学的统一，并为知识社会学、科学社会学的诞生提供了思想前提。在当代社会中，知识论研究发生了转向，这个转向的内容就是知识论研究的社会学化，也就是从传统知识论到社会知识论，偏重于研究知识的社会属性和功能。“这些理论从不同的角度研究了知识的社会性质，表现了与传统意义上的个体知识论相区别的方面。它们所提出的一些问题，如间接性的‘佐证’作为知识的证据，在认识中所起的作用，以及戈德曼的对知识的社会评价结构的系统探索，不仅富有新意，有些还产生了比较有深度的成果，有值得借鉴之处。”（陈嘉明，2003）

知识论研究的社会学转向为知识社会学孕育了条件。但是社会知识论依然是哲学知识学的范畴，还不是知识社会学。孔德1838年在《实证哲学教程》第四卷中首次提出了社会学这个新概念，并把社会发展阶段和知识发展阶段对应起来，为知识社会孕育了模式。斯宾塞的《社会学原理》明确提出将知识社会学作为研究课题，他们成为知识社会学的先驱。涂尔干使社会学成为一门独立的社会科学，给它规定了具体的研究方法，在探讨一般精神现象、研究原始思维、原始宗教时,涉及了有关知识社会学问题,为知识社会学直接准备了材料。曼海姆以《认识论的结构分析》(1922)和《意识形态与乌托邦》(1924)等著作创建了社会学的一个分支——知识社会学。舍勒也是知识社会学名称的提出者,被公认为"文化知识社会学"的创始人。马克斯·韦伯以社会结构为基础考察精神概念,不仅给知识社会学以深重影响,甚至酝酿了科学社会学的基本思想。默顿综合了前人的成果把知识社会学向科学社会学推进了一大步。

知识社会学的现代发展和哲学现象学与社会学的互动使得社会学日益知识社会学化,社会学的理论成了某种形式上的知识理论,而且这种现象越来越明显,是知识时代的实践要求,还是社会学研究的内在逻辑都是需要我们加以讨论的问题。

对知识的关注成为知识时代所有哲学社会科学学科的共同特点和取得突破发展的关口,因此知识论泛化为知识理论。需要说明的也是在今后需要加以论证的是,知识理论固然反映了时代的特点和实践的要求,可是最根本的缺陷似乎也是十分清楚的,那就是:谁的知识,知识是用作什么的等。说得明白一些就是,知识同行动的微观关联被人们忽视或者还没有引起人们注意。用我的话说就是,知识的研究呈现了一种"强知识弱行动"的模式。对建构社会来说,对日常生活来说,知识固然重要但是获得知识和应用知识的行动比知识本身更为重要。因此这种缺陷模式或者用中国俗话说的"短腿"模式使哲学知识论,即便是社会知识论和知识社会学都走向终结。超越社会知识论和知识社会学的努力在新的社会理论中表现得非常明显:吉登斯的结构化理论似乎成为知识行动的结构化理论,哈贝马斯的交往行动论进一步发展就成为了知识行动论。

第二,知识行动论的行动线索。

这也是知识行动论的行动论线索。对行动论也有不同的说法,在哲学领域内可以叫作实践论,但是在社会学领域则可以叫作行动论。

实践哲学[①]和实践论的融通性进展体现了哲学迈向实践的历程和方向。前

① 实践哲学具有两重含义:一是作为哲学的性质,与思辨哲学、理论哲学相对;二是作为知识学科的名称,与第一哲学、本体论、知识论相对,在哲学史上主要表现为伦理学、政治学、宗教哲学等。黑格尔之后,实践哲学逐渐由知识学科的名称演化为哲学的性质,它否定思辨哲学的追求目标,反对感觉世界与超感觉世界的划分和对立,尤其反对将超感觉世界看作是真实的存在、真正的实在;它以"意义论"取代"终极论";强调面向"事物本身",返回"生活世界",取代超感知世界;不再致力于建构大而全的概念范畴体系,强调行为、实践的首要性。

黑格尔哲学主流是思辨或理论哲学，但包含丰富的实践哲学的内容，程度不等地具有实践哲学的色彩。亚里士多德哲学将思辨与实践区分开来，笛卡儿、斯宾诺莎、莱布尼茨等17世纪哲学家的著作主要是思辨哲学，但也包含实践哲学。叔本华通过自己的理解方式，把传统知识论所讨论的知识问题重新带回到生存意志的根基上。正是这种具有重大历史意义的"带回"从根本上扭转了传统知识论发展的方向，打开了生存实践论的新路径。(俞吾金，2004)康德将理性的功能和活动明确地划分为理论与实践两个方面，相应地作用于两个不同的领域(世界)。所以康德不仅要为知识寻求基础和根据，而且要为人的行为、实践寻求基础和根据。他强调实践的优先和重要，将传统本体论所要解决的问题(寻求宇宙万物的终极存在和真理)从认识、求知转变为实践、行为，从思转向行；换言之，本体论问题不是理论、求知的问题，而是实践、信仰的问题。这时本体论问题转向实践论问题，或者说本体论同实践论问题融合在一起了。[①] 这个转向从黑格尔哲学之后的哲学发展中能够看出端倪。黑格尔之后哲学家们在对传统本体论知识论的不满、反对、批判之中，自觉或不自觉地、程度不等地趋向实践哲学。有两种表现形式，一是总论式的，如尼采的《苏鲁支语录》、海德格尔的《存在与时间》、萨特的《存在与虚无》、杜威的《经验与自然》、伽达默尔的《真理与方法》等。另一种是具体知识学科式的，即政治哲学、道德哲学、社会哲学、法哲学、历史哲学、宗教哲学等，如罗尔斯的《正义论》、麦金太尔的《寻求德性》、列维-斯特劳斯的《野性的思维》等。[②] (黄颂杰，2004)马克思的哲学是实践哲学，而且是地道的和彻底的实践哲学，正是这种实践的力量彻底改变了世界。总之，尽管实践哲学尚未达到成熟地步，但是实践哲学的品质已经彰显：重视行动重视实践且不忽视知识和理论。

关于行动的社会学观点，其源头在于19世纪晚期德国知识生活中出现的

① 能否把这种融合而成的实践论看作生存实践论，我们还需要专门讨论。因为生存实践论是否就是一种独立样式的实践论，也需要我们加以讨论。(俞吾金，2004)

② 这里有一个问题，就是实践哲学有没有一般原理？有没有本体论知识论？对本体论、知识论是抛弃，还是扬弃？否定还是改造？应该说实践哲学有一般原理，就是说它并不排斥思辨、理论，但它并不限于认知、解释，而致力于引导人们去实践、行动。实践哲学也谈论本体论、知识论，但其问题和话语、形式和内容、目标和思路都与传统不同，已经发生了变革或转型。实践和行动不应该是任意的、盲目的。实践哲学还是应当要有形而上的追求，要有超越性，超越个体、经验、感性等。(黄颂杰，2004)

知识讨论。(沃特斯,2000:19)但是真正的关于行动理论的经典陈述还在韦伯的社会行动分析,行动理论的奠基性主张来源于韦伯和齐美尔,尤其是韦伯指出社会学研究主题就应该是行动。韦伯开启了社会行动概念和社会行动理论的研究。韦伯的社会行动给我们的启发就是,在方法论上把社会行动分立为可观察的行为和可理解的意义,进而韦伯把行动论中的本体论和认识论以及知识论结合起来,触及行动论的最核心内容,即行知结构问题。只不过韦伯过多地关注行动凝视者的认知与知识结构和社会行动的关系而忽视了行动者的认知和知识结构。[①] 自20世纪初韦伯提出社会行动这一概念以来,社会行动至今仍是社会学者极其关心的课题,有些哲学家也积极参加讨论,社会行动的社会学和哲学讨论得到了极大的拓展。事实上,社会学家已经从韦伯的原本定义发展开来,分化出各个相关又相异的理论或概念。(吕炳强,2000)因为哲学家和社会学家对韦伯提出的社会行动问题的关注和社会行动意义的拓展,使得在社会哲学领域的哲学问题社会学化,从而使社会行动理论成为覆盖性的学问领域。韦伯后的社会学理论研究主旨各异,但是基点都是韦伯所提出的社会行动概念和社会行动理论。有的社会学家对社会行动问题加以继承,形成新的研究旨趣比如像吉登斯的结构化行动理论(吉登斯,1998)、哈贝马斯的沟通行动论(哈贝马斯,1994)等;而有的社会学家并没有直接地研究社会行动问题或者以建构社会行动理论为旨趣,但所研究的问题却是社会行动理论的发散。特纳认为,马克斯·韦伯对行动、社会行动和社会关系的概念适合于作为后来的许多理论探讨的基线,这条基线,从舒茨的现象学计划一直延续到帕森斯对行动理论的扩展。(特纳,1998)社会行动哲学和社会学的意义讨论拓展增大了凝视社会行动的视域,更为清晰地言明社会行动的因果联系。(郭强,2008)

从韦伯以及韦伯以后社会学理论和方法的发展路向可以看出,尽管韦伯的社会行动概念和以此为基础的社会学理论一直受到有些社会学家的质疑,但是韦伯所开拓的社会学研究的基本思路和所奠定的社会学研究的出发点不仅为社会学家所肯定,也为社会学家以外的社会科学家所赞赏,他的理解社会学中所包含的深刻的方法论内涵,始终启发着人们去探究社会现象的奥秘,从而成为许多理论学说的思想基础。(李小方,1999)如韦伯所设计的凝视者凝视行

---

① 我把韦伯的行动论看作"缩起的行动论",韦伯后而扩展的行动论有很多呈现,但是合适的扩展行动论即我称之为行知体理论尚须进一步构建。

动的原则以及透过行动观察而建立起来的社会结构理论都是有说服力的。[①]（韦伯，1998：45）所以我们认为韦伯的行动论不仅是众多社会学理论中的一个（社会学中的社会行动论或行动论），而且它还是统摄全局的社会学要旨。（郭强，2008）

两个学科的行动论（实践论）所引领的学科发展体现了行动问题研究已经成为哲学和社会学生存性命题。我也可以这样说明：哲学越来越成为研究实践的哲学，社会学越来越是社会行动的社会学。但是依然存在的问题是：行动或者实践真的是社会学（社会理论）或哲学的生存型命题吗？我认为，这个问题的解决要取决于能够认识到和解决这样的关联性问题：强行动弱知识的发展模式。这个模式同样是"短腿"模式。尽管实践或行动作为知识的来源和作为知识生存的形式以及作为知识应用的方式，同知识无法分割。但是由于研究者的学科特性，人为地把知识和行动割裂开来，并且就像知识学或者知识社会学过分强调知识一样过分强调行动。所以，如果不能对这种知识生成模式有明确的认识并且加以修正，行动问题就不可能成为社会理论或者社会学的生存性命题，同样实践问题也不可能成为未来哲学发展的生存性命题。

为此，我提出去弱增强的"强强纲领"。也就是说，要恢复行动与知识的内在关联，显示出：知识即行动，行动即知识，不能把知识和行动的不可分割的关系为了研究方便加以人为割裂。

2. 知识行动论的行动事实

知识行动论的提出，不仅仅是知识论和行动论中知识演进的内在逻辑使然，事实上也是社会日益知识化的实践本身所提出的要求。知识和行动的内在

---

① 韦伯在讨论对社会行动者主观意义的理解和解释时提出"主观恰当性"和"因果恰当性"两个命题。主观恰当性命题，也可以表述为凝视者和行动者在理解意义上的层次性，它指凝视者对具体行动的过程和动机的理解，表示对行动者的主观精神状态以及行动者特定行动目的的认识程度。因果恰当性"是一种事件的先后顺序，其程度是按照经验的规则存在着一种机会：它总是以同样的方式在实际的进行着"。（韦伯，1997：45）这种因果恰当性实际上是指从主观观点出发所做的理解结果和从客观观点出发所做的观察结果之间在统计规律上的相符。韦伯正是通过主观恰当性和因果恰当性以及客观可能性理论的建构，为凝视者凝视行动者的行动提供了一种理解方法和方法论。在以社会行动为基础建构出来的社会结构方面，韦伯把社会行动看作一种包含社会关系的行动，这种社会行动与作为社会关系结构的社会结构有着共构功能。正是通过社会行动，社会有了两种类型的社会结构，即"共同体化的社会结构"和"社会化的社会结构"。

嵌入和这种嵌入关系对社会与知识关系的影响使得社会日益趋向知识社会。

第一,知识和社会内在关联的历史性把握。

知识与社会的关联不是当其显性化的时候才是真实的,这种关系——初时表现为内在的隐性关系——随着知识和社会的出现就形成了。也就是说知识社会的萌芽生长在历史的源头。理清这种关系,归根到底是需要一番工夫的,可能需要专门的论著加以讨论。我这里仅仅就我所关注的或者说在以往我所研究的个别事实做出一些说明。首先从观念上分析和把握人类历史上的不同知识价值观,从而追溯知识和行动的关系,进而考察知识和社会的关系。

观念的知识化或者说知识价值观不仅构成了社会知识化的内容,同时也为社会知识化提供了动力和条件。但是很明显,社会知识化是以生产知识化为先导,也就是说生产知识化推进了社会知识化。在生产知识化的研究方面,主要讨论知识和劳动的关系——知识和行动关系的一种类型。在此基础上,分析生产知识化的表征、高度进展和生产知识化演进的时代特征等内容。

生产知识化同经济知识化在某种意义上是同一内容。从根本上说经济知识化的进展导致了社会知识化。社会知识化的不断进展是知识社会形成的动力机制。

第二,知识社会的理论视角。

知识化的进展形成了知识社会。但是知识社会是一种什么样的形态,以及知识社会的结构特征等问题的解决既是形成知识社会理论的内在要求,也是知识社会发展的理论力量。为此,形成了或者正在形成关于知识社会的两大流派。

第一个流派是知识社会的社会学流派。它包括两个支流。其一是以贝尔和托夫勒为代表的社会学介入理论或者是社会学未来学派——但是更多的中国学者也称之为后工业社会理论——我则把这个理论称之为知识社会理论,因为这个理论声称:后工业社会就是知识社会,这个社会的形成和发展的中轴就是理论知识。“后工业社会”是持新保守主义立场的美国社会学家贝尔首先提出的概念。这一理论认为在工业社会中,社会分层的标准是所有权,而后工业社会的分层标准则是知识,它以科学技术和信息为基础,是知识架构起来的社会。这样,传统的生产方式和社会结构就被摧毁了。在介入理论中,托夫勒也提出了自己的观点,认为我们所处的世界应该是信息社会,提出在农业社会、工业社会以后将是“后工业经济”的社会,即信息社会。他断言:在信息社会中,知识正成为所有创造财富所必需的资源中最为宝贵的要素，是一切有形资源的最终替代。其二，是斯特尔的知识社会思想。斯特尔（Nico Stehr）是加拿大阿尔伯特大学的社会学教授，是知识社会学的研究学者，他在1992年出版了《实践知识》，1994年出版了《知识社会》。在这两本书中斯特尔提出了系统的知识社会和知识社会学思想。斯特尔认为，社会经济发展的几个阶段：物质经济——货币经济——符号经济。他认为，从物质经济向后两种经济的转换，也是知识的作用越来越凸显的过程，到符号经济形态，大部分财富体现为信息、知识、专门人才的掌握及创造性运用上。此时，“符号商品——也就是知识——的运动已经成为世界经济中的一个更加突出的因素”。斯特尔在此描述的经济发展过程正是日益凸显知识在经济运行中作用的过程。这说明，强调知识对经济的驱动力作用是符合经济自身发展规律的。“传统的财产实际上是与实物的所有相同一的思想开始被淡化，或者，与之相类似的是，传统意义上的财产的相对重要性开始大大地降低了。”（斯特尔，1998：127）

第二个学派是知识社会的管理学派——我权且称作学派。这个学派以彼得·德鲁克为代表。他着眼于西方社会历史发展的长时段，以广阔的视角极具洞察力地分析了当代西方社会结构的巨大变迁，提出西方发达国家正在步入一个新的历史时代——知识社会。这个全新的社会在结构上根本不同于以前的任何一种社会形态。德鲁克提出，后资本主义社会的主要阶级是知识工作者和服务工作者，而不是资本家和无产者。认为后资本主义社会的“生产要素”既不是资本，也不是土地或劳动力，而是知识。德鲁克提出，知识社会既不是“反资本主义的”，也不会是“非资本主义的”。因为创造财富的中心活动将既不是把资本用于生产，也不是劳动，而是知识的生产与应用。知识社会的主要社会团体将是知识工作者。德鲁克是从管理学的方法进入到知识社会的，所以称这些思想为学派可能还为时尚早。需要说明的是，这些讨论为知识行动论提供了丰富想象力的基础。

第三，知识社会的实践推进。

这些实践为知识行动论提供了最为直接的行动要求，而且这个要求并不是外部的要求。因为在非知识社会中同样也有知识社会的实践活动，正是这些活动才出现或形成今天的知识社会。所以，这不是说非知识社会就没有知识社会的实践活动。作为知识社会的形成是一个历史的内在过程，尽管有突发的因素，但是现象或者事实出现总归是一个历史的过程。知识社会的这些实践理应包括历史线索，但是我的分析是从当代知识社会形成的一种历史叠加实践开始的，因此，知识经济和知识社会在当代的凸显就说明了这种实践的推进形式。所以，在当代社会，知识经济的发展、知识劳动的功能发挥、知识行动者的活动、社会知识化的进程等都是构建知识社会的行动或实践。这些实践活行动必然要求在理论上做出说明或解释。我的这些追问更能说明这个观点：知识社会演进的历史根据是什么，知识社会实践的支撑理论是什么，或者说用什么样的理论解释、说明甚至建构知识社会。接着问：已有的理论能否支撑知识社会的知识行动实践？如果能，依据是什么？如果不能，应该创新何种理论解释、说明和建构知识社会或者为知识社会提供实践所需要的知识？

不管知识社会的说法隐含了多少意识形态因素，也不管这种社会何时到来，但这种社会着实在不断推进。可以这样说21世纪早期全球性的经济危机就同这个推进过程有关，只不过我们忽视了其底层的内涵。

3. 知识行动论的边界和论域

知识行动者的问题是知识行动论的首要问题，因为这牵涉到知识行动论的生存性命题，也就是说知识行动论是否具有一定的生命力，关键取决于能否解决知识行动者问题。

第一，关于行动者或者知识行动者的说明。

我一直坚持认为，"行动者关怀"是社会理论的知识要义和终极目的。在建构社会理论的时候，我们不仅要有认识论，也就是说我们不仅要认识什么，同时还要做些什么，也就是说还要有实践论的意义；但仅仅有这些还是远远不够的：我们认识些什么？我们做些什么？到底是为了谁？没有行动者问题的解决，就不可能谈得上社会理论的"本体论关怀"。应该说社会理论的"本体论关怀"是建立在"行动者关怀"基础之上的。

本来是从日常生活中的普通行动者出发一路走下去，但是当走到了充满诱惑的地方——由精英掌管的体系世界时——按照哈贝马斯所说的由市场体系和官僚体系组成——却再也走不动了。这是除舒茨、加芬克尔等在日常生活世界中自娱自乐的理论家外绝大多数社会理论家都没有经得住诱惑的通例。我认为，不管是实名的行动者，还是匿名的行动者，不管是被缩微了的行动者，还是被放大了的行动者，只要能够从行动者出发去分析社会是如何被行动者通过知识行动所建构的和行动者又是如何通过知识化被社会所形塑并实现二者的联通，时刻关照行动者，这样的理论才真正具有本体论的关怀，并实现本体论、认识论与实践论的融为一体，才能解释个人为什么没有陷入一切人反对一切人的战争之中，才能知道社会何以构成和有何用途的意义。（郭强，2004）

首先，上帝死了所导致的世界变化。

行动者永远是行动论的主题，也当然是知识行动论的主题。但是在知识世界中，行动者的命运是同知识的命运，尤其是同命运知识的命运有关联的。在上帝产生之前，行动者就是实在的行动者，不仅是行动中的行动者同时也是凝视世界中的行动者，行动者和研究者都知道行动者是活生生的人——我这里所说的行动者不仅仅是人学中的人的概念，而是比这个要小的概念。不要以为搞清了人是什么就能解决行动者的问题。人学的思想有很深的渊源，但是行动者的问题却是一个在行动论中至今尚没有解决的问题，同时行动者的问题也不可能在人学的范畴内解决。

但是当宣称上帝死了的时候，人是否活了，或者说行动者在行动者和凝视者中是否获得了自我意识，则是一个值得讨论的大问题。上帝死了，是否意味着人活了，是否意味着人成了行动者，这不仅是一个历史学需要解决的问题，同时也是知识学和行动论要解决的问题。如果要我说一个结论性的看法，那就是：上帝之死的行动并没有拯救行动者。因为我们与上帝同归于尽了，这都是科学理性所致。因此，在我们脱魅的同时我们也在添魅。社会学家韦伯所说的“脱魅”，就是社会摆脱愚妄无知且处处充满着上帝崇拜的野蛮状态，走向近代科学理性精神，真正具有理性化精神的社会。理性权威的这种极度膨胀伴随着近代科学与资本主义的兴起，成为完全合法化的东西。可是20世纪的文化发展，撕破了理性独尊独大的假面，两次世界大战的腥风血雨和数千万尸骨，终于让世人对理性进步的幻想全然破灭。

其次，行动者的缺席成为现代社会的特征。

上帝死了，为人成为行动者和作为历史中的行动者提供了先天的条件。但是超人的出现或者说精英的出现事实上宣称了人的死亡或者行动者的离场。

当宣称上帝死了的时候，行动者似乎获得了在场性的关注。但是这场激情的革命发生不久，人也死了。行动者的离场，不是在于行动者作为人有更多的魅影在眼前晃荡，因为上帝之死意味着魅影的减少或者消失；或者更为直接地说，行动者成了更为理性的和更有知识的行动者并没有摆脱缺场的命运，如果说在场，也只是一个生物性行动者，而不是知识行动者。

而且，不仅行动者本身即便是扮演行动者的新神，也同样处在一种结构性的痛苦之中，因为在彼岸世界消失之后（马克思），在上帝死亡、这个世界只剩下自身之后（尼采），在上帝把自身遮蔽起来、自行引退之后（否定神学），在昔日诸神从坟墓中走出来并再度开始永恒的纷争之后（韦伯），我们如何才能“确定此岸世界的真理”？韦伯在对现代社会中的知识分子的现代性考察之后，如此回答：“维持诸神竞争的格局和社会生活的多元结构。”而这就不免使一些自以为神的人痛苦万分了。

尽管我们是实在的行动者，尽管我们是现代社会的建构者，我们却是自己的旁观者，有时候连旁观者都不是——这是社会理论家的思路。

再次，后现代社会主体的消解并没有堵死行动者的行动之路。

不管我是否同意后现代的说法，后现代者对主体性问题的关注和人死亡的公然宣称却更加清晰了行动者问题的关键性。

如果说，现代主义最有代表性的口号是尼采说的“上帝死了”，那么后现代主义最有代表性的口号就是福柯说的“作为主体的人死了”。后现代主义认为，人在挣脱了神学桎梏、自立为主人之后，又落入出于人自身异化力量的理性极权的罗网。以对现代主义的批判、反叛为旗帜，后现代主义以被启蒙运动推向历史前台的作为主体的人为自己的批判重点。批判人也就是批判现代西方人的价值理念。（丁东红，2004）贝克特的小说主人公没有身份，没有姓名，没有职业，只有一种抽象的痛苦，成了主体消解后的非人。

后现代者提出主体消解、人死了的口号，但并不是说实际存在着的人不再存在了，而是指现代意义上的人死了。一个具有普遍、永恒、凝固的本质的人不再存在了。

最后，我的一点声称。

主体性的变化都是以主体性本身为条件的，无论是无主体性，还是行动者是活生生的，无论是论域，还是实在，有一点是明确的：行动者是真实的，行动者是有时代特征的——在知识时代行动者一定是知识行动者，行动者也是应该获得真实的和具有时代性的一种观照。在凝视者的视域中把行动者放在什么位置是知识党性——知识是谁的知识，或者知识是为谁的知识。行动者关怀将成为知识行动论的全部内容。同时还有一点要声明的：行动者，即便是知识行动者，不仅是真实的、实在的，还是生动的。这个生动性也就规定了把社会根理论成立全部的宝押在了社会底部的普通行动者（社会底部行动者）身上，特别是穷人行动者，这部分行动者是社会的奠基者，说得直接一些就像城里的大楼建造者和道路修建者。

第二，行动者的行动领域或者凝视着的观察视域。

在社会理论的知识建构中，我把日常生活社会看作家，家里人就是行动者；即便是体系社会中的精英也应该看作家里人，因为这类行动者依然有日常生活，不管这种日常生活被体系侵占或殖民到什么程度。建构这种社会理论一定要有家的感觉。但是要提醒（包括对我自己的提醒）的是：不能总是待在家里，从行动者出发建构社会理论。但是也不能不回家里，否则就会忘掉建构一种理论，或者产生一种认识的目的和宗旨。之所以要从家里走出去，也就是说之所以要从行动者出发研究行动者所在的社会情境，是说明社会行动论的研究领域不能仅仅限于日常生活社会，日常生活社会必须同体系社会进行勾连才能成为一个统一和完整的社会；之所以要回家，就是因为建构社会不是目的，人成为真正的人才是目的。“**我**在这个社会中生活”到“**我**在这个社会中生活”再到“**我**在这个社会中生活”，才应该成为社会理论行走的路线。从日常生活社会中的普通行动者出发一路走下去，却在体系社会里迷失了道路，最终没有返回到日常生活的行动者。忘了回家的路（忘记过去），就意味着背叛。（郭强，2008）

由于知识行动论所关注的是普通行动者或者是普通的知识行动者，这时日常生活世界就是这个理论的领域，也就是说知识行动论实现了行动者的行动领域和凝视者的视域的一致化。所以，我的观点是一致性是知识行动论保持自己党性的一个重要条件。因为，行动者的行动场域是一个极其复杂的社会事实，行动和行动所包括的、所产生的和所应用的知识，无论在时间上，还是在空间上都具有不同的结构；匿名知识所承载的行动和行动者的行动结构也是十分复杂的。同时凝视者在观察行动者行动的时候，所选择的时空结构如果同行动者一致，那么这个世界就是明确的，但是事实上这两个结构是不一致的。为了保证研究的真实性和有效性凝视者必须面向行动者，必须直面行动者的行动事实和行动者行动所在的日常生活世界。

但是这样必然带来的问题就是：知识的本土性（乡土化）与行动的特定性是否可以解释共同知识所支持的共同行动？

第三，知行型：并非新概念。

知识型体现了宏大叙事的历史进程和这个历程的独自性。知识行动论强调了知识与行动的一体化，也就表明了知识类型和行动类型的一致性，这种一致性的类型可以叫作知行型。

在宏大叙事的历史阐述中,知行型表明了不同类型的社会变迁模式与特色。问题是在日常生活的世界中,知识类型是如何同行动类型一致的,知行型又是如何定义或者建构行动者的日常生活的,社会又是如何被这种类型影响或定义的。这些问题牵涉了社会科学的基本主题,也是解决知识本土性与知识普遍性的关系的一个线索。

这里所涉及的问题就是宏观的历史模式——知行型——怎样转化为日常生活世界中普通的知识行动者的行动模式以及这种模式的意义。实际上,我这里要讨论的就是在日常生活世界中行动者的知识与行动是如何相互定义和修改的。

从微观分析行动者的知识行动所在和所为必然要涉及次宏观的问题,也就是知识的流动变成了一种由上向下的殖民化过程——通过某种知识改变某种行动,从而达到某种目的,从下向上的一种建构过程——知识的民主化,共生与共识对政治知识的穿透,从而在一定程度上实现社会的活化。所以,死的社会只有第一种过程,活的社会具有两个过程——活的社会来源于活生生的日常世界中的以肉体、行动和知识方式存在的活生生的行动者。

然而要做出解释的就是:知行型的变化具有革命性吗?很显然,知行型的改变无论是何种类型的改变都具有革命性质。因为知识本身就是革命性成果,因为只要有了真知——不管是正确的,还是错误的——可能在某种情况下拒绝这种知识,不管如何拒绝——知识都会对知识者的行动加以改变——知而不行仅仅是一种表象——这是通过实验可以得出的结论。知识改变行动的绝对性或者毋庸置疑性就是知识的革命性。知识的革命性和革命性的知识结合就可能成为一种更加具有革命性的知识类型。这种类型的知识一旦被行动者掌握就会使其行动转变为革命性行动——不被信仰的认识不能成为知识,就是从这个意义上说的。我认为这也规定了知识行动论的某种特性。

4. 共同知识与共同行动

共同知识源于或者说同社会学上的共同意志、集体意识等概念连通。在共同知识问题上应该说牵连的领域或范围十分广泛,因为它至少同共同体、共同行动相关。我在这里要讨论的是共同知识何以可能,为什么要有共同知识,共同知识如何成为共同行动的基础等问题。在这部分的研究中,我重点想告诉大家如下几个方面的意见。

第一，共同知识是在共同意识或集体意识的基础上形成和发展起来的。至于共同意志和集体意识等共同知识来源相关的问题，在对滕尼斯、涂尔干等人关于知识与行动的关系的分析中加以讨论和说明。共同意识往往也同共同体意识相关，社会共同体的存在在某种意义上是社会构成的显性基础，因此众多共同体意识不仅是共同意识的表现，同时也是构成社会共同意识的组成部分。共同意识缺失是社会无根的基础和关键性表现。“集体意识”是涂尔干社会学的核心概念，涂尔干的社会转型理论就是建立在共同意识观念的基础上的，他在论述社会从“机械团结”向“有机团结”转变时，更强调了重造社会“集体意识”的重要性，其目的在于防止维系社会整合的“集体意识”被各个职业、阶层所分割，使社会陷入混乱状况的重要性。“在今天我们这些伟大的现代化国家里，政治团体严重脱离个人，因而无法对个人产生强烈和持续的影响。不管我们日常工作与整个国民生计的关系有多么密切，这种关系太不直接了，我们不可能不经常强烈地感觉到它的存在。……个人必须一直而不是间断地注意自己的行动目标。一个人若要消除生活的空虚的感觉，他就必须意识到自己的行动是在为一个与他自己有直接关系的目的服务。但要使这一点成为可能，就必须有一个更简单、范围更小的社会环境使个人被真正的友爱情感所包围，并为他的行动提供一个近期目标。”（阿隆，2000：325）但是当我们追问的时候，共同意识或者集体意识就会失去基础：共同意识或者集体意识何以可能？离开共同知识是可能的吗？

第二，共同知识不仅同知识的本性有关，而且同行动的本质牵连，或者更直接地说，共同知识同行动者的特性或本质直接关联。作为人的合群本质内含了共同知识的意义，而且在原始意义上共同知识先于共同行动，当然也可以说共同知识和共同行动同在一个生命体的结构中。知识的本性在于知识可以脱身化，如果绝对差异化的知识存在，那么这种知识仅仅是经验知识，也可以叫做默会知识或者意会知识，但是知识的意义不在于此，知识的意义在于能够走出行动者而成为共享知识。脱身性和脱域性是知识的本义特性，因此共同知识的概念实际上链接了知识的社会特性。共同知识同时也同行动者的社会性关联。人组成共同体，组成社会就必须有脱域性的共同知识。很显然这种说法依然是在以往的知识框架中，因为我们依然把知识与行动进行了分离。

第三，共同知识成为共同行动的基础，源于共同知识和共同行动的同一内容。当然如果把知识和行动人为拆开,在知识和行动之间就还有一个意识形态意义的共享价值问题。共享价值观又同行动共识关联。不论在知识还是在行动甚至在知识与行动之间,都存在着同共同知识与共同行动相关的共享价值观。这种机制被捎带着加以说明。帕森斯认为社会成员接受和遵守社会的共享价值观在某种程度上就可以实现社会整合功能的满足,这些共享价值观将社会"粘"在了一起。如果过多的人拒绝接受这些价值观,社会稳定将会崩溃。问题在于这种过度依赖秩序、稳定和共识基础上的社会和谐可能是一种假命题,由于它强调共享价值观并且将社会看成由为整体利益共同发挥作用的各部分所组成的,似乎给不赞同这些社会价值观并企图改变它们的人们只留了极少的空间。由于在微观层面上,社会根理论强调,行动者在行动开始与行动结束的行动过程中获得的不同认识,也就是说知识行动落差(行动结束时的行动者知识与开始时是不同的)导致了行动者本身的差异,这种差异聚集就会打破那种共同知识基础上的共享价值,从而引起社会变迁和结构分化(通过融化的方式)。

第四,共同知识和共同知识上的共同行动同某种属性有关。我在哈贝马斯主体间性的基础上提出知识间性和行动间性概念,因为如果从直观上思考,没有知识间性,何来共同知识。在知识间性的基础上孕生行动间性和共同行动。哈贝马斯认为交往行动是一种主体间性的行动,通过这种行动建立互相理解、沟通的交往理性,以达到社会的和谐。当然间性问题是相当复杂的问题,除了在社会学上的主体间性之外,还有哲学上的本体论与认识论上的主体间性。本体论的主体间性即存在论和解释学的主体间性进入了本体论的领域,从根本上解释了人与世界的关系。认识论的主体间性仍然是在主客对立的框架中,仅仅考察认识主体之间的关系,而不承认人与世界关系的主体间性。(杨春时,2002)间性的凸显可能是人类社会迈向和谐文明的一种标示或象征。但是提出知识间性和行动间性的看法则是对这种现象的一种概念上的回应。行动间性似乎是已经解决的问题,因为哈贝马斯的主体间性实质上就是建立在交往行动基础上的。如果行动间性成立的话,或者说不同类型行动之间以及不同主体之间的差异性行动可以体现一种共同的属性,那么其来源是什么?是否同知识间性有关?在舒茨现象学社会学中的方法论准则"我可以再来一次或者例行化行动"实际证实了行动间性,哈贝马斯忽视了行动自身的间性,而只是从行动者的主体间性推演了交往行动是一种主体间性的行动。行动自身的间性是否来源于知识间性呢？回答这样的问题必须解决知识是否有间性的问题。相通知识与共同知识的概念在某种意义上已经蕴含了知识具有间性的问题。

第五，共同知识同共同理性以及共同情感有牵连。在行动论中有一种理论专门研究行动情感，比如情感能量对行动发生的意义等。我首先声明：反对唯理性主义。我认为，如果说有理性或者说行动背后有知识的支撑，那么这种知识活化的助力就是行动者的情感。在知识行动论中，我们强调知识对行动的意义，但是我们也不否认甚至强调情感对行动实现的价值。如何揭示这种价值和意义，将专章讨论。行动的情理性被社会根理论看作社会根的一种表现。在理性与行动之间的关系上，似乎理性成为社会行动的依据，甚至是社会行动的证明，受行动及其结果规约的这些理性，往往失去了停留于自身的犹疑不决。理性不再知道剥离于行的思想，不知道不服务于行动的理性。拒绝依附的理性是可以想象的吗？问题还有：仅仅有理性，社会行动还是行动吗？社会行动的可能首先源于情感。没有情感点火，社会行动的理性之焰无法燃烧。当我们追问没有理性的行动不可想象的时候，正好也在追问没有情感的行动同样是不可能的。

第六，共享价值观和行动共识是共同体存在的认识论源泉。如果我们追问：这种共享价值观和行动共识源于何处？我的看法是源于共同知识和在共同知识基础上的共同理性。这里又涉及地方知识同普遍知识的关系以及共同知识何以可能的问题。中庸理性可以说是古今中外的理性统一性和知识共享性。超越左和右的第三条道路的选择与奔走，共同理性都提供了莫大的助力。这不仅表现为民族和国家，还体现在个人的行动过程中。原因何在呢？恐怕在一定程度上同共同知识有关。

（三）学术史讨论

1. 讨论说明：我不能与我不愿的态度

这种学术史的讨论并不完整，因为：A. 我不可能做到，这同我的意愿无关。因为，思想家尤其是社会思想家在观察社会建构自己的理论时，有两个问题是一定要关注的，一是行动，二是知识。实践理性具有一种典型的独立性和首位性，没有行动——不管是何种类型的行动，都没有人的存在和社会的存在，当然也没有人的发展和社会的变迁;同样没有社会行动的理论也是不存在的,任何社会都是把社会行动作为自己或直露或隐含的主题,这是社会行动的理性要求和知识结果。没有行动特别是没有社会行动的人并不是真实的人,没有行动的理论也难以说明知识的发展和社会的进化。同这种观点一致的就是,研究行动的任何理论无不考察知识以及知识同行动之间关系,这种主题的讨论并不取决于研究者,而是一种规定性,即此在与彼在的一种关系规定性,或者是对象与说明对象的内在规定性。无论是否自觉,都要遵循这种规定性,否则也就没有了关于知识、关于行动和关于知识与行动的学术史,但是这种规定性并不规定我一定要全部梳理这种知识。因此这种梳理和讨论,只是简略的。但是我的看法还包括这样的思想:在这种简略中加以复杂——简略的讨论中阐发一种见解。B.我不愿意如此。我愿意做的就是按照我的知识和观点选择一些思想进行讨论并在这种讨论中获得身体想象力和自愉性快慰。

这种讨论是有意义的,熟悉帕森斯和哈贝马斯的读者都知道,这种讨论对阐发一种想象似乎是一种格式化的做法。但是,我要做出两点说明:第一,在讨论中夹杂我的看法,或者更直接地说我的看法散见于这种大量的学术史的讨论中。所以,如果逼问我,创新何在,是否可以明确地表达出来;那么,我的回答是不能。要是能够说出来,而不是悟出来一些看法,我就没有必要写出这样一部大部头的给您的阅读带来许多麻烦的书。第二,做学术史的说明或讨论绝对不是我书写的目的,尽管做了大量的这种讨论。一来通过这种讨论增加我的见识,故这种讨论的过程也是学习的过程,知而方行之,本来就是知识行动论的一条原理;二来通过这种讨论激发我的学术想象,行而形之,才是知而行之的目的,这还是知识行动论的一条原理;再者通过这种讨论阐明我的一些看法或者载有激发出来的某些想象。

2. 从中国开始和从马克思开始

第一,从中国开始。

从逻辑上说社会根理论的思想资源的学术史讨论必须从中国开始。这可能有两个原因,古代中国的思想家为社会的扎根提出了一系列思想,这些思想最接近现代性的本质;现代中国的伟大实践为社会扎根提供了最为广阔和最为可视的时刻和空域。接通这两个原因的是作者生活在当下的社会复合转型的大变革、大转折的实验室。其中的想法已经在前言中有所交代。

从中国开始的分析可以分为两部分。第一部分，是中国古代思想家的社会扎根思想。尽管中国古代思想家并没有提出“知识行动论”这个说法，但是中国思想史上有非常丰富的知识行动论思想资源。讨论知识行动论的学术渊源和阐发知识行动论的源头，必须从中国古代知识行动观开始。其原因不是作者是中国人，或者这种思想比西方思想更为优秀，而是说这种思想比较系统。在中国思想史上，知识行动观形成了知行同一说、先知后行说、先行后知说等比较系统的思想。这些（知识行动）思想在知识时代的演进中会发出更为灿烂的光芒。在这个部分中，我将分为三章讨论这些思想，主要内容包括作为实在的知识、作为认识的知识和作为行动的知识。当然这种划分本身也是一种断章取义的做法，实际上知识作为一种实在、作为一种认识和作为一种行动，在思想家的阐述中是统一的。我这种划分也是一种不得已的分析策略。第二个部分，主要说明中国社会复合转型下的社会扎根实践模式与知识形式。复合现代性的中国特征成为这部分内容的核心内容，也是对现代性的“路在何方”的非典型性思考。

然而事实上并没有从中国开始，所以这种声称是塌陷的。原因有二，其一在于由远及近的思路在作祟，先原理先外国，后事实后实践。这就充分说明我的思考具有的强烈张力，我充分地体会到一种撕扯感，因为我同样无法超越自己在这个社会根理论所提出的方法论准则“去框而思，越框而行”。第二，中国扎根式的复合现代性实践还在进行中，而且照我的评价这种实践还处在早期阶段，早熟的知识往往早产，可能夭折。还是留待晚年再去做这个工作，给自己留下更多的观察和更深的思考，只是希望顺产而已。

第二，从马克思开始。

从马克思开始讨论社会根理论的相关问题是知识行动论的逻辑规定，首先声明，这同作者的个人信仰无关；同时声明，作者是信仰马克思主义的。从马克思开始，是基于这样的考虑：马克思作为一个思想家是一位承上启下的学者，马克思所创设的哲学、社会主义以及他的政治经济学，马克思主义是知识史的转折性创新，不仅体现了他所承继的那些优秀的知识成果，而且载有了知识运动的方向体系；同时马克思的知识行动论思想贯彻了知识的实践理性原则，在宏观上马克思所创设的知识改变了世界，这种改变不仅存在于思想领域，而且存在于社会实在领域；同时我还要表达一个意见，马克思的知识论和马克思的行动论（特别是马克思的知识行动论）还是急切需要挖掘的领域：知识改变世界、知识改变命运、知识改变思想、知识改变历史可能在知识时代更为明显,马克思的知识改变了世界,马克思关于知识改变世界的知识也同样在知识时代中有用处。同时,马克思作为新社会的扎根的设计者和对资本主义社会拔根的思考者所倾注的热情一直不断地点燃着社会底层行动者的情感和理性。穷人的社会之根,在马克思主义的知识体系那里可以寻觅到扎下的肥沃土壤。21 世纪早期全球化的经济危机好像就说明着这一切。

3. 古典社会理论的知识启发

在古典社会理论或者古典社会学理论中,知识理论和行动理论随着社会理论的产生而产生,或者说知识理论和行动理论本身就是古典社会理论的内嵌性内容,只不过这些内容在社会理论创立初期是闪烁不定的。孔德的社会发展定律,严格来说就是知识社会形成和发展的规律——更确切地说是知识与社会相互定义与相互改变的规律,这时知识理论就成为孔德社会学理论的核心。

涂尔干继承了孔德社会学的实证主义思想和方法论原则,确立社会学的学科地位;但是往往被人们忽视的是:涂尔干在接受孔德实证主义的同时,也开始从实证主义向理解主义转化,这种转化最明显的标志就是涂尔干宗教社会学中所阐发的知识理论。正是这些理论使得涂尔干的社会理论更加深沉,更加体现出社会理论的知识分量。

韦伯对社会学的创新是创立了社会理论发展的新范式。在马克思实践社会学、孔德实证主义社会学和涂尔干转型社会学的范式基础上创立了理解主义社会学范式。理解社会学,在宏观上可以看作宏观上的知识社会学,更明确说属于知识理论。同时我还要说明的是:韦伯的社会理论不仅有宏观上的知识理论,在微观上也有很丰富的知识理论和行动理论,甚至知识行动理论,这些理论都需要我们挖掘和整理。

尽管齐美尔的形式行动论研究的是人类行动的不变的形式,但是在其思想阐述的过程中衍生了相当丰富的知识与行动关系的闪光思想,这些思想也同样成为知识行动论的基础性知识;帕累托的行动论更加直接地与知识行动论相互牵连,无论是逻辑行动,还是非逻辑行动,都闪耀着知识行动论的光芒,都是值得学习和借鉴的奠基性思想。

特别要交代的是,在古典社会理论发展时期,以知识社会学为形态出现的知识社会理论曾经风光一时并延续至今。尽管我会在古典社会理论中看到知识社会学的蛛丝马迹，但是更多的讨论将在知识行动论的知识基础部分进行。

4. 现代社会理论的梳理性发挥

第一，典型路径：并非在知识框架中。

选择舒茨、吉登斯和哈耶克的思想进行讨论，对社会根理论的建构可能有比较特殊的意义。舒茨的理论以及延后发展对我们认识日常生活社会的扎根有基础蕴涵，而吉登斯的理论似乎在改变着这个世界（结构化理论也是知识上的第三条道路）——对认识世界和中国有益，哈耶克的自由主义被终结或者成为历史的结局留给我们的不仅仅是批判还有反思。

现象学似乎对知识与行动之间的关系问题情有独钟。所以，我认为，在考察知识与行动的关系中，在对知识行动论的思考中没有对现象学的知识社会理论的参阅与考察是不完善的。在这部分讨论中，首先，对舒茨的现象学社会学进行考察，其内容包括日常世界中的行动与知识、知识社会化、知识理论方法论以及对舒茨知识理论的追问；其次，对伯格和卢克曼知识社会理论进行介绍分析，包括社会学研究视角的转换、知识与实在、知识社会理论研究方法等；再次，是对加芬克尔的行动论与方法论的讨论所引发的对知识问题研究的分析。

我这里认为，吉登斯的结构化理论实质是行动的结构化理论，而在吉登斯的行动结构化理论中知识与其说是一种构成性要素，不如说是行动的结构化特征。系统全面把握吉登斯的行动结构化理论不是一件容易的事情。我要做的依然是循着吉登斯对知识与行动关系的论述获得知识行动论的某些启发。但是也有一句大话放在开头：我与其述评吉登斯行动结构化理论中知识与行动之关系的某种关怀，倒不如说是对这种关怀进行知识行动论的某种强化。同时我还要声明：是否做到了这种强化或者这种强化的程度如何几乎是与吉登斯无关的。对吉登斯行动结构化理论的分析主要部分有：知识行动者包括行动者的知识性特征、行动者的分层模式、行动者的行动结果、行动者的社会定位等，行动知识化包括行动的知识化定义、行动的知识化实质、行动的类型与行动场域等；知识行动化包括知识的行动性定义、行动的知识样式、行动反思性的知识基础、常识知识与专家知识、知识与行动的结构性关联等。

能引起争议的恐怕是哈耶克的知识理论。其知识社会理论具有极其独特的品格，深深打上了意识形态和时代的烙印。但是不管怎么说，颇有争议的哈耶克的知识理论,也给知识行动论许多启发。在对哈耶克知识社会理论的讨论中以这样的标题来说明作者对哈耶克思想的解读。第一章,知识、行动与规则,主要讨论哈耶克张力、无知观和知识观;第二章,行动、知识与规则,主要讨论行动意义、知识与行动、行动与知识三个部分内容;第三章,规则、行动与知识,主要讨论秩序论、行动规则论和知识行动规则论。

第二,留待讨论的思想。

帕森斯的行动论是在继承韦伯的行动论的基础上的一种创新的宏大理论体系。我的看法是:尽管这种理论曾受到莫大的重视,被奉为经典;但同样遗憾的是,帕森斯的所谓唯意识论行动论风光之后受到批判,即便在重视时期,其行动与知识的关系也并没有受到多少重视。重视与忽视之间的这种张力实质上体现了社会理论研究者的一种个人价值偏好和社会发展与时代之间的一种关联性特征。我将在一定程度上还原帕森斯,尤其是他在《社会行动的结构》中的知识与行动的关系思想,并把这种还原看作知识行动论的基础性工作。

哈贝马斯的交往行动论是知识行动论的直接启发理论。这种交往行动论尽管试图解决由主客关系到主主关系问题,为人类共存提供社会的可能性,奠定重构社会的商谈性共识基础;但是在哈贝马斯为这个主题服务的同时也意外地产生或形成了知识的社会理论,包括知识学习理论、知识建构社会的理论以及架构体系世界与日常世界的知识桥梁理论。这些理论尽管都包括在交往行动论中,但是从理论所包含的内容来说已经远远超越了主理论。所以,交往行动论已经无法包括知识行动论,而是相反。尤为重要的是,知识所建构的时代要求一种理论解释这种建构,也要求一种理论支撑这种社会的发展或为这种社会奠基,交往固然是基础也很重要,但是交往只能是行动的一种,尽管能够直接体现主体际(间性)和知识间性,而无法包容行动的所有内容和知识的所有领域。

后现代社会理论是某种意义上的知识理论,因为这种理论产生的背景是知识社会(时代),是对工业时代反思的结果;同时这种理论是以知识理论为起点和主要内容的,比如利奥塔的理论和福柯的理论都是以研究知识为显著特点。该部分主要讨论比较有影响的后现代社会理论家(包括福柯、利奥塔等人)的知识社会思想。

四、社会根理论的两大宣称

这里所给出的“一大发现”和“一大命题”以及在此基础上的一些原理，比如“如来掌原理”、“社会沙化原理”等，并不是社会根理论的全部贡献。在“引论”部分给出，是想给出社会根理论的粗略轮廓，进而引出更多的内容。

（一）发现：另一只看不见的手——社会知识框

亚当·斯密（Adam Smith）看到了那只“看不见的手”，是其在经济学领域或者经济领域的一大发现。斯密的观点很明确，也很好理解，但是这样的问题却引发我的追问：在世界生活中，是有一只手，还是两只手？如果是两只手，是一只看不见，还是两只都看不见？我的观点是存在有两只手，而且这两只手都是不容易看见的，也就是说在世界生活中有两只看不见的手，而不是一只看得见（政府），另一只看不见。① 在世界生活中两只看不见的手，其中一只被斯密看见了，另一只还在隐藏着。但是我想去看看，于是发现这只看不见的手就是社会知识框——权且使用这个概念，因为还没有找到更合适的词。

1. 斯密看到的那只看不见的手变形了

最初，斯密看到的那只看不见的手并非指涉“资本主义完全竞争模式”。最初的意思是，个人在经济生活中只考虑自己的利益，受“看不见的手”驱使，即通过分工和市场的作用，达到国家富裕的目的。斯密认为，每个人都应利用好自己的资本，使之产生最大的价值。从主观上讲，这个人并不想增进公共福利，更不知道他实际上增加了多少公共福利，他所追求的仅仅是个人的利益，但他这么做的时候，有一只看不见的手在引导着他去帮助实现增进社会福利的目标，而这种目标并非是他本意想追求的东西。意图行动的意外后果（吉登斯语）是那只看不见的手所引导的。斯密提出“看不见的手”的初衷不是要让经

① 如果说，在经济领域中或者在经济生活中存在着两只手，一只是看不见的（斯密看得见的那只手），另一只是看得见的即政府，那么这也只能在经济学领域中存在。这种存在无法延伸到社会理论的领域或者社会学的知识领域。当然，如果把社会生活领域中的那只看不见的手作为伦理、习俗或者宗教等则是不恰切的，因为作为社会控制的手段是可见的，这种可视性就断送了这只手的不可见性。

济活动自由放任，而是为了解放平民阶层，使社会更公正更有道德。但是后来，这只手在自由主义者那里被弄变形了。经济学大师萨缪尔森（Paul A. Samuelson）就认为，“看不见的手”就是完全的市场竞争，不要政府的干预，“看不见的手”也会失灵，造成垄断和负面的市场外溢（negative spillover）。卡尔·门格尔（Carl Menger）的“对社会现象的有机理解”、哈耶克的“自发的秩序”等也是这种操作。如此，自由市场机制像一只看不见的手，在冥冥之中支配着每个人，自觉地按照市场规律运行。结果，这种说法就变成了框，甚至不仅仅是知识框，而是演变成为一种行动框，不知道框住了多数人，也不知道给多少人带来了荣华富贵，给多少人带来了痛苦和灾难。这时，另一只看不见的手显然有所显露。

2. 另一只看不见的手露出来了

作为可能的建构者，每个人都在时刻被建构着——思想和行动都被那只手拉扯着似乎无法摆脱，这就是社会领域的那只看不见的手。

（1）概念陷阱：给你个框架

科学世界进入生活世界，就连生活本身也被那只看不见的手牵扯着、引导着。方法注入日常生活，改变了生活本身，也改变了世界的呈现方式。我们所看到的世界成为这种方法所建构的社会。科学家（包括社会科学家）为了研究的需要，使用特定的方法和视角来观察和认识我们生活的这个社会。很显然这些方法和视角作为一种方法论的知识形态对专业知识的产生有着任何其他知识无可替代的意义，可能是科学家生存的理性基础和提供合法性条件。比如从理论上看，这件事或者这个问题是什么形态，从实践上分析又呈现为什么样子。当然这只是较为极端的例子。事实上，无论采取哪种视角或者方法观察“社会在”的样子，无论是“序在”还在“杂存”，都是事实，都是存在，但是不同的视角社会在所呈现的面相（社会面）是不同的。于是科学家获得了这种不同，格物致知，获得了知识。问题是，或者要命的是，这些方法，特别是用特定概念所表达的方法，却成为常识进入到日常生活世界中，成为普通人看问题的方法，作为一种思考和行动的知识被注入行动者的全部行动领域，于是行动者也就只好在这种方法的搀扶下进入生活的状态。这种注入就是社会建构的基本方法。

当你获得了这种方法，当你用这种方法获得了知识，实际上你也获得了一个框。是否被框住另当别论。你要获得真知，要获得新见，要美好的生活，你就得使用这种方法和知识。巨大的诱惑使你主动而热情地要获得这种框架，同时也获得了被这种框框住的可能性。后者是行动的意外后果，这就是社会行动所彰显的那种张力，这种张力被社会变迁赋予了那只看不见的手的力量，于是这个力量就会引导着、牵扯着我们思考和前行。这种无意性——行动的意外后果注定的历史无意性，在有效地建构着这个社会。

常识化成为科学知识方法被注入日常生活的机制。当然常识化是知识化的一个阶段或者一个过程。常识化实际上包括了两个方面，其一是常识的科学化，其二是科学（知识）的常识化，按照吉登斯的解释就是“双重诠释”。当日常生活进入科学疆域，日常生活说法也就成为科学家关照科学对象的方法或者说辞，这在社会学的知识系统中有更多的体现，实际上也是科学扎根方法所获得的结果，也是社会理论得以扎根的表现。当科学知识被注入日常生活领域，事情就变得复杂得多了。列斐伏尔认为抽象空间的统治导致了日常生活沟通的消失与意义的“零度化”，我则把这种零度化作日常生活非生活化的表现。这种注入可能是在科学家美好愿望下的一种勾当，一种匿名科学家与政治体制共谋的勾当。日常生活的知识化一方面表现为社会的进步和发展，另一方面则表现为按照某一个知识主导者的意图对社会本身的一种建构。这种张力给了日常生活世界中的普通行动者一种思考和行动的力量，同时也暗地里塞给了一双手铐。知识转换为常识，方法转换为手段，日常生活被殖民。尼采说：我们对于一切以习俗面目出现的信念来者不拒，这意味着我们是虚伪的、怯弱的和懒惰的。（尼采，2007：68）

（2）社会化以知识化为核心

社会化的过程就是知识化的过程，没有知识化就不会有真正的社会化。这不仅适用于社会成员的社会化，还适用于其他类型或形式的社会化。教导社会规范、培养社会角色、学习生活技能等都同知识相关。另一只看不见的手从人的社会化开始就进入了人成为人的历史过程和行动过程。谁引导着我们学会生活？谁搀扶着我们进入社会？看得见的手是爸爸妈妈、爷爷奶奶、叔叔婶婶等人的，但是看不见的手依然存在，这只看不见的手就是规矩（规则或规范），当然最初和最终这种规则还是用知识来存在。学习知识在一定程度上就是掌握规则，掌握了规则就可以按照规则行事（行动），这是社会可能的必要条件。所以以知识化为内容的社会化不仅被个人重视，而且社会通过建构个人而建构社会的基本形式。社会化为人进入社会提供了最为基础的思考和行动的规则和知识的框架。没有这个框架人甚至无法成为真正的人，更无法附着在社会的身体上。

（3）现代社会的非社会形态

当我们通过远离生活的方式靠近生活，当我们用建构的方法摧毁社会的时候，我们生活其间的生活也就演化为非生活，我们建构的社会却以非社会的形态表现自身。[①] 由于社会的非社会化和生活的非生活化本身是极其复杂的事情，我这里不对此做出专门讨论。需要说明的是，另一只看不见的手被看到，需要讨论这种社会非社会状态出现的原因和后果。这是社会根理论必须说明的问题，因为如果生活不能回归，社会的非社会性质不能改变，那么，社会依然是无根的，我们依然是漂浮的，我们依然是无去处的，我们依然是孤魂野鬼似的在那非生活的境地（或许是墓地中）游荡。

社会的非社会化肯定同专业概念常识化和生活化有关。用概念表达的所谓科学方法和观察视角日益侵入日常行动者的生活中，行动者看到的是被这些

---

① 如果把这种现象进行意识形态化的分析和批判，那么列斐伏尔对新资本主义社会的判断在一定程度上说明了社会非社会化的全景。刘怀玉在《列斐伏尔：日常生活的恐怖主义批判》一文中讨论了这些观点。（刘怀玉，2007）列斐伏尔认为：（1）新资本主义对社会统治的重心在日常生活领域。新资本主义对社会统治的重心是通过符号图像与流行的景观化的商品，所实现的对人的深层精神欲望世界的殖民化。所以，这种统治不再是生产而是消费，不再是经济与政治领域而是日常生活领域，不再是直接的物质利益操纵而是技术管理与组织化，不再是技术理性对外在自然的统治而是欲望的控制。而且新资本主义对日常生活的统治不仅表现在物质生产与消费领域，而且更隐性地存在于对人们的精神文化心理的无孔不入的控制过程中。实际上，按照我的看法新资本主义社会的知识之手伸进了日常生活的所有领域和所有的行动者。（2）新资本主义社会是被风干的社会。新资本主义社会不再是一个以生产过程和合理化历史目标追求为基础的社会，而是一个以控制日常生活消费领域为目的和以工具技术理性控制为手段的社会，这样一个控制消费的科层制社会同时也就是一个将商品变成图像、将人的需要抽象、“风干”为欲望的社会，也就是商品拜物教发展到极端的社会；而一个商品变成景观图像，基本而固化的需求幻化为流动的欲望，消费脱离生产，交换价值、符号价值与符号消费取代使用价值的社会；同时也就是日常生活中的口头语言抽象为书写语言、艺术生活的语言被抽空为符码编制、能指符号脱离所指现实、经济政治文化制度被降解成各种替代性的“次体系”的社会，直接的物质暴力统治以及性的与精神压迫的社会，变成间接的自我压抑、自我欺骗、自我异化的社会。这便是列斐伏尔所说的（类似于马尔库塞式的无可反抗的“单向度社会”与福柯的“规训社会”）“恐怖主义”社会：有形的、局部的、外部的、直接物质统治，被隐形的、内在的、无孔不入的抽象统治所取代，外在的压迫被自我压抑所取代。在这里：到处弥漫着恐怖，暗藏着暴力，四面八方充斥着施加着压力，哪个成员都不能幸免，唯有借助于某个超人才能转移其压迫；每个成员都是恐怖分子，因为他们都想掌握权力；每个成员都会自我惩罚与自我背叛，因此不需要独裁者；恐怖不会固定一处，因为来自四面八方，来自任何一件特殊事件；这个体系（如果可以称作“体系”的话），掌握着每个相互孤立的成员，让他们服从于整体，即服从于一种策略，一种暗藏的目的，一种无人知晓也无人质问的，但都处于权力之中的人们的目标。（列斐伏尔，1994：147）

概念所引导的事实或者说是被这些方法视角所建构过的真实，社会中真实的东西被建构的真实所掩盖，甚至被建构的那种超真实所蒸发。实在的真实被蒸发，被掏空了的社会必然注入实在，这些被建构的实在构成了社会，从而社会演化为非社会，生活以非生活的形态表现自身。

当看到了另一只看不见的手在引导我们的时候，同时也必须发现牵扯我们思考和行动的这只手何以隐匿起来，不让我们看到。这个原因就是另一个发现：社会的非社会化。这是同社会根有关的发现。社会的非社会化同义于生活的非生活化，这是社会无根的表现；在社会生活领域里，明白了解我们所有的思想和行动都被另一只看不见的手所左右，被使非社会回归社会，在我们眼前呈现真实的社会，我们过着真实的生活，这是社会根理论发现另一只看不见的手的目的，也是社会扎根的思路所在。

以上三个社会事实成为思考和发现另一只看不见的手的最佳窗口，很显然还可以从其他窗口进行观察，也许会有更多的发现。

3. 社会知识框是什么

另一只看不见的手同斯密所看到的那只看不见的手一样，我认为，并不带有价值意向，即所谓褒贬之意，只是发现了一种社会生活中的事实，如同在物理世界发现的事实一样。所以不要用好与坏的字眼来看待这种发现，因而既不是反知识的发现，也不是扬知识的发现，而仅仅说明在社会生活的确存在这种事实或者现象。这里我所坚持的依然是物语关联事实，所以不能把这只看不见的手作为语言（意识形态）的异化或者物欲的结果。用社会知识框表达另一只看不见的手，是迫不得已的事情，因为我还无法找到更加合适的字眼来表达或形容这只看不见的手。

（1）另一只看不见的手指涉的是什么

社会知识框只是一种宽泛的说法，所包括的内容十分广泛，实际上这只看不见的手至少包括在知识框下两个框。需要说明的是，凡是能够被我们看到的所谓舆论、道德等社会控制的手段或途径都不能是看不见的手的内容。看不见而且又必须被其牵引的那些东西就是另一只看不见的手。实际上哲学就扮演着这种角色（又何止哲学呢），“怀疑一切轻浮举动，消融少年轻狂，获得老年的安详宁静，行动由知识引导，并且预先在知识中获得补偿——也许，这就是哲学定义”。（列维纳斯，2008：380）

其一,行动规则框。

哪些能做,哪些不能做,使用或者不使用何种方法等都是由规则规定的。每个人都不能生活在规则之外。桃花源令人向往,不是因为里面没有规则,而是因为里面规则美好。规则常常是当时道德观念的凝缩。规则是人类文明成果的一种表现形式。没有了规则似乎就没有了社会生活,也就没有了社会的可能性,规则是构建社会的手段和内容。规则的具体内容可能是不断变化的,但它作为一种行动的框架存在于社会与行动中的方式是不变的。规则是秩序的通道,这是规则被看好的理由。因为秩序问题是"社会何以可能"的关键问题。无论我们是否承认,我们确实被规则包围。

其二,社会行动框。

做还是不做(社会行动的选择),在哪里行动(社会行动的空间与边界),什么时候行动(社会行动的时间刻度)等对行动者来说似乎是自由的,但是我们的行动本质上确是被搀扶的、被引导的,只不过搀扶着和引导着我们的那只手我们看不见而已。我们的行动何以被框住,是非常复杂的社会学问题,内在的机制和表现形式在许多的社会行动论中都有所研究,特别是帕森斯、舒茨、吉登斯、哈贝马斯等人都在一定程度上揭示了这种被框住的情形,比如行动的社会定义和社会意图被行动者所赋予而引发行动的事实等,这也是行动的意外后果。

实际上规则框和行动框都统一在一个知识框中。因为规则就是行动的规则,而社会行动又必须是规则的行动。这些规则就是以知识存在的方式。我在对哈耶克的知识行动规则中已经作出了较为详细的讨论。

帕森斯在处理行动和结构的关系时,放弃了行动者的能动作用,借用加芬克尔的话说:他的行动参考框架就像一个有背景、有剧本而无演员的舞台。结果行动者都成了一些有判断力的呆子(伯曼,2006:278),最终使他只成为个人立场上的过客,绕了一圈后回到了他整体主义的立场上来。又比如戈夫曼的戏剧理论也很出色,它从游戏规则的制定到游戏者的计策与伪装都作了交代,使每一个对此有兴趣的学习者都知道,人生的游戏是如何展开的,个人的交往为什么成功或者失败。在吉尔兹看来,戈夫曼的这一套不同于以往社会学传统的框架,正是在于它借用了人文学科中的类比,从而使得其自身获得了一种解放,形成了一种新的阐释社会的风格。(吉尔兹,2000:269)

(2) 给定的或是自建的

另一只看不见的手是一个给定的知识框。这种给定性,我已经在对舒茨现象学社会学的分析中进行过一定的处理。这里实质上可以从两个方面加以说明：其一，这种给定性表现为知识是社会建构的结果。知识，即便是特别经验性的知识，都是被建构的结果，科学知识社会学甚至还论证说明了科学知识也是被建构的结果。知识是内嵌于社会的，知识本身是社会建构的结果。社会何以建构知识，可能同知识的社会化性质有关，这种知识社会化的性质规定了知识的社会功能，知识的最大社会功能就是引导和定义（修改）行动，从而保持社会的秩序化存在。其二，这种给定性是社会通过建构个人而建构社会的方式，社会只有把知识框这种看不见的手，给了社会行动者，引导和搀扶着行动者步入社会和展开社会生活，从而建构了社会。在社会生活领域的这只看不见的手，对个体来说是给定的，是无法选择的。

另一只看不见的手也是行动者自建（设）的知识框。现象学已经揭示出：社会行动者在行动前后的知识内容和知识量是不同的，会形成一定的知识结构上的落差。行动前的知识结构和行动后的知识结构分别形成了不同的知识框，行动过后一个新的知识框架取代了旧的知识框架，下一次的行动就依靠这个框架来引发和搀扶。靠什么自建一种知识框？答案是经验。所以经验性的知识过程就是行动者自建知识框架的过程。“我们的经验是这样一种存在，我们放进去的东西远远多于它们原本包含的东西！也许，我们甚至不得不说，它们本身并不包含任何东西，是空，是无，是虚构；去经验就是去虚构？”（尼采，2007：86）

问题是，这种知识框的社会给定性和自建性是否是孤立的，还是一种沟通社会与个人的知识链。维果茨基的“搭建支架”（scaffolding）可以在一定程度上说明这种知识框架构的机制。在维果茨基看来，“搭建支架”是专家用来根据学习实践中来自新手的反馈而有目的地发展新手技能的动态过程。专家在创设新手的“最近发展区”的过程中和新手通过相互促进，共同建构共享的经验和表征。不论是专家，还是新手，都要把他们自己的任务行为（自我规则）跟他人的言语和行为（他人的规则）联系起来，借此来调节自己的感知并对语言和活动作出新的选择。换句话说，“最近发展区”是在专家与新手的互动中构建起来的，它用来维持通过“搭建支架”而形成的“他制”和“自制”行为之间的和谐。海德格尔则把技术作为一种“座架”，作为我们生活的基本处境。海德格尔说：“我们以‘座架’一词来命名那种促逼着的要求，这种要求把人聚集起来，使之去订制作为持存物的自行解蔽的东西。”（海德格尔，1996a：937）也就是说，技术作为座架为我们构建了一个框架，我们所有的理解和生存方式（甚至全部行动）都在这一框架中。而我们生活在这一技术世界中，就被促逼[①]得只能在这一框架中解蔽[②]世界。[③]

4. 社会知识框框住了什么

那只看不见的手，“促逼”着人们以它所构建的框架为生存方式和行动方式。我是自由的吗？我能不被这个框给框住吗？我能从这个框中挣脱吗？这些询问也就催生了社会根理论的基本原理。

（1）谁能逃脱：如来掌原理

技术社会的“座架”本身甚至“催逼”着人们继续不断地一味以知性思维、纯粹名相来对世界、宇宙进行分析、规划，以最终将整个人类社会和自然界都纳入该“座架”的统治中，整个人类社会与自然界都陷在这个无形的、全盘性的刚性网络之中，不得解脱与自由。尽管“座架”的概念在一定意义上说明了另一只看不见的手在发挥着引导社会行动的功能，但是这只看不见的手并不完全等同于这个“座架”。

全部社会行动都被架构着，都给了一定的框架，则是确定了的。任何人、任何行动都无法逃脱。思想无疆是在某种程度上的，事实上任何自由的思想，哪怕是浮想联翩，即便是无中生有，都被那只看不见的手牵扯着；任何自由的行动，哪怕是胡言乱语，即便是信马由缰，都被那只看不见的手建构。这就是社会根理论的发现，我称之为“如来掌原理”。

（2）建房原理：把自己装进去

那只看不见的手不是自我生成的，而是被建构起来的。作为那只看不见的手的知识框，连同知识本身，都是人们为了认识和把握社会而获得的一种认识，

---

① 海德格尔强调，在现代技术中起支配作用的乃是促逼，这种促逼要求自然提供本身能够被开采和贮藏的能量。也就是说，促逼具有摆置（stellen）的特性，通过促逼的摆置，现实被解蔽为持存（Bestand）。海德格尔认为，这种促逼和摆置源于技术的本质——座架（Ge-stell）。

② 海德格尔认为，技术不仅仅是工具和手段，它在本质上是一种解蔽（das Entbergen），解蔽贯通并统治着现代技术。

③ 在当下的时刻，当互联网成为一种网的时候，实质上我们的社会和我们个人又共构了一种知识框，也就是说，另一只看不见的手，其内容发生了变化。或者说框变成了网，不仅被框住了而且被网住了。那么我们在互联网这一场域中互联网络作为座架，促逼着我们只能以信息化的方式解蔽世界。而“网际空间与资讯技术，在根本上就和其他技术一样，是特定社会关系的揭显与设框，是牵涉人类存在条件的特殊模式”。（王志弘，2002）被框住了同被网住了，在后果上是一样的。只不过被网住了是需要条件的，而被框住则是随时随地的甚至是永恒的，我们无法逃脱如来掌。

这是人类社会栖身之所，也是社会行动之域；与此同时这个框也框住了行动者的思维和行动，于是产生了意外后果：思维僵化①和行动固化。这一框架是特定社会关系的揭现与设框，是牵涉人类存在条件的特殊模式。

（3）面向他人

"绝对他人的灵光一现就是一副面相，他人就在这一面向当中向我呼唤，通过他的裸体和剥去衣装的行为向我发号施令。"②鲍德里亚说："通过他人来激起每个人对物化社会的神话的欲望。"面向他人，自己成为镜中我。于是我的情景定义并非我的，而是来源于那个矗立在我面前的高大镜子，我无法挣脱。面向他人是否可以挣脱也是需要讨论的。

5. 扎根方法：去框而思和越框而行

"缺乏的是多重意义上的方向感，即条条道路所达到的罗马，或者一切意义齐声合鸣的交响乐，一切颂歌中的颂歌。"（列维纳斯，2008：378）何以做到去框而思？不思和反思可能是一种路径。与不思与反思有关的原理是变迁的张力：在蔓延中创新。需要清除知识吗？清除知识就是去框吗？

越是无知可能越是没有框框，这是经验的说法还是一种定理，需要实证的资料或者逻辑的推理加以证明，但它确实是一种存在。关于无知的讨论充满着社会理论的所有角落，在名言中关于无知的说法也是充斥的，比如无知是钦佩之母（乔·查普曼），无知是忠诚之母（亨·科尔），存在着两种不同类型的无知：粗浅的无知出现在必要条件之前，而博学的无知则跟随在知识之后（蒙田）、无知是生命本身存在的必要条件。如果我们了解一切，我们将无法忍受片刻的生存（阿纳托·法朗士），每个人都是无知的，只是表现在不同的方面罢了（威·罗杰斯）等。若知识是一个圆球，则无知是包裹这个圆球的无垠空间。人们对知识的探索，只是使知识这个圆球不断膨胀而已。知识，永远也不可能突破未知的包围，成为浩渺无垠的宇宙。无知是绝对的，知识是相对的。无知是无知者的"幸运"。无知故尔无累、无忧、无妒、无苦。在现实世界中，知识越

---

① 鲍德里亚有这样的话语：思维本身已经僵化，像考古学的痕迹一样。思维作为特别有趣的东西也是要检查的，在某个思想操作者的权杖下："要实时地思索！体验一下历史上因思维而引起的哆嗦吧！"

② 他的在场是要求回答的传讯，主体之我不仅意识到回答的必要，而且他本身就好像是一种义务、一种责任，一种必须马上予以决断的义务和责任。（列维纳斯，2008：388）

少被框住的可能性也就越小,但是“我们为了找到方向感必须要放弃知识和意义吗?为了让文化意义取得单一的方向感,为了让存在再度发现意义整体,一定要有一种盲目的取向吗?这么一种盲目的取向代表了本能而非人性的秩序?而个人在这一秩序中背叛了自己的使命,即沉湎于给他定位和给他定向的法律而作为一个人存在的使命。在能够把单一和自由统一起来的存在之中,还可能想象一种方向感,一种取向吗?”(列维纳斯,2008:380)伊曼纽尔·列维纳斯认为,这些陈述所衍生的问题,无论如何都是我们分析的目标。但是我更关注的是作为个体的社会行动者是如何沉湎于给他定位和给他定向的那种规则、那种知识从而背叛了自己的使命。怎样才能不辱自己的使命?展开行动是最好的说辞。[①] 用什么展开行动呢?列维纳斯给出的方法就是劳动。“结局已经铭刻在开始之中,所以,从同一自由地走向他者,这么一种取向就是一种劳动。”(列维纳斯,2008:380-381)

去框而思、越框而行是社会行动得以实现的条件,也是社会文化得以蔓延的条件,展开行动就是去框和越框的方式。问题是行动展开,并非以清除知识和消解经验为条件。在行动流中唯一能够链接上下和前后行动过程的就是被社会文化注入行动过程中的知识或经验,知识行动就是在这样的背景中诞生的。所以,社会扎根必须在知识的搀扶下超越知识的知识行动,个人扎根同样必须不断地获得新型的知识行动。这时创新知识就成为超越知识的最直接的方法。很显然这种创新作为社会意义,其行动主体不仅局限于特定的行动者和特定的区域,否则那只看不见的手将会激发更强的力量,应该说所有社会行动者都是行动知识创新的主体,所有的行动都构成了知识创新的领域(他域或者新域知识被看作新知识,尽管不是创新,但是确是超越)。致新包括创新,意指不断超越而非放弃或清除,是社会发展和个人前行的扎根行动。这就是发现另一只看不见的手的根本所在。发现和表述这只看不见的手,其根本意义在于扎

---

① 列维纳斯这样说:一种没有归途的远行,无论如何都不至于驰情入幻,遁迹空虚。如果这种远行在其直接的胜利之中追求补偿,如果还缺乏耐心地期待它事业的凯旋,那么它也会迷失其绝对的取向。这一单向运动可能被颠倒,也可能成为一种相互运动。面对开端与终结,主体把劳动再度吸收在亏欠和补偿的盘算之中,吸收到不断运转的簿籍之中,并可能服从于思想。作为一种走向他者的取向,作为一种方向感,一种劳动只有在耐心之中才可能存在。把这一点推向极端,则意味着这个主体必须放弃作为其结果的同时代性,而去展开行动,却不讲进入希望之乡、应许之乡。(列维纳斯,2008:381-382)

根，这不仅对社会有意义，对个人也有意义。可能会觉得这个说法有些牵强。知而行之，从而知识行动扎根的普遍化意义在这个问题上同样适用。当我们知道了有只看不见的手不仅在经济领域存在，还在社会领域依然存在，并且一刻不停地引导我们的生活，进入我们所有的社会领域，我们或者顺从，我们或者挣脱；顺从有顺从的好处，挣脱（不管是否可以真正实现）有挣脱的意义，这都是知识行动的表现，也是我们扎根性生活的内容。去框而思和越框而行都是挣脱的形式，因而也是扎根的表现，对社会尤为如此。

尚有方法论相关的问题需要讨论。相对于斯密的那只看不见的手，另外这只看不见的手，到底可以表述为什么，则是一件困难的事情——如同表达社会根一样。可能，凡是可视的并且真实地被大家看到的，恐怕就不是这只手的意思了。规则尤其是自发秩序产生的规则，意志特别是权力意志，习惯等是否可以表述为那只看不见的手，则更需要讨论，而如前所言，凡是被非常容易看到的社会控制手段和途径都不能被作为这种手来对待。我不是经济学家，不清楚斯密是否介绍了他发现那只看不见的手的具体方法（其方法的研究肯定是有意义的事情）。如果问我是如何看到那只看不见的手，是否像佛学里的开天眼①，或者是一种所谓独特的方法，比如“互视法”等，我是无法回答的。实际上，这另一只看不见的手的发现方法就是一种直感法，这种感觉在日常生活领域就是一种非自主感的结果。不仅仅在社会学领域，在整个社会科学领域，甚至在日常生活社会里，社会行动者都时而清晰，时而隐约，时而明显，时而潜在，领略到一股来自外界的非自我力量影响或者左右着我们看似非常自主的思考和行动。

---

① 第一，佛学之说法。系五眼之一，为天趣之眼，故名天眼。以色界四大所造清净之眼根前知粗细远近一切之诸色，及众生未来生死之相者。此有修得生得之二种，在人中依禅定于肉眼上彼修得净眼者，谓为修得之天眼，生于色界诸天自得此净眼者，谓为生得或报得之天眼。智度论五曰：“于眼得色界四大造清净色，是名天眼。天眼所见自地及下地六道中众生诸物，若近若远若粗若细诸色莫不能照。是天眼有两种：一者从报得，二者从修得。”大乘义章二十本曰：“天趣之眼，故名天眼。”观无量寿经曰：“未得天眼，不能远观。”无量寿经下曰：“天眼通达，无量无限。”第二，道学之说法。依托人脑百会穴之下，双眉之间，印堂之后深处，西医言松果体，道家言天眼，佛家言识海的这么一处地方。炼气有成者每日以气温养之，久而能视人身之气，人有五脏六腑，各属五行，开窍于五官，气华于面，因此能望其表而知其里，气机交感，因此能望其色而断其病。天眼有修得和报得的不同。一般的鬼神都有深浅程度不等的天眼，称为报得。因为没有肉体束缚的鬼神，只有灵力活动，减少了物体障碍。一般的灵媒，也就是为鬼神所寄托、依附的人，这就是借鬼神报得的天眼，而能见人所不能见的事物。对人类而言，修禅定或可得天眼；但禅定的目的却不在于修得天眼，虽另有专修神通的方法，但若修得了天眼，也未必表示已入禅定。

我这把这种力量表达为那只看不见的手。

（二）命题：非社会——无根性机制

在发现另一只看不见的手的基础上衍生出"非社会"命题。这个命题关涉着社会扎根合法性问题，也是社会根理论的源头问题。由于此命题涉及的内容广泛，这里给出的文字只能算作对有关陈述的补充，具体的内容在全书中都有呈现，在有些地方有集中说明。社会演变得不成社会的样子了，这就是非社会的典型特征。所以，非社会是社会非社会化的结果，或者是社会虚化的结果，由于非社会的存在导致了人无定在（所），于是便进行游荡和漂浮。人的消失掏空了社会的存在，于是人组成的社会也就演变为一种真实的假设。

1. 现代性：掏空社会的性质

现代性是从人开始的，而且这种开始本身就是人的功劳。福柯说：可能，在现象的层面上，当人开始存在于自己的机体内，存在于自己的头颅壳内，存在于自己的四肢骨架内，以及存在于他的生理学之整副肋骨内时；当他开始存在于劳动的中心（劳动原则统治着他，并且劳动产品疏远了他）时；当他把自己的思想置于语言的褶层时；现代性开始了。但是，更为根本的是，当限定性在一个无休止的自我指涉中被思考时，我们的文化就跨越了一个界限：从这个界限出发，我们辨认出我们的现代性。（福柯，2001：414）现代性不仅存在于和开始于身体、劳动、语言之中，而且存在于其中的文化的超越使现代性具有可辨性。但是这种转换本身可能就是人远离社会的伏笔。

现代性所导致的社会变革——现代性就是社会变革本身或社会变革的结果——一方面表现在社会内部由于"个体化"，个体从传统的社会依存条件束缚中不断解放出来；另一方面则表现在社会外部由于全球化转向而对社会的生存疆界不断颠覆，人的体验将不断发生根本性的变化，从而意味着"对社会进行考察"的终结，"社会性"可能由于这种转向走向了终结。[①] 社会性的终结是否就意味着社会被掏空，社会成为非社会尽管还需要观察，但是现代性的这种意

① 文军甚至认为，这两方面的变化也会导致社会学的终结。因此，在二者的双重作用下，所谓传统社会学理论研究的对象——"现代社会"及其社会性将逐步丧失其影响"个体"生活方式的决定力量，社会学与社会性都走向了解体。（文军，2007）

外后果还是能够知晓的。当然这种知晓同现代性所带来的不确定性同时存在，对这种不确定性，马克斯·韦伯有着更深刻的说明："没人知道将来会是谁在这铁笼里生活；没人知道在这惊人的大发展的终点会不会又有全新的先知出现；没人知道会不会有一个老观念和旧理想的伟大再生；如果不会，那么会不会在某种骤发的妄自尊大情绪的掩饰下产生一种机械的麻木僵化呢，也没有人知道。因为完全可以，而且是不无道理的，这样来评说这个文化的发展的最后阶段：'专家没有灵魂，纵欲者没有心肝；这个废物幻想着它自己已达到了前所未有的文明程度。'"（韦伯，1987：143）

从现实的角度看，或者是从现代性的立场看，随着社会的发展，社会所具有的社会属性逐渐减少，社会逐渐向非社会的方向演化。社会的非社会化是社会发展的结果。

社会非社会化的一个明显表现就是社会的虚化或者说社会的非真实化。社会成员的退出和人在社会中的消失，让位给社会规范、社会制度、社会文化等抽象存在，活生生的东西被闷死了，社会成为死寂的社会。福柯认为，伴随着一种新的知识形式的降临，原来以调整为基础的"有关罪行的知识、有关罪犯的知识和有关法律的知识"这种事实经验体系被一种抽象知识体系瓦解，与此相随的是主体，人的声音被压制了。主体失去了参与的资格，它成了一个对象，一个领域。

2. 我们生活在鲍德里亚的图景里

什么是真，什么是假？什么是现实（reality，也译实在）？这是自柏拉图的洞穴寓言开始，西方思想界一直纠缠的问题。认为现实已经模糊或者已经消失为其表征形式，这样的观点有着漫长的发展历史。瓦尔特·本雅明就曾尖锐地警告人们，机械复制将把现实的可靠性、灵光和独特性一扫而光。鲍德里亚认为，现代性所导致的消费社会用物和附加在物之上的那种意义把人包裹起来，而这些物本身已经不是实在的物。于是我们的获得不再是实在和现实，"我们从大众交流中获得的不是现实，而是对现实所产生的眩晕"。符号所产生的这种"眩晕"提供了某种安全感，用鲍德里亚的说法是"奇迹般的安全"，当我们观看世界形象时，有谁把突然闯入的现实与不在场而产生的内心快乐加以区别呢？形象、符号、信息，我们所消费的这些东西，就是我们心中的宁静。与外界产生的距离则巩固了这份宁静。鲍德里亚所建造的这种图景，只能存在于乌托邦式的想象中。但是问题在于我们却生活在鲍德里亚所设计的图景中。在《黑客帝国》里，孟菲斯曾对尼奥说，“你一直生活在鲍德里亚的图景中，在地图里，而非大地上”。这样的生活与我们并不遥远，都生活在鲍德里亚的图景中，在地图里，而非大地上。或许我们可以从这幅图景中获得那份宁静。但是在这样的图景中，起源被遗忘了，指涉物消失了，仿真开始先行于现实，并产生了现实。“打倒所有坚信有一个真实世界这种假定”，“在一个完全本末倒置的世界上，正确只是错误的一次运动”，“超过了某一确定的时刻，历史就不再是真实的了，不知不觉之间，全人类已将真实抛在身后。从那个时刻起，发生的一切事情都不再是真实的了”。

鲍德里亚所建造的图景实际远非这样简单，实际上我们生活在现实与虚实的张力之中。在虚幻中是一种逃脱或者一种退却，这个社会既然不是我的，那么我就远离它，回归到自我陶醉的虚拟社会中，寻找那份归宿和依附，于是把根扎在那片想象中的沃土上。但是这只是故事的一半，还有另一半故事在述说。现实世界却把我们生活其中的社会强力拖走，于是不是我们远离社会而是社会含情脉脉地离开了我们。在鲍德里亚看来，这种脱离的力量来自于资本。鲍德里亚说：正是资本通过生产方式废除了社会确定性。（鲍德里亚，1976/2006：7）再加上我的这句话：正是资本通过废除生产方式进而摧毁生活方式消解了社会的可依赖性和废除了社会家的感觉。需要说明的是，如果现代性留下了残缺的社会，那么这点残缺被所谓的后现代荡涤得一干二净。在鲍德里亚看来，现代社会中那些伟大的人文主义价值标准，具有道德、美学、实践判断力的整个文明的标准，在所谓的后现代社会中都已消失殆尽了，一切变得不可判定，在各处都安居在中和与随意的原则。原因何在呢？鲍德里亚说：这就是资本普及化妓院，不是卖淫的妓院，而是替代和互换的妓院。（鲍德里亚，1976/2006：7－8）资本实现的对全社会的统治①，也就意味着资本在暗地里掏空了社会所具有的对非资本不利的全部要素，温暖的社会成了冰窟。资本的圈套，使得“我们的文化在走向文明时分泌出来的所有那些关押与集中的场所：疯人院、贫民窟、

① 鲍德里亚说：资本可能扎根在“生产性”之外的其他东西中，也许恰好扎根在掏空了生产性的劳动中，扎根在“非生产性”劳动中，从某种意义上也就是扎根在被中和的劳动中，资本正是在这种劳动中挫败了“生产性”劳动所具有的危险的确定性，并且开始确立自己真实的统治，不再仅仅统治劳动，而且统治全社会。（鲍德里亚，1976/2006：20）资本向真实统治的过渡，即走向对人的完全吸引和征用。（鲍德里亚，1976/2006：21）

收容所、监狱。不过，所有这些场所在今天也失去了自己的边界，它们扩散到了全社会，因为疯人院的形式、监狱形式、歧视从此包围了整个社会空间，包围了真实生活的所有时刻”。（鲍德里亚，1976/2006：24）需要说明的是，作孽的资本离断气也不远了。[①] 资本腐朽之日或许就是我们回归社会之时。

3. 社会沙化原理：个人与社会的相互嫌弃

社会散裂或者碎片化不在于社会自身，而在于社会成员的沙化。[②] 社会沙化作为社会成员远离社会的一种机制，呈现为社会成员无法附着在社会上的散裂化或者碎片化的一种社会特性。人际的冷漠化与淡漠化是这种机制的内容表现形式之一。人际关系是维系人与人之间交往的桥梁，倘若没有人与人之间的交往，则会造成人与外界的隔阂，造成人与人相互漠视，因此也就造成人与人

---

① 如果资本没有被任何东西所确定，如果它的绝对武器就是再生产作为想象的劳动，如果这一切都变得显而易见，那么资本自身离断气也就不远了。（鲍德里亚，1976/2006：24－25）

② 沙化一般指土地沙化，是自然和人为因素共同作用的结果。其过程以耕地风蚀作用和草场风积作用为主。后者以地表覆盖沙层厚度在10厘米以上为标准。堆积的风沙物质多来源于本地区地表的物质，即属于“就地起沙”。土地沙化是环境退化的标志，是环境不稳定的正反馈过程。如不采取根本措施，土地风蚀沙化过程不仅不会自动停止，反而会加剧发展。我这里把沙化引接到社会理论领域，是想说明由于社会成员之间的联系变少、隔阂增多而导致的社会与个人之间的紧张关系，表明了社会的退化。为什么这种状况表明社会的退化呢？这里就涉及沙化社会的概念。“沙化社会”是指社会分工不发达的状态下，个体之间的关系都是同质的、各自独立的，就像一颗颗同质的沙子一样，相互之间缺乏一种利益关系的配合与合作。社会的现代化进展突破了这种同质性，通过社会分工，向一个异质的社会发展。传统的社会就是一个同质的社会，靠血缘、地缘关系及其共同的情感连接起来；而在现代社会中，这些连接纽带都消失了，但这并不意味着在这样的社会中，人们之间就没有纽带关系，相反在这样的社会中，人们由于分工从事不同的职业，拥有不同的利益，谁也离不开谁，从而产生一种真正的合作利益关系。这种情形在过渡现代性或者在异常现代性的条件下出现了新的表现，这个表现就是社会的退化。这种退化一方面表现为社会的联系加紧了，但是实质上这种联系的脆弱性加强了，人与人之间的关系退回到那种沙化的状态。至于中国当下的社会是否是沙化社会，有人回答说中国目前处在沙化状态。“虽然从改革开放以来，社会的利益开始分化，分工也获得了很大的发展，但我们现在的分工不是真正建立在明确的利益关系基础之上的。中国现在是有分工，人们是有不同的职业之分，但是分工的关键不在这里，而在于分工后面的利益，即收益的分配问题。我们目前的情况是权力说了算，在这样的情况下，利益不明确，不能形成异质之间的结构性关系。比如说劳资双方的关系，现在缺乏相互之间的讨价还价，却有政府和资本的合谋。政府没有保持中立，而是站在资方的立场上干涉利益的分配，导致利益关系出现严重偏向。这是一种不按照市场关系来确定的分工。这实际已经说明，政府（权力）必须是一种高度受限制的社会管理工具。”（冯钢：《社会的“沙化”与利益关系的保障》，2006年9月2日浙江在线新闻网站www. zjol. com. cn）

之间的静默,而这种静默就如同水滴石穿、风吹云动般的可怕,时间长了,人与人之间似乎也就形成了一条鸿沟,再也无法拼合,再也无法填充。人与人之间交流的隔断所导致的独处必定是社会沙化,宅男(女)就是这种独处的典型表现。[①]

社会的表面化也是社会沙化的一个重要表现,所以含有后现代特征的社会也叫作"无深度社会"。进入20世纪90年代后,社会分工日趋精细,交通通讯迅猛发展,为拓宽人际交往的空间范围提供了便利条件。在这种情况下,旧有的人际关系发生深刻变化,人们交往欲大大增强。过去那种集中于亲友、邻里之间,出于感情、心理需要的人际交往逐日减少。这种表面化下的人与人之交往模式,让人感到人们之间的深入了解趋于困难,甚至感到人和人交往有一种被利用的感觉。有时还会因朋友的退出和远离而出现各种有害的不良心态,如浮躁心态、焦虑心态、迷茫心态、失落心态、逆反心态、怀旧心态、自危心态等。一些现代人由于不能正确认识这种社会变革的社会利益矛盾冲突引发的现象,结果怨天尤人,哀伤不已,或走向另一极端,封闭自我,拒绝交往。

自动退出社会,自我封闭或者产生强烈的疏离感,也是这种沙化的表现形式。个体是由意识系统和有机体系统组成,因此个体不是在社会之中,而是属于它的环境。(卢曼,1992/1995)在有关社会与个体关系的议题中,现代社会对个体性的追求和个体化过程格外引人注目。[②] 随着功能分化过程的发展,个体与社会之间的分离(或说意识系统和社会系统之分离)变得格外清楚。人们的姓名、身体和社会地位都无法定义个体,因此,个体就有一种不安全感,而他也

---

① 御宅男这个词出自20世纪80年代的日本,专指那些热衷于动画、漫画和电子游戏,以至于足不出户的人。要评价某人迷恋某件事物的症状,有四个标准:粉丝(fans),狂热粉丝(mania),收藏癖(collector),症状最严重的就是御宅男(OTAKU)。宅男是21世纪台湾网络文化兴盛后产生的一个特定用语,相似的有宅女等用语。此语源可能来自于"御宅族",但已被社会各界广泛滥用。"宅男"的原意就是男性御宅族,女性则称"宅女"。但是随着人们使用,"宅"这个字的定义,已经被人直接联想到中文字"宅=家"的用法,因此现在大部分的人使用宅男或宅女这个词,一般而言是指不善与人相处,或是整天待在家里,生活圈过于狭小,使用上大多还是为贬义。

② 卢曼的社会概念是反人本主义的。卢曼的反人本主义的社会和个体概念并不会让社会与个体之关系变得毫不相关,相反,卢曼相信社会系统理论可以对此提供更好的解释。(肖文明,2008)

往往不断地反求诸己以获确认。[①]（肖文明，2008）

“这里的微妙之处在于，当个体反观自身的时候，其背后的动力机制不是说我属于哪个系统，而是我不属于哪个系统。当代的个体经常会被激发去诠释他们与其他系统之差异。这种不断进行的反思会强化差异，而差异又会激发反思。由于这种差异感的普遍化，个体始终处于一种缺失（lackness）之中，他们又会因此去寻求同一性（identity）。”（肖文明，2008）卢曼认为将现代社会定义为非人化的大众社会是不恰当的，因为现代社会“为非人化的关系和更强烈的人格化关系都提供了更多的机会”。（卢曼，1998：176）所谓的非人化过程实际给予个体以更多的自由。现代人的心理困境不是缺乏选择，而是拥有太多选择以致无所适从而迷失，我们绝不能由此将这一处境描述为“非人化的”。（卢曼，1982：XXII）于是，卢曼并不会怀着浪漫的感伤怀旧情怀或者悲愤的批判基调来评判个体化过程，他觉得那是大可不必的，他的总体格调只是冷静地观察这个众声喧哗的个体化议题。（肖文明，2008）

非社会命题的时空特征也是需要讨论的。或许社会根本就不存在，而存在的只是民族国家，吉登斯就把现代社会当作民族国家。这个断言在某种程度上可能是成立的，因为国家的挤压和人民的散裂，使得社会在现代性条件下不断增加社会性，社会发育才累积了条件，这时现代社会才是可能的。但是从总体上说社会和社会性是不断积累的过程，文化的绵延和归属感的累积一直在注入社会性的内涵之中。问题是，我们的现代性并未增强这种归属感，而是形成了社会成员沙化的机制，散裂成为现代性打造的社会性基础。“已经不存在任何原来意义上的‘社会性（the social）’了。”（图海纳，1992）原来意义上的社会性应该是人与社会“浑然一体”的状态，这种状态随着现代性的推进和社会结构化的变迁，逐渐演化为一种张力抑或冲突。早在启蒙时代，卢梭就认为，当时欧洲的环境根本不可能建立个人与社会的圆满关系。（沃特金斯，2001：58）其实，迄今为止的现代化过程，都一再说明了冲突对于个人与社会关系的持久意义。

社会与个人的关系的紧张，在很大程度上是社会沙化所导致的社会归属感

---

① 个体将依赖个体性来作为衡量世间万物的尺度。这种局面要求个体以其自身为观察之目标，来观察他如何观察他自己以及他人。这种对观察之观察，可称为二阶观察；而卢曼也认为，现代意义上的个体就是具有二阶观察能力的个体。（卢曼，1998：7）

和认同感的离析。社会是社会的,而非我的,社会是他的,而非我的,非我化无法使社会成员分有社会,除了在时间上无法分有社会之外,在空间上同样也产生这种疏离感,不知道社会在哪里,不知道社会是谁的,于是社会就在这种不知道中完成了非社会化的过程。

第一篇　社会根性域境：我们遭遇鬼打墙

第一章　社会何在：我们遭遇鬼打墙
第二章　保卫社会还是守护个人：社会根性探寻
第三章　新社会原理：社会的知识样子

篇首语

“我们在哪里”的追问不仅仅是知识上的，也是生活上的。为此需要思考：我们生存的当下社会是什么样的，或者我们到底生活在什么样的社会中？

不幸的是，我们正在遭遇鬼打墙。无论是没有方向感还是走不出自我，像只无头的苍蝇。鲍曼说：我们生活在笼子里，这就是我们所在的社会。哈贝马斯似乎出现了灯下黑，实际是被眼前的事情缠绕，却寄希望于全球公民社会（世界社会），是一种超越乌托邦的幻想。华勒斯坦倒还实际一些，企图建立有托邦，来使我们走出困境。他认为，现行世界体系正走向终结，这在一定程度上也预示了现代性的终结。

何以走出这鬼打墙的境地？我们所面临的风险更加搅乱了这种方向感。我们生活在文明的火山上，这是乌尔里希·贝克得出的结论。知识蕴含的行动制造着风险，风险嵌入到社会的结构中，使得现代性的过程也是积累风险和化解风险的过程。能否这样说，现代社会的可能同风险相关，知识行动在现代性境遇下扮演了拔根和扎根相互矛盾的角色？无根性社会的风险表征为人离社会而去，人与社会的相互附着性散裂成为时隐时现的碎片。社会沙化表征为无根社会的全部特征。社会离我而去的分割注入了我是多余者的认同情结，我的死去活来便与社会无关的倾向同时推进了我离社会而去的事实性原则。如果要归因的话，资本的扩展最终把社会变成了死寂的社会，把人与社会割裂开来，于是社会被掏空。不仅我的死活同社会无关，社会的死活也同我无关。作为诊断和建构的社会学也随之成为没有社会的社会学，当然这个过程同社会成为没有社会(科)学的社会一样,于是社会学也无以成为保卫社会的知识形态。

哈贝马斯的世界社会构想中在某种意义上说明了现代社会是未竟的事业,也是无根的社会,因此需要创造出一种扎根于跨越国家、超越文化的世界性社会,这种无尽的畅想淋漓尽致。但是资本的冲击剥夺了善良公民追求的世界性行动,倒是把困难分布到世界的各个角落。何去何从,路在何方,我们根扎哪里依然是转型化变迁所要解决的全部问题。

迷路的行者,不仅仅指涉日常生活世界的普通行动者,即便是那些所谓的理论家和知识人也同样在这样的笼子里生活,我把这种情境叫作鬼打墙社会。很难走出的困境,就是鬼打墙。鲍曼说这是流动的现代性所致,但是把这种鬼打墙的出现归咎于现代性的流动性好像有些冤枉。照我看来,这是现代性无根的征象,因为社会在转型时不仅把自己转晕了,而且把我们全都转晕了,不知根扎何处,不知路在何方,于是出现了这样的鬼打墙社会。这样的社会是变态的非社会,所以也可以说我们生活在非社会之中。真实的真正的社会还需要我们走出鬼打墙后通过知识行动来重建,这时重建社会就是深度现代性的后果。

需要重构的社会是何种形态呢?知识不能成为天然的中轴,即便把权力嵌入知识中,也无以构建真实的生活,知识的现代性命运就是充当了资本的婢女,我们迈向共产主义的知识社会是否成为一种不被我们所知的选择?还随着社会高速转型而漂浮。

让我们真实地生活吧!

第一章　社会何在：我们遭遇鬼打墙

我们所在的这个时代或者世界是什么样子的，人人都有一番描述。所谓知识时代只是知识的梦语，一切时代都只能在社会行动的框架中产生。我们生活在什么样的社会中，我使用鬼打墙情形[①]来说明我们生活的现代社会的无根现代性。

---

① 所谓鬼打墙，迷信的说法是鬼把人给迷住了，在一个圈子里走不出去。这个时候失去了方向感，也就是说迷路了。眼睛和大脑的修正功能不存在了，或者是给你的修正信号是假的，是混乱的，感觉你在按照直线走，其实是在按照本能走，走出来必然是圆圈。也有人在固定的地带，比如坟场，会遇到鬼打墙，这好像更神秘，其实这是因为这些地方的标志物，容易让你混淆，因为人认清方向主要靠地面的标志物，当这些标志物造成假象时，也就是给你错误的信息，这样，你觉得自己仍有方向感，其实也已经迷路了，当人迷路的时候，如果不停下来继续走，那么一定是本能运动，走出来是一个圆圈。平时我们走路，两条腿是听大脑调遣的，大脑根据眼睛得到的信息自动对方向进行校正，所以人想往哪里走就往哪里走。但是，如果眼睛得不到外界的信息，大脑就无法有效地控制行走的方向。因为人的两条腿跨出的步子长短有微小的差别，由此形成步差，而两只脚之间又有十多厘米的距离，步差就导致了行走方向的偏转，任由这样走下去，两只脚行走的线路就是两个同心圆弧，人就会转圈子。因此在漆黑或大雾笼罩的荒野行走，眼睛接收不到周围的景物参照信息，大脑无法调整步差带来的影响，就可能发生“鬼打墙”的现象，其实就是迷路。但是这种迷路同清醒状态下的迷路有着本质的差异，这种迷路时间久了，就会把人带入危险的境地。

第一节 生活在笼子中：鲍曼式的生存

这是鲍曼提出的一个我们所在的命题。鲍曼的思想丰富而复杂，这里只能就生活在笼子中的说法来说明鲍曼对我们所在时代的看法。

一、生活在笼子里

史密斯在《齐格蒙特·鲍曼传》中讲述了一个关于现代“笼中人”的神话，隐喻现代社会人的生活。故事说，在现代性的城市中，人们生活在笼子里，在每个被高科技的锁链束缚在高科技栅栏上的现代笼子里，每人都有一本生活指南，它向人们解释作为一个现代的笼中人如何过上好的生活。这本生活指南完全以精美的插图做解释。这是一本让人快慰的书，阅读它能使每个笼中人感到十分惬意。它令人舒心的信息被电视机、录像机、CD-ROM 制造的声音和图像所强化。在人们熟悉的笼子里，现代城市的笼中人被调整得十分适应他们的现实。一条叫“后现代性”的蛇每夜潜入城市，打开笼门，笼子里的居住者被惊醒，带着恐惧和好奇，走出笼外，却发现自己处于迷惑的状态，他们因遗失了宝贵的生活指南而绝望得不知所措。（史密斯，1999：16－18）后现代性和现代性两者是相连和共存的，这个神话隐喻了无论是现代社会，还是后现代社会，人类发明和创造的日益发展的高科技不仅挤压了人类生存的空间，还束缚了人的思想自由。（郇建立，2005）

我对鲍曼生活笼子的说法作出这样的诠释。一是，现代世界是一个笼子。鲍曼看来，现代世界好像一个有着明确的生活指南的笼子。在这个笼子里，人们生活得很好，一切都在有序进行。这就是现代社会的笼子生活。二是，现代社会的笼子是开着的，并没有上锁，所以有人进进出出。三是，一些人走出了笼子，他们开始变得迷惘，因为笼子里的生活指南已经失去了作用。于是，有些人想返回笼子[①]，然而，他们已经找不到回去的路；或者，他们并不想回去。四

---

① 卡夫卡有句话：“一个笼子在寻找一个鸟。”知识是笼子，而我们是鸟。寻找笼子是为了安身立命。

是，出去的人可能是出于外面世界的诱惑，也可能是迫不得已，这是现代社会中人们走出笼子的两个基本理由。而鲍曼本人走出笼子就属于迫不得已，他于 1968 年因反犹主义和“毒害青年罪”而被驱逐出波兰[①]，这是鲍曼自己的故事（现代社会中人人都有各种各样的故事）。五是，大家都是迷路的人，或者是迷茫的行路者。鲍曼说，无论在哪条路上，这些走出笼子的人都处于迷惘的状态中，犹如刚刚迁移到一个新地方的“陌生人”。六是，这些“陌生人”所居住的世界就是鲍曼眼中的后现代世界。由此可见，现代世界和后现代世界是两个并存的世界。如果说现代时期人类生活在笼子之中的话，那么到了后现代时期或者“流动的现代性”时期，人类被放出了铁笼，但面对茫茫荒漠却找不到一条关于未来的出路。在鲍曼看来，在笼子中生活和走出笼子的生活是现代与后现代生活的两种样态。事实上，我们每个人都在笼子里生活——这个笼子在某种程度上就是社会框——谁也逃脱不了如来佛掌，但是我们每个人又都试图逃出笼子并在笼子外生活。我们被当下社会的现代性与后现代性撕扯着。

二、扎根性寻路

“现代性的目标是寻求或保护美丽，保持清洁，遵守秩序；换言之，现代性的雄心就是消除丑陋、肮脏和无序。[②] 根据鲍曼的看法，现代性并不能实现这些目标，它永远是一个‘未竟的计划’，现代性是一个乌托邦，是一个永远不会实现的计划。鲍曼说，一旦我们进入了一个理性设计的、完美的世界，那么，一切都会静止。鲍曼并不同意哈贝马斯的看法。哈贝马斯把现代性视为一个‘未竟的计划’，言外之意是，现代性现在没有实现，但在将来可以实现。”（郁建立，2005）

那么，现代性作为乌托邦是无法实现的计划，而后现代世界能否扎下根来呢？从鲍曼的分析中我们可以看出，后现代世界依然是一个笼子。鲍曼说，我们的社会再一次由两个（类）国家构成，只有在我们的时代，才有了这样的两个

---

① Beilharz, *Zygmunt Bauman*: *Dialectic of Modernity*, SAGE Publications, 2000; Smith, D., *Zygmunt Bauman*: *Prophet of Postmodernity*, Cambridge: Polity Press, 1999. 鲍曼本人待在笼中和走出笼子的故事能否映射出现代人的命运，至少值得我们思考。

② Bauman, Z., *Postmodernity and its Discontents*, Cambridge: Polity Press, 1997, p. 1. 鲍曼所理解的现代性目标体现了他本人的生存实践所内含的那种体验。

国家：被诱惑者的国家（鲍曼，1997：1）和被压抑者的国家，前者随心所欲，后者被迫遵守规范。没有后者的存在，后现代世界的形象注定是不完整的。作为被压抑的国家所存在的受压抑者是谁呢？在鲍曼看来就是新穷人。不管怎样，在所有的这些英雄人物中间，一个人至少可以拥有一个众所周知的角色："无产阶级"，"尘世中的不幸者"，这是一些遭受了太多的苦难而不愿意再继续担当这一角色的人物，他们首先承担着理性化社会的姗姗来迟所带来的种种震荡，因此，在被召集到进步的旗帜下的成员当中，不能没有他们，此时，他们发现了他们贫困的真相。[①] 在鲍曼看来，真正处于世界最底层的阶级就是现代新穷人。哈贝马斯曾说，新穷人不是一种革命性的力量，因为他们并非被剥削者。怜悯（pity）取代了同情（compassion）：新穷人需要人道层面的帮助；他们不适于被训练成未来世界的重建者。穷人倒是被看作占统治地位的消费者的黯淡的复制品，是对后者的拙劣的模仿，这种模仿有时是不幸的，有时是荒唐可笑的；即使这些贫困的人"被解放了"，他们马上便把时间浪费在"过度消费消费者"（outconsume the consumer）的事情上。富人拥有他们所能设想的所有的自由和自律；这是他们用钱买来的，他们珍视这一切；在他们四周的关于"真正的"自由和"真实的"自律的种种说法，他们充耳不闻；就算被他们听到了，他们也只能把这些说法理解为更多的商品和更少的麻烦。在另一方面，穷人所想象的自由和自律的唯一形式，就是成为富人。鲍曼得出的结论就是穷人无法成为富人（仅有典型的例外，比如中大奖者）。这时候，在现代社会与后现代社会的交汇点上，过去满怀的希望，今天变成了一种挫折感。目前，一个担负着对理性化规划进行组织实施工作的主体已经不复存在，这一认识突然令人难堪地使所有的古老的、期盼中的对于"美好社会"的蓝图显得虚假和幼稚。在鲍曼看来，这便导致了"勇气的丧失"，或者"梦想未来的能力"的丧失，我们的所在使我们无路可走。

穷人和新穷人在现代性的生活笼子里处在了同一的境地，但是也有很多不同，比如传统的穷人不仅在物质上，而且在心灵上可能都被历史榨干了，而新穷人显然还保留了一些可怜的财富，或者说除了自身只剩下了财富——或许这些财富也不是新穷人的，说不定哪天资本家不高兴了或者旧穷人无法忍受了，就

① 现代工人乃是前所未有的一个群体。他们的确是全新的，因而他们能够承诺未来，而没有被对过去的略有苦涩的回忆所玷污。

会行动。玫瑰故事的续写要用历史事实来担当，但是这个故事中的主角在深度现代性下的笼子里也是无从确定的，所以才有了新穷人的话题和新资本主义的意识形态。问题依然是：进来与出去都不是路，那么，“我们从哪里来”和“我们要到哪里去”在鲍曼的思路里依然是没有着落的。

三、共同体：梦幻世界

“共同体是一个温暖而舒适的地方，它犹如大雨时我们避难的房顶，又犹如寒冬中我们暖手的壁炉。”可见，“共同体代表了我们所不能得到的那个世界，但这又是个我们渴望居住的世界，我们想重新拥有的世界”。[①] 我把鲍曼的充满诱惑的共同体依然视为梦幻世界，可以在梦幻世界中任意想象。

（一）获得共同体失去的更多

成为共同体中的一员，要付出代价。这个代价就是：共同体体现了安全感，但同时也剥夺了我们的自由。失去共同体意味着失去安全，而获得共同体则意味着失去自由。我们正是在这种张力下生存。“当自由在安全的神坛上牺牲时，自由的光彩最为亮泽；当安全在个体自由的神殿下就义时，它便偷走了以前的牺牲品/自由的光彩。”（鲍曼，1997：3）确定性和自由是两个同样珍贵和令人渴望的东西，它们可以或好或坏地获得平衡，但不可能永远和谐一致。确定性和自由、共同体和个体之间的冲突，永远也不可能解决，但我们可以对存在的机遇和危险作出评估，至少可以避免重蹈覆辙。“自由与安全的张力不可能得以解决；我们无法逃离这一困境，但我们可以尽量避免重复过去的错误，以免沿着死胡同走得太远。”[②]而在深度现代性条件下，自由和安全的选择不是二选一

---

① Bauman, Z., *Community*, Cambridge: Polity Press, 2001, pp. 1 – 3；齐格蒙特·鲍曼：《共同体》，欧阳景根译，江苏人民出版社，2003 年，页 4。

② 这可能会使我们想到“笼外鸟”和“笼中鸟”的故事。笼外鸟可以在天空中自由翱翔，但是，它有可能遭遇猎枪，也不得不在暴风雨中去觅食；笼中鸟只能在有限的范围活动，它没有办法在天空中自由飞翔，然而，它受到了主人的呵护，主人每天都往鸟笼里放一些食物，刮风下雨时，主人也会把鸟笼拿到屋里。我们每个人都是“笼中鸟”，笼子就是你的规则，就是你的生活空间。不管成员和群体的关系也好，笼中鸟与笼子的关系也罢，这些实际上都反映了个体与社会的关系。（郇建立，2005）

的情形,实际上可能已经超越了鲍曼所看到的"获得了共同体,而失去自由",或者是"没有了共同体,但是却得到了自由"——实际上有可能在选择的时候,没有选择的当然无法得到,但是不幸的是选择了什么就是失去什么,这就是无根现代性的新招数,也是人们蜷曲在笼中或游荡在笼外的无奈。现在的情形可能是:里面的世界很无奈,外面的世界不精彩。进退张力的大小同现代性的深度高度契合。我的结论还在于:事实上我们无法真正获得真正的共同体(即传统功能的共同体),所以在获得某种虚幻化共同体的时候失去了很多,换句话说就是经过我们的辛苦努力不仅什么都没有得到反而失去很多。这就是无根社会的重要特征。

(二) 资本的盘旋与我们的所在

资本的盘旋和我们的所在是关联的,按照当下的话语就是全球化塑造着社会的根性。在鲍曼看来,资本和资金转移的自由,削弱了当地被剥削者反抗的力量,并"把舔伤口、修复损失及处理垃圾的任务留给"当地人;投资者不必担负"对人类日常生活以及社会繁衍的责任"。资本盘旋到哪里,就把资本主义带到哪里,从而完成了对当地文化绵延和社会延续的阻滞。资本的拔根在全球化状态中变得越发显而易见。资本的力量把"资本……可以毫不费力地卷起铺盖去寻找一个更热情好客——不加抵抗、温驯柔和——的环境"(在第三世界"吸引外资"的恶性竞争中,资本家以转移投资来要挟罢工工人、压低工资,或者跟政府讨价还价,已渐成惯例)。技术进步、财富增长与穷人的现实绝缘。"全球人其实'置身于这世界之外',可他们一天天地,肆无忌惮地在当地人世界上空盘旋萦行。"所以鲍曼认为,世界范围内的流动没有带来新的共同体的出现,而只是复制了资本主义体系内部固有的等级关系。

鲍曼对资本盘旋的清算更加清晰了这样一个事实:资本的力量在世界上作祟,使我们陷入后社会主义时光,全球剧场上上演着人不人鬼不鬼的故事。资本以及资本的力量并没有回答:我们在哪里?我们要到哪里?看起来方向清晰,实际上不知路在何方,这是资本导致的人类悲哀。

(三) 共同体的幻象

鲍曼"钉子共同体"的说法诠释了亦真亦假的共同体幻象。鲍曼认为,人们拼命想要寻找的共同体能够带给我们的温暖，不过是一种幻象。“钉子共同体”在一定程度上说明了这种幻象的特征。在“钉子”上，经历的担忧和关注的事情被许多个体暂时地挂在上面，但所有动因、事件和利害关系，不久又被从这上面取下，再挂到其他地方。无论它们关注的焦点是什么，美学共同体的共同特征是它们的参与者之间联系的草率、敷衍以及短暂。把关注随意挂起而又任意取下，是“钉子共同体”的特征。显然，与传统的共同体相比，这种共同体无法提供稳定感和安全感，甚至无法提供深入的交流，它只是一个类似情感聚集的出口。“共同体”成了防止陌生人的隔离带。

于是我们似乎生存在温暖与冰冷之间。如果说原生性的共同体是温暖的，那么现实的共同体则是冷漠的，这种冷漠包括经济上的冷漠，也包括心灵上的冷漠，每个共同体之间是冷漠的，而共同体之间的成员，也因为机会竞争和自我管理而更加冷漠。

我们热切希望栖息、希望重新拥有的世界共同体真的并不是我们可以获得和享受的世界，难道我们真的不能获得一丝丝温暖吗？鲍曼给了我们一个答案，尽管算不上好的答案。共同体死了，我们还活着，为了有根，为了有归宿，鲍曼在共同体的坟墓上看到了生根发芽的希望，这个希望就是认同。鲍曼说，认同是共同体的替代品，是在共同体的坟墓上生根发芽的，它之所以枝繁叶茂，是因为在它身上看出了死者复活的希望。我的看法更加急促，鲍曼的这个自欺欺人的希望实际上是扎根于共同体的幻想。“挂上—拿下—再挂上……”这就是鲍曼所叙说的玫瑰故事新版本。共同体成为我们把我们的一切随意放置的一颗钉子，当我们把这种随意转化为认同的时候，共同体依然是死的。所以我们还在笼子里。

四、之间：无家与无根

流动的现代性是固态（稳定的）现代性失败的结果。城里唯一的游戏是排斥。消费者社会的蝴蝶从生产者资本主义中破茧而出（边际效应论替代劳动价值论）。消费者而不是生产者，才是物品价值的决定者。过剩不再意味着浪费，反而成了生活的唯一希望。

（一）陌生人

在齐美尔看来，陌生人是“内”与“外”的统一，是“远”与“近”的统一。齐美尔认为，陌生人不是今天来、明天走的流浪者，而是今天来、明天留下来的人；如此说来，他是一个潜在的流浪者：他尚未继续前进，但并没有完全失去来去的自由。同时，齐美尔还指出，陌生人是离我们不太近、也不太远的人：如果太远，他将失去与我们的联系，因而与我们毫无关系，也就不是什么陌生人；如果太近，也就成了我们的熟人，也不再是陌生人。（沃尔夫，1950：402－408）

在鲍曼看来，陌生人在“内”与“外”之间生存，在“远”与“近”之间徘徊，陌生人既没有自由，也没有安全，他们生活在自由与安全的边缘。“陌生人总是处在朋友和敌人之间、秩序和无序之间、内与外之间。他象征了背信弃义的朋友，象征着狡猾的伪装过的敌人，象征着混乱的秩序，象征着容易受到攻击的内部。”（鲍曼，1991：61）鲍曼眼中的陌生人既像戈夫曼所说的是要被除掉的“污点”，又像萨特所说的是混淆了事物边界的“黏液”，因此，他们的出现破坏了周围的环境，影响了特定社会秩序（或生活世界）的建构。从这种意义上说，“陌生人是现代性的祸根”。（郇建立，2005）在每一种社会中，陌生人都使清晰的边界变得模糊难辨，使确定的事物变得变化莫测。问题不再是一劳永逸地消灭陌生人，而是如何去适应他们。这时，就穷人而言，陌生人的存在犹如紧紧黏在身上的令人不悦的“黏液”；而就富人而言，陌生人是快乐的提供者，是无聊世界的“有聊”。这些“陌生人”所居住的世界就是鲍曼眼中的后现代世界。

在我看来，齐美尔和鲍曼的陌生人只是一种类型的，事实上陌生人应该有许多类型。真正的陌生人——我把打工的路边等待者就看作真正的陌生人——似乎在世人的视界之外，我们全然不知。作为他者，真正的陌生人只有危及我们的时候，我们才会回头关注。这是当下社会非社会化的十足体现，也是社会无根的表征。

陌生人并不特定，一切生疏的他者都有可能成为陌生人。但是表象为陌生人的则是利益关联者，资本能够在全球盘旋并落下吸血，责任在那些追求利益者的热情好客和逐利的媚生。忽视甚至漠视真正的陌生人是由于非社会化的无根现代性进展到一定深度而形成；而逐利的媚生则把这种无根现代性张扬到了极致。这不仅是无根社会的现状，而且是社会异化的表达。

时光不会倒流，共同体的那套单调的秩序系统无法迫使无家可归的人返回自己的家乡，无法轻而易举地使秩序得到恢复。不管到什么地方，他们永远居无定所，永远是陌生人（异乡人）。

（二）观光者与流浪者

鲍曼明确指出，观光者是后现代性的英雄，而流浪者则是后现代性的受害者。观光者和流浪者的共同特征是，他们都在不断地移动，然而，他们移动的原因截然不同，前者是因为他们发现家变得令人厌倦了或变得没有吸引力，因而，他们离开家园是自愿的；而后者是被迫的，对他们而言，自由意味着不必在外面流浪，意味着拥有一个家。"如果说观光者移动是因为他们发现了世界具有无法抗拒的吸引力，那么，流浪者移动是因为他们发现这个世界具有难以承受的冷淡。""观光者旅行是因为他们想那样做，流浪者旅行是因为他们别无选择。"（鲍曼，2002：108－109）

鲍曼这里讨论的"观光者"和"流浪者"都是当代生活的隐喻。一个人即使在身体上没有移动很远，也可以是一个观光者或流浪者。在后现代社会，我们在某种程度上都在移动，不管是身体的，还是思想的，不管是目前的，还是（或）未来的，也不管是自愿的，还是被迫的。宽泛地说，我们都处在"完美的观光者"和"不可救药的流浪者"这一连续谱两极之间的某个位置，但"选择自由"决定了我们在这个连续谱中的具体位置：他拥有的选择自由的程度越高，就越接近"完美的观光者"。根据鲍曼的看法，我们似乎可以得出这样的结论：我们不可能完全是"完美的观光者"，也不可能完全是"不可救药的流浪者"，在某种程度上我们同时是观光者和流浪者。（郇建立，2005）

在消费至上的消费社会中，观光者与流浪者几乎毫无用处，是多余的人。（鲍曼，1998：96）他们犯规违禁，破坏秩序；四处转悠，令人扫兴；没有润滑消费社会之轮，没有为经济的繁荣增光添彩。在这个意义上，这个社会就是阿伦特所描述的无根的社会。

现代性中以"满足的延迟"为目标的"朝圣者"（pilgrim）的生活策略在后现代消费社会中无法挽回地丧失了其核心地位，而漫步者、流浪者、观光者和比赛者这些新的生活策略曾经是边缘的人在边缘的时间和地点采取的行为方式，现如今它们已成为大多数人在其生活的主要时间和生活世界的中心地带的行为方式，成了完全的和真正的生活方式。（郑莉，2006）

我则把等待者、流浪者、观光者、漫步者和比赛者看作深度现代性注入现代社会的一处风景。等待者是最真切的社会行动者，在等待过程中流浪，在流浪中观光，也可以把这类人看成一种比赛者，尽管不正规，但是却比那种比赛残酷，因为如果长期得不到雇佣，如果卷入这场比赛的人数众多，我们所在的现代性就会垮塌。这也是齐美尔、鲍曼等人很重视对这些类型的行动者加以不厌其烦的考察的一个本体论关怀的理由。

五、走出笼子的策略

鲍曼介绍了四种走出笼子的策略，在他看来这四种策略都是难以实施的，因而在资本统治下的美好社会是难以形成的，我们只好依然待在我们自己制造的笼子里——不管是现代性的笼子，还是后现代社会的笼子里。

（一）走出笼子的四种策略

制定策略固然要赞赏，问题是，鲍曼的这四种策略真的能够把我们从鬼打墙的状态中带出来吗？我看未必。照我的观点，必须从传统中获得策略和办法，这个策略最为关键的是自我清晰和强烈的方向感。

1. 介入的策略

这种策略有三个主张：其一，主张用希望来反对希望；其二，主张通过教育领会自己所具有的世界性；其三，主张在富人和穷人之间平衡，“通过一种联合富人和穷人的事业；一种解放运动，敢于承认在富人与穷人之间具有共同的基础”。

2. 放弃的策略

放弃的策略要求我们放弃一切整体性规划。鲍曼认为，他们渴望从绝望中汲取勇气；他们把绝望看作知识分子最后的勇气。寄希望于这个世界，但在这个世界上没有希望；这个堕落的世界已无药可救，在这里，合理性自身变成了压迫的技术，理性无法指望自己会重新找到回家的道路。

3. 退回的策略

鲍曼说，还有一种策略，这就是：后退到被认为相对安全的地带。这一策略是以自我为中心的，是自顾自的。同时，这一策略还是对付挫折的秘方。

4. 阐释的策略或共同体策略

阐释策略与所有的以一种原理形式出现的立法策略确有不同：它确实公开放弃了，或者说，把真理、判断或趣味的普遍性的假设扔在了一边，原因是后者与正在进行的阐释工作并不相干；它拒绝在创造意义的各种共同体之间作区分；它承认这些共同体的自主权，后者是建立在共同体之上的意义的唯一的根基。留给知识分子的事情就是把这些意义解释给共同体之外的人，使他们理解，共同体乃是意义之基础；他们还引导着“有限范围”或“意义共同体”的相互交流。

（二）出路依然渺茫

我们似乎在原地打转，无法走出，这是鬼打墙的标准版式。有自己的因素，比如宅人的出现（包括彻底宅和少宅），宅男和宅女的生活似乎就是某种主动选择。但是更多的还是被逼而宅，是我们遭遇了一种鬼打墙的情境。

1. 知识无法拯救真实的乌托邦

有种观点认为，我们的时代并非乌托邦，而是真实的乌托邦。鲍曼说，我们的时代绝不是一个拥有乌托邦的时代。在一个拥有乌托邦的时代，乌托邦被认为具有实践性和现实性；而在我们的时代，具有实践意向的规划被看作一种乌托邦。延伸的观点就是：社会学家拯救社会的努力是无效的。鲍曼说：我们感到恼怒的是，当一个学者彻底而中肯地对我们所处状况当中的种种弊端进行批评之后，却无法提出最终改进的措施。但是，即使他或她拿出一套疗治的方案，我们也会对此表示怀疑，并且讥讽这是另一种乌托邦。那种试图提出某种疗治方案的著述活动已经丧失了信誉，这里不仅仅是指个人的这种活动。当乌托邦名副其实的时候，我们是无法再罩上一个所谓的乌托邦的。不要自我鬼打墙。

2. 提高实践等级是否可行

鲍曼认为,在典型的后现代型世界观中,世界在本质上是由无限种类的秩序模式构成,每种模式均产生于一套相对自主的实践。秩序并不先于实践,因而不能作为实践之有效性的外在尺度。

对现代性来说,必须反对并最终克服理论与实践中的知识相对主义,在后现代看来,知识相对主义乃是世界的永恒特征(可以说,相对性深深地扎根于其自身的共同体传统)。实践使知识发生了歪曲,限制了控制的有效性。实践等级(这种等级是由"控制/知识"的共生系统来进行评判的)的提高,意味着它具有更大的普遍性,更少的"地方性"、"特殊性"和"局部性"。然而需要追问的是:离开了地方性和地方性知识的普遍性是真实的吗?这实际上是弱化实践或者行动的知识依据,不说走出现代性与后现代性所打造的笼子,就是走出自身也非常困难。鲍曼说:"个体孤军奋战的困境,可能是痛苦的、不讨人喜欢的,而一起行动的坚定而有约束力的承诺,可能预示着伤害要比收获更多。"因此团结是无效的,"社会正在遭受来自全球政治和生活政治双重夹击;他认为,我们今天面临的最大挑战是,我们能否发现一种新的方式,以便能有效地处理人类差异和人类团结"。(鲍曼,2002)在流动的社会中,对未来的不安和恐惧,让人分裂,而不是团结。后现代社会的现实是"比过去的社会学家努力去掌握的任何事情都更加流动,更加具有异质性,而且更不成型"。(鲍曼,1992:65)

我们依然在笼子里。正如雅克·阿塔利所说,一个"受到监控的"社会已经为一个"自动监控的"社会所取代。至于这种扎根性的知识行动是否是提高实践等级的结果,我们不能在知识本身中寻找答案。

传统的共同体无法失而复得,尽管可以控制记忆,但是传统共同体永远留在我们的记忆中了。想起来心里就涌出一股暖流的共同体形象被现代性击碎后,无法还原的痛惜感不断地搅起我们对传统共同体的怀念,于是复原过去似乎成为我们为现代社会扎根的一种乌托邦式方案。鲍曼做不到,而能够做到的就是让我们知道:我们依然生活在笼子中,而无法在思想之外的领域中回到我们所想象的世界。我们还被关着!这似乎是我们的所在,但是这样的所在第一表征就是社会被非社会化了,推论就是社会失了根。在无根的社会里,我们只能待在笼子里了。

第二节　眼下如何办：灯下黑现象

寄托在一起，建构一个全球社会，是哈贝马斯遥望社会而得出的一个情景。[①] 大家都在一起，形成一个世界共同体，似乎是一个新时代的社会扎根之思。然而这是不是真的，却是要怀疑的。这里要讨论全球公民社会，也就是世界公民社会（世界社会），主要是哈贝马斯的有关思想。世界公民社会不仅有较为完善的知识体系，而且成为一种全球化的行动类型。[②] 因此无法全面讨论和说明这种世界公民社会的理论和实践，仅仅以哈贝马斯为例，试图说明这种世界公民社会在目前还是乌托邦，它是否可以成为共产主义社会的前奏，还需要持久的观察和对资本阵地的持续攻击。但是现在的这种说法确实是在使我们处在一种淆时和淆世，让我们分不清真假。我更愿意把这种说法看作实践灯下黑效应[③]，在很久的将来我们有可能建构一种全球共同体，从而走出鬼打墙，但是眼下怎么办？是移动那盏灯，还是另外点灯照亮那块灯下黑的地方？

---

① 曹卫东这样介绍：作为一个社会理论家，哈贝马斯从制度框架入手，对当今世界上的主要社会形态进行了分析和批判，其中最能反映其理论实践意义的，当数他的几部批判当代资本主义和展望人类未来的著作：《合法化危机》、《包容他者》和《后民族结构》。在这三部著作当中，哈贝马斯从分析资本主义制度危机的根源开始，逐步上升到政治哲学的高度，对资本主义的人权、人民主权、国家形态（民族国家）以及民主制度等进行了深入的探讨，最终发展出了一种关于世界未来的乌托邦理论：建立一个没有世界政府的世界公民社会。（曹卫东，2002）

② 国外研究和介绍的情况，可参阅：莱斯特·萨拉蒙等（Lester M. Salamon, Helmut K. Anheier and Associates）：《全球公民社会：非营利部门的向度》（*Global Civil Society: Dimensions of the Nonprofit sector*），约翰·霍普金斯大学公民社会研究中心出版（The Hohns Hopkins Center for Civil Society Studies, Baltimore, MD），1999 年（中文版为社会科学文献出版社，2007 年）；赫尔穆特·安海尔等编（Helmut Anheier, Marlies Glasius and Mary Kaldor, Editors）：《全球公民社会年鉴 2001》（*Global Civil Society Yearbook 2001*），牛津大学出版社（Oxford University Press），2001 年；赵可金：《全球公民社会与民族国家》，三联书店，2008 年；周俊：《全球公民社会引论》，浙江大学出版社，2010 年。

③ 古时人们多用碗、碟、盏等器皿注入动、植物油，点燃灯芯，用于照明。照明时由于被灯具自身遮挡，在灯下产生阴暗区域，由于这些区域离光源很近，引申为人们对发生在身边很近事物和事件没有看见和察觉，谓灯下黑。

一、世界公民社会提出的背景

全球公民社会(Global Civil Society)是20世纪90年代以后才逐渐流行起来。在全球化的强力推动下,相对于国家意义的缩小,社会意义的放大成为经验可以把握的事实存在。这一事实意味着,社会生活从"国家—社会"发展到"全球社会",这种"全球—社会"也就是"世界—社会",或者可以称之为"世界社会"。(袁祖社,2004)随着资本全球化和互联网世界普及,全球公民社会正在形成过程中,其来临的标志是"全球结社革命"。这种革命的表现是在过去的二十多年中,NGO(非政府组织)在世界范围内迅猛发展。这个背景肯定在哈贝马斯的书写中留下了印记。

(一)民族国家的消失

哈贝马斯认为,全球化是一个过程,而不是一种终结状态。全球化具有解构民族国家的根本功能,它的基本形式是通过全球交往关系来超越国家认同,它表明交往关系和交换关系超越了国家的界限变得更加紧密。全球化推动世界经济制度发生结构性转变,这一转变将从根本上限制民族国家的行动余地,国家的塑造力量将不得不转让给跨越地域的、不受限制的市场。(彭霄,2004)我的诠释就是:市场占据了国家的领地,民族国家在市场的冲击中败下阵来。"更重要的是下述状况,即一个不断不对称地陷入由世界经济和世界社会组成的相互依存关系中的国家会在主权、行动能力和民主实质方面遭到损害。"(哈贝马斯,2002b:108-109)哈贝马斯坚信,正如黑格尔断言"任何成熟的历史形态都将走向衰弱"一样,全球化正在引起,并仍将引起世界政治格局的剧烈变化,民族国家作为一个成熟的历史形态,必然会完成自己的历史使命而彻底走向"衰亡"。(彭霄,2004)所以在哈贝马斯看来,民族国家是一个历史过程,走向终结是必然的。但问题是这种终结的结局尽管可以想象得到,这种路程却是遥远得很。当民族主义——还有新民族主义(民族主义的延续与变种)——还在坚强地护卫着这块阵地的时候,我们在知识上设计它的衰竭,这时候的知识则表现为乌托邦的形态(知识乌托邦)。

（二）未来世界走向大同

社会根理论关注世界（社会）往哪里去。走向大同还是进入分裂，不仅表明行动的方向，也显示对未来的态度。哈贝马斯对此似乎要乐观些。

1. 哈贝马斯的乐观

在对待“超越民族国家的后政治世界的前景”方面有两种不同的观点。第一种观点是后现代主义和新自由主义的观点即悲观主义的观点。这种观点认为，不仅民族国家将走向终结，每种政治社会都会随之走向终结；个体以及小集体像分子一样通过世界范围内的调节网络四处分散，而不会沿着社会一体化的道路形成多层次且更大的政治共同体；世界成为一个完全没有中心的国际社会，公民将被抛入一个充满莫名关系的复杂世界里。试图发挥规范影响的政治已经失去作用，跨国公司成为主要的行为模式。（彭霄，2004）这种悲观论也可以看作终结论。

第二种是乐观主义的观点。这种观点认为，超越民族国家的世界还有发展的潜力，世界仍然具有学习的能力，可以不断用政治意识和政治意志加以影响和改进；未来大家将走在一起，最终实现“世界大同”。（彭霄，2004）哈贝马斯是这种观点的认同者和支持者。这就是所谓哈贝马斯的乐观，即便在21世纪经济危机的爆发过程中哈贝马斯也表明了这种观点。这种乐观是盲目的吗？我将在下面的分析揭示这种乐观的盲目性。

2. 未来社会能走向大同吗

追求大同似乎是知识者的通常愿望。在未来社会的走向上或者方向感的把握上，哈贝马斯成为康德的追随者。康德认为，世界大同的结果就是永久和平状态和一个包容性的全球共和国，其基础是人的绝对的意志自由。[①] 哈贝马斯继承了思想家的关于未来大同世界的设想，特别是追随康德，但是哈贝马斯

---

① 哈贝马斯：《论康德的永久和平观念》，《包容他者》，曹卫东译，上海人民出版社，2002年，页206。曹卫东指出：不应忽视，哈贝马斯说到底还是一个马克思主义者，他时刻都没有忘记追循马克思的足迹，对人类社会的未来进行展望。《后民族结构》一书就是要在交往行为理论的基础上，建立一个新型的全球治理结构，为实现世界大同奠定基础。我们都知道，世界大同一直都是思想家们的一个梦想、一个追求。从康德到马克思，未曾有过丝毫的动摇。康德认为，世界大同 （转下页）

的设想特别是实现世界大同的道路设计与先前的思想家略有不同,“哈贝马斯可谓另辟蹊径”①,认为要想实现世界大同,既不能单纯依靠个体的意志自由,也不能单纯凭借物质的极大丰富,而必须首先创造一种共同的政治文化,让各国人民都能意识到他们处于一个共同的政治公共领域当中,树立一种世界公民身份,而忘却或者淡化先前的民族认同和文化认同。但是,哈贝马斯心目中的未来并不是消除了所有差异的“大同世界”。相反,他反复(尤其是在其后期作品中)强调世界公民身份或国家共同体对于各种差异的包容。(彭霄,2004)这个时候,差异化的包容性的共同生活公共领域,共同的世界公民身份似乎是未来世界公民社会的条件。

延续走向世界大同的理想,哈贝马斯设计了未来的我们所在,但是看起来依然有鬼打墙的意味,因为我们尚不清楚我们现在的所在,更远的所在也许更加使我们茫然和惨然。

二、世界公民社会的构筑

依照哈贝马斯的设想,在未来的世界市民社会中,“无暴力的共同生活将使个人的自我实现和自主成为可能。这种自主……建筑在团结和正义之上……宽容和相互理解成为人们的思维和行为的根本动机。而宽容,便是在不放弃现代世界在文化、社会和经济方面存在差异的情况下,寻找合理的生活形式、真正的自主与和平的共处,即在一种同一性中自由地、真诚地生活”。(哈贝马斯,2001:15)哈贝马斯所构想的后民族国家社会,最终将发展成为“世界公民社会”,应该被看作和谐世界,因为在这个世界中,所有民族和种族和谐共处,所有公民平等、自由。一切高度复杂的社会都必须解决社会同一性问题,世界公民社会同样遵循这种原则。后民族国家社会是一个存在多

(接上页)的结果就是永久和平状态和一个包容性的全球共和国,其基础是人绝对的意志自由。而马克思则把作为世界大同状态的未来共产主义社会的建立奠定在生产力的高度发达基础之上。(曹卫东,2002)

① 曹卫东语。哈贝马斯可谓另辟蹊径。他认为要想实现世界大同,既不能单纯依靠个体的意志自由,也不能单纯凭借物质的极大丰富,而必须首先创造一种共同的政治文化,让各国人民都能意识到他们同处于一个共同的政治公共领域当中,而忘却或干脆抛弃他们先前的民族认同和文化认同,树立一种世界公民资格。(曹卫东,2002)

元文化差异的世界社会，它显然不可能再以民族认同来维系了。那么，怎样才能把已经原子化的后民族国家社会重新组织起来，使之成为一个具有行为能力的统一体，而不管内部的差异性有多大呢？“对于现代人来说，要紧的不是学会在民族文化中生活，而是在政治文化中生活；要紧的不是去寻根或寻回与他人同根的感情，而是学会如何批判地审视自己的利益以便进入理性的协商程序。这便是具有形式普遍性的民主政治文化。”（彭霄，2004）问题依然存在：构筑世界公民社会要紧的难道真的只是认同吗？认同即便成为构筑世界公民社会的途径，但是它何以可能？“认同的可能性”如同“世界公民社会如何可能”一样被陷入不确定中。

（一）后民族国家的社会同一性基础

在哈贝马斯看来，建立政治民主文化、改变民主观念等一套民主价值体系是后民族国家的社会同一性基础，其中有两个机制值得提出。

1. 包容机制

哈贝马斯的包容思想非常丰富，主要内容有：第一，民主制度包括了包容的内容。哈贝马斯认为，在民主制度体系中包容同公民的政治态度、情感、信仰和价值取向、平等、自由、包容、个人主义，没有绝对的真理一样，其意义也应该被特别强调。“从规范角度看，民主过程深入到一种共同的政治文化当中，所具有的不是一种排斥意义，不是要突出民族的特性，而是一种包容的意义，这是一种自我立法的实践，它把所有的公民都平等地包容了进去。所谓包容，就是指政治共同体对所有的公民都保持开放状态，不管他们有怎样的出身。”（哈贝马斯，2002a：86）第二，包容不仅是一种态度，还是一种行动，这种建立在共识基础上的包容似乎就有了普世性意义。第三，包容的内容具有广泛性。如果说这种包容机制有普世意义，那么从形式上说这种机制的内容至少包括：个人之间存在的包容，个人与社会之间的包容，以及民族国家之间的包容。而且这三个方面的包容还应该呈现递进的关系，不管民族国家的消失是否可能，有一点是可以肯定的，就是民族国家之间的和谐状态必须在包容机制的运作逻辑下才能实现。第四，包容是构筑全球公民社会的机制。哈贝马斯认为，不同民族和国家之间只有经过平等协商，铲除歧视人和给人带来痛苦的消极观念，并把那些处于边缘状态的人包容在相互关怀之中才能确立起一个有序的世界共同体。

在这样的共同体中,包容他者不是把他者融入自身,更不是排斥他人,而是指所有的人都可以参加到这个共同体中来。(哈贝马斯,2002a：166)

2. 主体间性机制

"用话语理论改造民主观念,即在于发掘主体间性。经过话语理论改造的民主制度意味着,民主程序在协商(主体间性)、自我理解的话语(个人)以及公正的话语(整体)之间建立起有机的联系。新的民主程序不再单纯是从公民参与和个人意志表达过程当中获得其合法化的力量,而是转向依靠对所有人都保持开放的话语过程,包括建立公共领域、话语、开放性以及意见和意志形成的话语结构等。它的特征也就决定了人们对于合理结果的期待和接受。当所有人通过理性的探讨和反复论证,共同达成对一种合理的程序的共识时,民主就得到了彻底的实现。"(彭霄,2004)后民族国家的形成或者说构筑全球公民社会,必须有主体间性机制加以保证。这个主体间性同样是一种递进式的架构形式,比如个人之间行动的主体间性,上升到文化间性,然后到民族间性。不同民族之间的协商,如果没有民族间性机制的作用是难以达成的。哈贝马斯的意见是:"不同的文化类型应当超越各自传统和生活形式的基本价值的局限,作为平等的对话伙伴相互尊重,……以便共同探讨对于人类和世界的未来有关的重大问题,寻找解决问题的途径。"(哈贝马斯,2001：215)

后民族国家的社会基础必须奠定在包容机制和主体间性基础之上。问题是这样的：这两个机制为何对构筑世界公民社会那么重要呢？间性是互为主体的双方所具有的某种特性,但是互为主体的间性所依存的地带之间并非线性的,而是区域化,这时真正做到折中是非常困难的,也就是说要达成共识和认同,间性并非一条通途,无以解决所有问题。这个时候包容就派上了用场。问题依然存在,能够实现包容吗,或者说能在多大程度上实现包容？

(二) 建设世界公民社会的行动策略

哈贝马斯提出的建设世界公民社会的策略,包括：第一,全球视角下的行动策略。在从民族国家社会到世界公民社会的过渡期里,国家、公民都应该做好充分的准备,以保证能够顺利地进入新时代。这些国家必须做好准备,超越"国家利益",把它们的视角拓宽至"全球治理"的视角。改革联合国、修订《国际法》、构筑全球公共领域以及世界公民共处等是重要行动类型。这种行动类型是建立在国际化行动的基础上的，这种基础是在国际组织，特别是大家认可的国际组织（比如联合国等）的推动下完成的。

第二，共处行动的机制。这里的共处行动与共同行动、共在行动是有关联的。共处行动的重要性在建构世界公民社会中更加凸显。“从现实情况来看，不同文明模式、文化传统、生活方式、信仰和价值观的矛盾与冲突逐渐凸现，并有进一步加剧的趋势。不同文化群体学会平等共处，成为一个事关和平与发展的重大问题。一方面，不同文化群体之间的平等共处，意味着不能以某一种文化类型的价值判断为基础，来看待和处理它们之间的关系。每个具有自我同一性的种族，各种信仰和文化传统，都享有要求获得平等尊重的权利，这种权利与它过去的成就、与它在当今世界的状况和地位无关。另一方面，在这个变化越来越快的现代世界里，一种文化只有在自我批评和自我反思中汲取发展的动力，向别的文化开放并学习其长处，而不是与世隔绝，才能生存下去。”（彭霄，2004）

第三，从文化中获得力量。文化要想富有生气，就必须从文化批判和断裂中获得转化的力量。“他——哈贝马斯——呼吁全球性的、社会各层面的对话。在不放弃自身有效性要求的同时，展开一场文化间的和平讨论，共同真诚地探求真理。在这样的讨论中，每一方都应被看作平等的伙伴而得到承认。这种对话形式的指导思想则基于哈氏的话语理论。”（彭霄，2004）

第四，扩展公共领域，驯化资本主义。世界公共领域指一个扎根于人类的生活世界当中，独立于世界经济政治的公共领域。通过在公共领域成长起来的公共舆论所形成的交往权，可以把行政权力控制在自己手中，从而驯化资本主义。哈贝马斯指出，世界公共领域只有在全球交往系统形成以后才会显现出来。

第五，拓展交往空间。从两个方面说明这个问题：其一，从时空分离到时空延伸，形成了缩短交往时间和压缩了交往空间的机制，从而初步形成了全球交往系统，这是知识的搀扶。科学技术的进步，特别是交通和通讯技术的迅猛发展，已经克服了时空的距离所带来的阻碍。其二，拓展交往空间愿望的激发引起了交往行动的全球化。“经济的全球化，以及各种跨国性问题的不断涌现，大大激发了人类拓展交往空间的愿望。”（彭霄，2004）

哈贝马斯提出的这五个关于建构世界公民社会的行动策略在很大程度上体现了某种天真性，比如关于驯化资本主义的行动策略，尽管具有某种合理性，或者具有语言和逻辑上的某种真实性，但是在现有框架下公共领域的扩展其结果无论是否能够扩大生活世界的交往权，都难以在实践上驯化资本主义。所以偏离马克思主义的真实原则讨论遥远的未来只能激发我们的想象力，最终的效用只能是痴人说梦。

（三）世界公民社会的根域与扎根

对于如何使全球公民社会有根性，使生活在全球化时代的我们产生全球公民社会的根感，哈贝马斯提出了全球公民社会扎根的思路。

1. 网络发展的扎根

通过交往产生主体间性建构美好社会是哈贝马斯的基本思想追求。但是在网络技术转换为全球化的内容构成时，交往的意义和方式都随之发生变化。当然交往的时空结构不同，所体现的技术基础也不尽相同。现时的全球交往主要通过电子传媒进行，它超越了自然语言以及特殊符号（主要指货币和国内法律）的限制，呈现出了某种空间无限性。这是建构全球公民社会的技术基础和支撑条件。尽管如此，哈贝马斯并非对此没有担忧：首先虚在的幻象扰乱了人类话语交往的正常性。哈贝马斯提出，一方面，全球行动者的认识水平、批判意识增强；另一方面，系统、网络及相关组织机构的发展，并没有创造出政治公共领域赖以产生的条件，因为它没有扩大行为者主体间的世界，也没有通过话语把一些重要的观点、主题等联系起来，电子传媒用图像、声音和虚假的现实性瓦解了话语交往的正常存在。其次，电子传媒虽然跨越了国界，但仍然很难摆脱某些国家、政府的操控和影响。（彭霄，2004）随着电子技术的发展和政治功能的发挥，网络交往的社会性和民主性所体现的政治化不是越来越弱，而是相反。网络交往对建构全球公民社会的意义越来越明显和强大，但是民族性的加入也就此变得越来越复杂。因此这种“依靠网络发展使全球公民社会扎根”的想法应该说也像网络一样带有脱离真实性的虚幻特色，因而也是不可靠的。但是依然要肯定的是，哈贝马斯在遥远的地方点亮了一盏灯，照亮网络的这种建构性。

2. 扎根行动者的确定

非政府组织及其参与者在哈贝马斯这里似乎是扎根行动者。哈贝马斯认为，世界首脑会议的参加者不是主体行动者，相反他更看重非政府组织的作用。非政府组织的组织者和参加者被哈贝马斯看作全球公民社会建构的行动者，当然也是新社会的扎根者。“这类计划的主要承担者不是政府，而是社会运动和非政府组织，即超越国界的市民社会的积极成员。”非政府组织的兴起，跨国社会运动的出现，对于建立和动员超国家的公共领域发挥了重要作用，“有些行为者越来越发挥舆论的作用，他们仿佛来自一个国际市民社会，并与国家对抗”。（哈贝马斯，2002a：204）可悲的是，哈贝马斯并没有看到非政府组织的政府化倾向和非政府组织日益脱离底层行动者的精英行动者的虚妄特征，这如同对网络建构性的过分强化一样陷入了一种逻辑过程而非实在或者事实。

3. 共同的政治文化土壤

共同的政治文化土壤可以为全球公民社会的诞生提供地域，这个地域是哈贝马斯在意的。世界公共社会必须扎根于人类的生活世界当中，同时形成独立于世界经济政治的公共领域，这个领域就是共同的政治文化土壤。“这种政治公共领域没有受到内部或外部的压制，因而还比较完整。它必须扎根在自由的政治文化语境当中，并且必须由公民社会这样一个自由联合体来具体承担。此外还必须渗透到私人生活领域的社会经验当中，以便被加工成为公共议题。非国家化的政党必须在这样的语境当中找到自己的牢靠基础，才能在非正式的公共交往与制度化的议政和决策过程之间发挥桥梁作用。”（哈贝马斯，2002a：186）哈贝马斯指出：只有借助于公民要求大力转变对内政策的观念压力，具有全球行动能力的行动者的自我意识才会发生改变，才会日益把自己视为一个只能相互合作和相互兼顾利益的共同体的成员。“只要国民出于可以理解的自我利益的原因尚未赞同这种意识转变，就不能指望执政的首脑人物实现这种由‘国际关系’转向跨国性世界内部政策的观念转变。”（彭霄，2004）

通过哈贝马斯所给出的这些构筑世界公民社会的方案和遥远前景的描述，不是使我们越来越清楚我们在哪里而是相反，眼下的视域是被遮蔽了的。这种灯下黑同样是社会无根的症候，哈贝马斯以及其世界公民社会的说法所形成的知识也被融进了这种无根的境界，并参与了这种无根的事实状态。

三、井水犯了河水：社会学边界的拓展

通过拓展社会学边界就能够为全球公民社会构筑奠基吗？这种好奇的疑问带着我们进入哈贝马斯的思考。

（一）社会理论懒惰："只说不做"无以直面世界社会

按照哈贝马斯的逻辑可以这样表达其意思：全球公民社会必须弥补市场的不足，也就是说只有市场是不够的；而弥补市场不足是需要研究的，特别是需要社会学研究的；但是事实上在弥补市场不足的研究方面社会学是懒惰的，也就是说社会学是无行动的。社会学不进入弥补市场不足的研究行动中来，世界公民社会是无以达成的。

哈贝马斯说：从社会学的角度看，"全球福利体制"似乎是一种不折不扣的过于热切的观念。这也适用于这样一些理论观点，它们不像系统论那样通过基本概念的选择排除对复杂的社会本身进行自觉政治干预的可能性。无人愿意追随乌托邦，在乌托邦的所有能量似乎都已经耗尽的今天尤其如此。① 由于未做切实的社会学努力，关于弥补市场的政策观念迄今也没有发展成为一种"计划"。要做到这一点，在政治意志构成方面至少要形成合适的机制的雏形，在政策性的世界经济秩序方面，要形成一个为所有参与者期待的利益均衡模式。

"光说不做"是哈贝马斯揭露或者批判社会学的一条罪过。社会学的无行动性，导致了弥补市场不足的研究延迟——问题是依靠社会学是否能解决市场化问题——哈贝马斯应该记住马克思批评孔德社会学的话。但是我的观点或疑问是：即便社会学作为行动的社会学在社会发展的实践中发挥了其行动性功能，但是单纯依靠增加行动性也无法解决资本所造成的全部问题，同样也无法进入所谓的世界社会。因此世界社会的实现同知识，特别是社会科学知识（尤其是社会学知识）的实践性或者行动性是有关的，但是这种关联仅仅是一种外在的和前导性的，而非关键性的和核心性的。强化社会知识的行动性无疑是拯救知识对象性存在的内在性原理，同时也是拯救知识自身的客观性思路，但是把这种拯救看作全部或者是核心，则是过分地夸大了知识实践性的功能，

---

① 哈贝马斯说："当然，我不认为我在 1985 年所下的论断因苏联发生未曾料到的剧变而失效。"参见哈贝马斯：《超越民族国家？——论经济全球化的后果问题》，《马克思主义与现实》1999 年第 5 期；哈贝马斯：《超越民族国家？——论经济全球化的后果问题》，柴方国编译，李惠斌主编：《全球化与公民社会》，广西师范大学出版社，2003 年，页 15。原文参见哈贝马斯：《福利国家的危机与乌托邦力量的耗竭》，哈贝马斯：《新的不透明性》，美因河畔法兰克福，1985 年，页 141—163；哈贝马斯：《有待弥补的革命与左翼的修正要求》，哈贝马斯：《有待弥补的革命》，美因河畔法兰克福，1990 年，页 179—204。

社会学知识可以解决现实问题，但是不能解决一切现实问题。

（二）资本制造的灯下黑无以照亮

社会学没有进入全球社会的领域，延迟了全球公民社会的诞生，这是哈贝马斯的心中之意，为此提出要拓展社会学的研究边界。

拓展社会学的研究边界，把全球问题或者世界问题作为社会学研究对象——按照哈贝马斯的说法就是把民族国家的社会拓展到全球社会——就能发挥社会学应有的想象力。哈贝马斯引用吉登斯的话说：一种社会学如果总是把“社会”局限于民族国家的范围，即把它视作民族国家的社会，那么它在遇到像“世界社会”这样政治结构如此脆弱的组织时，就会陷于思维的困境。[①] 然而，至于为什么社会科学迟迟不去讨论这样一种前景，并不是一个十分简单的问题。目前，社会科学绝对没有忽略经济全球化的惊人事实和联系[②]，但是只有少数社会学家愿意用自己的现实判断来告诫广大公众。[③]（哈贝马斯，1996）哈贝马斯认为，这里缺少的不是判断，需要解释的是人们对关注跨国性世界内部政策这条依然艰难的道路的观点何以持冷漠态度。为了按“世界公民的意愿”策划共同利益，为了建立“全球福利体制”，人们需要一些制度和程序。为什么研究这些制度和程序现在竟显得如此不合时宜？哈贝马斯认为，放弃了理论批判的社会理论再也无法胜任这方面的内容，尽管“反思的现代化”的判断主张，对继续进展的现代性也必须加以继续引导。[④]（哈贝马斯，1997）

---

① 参见哈贝马斯：《超越民族国家？——论经济全球化的后果问题》；原文参见米勒、赛夫纳所编《现代性与野蛮》一书的前言（美因河畔法兰克福，1996 年，页 9—27）（吉登斯：《现代性的结果》，剑桥，1990 年）注释 16。

② 参见哈贝马斯：《超越民族国家？——论经济全球化的后果问题》；原文参见米勒、赛夫纳所编《现代性与野蛮》一书的前言（H. 维尔克：《国家的超级幻想》，美因河畔法兰克福，1997 年注释 17）。

③ 哈贝马斯认为，直到帕森斯为止，经典社会学理论都主张把社会学分析同时代判断的要求联系起来。这种社会学理论显然已被放弃。人们试图重新作出时代判断，以便不把这个领域留给思想科学家和哲学家的后现代判断。这些尝试是对目前这方面所存在的明显欠缺的反应。参见哈贝马斯：《超越民族国家？——论经济全球化的后果问题》；原文参见米勒、赛夫纳所编《现代性与野蛮》一书的前言注释 18。

④ 参见哈贝马斯：《超越民族国家？——论经济全球化的后果问题》；原文参见米勒、赛夫纳所编《现代性与野蛮》一书的前言。

实际上这里有哈贝马斯研究缺陷的显现,因为事实上社会学并不是懒惰的,社会学家很勤奋地拓展了其边界,进入了世界社会之中。所谓全球社会学或者世界社会学正是以全球问题或者世界问题为对象的一个分支社会学学科①,只是这样一个学科对建筑世界社会也同样是无力的。我的看法是,在我们所讨论的问题上不是社会学出了问题,而是哈贝马斯出了问题。这个问题就是世界社会目前还是不合时宜的,资本在全球游荡和盘旋,媚资者垄断着权力和资源,世界社会尽管日益成为必要,但是也仅仅是无法达成的奢望。哈贝马斯只能在这种奢望中畅想。

(三) 把社会学派到那里:远处渐暗

眼下的世界乱局不仅注定了我们不知道要往哪里去,而且首先规定了我们不知道在哪里。灯下黑和鬼打墙在时事的迷局中重合了。如果说灯下黑是哈贝马斯照亮现实的知识特征,那么灯下黑外的那个看似明亮的远处也在鬼打墙效应的影响下渐渐暗了下来。这是无论把社会理论(学)派到何处,都将出力不讨好的做法。

1. 社会理论的变节或堕落:批判理论的钝化

理性批判的玄化与社会理论(批判)的钝化是否是同一个路子,是需要厘清的一个问题。哈贝马斯认为,以海德格尔为关键人物的理性批判的目的仅仅在于重新玄化。海德格尔坚持一种关联性的理性批判,指出自我掩蔽的主体理性的虚妄自负。所以海德格尔式的理性批判似乎想从内部揭示毫无根基的、抽象的自我理解的局部起源背景,打破理性的偶像,从而重建新的泰然境界。现代性的信仰者应当重新学会在虔诚的期待中向未卜的存在命运屈服。然而,这种"末日式的关怀"又类似于传统社会的神秘的命定论之嫌。从这个源头发展起来的文化批判更难解释行将终结的20世纪的现实。如果这种玄化的理性批判无以解释已经终结了的20世纪现实,那么批判的社会理论又将如何呢?海德格尔式的玄化理性批判指责批判式的社会理论的钝化。尽管哈贝马斯认定

---

① 参见科恩:《全球社会学》,文军译,社会科学文献出版社,2001年;孙嘉明、王勋:《全球社会学(跨国界现象的分析)》,清华大学出版社,2006年;麦克·布洛维:《全球社会学面临的挑战》,《21世纪国际评论》2010年第2期等。

这种钝化的社会批判理论要胜过玄化的理性批判[1]，但我的观点是：进入21世纪，这种批判不仅仅表现为钝化，还表现为被资本屏蔽了。在大动荡面前，在革命的前夜，社会理论变节了。于是社会学的沉寂无语或者献计献策并非出于无奈。我的看法是：这是一种变节或者堕落。批判的功能在资本的威逼或哄骗下演变为"哈资"的工具。

2. 地盘难保：边界拓展的意外后果

后现代主义者能否拓展出新的边界来接近全球社会呢？哈贝马斯是不相信后现代主义的，认为后现代的追随者一再对抽象的普遍性和包容式的总体性持保留态度——这种总体性断然超越差异，铲除小圈子和局部的顽固的特殊性。借助这种方式，他们强化对不受监督的庞大官僚体制扩张的不信任感——这种扩张以建立更大的政治共同体的计划，甚至以实行世界内部政策的计划相要挟。哈贝马斯还认为，后现代的启蒙批判家还共同反对启蒙本身，即也反对当时试图以辩证的方式阐释自我界限的启蒙。他们不仅批评在自我反思、自我实现和自我决定的行动中对"自我"的占有式的、个体主义的错误理解，也批评对现代性的规范性理解本身。他们不仅放弃了意识哲学和历史神学，也放弃了现代精神。（哈贝马斯，1999）我对这种说法更是保留：这种后现代主义者不仅难以借此扩大边界进入世界社会，同时连自己本身的领地也难以保留。

3. 西方思想把我们带入西方还是世界

世界社会来源于何处，世界社会学向何处走是哈贝马斯要思考的重大问题，因为这是世界社会成立的根本性问题。哈贝马斯认为，后现代主义关注社会的变化以及对这种变化的期待。他指出，后现代主义的目标在于思维转变，把社会从过于关心未来、关心过早预期的未来状况的集体责任压力下解脱出来。它主张，"控制的领域"应从不堪重负的个人和政治共同体转向纷乱的偶然性、变化无常和极度复杂的状况以及网络化的第二自然；一旦形成对现代性的规范性的自我理解，社会以民主形式组织起来自觉地对自身施加影响的观念便应当（亦将）消亡。（哈贝马斯，1999）

社会现代性出乎意料地反对这种变化以及对这种变化的期待。哈贝马斯

---

① 哈贝马斯说，与批判式的社会理论相比，从这个源头发展起来的文化批判更难解释行将终结的20世纪的现实。（哈贝马斯，1999）。

说：就出自依然如故的思想渊源的社会现代性而言，其无动于衷地继续进展的趋势却反对这种期待。（哈贝马斯，1999）当然，这种反对留下这样的疑问：哈贝马斯是何态度？我认为哈贝马斯加入了反对者的行列。理由是，在变与不变之间，哈贝马斯选择了不变的西方思想作为建筑全球社会的思想资源——这依然是西方中心主义的一个表现。哈贝马斯说：如果人们接受以"反思的现代化"为关键词的描述，那么就会发现，尽管西方社会的结构和基本条件发生了种种变化，但它的文化潜力却保持不动，甚至凝结于自我意识、自我实现和自我决定这些思想中的价值取向更加清晰。我们的社会如果想为21世纪全球性的问题找到解决办法，就要依靠这个思想渊源。（哈贝马斯，1999）

为此社会学面向世界社会必须改变形象，拓展领域，解释事实，引导进步。但是很明显，哈贝马斯的理论尽管有很大的解释力，但是知识上的乌托邦依然故我。

根据当前全球化进程中出现的一些新现象和新趋势，断言民族国家在可以预见的未来将从总体上消亡，人类将集合成为一个民主、自由、平等的世界公民社会，从而获得最终解放。这种构想太过乌托邦了。哈贝马斯关于民族国家行将消亡的断言不仅过于大胆和匆忙，而且其论证软弱无力。当世界社会成为一种乌托邦思维的时候，研究这种社会的社会学不仅具有乌托邦性质，而且事实上也难以进入这样一种并不存在的事实领地，所以社会学难以拓展到并不存在的地方，即便到达这样一种无人之境的想象之地也难以发挥作用。把社会学派到一个无法发挥作用的地方，只能设想存在某种双重抛弃。（郭强，2010）

对哈贝马斯的全球社会观点可以归纳为：人类深度现代性的前景在于建设和谐一致的世界社会，而这个社会得以成立的条件就是构建民族同一性基础，这个基础同包容机制和主体间性机制密切关联。扩大社会公共领域的疆界，驯化资本主义，形成共处行动的全球视角等是哈贝马斯提供的药方。同时作为社会学必须介入到世界社会的领域，锐化社会学的批判能力和强化社会学的建构能力，从世界社会的实践中获得想象力。我的总结只有两点：一是这些想象只能是空幻；二是尽管建设世界社会的努力可以肇始于我们眼下，比如加入全球性非政府组织并开展活动，问题是这样的超越民族国家的或者民族国家终结后的后民族国家式的世界社会何时才能成为现实。我的意见是，可能这种世界社会前景的到来要比实现共产主义还要久远。哈贝马斯怎么能同马克思相比呢？所以，我们依然在煎熬中。[①] 而哈贝马斯在知识迷惑的场域中不仅遭遇到了鬼打墙，而且出现了灯下黑现象。从当下出发才能走上正途，修成正果。

第三节　想象在体系里：有托邦的梦呓

华勒斯坦知道乌托邦是无人相信的，甚至是遭人唾弃的，因此他发明了“有托邦”。有托邦是华勒斯坦提出的一个说法，我倒认为这是一种知识梦呓。这里主要以《自由主义的终结》为读本写下札记，以此来介绍和思考我们的所在。需要提醒读者注意的是，《自由主义的终结》并非仅仅讨论自由主义的，亦并非仅仅讨论在自由主义主导下的某个体系运行状态的[②]，而是对我们所在以及我们将来所在的一种分析与预测。所以，在我给出的这个札记中几乎不涉及任何自由主义，甚至与自由主义相关的内容，我关注的仅仅是我们的所在和我们将来的所在，尽管同某些主义或者思想相关，但我都把这些放在介绍的背景中了。从华勒斯坦的思想里确定我们的所在，是种缘木求鱼的做法，但是这种做法连同华勒斯坦的思想一起可以成为社会无根的表现。

一、我们所在：混乱时世

我们处在混乱时世，是华勒斯坦的看法。伊曼纽·华勒斯坦是美国社会学家，“世界体系理论”的主要代表人物和当代社会科学多学科综合研究的倡导

---

① 哈贝马斯的探索依然值得颂扬。作为学者向不断变化的社会学习并进行思考总是应当的。哈贝马斯常说：“目前应该做的，正是提出一种较为合理的方案，以消除当今社会所显示出来的缺陷，克服它所带来的负面后果，使世界向较为公正的未来发展。倘若放弃一切努力，将世界看作一片黑暗，将改善目前状况的一切尝试统统称为幻想，那么今天的状况将成为‘铁的现实’而延续下去，这个世界也许真的没有什么希望了。”为此哈贝马斯告诫我们：“一种理论观念的强大之处就在于，一旦越来越多的人认识到它的正确性，它就会顽强地存在于人们的意识之中，无论遇到的障碍有多大，它总有一天会变成现实。在这期间，可能会有许多人为此而牺牲。在人际关系和人际交往中，在国际关系和不同文化类型的交往中，实现一种无暴力、无强权的平等、公正的状态，是人类唯一的选择，除此之外别无道路可走。”（章国锋，2000）

② “自由主义事实上成为资本主义世界经济体系的标志性意识形态。”（武云，2005）

者。他著述丰富,影响最大的著作是耗费三十多年心血的《现代世界体系》(*The Modern World-System*)。就我所讨论的主题而言,《自由主义的终结》中所蕴含的内容与其关系密切。我所关切的是我们处于何种状态,这也是华勒斯坦在《自由主义的终结》中的核心主题。因为当我们不知道我们的所在的时候,也就预示着这个社会是无根的状态。

(一) 乱世

华勒斯坦指出:当下,世界大混乱,普遍的、过早的、天真的乐观主义开始消失,一种广泛的忧虑和沮丧情绪则开始不断扩散。这种说法尽管有些吓人,但是颇为真实,处在大转型时期的人们又有谁没有这种心绪呢?

1. 所在乱世

我们现在处在一个混乱的时期,是华勒斯坦得出的一个基本结论。华勒斯坦说,人类社会进入了一个混沌时期。这一时期最为飘忽,人们因而极易浮躁:混沌情势,矛盾重重。(华勒斯坦,2002:47)说世界处在混乱中,那么,是在宣扬绝望论吗?华勒斯坦说:非也!然而,我们在谈美好的希望之前,必须作一明确的分析。世界体系处于混乱之中。这种混乱状态不仅表现在非洲而且全世界都处在混乱之中。[①] "如今我们后怕了,会无端地发怒,对自己的存在没有信心,全都乱套了。"这是对我们现行世界体系深刻危机的一种普遍的反映。(华勒斯坦,2002:66)他说:"我所描绘的情景并非是美丽的画卷一幅,而是极度混乱、人生无常和惶恐不安的景象。这是一种根本性的结构问题,不但难以解决,恐怕也没有什么缓和的前景。这是一种历史体系处于严重危机状态的景况。可能有人会说这太悲观了。我认为这是实事求是的,不存在悲观问题。当然,你如果认定我们所生活的这个时代已是再美好不过的了,听到这个时代行将终结的言论肯定是会不高兴的。而你如果对我们现在所处的这个时代哪怕是稍稍加以正视,就会以比较冷静的态度面对未来了。"(华勒斯坦,2002:407)这种混乱最直接的就是导致社会的解体。华勒斯坦认为,社会解体(并非是种

---

① 华勒斯坦认为,从1945年到20世纪60年代末,世界各地似乎是万事如意,一帆风顺。从20世纪60年代末到80年代末,方方面面的事情开始变糟了,世界各地差不多都是如此,人们开始重新切实思考其盲目的乐观主义了。(华勒斯坦,2002:66)

进步的变革）现在已是司空见惯。

我们所在乱世，说明社会无根。华勒斯坦的“乱世说”是对“社会根理论”的某种注释，乱世与无根似乎正好相互照应，因为无根所以世乱，因为乱象所以无根。实际上，这也是社会根理论出场的理由。

2. 乱世的特点

华勒斯坦说，关于现在和未来一段时间内的混乱、无序和解体状况，有三点要强调。第一个特点，这个乱世持续时间不会太长久，而且会诞生新秩序。华勒斯坦说：经历这一乱世将是艰难的，但苦难不会太久。我们知道，混乱现实本身将导致新秩序体系的诞生。如果我再加上一句：这一过程可能要有五十年才会结束，人们也许就不会感到还有什么慰藉了。第二个特点，无法预测乱世结果的好坏。复杂理论教导我们：在这么一种源自两歧状态的混沌情势下，结果是全然难以预测的。我们不知道——我们也不可能知道——结果将会如何取得。我们所知道的是：现行体系不能再这样存在下去了，将会有一种后续体系，抑或多种后续体系。这种体系可能好，也可能坏，但其道德观念可能不会有太大的差异。（华勒斯坦，2002：407）第三个特点，这种混乱状况具有积极的一面。如同在所有长期持续发展起作用的体系中一样，在长期持续发展的历史体系中哪怕十分强劲的动荡也只能产生比较小的影响。这就是我们确定体系的意义之所在。体系拥有旨在恢复平衡，并可取得一定成就的机制。这就是从长时段看，法国大革命和俄国革命可被视为“失败”的原因。这两次革命在社会变革方面的成就的确是比其支持者们所希望和要求的要小。而当体系失去平衡，向两歧状态转变时，小小的动荡就会产生巨大影响。这是结果完全难以预测的主要原因之一。我们甚至根本就不可能设想出要做多少努力，才会产生重大影响。（华勒斯坦，2002：407－408）

华勒斯坦所描述的乱世特点，实际上隐含了其去乱的思路，但是每个思路都含有失败的规定内容。其一，乱世结束后会产生新秩序体系，而且这个乱世要存在四分之一或者半个世纪的时间。这个说法具有想当然的味道。其二，结束乱世的结果也就是新秩序体系的诞生，无法进行价值预期，是好是坏，无法预测。这不仅陷入了历史虚无主义，而且依然显露了悲观论的思路。其三，乱世的积极性方面被强调，这种积极性相当于中国俗语中的“乱中取胜”。但是问题是：谁在乱中取胜？这种胜利的标志仅仅是建立一套世界秩序体系吗？

3. 乱世时长

(1) 世界大混乱时期：二十五至五十年

华勒斯坦的追问也是我的追问：这个混乱期有多长呢？也就是说，存在于这个混乱时期的人们要忍受多久呢？我们在有望进入一个新社会秩序之前至少还有五十年的终结危机期，也就是说，还有五十年的“混沌”期。（华勒斯坦，2002：143）“一场延续二十五到五十年的世界大混乱。”（华勒斯坦，2002：69）这个混乱时期的起点是1989年（1968年的延伸），终点将在21世纪的中期。我认为这是华勒斯坦的臆测，因为到21世纪中期是否真的能够建立起来华勒斯坦所设计的世界体系，恐怕连华勒斯坦本人也会怀疑的。照21世纪初叶的情形观察，21世纪中叶只能是乱世的峰区。

(2) 乱世与新时代的黑暗时期

我们所处的时代是一个乱世，而这个乱世则是一个新时代，但这个新时代则处在黑暗时期，这个黑暗时期肇始于1989年（1968年的延伸），持续至少二十五至五十年。（华勒斯坦，2002：214）这个黑暗的新时代是资本主义世界经济体系解体的时代。（华勒斯坦，2002：243）说这个时代是黑暗时期一则是在于世事混乱和无序，二则在于时代的爆炸性特征。但是华勒斯坦提醒我们，尽管混乱和无序，资本主义则依然故我，“人们和公司仍将以各种各样惯用的方式谋求积累资本。资本家们仍将一如既往地谋求国家机构的支持。国与国之间仍将竞相成为资本积累的主要地区。资本主义世界经济将可能进入一个新的发展时期；这将进一步使全世界的经济发展进程发生变化，并将进一步使实际收入分配两极分化”。（华勒斯坦，2002：266）对于黑暗的新时代所具有的爆炸特征，华勒斯坦这样说：这一时期将会极具爆炸性。这种爆炸性必将要跨越世界体系漫长历史中的重要阶段，使其固有的分裂势力陷入结构性危机——两歧状态时期。影响形势发展的一大因素是必然会发展进步这一思想——这一思想至少两百年来一直是世界稳定的主要基础——丧失了人心。（华勒斯坦，2002：404）

(3) 失去方向：航行在没有标识的海面上

由于我们进入了新时代的混乱时期，我们将失去方向感。华勒斯坦说，我们已经进入的这个新时代甚至更令人难以捉摸。我们正航行在海图上没有标识的海面上。

面对这种不确定性，华勒斯坦提出了应对的思路：首先，我们对过去的错误认识得很清楚，但对近期的危险认识不足。其次，现行世界体系正急速瓦解，而维护等级制度和特权的人们亦正不失时机地寻求解决办法，力图找到以万变应不变的出路。再次，要动员应用集体的力量制定出一个明确的变革战略，我们必须将过去的战略抛诸脑后，我们必须抛却过去所作的分析。最后，对待不确定的态度，没有理由乐观，也没有理由悲观。一切都有可能发生，然而一切又都还难预料。（华勒斯坦，2002：248）但是华勒斯坦坚信：走出混沌态势，新秩序展现眼前。我们所面临的抉择——现在马上就要作出的抉择。将会存在混乱这一事实，并不就意味着将不会有什么有目的的行为。（华勒斯坦，2002：265－266）

如何应对这种混乱，华勒斯坦说，人们会想出种种解决问题的办法。混沌时期不同于相对稳定（相对稳定的秩序）时期，人们解决问题的办法很不一样。（华勒斯坦，2002：47）华勒斯坦提出了自己的方案："你们可能认为我为今后二十五至五十年内明智的社会、政治行动所提出的纲领太空泛、太不明确。然而，这可是在混乱时期所能做到的最具体的了。"（华勒斯坦，2002：268）为此华勒斯坦提出了混乱时期生活主要的两点。其一，要知道向哪个岸边游去。其二，要坚定稳妥地努力朝那个方向游去。你们如果想要得到更明确的目标，那将是徒劳的；你们若费时寻求更明确的目标，将会淹死。（华勒斯坦，2002：268）后来华勒斯坦还指出另一个主要之点，就是我们现在实际处在三岔路口。[①]

乱世的说法证实了社会无根的判断，如果社会是有根的或者现代后社会是可能的，那么这个社会也不是乱世的状态，华勒斯坦的乱世说——不管其提出这个说法的目的何在——在一定程度上为社会无根说提供了某种佐证。

（二）过渡：混乱内在于过渡

尽管我们不知所在，尽管我们不知要去何方，但是这种无根现代性内部已

---

① 我们所说的是我们现行世界体系的终结及其某种完全不同的替补体系的形成。要马上说出会是什么样的新体系是根本不可能的。我们将处在三岔路口，而时事的变化又实在是巨大和无常的。我们所能做的，只能是保持头脑清醒、积极采取行动；这是因为我们自己的行动就是变化着的时事的一个组成部分，将对新体系的形成产生重大影响。（华勒斯坦，2002：204）

经注定了我们要到需要去的地方,这就是过渡。社会的无根状态表明社会向着有根的地方迈进,社会的混乱意味着时代向着和谐过渡。

华勒斯坦把我们所处的这个混乱新时期看作向新秩序的过渡时期。他认为,这一过渡时期是资本主义世界体系向另一世界体系或多种体系过渡的时期;是一个冲突不断、混乱不堪的伦理纲常废弛的时期;是一个"自由意志"因素最活跃的时期——也就是说,个人和集体行动将会对世界未来体系的形成产生比"正常"时期(即历史体系的正常发展期间)更大的影响。(华勒斯坦,2002:388)这一过渡时期需要五十年左右的时间。(华勒斯坦,2002:91)

过渡的彼岸在哪里?也就是说我们要被过渡到哪里?这是在黑暗的新时代渡轮上的所有乘客的问询。但是作为知识的舵手,华勒斯坦说无法确定过渡到何处的岸边。因为不确定性是这个过渡时期的基本特点,也是两歧状态的基本特征,所以其结果难以确定。华勒斯坦说:我们难以预告将从现行体系废墟上兴起的体系的世界观。(华勒斯坦,2002:91)没有航标、没有目标,我们的社会何去何从呢?这越发激起了我对社会根基的探询的欲望。

没有航标、没有目标的过渡对涉水者来说是异常艰难的。华勒斯坦指出:我们过渡的结果即那时的状况是好是坏,我们不得而知,要到时候才清楚,可能用不了五十年了。然而我们现在明白:对所有要经历这一过渡时期的人们说来,这将是个非常艰难的时期,对有权势者如此,对普通百姓亦如此。(华勒斯坦,2002:388)华勒斯坦更为极端地把这个过渡时期称为人间地狱时期。所以无论富人还是穷人都要在这条船上煎熬。华勒斯坦说:我们将再也见不到那种天真无邪、神情怡然的争辩,见到的是斗争——一种生死斗争。(华勒斯坦,2002:421)但是无论如何,这个过渡则是艰难的,艰难的过渡成为我们所在的显著特色。

是向希望而去,还是无目的地航行,我们概莫能外地都要过渡,因为我们生活在这样一个过渡时期。因此华勒斯坦提醒我们必须真正地完成过渡,这样或许我们能够收取希望,获得迈向希望之路。华勒斯坦说,这个过渡本身以及过渡的结果并非只有斗争,而且事实上也充满着希望,在某种意义上也是向着希望过渡。华勒斯坦说:我们生活在一个过渡时期,我们在这一过渡时期所做的一切将取决于这一发展进程终结时兴起的具有历史意义的体系是否真比现行体系(我们已经意识到它的衰微)更强。

真正完成这个过渡必须做到:其一,必须清楚没有简便的方案。我们必须更加明晰地分析当今世界形势，必须摒弃类型化、概念化的心态；这种心态已使我们难以看清可采用的（或能够成为可采用的）真正具有历史意义的方案。（华勒斯坦，2002：69）也就是说不要把顺利过渡的希望寄托给一种简便的方案。其二，我们必须组织恢复外向性而非内向性的地区团结。[①] 团结而非损人对过渡才是根本的，所以华勒斯坦提出，最最重要的是要对损人利己的自杀行为保持十分的清醒并提高警惕。其三，必须组织力量进行过渡。华勒斯坦说：历史并非就必然会偏袒我们；如果我们认为历史会必然偏袒我们，这种认识就会适得其反。然而，我们都是这一发展进程的一个重要的、不可或缺的组成部分。我们如果正确行事，肯定可以求得我们想要的那种世界体系。结论是：我们必须将我们的力量组织起来。虽然荆棘满途、结果难料，但奋斗是值得的。（华勒斯坦，2002：70）

在乱世的状态中过渡或者说乱世本身就是过渡，那么留下的问题——留给社会根理论的问题——就是过渡是否就是扎根。如果过渡不是扎根，那么过渡后的结果也同样是无根的社会。这是可以料定的。这里华勒斯坦仅仅说明现存社会的混乱状态只是向着有序性的社会过渡而已，至于通过何种方式过渡，是建构性的还是解构性的，也就是说是扎根性的还是拔根式的，还需要进一步考察。

二、现代性：欺世之作

（一）现代性的思索

1．两种现代性

在华勒斯坦看来，第一，现代性存在两种类型。按照华勒斯坦的观点，一个是科技的现代性，一个是解放的现代性。解放现代性，即追求实质民主的现代性。

第二，两种类型的现代性存在着一定的冲突，在早期现代性阶段两种现代性之间的冲突受到压抑，这时的现代性发挥了对历史的推动作用。华勒斯坦认为，人类实现的现代性，在历史上的具体表现在“去殖民化”、“民族解放运动”

① 华勒斯坦说，这一时期地区一级的行动余地很大，地区一级的行动是决定我们如何走出危机的关键变数。（华勒斯坦，2002：69）

等，这时的现代性发挥了积极的作用。在15世纪中叶到1968年之间的近五百年时间里两者之间的潜在冲突被压制住了。而现代性所许诺的"新就是好"以及"政治变迁是正常的"，则赋予边陲人民以生活的勇气，同时这个时期的两种现代性以某种机制确保现代世界体系基本保持稳定。

第三，现代性假面的脱落。华勒斯坦认为，1968年之后，现代性的假面脱落了，两种现代性进入公开斗争：在自然科学上，牛顿科学的普遍性与真实性遭遇挑战，自然界及其所有现象开始历史化；在人文科学上，后现代主义占据上风，当然，所谓后现代其实并不是"后"现代，而是"解放的现代性"拒斥"科技的现代性"。（周濂，2005）

第四，科技现代性成为陷阱。一旦"边陲"人民明白"科技的现代性"是欺人的陷阱，"解放的现代性"是一切却无望达成，他们就不再相信未来会比今天更好，这样"边陲"就要开始反对"核心"，"南方"就要叫板"北方"，这样现代世界体系就已走向尽头。（周濂，2005）现代世界体系同现代性的结构与演进程度是相关的。

2. 欺世的现代性

什么是现代性？在华勒斯坦看来，首先，现代性是一种特殊的社会现实与一种特殊的世界观的组合。这一组合代替甚至是埋葬了另一组合；我们现在称这另一组合为旧制度，并精确地指出了它的陈腐性。其次，现代性是对世界观的一种反应。意识形态本身不是世界观，而是对被我们称为现代性的这一新型世界观之形成的众多反应中的一种。（华勒斯坦，2002：73－74）

现代性为何成为欺世之作？一是在人类对自然和自我的两种现代化进程中，人类所取得的胜利不是人类对自然的胜利，而是人类对自身的胜利或是对拥有特权者的胜利。[①] 二是这种现代性道路不是知识发展的道路，而是社会冲突的道路。（华勒斯坦，2002：126－127）因为这两种现代性很不相同甚至正好相反。然而，两者在历史发展进程中又紧密相连，进而产生了严重的混乱、不确定状态，并使人们大失所望、幻想破灭。（这是由科技现代性和解放现代性的冲

① 后一种现代性，不是技术、得到解放的普罗米修斯、财富不断增长的现代性，而是解放、真正的民主（相对于贵族统治或精英统治的民众统治）、人类自我完善以及平和稳妥的现代性。这一人类自我解放的现代性不是一闪即逝的现代性，而是永世长存的现代性——一旦实现，则永世长存。（华勒斯坦，2002：127）

突引起的。)这一孪生兄弟形成了我们现行世界体系的主要文化矛盾。而这一矛盾的尖锐程度当今尤甚，导致了精神和体制上的危机。（华勒斯坦，2002：127）在华勒斯坦看来正是由于这样的原因，现代性的历史成了欺世之作。[①] 这个时候，现代性不再是救星，而是变成了一个恶魔，从而导致自身的终结。为此，华勒斯坦询问：这是怎么了？（华勒斯坦，2002：125）华勒斯坦追问：哪种现代性该被终结呢？让假现代性终结，真正的人类自我解放现代性首次开始吧！（华勒斯坦，2002：143）

但是何以判断出现代性的真假呢？作为西方马克思主义的重要代表人物，华勒斯坦追寻马克思，得出的结论应该是：现代流行的资本主义世界体系是假现代性，这种西方现代性必须被终结。

（二）现代体系的危机

在华勒斯坦看来，现代资本主义世界体系的危机根源于两大因素：其一，是自由主义意识形态所支撑的资本主义世界体系一系列经济和政治困境，冷战的结束不是消除而是强化了这一系列困境[②]；其二，自由主义所倡导的技术现代性与人类自我解放现代性之间的紧张关系。尽管说自由主义（包括各种类型的自由主义）导致现代资本的世界体系后生危机走向终结有些绝对，但是在这种

① 就是作为现代性理论的各种意识形态思潮也无法真正解决现代性的最为关键的问题，即人民是谁的问题（这也是行动理论最为关键的核心问题）。华勒斯坦说：主权在民这一新术语构成了现代性的一大成就（由于意识形态实际上是应付现代性的政治纲领，所以每种意识形态都需要有个“主体”或一位政治主角。用现代世界的专门术语来说，所涉及的是主权问题。法国大革命在这一问题上的立场十分明确：反对主权在专制君主，宣告主权在民）。尽管从那以后的一百年间不断有人反对这一新宠儿“人民”，但谁也未能将其废弃。然而，胜利虚幻不实。世人可能有一共识：即人民至高无上；但从一开始在谁是“人民”这个问题上就存在着歧见。（华勒斯坦，2002：77－78）自由主义者们认为是所谓的自由的个人；保守主义者们认为是所谓的传统群体；社会主义者们则认为是“社会”全体成员。（华勒斯坦，2002：81）

② 这些困境主要表现在：冷战时期美苏“共谋”所形成的实质上的“单极世界”，正被美日同盟与欧盟之间并非基于意识形态的物质利益冲突所取代；中心地区的资本大多数流向俄罗斯和中国这样的半边缘地区，对边缘地区（特别是非洲）的投资进一步减少；由南向北的大量移民将导致北方国家政治结构、文化结构进一步分化，而南方中产阶级的外流将使南方国家处境更加恶化；伴随北方国家中产阶级队伍不断壮大的是生产成本的上升、连续的通货膨胀和资本积累的严重下降，这些后果最终将威胁中产阶级的利益；资本主义世界经济体系无新地区可扩展，非乡村化（城市化）的完成将使劳动力储备减少，全球劳动力价格上升和利润减少；生态危机严重，如此等等。（武云，2005）

绝对的思维中却种下了苏醒的意念。

1. 现行世界体系走向终结

华勒斯坦认为，现行世界体系过去是，现在仍然是个资本主义体系，亦即是个主要通过切实改变一切而进行无休止的资本积累的体系。（华勒斯坦，2002：372）但是现行世界体系中解决正常周期下降问题的传统机制失灵，世界体系的正常律动紊乱，导致了体系“大大失衡”。（华勒斯坦，2002：66）总体说来，我们在理论上能够预测到现行世界体系发展进程本身将会加剧而不是消除危机；而我们清楚，这一危机还将引起一场混乱，一场延续二十五至五十年的世界大混乱，其结果是形成某种新型的秩序。（华勒斯坦，2002：69）需要补充华勒斯坦的结论为：如果因为所谓全球化而纳入到了资本体系，特别是无休止的资本积累体系的国家，无论持有何种意识形态，或者保留着何种社会性质的宣称，同样被纳入到了西方现代性背景下的资本的命运体系或者资本所确定的现代资本主义世界体系的命运体系中了。现行世界体系正走向终结，在一定程度上也预示了现代性的终结。

2. 现代体系危机的表现

华勒斯坦认为，这场危机是全面的，困境是深重的。（华勒斯坦，2002：161）现行世界体系一直龌龌龊龊。（华勒斯坦，2002：127）

根据我的归纳，这场危机的表现主要有：其一，不平等性不仅成为这场危机的表现，同时也是为资本主义现代性送终的行动性原因。华勒斯坦说：事实是，我们生活在一个极不平等的世界上。（华勒斯坦，2002：171）在资本主义经济体系中，无论是就空间，还是阶级而言，剩余价值的分配是不平等的。（华勒斯坦，2002：166）资本主义生产的发展随着历史上时间的推移，实际上导致了（其实是需要）世界人口在社会经济方面不断扩展的两极分化，并同时导致了人口的两极分化。在这种情况下世界经济体系中一部分国家“发展”的对立面确实是其他国家的“衰退”，或曰“逆反发展”，或曰“不发达”。为此，华勒斯坦得出结论说：在我们现行的世界经济体系框架内，所有国家（或是许多国家）无法同时“发展”。① （华勒斯坦，2002：168）于是危机就表现为一个国家的发展

---

① 说到资本主义世界经济体系框架内国家发展的可能性，所有国家都发展是绝对不可能的。资本积累的过程需要有个等级森严的体系。（华勒斯坦，2002：166）这个等级可能就是形成发展梯度的表现。

以另一个国家的不发展为条件，一些人的富裕以另一些人的贫困为代价。“掌权的人们会甘愿放弃他们的特权吗？当然不会；他们绝不会那么干。有时他们会放弃一点特权，但那只不过是为了保住大多数特权的一种策略手段而已。掌权者们从未像在当代世界里这样权重、富有；而无权者们（抑或至少是他们中的许多人）则从未像现在这样贫穷——当然是相对的，而在很大程度上则是绝对的。因此，两极分化从未像现在这样严重；这意味着，心甘情愿地放弃特权可能也是最不可能的事。”（华勒斯坦，2002：425－426）

其二，混乱造成了双重斗争的情势。现行体系的危机导致了世界的大混乱，使我们处在“淆世”。华勒斯坦说：我们已经陷入的世界大混乱并非起因于被压迫者的斗争，而是起因于压迫他们的体系发生了危机。（华勒斯坦，2002：171）在华勒斯坦看来，这一世界大混乱时期[①]，是一个有着双重斗争的时期，这个双重斗争，一个是直接为生存而进行的斗争，一个是为未来的将从当今体系上的混乱中兴起的具有重大历史意义的体系的形成而进行的斗争。（华勒斯坦，2002：172）这种混乱所导致的斗争则可以看作危机的表现。这里要为华勒斯坦的说法讨个公道：我们已经陷入的世界大混乱并非起因于被压迫者的斗争，而是起因于压迫他们的体系发生了危机，这是睁眼瞎的说法。实际上，不管华勒斯坦是否承认，目前的这种乱世，不仅仅是起因于压迫劳动者的体系发生了危机，而更重要的依然是被压迫者的斗争实践——不管这种斗争的形式如何。

其三，资本的祸害越发严重。当今公认资本主义历史体系的自我破坏是巨大的，并在加速恶化。这种祸害包括了三个主要方面：一是对技术的祸害[②]，二是对社会的祸害[③]，三是对生态的破坏。尽管人们为了减少这些祸害而作出了努力，比如精神错乱和社会道德沦丧已成了医学治疗的病症，生态问题亦正在

---

① 我们只有看清全局，才能走出我们这一具有重大历史意义的资本主义的现行世界体系的危机。（华勒斯坦，2002：171）问题是：这个全局指涉的是什么？而且在何种视角下才能看清全局？这些都是华勒斯坦埋下的伏笔。

② 资本积累所受到的压力不仅导致了技术进步（最坏的情况可能是不起作用，最好的情况可能是起作用），但也导致了巨大的破坏。（华勒斯坦，2002：175）这是资本积累的两重性。

③ 主要表现在资本主义历史体系在社会心理上所造成的“精神错乱”和“社会道德沦丧”等问题。（华勒斯坦，2002：175）实际上远非如此，另外在社会心理之外对社会组织的破坏更为严重，社会解组就可以被看作一个重要的表现。

以净化和循环利用的方式进行解决。这些取消祸害的措施是在治标而非治本。(华勒斯坦,2002:175)

其四,现行体系助长贪婪的情感和行为。华勒斯坦说:贪婪是一种非常有害的情感;而我们的现行体系却助长这种情感,并奖励这种情感,因而实际上是赞美这种情感。我们真的会认为:如果贪婪在道德上,在将价值等同观融入超我的情况下受到某种程度的约束,社会就不会自由了?一些人说仁慈能够抵消贪婪。然而仁慈并未消除贪婪,甚至未能减少一点点贪婪。仁慈很可能只会成为贪婪者犯罪的契机。仁慈表现为一种根据公平合理的主张所尽的责任,而不是一种平息众怒的手段时,其作用就完全体现了一种真正的仁慈——亦即诚如其词源向我们说明的那样,体现为亲爱、慈爱、挚爱。(华勒斯坦,2002:414)

其五,走向毁灭的繁荣。[①] 繁荣意味着衰败,一种类型的繁荣导致另一种形式的腐败。溃败的社会是根腐的时代。“繁荣的代价开始越来越明显了,其未能预见的后果开始感觉到了,其体制结构如果说不是开始崩溃的话,至少是开始动摇了,甚至是开始震颤了。”(华勒斯坦,2002:183-184)华勒斯坦指出:物质财富总量增加,而只有一小撮人生活得好这两个事实,大大伤害了那些被排除在外的人们的感情。[②] 我们除非十分清楚只有形成一种相对平等、完全民主的具有重大历史意义的体系才能解决问题,否则难以令人满意地消除我们这个世界体系的致命的混乱状态。(华勒斯坦,2002:267)但是问题是这个目标能否实现呢?华勒斯坦追问:谁想放弃好生活呢?总是有那些少数苦行者和另外一些由于感到羞愧和内疚而愿意放弃优越生活条件的少数人存在的。但,对大多数人说来,放弃优裕的生活是种圣徒品德的显示或是狂人行为的表现,虽然会令人敬佩,但他们不愿这么做。出现这种现象的原因在于所追求的一个全民目标显然不是幸福而是繁荣。[③] (华勒斯坦,2002:177-178)繁荣埋藏了幸福,是西方现代性的典型特征;当这种西方现代性被送迎到东方的时候,繁荣埋藏幸福的程度有过之而无不及。我们所在社会的根基就是这样被腐烂而溃

---

① 繁荣首先是种机会,是种享受的机会,是种创造的机会,是种有福同享的机会。而繁荣也是一种负担。繁荣强加的第一个负担就是维持繁荣的压力。(华勒斯坦,2002:177)

② 与美国繁荣以及世界繁荣一道而来的是国际上和美国国内贫富之间、中心与外围之间、既得利益集团与非既得利益集团之间差距的不断扩大。(华勒斯坦,2002:183)

③ 华勒斯坦认为,这种追求繁荣而非幸福的模式是托马斯·杰弗逊在《独立宣言》中所记载的,也许是这种乌托邦式的、传奇式的形象。

败的。

3. 现代体系危机的特征

(1) 渴望与丧失的张力越来越大，危机使我们所处的时代进入黑暗境地

大多数人不再对未来抱乐观态度，从而对现在完全丧失了耐心这一事实，并不意味着这些人就放弃了他们对美好社会——比他们所了解的世界更加美好的世界的向往。他们的渴望依然强烈；而渴望愈烈，则希望和信念的丧失愈甚。这说明，我们正进入一个具有重大历史意义的过渡时期。这也说明，这将是个问题成堆的时期，将是一个直至过渡时期结束的黑暗时期。（华勒斯坦，2002：387）期待未来又害怕未来成为西方深度现代性下资本肆虐的绝唱。

(2) 现行世界的惯性特征伴随着这种体系的终结过程

华勒斯坦指出：历史体系陷入危机这一事实，并不意味着人们不再继续逐日地做或试图做他们已在做的同一类事（或至少是同一类事中的许多事）了。世界为供应市场的商品生产将不会停止。国家将继续拥有军队并将发动战争。政府仍将使用警察力量来确保其政策的执行。资本的积累将持续下去，然而会困难重重；世界体系中社会经济方面的两极分化将加剧。而国家和个人仍将竭力促使自己在体系内的等级方面向上流动或者至少不要向下流动。[①] 维持体系内的自我利益就体现了这种体系的惯性特征，但是危机本身却使这种惯性的力量递减到现行体系的终结，所以这种惯性将伴随体系终结的全过程。

(3) 欺世的现代性依然行使欺骗的功能

第一，自由和市场的欺骗。[②] 这是一种被欺骗的状态，我认为这种状态可以

---

① 五百年来有一大特征是体系内的动荡一直不大、不剧烈。当历史体系相对稳定时，大的行动（即所谓的革命）对体系运动的影响相对较小；而现在哪怕是小的行动也可能会有相对比较大的影响——对变革现行体系影响较小，对确立最终替代体系影响较大。因此，人们行动所获的利益可能是很大的，而不行动或受误导的行动所得到的惩罚同样是很大的。（华勒斯坦，2002：172）

② 资本主义理论家们传统上尊崇亚当·斯密，强烈反对国家“干预”市场，并断言：这种干预必将对利润率产生负面影响。由于资本主义企业家实际上并不理会这一理论（只有在认为这一理论将会对直接的竞争对手产生负面影响时才对之加以重视），所以我完全有把握说，无节制的自由放任是资本主义的基石这一理论只不过是个骗人的鬼话。（华勒斯坦，2002：390）这个鬼话与自由市场的鬼话形成了在理论（知识）上和行动（实践）上的双重鬼话。这些鬼话骗了不少人。问题是到现在还有不少人自愿地被骗着，上了瘾似的被骗着。

有两个形式，一是自愿被欺骗即自欺，二是被迫被欺骗即被欺。华勒斯坦指出：现如今在许多（或许是大多数）国家，自由市场口号挂在每个人的嘴边。然而这些口号不过是绝望的呐喊，没有什么人真正相信（或长期相信）会发生多大的变化；而那些少数相信会有变化的人可能是要失望的。[①] 由此而延伸为一种主张，这是一种没有大张旗鼓宣传的主张，即要求世界性的同情和施舍。华勒斯坦说：然而诚如我们所知，这种主张在历史上从未产生过什么好结果。（华勒斯坦，2002：109）可能市场带来的繁荣会使绝望的市场体系呐喊者更加狂妄，但是“2111 危机”则宣告了这种自由市场的资本主义走向末路。可是，在中国自由与市场仍然行使着欺骗的功能，包括自欺欺人的情形。

第二，被虚假胜利冲昏头脑的欺世。华勒斯坦举例说：中心国家的政治家和政论家们被自己的豪言壮语弄糊涂了，以致认为某种称之为共产主义的东西消亡了，而对自由主义理念已经式微这一事实却视而不见。（华勒斯坦，2002：109）同时苏联、东欧剧变不会长期掩盖资本主义经济结构内外围地区经济变革美好前景的丧失这一事实。（华勒斯坦，2002：124）这种欺世本身就是现代性崩塌的体现，当然更是当下体系危机的表现特征。其实，现代体系危机的特征还表现为我们当下正接近于“两歧状态”；这一状态的后果本身就具有不确定性，可能将我们推向两个截然相反的方向。（华勒斯坦，2002：66）这种两歧状态给了华勒斯坦无限的憧憬。华勒斯坦说：因此我们确信，两歧状态结束后（即 2050 年或 2075 年以后）情势就不那么复杂了。我们将不再处于资本主义世界经济体系中。我们将转而生活在某种新秩序（一种秩序或多种秩序）——即某种新的具有重大历史意义的体系（一种体系或多种体系）中。我们因而也就可能再次看到相对的和平、稳定和合法性。但会是比我们至今已见到过的和平、稳定和合法性更美好呢，还是更糟糕呢？不得而知，好坏得看我们自己了。（华勒斯坦，2002：48）平等的世界要求在消解现代世界体系的合理性。华勒斯坦说：如果人人享有同等的权利，各民族享有同等的权利，我们就难以维持资本主义世界经济体系一直具有，并将永远具有的制度了。而如果公开承认这一点的话，资本主义世界经济体系将在危险（即一无所有的）阶级的眼里没有了

① 华勒斯坦把自由市场看作一句鬼话，而且是公众在绝望的时候才接受的鬼话。华勒斯坦说：当然，这些民众在绝望中一时接受了重又复活的世界右派的口号——“自由市场”这一鬼话（据说不是美国式的新种，也不是西欧式的那种），但这一情势瞬息即逝了。（华勒斯坦，2002：140）

合理性。而一种体系如果没有了合理性，也就存在不下去了。（华勒斯坦，2002：160－161）最激进的豪言壮语也难以保证人类自我解放的现代性，至多能保证实现一点点技术现代性。（华勒斯坦，2002：140）

华勒斯坦这种预言在21世纪的早期得到了恰当的证明，这就是资本主义世界经济体系是一个虚假的骗人的体系，是一个只为资本谋利益的体系。而被骗者到目前还没有觉醒，他们依然认为加入到这个体系是正确的。这就像是吸食毒品者很清醒吸食毒品是有害的，但是又无法拒绝一样，在中国存在这样一批被骗上瘾的甘愿上当受骗者。但是必须警惕别有用心的人，这些人或者是资本家或者是与资本家合谋的知识人。

如果从我们生存的当下社会状态考察，无论是现代性，还是所谓的后现代性在世事的操弄者那里包括所谓的学者那里可能都是一种欺骗世人的说辞，尤其是别有用心者竭力要加入所谓的那种体系，实际越发把我们心目中残存的那点温暖的社会连根拔起。所以在讨论华勒斯坦的这种现代性思想的时候，我比华勒斯坦更加激进，因为我能够领略到许多人并非被骗，而是在利益的驱动下甘愿被骗。

三、出路：建立有托邦

“我们从口号到口号，狂热地、绝望地、有时毫无顾忌地这么来回折腾。在发展进程中，少数人干得很好或者比较好，但大多数干得不好，难道我们还要在这只转笼里待上下一个三十年吗？我希望别待了；那样的话，我们肯定会发疯，要脾气的。”（华勒斯坦，2002：168）那么，不待在这只转笼里，又该到哪里呢？华勒斯坦为此建构一个我们的去处，这就是“有托邦”。

（一）有托邦：天真幼稚的想象

“我们当今和未来五十年的工作是创建有托之乡的工作。这一工作就是设想并努力创造新社会秩序。这是因为绝难确保一个不平等的历史体系结束后就会出现一个比较好的历史体系。努力是毫无限制的。”（华勒斯坦，2002：143）在华勒斯坦看来，如果在笼子里待上几十年，要是不发疯，我们一定要找到一个去处，找到一个所在。为此，华勒斯坦设计了一个我们要去的地方，我们要待的所在，这就是同“乌托邦”相对应的“有托邦”。不过照我看来，这个“有托邦”是比“乌托邦”还乌托邦的乌托邦。

1. 缘何放弃乌托邦

“乌托邦？有托之乡？这是在玩文字游戏吗？我认为不是”，华勒斯坦如是说。（华勒斯坦，2002：365）乌托邦是托马斯·莫尔爵士杜撰的一个词，原义为“乌有之乡”。华勒斯坦对乌托邦的看法是：“真正的问题在于：不仅此前从未有过什么乌托邦，而且我和许多人都认为人世间永远不会有什么梦幻中的天堂。”（华勒斯坦，2002：365）因此，华勒斯坦看到了乌托邦的本性：其一，乌托邦具有宗教作用，有时也能成为政治动员的工具，然而在政治上往往是事与愿违；其二，这是因为乌托邦是产生幻想的温床，所以不可避免地又成了幻想破灭的根源；其三，乌托邦可被用来（实际上已被用来）为十分邪恶的行为作辩护了。而我们实际上唯一需要的，仍是更多的乌托邦式的幻想。（华勒斯坦，2002：365）根据这些分析，华勒斯坦放弃了乌托邦这个概念。这同继续使用乌托邦并为之辩护的哈贝马斯等人的做法正好相反。问题是破而立之才是学术知识创新之路，华勒斯坦在放弃了乌托邦之后，却发明了“有托邦”来取而代之。真的存在“有托邦”吗？到头来是否依然是乌托邦呢？让我们看看华勒斯坦的“有托邦”设计。

2. 有托邦

(1) 什么是“有托邦”

一是，“有托邦”作为一种思考或者思考方式，是对历史抉择所作的严肃认真的思考，是对我们能够选用的具有历史意义的体系之真正合理性所作的评判。二是，“有托邦”作为一种制度，是对人类社会制度所作的冷静的、理性的和现实的思考；这些制度可能会有种种局限，但为人类的创造能力开拓了无限空间。三是，“有托邦”是未来世界的所在，不是完善的（和必然的）未来之面貌，而是一种他择性的、相信会比较好的、历史发展中可行的（但远非是必然的）未来之面貌。四是，“有托邦”是一种行动或者实践，华勒斯坦说，“有托邦”是一种同时在科学、政治和道德方面的实践。（华勒斯坦，2002：365－366）由此可以看出，华勒斯坦所设计的“有托邦”似乎是一个地方，但是又没有确切地址的行动性所在，是存在于行动中，还是存在于想象中，任凭读者进行想象。

（2）为什么要设计“有托邦”

“我们现正处在体系发生危机的时期；体系发生危机正是合理性丧失之时。重新确立某种社会秩序，不仅要构建一替代体系，而且要在很大程度上使构建起来的体系合理化。”（华勒斯坦，2002：367）这就是华勒斯坦要设计一个所谓“有托邦”的重要原由。

在过渡时期或者在时空转换时期设计建立“有托邦”是非常重要的。在华勒斯坦看来，我们现正处在设计未来的时期。只有在这样的时期设计未来建构“有托邦”才是可能的。“确立我们的总体目标是我们通常难以切实做到的事；只有在体系处于两歧状态、历史性的过渡时期才有可能做到。”华勒斯坦说：“这一时期，我称之为转换时空，有托之乡不仅非常重要，而且成了我们首先关注的问题。”（华勒斯坦，2002：366）华勒斯坦的这句话实际说明了我们在世界上无着的状态和由一个定在的愿望。可见，在旧体系处在危急时刻，在新体系还在远望的时候，是设计未来最好的时机。华勒斯坦认为自己抓住了这个时机，来设计未来的有托邦。

（3）“有托邦”设计的依据

“如果真的像我曾说过的那样，我们正处在一个从我们现行的世界体系到另一个（或多个）体系的漫长而又艰难的过渡时期的话，如果结果难以预料的话，就有两大问题摆在我们面前了：我们实际上所要的是什么样的世界？我们将最有可能采取什么样的方式抑或什么样的行动路线抵达那里？”（华勒斯坦，2002：409）华勒斯坦认为，这是两个长期存在的问题。

华勒斯坦认为，对第一个问题也就是说我们实际上所要的是什么样的世界的问题通常是根据“乌托邦”的理念提问的。但是，华勒斯坦提出了“有托邦”的理念，即对具有重大历史意义的抉择作出严肃认真的评判，对可供抉择的具有重大历史意义的体系作出判断。那么何以到达“有托邦”呢？在华勒斯坦看来，第二个问题是根据发展进步的必然性提出的；“而我则想根据发展进步终止的确凿性、发展进步的可能性而非必然性来提出问题”。[①] 因此华勒斯坦得出结论说：“有托之乡的提出就是对知识结构、对我们实际知晓的社会领域运行方式所重新进行的缜密审议。”（华勒斯坦，2002：368）但是这里华勒斯坦并没有

① 我们所掌握的知识，特别是依之对我们的历史体系所作的结论的正确性，因而就成了斗争中关于真正合理性的一个中心问题。（华勒斯坦，2002：409）

明确指出要重新缜密审议的知识结构和社会运行方式到底指涉什么，但是却留给了我们很多的看似知识行动论的想象：第一，以往支撑我们社会运行方式的知识结构是有问题的，正是这些知识结构上的问题才导致了旧体系的瓦解；第二，社会运行方式所出现的问题直指那种规定性的实在，同时也直指那种右派的社会学理论——更多的是指所谓的“社会良性运行论”，也就是在实践上和理论上否定那种把社会带入绝路的做法和这个做法背后的知识。尽管华勒斯坦没有明说，但可以肯定的是，华勒斯坦指涉的主要应该是资本主义的知识结构和支撑资本主义社会的运行方式。可以发挥的观点是：只有去资本化和去资本主义化可能才有非资本家生存的所在，才有我们所希望存在的那种社会形式的存在。华勒斯坦在以隐含的方式重复着马克思的故事。

（4）寻找世界的行动设计

何以达到“有托邦”？华勒斯坦告诉大家：“切记，我不是在倡导‘乌托邦’。我是在揭示通向实际上更为理性的道路。要大大减少这种不平等的现象，就必须要有大规模的集体行动。”（华勒斯坦，2002：408）这种行动所包含的目标：第一，消除歧视。去歧视是我们所设计新世界，即“有托邦”的首要目标。华勒斯坦说：我们要进行的行动就是设计出一个社会福利世界。在这一世界里，种种歧视将被降至最低限度；而种种歧视当今仍是我们这一现行历史体系存在的基础。这种种歧视如今在毒害着世界各地的全部社会生活。这种种歧视支配着我们的心态，不仅对那些属于被压迫群体的人们，而且对那些属于统治集团的人们造成极其严重的身心的伤害。其结果非但没有好转，反而越来越糟。第二，消除歧视背后的所有不平等现象。这些不平等现象是不道德的，是不能接受的，然而在我们现行世界体系框架内是难以消除的。据此在旧体系行将消亡的时候要设计一种新体系。“问题是：什么样的体系行将诞生？”（华勒斯坦，2002：408）我评价说“有托邦”依然是“乌托邦”的一个重要理由就是：仅仅靠消除歧视的集体行动无以托起我们的希望之所；迈向理性的大道，也非仅依靠消除不平等就能导引。

（二）迈向新体系

现行世界体系存在着缺陷，并正走向终结是世人的共识。华勒斯坦指出：摆在我们面前的现实问题是：我们要用什么东西来替代这一现行世界体系。（华勒斯坦，2002：410）这个问题也可以转化为这样的说法：怎样建设新体系？

1. 必要性：必须建立新体系

（1）历史的必然

在华勒斯坦看来，我们在现行的世界体系消亡时，完全可以建成一个好得多的世界体系。我们这么做，是历史之必然。我们必须把握机遇，为获救而进行斗争。[①] 甚至可以说，我们获救不仅是自身的追求，还是历史的必然。如果要我换一个说法就可能是：历史将抛弃资本主义。这是无法由资本选择的一种必然性。

（2）文明社会建设的要求

华勒斯坦说：现行世界体系将于未来的五十年内在我们面前轰然崩塌，所以我们必须要有一个实实在在由集体创建的替代体系。在华勒斯坦看来，只有建立了新体系，我们才会有机会在世界文明社会里取得一种葛兰西式的支配地位，从而才会有机会赢得反对那些以万变保不变的人们的斗争。（华勒斯坦，2002：214）也就是说文明社会建设要求一种新体系，这种要求是我们反对以剥夺起家的那些权贵而取得胜利的前提。这时，历史的逻辑转换为文明的呼唤。

2. 何时建成新体系

第一，新体系建构的时段。华勒斯坦把2050年看作新体系建成的时间。华勒斯坦说："2050年的世界将是我们所塑造的世界。这就为我们的行动、意愿和精神提供完全自由的空间。"（华勒斯坦，2002：408）我认为这个说法似乎有臆断的嫌疑并构成"乌托邦"的因素。可能21世纪中叶只能达到内乱（内在逻辑淆乱）的顶峰，或者仅仅达到一种内在逻辑混乱的峰区。

第二，新体系建设的过程性。华勒斯坦认为制定新体系建设的战略就需要二十年的时间酝酿。"应付解体时代而最终形成一种明确的反对现行世界体系的战略，至少需要二十年的酝酿时间。"（华勒斯坦，2002：246）超越资本的新体系建构不能仅仅停留在酝酿阶段，事实上加上酝酿时间，新体系的建立需要相当长的历史过程，22世纪有望出现端倪（这也是一种想象吧）。

---

① 上帝唯一的选民也许就是人类。我们如果努力的话，也许能够得救。（华勒斯坦，2002：204－205）

第三，新体系建构的核心主张。华勒斯坦认为，在设计这个新体系并制定战略的时候，人们现在所能做的，就是提出一些可被这一战略吸收的主张。然而，这些主张能否相互融会，人们没有把握；这些主张是否完善，人们也难以确定。必须肯定这样一个主张：断然放弃过去那种通过夺取国家政权实现社会变革的战略。（华勒斯坦，2002：246）对此我产生这样的疑问：放弃这样的战略又该采取哪种战略呢？在华勒斯坦那里似乎也没有答案。

3. 如何建设新体系

"新耶路撒冷也许不在这里，也不在耶路撒冷，也不在其他任何一个地方。希望之乡也许就是我们的地球、我们的家乡、我们的世界。"（华勒斯坦，2002：205）

（1）充分认识到建立新体系的艰巨性

华勒斯坦指出：有关建立"世界新秩序"的所有言论都成了耳边风，几乎是无人相信，不管怎么说，是极难建成的。（华勒斯坦，2002：243）这种困难性也决定了建立新体系是我们的一项艰巨任务，这不是一项轻而易举的任务，不是一夜之间就能完成的任务。因而建立新体系必须考虑到困难性和艰巨性。

（2）发挥人类的创造力

华勒斯坦说：在探求真正的合理性、追寻美好社会（抑或至少是比较好的社会）方面，我们所拥有的一大优势就是人类的创造力。这一创造力的潜势是无限的。（华勒斯坦，2002：420）体系本身的特性①，决定必须发挥人类的创造力。

（3）实现全民联合的构想

在华勒斯坦看来，建立新体系，一种全民联合的构想是唯一切实可行的构想，但又是一个非常难以实行的构想。华勒斯坦自己并没有提出一套纲领，只提出了几个问题（华勒斯坦，2002：424），如人们怎样才能将一个真正比较合理的历史体系制度化；人们怎样才能度过这个过渡时期，最终抵达这一历史体系。（华勒斯坦，2002：425）

---

① 我们对复杂的诸多体系所了解到的是：这些体系是自行成形的，并不断制订新规则或新办法，以解决当前的问题。然而我不想在此赞颂一种必然进步观；这是因为创造力并非必然或总是令人满意的。所干的事并非必然都是公正的、符合道德标准的。说的一套并非就是做的一套。（华勒斯坦，2002：420）

（4）抓住历史机遇

建立新体系必须能够要把握机遇和抓住机遇。华勒斯坦提出：我们如果想抓住机遇，就必须首先确认这是个什么样的机遇和会有什么样的结果。这就要求我们改变知识结构，以便了解我们的结构性危机的性质和我们的21世纪的历史性抉择。我们一旦认定所要作出的抉择，就必须准备在毫无获胜保证的情况下进行斗争了。这是至关重要的大事；其原因是幻想只会酿成其自身的破灭，而随之产生的即为政治影响的消失。其次，建立新体系的策略行动必须明确、毫不含糊，而同时又必须要有计划，要有中期打算。应成为那些想抵达一个比我们当今生活在其中的这个世界实际上更合理、更美好的世界的人们的行动准则。（华勒斯坦，2002：426）

“简而言之，我们在谈论我们的崇高理想、向前奋进时，必须脚踏实地，做一个像葡萄园里实干的、出成果的、持之以恒的工人那样的人。”（华勒斯坦，2002：214）

四、终结的归结

“好在理论是灰色的，而生活之树长青，人类文明将以其固有逻辑走近充满希望的有托之乡。”（武云，2005：6）对是否存在“有托邦”，能否达到“有托邦”，华勒斯坦有着天真的看法，我在介绍他的观点时也作出了一些说明性解释甚至批判。这里依然要就几个相关的思考作出一些交代。

（一）谁的什么的终结

如果说，华勒斯坦的所谓的过渡时期或黑暗时期或者直接表述为乱世的判断成立的话，那么这个乱世是由于旧体系造成的——或者直接说是由全球资本体系造成的。华勒斯坦说：“我曾指出：存在着一些影响我们现行世界资本持续积累进程的结构性缺陷；这些缺陷在明显地制约着世界体系的正常运转。我曾指出：这些结构性缺陷——我称之为关键机制的渐近线——正在造成一种令人难以安身而又完全捉摸不定的结构性的混沌状态。”（华勒斯坦，2002：426）

1. 谁的终结

华勒斯坦用《自由主义的终结》来讨论这个旧体系的终结问题。作为左派，华勒斯坦更明确的指向是我们要度过这个黑暗时期，必须终结充满危机的资本主义世界体系。如果再继续追问下去就是：这个充满危机的资本主义世界体系实际上可以概括为资本体系，再简单一些可以概括为资产者（阶级）或者资本家的体系。如果我们更左一些，就可以直指制造危机的行动者——资本家。要让资本家终结，那就是一场天翻地覆的大革命，这场革命就是马克思所倡导的无产阶级革命。华勒斯坦实质上在谁的终结问题上暗含了这个马克思主义者的真正命题。

事实上，华勒斯坦还没有那么左，因为在他的思路中，只有我们而没有他者，我们的世界包括了资本家的世界，不加区分的没有边界的我们，似乎成为一种标识，"同一个世界同一个梦想"变成了我们企图融进他们的从而成为自我理解的我们的一个真实的梦想，到头来依然是一场梦。如果能够醒来，就知道这个时期不仅仅是一个黑暗时期，而且是一个充满激烈斗争的时期。这样说来，华勒斯坦是醒着的。但是在斗争的战场上华勒斯坦却疲倦得睡着了。抽象的无人的斗争也只存在于乌托邦，从这个意义上说，马克思是永远醒着的。因此，可以接着华勒斯坦的话说，或者重复马克思的话说：不消灭资产阶级或者资本家阶级，就没有真正的世界！

2. 谁的什么的终结

自由主义作为行将终结的资本主义世界体系的主流意识形态也必将终结。不仅自由主义终结，华勒斯坦还认为就是换了装束的新自由主义也将寿终正寝。[①] 正是因为"自由主义的"在《自由主义的终结》一书中暗设了这样的非此即彼的两极化假设，将"马克思列宁主义"强行纳入"自由主义"的体系中去，所以，尽管书中批判资本主义"世界体系"的火力甚猛，但读者却看不到在此之后能够取而代之的有鼓舞力量的思想和运动的正面论述，关于"反体系运动"将

---

① 华勒斯坦认为，20世纪80年代早期以来，新自由主义全球化滚滚向前。事实上，在现代世界体系历史中，它并不是一种新理论，尽管它宣称如此。其实仍是非常陈旧的理论，即世界各国政府不要干预有效的大型企业在世界市场争夺优势的活动。华勒斯坦指出：十年之后，新自由主义全球化将被视为资本主义世界经济史的一次周期性摆动记录在案。真正的问题不是这个阶段是否结束，而是回摆是否能够如从前一样，恢复世界体系的相对均衡状态。或者，造成的破坏是否已经太大了？我们现在是否已经进入世界经济以及作为整体的世界体系更加充满暴力的混乱之中？为此，华勒斯坦举例说：假如人们只注意股票市场数字，账面上看来挺好。但这是一个超级信用气泡，它必然破裂，目前也正在破裂。由于面临正在穿孔的气泡，世界上的股票市场都在颤抖。

来的“有托邦”的描绘是碎片性和令人消沉的。作者似乎因之失去了本来是其强项的历史能动性，只有和底层阶级一起在迷惘中等待这一体系在五十年或更多的时间之后自发地去走向“混乱无序”了。（薛恒，2003）我的看法更加激进：作为资本主义世界体系的主流意识形态的终结并不能导致旧的世界体系的终结，因为自由主义不仅是一种理想还是一种工具，不仅在资本主义，就是所谓社会主义也会拿它说（做）事。但是作为支撑资本主义力量的自由主义的终结则会在一定程度上引起体系结构的危机与冲突。因此资本家阶级的终结必须终结资本家阶级存在的核心意识形态，即资本主义，资本主义的终结才可能引起资本家阶级的终结。

自由主义也跟着走到了终点，资本主义体系正濒临灭亡。华勒斯坦2007年到中国访问时指出：“我认为，世界资本主义也是有它的危机，而这个系统五十年后将不复存在。因此，在这个我们将要进入的比较混乱的世界中，互相斗争的不同系统中存在的问题是谁将取代谁，或谁将继续这个系统。这是今天的政治斗争中的主要问题，也是伦理道德的斗争。我们可以建立一个系统，它不是资本主义的，但是，它保留了一些基本特征，它可以是级别化的、剥削性的、两极化的。”①

“华勒斯坦的观点包含着一种令人生厌的功能主义和经济化约论的综合。”（吉登斯，1998c：206）华勒斯坦将现代世界体系简化为资本主义体系，将资本主义体系简化为资本主义经济体，又将资本主义经济体简化为层层套嵌的剥削体系，现实社会的丰富内涵就这样被抽丝剥茧地掏空了。（安然，2001）现代世界体系等同于资本主义体系，又将资本主义体系等同于世界经济体，现代社会最终被抽干了所有血肉，只剩下赤裸裸的经济剥削。我认为，正是由于这种掏空，才使我们看清所留下的东西：资本主义是欧洲内生的一颗毒瘤，而现代世界体系则是癌细胞大爆发、大扩散的结果。

（二）华勒斯坦错了吗

华勒斯坦的挑战是无法回避的。华勒斯坦不仅在西方引起了“混乱”，更使那些要努力追随西方学术发展的人们在某种程度上迷失了方向。颠覆与革

---

① 《华勒斯坦问答录》，2007年11月3日，http://www.douban.com/group/topic/3154720/。

命的过程总是充满了快感。但对人而言,激情通常是相对较长时段的平静之后才可以获得的爆发。他不但挑战和颠覆既存的学术秩序,还致力于重建,正是这种建设性的努力,才使人们可以在其严密的逻辑与结构中获得快感,同时又不至于在激情冷却后迷失自己。华勒斯坦的知识之路,不仅给我们提供视角,也给我们鼓舞。即使华勒斯坦有错,也是无意之过失。

1. 我们真的处在乱世

我们所在乱世,是华勒斯坦对我们所在作出的基本判断,也是其理论的基本出发点。即便是在高龄阶段,华勒斯坦也不改这个结论。2007 年 11 月 3 日到上海大学访问时他还坚持认为:无论如何,我想强调的是,我们生活在一个军事上、经济上、政治上都极度混乱的时代,一切都动荡不已、前途未卜——在这个时代生活,殊非易事!华勒斯坦真诚地相信:"世界资本主义制度存在了五百年之后,第一次处于真正的系统性危机之中,我们自己正处在一个过渡时代。"

需要指出的是:不要把我们思维中已经存在的乱世的特征加载到华勒斯坦的乱世思路中,因为这种乱世同以往的乱世所表现出来的特点是不同的,隐藏在序存背后,隐藏在行动背后的胡思乱想达到了空前的境地,这种乱世是我们以往没有经历过的非典型的既裂又连的淆性。即便得出 20 世纪末叶的中国出现了太平盛世的结论,也无法掩饰资本对中国的侵袭以及在这种巨大斗争背后的腥风血雨。在资本的盘旋下世界没有净土,特别是在 21 世纪早期世界经济危险动荡的日子里,中国不仅没能幸免,而且有一股资本的力量在搅动着那本已汹涌的浑水。

2. 我们真的处在转折时期

旧的瓦解和新的崛起是破旧立新的历史主题,新桃换旧符是历史的必然,而非知识臆断。被称为社会转型的社会事实也是一种客观实在。

(1) 知识分子的痼疾还是知识的痼疾

"华勒斯坦所代表的西方左派,犯了 20 世纪法国著名社会理论家雷蒙·阿隆所指出的知识分子的痼疾。这些痼疾的症候如:夸大所处时代在历史发展中的重要性,假定自己与上帝一样站在历史的制高点,夸大弱势群体的要求,开发和利用各种现实中的不满情绪,相信历史发展的连续性,唯独不愿意正视现实。”（陈伟，2007）事实上阿隆所讲的痼疾并非知识分子的，而是知识的痼疾，因为这个时候知识会充当意识形态的角色来断定或评价知识分子对时代的判定。对华勒斯坦评价的这段话就掉入了知识的陷阱，把错归在华勒斯坦身上。事实上，在世界体系内我们现在的所在正处在转折点上，这正是我们正视现实的结果。

（2）嗜好还是洞见

“西方左派政治思想家似乎都有一种嗜好，那就是断言某种全面而彻底的危机。他们相信，既有秩序面临全面崩溃的危险，既有制度已经走到了尽头，这个世界陷入了万劫不复的大危机。惟其如此，一种全面的革命、最后的胜利才可能到来，这是历史发展的辩证法。而我们正处于这样一个历史性的伟大时刻。”（陈伟，2007）我认为这种说法完全是一种臆测，甚至是一种诬蔑。破旧立新不仅是社会发展的基本规则，更是知识进步的根本要求。从特殊性说也是靠近马克思主义的世界观和方法论的一种直接体现。① 只有通过对资本主义危机的观察和揭露，才能唤起革命性的思路和行动；从普适性上说，只有通过对陈旧的腐性世界揭露，才能迎接新鲜。

（3）振奋还是麻痹

“人们很容易错把愿望当成现实。所谓当今世界以美国为代表的西方的衰落和中国的崛起，平心而论，我们要当心，这可能不过是西方左派们制造的新神话。神话有时如同鸦片一样，满足了人们某种虚荣心和夜郎自大的心理，但现实终归是现实。阅读此类著作，或可让人精神振奋，激动不已，但我们一定要冷静，鸦片终归只是鸦片。”（陈伟，2007）我认为，这种说法是对华勒斯坦一生知识行动的亵渎。如果睁开眼睛看看世界，就会发现：一是，我们的愿望正在成为现实。二是，衰落和崛起正成为事实。三是，在华勒斯坦这里可能我们看不到希望，但是我们知道了正在发生的事情。四是，我们的振奋来自于华勒斯坦的某种昭示，那就是资本主义体系正在瓦解，不管时间多长，但已经出现了征兆，这对受剥削者来说就是曙光；但是对于站在资产阶级立场上的人或者资本家阶级来说却是无论如何不愿承认的，这在马克思那里已经得到过说明。所

① 华勒斯坦指出：马克思对于资本主义系统如何运作的分析是准确的，但经常有人，特别是一些自称马克思主义者的断章取义地去阅读和理解马克思主义。因此我们应该仔细研读马克思的相关著作。

以，有钱人会把马克思以及继承者对资本主义的批判以及为资本家送终的说法当作胡说，是鸦片，这是很好理解的。五是，华勒斯坦的辩证法是有启发的。华勒斯坦“精心构筑了世界体系与反体系的辩证法，并断言自己和他的同代人正处于旧体系崩溃、新体系呼之欲出而尚未到来的转折点”。所以，新世界体系的到来或者世界的到来，已经不是转型那么简单的事情了，而是世界处在一种转折点上，按照华勒斯坦的话说就是我们处在三岔路口上。这不仅不是虚构，反而是新世界的要求。

（三）我们到哪里

《自由主义的终结》不仅奏响了技术现代性终结的挽歌，还带来了走向未来有托之乡的福音。问题是，真的是福音吗？即便真的是福音，“有托邦”在哪里呢？

1. 一盏昏暗的路灯

弗兰克把华勒斯坦的“现代世界体系论”看作“一盏昏暗的欧洲路灯”。“19世纪和20世纪的所有社会理论家以及许多历史学家都是在错误的地点开始考察早期近代的历史。他们完全是在欧洲的路灯下四处观望。当他们从欧洲出发考察欧洲的‘扩张’，即欧洲对世界其他地区的‘整合’时，越远的地方越昏暗。也就是说，他们离开欧洲的灯塔越远，就越看不清楚。这也就是为什么华勒斯坦以及许多人认为，在1750年以前亚洲始终处于‘世界经济（体系）’之外，只是在那之后才被‘整合’进来。”（弗兰克，2001：83）从历史的角度看，华勒斯坦同弗兰克一样都修成了一条可以看的一定距离的道路并安上了路灯，为此我们可以看到昏暗的过去。问题是我们往前看，有路吗？有路灯吗？

2. 梦绕未来

如果有“有托邦”的话，那么“有托邦”何在呢？在华勒斯坦看来，要重建的新世界体系，就是“社会主义世界政府”。（华勒斯坦，1998：348）安然对此作出了这样的评价：华勒斯坦实际上只是提出一个新的名词，并未对新马克思主义理论有任何实质性的突破，社会主义世界政府的整体形态不是比马克思以及依附论的社会主义更清晰、更现实，而是更模糊、更具空想性，更加靠近哈贝马斯的全球社会。就经济形态而言，世界政府大致包括两方面内容：一是计划指导生产；二是为使用价值而不是为利润而生产，需求决定供给。但是，对于这个世界政府如何有效地协调全球生产和分配，如何协调各地区之间的利益冲突，如何解决生产动力问题等，华勒斯坦甚至没有做出讨论的打算。（安然，2001）我的看法可能更加美好一些，因为华勒斯坦把建立美好社会作为自己的学术追求，一是无论是否有突破，把"有托邦"置放于社会主义的体系下，对任何一个追求不受剥削的人来说都是一种安慰和激励；二是社会主义和共产主义作为一种人类的社会追求是一种为之奋斗的梦绕未来的理想，要胜于沉浸在无梦的噩耗中。所以，华勒斯坦的知识被还原为一种真实生活的世界。当然这个可能是资产阶级的噩梦。

3. 无法说清的未来才是真实的未来

华勒斯坦认为，体系变革时期是一个极不确定、不可能预知结局的时期。历史并不站在任何人一边。我们每个人都能影响未来，但我们不知道也不可能知道其他人实际上将如何行动来影响这同一个未来。对现存体系极端不满，对未来体系又无法把握。新体系究竟什么样，如何产生，华勒斯坦却认为难以预测。[①] 我认为，由于说不清未来，就认为美好的新体系"只能是一团模糊的幻影和一个没有任何实质内容的空壳"是有失公允的，正是因为说不清，才真实；对未来说得越是清楚，也就越虚假和越具欺骗性。据此，华勒斯坦能够给出的结论就是："有托邦"在社会主义里，"有托邦"基于全世界被剥夺者脚踏实地的努力。华勒斯坦在《自由主义的终结》中这样说：存在着一些影响我们现行世界资本持续积累进程的结构性缺陷；这些缺陷在明显地制约着世界体系的正常运转。这些结构性缺陷——我称之为关键机制的渐近线——正在造成一种令人难以安身而又完全捉摸不定的结构性的混沌状态。五十年后一种新秩序将生成于这一混沌状态；这一新秩序将形成于过渡时期内所有的人——现行体系中的那些掌权者们和无权者们——的共同努力。这一分析阐释既不乐观也不悲观，亦即我不做也难以做，结果将是更好抑或更坏的预测。然而着力引导人们

---

① 华勒斯坦对未来体系设计的模糊性、空想性和不可控制性，导致他在否定之后无所立论，怀疑之后无所创新，最终陷入了历史悲观主义。对此，华勒斯坦自己的解释——历史无法预测、不可设定只是一个借口，是对现实问题的回避。其实，这种空想性、模糊性直接导源于理论的片面性。由于否定过多，因而无可继承，也无法创新，美好的新体系就只能是一团模糊的幻影，一个没有任何实质内容的空壳。（安然，2001）

讨论哪些体系确能更好地满足我们的要求,什么样的战略能够使我们到达这一体系,却是切实可行的。因此,诚如东非的人们所说:哈兰比(齐心协力干吧)!(华勒斯坦,2002:426)

归纳起来可以简单地说:华勒斯坦乱世说证实了我们生活的当下是无根的社会状态,而提出通过建立"有托邦"来建构新的世界体系同样是作者心地善良的一种非学术性想象——如果说是骗人的倒是有辱于华勒斯坦的预测努力——这种想象可能是一种社会的扎根但是并非真实地找到我们所在社会的出路。我们根本不在现代性时代或者在后现代性时代,抑或这两个时代的过渡时期,而是在玛雅文化的2012年12月21日后的时期。

第二章　保卫社会还是守护个人：社会根性探寻

社会的根性到底是在社会层面上体现出来，还是在个人的层面上表现出来，是社会思想史上一个纠缠不清的问题。但是确能表达一个社会理论的党性。在社会学与社会之间，社会学必须始终围绕着社会，但是当二者出现分离的时候，是社会学抛弃了社会，还是社会抛弃了社会学，似乎也同社会根有关。如何保卫社会不受侵袭，成为社会根理论必须涉及的问题。当风险社会成为机制的时候，我们每个人都被抛入了不确定的环境中，寻找确定性也就成为应对风险的扎根方法。这些思想的表达并非仅仅在这一章的内容中，涉及的所有问题都散落在其他部分的陈述中。

第一节　知识与风险

我们生活在文明的火山(口)上，这是德国社会学家乌尔里希·贝克得出的结论。知识蕴含的行动制造着风险，风险嵌入到社会的结构中，使得现代性的过程也是积累和化解风险的过程。能否说，现代社会的可能同风险相关，知识行动在现代性境遇下扮演了拔根和扎根相互矛盾的角色？我们在哪里，我们往哪里，这就是社会风险。

一、个人与社会的风险机制

风险的机制和风险社会的机制共同构成了风险社会的现代性特征。文明的火山每天都在喷发,我们对此无限恐惧。但是这种对“我们的社会怎么啦”[①]的追问所隐含的扩展性恐惧,在知识行动论看来并非全部是必要的,我们怀有那种恐惧感,以及在这个基础上所延伸的对自我和自我所建构的火山产生敬畏感,是需要的。问题是我们能否转换一下思路,自我欣赏一番。或许在这个文明火山喷发的过程中我们能够获得这种机会欣赏社会美丽的另一面。这可能也会构成风险社会的某种机制。

(一) 风险社会的内涵

乌尔里希·贝克早从20世纪80年代开始提出“风险社会”理论[②],“风险社会指明工业主义的一个日益不可把握的阶段,这个阶段更为现代,并且被疑虑笼罩,因为它处于人为制造的自我毁灭的可能之阴影中,提出了自我限制的主题。这才是风险社会的新意,它与所有相互角逐的概念形成对照。风险社会概念促使社会学乃至社会——对生态学问题的投入。但风险与危机所显明的

---

① “我们的社会怎么啦”的问题表述同“我们在哪里”和“我们到哪里”的表述一样是社会根性的问题呈现,不管这些问题是否存在着逻辑上的漏洞。“我们所在的社会”确实使我们瞠目结舌:到底我们的社会怎么啦,可能会同我们在哪里、我们到哪里的追问有着内在的关联。

② 《风险社会》是贝克所写的一部“朝向一种新的现代性”的社会学著作。它被认为是20世纪末欧洲最有影响力的社会分析著作之一。1986年出版后的前五年共售出6万册,这个数字对于一本非教科书的社会科学学术著作来说是惊人的。英文版在1992年出版后,在1993年、1994年、1996年、1997年四次重印。此书引起如此之大的社会关注表明了它给社会带来的巨大影响和震撼。从风险社会学到风险社会经历有一个过程:西方社会理论家非常关注人类社会所面临的各种风险,比如海德格尔就对技术风险做过许多探讨。但是提出风险社会学的却是卢曼,卢曼在其《风险社会学》中对风险和危险进行了区分,并讨论了传统社会和现代社会的风险区别。从风险社会学到风险社会是一个社会理论范式的转变,风险体现了现代社会的本质特征,风险成为现代社会的生动写照,风险也成为现代社会理论的核心概念,这种概念的核心性体现在本质上解释了工业社会和风险社会的差别,在理论上出现了观察现代社会的范式。刘小枫认为:“风险社会”的概念强化了韦伯所谓的现代性即“神义性”转变为“人义论”的论点,古典社会理论的全身都受这一发所牵动,亦是正当性问题的根本要害。从这一意义上说,“风险社会”概念不是社会理论中的一个局部论点的修正,而是整个社会理论的调校。(刘小枫,1998:50)

是一种新的社会冲突动力，社会学必须把握这种冲突……风险社会是进入我们置身其中的社会的无人之地的津梁，主流的过去概念掩盖了这片无人之地，闩上了进入它的大门”。（刘小枫，1998）吉登斯判断我们身处一个生态破坏、贫困、全面战争和极权政治的高风险社会，而各类风险都是人类行动和抉择的未能预期的后果。（周慧之，2002）我们处在风险社会成为最为基本的时代判断，这不仅缘起于自然灾害在全球处在活跃期[①]，而且还表明人类不当行动自我酿造的风险呈现叠加趋势。

对风险社会的界定存在着不同的视角，但是最基本的要素指涉为知识的增加和知识的反向运用使我们所生存的社会内嵌了不确定，当我们遭遇不确定的境地时，风险就构成了我们所生存社会的特征的表现。刘小枫认为，在贝克的用法中，“风险社会”概念构成了一个历史的社会理论的范畴：以此不仅从社会的机体的角度，而且从社会结构乃至历史哲学的角度来描述现代性的危机潜能。（刘小枫，1998）不同的时代，风险的表达方式与呈现程度是不同的。我同贝克一样强调知识在风险社会的意义，但是我与贝克最大的区别在于我对知识的社会性的规定。人类社会一直都在风险的包围之中，不确定也成为社会的社会性的一个显著特征。但是到了现代社会的现代性作为社会性的表现形式更多地被知识所建构，也就是说我们在现代性境遇下的风险不仅是现代性的特征，同时也更多地表达了知识建构的结果。我们的知识或者我们所知道的东西应该限定在一定的程度内，超越这个程度我们就无法驾驭我们所知道的一切，就会被这一切掩入转瞬即逝的不自觉的社会状态中。（郭强，2007a）

任何社会都有风险，但是风险社会同社会中的风险是两个不同的概念。“风险社会并不对应于工业社会，但是风险作为现代性的特征成为社会的机体要素的时候，确实与工业社会或者传统社会有所区别：风险社会是工业社会发展的结果，正是由于工业社会的发展和现代化的推进才形成了同工业社会不相同的一种社会形态；工业社会作为一种阶层社会，所分配的是财富，而风险社会中所分配的却是风险，所以财富分配和风险分配是区分工业社会和风险社会的基本标准。”（郭强，2007a）这个观点主要来源于吉登斯和贝克等人。我并不完全同意，因为不管是无意，还是有意，一种真实被屏蔽了：知识制造风险、分配

---

① 我的看法是，2011 年 3 月 11 日日本的特大地震以及所引起的海啸等灾害连发标志着人类社会彻底进入风险高发社会。

风险与财富都同某种东西相关,这个东西可能是一种被屏蔽掉了的压抑变量。这个东西就是资本,没有资本在很大程度上就没有知识制造风险的能力,没有资本在风险背景下所遭遇到的变数是完全不同的。表面上,工业社会是分配财富,而风险社会分配风险,实际上二者呈现背后的强相关关系被意识形态眼睛忽略了。

风险社会中的风险具有非常复杂的特征,有些风险在很大程度上是由社会带来的,但也有些风险并非全部由社会带来的或者说并非全部由人造成的。现代性是一个充满自由的社会所具有的特性,但也是一个对社会进行科学控制的社会。所以社会所自造的风险作为一种显性的风险,随着随现代性增长而增加的现代社会控制能力为特征的社会可以有效地加以削减和化解,尽管可能不能完全消除人造社会风险(不管是制度化的,还是知识化的风险)。社会风险源即引发社会风险的源头显现出来难以预料的突发特征。社会总体性风险[①]在一定程度上是可以预测的,但是人们对风险的过度反应以及不同风险叠加在一起所产生的总体性社会风险实在难以预料。突发的不为人类所知的本原风险是给以往风险社会理论提出挑战的重要风险类型。(郭强,2005)

(二)风险社会的特征

工业社会中的风险特征是伴随现代化过程而出现的,因此贝克所定义的风险概念是"作为一种处理由现代化自身诱发而引起的危害和不安全的系统方式"。风险是工业社会中现代化的意料不到的后果和产物。反身性现代化和风险渗透在整个工业社会的发展过程中。贝克分析了以往工业社会和风险社会的财富与风险生产分配的两种不同的逻辑。人们从对财富的追逐转向更多地对无所不在的危险和灾害的逃避。风险在刚刚出现时,作为潜在的边际效应而得到合法性。但随后风险不再是隐性的,更变成一个全球的问题,成了社会关

---

① "总体性社会的运作方式必然导致新的总体性危机。因为当社会只有一种力量推动其发展时,极容易导致决策失误,从而造成不可挽回的损失。"(李俊,2002)关于总体性社会的观点可参见孙立平:《市场过渡理论及其存在的问题》,《战略与管理》1993 年第 5 期(孙立平,1993a);孙立平:《自由流动资源与自由活动空间——论改革过程中中国社会结构的变迁》,《探索》1993 年第 1 期(孙立平,1993b);孙立平等:《改革以来中国社会结构的变迁》,《中国社会科学》1999 年第 2 期(孙立平,1999);孙立平:《改革前后中国大陆国家、民间统治精英及民众间互动关系的演变》,《中国社会科学季刊(香港)》1994 年第 5 期(孙立平,1994)。

注和科学调查的主体。全球化的过程造成风险无处不在，人们也将无法避免。[①]而这最终会冲击社会的政治、经济、文化的发展，给予社会一种新的价值、发展方式和秩序，从而形成一种新的形态社会，这种社会就是风险社会。（郭强，2007a）

以往的风险社会理论所描述的风险社会特征主要有这样几个方面：第一，风险社会同反思现代性相互关联。贝克认为，现代性是同工业社会一同扩张的，而反思现代性则同风险社会一同扩张。工业社会的中轴原理以财富为基础；而风险社会则是分配风险和坏处。第二，风险社会中的风险主要是人造风险。尽管吉登斯认为，我们每日所面临的风险是无所不包的，它们不是自然性风险，也不是由于人们的行动或住所选择而暴露其中的风险，我们无法选择是否接受它们，它们是被我们的专家系统所制造设计出来的（多德，2002：242）；同时在现代社会中，风险并非是由于脱域机制的完善操作造成的，它还是一种"已定的"制度化了的行为（郎友兴，2002），风险实际上是由常见的各种受到人们认同的活动方式引起的。贝克把人造风险的无所不包性称为冒险的普遍化。第三，人造风险的无层次化。在风险面前，人人平等，不管富有还是贫穷。所以人造风险并没有分层，我们在特定风险的暴露程度也与财富或权力等级没有关联。第四，人造风险同知识有关。贝克认为，对风险的管理在本质上是纯理论性的，它必然要求我们依据对尚不存在的未来的想象来做出决定或立法。但是科学在这里所起的作用是双重的，一方面，工业对科学知识的探索增加了我们暴露于风险的机会；另一方面，我们也主要通过科学才能识别出风险的程度。（贝克，1992：163）[②]由于这一原因，科学知识就有了一种新的两重意义：启蒙与反启蒙、真实与隐瞒、从沿袭而来的限制中解放和在自我产生中的客观制约的限制。（多德，2002：242）第五，人造风险影响的社会性。吉登斯和贝克都认为，受风险影响不只是制度，所有的社会和个人生活领域，从全球到局部层次都要受到影响。第六，风险管理的政治化趋势。对风险的识别和管理是科学和知识的运用问题，但是在风险社会中却被政治化。贝克认为，对风险的定义和计

---

① 虽然在"风险分配"之中，特权者和发达国家可以凭借其权力，让各种风险和灾害集中于穷人身上和转嫁给落后地区，形成一种新的不平等，但风险分配之中的"反弹效应"使人们无法逃避风险分配的命运。因此从这个角度看，风险是跨阶级、跨国界的，无人能够逃脱。

② 贝克同时认为，这还意味着科学"能够客观地考察风险的可能性"的主张"永远拒绝了它自身"。（贝克，1992：29）

算是由对抗性利益群体和受影响的党派来进行的，而且它逐渐被委托给可以绕过民主程序或对之预先占有的专家并产生了技术政治结构。（郭强，2007a）

风险的人为叠加性明显，人们的过度反应①在很大程度上增加风险冲击的强度和力量②；风险影响的群体性和业缘化非常突出和明显。所以，应对传统危机，"人类设计出'警察型秩序国家'；但应对现代危机，则需要依靠'警戒型秩序国家'，这是一个包括政府动员能力、科技学术支撑能力、预警和快速反应能力等的整体应对系统"。（李培林，2003）

我更把风险看作一个多层面的概念：一是作为普适性的概念，泛指风险充斥的所有社会形态；二是特定的社会风险尤其是制度性风险所导致或形成的那种风险社会，制度革命与制度转型所引发的风险，以及制度本身的非人本化进而非社会化的风险都构成风险社会的风险；三是特定制度所导致的社会风险（比如资本雇佣制度所隐含的风险）从而形成的风险社会。说社会的无根化状态更多地指涉那种制度本身的内在风险，使得我们所生存的社会飘摇不定和社会成员与社会无法黏合的关系。这才是风险社会的本义所在。

（三）风险社会的机制

贝克认为，风险社会是个体化的；而吉登斯则认为风险社会是社会化的；我却认为，风险社会是个体化与社会化的统合。

1. 风险社会的个体化机制

在贝克的风险社会中，个体化是重要的概念。贝克非常强调在工业社会中的个体化（individualization）倾向，认为个体化导致了社会变化，变化了的社会又给个体带来新的危机和风险。这种危险和风险的积聚就会导致风险社会的到来。贝克认为，风险更多的是由于个体化的过程所致。这种个体化影响了个体生活方式、个人阅历以及原有的性别身份和家庭角色的改变。工业主义是伴

---

① 谣言四起，人人自危，从抢购预防药物、口罩、消毒用品一直到生活必需品，说明人们在逐渐丧失理智。在危机时刻，常常会对负面的东西加以夸大。由此更引出了许多非理性行为，而潜在的隔阂、猜忌与不信任可能是更大的隐患。

② 我们已无法掌握自己的生活，因为总会有各种因素打乱我们的计划，甚至彻底改变我们的命运。正如人类刚刚诞生，面对自然时的怯弱一样，今天的人类仅仅是貌似强大，在频繁发生的社会风险面前时常感到束手无策。（李俊，2002）

随着个人主义的一种社会思潮，而个人主义是个体化的思想基础，个体化的发展尽管不产生直接的灾害或风险，但是却改变着风险成为危险的进程，改变着风险积聚的方向，改变着社会风险的分配，从而形成一种有别于工业社会的一种形态，这种形态就是风险社会。（郭强，2007a）个体主义是风险社会形成与演进的基本背景与变量。

个体化过程导致的风险包括以下几个方面：首先，自我利益为重的个体，分散了应对风险社会责任的个体承担。在公共性危机爆发之后，单纯从个体乃至局部的利益来考虑事态，甚至不惜为了自身的利益违背社会公德，这些现象表明部分民众的社会心态还有欠成熟，缺乏对公共利益、公共法则与公共秩序的尊重、爱护与体谅，也缺乏对他人与社会痛苦的感同身受。这种风险的个体化机制同社会与个人的分离是有关的。或者可以说社会与个人的相互分离在风险社会中表现得尤为突出。其次，风险期间集体行为和其他越轨行为的出现尽管原因较为复杂，但是同个人私利膨胀有关。私欲爆发成为风险的来源，成为风险社会的机制。日本东京都知事（东京市长）石原慎太郎在 2011 年 3 月 14 日在参加一场研讨会后接受媒体访问时说："日本人过于强调自我，凡事以私欲为主来从事政治和民粹主义。而透过这次的海啸，若能一次清洗这些执念，我觉得或许这是一次天谴。"石原慎太郎为"天谴论"道歉，同时从旁观者的角度观察这种"天谴论"，尽管很荒唐，却也应引起日本人的警醒。因为私欲与极端个体化与风险的关联可能从这种极端的话语中揭露出来。再次，个体化还有助于风险的积聚，使得社会关系变得更脆弱。贝克认为，个体化直接嵌入到私人领域使原有的社会关系（如家庭、邻里、朋友、伙伴）变得松散和不稳定，使原有的私人空间维度的关系结构破碎，使个体从传统的支持网络中分离出来，失去了来自家庭、邻里、朋友的保障和支持，个人不得不以自己单薄的力量去面对社会，虽然在面临各种社会风险和社会问题时，可以依据利益关系和特定情况形成联盟，但是一种长久的、稳定的亲密关系却消失了。个人在谋取物质生存，设计自我发展时，不得不选择和改变自身的社会认同，同时也伴随着承担风险。[①]（贝克，1992）在吉登斯看来，变化了的风险环境带来了风险的个人化。

---

① 贝克认为，个体化过程中现代都市的居住方式、住房安排也产生了新的个体化形式。大都市中不同文化背景的人们居住在一起，但邻里之间的关系更加松散，而原来以家族为纽带发展起来的社区形式也消失了。

一方面,每个人的任何一种选择都会产生风险,并且选择的数量不断增加,包括对自己的身体和后代(比如美容、试管婴儿等技术的利用)都可以选择;另一方面,每个人所遇到的风险又因自己的选择而各有不同。因此,对于个人来说,风险既是普遍的,也是独特的。(郭强,2007a)

社会的个体化过程并不是社会的私人化或私利化过程。社会总是由个人组成的,个体化过程还可以在一定程度上有助于社会消解风险。也就是说在风险的社会演进过程中,风险社会中的个体化趋势不仅可以带来风险和危害,同时还可以消解风险,形成社会应对风险的机制。风险的个人化是对风险制度化的一种弥补,因为个人风险意识提高了,在风险面前会更加主动地采取自我保护的措施,并且积极参与改革现有的制度。风险使得平民百姓不只是旁观者,还是参与者:我们不只是观众,还是演员。

总之,个体化是社会与个人之间的依附关系断裂,个人远离社会而去,这种风险的强度直接演进了风险社会。风险社会的个体化特征以及在这个特征所呈现的个体化机制当然地包括了风险的形成与发展等整个风险演化的过程,这个过程实质上体现了资本制度作孽与造福的二元性张力。正是由于资本的力量助长了风险的滋生和扩展了风险冲击的时空结构,但是风险情形下社会行动者(特别是普通社会行动者)的现场感与同在感所激发的共同(处)行动则有助于减轻这种风险的肆虐。但是风险社会总归是社会造的孽,尤其是资本制度造的孽。这种孽债要向资本主义讨还。

2. 风险社会中的社会化机制

(1) 风险的特性:共时性与遍及性

只要风险发生,人人都要面对这种风险。这种风险的共时性和遍及性是风险社会所共有的特性。吉登斯指出:“生活在高度现代性的世界里,便是生活在一种机遇与风险的世界中。”(吉登斯,1998c:125)生活不可避免地会与危险相伴,这些危险不仅远离个人的能力,而且也远离更大的团体甚至国家的控制;更有甚者,这些危险对千百万人乃至整个人类来说都可能是高强度的和威胁生命的,这些风险并不是什么人刻意选择的。(吉登斯,2000:115)风险的共时性和遍及性的基本特征是风险社会社会化机制的一种表征。在风险社会中无论何种类型的风险,比如不管是隐性的风险,还是显性的风险,不管是以群体形式出现的风险,还是冲击个体的风险,都内嵌在社会行动类型中和个体生活方式中。

因此，现代性的风险氛围使每一个人变得纷乱不堪，无一能幸免于它的冲击。（吉登斯，1998c：143）同时，现代性的风险还使各种意识形态下的社会变得漂泊不定，甚至摇摇欲坠。这是典型的无根表现。

（2）风险的社会化成因

风险是一种社会病，如果它发生在无人的地方，也就无所谓风险与危害。所以风险的社会属性也就决定了它是一种自然社会现象。[①] 其次，风险的发生同人们的生活方式有关，尽管这种生活方式可能不直接导致社会风险。风险与生活方式的关系，吉登斯做过一些考察，认为一旦某种生活方式的因素建立起来（比如说一种特殊的饮食的出现），可能就相当难以被打破，因为这可能会融入一个人行为的其他方面中。所有这些考虑都会对外行人反思性接纳通过抽象系统所筛选出来的风险变量产生影响。实际上，面对这种复杂性，有些人不足为奇地对所有的临床医生采取将信将疑的态度，只有在绝望的时候才去就医，并且顽固地坚持他们自己以前所建立起来的生活习惯。（吉登斯，1998c：140）比如人们已经知道，有些疾病可能是由动物身体内的病毒感染到人体引起的，例如艾滋病、SARS、禽流感、猪流感（甲型 H1N1）等。风险具有制度化的结构性特征。“然而，大部分制度化的结构性风险环境在现代社会要比前现代社会更为重要。这种制度化的风险系统实际上影响到每一个人，无论他们是否是系统的‘演示者’。这类制度化的系统与其他的风险参量之间的差别，就是它们通过风险而非通过它们偶然碰到的特定风险所构成的。制度化的风险环境用许多方式把个体与集体的风险联结起来。”（吉登斯，1998c：135）在这里之所以把风险看作一种制度化的结构性的，不仅涉及人类社会实践的结构，比如纯粹自然和社会化自然所形成的结构为人类社会活动提供的背景，还涉及社会结构的制度化功能和制度安排下的人类建构的社会结构，不仅拓展了这种风险危害的范围，还加深了风险的强度。吉登斯认为“当与目前的实际相联系的时候，风险关涉的是未来所发生的事情，而对未来的拓殖却又打开了新的风险情景，其中有些也是制度化地组织起来的”。（吉登斯，1998c：135）吉登斯还认为“在各种现代制度的范围中，风险不仅作为脱域机制的不良运作所导致的损害而存

① 吉登斯认为：自发运作的风险，与那些建构到社会生活的约束因素中去的，或者说是建构到一个人所认可的生活方式中去的那些风险之间，是有差别的。制度化的风险环境提供了某些个体能够对稀缺的风险资源加以选择的情景，这包括他们自己的生活。（吉登斯，2000：143）

在，而且也作为‘封闭的’、制度化的行动场所而存在”。（吉登斯，2000：111）我还要对吉登斯的说法进行修正：现代性制造的风险，实际冤枉了现代性。因为现代性的纵深发展——我将之称为深度现代性，可能伴随着风险的积累，但并非一定产生风险，真正风险的真正原因对人类社会来说在于资本制度的确立和资本制度化后对现代性的强行进入。资本入侵现代性，于是把制度化的现代性同风险捆绑在了一起。要修改吉登斯，可能需要了解吉登斯不愿看到社会风险是资本惹的祸。

（3）风险积聚与消解的社会化途径

“风险（包括活动的许多不同形式）被非专业人士普遍承认为风险，这个事实是现代世界和前现代世界之间发生断裂的一个主要标志。”（吉登斯，2000：112）现代性是同风险连接在一起的，“在现代社会中，可能性低但后果严重的风险绝不会消失，尽管乐观地说，它们可以被降到最低程度”。（吉登斯，2000：116）由于全球经济的形成，一个地方发生的疫病可以轻易、快速地传染给其他地区。传染性疫病是超越国界的。全球化时代可能是大规模传染病高发的时代。人类本身已成为各种新型疾病的生产者与传播者。消解这种由于现代性而积聚的风险也必须靠风险社会的社会化机制。这种社会化机制所形成的最基本的安全保护壳就是调整和构筑新型社会关系，形成基于脱域机制下的社会信任体系。[①] 抗击风险的实践在一定程度上实现了新的社会关系的构筑，经过复境机制完成的新的象征符号和专家系统的脱域，并构筑了新型健康的信任体系。

二、知识缺失与风险叠加

风险同知识有关，是风险社会特有的性质。这不仅在实证层面上可以看出风险的诊断、消解等，同时可能还存在这样一种表象之外的事实：知识风险化和风险知识化。这种互构内生了风险社会的复杂性。

---

① 口罩在遍布高楼大厦、车水马龙的城市里的风行似乎在隐喻性地展示一些先哲对现代社会的忧虑：钢筋水泥中间拥挤着、涌动着千人一面的生物群，这些生物之间的关系如同钢筋和水泥之间的关系一样，尽管结构精巧而坚固，但是冷漠而没有灵魂。这场突如其来的传染病在一夜之间改变了我们习以为常的生活方式，大街上人人满面煞白的景象是在用宗教之外的另一种方式告诉我们：现代社会更需要关心和爱来对抗孤独、麻木和恐惧，无论是在平时还是危机到来之际。（邵兵，2003）

（一）专业知识和公共知识的社会结构

在知识的社会结构中，有三个部分是值得注意的：私人知识、专家知识和公共知识。我们把那些暂时停留在人脑中尚未实现物化的知识，称之为“私人知识”，这类知识包括被科学家刚刚研制出来尚没有进入社会被公众所熟知的知识，也包括以专利形式出现的还没有转让或属于私人所有的知识。（郭强，2000）在特定情形下，私人知识转化为公共知识为社会公众所知、所用是在风险社会中减少风险的一种社会化机制。比如，为减轻突发风险对人民生命和财产的危害，研究风险的科学家就会把自己刚刚研究出来的最新成果公之于众，把私人知识转化为社会知识或公共知识，从而使人民掌握防治风险的知识和方式。当然，这在风险流行的危急时刻需要制度化的运作，我们需要安排一种激励制度以解决有关风险的私人知识如何为社会知晓的问题。面对风险，社会需要一种制度安排，使掌握这种“私人知识”的风险承载者，迅速地将这一知识向社会公开。[①] “知识作为现代社会最主要的一种行动资源，它往往成为行动者做出决策的基础。新增加的知识往往使个体行动者改变自己原有的行动计划，以求得利益最大化。”（张钰、张襄誉，2002）

专家知识作为抽象化的知识系统并不指具体专家的知识，尽管它是由个体专家的知识所组成，是介于私人知识和公共知识之间的一种知识形态。越来越专业化的专家知识尽管形成了社会信任的风险保护壳，但是其社会化职能也越来越薄弱。[②] 应对风险所依靠的科学知识从结构上说不仅包括自然科学知识，还包括人文社会科学知识，但不管它所包括的知识内涵组成如何，这种知识都是一种抽象的专家知识。这种知识的去专业化和强社会化是我们防御和战胜风险所需要的。（郭强，2006a）

公共知识是一种社会化知识，同时也是一种共有知识。这种知识是不带有

---

① 因为，我们尽管加速了现代性的进程，但是我们依然在传统与现代的交会口上前进。在具有很多传统性的社会中，“对个体成员来说，如果他们愿意，他们就有可能仅依据自身的地方性知识或者直系亲属群体的知识，来引导自己的生活”。关于地方性知识，请参阅吉尔兹：《地方性知识》，中央编译出版社，2000 年。

② 吉登斯认为，专门知识恰似某种不对外开放的商店，其内部人员（比如律师或社会学家）所使用的专门术语仿佛是存心修筑起来以阻隔外人进入的厚重高墙。（吉登斯，2000：77）问题就不仅是专业化知识有没有局限性或专家系统与自己的知识之间的鸿沟有多宽，而是构筑专业化知识的东西本身就不牢靠。（吉登斯，2000：113 - 114）

产权的知识。公共知识为人类创造了这样的奇迹,它把前人的知识留给后代,把现在的知识留给未来。宇航员登上月球,证实那里是一个没有氧气、没有水、没有生命的寂静的世界,人们把这一存在记载下来,成为人类共有的知识。[①] 公共知识已经变为人类如此巨大的力量,它已经构成了人类知识的高级形态——科学几乎全部的内容,甚至越来越事关重大地决定着人类进步的速度和一切事业的成败。我们应对风险最关键的就是风险知识的公众化,人民能够掌握和运用这些知识预防和控制风险。(郭强,2006a)

在社会的知识结构中,还有另外一种观察视角,这就是把知识看作如下两类:现场(当下)的知识和库存(匿名)的知识。现场(当下)的知识所彰显的是我知道怎样做,比如面对风险我知道怎样保护自己(获取了可以预防和控制风险的知识)。面对突发性社会危机,社会最需要的就是当下的应对与管理危机和风险的知识。库存(匿名)的知识即我相信会知道怎样做。这种知识尽管不是当下所掌握和运用的,尽管现场的风险处置要求我尽快掌握和运用这些知识,但是我相信社会的脱域机制所发生的作用,专家系统能够提供给我一种安全机制(保护壳)。(郭强,2006a)

(二)知识性的社会化风险

风险事件的发生使我们越来越关注知识与风险的关系:在风险到来的时候,应对风险的知识缺失将会叠加本原风险,从而使风险的自然属性转化为社会属性。

1. 风险景象与知识状况

吉登斯在《现代性后果》一书中描述了现代社会所呈现的风险类型:第一,高强度意义上风险的全球化,例如,核战争构成的对人类生存的威胁。第二,突

---

① 我们会在实践中确定无疑地看到,我们今天利用"牛顿定律",显然不会向英国政府缴纳智力开发税;今天运用"欧姆定律"来解决生产中的现实问题,显然无须向美国政府支付专利费。不仅如此,我们还可以利用我们的前人创造的全部科学成就为民族的振兴服务。人们会愈来愈深刻地认识到,任何"共有知识"无一不是人类共有的财富。私有知识向共有知识的转化是知识演进的一个复杂的规律,当然私人知识向社会知识转化也是如此。从社会学上讲,社会上共有知识越多,也就越有利于知识化的推进和知识社会的到来;但是从经济学上说私有知识越多,越能激发知识生产者的生产热情和生产能力,也就越能提高知识生产力。(郭强,2000)

发事件不断增长意义上的风险的全球化。这些事件影响着每一个人（或至少，生活在我们这个星球上的多数人），如全球化劳动分工的变化。第三，来自人化环境或社会化自然的风险，人类的知识进入到物质环境。第四，影响着千百万人生活机会的制度化风险环境的发展。例如，投资市场。第五，风险意识本身成为风险。风险中的"知识鸿沟"不可能被宗教或巫术知识转变为"确定性"。第六，分布趋于均匀的风险意识。我们共同面对的许多危险已为广大的公众所了解。第七，对专业知识局限性的意识。就采用专家原则的后果来看，没有任何一种专家系统能够称为全能的专家。这七种风险可以分为两类：一是（前面列举的四种）改变风险的客观分配，二是（后面那三种）改变风险的经验或对风险观念的理解。（吉登斯，2000：108－109）在吉登斯所划分的风险类型中有数个类型的风险同知识有关。

知识的增加并不一定伴随着高风险的到来，但是这样一种现象是随着现代性的增加而越发突显的：知识，尤其是应对社会风险的知识不断增加，一方面提高了社会公众应对风险，尤其是突发性风险的能力和水平；另一方面，也提高了社会制造风险的能力和水平，给社会带来了丰富多彩的风险景象。[①] 我们知道，从风险的来源上看，纯粹自然性风险发生的几率越来越低，尽管这种风险也以前现代所没有的形式和状态出现或发生；而人类自己制造的社会风险却越来越多[②]，即便社会上所发生的风险在一定意义上自然因素所引起的风险，但是人类对这种风险所做出的不当反应和社会作为承担风险的载体所具有的特性也会增加这种风险对社会产生的冲击力量。我这里的问题是：越来越多的人造风险同人类的知识相关。在一定意义上可以这样说，越来越多的新知增强了人造风险的能力，提升了社会行为叠加本原风险的水平。（郭强，2006a）

对风险来说，尽管知识没有参与制造本原风险的过程，但是知识对风险的衍生和扩充发挥了结构性的制度化功能。[③] 不管风险是由什么因素引起的，尽管有

---

① 实质上，知识生产的制度化要素也会成为社会风险的构成部分，"问题就不仅是专业化知识有没有局限性或专家系统与自己的知识之间的鸿沟有多宽，而更是构筑专业化知识的东西本身就不牢靠"。（吉登斯，2000：114—115）

② 如果说，脱域机制已经提供了目前世界上范围广泛的安全的话，那么，被制造出来的大量新型风险真的会令人生畏。（吉登斯，2000：109）

③ 贝克等认为"今天我们所面临的许多不确定性正是由人类知识的增长创造出来的"。（贝克、吉登斯、拉什，2001：235）

人认为它同人们生活方式和社会行动方式有关,那么从风险的结果来看都是对人和社会所造成的一种危害和损伤。这种危害和损伤的过程都有社会知识的参与,也就是说社会知识融入了风险过程。比如信息技术和信息知识为人们提供了快捷的交流工具和手段,同时也为人们传播不实的风险信息提供了方便,为社会非理性行动增加了可能,也就可能强化风险对社会的冲击力量和强度。

2. 风险演进与知识缺场

任何社会风险(包括突发性风险)从发生到消失都要经历一个过程。这个过程包括这样几个阶段:风险孳生阶段、风险强化阶段、风险消减阶段和风险暂无阶段。知识是否在场与风险的阶段性演进过程、速度和时间是相关的。(郭强,2006a)

在风险的初生阶段,非风险知识是在场的。在这个阶段,无论是专业人士还是社会公众都把这种风险纳入已有的知识框架和范围内。正是这种制度化的知识固性给社会一个非真实的风险概观:风险被已有的知识拟象化。当然这种知识固性所建构的社会化(可能是制度化)方式形成的风险概观所带来的后果是众所周知的。问题是能否摆脱或者超越这个阶段。进而世俗化的问题就是我们该追究谁的责任。我的看法是这个阶段是难以逾越的,这个责任是难以追究的。

在风险的强化阶段,原在场知识尽管还没有退场,但其应对风险的作用发生了功能性转移:呼唤能够消解风险的新知识出席。然而我们所面临的问题是:这类知识严重缺失。缺失性知识无法在场。尽管导致风险强化的原因很复杂,我也承认管理不善、控制不力、应对不强等是风险强化的原因,但是知识的缺失也应该看作一个原因。

在风险消减阶段,应对性知识是内含在整个过程中的。但是从风险的自然进程来看,风险消减是必然阶段,这是由风险演进规律所规定的。问题是:如何尽快促进这个阶段的到来和缩减这个阶段的时间,也就是说如何尽快控制风险的蔓延和尽快消减风险的不良影响。这不仅是一个由社会结构控制的过程[①],也是一个由社会知识结构影响的过程。(郭强,2006a)

---

① 我将有专文讨论社会结构对风险演进的影响。这里需要首先说明的社会结构的脆弱性和易损性直接影响或控制着风险消减(失)的时间与速度。而社会结构的特性直接与风险过程联系在一起,当社会结构显露出脆弱性的时候,它本身就自动构成了风险要素并叠加到风险之中,这时不仅不利于促进风险的消减进程,相反却延伸这种进程。

风险演进的最后一个阶段为暂无阶段。这种表述所传达的含义是：我们不能断言风险在社会中永远消失，风险的消失只能意味着暂时没有，潜在的风险要素伴随我们依然存在。风险的暂时消失并不能保证风险的再现和类风险或者异风险的发生。这样看来，知识的爆炸性增长和知识的长久性缺失的现象是风险社会中知识结构的基本特征。

3. 风险概观与知识框架

风险概观（risk profiling）是吉登斯在讨论风险评价时所使用的一个概念。"风险概观概念用来分析的是风险在一个特定的行动氛围中的分布。"（吉登斯，2000：117）在这里，我把它指称为在一定知识框架内的风险图景。在风险中，风险研究专家和其他的研究者制造出描绘风险概观的素材。然而风险概观不再是专家们的专属藏品。即便这种概观的形式常常十分粗略而简约，平常老百姓也还是会感受到它的存在。这种概观所发挥的功能是相当巨大的，它超越单一的知识对公众防御行动决策的意义。正是在这种概观的基础上人们才采取相应的应对行为。风险在行动中分布的评价取决于评价者的知识架构。风险概观是在感觉性知识的框架内做出的。当然这种风险概观同社会的风险概观联系在一起的。（郭强，2006a）

（三）知识缺失与风险积聚：现代社会的风险叠加模式

1. 知识爆炸性增长的检讨

风险引起我们知识爆炸现象的检讨。知识真的爆炸了吗？风险事件给了我们许多的启发。随着社会知识化的推进，知识增长的速度加快，知识更新的周期变短，我们现在拥有比过去任何时候都多得多的知识。[①] 不断增长的知识给了我们社会行动的能力包括我们应对各种风险的能力（同时也增加了我们制造风险的知识和技术）。然而，这些知识真的爆炸了吗？这些知识真的就够了吗？我的观

---

① 现代社会不仅是一个风险的社会，也是一个知识高速增长的社会。随着社会进步和经济的发展，知识增长速度大大加快。英国技术预测专家詹姆斯·马丁的测算结果表明：人类的知识在19世纪是每五十年增加一倍，20世纪初是每十年增加一倍，70年代是每五年增加一倍，而近十年则为每三年增加一倍。知识增长加快，越来越快，呈指数增长。工业时代两百年积累的知识比过去两百多万年积累的知识还要多。可见，知识总量在以爆炸式的速度急剧增长，老知识很快过时，知识就像产品一样频繁更新换代。

点是，知识并没有爆炸，爆炸了的是知识的载体。[①] 我们看到知识载体的无限制增长，就误以为知识实现了爆炸式增长。知识的严重缺失是我们加重或加大风险和使这种自然性比较明显的风险得以社会化的基础性因素。（郭强，2006a）

2. 风险冲击时的知识双重缺失

在风险冲击的时候，我们处在一个以知识化为基础的现代性背景下。[②] 但是在风险爆发之时，在人类的知识库中应对风险的知识却是空白，应该说是对风险一无所知。[③] 风险知识的完全缺失是使风险演变成社会风险的直接原因之一。

风险爆发时和演进期间的知识缺失表现为双重性和多元化。应对风险的知识双重缺失主要指的是：抗击风险的专业知识的缺失和公共知识的缺失。专业性知识的缺失是带有知识缺失社会化的本原性含义，缺乏这种类型的知识，最直接的意义增加了提供信任和安全的脱域机制的形成困难，也没有了再嵌入的基本原料，使社会失去了可信赖的安全机制。[④] 这种知识的缺失使得即

---

① 简单说，知识载体是载有知识的一种物体，知识载体和知识本身是两个不同的概念。如果对此不加分析就会认为随着知识载体的不断爆炸性膨胀，知识本身也在爆炸性增长。（郭强，1999）

② 知识化和现代性有着一种胶合的关系，这种关系的研究是现代知识社会学和现代性研究的基本主题。众多的学者对二者之间的关系做过很多讨论。

③ 在现代性的风险社会中，从知识史和知识库存状况来说，一方面表现为知识在以较快的速度增长，另一方面又表现为人类所急需的应急知识极其缺乏。我个人认为，这种知识化现象将随现代性的增加和风险社会的演进而长期存在。非知识化风险与知识化风险包括知识缺失引发的风险是相伴的。

④ 不在场的专家系统的专业知识之所以可以发挥这样的作用，在于个体行动者或集体行动者不再以本地的经验和传统为中介，而以来自不在场的专家系统的知识为中介对社会活动进行反思性监控。所以，吉登斯认为，与传统相比，这些专业知识具有如下特点：第一，它们是脱域性的，从根本上说是非本地和去中心的（decentered），“因为它是建立在可以脱离情境而制定和发展的客观原则之上的”。第二，它们依靠程序理性和以知识的可修正性为前提的科学理性而获得其合法性，而不是依靠仪式性的语言。第三，它们本身的发展和积累依赖于专家系统内部的反思性过程，因此各子系统的专业化程度不断提高，这有点类似于卢曼所描述的系统的自我塑成（autopoietic）和自我参照（self referential）。第四，它们对任何有时间、有条件、有才能去把握它们的人都是“开放”的，而并非被具有特殊身份的人所垄断。由于不存在所谓全面的专家，任何专家相对于其他专家系统又都是外行，因此不仅个体行动者，任何一个子系统的再生产在现代社会都必须以外来的专门知识的再嵌入（reembedding）为前提。在现代性中，几乎找不到哪一个实践领域不是由专家系统的知识参与建构的。所以我们说现代性的反思性主要体现在抽象系统层面，并且，专门知识在社会子系统之间的相互嵌入还是系统有机整合的一个关键因素。正是在此意义上，吉氏把制度性的反思性（institutionalreflexivity）看作现代社会的一个典型特征：“现代性，是在人们反思性地运用知识的过程中（并通过这一过程）被建构起来的。”（具体参见贝克、吉登斯、拉什，2001；吉登斯，2000）

便是专家在风险面前也成了“惊惶失措的门外汉”（吉登斯语）。在一定意义上可以说，专业知识的缺失是引发危机的要素，而公共抗击风险知识的缺失则增加风险原有的风险，使风险进一步社会化。

表1.1　风险冲击下（灾时）与常时公共知识缺失比较表

	常　　时	灾　　时
社会原因	制度化要素：知识普及缺陷	关于风险的专业知识缺失和知识传播缺陷
社会后果	公众素质低下：社会潜在风险形成	疫病风险叠加，社会恢复难度加大
社会表现	不良生活方式和行为习惯的存续	恐慌和过度防御行为社会化
知识需求	寄托于将来	渴求于当下
社会对策	整合式治理	即时性处置

不仅风险冲击下知识的缺失表现为双重性的状态，知识缺失主体也呈现多元化的现象。在风险爆发之处，不仅专家变成了一无所知的门外汉，公众变成了惊慌失措的受灾者，就连政府性组织也缺乏应有的应对知识。现代公共服务是一门专业，它需要专门的知识和程序，需要依赖知识来判断、决策，依赖法律来施行、行动。但是对“风险”的工作反应表明，在我们相当一部分公共机构中，现代公共服务的理念和角色还没有充分确立，对相关的知识和工作程序及法律也缺乏足够准备，对社会需求和利益的体察还存在相当的盲区。正是这种状态，而不是外部挑战，损害着公共组织的信誉；正是这种状态，使人常常根据惯性思维，将来自内外部的社会压力理解为具有政治意味的挑战。这种过分政治化的理解不仅将遮蔽公共组织本身改进的必要性，而且可能把行动引向斗争，而非公共组织的理念和角色转型。这其实无益于社会文明的进步。（张静，2003）

3. 风险知识缺失与风险叠加

知识缺失一般情况下会导致社会整合度差、社会缺乏行动理性和越轨行为衍生等一系列社会问题。风险知识缺失更是如此，所引发的后果是严重的。

风险背景下知识缺失会加大风险程度，使社会出现风险叠加现象。照我看来,风险可以略分为本原风险和衍生风险。本原风险指的是风险本身所具有的内在风险,如果有足够的应对知识并进行制度化的合理性操作可以使这种风险降低到相当程度。可以想象,对于风险,如果刚刚爆发时我们所知道像现在知道的这么多,那么风险本身所带有的危害将是相当有限的。由于知识的缺乏,应对风险时就有多种多样的反应,这些反应有的取得相当好的效果,但是也有相当多的不当反应。这些不当反应在已有风险基础上快速和大量衍生出人造风险并叠加到原有风险上,从而加大风险程度,为社会削减这些风险增加难度。[①]

知识缺失还会削减以往知识的保护功能,造成风险概观的社会化偏差,社会保护壳弱化,社会理性短缺。在风险到来时的知识缺失,即无知状态,也就意味着失去了风险概观的知识基础,就必然使社会失去理性,社会行为,尤其是应对行为出现紊乱。知识,是我们对抗灾难有力的武器,是我们团结一心闯过难关的力量源泉。(郭强,2006a)

风险知识缺失还可以引起一定程度上的文化休克。[②]"思想混乱与心理上的精神紧张综合征"均属于文化休克的表现。(刘春霞,2003)风险应急知识的缺失导致库存知识[③]失效,以文化为载体的这些知识不再是社会行动的依据,从而使社会文化出现休克现象。

风险知识的缺失同风险自身所具有的本质特性有关,是知识演进过程中必然出现的一个不可逾越的阶段,也是社会知识化过程中出现的一种必然现象。把这种现象归因(咎)于某种社会形态或者国民文化素质低下或者科学家群体或者社会建构的知识制度,都是不恰当的。在对待风险知识的缺失问题上,必须抱有科学的态度。风险知识缺失不等于说有关风险知识的信息完全缺失,知识缺失指的是整体缺失。尽管一开始我们对风险一无所知,但是随着风险研究

---

① 由于社会应对风险的知识缺乏,有时社会削减风险本身的行为和措施也在制造风险。

② 文化休克(culture shock)又译为文化震撼或文化震惊,是指生活在某一种文化环境中的人初次进入到另一种文化环境,如到了不同的民族、社会群体或地区甚至国家中时所产生的思想混乱与心理上的精神紧张综合征。也就是说不同文化背景的人会形成不同的观念定势、思维定势、价值标准定势及行为方式定势。当一个人从熟悉而固定的文化环境到另一个陌生的文化环境时,常常会由于态度、信仰的差异而出现一定的危机与陌生感。(刘春霞,2003)

③ 库存知识,在这里表现为象征符号、专家系统和社会理性以及由此形成的文化环境。风险期间的应急知识缺失导致了这类知识失效。

的进展和社会抗击风险的实践深化，我们会获得对风险的许多认识，这些认识可能不是完整或系统的知识，却是构成知识的要素。这些要素也同样具有一定程度的知识功能。[①] 另外风险告诉了我们人类的无知。人类对自然界的认识是一个漫长的过程，也是一个不可穷尽的过程，人并不是万能的，我们总会有很多很多未知的东西。但这并不是说我们不需要认识自然，而是在认识自然的同时也要更好地认识我们自己，而是要改变我们对自然的态度，不是漠视，而是重视，不是征服，而是尊重。同时，这类知识的缺失既是暂时的，也是永久的。随着我们对风险认识的深化，我们获得的知识也就越多，知识缺失的状况在一定程度就会缓解。[②] 就某一特定现象的认识上，我们不可能有永久的无知，社会也不可能处在永久的知识缺失状态[③]，否则知识不能增长，人类也就不可能进步。（郭强，2006a）

把风险同知识关联起来，看起来有些牵强，并好像有些反知识主义的嫌疑。我的态度是：这种做法是逼不得已的，原因在于知识甚至知识行动的确进入了风险的核心，知识增加与减轻风险的张力似乎成为深度现代性的核心表现。当我们所在的社会漂浮无根的时候，更多的意义上指涉我们没有了方向感，我们失去了确定性，而呈现在我们面前的种种风险打碎了我们对确定性的追求。这些说法所承载的事实全部都同知识有关，全部都与知识行动有关。因此，把风

---

① 这个时候，媒体及时地毫不隐瞒地进行报道就显得尤其重要，因为相对于不知情的人来说，风险仅仅是那些已经知情的人的特殊的分散知识，相当于一种“软信息”（tacitknowledge），只有通过正式媒体的报道引起注意后才会成为“硬信息”（codifiedknowledge）。按照博弈论的说法就是，媒体的信息发布会使风险成为全体博弈方的“共同知识”（commonknowledge），促使博弈方采用“可合理化策略”（ratio-nalizablestrategy），从而改变博弈的形式和结果。也就是说，大家可以基于已经获得的信息作出自己的决策，即使不能保证采用的是纳什均衡策略。

② 人们对风险从无知而无畏，从漠视到重视，从闻所未闻到妇孺皆知，从手足无措到应对自如，从害怕恐惧到坦然面对，风险真的是明媚春风中的一场凄风苦雨，从南向北，居然如此悄无声息、扑朔迷离地涤荡着中国大地，乃至对世界政治、经济和生活都涂染上挥之不去的重重一笔。她是如此尽情地浸淫着人们的心灵，冷眼旁观人们对“非典”经历的心态变迁。从知识社会学的角度来看，尽管我们的风险知识是不完全的，但是这些不完全的知识却得到了完全的传播，应该说，在历史上没有任何一种知识像风险期间的风险知识的普及，这次风险知识的传播呈现了史无前例的景象，出现了非常值得研究的速度快、规模大、效果好、复杂性高的中国模式。了解知识传播的某些模型。（中国科普网，2003/1/13）

③ 但是，有一种可能性会存在：这种可能性就是知识对其所分析或描述的行动环境的缓慢进入创造了一组不确定性，为后传统的知识主张增添了循环和易错的品质。（吉登斯，1998c：30）

险看作社会失根的表现，把知识纳入对风险的考察，并不是反知识主义；相反而是揭下面纱，呈现真实。（郭强，2005）

三、风险与知识性信任

（一）风险社会的“脱域—复境”机制

脱域[①]（disembedding）是指把社会关系从彼此面对面互动的地域性关联中抽离出来，也就是说社会关系日益脱离共同在场的情境，并通过“象征标志”和“专家系统”进行跨越时空重构。[②] 而复境（re-embedding）指的是重新转移或重新构造已脱域的社会关系，以便使这些关系（不论是局部性的，还是暂时性的）与地域性的时空条件相契合。脱域相当于非当面承诺，所表现的是在象征标志和专家系统（统称为抽象体系）与信任的关系和抽象系统中信赖的发展。而复境相当于当面承诺，指的是在共同在场的情形中，由业已建立起来的社会关系所维系与表述的信任关系。“所有的脱域机制都与复境之行动的情境发生互动，它要么维护要么损害这些情境。”（吉登斯，2000：69）

现代社会中时空的拓展一下子使个人的交往空间变得宽阔起来，若是没有

---

① 脱域是吉登斯在分析现代性时使用的一个概念。他之所以使用这个概念，是因为对“社会分化”和“功能专门化”概念的不满。他指出：社会学家们常常用“分化”或“功能专门化”概念，对时空延伸问题它并没有作出令人满意的论述，对理解社会系统如何将时间和空间托架出来的现象并不很适用。由脱域唤起的图像能够更好地抓住时间和空间的转换组合，这种组合一般而言对社会变迁，特殊地说对现代性的性质，都是特别重要的。（吉登斯，2000：18－19）对知识行动论来说，更多的则是反脱域——要说明的是不是笼统地反脱域，而且反过度脱域——我们一定要牢记费孝通先生临终遗言：对社会学来说默会知识或意会知识是必须拓展的方向和领域——因为默会知识不仅对社会学有效，更对知识行动有效，在日常生活世界中普遍行动者的知识行动——如果可以把知识与行动分开的话——则是更多含有默会（意会）知识（知道怎么说怎么做或者相反的知识）。

② 象征标志，是指相互交流的媒介，它能将信息传递开来，用不着考虑任何特定场景下处理这些信息的个人或团体的特殊品质。象征标志可以分为不同的种类，例如，有象征政治合法性的符号。专家系统，指的是由技术成就和专业队伍所组成的体系，正是这些体系编织着我们生活于其中的物质与社会环境的广阔范围。专家系统也是一种脱域机制，因为它把社会关系从具体情境中直接分离出来。两种类型的脱域机制都假定，时间从空间中的脱域是时空延伸的条件，而且它们也促进了这种脱域。与象征标志一样，专家系统以同样的方式脱域，即通过跨越伸延时空来提供预期的“保障”。社会系统的“延伸”，是通过应用于估算技术知识的测试的非人格性质以及用来控制其形式的公众批评来实现的，而这种公众批评正是技术性知识产品存在的基础。（吉登斯，2000：18－24）

脱域机制的帮助，人们将举步维艰。脱域机制以人们对象征标志和专家系统的信任为前提，而信任意味着对一个人或一个系统之可依赖性所持有的信心，在一系列给定的后果或事件中，这种信心表达了对诚实或他人的爱的信念，或者，对抽象原则（技术性知识）之正确性的信念。

那么，这种机制是否能够信任呢？脱域机制作为现代性反思性监控的中介[①]，象征标志（symbolic tokens）失去了可以信赖的环境，而专家系统（expert system）中库存的知识一时也难以解决我们所面临的危机。风险打破了脱域机制所建立起来的社会保护壳，于是便会出现社会的失控现象。这时，复境模式开始发挥作用，专家的现场说法、政府的当面承诺、过度防御行为的校正、社会越轨现象的遏制、信息公开机制的建立、抗击不力的领导的惩罚等同抗击风险社会行动的地域性时空条件相契合，从而社会关系从新脱域，公众获得了信任的基础。

（二）风险知识与社会性安全

风险的突发给社会带来巨大的不良影响，比如非理性行动大量出现，社会集体行为的丛生以及社会的失控现象等。这些影响的原因有表层的也有内在的。如果寻找风险不良影响的内在原因，我们就必须分析风险的社会结构。安全结构是社会结构的组成部分，那么这种安全结构是怎样一种状况呢？

我们的安全感同抵御社会风险的专家系统联系在一起。吉登斯说："仅仅坐在家中，我就已经被卷进了我所依赖的一种或一系列专家系统之中。我对登楼入宅并不特别担心，虽然我知道，原则上说房屋结构也可能倒塌。我几乎不了解建筑师和建筑工人设计和建筑房屋时使用的知识法规，但无论怎样，我还是对他们所干的工作表示'信赖'。虽然我不得不信任他们的能力，但是与其说是信赖他们，还不如说是更信赖他们所使用的专门知识的可靠性，这是某种通常我自己不可能详尽地验证的专业知识。"（吉登斯，2000：24）

脱域机制依赖于所谓"专家系统"和"象征标志"，即它依赖于专家所提供

---

① 在脱域过程中，各种各样的专家系统逐渐分割了原本完整的生活世界。由这些专家系统所生产出来的专门知识——新的理论、概念和发现，源源不断地输送给外行大众，成为对行动进行反思性监控的中介。换言之，个体行动者或集体行动者不再以本地的经验和传统为中介，而以来自不在场的专家系统的知识为中介对社会活动进行反思性监控。

的知识以及由自发或建构所形成的抽象体系。由于脱域机制存在对专家和符号系统的高度依赖,因而面临着不可规避的“风险”(专家不能保证万无一失,对符号的信心也非时刻都存在)。这就是风险期间所发生的社会安全感缺失的根本原因。事实上,抗击风险,我们所依赖的就是政治象征符号和专家系统。当我们所依靠的专家系统不能迅速地把我们从危险带入安全的时候,社会将会出现更大的风险。这时,复境机制增强了象征符号和专家系统(专业知识)的公信力,为我们带来了本体性的社会化性安全。

(三) 风险情景下的社会信任

“为什么大多数人,在大多数时候,会信任那些(以他们的技术知识而论)自己知之甚少或一无所知的实践和社会机制?”也就是说,处在风险情景下的个体为什么把自己的安全托付给自己并不清楚的知识结构和社会体系?

1. 基于知识基础上的信任、风险与安全

信任与风险密不可分,信任被看作对风险境况的意识。卢曼较早遭遇信任与风险的学术性难题,他把信任与现代性关联起来,认为信任应该主要被理解为与风险有关的产生于现代的概念,它意味着事先已经意识到了风险的存在。但是吉登斯不同意这样的看法,认为信任是对一个人或一个系统之可依赖性所持有的信心,在一系列给定的后果或事件中,这种信心表达了对诚实或他人的爱的信念,或者,对抽象原则(技术性知识)之正确性的信念。所以从根本上说,信任不是与风险而是与突发性联系在一起的。(吉登斯,2000:27-30)面对突发性事件结果,信任总是具有信赖的含义,而无论这些结果是由于个人的行动,还是由于系统的运作造成的。(郭强,2006a)

风险作为一种人类以往从没有遇到过的突发性事件,从风险自身到应对风险都内含大量的不可预测的风险。然而这种风险的孳生、扩大到消减等过程都同信任耦合在一起。所以,信任令人意外地同风险有机地胶合在一起,交织在一起,信任通常足以避免特殊的行动方式所可能遇到的危险,或把这些危险降到最低的程度。

信任是一种安全托付。所以吉登斯认为,安全经验通常建立在信任与可接受的风险之间的平衡之上。从实际的和经验的意义上说,安全或者是指大多数聚居在一起的人类集体的安全,或者是指个人的安全。安全作为一种情境,在

这种情境下，一系列特定的危险或者被消除或者被降到最低限度。（吉登斯，1998：28－31）

在风险巨大的风险情景下寻找最大的本体性的社会化安全，必须对社会体系和自我能力有足够的信心和信任。那么这种信任除了复境机制的实践化之外，还有以往所建立信任的社会性恢复。但是无论是信任的恢复还是重建都必须建立在一定基础上，这个基础就是社会实践背景下的公众理性。在公众理性的结构中，知识（包括手头知识和库存知识）都发挥重构性功能。"我们在象征标志或专家系统内所谈论的信任，是建立在信赖（那些个人并不知晓的）原则的正确性基础之上的，而不是建立在对他人的'道德品质'（良好动机）的信赖之上。当然，对某个人的信任在一定程度上总是与对系统的信赖有关，但是所信赖的只是这些系统的有效运转，而非系统本身。"[①]

2. 风险所引起的信任结构性变化

风险的社会变化进程实际上同社会信任状态的变化联系在一起。信任体系建立和运行实际上取决于象征符号和专家系统两个脱域机制的运行状态。因为在抽象系统的信任机制里深刻地蕴含了现代制度的实质和现代性的实践事实。时空分离是现代性的根本动力，而对于时空分离的情景来说，信任关系是最基本的。不信任他人、不信任群体、不信任组织，只信任自己，那么这样的现代社会是不可能存在的。所以在现代性不断增长和社会性风险不断增加的社会中，人们对不知晓的运作规则和日益分化与整合的知识体系自觉或不自觉地建立充分的信任，确信这些规则和知识是正确的和可以依赖的。（郭强，2006a）

但是风险社会化以后，在风险情景下的社会信任结构发生变化。这种变化的轨迹可以这样不太准确地勾勒：信任缺失性解构——信任关系重构或再构——常态社会信任关系结构。众所周知，风险爆发之初，最引人注目的问题是风险隐瞒。这种愚蠢的做法严重影响了政府形象，同时，也为控制风险埋下隐患。它不仅使我们丧失了及时控制风险的大好机会，更使政府失去了公众的

---

① 在这里我要对吉登斯的说法加以补充：在某种风险情景下，对某个人的信任在一定程度上总是与对系统的信赖有关；同样对系统的信任从根本上也是从对系统中某个人的信任开始的，不管这个人是系统中的精英还是大众。对系统信任的不是系统本身，而是系统的有效运转，对个人信任，不是信任其拥有的独特品质，而是个人身上的知识基础和权利运作。（吉登斯，1998c：30）

信任。吉登斯认为,在现代性的风险情景下,寻求信任的首要条件不是缺乏权力而是缺乏完整的信息。[①] 而一个失去公信力的政府,很难在紧急状态下得到公众的真诚配合。所以,风险的积聚和叠加同现代性脱域机制中象征符号一度失去特定象征意义相关。特定象征意义的缺失应该说同制度惯性化运作有某种程度上的勾连。同时,风险之初的信任关系缺失还同现实社会中抽象体系中以社会知识为核心的专家系统功能弱化和缺失有关。依靠科学战胜风险使得科学成为第一道防线,但是当我们对风险一无所知或者一知半解或者获取了没有经过验证的许多知识之时,科学如何靠得住?靠不住的知识可能就是风险要素。同时把获取的有关风险知识尽快地使社会公众所知,也不仅仅是科学的事情。在这种情况下,现代性风险社会中信任所依赖的脱域机制处在崩溃的境遇中:抵御风险的象征符号失去了特定的象征意义,专业知识和公众知识处在缺失状态。

在风险日益社会化和脱域机制失效的情况下,复境成为信任关系重建的基本机制。这时当面承诺取代匿名承诺,使共同在场的社会关系中体现并维持信任关系。比如风险期间政府承担防御风险经济责任的承诺及其兑现,风险信息公开的承诺及其兑现,处罚防御不力者的承诺及其兑现等,共同在场的专家的承诺等,都为受到损伤的社会信任关系得到恢复,新型信任关系的建立提供基础。

3. 风险情景下信任的不可或缺性

风险再一次地让我们认识到信任的价值:没有信任,一切都无从谈起。信任是一个社会的基石!风险又让我们不得不重新思考这样一个问题:我们该如何搭建信任体系的基石,并将如何获取信任!应该说,面对风险之初的谣言和不理智行为,我们都彼此游离在信任的边缘。它让我们明白,丢失了什么,都不能丢失信任。

社会处在不信任状态,会使风险呈现叠加效应。本来风险对社会冲击的力量在一级上,造成的损伤在一度上,但是不信任可能会使风险破坏强化增大,比如对社会的损伤可能会达到五度。风险演进的事实也说明了这一点。风险肆

---

① SARS爆发之初中国社会信任关系的缺失完全证明了吉登斯的这一论断。(吉登斯,1998c:29)

虐初期，谣言一度也和风险一样猖獗。在信息渠道少、科学知识不普及、恐惧心理日益膨胀的前提下，许多人对他人、对整个社会甚至对自己都失去了信任。失去了信任这一支点，人的心理健康也就轻易地失去了平衡。这个时候，社会的信任机制经受着最严酷的侵蚀。

减轻风险、增加安全是现代社会发展的必然要求。现代社会区别于传统社会一个重要原因在于现代社会是一个风险社会，现代性是随着社会风险的增加而增长的。要加速实现中国的现代化，促进中国现代性的增长，我们就不得不面临许多难以预料的风险。而建立在脱域—复境机制基础上的信任关系和社会信任结构是风险社会的基本保护壳。

四、社会无根化风险原理

对风险和风险社会的知识社会学分析在理论上不仅可以拓展社会学对风险的领域，同时也为现代性情境下风险的社会化与知识化链接，进而进入社会根理论的领域，或者开展知识行动论的研究打开了缺口，只不过这个缺口还很小，尚需细致的讨论，我这里在以上讨论的基础上提出与知识行动论或者社会根理论相关的几条社会风险化原理。

（一）社会隐性风险原理

知识建构的风险处在社会隐性风险的中心，风险顶峰的高低并不总是体现在显性风险的叠加和累积，而是由于知识建构隐性呈现的人的非人化和社会的非社会化。对于人的非人化已经有了更多的阐述，而社会根理论所讨论的社会非社会现象在其他地方已经有了比较多的说明。这里仅仅说明社会风险的顶峰或者风险的社会化程度更多地体现在社会的非社会化上，表现在人的非人化上。把人变成非人，在社会中没有了人的影子，这样的社会是最大的风险社会。

（二）社会沙化表征无根社会的全部特征

无根性社会的风险表征为人离社会而去，人与社会的相互附着性散裂成为时隐时现的碎片。社会沙化表征为无根社会的全部特征。社会无根本身就是社会最大的风险，只不过社会之根的有无就像社会生活领域中那只看不见的手一样不是轻易能够知道的，所以说社会无根是社会最大的风险，就好像没有说一样。但是社会无根性所表现的碎片化或者散裂化趋势和现象是明显的和可视的。所谓“碎片化”，英文为 Fragmentation，原意为完整的东西破成诸多零块。碎片化这个词语其实是社会科学领域的一个术语，它首先是阶层的“碎片化”，可以理解为在社会阶层分化的同时，各个分化的阶层内部也在不断分化成社会地位和利益要求各不相同的群体，不同的群体逐渐再还原为个体，从而呈现社会沙化的性质。于是便有了碎片化社会的说法。有研究表明，当一个社会的人均收入在 1 000—3 000 美元时，这个社会便处在由传统社会向现代社会转型的过渡期，这个过渡期的一个基本特征就是社会的“碎片化”：传统的社会关系、市场结构及社会观念的整一性——从精神家园到信用体系，从话语方式到消费模式——瓦解了，代之以一个一个利益族群和“文化部落”的差异化诉求及社会成分的碎片化分割。社会碎片化不仅仅是社会转型时期的基本特征，即便是在社会现代性的过程依然有着这种散裂成碎片的现象。[①]

---

① 当前我国社会经济分化的基本趋势是朝着“结构化”方向发展，但目前阶段的分化现状仍表现出“碎片化”的特征。从各维度分层、社会流动、地位获得和阶层意识的年代变化看，“结构化”趋势是目前的主流倾向，它正在削弱“碎片化”特征，即阶层之间的差异在扩大，阶层内部的同质性在提高，阶层地位对个人的态度和行为的影响在增强，以及分层的秩序和机制在稳定化。换言之，当前我国的社会经济分化显示出阶层和阶层结构正趋于形成，不过这种“结构化”发展趋势，是否能消除各种“碎片化”现象，而最终出现一个阶层界线分明、等级秩序严格、阶层意识强化的阶层结构，还要取决于一系列的社会政治经济因素。如果经济地位差异的扩大趋势得到控制，社会上层与下层收入差距相对缩小，大多数社会成员进入中等收入群体或过上富裕生活，或者经济快速增长、职业结构升级和高等教育普及率大幅提高，导致上升流动机会大量增加，那么“结构化”的趋势就可能放缓，而“碎片化”的倾向就会增强。从长远发展看，“碎片化”的社会分层在中国社会也不是没有可能出现，但目前的中国社会正处于利益格局的重大调整和社会群体地位的重新定格时期，这将必然导致利益冲突意识强化和利益争夺行为增多，从而有助于阶级阶层的形成和结构化。（周大亚，2005）另一种观点认为：未来社会开放度高，公众自主意识强，以往一种简单因素便可影响以致支配全社会的现象已不复存在，聚集性因素日渐弱化，离散性趋势日益加剧，从而使社会矛盾不断泛化、分化和细化，给社会管理和社会控制带来相当的难度。值得注意的是，虽然未来社会的离散性要素多于聚集性要素，但这只表明社会阶层和相应利益格局的分解细化，并不意味着各种社会因子就此会毫无关联地呈现为一片散沙。相反，由于社会信息传播手段的高度发达，一旦需要或条件成熟，各种离散性因素又会从各个渠道高速汇聚，交融互感后常会“衍生”、“变异”为对社会秩序的冲击波，甚至会产生始料未及的后果。（潘捷军，2005）

（三）掏空了的社会

社会离我而去的分割注入了“我是多余者”的认同情结，我的死去活来与社会无关的倾向同时推进了我离社会而去的事实性原则。如果要归因的话，是资本的扩展最终把社会变成了死寂的社会，把人与社会割裂开来，于是社会被掏空。不仅我的死活同社会无关，社会的死活也同我无关。这是社会死去的征兆，也就是社会的非社会特征；这种趋势就是社会的最大风险。这种社会也是典型性风险社会。

第二节　双重抛弃：社会与社会学的张力

没有社会的社会学和没有社会学的社会，是逻辑还是事实，是需要我们考察的问题。社会在哪里？是谁的社会？社会给我们了什么？在漂浮社会中这些问题是漂浮的，但是对这些问题的追问可能会引起把社会作为对象的社会学的扎根。牟发松说：实际上，“社会在哪里”的问题不仅存在于传统中国，就是研究现代中国的社会学家也常常提出。对走出家庭的孩子，父母们总要提醒“社会是复杂的”，于是社会是在家门以外；离家到外地求学，毕业离校之际老师照例要说“你们即将走向社会”，于是社会又在校门以外；毕业后进了企业、事业或行政单位，单位里竞争上岗、优胜劣汰，领导通常要保证“我们绝不会随便把大家推向社会”，则社会似乎又在单位之外；党的领导常常教育党员不要把社会上的歪风邪气带到党内，学术团体、研究机关也常常说不要把社会上的腐败作风带到神圣的象牙塔内，则社会似乎又在党组织、学术团体之外。20 世纪 50 年代以后相当长的一个时段内，在我国人们大都归属于某一个单位，单位又照例隶属于国家的某个条条或块块，于是大多数人似乎并不生活在“社会”中，可见即使在当代中国，社会是什么，社会在哪里，仍然是一个有待界定的问题，而且还是正在被立项研究的课题。（牟发松，2006）社会在哪里是值得研究社会无根的问题，但是如果继续追问谁的社会在哪里就更为复杂了，当然也更为直接了：这个问题直指社会根在何处?[①] 社会学的命运完全等同于社会的虚化命运，甚至比社会的命运更差。因为社会学首先被社会抛弃了，所以无社会的社会学造就了无社会学的社会。

一、回归社会

谁的社会学，社会的社会学，还是穷人的社会学是社会学命运的关键性问题。如果是社会的社会学，那么社会是谁？无论是行动还是关系，无论是规则还是结构，无论是知识还是理性，社会最终还是要被还原为谁的问题，可能才有本体论的意义。没有社会的社会学就是被社会抛弃的社会学，抛弃时间久了，即便有根也腐烂了。

没有社会的社会学产生的原因之一是知识内嵌或者说社会学知识的内置。从这个意义上说，把社会学的无根化看作纯粹被社会抛弃的结果，是冤枉了社会。没有社会的社会学的知识内嵌关键在于社会学把社会抛弃了，是双重抛弃的一个典型特征。在社会学的知识体系中，社会是一个无法指涉的概念。

（一）社会的抑或社会性

肖瑛认为，“社会”虽然是一个出现较晚的概念，但又是一个最为“社会化”的概念，一个人人都在使用但很少有人能确切地说清楚其边界和具体构成的概念，一个既可以无所不包又可以空空如也的概念，用图海纳的话说，一个“含义不明的实体”(ill-defined entity)。(图海纳，2003)在学科分类上，当社会学说自己是以社会为研究对象的科学时，实际上就等于把自己当成了总体的社会科学(social sciences)。问题是：如果我们要对社会加以解释，必然要对社会加以界定或者在知识上加以规定。(肖瑛，2006)

---

① 打工仔的社会在哪里？他们离开了他们的小社会，却没有融入城市这个大社会。他们的生活空间被压缩了，这个空间甚至比他们的家乡还要窄小。在打工族中间，也没有他们正常的社会生活；他们的活动被限制在少数一些老乡中间，就连这些老乡也如漂萍，行踪无定。人是典型的社会性动物。各种缘分把人们联结在一起，构成了社会。可是，打工族的社会在哪里？想一想，对这些打工朋友，您能说他们是标准的“社会人”吗？城里人要扪心自问：他们的社会在哪里？我们要从基础工作开始，一步一步地改造我们的社会结构，不仅让农民工，还要让一切弱势群体，都融入我们的主流社会。

1. 什么是社会的

对社会学来说，界定社会是社会学生死攸关的事情。肖瑛说：显然，“社会”仍然是一个关键概念，“倘若现在应该有一门社会学作为特殊的科学，那么，社会的概念本身，除了对那些现象的外在的概括之外，就必须对社会的、历史的事实进行一种新的抽象化和归纳整理”。（齐美尔，2003：20）涂尔干指出：有一类非常特殊的性质的事实，……只能用“社会的”一词来修饰它，即可称为社会事实。这样称呼它最为合适，因为十分清楚，它既然没有个人作为基础，那么只能以社会为基础。（涂尔干，1995：25）韦伯则刚好相反，一如他对“行动”的定义——我们要谈到的“行动”是在行动着的个体把主观意义附着在他的行为之上的意义上讲的，只有在行动的主观意义能够说明其他人的行为并因而指向其原因的意义上，行动才是“社会的”。（韦伯，1999：35）齐美尔的这种观点几乎成了以后所有社会学家的共识：N. 卢曼断言，虽然“‘社会’是一个用旧了的概念，但要另找一个概念来指称（社会学的）指定对象并足以精确表达（社会学的）诸理论性目的，看起来还是会无功而返”。（卢曼，1999）图海纳则说，如果不参照诸如“社会”或“社会性”（the social）这些含义不明的实体，要界定社会学几乎就不可能。也就是说离开了社会或者社会性，那么社会学存在的合法性就失去基础。（图海纳，2003）

“社会”作为一个统一的、有着确定边界的实体，是本体论意义上的，而“社会性”只是作为这个物质实在的一个层面而存在。（韦尼克，2000）“社会的”和“社会性”构成了社会学想象的基本内容，社会学家们赋予它们的各种想象，实质上要么是对“社会”的本体论预设的结果，要么必然对“社会”的本体论预设产生影响。所以，只有在明确界定“社会的”和“社会性”的基本内涵之后，社会学的学科视角和性质才能够显现，社会学视野中的“社会”的意义和内涵才能彰显。所以，肖瑛认为，对于社会学来说，“社会的”和“社会性”能更好、更直接地表达“社会”所内含的认识论、方法论意义。（肖瑛，2006）社会学的大师们正是在使用这个概念的过程中有意无意地界定了社会学的方法论特质和视角。事实上，在近二十年的学术思潮中，无论是社会学的自我批判还是社会史研究的文化学转向，焦点都集中在“社会性”和“社会的”上。比如：鲍德里亚鼓吹“没有社会性的社会”（society without the social）（斯马特，1999）；图海纳竭力论证“社会性的衰落”（the decline of the social）和“‘社会的’概念的衰落”（the decline of the'social')(图海纳,2003)等。社会学无论是在其最初的目的上,还是逻辑起点上——"社会的"和"社会性",就一直关怀着整个社会的整合和团结,或者说社会学对"社会的"和"社会性"的内涵在哲学层面上作出的不断的本体论和方法论反思为社会学提供了终极关怀的基点,使社会学没有向完全工具主义的陷阱滑落,使社会学研究的所有出发点都是对自身所处社会甚至整个人类命运的关切。

2. 社会的基本内涵

根据肖瑛的归纳,"社会的"的几种基本内涵包括:第一,集体性和群体性,即相对于个人而言集体和群体的优先性,或者比较中性地说,个人与社会的关系问题即社会与个人的不同。(威廉斯,2005:451)第二,人与人之间的交往和互动。威廉斯说,在17世纪时"社会的"就有了"关联的"(associated)、"交际的"(sociable)等指涉。(威廉斯,2005:450)第三,利他主义。集体主义就意味着利他主义,所以卢曼才说"社会的"太美好,威廉斯才说"social被用来强调正面的而非中性的意涵"。(威廉斯,2005:451)但是问题依然存在,而且这个问题是一个最为根本的问题,或者是社会学扎根的问题,就是社会是谁的社会以及社会在哪里。尽管有市民社会的说法,似乎要把市民作为社会的主体,但是市民社会却把社会中的最穷的人群即无产阶级排除了社会,马克思认为,"市民社会"制造了严重的阶级对立,"生产力在其发展的过程中……产生了一个阶级,它必须承担社会的一切重负,而不能享受社会的福利,它被排斥于社会之外"(马克思、恩格斯,1995a:90),这个阶级就是无产阶级。无产阶级依靠出卖自己的劳动力来维持自身和家庭的生存,这种异化劳动的结果是人与自己的类本质的分离和异化,人性被扭曲,人不再是一个完整的人。在马克思看来,市民社会恰恰是"通过非社会的(unsocial)、个别的利益来建立社会",在逻辑上是说不过去的,其实质是反社会的,"人的本质不是单个人(single individual)所固有的抽象物,在其现实性上,它是一切社会关系的总和(ensemble of social relations)"。(马克思、恩格斯,1995a:56)因此,对私有财产的积极的扬弃,作为对人的生命的占有,是对一切异化的积极的扬弃,从而是人从宗教、家庭、国家等的向自己的人的存在即社会的存在的复归。(马克思,2000:82)用中国读者最容易理解的话就是:大家的,公共的,才是社会的。所以共有和同(共)在是社会内涵的核心。

（二）回到社会的社会学

回到社会的社会学不仅是社会学家的呼唤，同时也是社会本身的呼唤。在无法解决这样的根性问题的时候，肖瑛也就提出了“回到‘社会的’社会学”的主张。

1. 回到社会的社会学主张

在如何回到社会的社会学方面，这个主张包括的内容主要有：其一，张扬社会学的想象力。[①] 当然这种想象力具有特别的含义，肖瑛说，在“社会学的想象力”中，“社会”不仅被当作社会学的研究对象，而且更为重要的是——“社会的”和“社会性”——被视为社会学自我认识和建构的认识论，被视为社会学认识社会的方法论，从而实现了研究对象与认识论、方法论在社会学中的统一。（肖瑛，2006）其原因在于“社会学的想象力”张扬的“社会性地解释社会现象”的理念就为社会学提供了依据，有效地回答了“社会学何以可能”的问题，强调了构成社会的各种原则和行动是在特定的社会语境中发生的。在肖瑛看来，通过这样理解社会学的想象力，就会回到有社会的社会学了：在“社会学的想象力”中，一是被当作“背景”的“社会”是一个高度刚性的有机体，缺乏适当的弹性，从而否弃了“个体”在“社会”面前的能动作用，“个体”成了社会运动的消极

---

① 肖瑛认为（肖瑛，2006），社会学想象力的提出是基于这样的几个关于社会的或者社会性的预设：第一，“社会”是一个其各组成部分普遍联系的整体，一个高度结构性的和集体主义的存在。古典社会学家们都“着重于‘集体主义的’思想方法，这种思想方法起源于卢梭和德国唯心主义，而后者为他们批判功利主义提供了主要的衡量标准”。（帕森斯、米尔斯等，1986：88）任何社会现象都只是这个整体的组成部分，其发生和变迁都受到“社会”的制约，体现了“社会”的意志。第二，“社会”虽然表现为一个物质性存在，但构成它的不仅是物质生产关系，而且指涉各种精神的和意识的关联，不过后者在其发展过程中已经被客观化，具有了“客观物质”的基本特点，并不以个人的意志为转移。第三，“社会”又不是一个一成不变的有机体，而是处在不断的变化中，不过，即使其变化也是自主的，而不受其他因素的制约，借用孔德的话说，“社会秩序从来不会有别的什么直接的基础”。（雷蒙·阿隆，1988：143）第四，在个人生活与社会整体的关系方面，后者构成前者的环境，不仅发动而且制约和引导着前者，前者无以超越后者的阈限。“我们提惯习，就是认为所有个人，乃至私人，主观性，也是社会的、集体的。惯习是一种社会化了的主观性……人类的思维是受社会限制的，是由社会加以组织、加以构建的。就像马克思所说的那样，不管他愿不愿意，个人总是陷入‘他头脑的局限’之中，也就是说陷入他从他所受的教化里获得的范畴体系的局限中，除非他意识到这一点”。（布迪厄、华康德，1998：170—171）第五，“社会现象的原因内在于社会本身”。（涂尔干，1982：141）

的盲从者,一个呆子,"主体"因此而隐匿了。二是"主体"的消失必然造成社会学家对人们的日常生活在社会的生产和再生产中的重要作用的无视,社会学可能因此而重新回到马克思所批判的抽象性层面上去。三是多样性的社会存在样态(societies)被遮蔽了,整个人类生活空间变成了普遍主义意义上的单一"社会"(society),并因此而清除了"相对性"、"具体性"等概念在社会学话语中的位置。为革除以上弊端,我们还需要从"社会的"和"社会性"所蕴含的其他含义来更全面地理解"社会学的想象力",建构一个相对完整的社会学视角或者说社会学的方法论体系。

其二,建立社会学抑或社会的结构二重性。在肖瑛看来,"社会的"基本内涵就是互动性。社会学的百年历程就是它在处理行动与结构之间、个体与社会之间的关系时变得更为辩证的过程。而吉登斯的结构二重性正好说明了这个过程,同时,"结构二重性"对于我们拓展社会学的想象力,凸显社会生产机制的复杂性是不可或缺的。"结构二重性"的提出使社会学认识论成功地摒弃了传统的二元论观点,而把行动与结构、主观与客观、微观与宏观、地方性行动与超情境后果、静力学与动力学(吉登斯,1993:133)等二元对立范畴统合到互动网络中,开辟了社会学认识论的"第三条道路"。

其三,回到地方性、历史性和相对性。肖瑛认为只有给社会学注入历史性、社会性、地方性和相对性,回归到社会的社会学才是可能的。关于意识的空话将终止,它们一定会被真正的知识所代替。

其四,回到"日常生活"。回到世俗性和日常生活,"走向生活、走向实践"(李培林,2000)是以"社会性"为核心的社会学的题中应有之义,也是社会学自身历史发展的要求,回到日常生活是一个极具战斗力的口号。当马克思说"凡是把理论引向神秘主义的神秘东西,都能在人的实践中以及对这个实践的理解中得到合理的解决"(马克思、恩格斯,1995a:56)和"人创造了宗教,而不是宗教创造人。……人就是人的世界,就是国家、社会"(马克思、恩格斯,1995a:1)。

回到社会的社会学预示了社会学不是社会的,至少不是完全社会的或者不是社会性的。其原因在肖瑛看来是社会学对社会的或者社会性的看法或者规定,这是一种没有说服力的说明。我认为最为关键或者最为根本的原因在于社会学自身,社会学自身的自反性要求的知识内嵌。也就是说社会学不是社会的社会学或者说社会学抛弃社会是由社会学自身的性质规定的,只要社会学存在一天这种无社会的社会学就存在一天。因为社会学对社会的规定是主观的想象力。社会学抛弃社会的知识内嵌作为社会事实本身也是社会学的对象，非社会的社会学也就当然地成为社会事实的组成部分。社会学对社会的主观性既是社会学知识的一个非特有属性，同时也是社会抛弃社会学成为无社会学的社会的原因。尽管这种说明需要更多、更有说服力的解释，但是解释越多，社会学离社会越远，这是社会学知识的内嵌逻辑。（郭强，2010）

同时回归到社会的社会学，只能是一个对社会学知识充满期待的美好愿望。社会学是离社会最近的社会科学学科，如果能够实现这个回归社会的社会学的美好愿望也只能是离社会再近些，而不能进入社会。如果完全进入社会，那么社会学就等同社会。回归到含有社会的社会学或者充满社会性的社会学是有可能的，因而也是可以期待的。

如何回归到含有社会的或者含有社会性的社会学当然地具有社会学方法论的意义和社会学知识增生的价值。问题是肖瑛给出的途径（肖瑛，2006）是支路而非主干道，所谓的张扬社会学的想象力（米尔斯）、建立结构二重性（吉登斯）、回到地方性、历史性和相对性（更多的人比如地方性知识学派、历史主义、SSK）都无法直通社会。

其一，无论社会学想象力中对社会的或社会性的预设多么具有社会性，都无法把社会嵌入到社会学的知识结构中。社会学知识正是在想象中塌陷，社会离开社会学也是想象力作祟的某种意外结果。我没有任何否定或者去社会学想象力的任何想象力，相反如果在含有社会的或者社会性的社会学中社会学想象力异常关键，这也正是社会学想象力在社会上得到喧嚣的原因，但也需要提醒的是不能因为这种喧嚣隐藏或者掩盖了社会学想象力在社会与社会学之间关系，尤其是社会与社会之间的距离关系上的张力以及社会离社会学越来越远的事实。如果社会学的想象力可以缩短社会学对社会的距离感，那么社会学的想象力则是建构靠近社会的社会学知识结构的方法论准则。在知识的搀扶下对社会进行彻底的或者简洁的想象无疑是美妙的、畅快的。但是这种想象力所激发的想象成为漫无边际的臆想，将会毁坏社会学的想象力，并败坏社会学，只能靠社会学吃饭的那些社会学家眼睁睁地看着社会学远离社会而去。于是社会学就彻底成了无社会的社会学，于是社会学也就被彻底地拔了根，毁了基，半死不活地漂浮着。所以，当社会学还是没有社会的社会学的时候，社会学想象力只能是社会学与社会之间的一种张力，一种离开性，一种黏合的腐败剂。这里的意义就是社会学的想象力是有条件的，这种条件性就是一种强制性，它强制所谓的社会学家不要滥用社会学想象力。

其二，结构二重性不仅无法使社会学回归到有社会的或者社会性的社会学，而且还会最终导致社会学含泪离开社会，社会含恨离开社会学。“结构二重性”，即结构既是社会行动者的行动结果，又是其中介。换言之，行动与结构之间是一种持续不断的循环的与相互建构的关系，“行动者在互动系统的再生产中利用结构化模态，并借助同样的模态反复构成着系统的结构性特征”。（吉登斯，1998：93）这种循环性是社会得以构成和变化的根本机制，是社会生活基本的、构成性的特点。（吉登斯，1979：69）“结构二重性”是人的理性化能力在社会的构成和变革中得以体现的作用机制，是行动的反身性监控过程的前提（吉登斯，1998：91），那么作为结构二重性的发明者，吉登斯如何看待这个理论呢？吉登斯称结构化理论“不靠谱”。吉登斯说，过了只想语出惊人、在学界出人头地的第一阶段后，他开始意识到写别人看不懂的书“不靠谱”，社会学家“不该只待在大学这个象牙塔里埋头苦干”，更重要的是走出象牙塔，用理论去启发大众。（张璐诗，2007）照我的看法，吉登斯的结构二重性理论只能是社会学离社会更近一些的思路，而非一条通途。

其三，回到地方性、历史性和相对性，也是社会学知识结构的一种客观化的规定，但是这个规定能否直接实现回归有社会的社会学则是值得讨论的。回到历史，向过去学习是社会学知识逻辑，历史学是离社会学最近的学科之一，历史学与社会学的联姻，会激起很多新知识的涟漪。但是回到历史，只能拓展社会学的想象空间，靠近历史无法等同靠近社会。回到地方也可能是一条林中路，因为只有在地方性的基础上社会学知识的根基才可能打牢，或者在一定程度上说社会学才能找到扎根的土壤，或者在时空延伸的框架下才能保持本土或地方性社会学知识的扩展性和对地方社会的侵入性。同时也要考虑另一个方面，在拟象社会中或者在景观社会中，抑或在网络社会中，地方的虚化使我们无以找到地方，又怎能回到地方呢？所以，肖瑛所谓的回到地方应该看作一条林中路，尽管林中美景处处，莺歌燕舞，但是搞不好就迷了路。

其四，回到日常生活也是一个好主意，回到日常生活，就是要摒弃那种“完全合乎逻辑地用‘绝对知识’来代替全部人类现实”（马克思、恩格斯，1957：118－119）的宏大叙事，从芸芸众生的现实的、具体的、世俗的日常生活中寻找社会构成的因素。但是回到日常生活往往就只能是一个极具战斗力的口号，因为社会学要生活不可能只在日常生活中玩耍，社会学生活的准则是靠近精英生活的空间，因此社会学有时候就会变成精英统治工具甚至帮凶。特别是在一个不成熟的社会中，不成熟的社会学也只好冒充成熟的侵入所谓的宏观社会决策的行动框架中。实现回到日常生活的理想必须让社会学能够生活下去。因为无法回到日常生活，回归到有社会的社会学也就只能存在漫长的期待中。

当行动者被忽视，当日常生活世界中的普通行动者被忽视，倡导回归者眼前只能是迷雾茫茫，也就无法看到回归有社会的社会学的主干道了。

其一，剧作者和剧中人是行动者吗？在《哲学的贫困》中，马克思写道：每个原理都有其出现的世纪。例如，权威原理出现在11世纪，个人主义原理出现在18世纪，但是，为什么该原理出现在11世纪或者18世纪，而不出现在其他某一世纪，我们就必然要仔细研究一下：11世纪的人们是怎样的，18世纪的人们是怎样的，他们各自的需要、他们的生产力、生产方式以及生产中使用的原料是怎样的；最后，由这一切生存条件所产生的人与人之间的关系是怎样的。难道探讨这一切问题不就是研究每个世纪中人们的现实的、世俗的历史，不就是把这些人既当成他们本身的历史剧的剧作者，又当成剧中人物吗？（马克思、恩格斯，1957：146－147）马克思的这段话说明“就是要根据一个思想产生的社会历史背景以及构成这个背景的物质生产关系以及在这个关系上得以生产和再生产的人际关系、政治制度、生活方式等结构性关系来考察该思想的产生、内容、表现形式以及性质”。（肖瑛，2006）一个理论的社会嵌入规定了理论内含的行动者地位，但是在宏大叙事中行动者的具体性就被淹没了。同样在市民社会中无产阶级也被排除出了社会，这时的社会和社会学也就把穷人抛弃了，成为所谓的无人的实质上富人的社会和社会学。“马克思认为，国家只能反映市民社会某一阶级的经济利益，资本主义经济秩序必然有一个资本主义国家。把一个资产阶级经济与一个真正的社会国家结合在一起是不可能的。”（斯特龙伯格，2005：289）其二，社会是无人的社会，也就是无根的社会。前一个说法是假的，后一个说法是真的。社会是由人构成的，无论人是什么或者说人是谁；但是在社会学中有时候社会根本就是无人的，在社会学眼中只有社会结构、社会体系、社会行动以及社会关系等所谓的社会，而人被抛弃了或者被屏蔽了。这是无根的社会学。无根的社会学是同无根的社会关联在一起的。当社会只有社会结构的时候，社会肯定是无根的。无人的社会和社会学还表现为不知人是谁的，也就是说抽象的人事实上抛弃了人的社会和人的社会学。“人是历史的产物,因而也是变化的产物;在人的身上,从来就没有预先给定或确定的东西。历史既没有来由,也没有终点。人身上的所有事物,都是人类在漫长时间中创造出来的。所以,如果真理是人类的真理,那么它也是人类的产物。”(肖瑛,2006)马克思则看清了这种社会的本质,在马克思看来,对社会的“这种考察方法不是没有前提的。它从现实的前提出发,它一刻也不离开这种前提。它的前提是人,但不是处在某种虚幻的离群索居和固定不变状态中的人,而是处在现实的、可以通过经验观察到的、在一定条件下进行的发展过程中的人”。(马克思、恩格斯,1995:73)这种动态的视角决定了马克思视野中的“社会”在共产主义的实现条件全面完成之前必定是一个地方性的、历史性的概念。马克思还说:“历史上的活动和思想都是‘群众’的思想和活动。”(马克思、恩格斯,1957:103)真正的社会建构和变革起源并内在于构成这个社会的“现实的人”(马克思、恩格斯,1957:50)的感性的日常活动之中,不存在超历史的历史创造者。以英美而非法国结构理论为例,它就既无法叙述能动的主体(因为人只能是结构的生物性傀儡)也无法关照现实的历史(在结构主义理论中只能有进化,而没有历史,而日常生活世界中的活生生的人并不能成为它用来建构知识的对象)。在“社会行动者”部分,我已经对无实质主体的社会学做出过分析,这里仅仅是想说明:没有日常生活中的普通行动者甚至是穷人,社会是无根的,社会学也同样是无根的,这时的社会学和社会就处在一种越来越远的状态,而不是回归到所谓的社会的社会学。社会学知识逻辑抛弃了社会学赖以生存的根基,于是社会学不仅没有对社会发挥应有的公用,甚至无法解释自身被社会抛弃的命运。(郭强,2010)

二、被社会抛弃的社会学

尽管吉登斯在知识上为社会学做出了许多说服力有限的辩护,社会学依然逐渐被社会所抛弃。1994 年 6 月,美国社会学期刊《社会学论坛》(*Sociological Forum*)专门以社会学危机问题为主题在社会学家中展开讨论。主编斯蒂芬·科尔(Stephen Cole)写了一篇名为“社会学出了什么问题”(What's Wrong With Sociology?)的文章,指出社会学令人担忧的现状,即无论从制度(institutional)方面还是从智识(intellectual)方面看,社会学都没有做出我们所期望的那种进步。(科尔,1994)前者包括社会学系和研究机构资金的缺乏,有些面临关闭的威胁;社会学家在公众中的形象和声望的下降；社会学在学术领域中被其他学科轻视或排挤；社会学研究生的教学和分配成问题，等等。后者包括社会学中可用于经验研究的理论的缺乏；学科中认知统一和统一范式的缺乏；未能取得如同自然科学那样的进步；未能有效地解释或解决相关的社会问题等。（吴小英，1999）讨论了十余年的社会学危机问题到现在不仅没有解决，反而更加严峻。[①] 这个严峻性主要表现为社会学不仅自我地内在抛弃社会，更为突出的表现就是社会学逐渐被社会所抛弃。吉登斯说："社会学像以前一样仍然是一门有争议的学科。"

社会学被社会抛弃的原因在社会学方面主要表现为：其一，社会学是社会麻烦制造者。布迪厄宣布社会学是一个战场，一个"麻烦制造者"（troublemaker）（布迪厄，1993：8）；伯格则一再强调社会学思想就是尼采所说的"不信任的艺术"的一部分（伯格，1963：42），社会学意识中"内在地蕴藏着一种揭穿真相的动机"；鲍曼才断言社会学思维是"一种抗固化的力量"。（鲍曼，2002）伯格说，社会学中揭穿真相的动机的各种根源，不是心理学意义上的，而是方法论意义上的或者指涉架构（frame of reference）意义上的。应该说社会学是一个复合体，不仅是麻烦制造者，还是固化的知识力量，同时还揭露社会事实的真相。实际上揭示真相本身就可能会制造很多麻烦。

其二，高度抽象与日益脱离日常生活世界。

布迪厄说："我相信，只要社会学还是那么高度抽象、高度形式化，它就无所作为。不过一旦它放下架子，深入现实生活的细枝末节，人们就可以拿它作为一种工具，就像上诊所求医问药那样来为自己服务。社会学给予我们的真正自由在于给予我们一点机会，让我们去知晓我们参与其间的游戏，让我们在置身某个场域的时候尽可能地少受这个场域的各种力量的操纵，同样也少受从我们的内部发挥作用的，体现在身体层面上的各种社会力量的摆布。"（布迪厄、华

---

① 社会理论在中国面临的危机，突出表现为理论"悬置"。社会学在恢复之初就有意识地"悬置"这种教条化的社会理论，并不是没有道理的。问题是，社会学的这种"恢复"事实上意味着它与社会理论的分离，同时也意味着与社会理论背后的社会哲学传统的绝裂。尽管当时最早的一批从事社会学恢复工作的学者，大多是从研究历史唯物主义哲学"转行"过来的，但正是由于这种"转行"带有明确的"脱离理论"的意向——如同经济学的转向本身就意味着与"劳动价值理论"以及"政治经济学"的脱钩一样——因此，社会学"去理论化"特征从一开始就已经有了基础。问题就在于一般社会学理论传统似乎具有天然的自我"悬置"的能力，从而使它与经验现实的距离日益扩大。（冯钢，2008）

康德,1998:260)归结起来,可能最为关键的是:没有给富人或者富人代表者办成事,而不给穷人办事。社会抛弃社会学,使社会学成为没有社会的社会学,在社会方面主要表现为社会的危机,社会不需要社会学为其制度论证,或者不需要无根的社会学为其提供知识依据,于是悬置社会学,尤其是社会学理论知识的悬置(冯钢,2008)成为不成熟社会放弃社会学的突出征兆。我这里的结论可能与布迪厄稍有不同:高度抽象不是社会抛弃社会学的原因,尽管过度脱域是我所反对的;而日益脱离现实或日常生活世界才是社会学被抛弃的根本。说到底,社会学也失去了根,这是社会无根的表现,还是社会无根的构成看来都不重要,重要的是社会学何以自救。

其三,拯救社会学的努力。

社会转型把社会学转没了,或者更直接说社会抛弃了社会学。从这些说法中可以看出这种被抛弃的命运和回归社会的社会学努力。福柯在《知识考古学》中宣称社会学赖以发展的现代知识构型"现在将要倒塌了"。(福柯,1973:347-348)图海纳认为"现存社会学的社会生活观"已经深陷危机之中。(图海纳,1984)吉登斯强调社会学的出路在于摆脱"19世纪和20世纪早期社会思想残余"。(吉登斯,1987)布迪厄则提出用"反思性"取代传统社会学的"客观社会"原则。(布迪厄、华康德,1995)鲍曼提出了对后现代性情境进行回应的社会学构想。① 鲍德里亚关于"社会性的终结"的论说直接质疑了社会学研究的所有命题,并威胁到社会学元话语的合法性,即社会性本身的存在成了问题。(鲍德里亚,1997)被社会抛弃的命运是注定的,拯救这种命运的努力似乎也是低效的。社会与社会学的分裂不是愈合了,反而严重了。

这样的分析似乎会出现这样的现象:没有社会的社会学依然存在,尽管危机丛生;没有社会学的社会照常运行,不管是良性,还是逆行。但是如果或者一旦出现这种现象就表明社会趋向解体的事实特征和社会学失根的(空)漂浮状态;如果把这种现象转为一种行动模式,那么这是典型的拔根行动。社会与社会学之间的距离远近是衡量社会是否解体和社会学是否有根的一个重要标准,

① 鲍曼指出,伴随着现代性自身受到的质疑和后现代性情境的出现,社会学需要重新确立其存在的正当性。对鲍曼而言,当代西方社会所面临的问题不可能经由不断修正的现代性处方来解决。因此,应该创造新的概念和分析工具来应对新的社会情境。正是在这样的境况下,鲍曼提出了对后现代性情境进行回应的社会学构想。(郑莉,2006)

如果把社会与社会学之间的一种天然的关联人为地割断，以社会学为代表的知识结构的危机将成为社会危机的依据和表征。就中国社会学而言，似乎这种状态更加突出。“毕竟当今中国是处于转型中的社会，各种各样的社会问题堆积如山。政府需要社会学给出解决方案，学界也不愿意持久地陷入所谓‘理论纠缠’之中。于是，大量的学者抛弃了社会理论研究，走向所谓有的‘实证研究’。调查报告、经验描述、数据统计甚至直截了当地‘讲故事’，成为目前中国社会学“研究”的主流。在每年中国社会学会年会所收到的几百篇会议论文中，有关社会理论研究的论文不到百分之一。每年各高校学生的毕业论文中有关社会理论的选题就更是少之又少。一些学者甚至提倡‘没有任何理论预设的社会调查和经验记述’，他们认为与其要一个‘没有社会的社会学’（sociology without society），还不如直接面向一个‘没有社会学的社会’。（沃尔夫，1989）事实上，社会理论在中国面临的危机，并不是中国特有的情况；从某种意义上说，这只是社会理论的危机在中国的特殊反映。”（冯钢，2008）

三、布迪厄为何放弃社会

王建民说，布迪厄无疑是当代影响最大的社会学家之一。不仅因为他提出了一系列富有创见的概念框架和理论原则，还在于他独特而敏锐的“社会学眼光”有助于人们打破传统观念的束缚，以崭新的视角对社会现实进行深刻的洞察，尤其是将隐而未现的棘手问题“连根拔起”。（王建民，2006）问题是：布迪厄是怎么拔根的？这种拔根难道不是另一种意义上的扎根吗？用“场域”代替“社会”，从而放弃使用“社会”[①]概念，可能是布迪厄为拯救社会学抑或社会挺

① 实际上王建民在讨论布迪厄的社会概念时已经对社会概念给出了自己的诠释，这是否有悖于布迪厄的原初思想，是需要读者加以甄别的。他解释道：社会学从古典到当代的发展，始终要面对“社会是什么”这个历久弥新的问题。如何回答这个问题不仅影响人们如何认识纷繁复杂的社会现象，处理人际关系，解决社会问题，而且关涉“社会学是什么”，即社会学何以可能或社会学存在的合法性问题。实证主义社会学与人文主义社会学的社会观都是一种“大社会”范式。“大社会”在本质上体现了西方社会学传统中的理性主义社会观，这里用“大社会”是与布迪厄的“社会小世界”概念相对应而使用之。具体说来，这种“大社会”范式，在个人与社会的关系上，要么个人是被动的，受制于集体性与普遍性的逻辑，而社会至高无上（如涂尔干）；要么虽然承认个人主观性与能动性，但这种主观性与能动性却受类型学划分的制约，个人社会生活的历史性被静止的模式所淹没（如韦伯）。社会行动与社会生活在本质上是动态的或者历史的，而大社会范式却简化和（转下页）

身而出的扎根行动。

(一) 空泛的社会祸害了社会学

布迪厄戳穿了社会空泛的本质,认为"在高度分化的社会里,社会世界是由大量具有相对自主性的社会小世界构成的,这些社会小世界就是具有自身逻辑和必然性的客观关系的空间,而这些小世界自身特有的逻辑和必然性也不可化约成支配其他场域运作的那些逻辑和必然性"。(布迪厄、华康德,1998:134)例如,艺术场域、宗教场域或经济场域都遵循它们各自特有的逻辑。布迪厄不仅以场域概念置换社会的概念,而且以习惯、位置、资本、策略等概念相对应使用之,使传统社会学中个人与社会、行动与结构之间的紧张对立趋向于调和。这种做法是否是知识论上的第三条道路尽管需要讨论,但是概念置换可能源于对先存概念的不信任。

(二) 场域就是社会

"场域的观念提醒我们,只要一涉及方法,第一条必须考虑的就是要求我们利用一切可以利用的手段,想方设法抗拒我们骨子里那种用实体主义的方式来思考社会世界的基本倾向。"(布迪厄、华康德,1998:347)从场域的角度进行分析涉及三个必不可少的内在关联的环节。(布迪厄、华康德,1998:143)首先,必须分析与场域相对的场域位置。其中,权力场域相对于其他场域如经济场域、文学场域、科学场域等更具有"元场域"的特征,它在一定程度上涵盖了其他场域。其次,必须勾画出行动者或机构所占据的位置之间的客观关系结构,因为在这个场域中,占据这些位置的行动者或机构为了控制这一场域特有的合法形式的权威,相互竞争,从而形成了种种关系。再次,必须分析行动者的习惯,亦即千差万别的性情倾向系统,行动者是通过将一定类型的社会条件和经

(接上页)凝固了社会生活。这里的"大社会"并非政治学或政治社会学通常所讲的"大政府,小社会"、"小政府,大社会"意义上的,而是指相对于个人社会的优先性、相对于偶然事件的社会规律性、相对于自主能动性的社会强制性,以及相对个体特殊性的社会普遍性;或者是在一定理论原则制约下的社会、为研究者的一己之念所限定的社会。这两重含义与社会生活的真实性、总体性与流动性相对立。因此,它不包含政治权力或权利的分配与均衡的含义,也不具有政治意识形态的意涵。(王建民,2006)

济条件予以内化的方式获得这些性情倾向的。（布迪厄、华康德，1998：142）社会是流动的，意味着不仅行动是流动的，结构也是流动的。如果将社会比作一条河流的话，那么，行动和结构都是流动不息的河水，很难截然地分割开来，一如个人与社会也无法分割一样。把场域看作社会，使虚化的社会实化，是一条思路，但这是否是一条死路也是值得讨论的。

（三）场域终结社会吗

王建民说：布迪厄摒弃社会概念而代之以场域概念，实际并不是完全抛弃社会这一概念的内涵，而只是抛弃"空泛的社会"，或者说是以新的视角审视社会，对社会予以重新解读。在这个意义上，场域概念并非完全替代社会概念，而是通过改变社会概念中空泛的内涵，注之以历史的、整体的、流动的意蕴。场域概念终结了以碎片化、僵化、逻辑化等为表征的"大社会"，而非社会概念内涵的全部。（王建民，2006）社会依然存在，只不过在布迪厄那里社会给转换了形式，社会不是实体化的、也不是意识化的，不是集体的，也不是个人的，毋宁说"社会现实是双重存在的，既在事物中，也在心智中；既在场域中，也在习惯中；既在行动者之外，也在行动者之内"。（布迪厄、华康德，1998：172）场域相对于空泛的社会，在于还原一个真实的世界，一个变化万千、丰富多彩的"流动的社会"。社会世界的真实性在符号暴力的支配下被遮蔽起来，因此社会行动者面对的是一个"未知的世界"，这个未知的世界往往为统治者、知识分子，或者是教育体制、大众传媒为了追逐权力而加扭曲。因而社会学的任务是"促使更多的人拿起反抗符号支配的武器"，还原社会世界的真相。还原社会世界的真相的前提是实践，其方式是反思。从实践出发可以克服各学科对社会生活碎片化理解的弊病，并综合建构主义与结构主义两种视角，建构维持人类实践基本统一性的"总体性社会事实"。而反思性的关键之处在于建构一种社会学的社会学，对学术场域以及社会学家自身进行反思，将社会学研究过程本身对象化——即参与性对象化，进而对社会现实加以"彻底地质疑"。[①] 用场域代替社会，不是使社会终结而是为看待实化的社会提供一种知识与方法，这可能是布迪厄的意思。为了使社会实化，也有些人提出用第三

① 王建民认为，以场域替代"大社会"的做法虽然无法彻底地将后者"终结"，但场域的意义不在于将"大社会"终结这一结果，而在于启示我们尝试观察与诠释社会世界新的角度、新的方法，而不在于提供现成的、一致的答案。（王建民，2006）

域代替社会的想法，而且这种想法在中国大有市场。我的意思是：不管用何种概念替代社会这个概念都是无关紧要的事情，而要紧的是厘清何以要替换，是社会概念出了问题，还是社会本身出了问题。

（四）社会学的社会学

放弃社会的概念是为了更好地纳入社会的概念。这就需要对社会学进行彻底的反思。[①] 于是才有了社会学的社会学，而非社会的社会学。"反思社会学的基本对象不是个别分析者，而是植根于分析工具和分析操作中的社会无意识和学术无意识。"（布迪厄、华康德，1998：39）从反思的目的来看，布迪厄的反思社会学不是要破坏社会学的认识论保障，而是要巩固它，不是要削弱它的客观性，而是要扩大社会科学知识的范围，增强它的可靠性。在布迪厄的社会学理论和实践中，反思既是一个基本的理论概念和范畴，也是一个十分有效的实用技艺和武器。（文军，2003）布迪厄对社会学的反思不仅仅是要消灭顽固的"二元对立思维"和社会科学的迷失自我式的混乱，以及这种思维和混乱所依托的知识形态。布迪厄深知之所以"二元对立"思维千百次地被消解而又能够死灰复燃，关键在于其社会支撑和再生产机制没能从根本上被动摇。所以只有进行釜底抽薪式的，从根本上消除"二元对立思维"和"混乱"的再生产机制才能真正解决问题。（王庆明，2008）尽管布迪厄为社会学和社会学家反思自身、解放自身（获得自主性）[②]提供了一条清晰的进路，但是布迪厄的社会学并没有

---

① 古尔德纳（A. Gouldner）在其《正在到来的西方社会学危机》一书中，明确提出要建立一种"反思社会学"，其基本假设就是：理论是由人们的实践以总体性方式所创造的，并为他们检验的生活所塑造。因此，他所说的反思社会学是以社会学家对自身及其在社会世界中的位置的知识为基础，要求一种自觉的自我指涉，以创造出一种新的文化生产者。并认为反思社会学的最终目标就是要深化社会学家在任何给定的时间与给定的社会中他是谁和是什么的自我意识，以及深化他的社会角色和他的个人实践如何影响作为社会学家的他的工作的思索。（文军，2003）

② "科学的德性就是旨在解放，而这一德性无疑是所有符号权力中最不具有非法意味的。"社会学家"倘若不坚信这一点，他就不可能相信社会学可以为普遍推行某种独立领域制度的自有提供可能性和必然性"。（Pierre Bourdieu, Translated by Matthew Adamson ，"Leture on the Leture," *in Other Words*：*Essayas Towards a Reflexive Sociology*, Stanford University Press, Stanford, California, 1990：56）布迪厄认为社会科学应该也能够担负起时代所赋予的文化使命，他坚信光明的理性的政治前景——理性在人类事务中将发挥更大作用。布迪厄为社会学乃至社会科学勾画的这一"理想图景"正是后继者努力的方向。（王庆明：2008）

给出消除符号暴力和社会科学混乱的“明确的解决方案”。同时布迪厄的“社会学的社会学”是对社会科学的学术前景和理性的政治前景的“双重忧虑”，布迪厄说：“社会科学面临的特殊困惑在于自主性愈益增大，并不同时意味着政治中立性也随之增大。社会学越是科学，它就越是与政治相关，即使它只是一种抵御性工具，亦即充当一种屏障，抵御着那些时刻阻止我们成为真正意义上的政治行动者的各种形式的神秘化和符号支配。”（布迪厄、华康德，1998：54）所以，靠反思社会学或者社会学反思，也就是说靠社会学的社会学而非社会的社会学，是无法拯救社会学的。（郭强，2010）

四、社会性的终结

鲍德里亚对社会学丧失了信心。由于社会性的终结，鲍德里亚让我们放弃社会学，这是否就是社会学被社会抛弃的另类解说？但是有一点是可以肯定的：社会性终结并非是鲍德里亚首先提出，但是鲍德里亚通过对社会性终结的说明解释了社会学所存在的危机。（郭强，2010）

（一）社会性是善意的幻想

鲍德里亚从总体否定社会性的存在，认为所谓“社会性”不过是欧洲殖民活动的衍生品，是由欧洲生产并延伸出去的一个幻想物。（鲍德里亚，1990：76）“在社会学中，预设了一个不证自明的社会及‘社会性’，由此可以进行量化研究、统计分析，也许根本不是那么回事。”（迈克主编，1993：81）而且“事物并非社会性地发挥功能，而是象征性地、魔力般地及非理性地发挥功能”。（鲍德里亚，1983：3）

（二）社会性存在的几种可能

一是，社会性作为拟象的实体而存在，也可以解释为一种拟象的实体。在鲍德里亚看来，“社会性”从来没有存在过，存在的只是社会性或者社会关系的“拟象”（simulacrum）。如果社会性仅仅是“拟象”的实体化，那么所有基于“社会性”的研究不过是一场虚幻的游戏，不过是假借对于“社会性”的阐述来求得自身的合法性；所谓社会性的“危机”不过是将精神病人、妇女、不良少年等边缘人群视为社会学知识生产的原料。那么,在这种情况下,如何拯救社会学呢,或者摆脱社会学被社会抛弃的悲惨命运呢? 鲍德里亚提出了一个药方"解拟象"。通过无情的"解拟象",即拒绝把社会性视作符号指示,拒绝这种游戏,终结任何假借社会性而存续的权力效应。因此,所有社会性的合理性和真实性也就终结了;"社会性的危机"也因此而消逝。(莫少群,2003)

二是,社会性作为一种更精致的死亡方式而确实存在过,也可以解释为一种精致的死亡方式。社会性通过征服将它的真实性强加于各处,遍布于所有的事物之上;社会性通过制造社会性残余来摧毁社会性自身并摧毁社会本身。[①] 为此,这就是社会性的一种更精致的死亡方式。社会性扩张过程就是"摧毁性过度顺从"[②]过程,这个成功的过程使得自身走向消亡;借助于社会性而生存的社会学也将走向终结。鲍德里亚指出: 社会性死亡的假设也就是社会学本身的死亡。这是鲍德里亚得出的忘掉社会学的结论。[③]

三是,社会性作为历史而存在,也就是说过去存在过但是现在消失了。鲍德里亚指出,一旦真实与拟象不再区分,社会性就将死亡。超真实的出现和存在是社会性终结的基本方式,超真实作为拟象组成的现实,把社会性放大、取代,被到处复制、张扬、炫耀、消费,从而彻底终结了社会性。因为这个时候,只有死亡才能逃脱代码,唯有死亡才是一种真正的无视拟象和代码的象征行为。

(三) 社会性的终结链接到社会与社会学的双重遗弃

"鲍德里亚的假设直指一个主题,曾经作为一个再现、比较、评价体系的

---

① 人们长久以来总是把社会性想象为人类的客观进步,没有成为社会性的都只是有待社会化的残余。这就意味着,社会性胜利征服的过程就是一个不断制造不能被社会化的残骸的过程;社会性在真实界中"殖民"的范围越广,程度越深,它所摧毁的象征界的残骸也就越积越多(莫少群,2003);鲍德里亚说"社会性确实是作为对残余物的理性控制和残余物的理性生产而存在的"。

② 鲍德里亚指出: 在整个"现代性"的历史当中,社会性总是借着对"残余"的"合理性"控制和"合理性"生产而扩展。从 16 世纪成立的流浪者、精神病的收容院,到 19 世纪的国家救济、20 世纪的社会保障等都以社会的名义将每个个体纳入更完全的"社会化"。社会性推进的每一步都曾受到不同群体的抗拒,但是这些抗拒并不能扭转社会性的胜利推进,其结果也就演变成顺从于社会性的法则: 一切深陷于"恐怖主义官僚机构死的、制度化的关系、死的语言文法之中"。鲍德里亚将这种状况称为"摧毁性过度顺从"。

③ 既然社会学伴随着社会性的终结使引导的社会的消失而死亡,那么也就需要忘却社会学这样一个东西了。

'社会性'成了一组想象，曾经被物化为普遍实在和一切论据基础的'社会性'业已被自己的拟象宣告作废。"（莫少群，2003）一是，"失序"导致社会性和社会学的终结。"失序"是有序的结果，也是秩序追求的结果，同时也是现代社会的常态。在鲍德里亚看来，"失序"现象表明现代西方社会的转型中孳生的后现代性的非社会性特性，正是这种传媒拟像所制造的"大众拟象"使社会处在既新又旧、既是又否、既实又虚、既序又乱的淆间①摧毁了一切关于"社会性"的神话，并使得社会学成为多余。二是，鲍德里亚认为，正是大众和传媒的"单一化过程"或者炮制的"共同信息"导致了"社会性的终结"，随之也威胁到社会学的存在。因此，他对于现代性和后现代性说明的一个主要策略就是否定一个不言而喻的或者永恒的"社会性"的存在，相反，社会性可能"仅仅短暂地存在于象征构型与我们的'社会'之间的狭缝里"，在由传媒和大众组成的力场中，社会性解体了，相应地，社会学也随之解体。（莫少群，2003）三是，社会性是链接社会和社会学的中介。当中介断开了的时候，社会本身成为仅仅具有使用价值的工具，不再有任何象征性意义能够规范社会性的"正当使用"。例如，在医疗保障制度中，无法控制的腐化、过度消费、福利欺诈等比比皆是，从大众到医疗专业，到官僚机构，直到整个制度都将走向瓦解。（朱元鸿，1999）当然社会学只能随着社会的解体或瓦解而穷途末路了。

（四）社会学死亡性的存在着

鲍德里亚特别指出，社会学家是无法理解他的"社会性的终结"说的，因为社会学自身的存在就紧紧附着于对社会性的实证，"社会学只能描述社会性的扩张及其变化。它的生存仅仅依赖于积极的和确定的社会性的假设……社会性死亡的假设也就是假设社会学本身的死亡"。（鲍德里亚，1983：96）尽管这个观点相当偏激，但是偏激往往说明特定时代的特殊存在形态，其积极的功能有时就暗含在其消极的陈述之中。某种意义上，社会性作为一个社会学概念不

① 淆间是我提出的一个表达社会状况的概念，在某种程度上等同于乱世。这里的淆乱不只是事实上的，更是指涉知识上或者思想上的淆乱，比如符号取代并超越了现实，使得现实与非现实的界限消失。大众因此丧失了一切依据理性而进行的判断，处在一种不辨是非、不知真假的认识逻辑的混乱之中，最后干脆拒绝了由这些符号构成的社会规范，导致社会性的消失及整个社会的终结。

如社会感更适合社会学的社会实际，因此就像马克思对资本的分析一样，它兼具自毁和他毁的内在逻辑，正是因为社会性本来应该有机地链接社会与社会学，但是事实上这种内在的逻辑割断了这种脐带般的联系，于是社会与社会学都处在无根的状态[①]，也就是说社会和社会学都还活着，但是问题就是像死了一样地活着，这就是我得出的结论。（郭强，2010）那么，到底谁抑或哪里出了问题呢？没有社会的社会学和没有社会学的社会是一种独特的社会景观。如果我们追问：到底是社会出了问题还是社会学出了问题；相互抛弃的原因恐怕主要在社会学，但是也同社会的堕落有关。[②]

要是需要总结的话，可以这样说：总之，没有了社会，社会学也就是失去了根，社会学应该是社会的社会学，而社会也应该是有社会学的社会。在相互抛弃的机制下，没有了社会学的知识似乎也是不完善的社会，同样社会学离开了社会也就失去了根。华勒斯坦指出："知识是通过社会而构成的，这意味着更有效的知识也将通过社会而成为可能。"（华勒斯坦等，1997：100）要找到社会，必须首先在日常生活世界中找到普通社会行动者，只有社会行动者的行动才是构成社会的根性要素，而只有在日常生活世界的普通行动者的行动结构中才能使社会学具有真实的和真正的社会性，这样的社会学才是具有社会的社会学；而这时的社会学也才能为社会奠基，社会才能有根，社会也就成了有社会学的社会。从这段话中是否可以看出社会与社会学的希望？我想知道的是：在现代性与后现代性之间的时代的"社会性的终结点"上，当我们已无法设定人们所处的公众话语的某种公共场域之时，社会学将会是何种形态？社会交往崩溃而进入

---

① 即便追求那种诱人的客观性也无法挽救社会性。吉登斯说："那种希望出现一位社会科学的牛顿的渴望仍然非常普遍，尽管在今天，怀疑这种可能性的人比依然抱此希望的人可能要多得多。但是，那些仍然在等待'牛顿'的人不仅是在等待一列永远不会到达的火车，而且他们根本就站错了火车站。"（吉登斯 2002：72）

② 但就二元对立来说，"经验性"和"整体性"的承诺是社会学的"立命之本"和"安身之道"，不能放弃。社会学的理论原则使社会学刚出世就陷入了"进退两难"的困境，这一选择也注定社会学"命运多舛"，在逾一个半世纪的历史进程中，后继的社会学学人为了改变这种命运，摆脱这种困境而不断努力。可以看出"客观性陷阱"是可能且可以超越的，但为什么长期以来社会学家都纷纷陷入这种陷阱呢？但为什么这种二元对立思维对社会学影响如此至深，甚至到今天余威依存呢？布迪厄指出：这些没有任何意义的二元对立已经被千百次地消解过，但却又不断地"死而复生"，而那些使他们起死回生的人们将从中得到好处。由此可见此种二元对立表面上是科学对立，但实际上却根源于社会对立。所以要摧毁这些对立就要付出巨大代价，因为它们已经深深地存在于社会现实之中。（布迪厄、华康德，2004：235－239）

到通讯之中——社会性的终结——导致了网络的虚拟交流的产生。这就需要一种批判性的社会科学用新的方式来称述这一“日常生活”的现象，既要描述它的结构与文化，又要指向更远，经由社会的复兴而趋于日常生活的变革。在一个更完善的社会中，我们不再在日常生活与更大的、被遮蔽的社会结构之间做出截然区分，因为这些更为庞大的社会结构将不再以陌生而遥远的面目出现了。日常生活本身就包含着超越的可能性——马克思所说的“社会性的自由”。①

第三节　保卫社会的公共社会学：解决社会与社会学分裂的一剂药方

公共社会学是美国社会学家布洛维为保卫社会而提出的一种类型的社会学。公共社会学的出现可以部分地归结于社会学和现代社会的隔阂日益加大。“公共社会学的提出，从‘防守’的意义上说，反映了以布洛维等人为代表的美国左派社会学家对新自由主义意识形态做出的一个知识社会学回应；从‘进击’(proaction)的意义上讲，则是对全球市场化浪潮下激进社会变迁的可能性以及社会学家在此过程中的角色所进行的探索以及社会学家在此过程中的角色所进行的探索。”(闻翔，2008)这里提出公共社会学加以说明和讨论②，其目的不是介绍这种社会学，而是想知道：这种社会学作为社会学家的社会学，其

---

① 本·阿格(Ben Agger)，德克萨斯大学阿林顿校区社会学系教授，西方马克思主义批判理论家，理论中心主任，著有《享乐资本主义：一个意义批判理论》(1989)、《话语的衰落：后现代资本主义里的阅读、写作和抵抗》(1990)、《统治的话语：从法兰克福学派到后现代主义》(1992)、《公共社会学：从社会事实到文学行动》(2000)、《自我与网络社会》(2002)等。

② 这里主要讨论的是布洛维的公共社会学思想。布洛维是加州大学伯克利分校社会学系教授，曾担任2004—2005年度美国社会学会会长，“社会学马克思主义”的旗帜性人物，始终坚持“阶级”分析的视角，主张将阶级带回社会学研究的核心。近年来，他大力倡导公共社会学，强调社会学的公共关怀和道德担当，在美国乃至国际社会学界掀起了一股“公共社会学”风潮。在此讨论所参考的主要文献包括：布洛维：《公共社会学》，《社会》2007年第1期；闻翔：《社会学的公共关怀和道德担当——评介麦克·布洛维的〈公共社会学〉》，《社会学研究》2008年第1期；布洛维：《公共社会学的批判转向(上、下)》，单提平摘译，《国外理论动态》2006年第9—10期；斯坦利·阿罗诺维茨(Stanley Aronowitz)和迈克尔·布洛维：《评〈公共社会学的批判转向〉》，《国外理论动态》2006年第9期；布洛维：《公共社会学》，沈原等译，社会科学文献出版社，2007年，等等。

保护的社会是谁的社会,或者说当公共领域被某个阶级或者集团把控的情形下,这种社会学保卫了什么?

一、社会学的类型学

(一) 社会学的类型

"如果我们绘制出社会学的劳动分工,我们会发现在四种类型的知识中存在着对立性的相互依赖:专业的,批判的,政策的和公共的。"(布洛维,2007:3)布洛维说:公共社会学是一个较广阔的社会学劳动分工的部分,社会学劳动分工还包括政策社会学、专业社会学和批判社会学。(布洛维,2007:15)为此布洛维把美国的社会学分为四类,即专业社会学、政策社会学、公共社会学和批判社会学。

其中批判社会学是非常重要的,它常常对专业社会学进行批评,布洛维说:实际上,除非有批判社学的推动,以及扎根于专业社会学,否则,公共社会学不可能有持续的发展。(布洛维,2007:73)专业社会学是一种科学,成果表现在论文的发表。批判社会学家认为专业社会学的研究实际上也是建立在一定价值观基础之上的,批判社会学就是要讨论这些深层的价值观是什么,价值观是社会学研究的根基。政策社会学是一种为某个目标服务的社会学,它的目标是由一个客户定义的。政策社会学的存在理由是提供我们所面临的问题的解决方案,或者来合法化我们已经达成的解决方案。社会学包括这四个部分,它们相互依存,任何一个部分的繁荣都可以带来整个社会学的繁荣。布洛维认为,公共社会学和政策社会学的方法既不是相互排斥的,也不是相互对立的。在某些情况下,它们往往是互补的。政策社会学可以转变为公共社会学,尤其是当政策失败时。如果没有专业社会学提供真实、可检验的方法,积累的知识,定向的问题以及概念框架;就不可能存在政策社会学或者公共社会学。专业社会学不是政策和公共社会学的敌人,而是它们的基础。在每一种情况下,批判社会学都企图使专业社会学认识到自身的偏见、失声,从而在其他的基础上建立新的研究。批判社会学是专业社会学的良知,正如公共社会学政策社会学的良知一样。(布洛维,2007:18)实际上,一些社会学的知识起着主导作用。在美国,专业社会学是非常强的,它压制了公共社会学和批评社会学。法国的批判社会学和公共社会学太强,专业社会学受到压制;而在俄罗斯,由于历史的原因,政策社会学很强，其他三种社会学较弱。

“社会学不断在这一组二元对立的世界之间游走，社会学家也已经习惯在这样的二分法里寻找自己的定位。而布洛维的四种社会学之说实际上却颠覆了上述一系列的二分法。”（闻翔，2008）布洛维提出，一个人首先必须是一个专业社会学家，但是在此基础上，他可以而且也应该发展出更加多样的研究取向。（布洛维，2008）毛丹写道：“布洛维的分类令我产生复杂的感觉。一些社会学同仁曾声称：经济学家，尤其是市场原教旨主义者，容易傍大款，炮制富人经济学，而社会学天生关心穷人。看来此说未必成立。没有公共社会学的支撑而全面发展出社会学的公共性，社会学何尝就不会是富人的社会学？”（毛丹，2007）

毛丹的起疑也证实了我的想象：社会学本来就是针对社会的社会性而生，所有的社会学都必须是公共社会学，那么为何要把社会学的研究窄化为特定的社会公共领域呢？尽管哈贝马斯、布洛维以及临终前的费孝通都提出了社会学的边界问题，但是应该说，通过窄化研究领域或者特定的社会对象来解决社会学与社会的相互抛弃，不是一种好的思路。

（二）公共社会学类型

1. 传统与有机的社会学

从公共社会学涉及的研究传统出发，布洛维把公共社会学分为两个部分：一是传统公共社会学，二是有机公共社会学。

第一，传统公共社会学。传统公共社会学就是社会学家把自己的观点刊登在一些媒体上，比如报刊，引起公众的讨论。就像现在美国的社会学家比较关注社会不平等、种族歧视、恐怖主义、个人主义以及美国与其他国家的关系，在这些方面，社会学家可以把自己的专业知识传达给大众。布洛维认为：传统的公共社会学家（Traditional Public Sociologists）能激起公众内部与公众之间的辩论，但是他自身并不一定参与其中。这种公共社会学被研究的公众往往是不可见的，他们是微弱的，因为他们没有产生内部的互动；他们被动，因为他们没有组建运动组织，并且他们通常是主流。（布洛维，2007：11）传统社会学有时会成为资本利益的帮凶，或者无力料理社会被资本侵蚀的问题。在布洛维看来，传统公共社会学家常常会遇到这样一个问题，在对社会持一种批评态度的同时，还要面对由财团所控制的媒体而无法完全表达自己的观点。

第二，有机公共社会学。在任何一个社会，社会学家在和公众的交流中，都会遭遇媒体阻碍的问题，因此，就产生了有机公共社会学。有机公共社会学（Organic Public Sociology）不太受到媒体的影响，学者直接与工会、社团组织、非政府组织等直接联系和交流，不受到媒体的阻碍。这种社会学中社会学家与一个可见的、稠密的、活跃的、地方性的，而且往往与对立的公众联系紧密。在布洛维看来，公共社会学的事业就是要使不可见的变得可见，使私人的变成公共的，使这些有机的联系变成我们社会学生活的一部分。（布洛维，2007：11）

就这两种类型社会学之间的关系，布洛维说：这两种社会学并非对立的，而是相互联系和相互补充的，而且一种可以启发另一种。“在最佳情况下，传统公共社会学构建了有机公共社会学的框架，而后者规诫、界定和引导前者。”（布洛维，2007）

2. 创立与保卫的社会学

从公共社会学与社会的关联程度看，布洛维把公共社会学分为两类：“我把公共社会学分为两类，一类是创立公共社会，一类是保卫公共社会。政策社会学与公共社会学是不同的，在中国建立公共社会学我们需要做很多研究，比如要搞清楚，政府想把哪些市场化，哪些是要建立公共社会，我们要搞清楚政府的目的，也可以通过政府来建立公共社会，当然这是一个复杂的问题。我们也要借助专业社会学，他们可以提供很好的理论框架。中国是一个很了不起的社会，我相信公共社会学在中国会有很好的发展！”（布洛维，2007）布洛维的这种划分倒是比较新颖，问题是不管何种类型的社会学何以创设公共社会，何以保卫公共社会，是需要质疑的问题。公共社会的创立和保卫是非常复杂的问题，在某种程度上是专业问题，但是更多情况下是非专业问题。依靠专业的社会学知识来创设公共社会，并保卫公共社会，未免有些天真，或者是为了社会学的生存而高看或者高抬了社会学。

二、社会学的知识论

社会学知识论事实上远比社会学方法论重要得多，这不仅在于知识论在很大程度上融含了方法论的内容，还在于这是社会根域之所在。

(一) 知识的类型与社会学的类型

布洛维根据知识类型和听众范围对社会学的种类进行了归类。从表中可以看出，第一列专业社会学和批判社会学，它们的听众都是学术界内的；第二列政策社会学和公共社会学的听众是学术界以外的。

表 1.2　知识类型与社会学类型关联表

听众类型 / 知识类型	学术界内	学术界外
工具性知识 反思性知识	专业社会学 批判社会学	政策社会学 公共社会学

来源：布洛维，《公共社会学》。

按照“知识是为了什么”这个标准，布洛维又把社会学分为两类，即工具性知识和反思性知识。布洛维说，他将一种知识称作工具性知识（instrumental knowledge），无论它是解决谜团的专业社会学，还是解决问题的政策社会学；而将另一种知识称作反思性知识（reflective knowledge），因为它关注的是关于目标的对话，无论是发生在学术共同体内关于某项研究的基础的对话，还是学术与各种公众之间关于社会发展方向的对话、反思性知识同时质疑了社会及我们所从事职业的价值前提。（布洛维，2007：19－20）“第一类是专业社会学和政策社会学，属于工具性知识。工具性知识的意思就是，由其他人来提出问题，我们去找解决的方法。第二类的知识是反思性的知识。这种知识类型是指目的和目标不是既定的，而是通过讨论、辩论得出的。对于批判社会学来说，就是要讨论价值观，讨论我们为什么要进行社会学研究，社会学研究的目的和价值是什么？对于公共社会学来说，就是要在社会学家和公众之间的进行对话。”（布洛维，2007）

布洛维认为，“知识是为了谁”（knowledge for whom）与“知识是为了什么”（knowledge for what）的问题，定义了我们学科的基本特征。它们不仅仅将社会学划分为四种不同的类型，也使我们理解了每一种类型是如何内在构建的。我们知识的四种类型不仅代表社会学功能的差异，而且也代表了四种看待社会学的不同视角。从批判社会学的立场与从政策社会学的立场来看社会学的劳动分工是十分不同的。确实，批判社会学很大程度上是通过其与专业（“主流”）

社会学的对立来定义自己的,它认为自身与背弃政策社会学不可分割。政策社会学以其人之道还治其人之身,攻击批判社会学政治化了社会学,从而败坏了我们的学科。(布洛维,2007:20)

(二)社会学知识的权力化

权力问题是社会理论中的一个重要核心问题。布洛维的公共社会学以及在此基础上的社会学知识观贯穿了权力的意义,尽管并没有明说。

布洛维认为,在现实世界中,学科是权力的场域,其中相互依存变成了相互对抗。结果造成至少在美国,工具性知识压倒了反思性知识而居于支配地位。(布洛维,2007:33)从此社会学知识在权力的笼罩下变成了资本的帮凶,最后沦落成为权力的仆人。

情况甚至比这还糟。社会学知识的不同类型或者说不同类型的社会学知识都有其自身的政治。布洛维说,与专业社会学相联系的知识是基于研究项目的发展之上的,它与政策客户要求的具体知识以及社会学家与他们的公众之间交流的沟通性知识不同,从而与批判社会学的基础性知识也不同。从这里产生了每一种社会学拥护的真理的概念:专业社会学关注的是生产与经验世界一致的理论,政策社会学的知识必须是“现实的”或者“有用的”,公共社会学的知识是基于社会学家与公众之间的一致认同,而对批判社会学而言,没有规范性的基础来引导的真理什么都不是。因此,每一种类型的社会学都有自身的合法性:专业社会学以科学规范为基础来合法化自己,政策社会学以其有效性为基础来合法化自己,公共社会学以相关性为基础来合法化自己,而批判社会学必须提供道德的视角。同时,每一种类型的社会学也有其自身的可说明性,专业社会学对同行的评论是可说明的,政策社会学对其客户、公共社会学对一个指定的公众,而批判社会学对一个能够超越学科边界的批判知识分子的共同体是可说明的。为此,布洛维得出结论:每一种类型的社会学都有其自身的政治。专业社会学维护科学的条件,政策社会学提出政策干预,公共社会学将政治理解为民主的对话,而批判社会学致力于在我们学科内部展开辩论。(布洛维,2007:31)

在这种情形下,有四种知识化道路供社会学家选择,也是供社会学知识选择。布洛维说:在直面这个对全世界因而也是对人类的威胁之际,社会学家有四种选择。其一，反对市场。可以同国家比肩而立，反对市场，希冀从国家抵抗的残留物中汲取些什么。其二，把脑袋深埋在沙丘之中，声称“工欲善其事，必先利其器”，或者是在家静观待变。我们不能因投身于风暴而使我们的合法性，使我们的现实存在冒险。专业社会学家静观待变，期待风暴过去，对它不会把我们和社会的其余部分一网打尽心存侥幸。其三，拍案而起，揭露堕落，面对国家和市场的魔鬼共谋发出哀叹。但是人们发现，批判的社会学在风暴降临之际诉诸退场的听众。其四，拒绝与市场和国家的共谋；认为若没有政治，科学就是盲目的，若没有干预，批判就是空洞的：它号召社会学家在社会归于完全消逝之前直接参与社会。（布洛维，2007：59）我的评析是，尽管布洛维指出了社会学知识正在路上的这四条路径，但是社会学总体上的堕落则是这个时代赋予社会学知识的特征。

问题是布洛维得出了比较西方化的结论：我相信，是社会学的反思性维度，而不是工具性维度处在危险之中。在我们这个社会，金钱和权力远远比价值和影响有力量得多：在美国，资本主义尤其压制公共领域；后者不仅弱小，而且被大量的专家和过剩的媒体占据。社会学的声音很轻易就被湮没了。（布洛维，2007：35）

（三）缝合裂隙的知识霸权

各国内部全球化的压力加剧了社会学的劳动分工，使得四种社会学的裂痕越来越大，权力的天平似乎倾向于工具性知识而导致社会学知识的严重分裂，面对这种种情势，布洛维坚信社会学可以拯救社会——这种信心源自于对社会学知识结构中知识变动的逻辑把握。

尽管形势严峻，但是布洛维认为我们仍然可以将们的学科变成我们自己的，创造一个能够生产出更勇敢和更有生机的思想的空间来。

用共生融合对抗进而弥合分裂，是布洛维提出的社会学知识发展之路。布洛维提出疑问并给出答案：专业社会学对同行负有责任，公共社会学对公众负有责任，但这必然就会导致敌对的阵营吗？一定要相互诟病吗？同样的，尽管批判社会学和政策社会学并不一致，一个坚持自身的自主性，另一个则为自己的客户负责，但如果双方都能够承认对方的一部分，共生就可以取代对抗。（布洛维，2007：36）

那么用何种方式实现这种共生的状态呢？布洛维给出的方案就是知识霸权：

用公共社会学统合其他类型的社会学知识。布洛维指出：与其将社会学陷入分裂状况，我们或许可以发展出某种相互协作的多样化以及富有成效的结合。我们有理由说，如果社会学能够被一种支配体系统合起来的话，那么这种体系是一个霸权体系，要好于是一个专制体系。霸权体系意味着，处于从属地位的知识（批判的和公共的）能够获得发展它们自身力量的空间，并且能够反哺支配性知识。专业社会学和公共社会学也应该为批判的和公共的社会学的繁荣奉献自己的力量。"不管短期内如何分裂，长远来看工具性知识离开了反思性知识的挑战也不能够繁荣。因为，从更为广阔的社会中得到的和不断被检讨的价值，巩固了其研究的基础而价值是需要不断更新和重置的。"（布洛维，2007：36）

内部与外部的逻辑张力，塑造了布洛维的知识结构。一方面强调知识霸权对知识结构的意义，另一方面又高调提醒。"我们应该将我们的社会学应用于我们自身，对操纵我们学科的全球性力量保持更加清醒的意识：只有这样，我们才能控制它们，而不是被它们牵着鼻子走。"（布洛维，2007：43）但是总归这种知识霸权注定了在资本霸权世道中的被唾弃的命运。社会知识的进展同样遵循社会发展的逻辑，当我们反对利益霸权的时候又在学科领域内建构知识霸权同样没有好下场。

三、市场化浪潮与社会学的卷入

社会与社会学具有天然的关联。社会的任何发展必然反映到社会学的知识进化上。布洛维把市场化的浪潮看作社会发展的基本形式，并分析和讨论了不同时空下的市场化浪潮对社会学发展的影响，从而说明了社会学与社会之间的那种无法割裂的关联。

（一）三次市场化浪潮与三种社会学

在布洛维看来，市场化发展经历三次浪潮；每一次市场化浪潮都激发了社会学的发展。所以市场化同社会化是有关联的。

1. 第一次市场化浪潮与道德社会学

在第一次市场化浪潮中随着劳务的市场化，整个社会也随之发生一些变化。这些变化的突出特色就是社会组织的兴起和社会运动的产生，比如形成了工会、地方组织、工人运动等。布洛维认为，这次市场化浪潮起源于欧洲。很明显，社会学也是从这次浪潮中获得孕生的。这一时期的社会学实际上是一种道德社会学，代表人物有马克思、涂尔干等人。布洛维说，按照马克思和恩格斯的设想共产主义将会在最终不可避免自我毁灭的资本主主义的废墟中成长起来；孔德想象了一个由社会学家领导的家庭式秩序；而涂尔干则设想了一种建立在具有劳动分工的法团主义组织基础上的一种行会社会主义的形式即有机团结。布洛维这样评价：对于所有他们带给社会研究的革命性突破而言，他们的科学仍然发人深省。（布洛维，2007：68）第一次市场化浪潮对社会学的影响就此产生了：反对劳力商品化的对冲运动。[①]

2. 第二次市场化浪潮与政策社会学

第二次市场化浪潮产生了政策社会学。这次市场化浪潮的起源在美国。在第二次浪潮中，货币可以在各国流通，政府的变化是更注重控制资本，使国家不受国际货币市场的影响，因此出现了法西斯主义或社会主义等。波兰尼原本预测不会出现市场化的第三次浪潮，因为第二次浪潮带来了法西斯主义等，造成了很大危害。第二次市场化浪潮对社会学的影响就是产生了反对货币商品化的对冲运动。（布洛维，2007）第二次浪潮中产生与发展起来的社会学在类型上主要是政策社会学，因为这时的社会学帮助国家来调节市场，保护劳动者。[②]

3. 第三次市场化浪潮与公共社会学

20世纪70年代，市场化的第三次浪潮还是出现了，表现为美国出现的经济危机和里根主义，英国出现的撒切尔主义，中国的经济改革以及拉美的经济调整等。那么，什么是第三次浪潮？如何找出其特征呢？市场化的第三次浪潮是全球性的，市场越来越大，市场的影响越来越大。过去一些没有进入市场的东西，现在也进入市场了，比如说，知识、沟通信息、人的器官等。我们仍可从下表一窥三次浪潮的发生及其与社会学的关系。第三次市场化浪潮的起源主要在

---

① 这是布洛维遵循波兰尼的观点而提出的看法。具体内容参见[美]麦克·布洛维：《公共社会学》，页65。

② 这是政策社会学非常矛盾或者是充满张力的功能，也是政策社会学饱受诟病的症候。布洛维并没有给出解决的办法。

南半球，比如南美洲、非洲。而在欧洲和美国这三种浪潮是有明显时间区分的。第三次浪潮中的社会学就是公共社会学，虽然乌托邦和政策社会学还存在，由于政府和市场结合紧密，政策社会学的作用就和早期社会学保护社会的初衷相矛盾了。因此新的社会学出现了，可以把社会学分为两派，一派是市场化的推动者，一派是使社会免受市场侵蚀的保护者。第三次市场化浪潮对社会学的影响就是产生了：反对土地、环境，或者更宽泛而言，反对自然商品化的对冲运动。（布洛维，2007：68）

表 1.3　市场化与社会学发展关联表

	第一次市场化浪潮	第二次市场化浪潮	第三次市场化浪潮
时间	19 世纪	1917—1970	1989—
内容	劳工	货币	土地、环境、知识、器官
社会学	劳动权利 马克思、涂尔干 乌托邦	社会权利 政策	公共社会学
方法类型	思辨	实证	反思
主要发源地	欧洲	美国	赤道附近地区

来源：布洛维，《公共社会学》。

（二）公共社会学的诞生地

“第三波市场化引发公共社会学的时代。”（布洛维，2007：59）第三次市场化浪潮的发生地也是公共社会学的诞生地。“如果说第一波社会学起源于欧洲，第二波社会学在美国达到了其完美的典范，那么第三波社会学将在何处发展其能量呢？在思考充满生机的公共社会学的过程中，我转向另外一些国家。”（布洛维，2007）这些国家是：南非，尤其是它处于反种族隔离的巅峰时；处于后集权主义政体时期的巴西；具有公共知识分子化公共领域的法国。在布洛维看来，墨西哥、巴西等赤道附近地区的社会学家认为社会学本来就是公共的，他们的社会学就是公共社会学。这些在赤道附近的国家是公共社会学的起源地，他们对全球化的变化比较敏感。当然其他国家也在进行公共社会学的研究。第三次市场化浪潮形成了或者包括了知识的商品化，并不只是社会学在面临这些问题。在美国，很多大学都被商品化了，大学越来越变成一个市场的平台。公共社会学家想通过媒体和公众沟通也越来越难，所以布洛维最终的结论就是，公共社会学发展的条件越来越困难，但也变得越来越重要。同时在中国和俄罗斯，这三种市场化浪潮可能是同时进行的，这三种浪潮同时冲击社会，社会学要作出正确的反应也是很难的。（布洛维，2007a）

不同历史时期的这三种社会学之间的关联，布洛维认为不能划出明显的界限，它们是一个逐步变化的过程，没有明显的分界线，它们之间可能互相包含，公共社会学里也包含有政策社会学，反思社会学里也有实证和思辨的成分。“第一类社会学主要是思辨的，没有试验调查；而第二类社会学是实证的，如果你去看美国社会学的专著，就会看到很多科学式的数据和论证，他们的最终目的就是要澄清事实的真伪；第三类社会学是反思性的，有一定的价值观支撑，代表人物是韦伯，他们也做实证研究，但是以一定价值观为基础。实际上，这几种社会学类型很多时候也是交织在一起进行的，反映了多种价值观。”（布洛维，2007a）

四、为了保卫社会的公共社会学

从社会学拯救与保卫社会的努力历史，布洛维得出了公共社会学应当担负起保卫公共社会的职能。

（一）天使社会学的降临

在布洛维看来，社会学自从诞生那天起就被演绎为保卫社会的天使。布洛维指出：社会学在其初期渴望成为历史的天使，在现代性的残损碎片中寻找秩序，以解救进步的许诺。因此，马克思将社会主义当作异化的解救方法；涂尔干将有机团结从失范与利己主义中拯救出来；马克斯·韦伯尽管预示了“冰冷黑暗的极夜”，却依然在理性化中发现了自由，并且从祛魅中抽取意义。（布洛维，2007：5）

解救社会依靠社会学这个天使，好像在童话世界里遨游。社会学知识史一再表明：创设或者保卫不同意识形态下的社会确是社会学知识的职责，为此不同立场的社会学家为此付出了努力。

（二）公共社会学的降生

公共社会学的产生有着非常复杂的背景，公共社会学创设与保卫社会功能的产生也同这个背景有关。

1. 天使社会学再次被唤醒

社会学作为天使为社会付出了很大的努力，但是后来由于太累睡着了。21世纪初叶社会的剧烈变动，即所谓的社会大变革的轰鸣声再次唤醒了熟睡的社会学天使。布洛维说：在21世纪的开端，法西斯仍是一种不易忘怀的记忆，残骸依然向天空伸展。放任的资本主义引燃了市场专制和全球范围内极大的不平等，而复活的民主主义往往又成为权势利益、公民权剥夺、谎言和暴力的一块稀薄的面纱。历史的天使再一次被卷入风暴，这是一场从天堂刮来的恐怖主义风暴。（布洛维，2007：5－6）这场风暴卷起的风尘使社会进入黑暗时期，而黑暗的时期①将历史的天使从他的睡眠中唤醒。（布洛维，2007：7）天使的醒来就是公共社会学的产生。

公共社会学的产生背景可以具体化为市场化的挑战。布洛维认为，最近的一次（第三次）市场化（marketization）已经横扫了世界，打碎了社会，摧毁了以往两个世纪以来，人们为保卫社会而费心竭力建造起来，反对第一波和第二波市场化的那些壁垒。世界再次被荡为平地。这次市场化所带来的则是：在20世纪最后二十五年间对包括从身体到环境的自然界的商品化已经遭到恶报，在我们进入21世纪时汇聚了新的冲动；形成了全球维度的经济阶级，其为自己的目标驾驭了民族国家，挑起反恐战争，并且对绝望贫困的流动工人群体进行异乎寻常的剥削。为此布洛维认为，反对这一经济风暴的最后据点是社会本身，它的组成包括：带有集体自我调节手段的社团、借集体意志形态而得到表达的运动，以及彼此承认和沟通的公共性。（布洛维，2007：58）世事造就的公共性增加促逼着公共社会学问世。

市场化机制了的资本和权力不仅打碎了社会学所赖以生存的社会，还打（揉）碎了作为其表征的那个学科领域。这个时候，批判和公共社会学的遗产被削弱，不仅是由于更为科学化和商品化的知识压力，而且还由于社会本身即

---

① 这同华勒斯坦的说法很相似，说明对时代的知识判定由于知识的客观性而获得一致性。

社团、运动和公共性的退却使然。（布洛维，2007：60）没有了社会，哪还有公共领域，哪里还有公共社会学？皮之不存，毛将焉附！这个时候呼吁公共社会学出场实质是在拯救社会的时候也在拯救自己。

2. 社会偏爱社会学

从社会与社会学的关联程度与社会学知识结构中的要素关联可以得出公共社会学出场的理由。我们时代的那些深刻而烦扰的全球趋势的承诺内含了更多的社会性或者公共性，这从我们已经分析过的哈贝马斯、鲍曼、华勒斯坦等人的观点中可以看出。布洛维说：从源头上讲，社会学内在的就是公共的。社会气质和现实世界之间的鸿沟将推动社会学进入公共舞台。（布洛维，2007：37—38）另外从社会学的知识结构因素构成来看，公共社会学也将在孕育中诞生。布洛维认为，专业社会学已经足够成熟和自信到去回归其公民的根源，和从一个优势地位上来推动公共社会学，如果19世纪初期的公共社会学还不可避免地带有地方性的话，它毕竟还是为20世纪雄心勃勃的专业社会学打下了基础；而后者，又将反过来为它自身的卓越创造基础——那就是21世纪的全球向度的公共社会学。（布洛维，2007：38－39）

在布洛维看来，经济学钟情于市场，依赖市场的存在，其利益就在于市场的扩张；政治科学，取决于国家，依赖于政权的存在，其利益在于政治稳定；而社会学则依赖公民社会，其利益在于社会性的扩张。因此，如果说经济学的立场是市场及其扩张，政治科学的立场是国家和维护政治稳定，那么社会学的立场就是公民社会和保卫社会性。在市场暴政和国家专制的年代，社会学的公共面向，捍卫着人类的利益。（布洛维，2007：47）

布洛维说，也许，对扩张市场有兴趣的经济学家，或者对为了市场扩张而保障其政治环境有兴趣的政治学家，可能会受到资本家和政府的重视，其意见也易于被接纳，但对社会情有独钟的社会学家却丝毫不可能有此类幻想。（布洛维，2007：49）但是，他“确信经济学和政治科学，在它们之间，已经生产出将不受约束的市场和国家正当化的意识形态时间炸弹”。（布洛维，2007：63）而我要说的则是：在这种知识炸弹与资本及权力的共同作用下，社会的公共性地盘越来越小了。布洛维说：实际上，美国政府，举例而言，不仅没有对社会进行布置以使其保卫自身的利益，反而对公民社会进行了宣战，向它的一个又一个战壕发起了进攻。（布洛维，2007：63）在这种情况下，社会学不得不离开国家和经济的政策领域，揭竿而起，抵抗国家专制和市场暴政，掀起了包围社会的斗争，从而代表和维护人类的利益。

3. 展开翅膀的天使：公共社会学的美妙前景

在资本当道、权力当道的今天，公共社会学路在何方呢？布洛维则有良好的预期，认为公共社会学有着美好的未来。他认为，当公共社会学赢得了社会学家的想象力，当社会学家视公共社会学本身是重要的，且有着自身的价值所在，当社会学家将它视作一场超越学术的社会运动来从事的时候，公共社会学的胜利就真正来临了。布洛维说："我期待社会学家与他们的大众之间的协作能够聚沙成塔，聚小流成江河，最后汇成一股浩浩荡荡的潮流。他们将吸收一个世纪的广阔的研究、精深的理论、实际的干预和批判的思考，最后达到超越了各种界限（至少但绝不仅仅是国家的边界）的共同理解，通过这种方式从褊狭僵化的旧状态中摆脱出来。我们历史的天使也将会展开她的翅膀，在暴风雨之上自由翱翔。"（布洛维，2007：51）

4. 天使飞到哪里：拯救社会的意识形态

天使展翅飞翔了，但是这种可怜的天使要飞到哪里，是必须解决的问题。我们放飞梦想或者放飞希望，要有去处。否则在天空中任意飘扬，还是无根。

（1）社会学知识的三种道路

布洛维认为，社会学在历史的发展过程有三种潮流或三种道路：乌托邦社会学、政策社会学和公共社会学。"如果第一波社会学是乌托邦式的，则第二波政策社会学倾向于认为，乌托邦已经来到，并且误将其当成了现实。这种错觉顽固地影响了今天的思路，使其只关注如何消除其中的小小的不合理性。最近一轮的市场化已经击退了国家对社会的保卫，它对劳工权利和社会权利发动了进攻。"（布洛维，2007：69）在这三条道路中公共社会学的知识化道路是最为理性的正确道路。所以布洛维强调指出："社会学家必须去锻造他们自身与社会的联结，也就是说，去发展公共社会学。我们不能仅仅消极地去服务社会，而应当去保存以及建构社会。"（布洛维，2007：72）但是需要追问的是，这种公共社会学从何处来到何处去呢？"尽管充满灵感的公共社会学会首先出现在半边缘国家，它们的影响仍然能够在世界范围内开枝散叶。"（布洛维，2007：72）这时候，我们看清了：哈贝马斯、华勒斯坦和布洛维走到了一起。那么何以如此呢？

(2) 社会学马克思主义

把马克思主义纳入社会学的知识体系，是布洛维保卫社会的真实思路。这不仅是布洛维的知识道路，同样受到社会学家古尔德纳的影响。古尔德纳在确诊了西方社会学即将面临危机时就曾预言这场马克思主义的反攻，不仅如此他还为遏制这场危机开出了有效的处方，即吸取批判性马思主义的精粹。(布洛维，2007：194) 因此布洛维认为，如果我们的目标是增强理解世界的能力以改变世界，那么构筑马克思主义是一项关键的任务。在某种情况下来说，构筑马克思主义现已成为社会学内部的一个重要知识趋向。运用马克思主义仍然能够成为一种施展这些思想的有自我意识的实践，这种实践证实了马克思主义传统和社会学学术之间的持久联系。

在公共社会学兴起的时候，布洛维确认，马克思主义不再是一个被诋毁的他者，而是成了能为萧条委顿、支离破碎的社会学挖掘出活力的宝藏。(布洛维，2007：195) 布洛维给出的方案是：只有通过把社会学马克思主义和规范化马克思主义两者结合在一起而构筑马克思主义，资本主义看似的自然性和必然性才不至于使所有的替代选择都成为牵强的不可能之事。(布洛维，2007：183) 我们生活的世界也会变得更有人性。(布洛维，2007：287)

(三) 公共社会学保卫社会的基本思想

创设与保卫社会是公共社会学的基本职能。公共社会学真的能够保卫社会吗？对此布洛维表达了这样一些观点。

一是，公共社会学对令人沮丧的美国社会进行拯救。布洛维指出，现在美国的政治形势越来越糟糕了，社会学家对此是很敏感的，并感到有一些沮丧。他们很想为此做点什么，那么公共社会学就是一种对此产生影响的很好方式。但是公共社会学的发展同其他类型的社会学还存在一种实践上(事实上的)和知识上的冲突，特别是知识冲突并未阻碍公共社会学的发展，反而支持了公共社会学的进步。布洛维说：尽管在美国专业社会学占主导地位，并且忽视公共社会学以及批判社会学，但公共社会学的发展空间还是很广阔的。现在传统社会学和公共社会学争论越来越多，本身就是公共社会学的一种发展。

二是,社会受到政府和市场的侵袭,而社会学被社会抛弃,因而要发展公共社会学来拯救社会或者保卫社会。布洛维指出:在市场化的第三次浪潮中,政府在帮助市场扩大市场的范围。社会学家在政府与市场的碰撞中,被挤出来了。在这种情况下,经济学的作用越来越大,经济学家可以向政府提出各种建议来扩大市场,而政府不太喜欢社会学家的参与,因为社会学家总是要试图保护社会免受政府和市场的侵蚀。虽然政策社会学很重要,但公共社会学更为重要,因为公共社会学可以通过与社团、公众直接对话,来保护社会不受市场化的负面影响。这个现象在全球都存在,只是不同的地区程度不同。整个社会学界都有这样的共识,我们正受到第三次市场化浪潮的冲击,社会学应该保护社会。(布洛维,2007)社会被政府与市场挟持的时候,就是社会学,特别是公共社会学,应该站出来的时候。我认为,社会根理论也是这样一种社会学,把社会从政府与市场的挟持中拯救出来,用社会扎根的知识把被掏空了的社会充盈起来,让社会活泛起来而生动起来。

三是,公共社会的知识已经异化为权力的仆人。布洛维说:"经济学和政治学已经失去了其批判性,更不用说公共的社会科学,它们已经成为权力的仆人。"(布洛维,2007a)我的补充是,社会科学成了权力的仆人,还成了资本的情妇,在无知的性床上呻吟着、放荡着。在这种情况下,社会学必须清醒,并从淫荡的社会中走出来,创建和保卫公民社会,同时也是保卫自己。

四是,公共社会学的功能就是创建和保卫公民社会。在布洛维看来,每个国家公民社会的性质不同,公共社会学的角色也不尽相同,有些是去保护公民社会,有些是创建公民社会。布洛维指出:对于公共社会学来说,首先要意识到有一个公众的存在。大众社会并不是公众社会。大众社会不是有序的、整体的,不是理性的,缺少组织化的,以及较少的一致性。公众社会则与之相反。当我们谈到社会运动的时候,大众的反应是凌乱的、无序的、非理性的,而公众则可以通过对话而达到一种有序的、有组织的、理性的状态。(布洛维,2007)总的来说公共社会学就是为了保卫社会。

五是,公共社会学的研究方法就是与公众对话。布洛维说,对于研究方法,传统的公共社会学家就是通过出版论文来影响公众的看法,而对有机的公共社会学家来说,就是与公众、社区进行对话。通过对话来影响和改变社会。布洛维这些动听的话语使社会学在淫荡的社会里越发勃起。

五、布洛维保卫谁的社会

布洛维认为，社会学与社会是连接在一起的，所以当社会受到威胁的时候，社会学应该挺身而出保卫社会。“社会走多远，社会学就走多远。”（布洛维，2007：61）社会学与社会生死与共。当社会受到威胁，社会学同样受到威胁。（布洛维，2007：73）但是社会学是否也处在被威胁之中，自身难保呢？布洛维断定：社会学在20世纪70年代曾经兴盛过一阵子，但是在80年代却又被一场暴风雨给打回原形。当时，社会学处在危机之中。现在，胆小鬼都回家歇着了，而社会学，在他们眼中，正面临着危机。但是社会学在20世纪80年代的衰退仅仅是一个短期现象，今天的社会学早已克服了萧条，进入一个前所未有的好时光。（布洛维，2007：33－34）由此社会学（特别是公共社会学）是有能力保卫社会的。但是问题依然需要追问：社会学保卫社会落实到具体的社会行动者身上，社会学家何以保卫社会？而且要保卫的这个社会到底是谁的社会呢？

（一）这个世界向右转

作为一个“社会学的马克思主义”者，布洛维对时代的基本判断是：“这个世界正在向右转”。第三次市场化浪潮的特殊性还在于，随着新自由主义意识形态席卷全球，市场与国家实质上形成了一种共谋关系，共同挤压了社会的空间。当社会空间——不管是民族性公民社会，还是世界性公民社会——逐渐被压缩的时候，社会就成了一种虚无。但是在布洛维看来，社会学今天的命运取决于它与生机勃勃的公民社会之间的联系①，因此，如果我们不能击败实行恐怖统治的政府，并阻止其将一切商品化，那么至少在限制它们之间的那种毁灭性联合（即我们所称的新自由主义）方面，社会学的利益与普遍利益即人类利益是一致的，这个利益则是无法维护的。社会学得到发展必须击退政府和市场的双重阻击。否则在“向右转”的社会中，是没有公民社会的。“在一些社会学家的支持与怂恿下，发出了公民社会已经衰亡的警告，这一社会已经被政府、官僚和媒体掌控在一些社会学家的支持与怂恿下，发出了公民社会已经衰亡的警

① 社会学是在19世纪伴随公民社会的形成而成长起来的。在公民社会消亡的地方，社会学也消失；在公民社会复活的地方，社会学也就得以复活。（布洛维，2006）

告，这一社会已经被政府、官僚和媒体掌控。”（布洛维，2006a）

（二）社会学必须向左行

在政府和市场的双重挤压下，社会学必须向左走！这是布洛维得出的一个重要结论。“公共社会学的必要性就来自这样一种‘剪刀’运动——社会学的学科领域向左运动，同时领域更为广阔的政治学、经济学则向右运动。”（布洛维，2006）

1. 公共社会学的价值追求

公共社会学追求的是超越现行资本主义的“全球公民社会”。作为一个马克思主义者，布洛维始终坚信历史并没有如新保守主义者所说的那样已经“终结”，人类社会始终存在着超越资本主义的另一种可能性。而这种可能性，从下限讲就是他和另一位著名的社会学家赖特在“社会学的马克思主义”中提出的“实在的乌托邦”（real utopias）；从上限而言则是他的公共社会学所最终追求的“全球公民社会”（global civil society）理想。（闻翔，2008）

2. 公共社会学的基本目标

创建和保卫公民社会是公共社会学的基本目标。在布洛维看来，不同的学科有着不同的目标，如果说经济学以市场及其扩张作为目标，政治学以国家及其稳定作为目标，那么社会学安身立命的所在就是公民社会及其成长。从知识社会学的观点出发，如果我们承认每一门学科都有其自身存在的利益，而这种利益就是这门学科的知识所赖以立足的基础的话，那么保卫社会就是社会学的根本利益所在。公共社会学这个提法正是旗帜鲜明地将公民社会的存在和成长作为自己的基本目标，即在维系和发展公民社会的同时，达到对公民社会的认识。

3. 公共社会学的主要策略

布洛维提出保卫公众社会和公共社会学的策略是终结激进社会学对该学科的攻击，但他也想扭转社会学的这种向内的发展方向。因为社会学家变成了研究后期资本主义的各种怪异现象的学者和分析家，从而无意间增加了学科的专业化，却没有找到一种相应的政治实践。布洛维暗示，社会学家对于主流观点的火药味十足的反对只是带来了一长串的“挫败”，这些挫败是整个学科都遭受到的。

（单提平，2006）对政策研究的社会学家的批评也采取了同样的策略。

（三）作为实践行动的社会学

批判社会学家往往局限在狭小的学院圈子之中，“那些赞同我们重建马克思主义、赞同我们抨击资本主义的观众不是历史的主体——工人、农民、少数民族，而是人数极少的知识分子群体。他们在很大程度上已经脱离了他们所声称代表的世界”。因此，布洛维认为，到了将社会学从学院带回真实世界的时候了。“现在，问题不在于要改变社会学，而在于改变世界。”（布洛维，2006）这也是我提出知识行动论的一个理由。当社会与社会学相互分离，共同走向终结的时候，关键问题在于改变我们所生存的社会而非社会学，只要社会有根了，社会学也就可能不再飘荡了。似乎悖论的是：尽管社会学无根的根源在于社会，但是社会学家和社会学对改变社会的无根状态负有无法推卸的义不容辞的责任。这个时候，社会学必须转向，即由知识社会学转向行动社会学，而且是知识行动社会学。社会学家要用自己的知识行动来参与到改变这个世界的活动中。因此布洛维指出：社会学家不能再封闭在自己的圈子里，而是要走出来，与公众展开对话，利用自己的专业知识推动和促进社会变迁。布洛维所提出的有机的公共社会学，实际上就是一种行动的社会学或者实践的社会学，这种社会学要求社会学家不仅要通过著述，而且要亲身实践、参与和卷入社区和社会公共事务，包括与各种 NGO 组织、劳工团体合作，以社会运动的形式推动社会变迁。

（四）关注底层的社会学

在回顾自己的学术生涯时，布洛维认为自己的贡献就在于，作为一个马克思主义者，他将工厂里的情景呈现给学术界，揭开可能隐含了另一种未来的、社会底层的视野。那是我认为被遗忘了的视野。布洛维曾和芝加哥的黑人工友们一起冒着断手断脚的危险拼命赶工，也曾与匈牙利列宁钢铁厂“十月生产纵队”的战友们下班后一起在米什沃尔茨的大街上喝酒买醉，还曾亲眼目睹了俄国北部一个家具厂在苏联解体前后的兴衰成败以及工人们的悲惨境地。从一个国家到另一个国家，从一个工厂到另一个工厂，他这一生都与工人阶级紧紧走在一起，也因此形成了强烈的底层关怀。这种关怀在道德力量的推动下形成一种社会学行动。在加州，有很多社会学家参与到反对剥削拉美和非洲的非法移民的血汗工厂的运动之中,他们与移民团体合作,开办工人中心,为工人提供免费的法律援助和医疗服务,还通过开办英语课程等措施帮助移民工人及其子女融入当地社区,从而提高工人的组织能力和集体行动能力,最终让工人可以为自己说话。同时,又通过在媒体上的呼吁和曝光引起美国社会对移民和血汗工厂问题的关注,使移民工人问题变成一个公共议题。在布洛维看来,社会学"不仅是一门科学,还是一种道德和政治的力量"。(布洛维,2007a)我的观察,布洛维从底层出发发现了公共社会学的背景和产生逻辑,从工厂工人的生活中找到了发现底层社会的路径。公共社会学与底层社会的实践有着某种亲和关联。

(五) 公共社会学依然无根

斯坦利·阿罗诺维茨(Stanley Aronowitz)和布洛维坚持认为:创建一种公共社会学的意图方向是错误的,尽管其出发点是好的,或者更准确地说,该意图应该被视为一种过渡性的手段,之所以要这么认为,不是因为它以公众为目标,而是因为它的专业化定位。坦白地说,除布迪厄、吉登斯、图海纳和少数其他优秀者外,美国的社会学几乎放弃了理论。(单提平,2006)布洛维美好的愿望可能最终会化为泡影,这就在于这种公共社会学所在的制度塌落散架,失去了存在的逻辑框架,当然也就是无根的。为此,我保持这样警惕性的追问。

1. 公众是谁

公共社会学的对象应该是公共社会中的公众。而去公共社会学的基本方法就是通过与公众对话来影响和改变社会。但是如果不能确认公众是谁,公共社会学也就自然崩溃。在米尔斯的"散众社会"(lnagssociety)[①]中,古典意义的"公众"不见了,触目所及的只是一个个被消费主义规驯了的"快乐机器人"。在《给新左派的一封信》中,米尔斯将希望寄托在年轻的知识分子身上。他认为,后者最有可能成为直接的社会变迁主体。(米尔斯,2001)与米尔斯相比,布洛维则持更加乐观的态度,认为"不是公众消失了,而是我们需要努力去发现和

---

① 米尔斯主要活跃于20世纪四五十年代,那正是战后美国最志得意满的年代。米尔斯失望地看到,人们不再关心理性和自由,笼罩着整个社会的是"焦虑与淡漠",他将这样的社会称为"散众社会"。(单提平,2006)

发展公众”。[①] 布洛维虽然也强调“学生是我们的第一批公众”，但是却并不仅仅将公众局限在知识界内部。“不言而喻，学生是我们的第一公众，而且他们会把社会学带给其他公众，我们可以称之为第二公众，但是我们能在更宽泛的意义上，把公共社会学作为我们教育角色的延伸，把社会学直接带给不同的公众。就像学生可能一开始会拒绝我们的使命，结果随后就被它们紧紧抓住一样，学术圈之外的人们也同样会如此。”（布洛维，2006b）正因为如此，布洛维锐意将推广公共社会学变成一场超越学术的社会运动。（单提平，2006）但是布洛维也深深知道：“到了现在，几乎大部分社会学研究课题都是由政府或基金会资助的，社会学的承诺也自然而然转向了后两者，而不是普通公众。”（闻翔，2008）当社会学的承诺转向出资者，而不是普通公众，当社会学的对象被视为一个被物化了的客体的时候[②]，公众在哪里？尽管布洛维有把公众看作社会底层穷人或者产业工人阶级的实践意识，但是在布洛维的公共社会学中，公众是失认的或者说难以确认的，这时的社会学无论是工具性知识社会学还是反思性知识社会学也就自然沦落为无根之苗。[③]

---

① 美国纽约城市大学社会学教授斯坦利·阿罗诺维茨和麦克·布洛维在对《公共社会学的批判转向》评价中谈到布洛维的公众对话方法的时候，提出了一个公众圈的概念，认为我们有必要通过跨学科的会议来探索公众圈，探索公民社会这一概念的含义与实践意义，探索干涉计划。这个说法同米尔斯的“多样化公众”的概念有异曲同工之妙。

② 实际上，我们看到，通过问卷、访员和研究助理等科层制的形式，研究者早已与被研究者拉开了一段安全的心理距离，从而保持一个旁观者的超然姿态，被研究者只是他们的研究对象，是一个被物化的客体而已。另一方面，在二战期间，政府部门和私人基金会为社会学家设立了大量的职位，这也大大推动了政策社会学的发展。到了现在，几乎大部分社会学研究课题都是由政府或基金会资助的，社会学的承诺也自然而然转向了后两者，而不是普通公众。（闻翔，2008）

③ 布洛维认为，四种社会学的提法回答了任何社会学家都不得不面对和思考的两个元问题，即“社会学是为了谁”和“社会学是为了什么”。这是以前所有关于社会学的二元类型学没有做到的。从“社会学是为了谁”来看，专业社会学和批判社会学面向的是学术界内部的阅听人，而政策和公共社会学则面向学院之外。从“社会学为了什么”来看，专业和政策社会学生产的是解决实际问题或学术谜团的工具性知识，批判和公共社会学则思考社会学研究的内在基础和前提，或是与公众开展关于社会变迁的反思性对话。可见，四种社会学的划分，让社会学家可以在一个全新的框架里，更加清楚地思考自己的取向和定位。（闻翔，2008）布洛维的社会学类型学似乎可以确定不同社会学类型的边界问题，进而似乎也可以在一定程度上说明“社会学为了谁”和“社会学是为了什么”的本源问题或者根性问题，但是事实上，无论在学界内还是学界外，都是一个非常不清晰的说法，这个说法遮掩了社会学到底是为了谁的根本问题。同时反思性知识和工具性知识不仅涉及社会学到底想做什么的根性问题，也关联着社会学是为了谁的根本问题。这些问题在布洛维那里都没能解决，相反却更加混乱。乱世就有胡思。

2. 谁的社会

把正在形成的公民社会纳入公共社会学的领域,可能是许多社会学家的一个追求。但是依然需要追问的是:这个社会是谁的?在布洛维看来,一是,公民社会并非是无产阶级的,而是资产阶级的。布洛维指出:公民社会很容易成为当权者和法西斯政权的武器,就像它很容易成为保护人权反对独裁的武器一样。它的扩张与弹性是必要的,这一点对于反对恐怖主义国家的各种防御性斗争而言只是必要条件,而不是充分条件。更宽泛地说,公民社会可以是所有资本主义国家的合作力量,它们之间有着千丝万缕的联系,从而重复形成对资本主义统治的认同。二是,为什么资本通过市场和政府控制的社会中还会有公民社会呢?布洛维说:更严重的情况是,各资本主义国家本身会不断地提高公民社会的地位,其目的是让它成为各种公民责任的超负荷的容器,从而推卸掉与福利、医疗、养老、教育、失业、贫困、环境恶化等相关的各种责任,将它们都推给社会市场和志愿者协会。三是,公民社会产生出它自己的统治形式——种族分化、分散的性别领导权、各种琐屑的权力——这些形式都为自己的地位之争而叫嚣不已。所以,布洛维认为,尽管公民社会不是万应灵药,但可能还是最好的——事实上也是唯一的、可以让社会学家将他们的各种首创性的公众行动方案组织起来的领域。四是,我认为,既然公民社会在表层上看是公民的或者是人民的,无论人民是谁,都会出现这样的一种情况:公民社会是资本控制的,不管是通过政府,还是通过市场,还是通过代言人的行动。如果这个时候,社会学即便是公共社会学贸然侵入了这个资本控制的公民社会,是为这个社会辩护,还是有其他企图?这个追问也就是阿罗诺维茨和布洛维坚持认为的那样,出发点是好的,但是方向错了。当政府与市场在资本的绑架下挤出社会成为资本的帮凶,这个时候社会学也有可能同资本共谋,使公民社会走样。

3. 社会学家靠得住吗

布洛维最强调的是,我们不能指望政府和市场了,我们只能靠我们自己,我们要团结起来建立一个全球化的公民社会。在建立全球化公民社会的过程中,我们社会学家一个很重要的任务就是要和大众沟通、对话,要把我们的公共社会学和专业社会学、政策社会学、批判社会学联系起来,联合起来。没有批判社会学、没有专业社会学,我们公共社会学也就失去了它的基础和根基了,运作起来就不会很有力。全社会的社会学家也要联系起来，共同努力来建立这么一个公民社会。当这个公民社会是一个“真实的乌托邦”[①]的时候，当社会学家也要在这个乌托邦的真实中生存的时候，社会学家是靠不住的。实际上这里隐含这样一个说明：不是社会学家靠不住，也不是社会学家不努力，最核心的是资本靠不住。当乌托邦呈现真实性对资本有利的时候，这个时候的乌托邦就成了所谓的“真实乌托邦”——也可以这样理解：这是真的假东西。

（1）社会学家无力解决公共社会学所遇到的困难

在第一次市场化中，市场化践踏劳动力，激起劳工运动并赢得了劳工权，这是革命性行动的一种结果；但是与之对应的是一门特殊的社会学（布洛维称为乌托邦社会学）的兴起，它作为一项道德事业，沉湎于各种战胜或超越市场的方案（诸如欧文的实验、美国的协作公社等），试图保卫社会，尤其是共同体免遭市场摧毁。这种社会学尽管做出了实践上的巨大努力，而且这时的社会学具有十分明显的实践社会学特色，但是总归是空想而无法实现。在第二次市场化浪潮中社会学产生了分化，一是投靠了资本，比如政策社会学（可能出发点是好的）[②]；二是抛弃了社会，在书斋中耕耘，栽种不结社会之果的知识树。市场化的第三次浪潮冲击力更强，这个时期的资本凌驾民族国家，挑起反恐战争，异乎寻常地剥削绝望贫困的流动工人群体，甚至还得到了意识形态的代言凌驾民族国家，挑起反恐战争，异乎寻常地剥削绝望贫困的流动工人群体，甚至还得到了意识形态的代言。在这种情况下，让“社会学家与一个可见的、稠密的、活跃的、地方性的而且往往对立的公众联系紧密”，包括劳工运动、移民权利团体、邻里

---

① 假定公民社会具有雅努斯（Janus）式的两面特征——既是统治的工具，也是提高自主权的基础，我们需要为积极的干涉制定出规范的、制度化的标准。我们需要培育这样一种公民社会，它不仅是强大的、自治的，而且还实现了民主的自我管理，能对多样化的利益作出回应，而且更重要的是，它是渗透到政府自身之中的。我们需要使政府对公民社会作出回应，促进、改善和保护参与性民主的各种条件。这个时候乌托邦就变成了一个真实的乌托邦，这是一个建立在现有世界基础之上的乌托邦。但是，该分析并不止步于此。它利用社会学的知识财富和它的科学传统进一步向这种真实的乌托邦追问了三个问题：这种乌托邦创始的条件是什么——它能否被移植？这种乌托邦存在的条件是什么——它如何能够随着时间的推移而获得重生？这种乌托邦的内外矛盾是什么——它的长远发展轨迹是什么？在此，再次出现了如下的可能性，即专业社会学、公共社会学与政策社会学根据批判社会学规定的条件而令人激动地联合在一起。（布洛维，2006b）

② 一些“官僚化知识分子”（他们可能并不是官僚，却为官僚所用，又从官僚那里获得利益）自我标榜为具有公益心和科学精神的学者，但却又甘为政治合法性的论证机器和一种“顾问式的”政治工具。

协会等,社会学家与他们合作完成工作,甚至在这个过程中“创造公众”,并且把“自己也构建为一个在政治场域行动的公众”。这种公共社会学的设想就呈现了乌托邦的标准化。所以,不是社会学家靠不住,而是布洛维设计的公共社会学靠不住。随着现代国家的不断理性化,原本作为知识与文化价值之立法的现代知识分子(主要是指人文社科领域的知识分子)此时已成了多余。(鲍曼,1987)而且“与科技专家相比,现代社会学家失去了其重要地位,成了一个‘解释者’,他们在社会文化方面的权威地位被安全地限制在学院内部”(道格拉斯·凯尔纳、斯蒂文·贝斯特,1999: 379)。同时社会学家还具有十分突出的幻觉,“由于社会决定机制无所不在,由于符号性的支配和对社会世界的信念式理解,知识分子同样存在着偏见和幻觉,不仅有对社会世界的幻觉,而且有对自己的幻觉”。[①]

(2) 布洛维在虚幻中

在社会学还在发育的时候无意割断了社会学与社会的脐带联系,是布洛维的做法。布洛维认为,社会学与社会之间有类似脐带般的联系。反对第三次市场化浪潮的经济风暴的最后据点是社会本身,“它的组成包括: 带有集体自我调节手段的社团、借集体意识形态而得到表达的运动,以及彼此承认和沟通的公共性”。然而,这种集体性在社会沙化[②]的背景中依然是乌托邦。“而要科学地建构社会学的研究对象,不仅要与日常性常识(ordinary common sense)与学究性常识(scholarly common sense)划清界限,而且还必须做到对社会学家自己的操作过程和思考工具进行彻底质疑。”[③]因此布洛维在虚拟的世界中制造了一个具有乌托邦性质的社会,并企图实现社会学与这个社会之间的脐带般联系,但是在事实上却无意间割断了这种联系,不仅没有保卫住社会,就连自己也险些滑进了资本的陷阱。“真得当心把社会学弄成破烂社会学——那样的话,干脆老老实实去捡破烂还好些!”(毛丹,2007)

---

① 一方面,他们必须学习已经被检验过的现实建构工具(研究范式、问题框架、概念、技术、方法等);另一方面,他们又必须具有一种严肃苛刻的批判性情,表现出无畏地质疑这些工具的倾向。因为一个研究对象的科学建构,并不是通过某种开创性的理论行为,就能一劳永逸地予以解决。(文军,2003)

② 将有专门的章节论说这种社会特征。

③ 布迪厄认为,对于个人来说,无意识与决定论是彼此契合的,同样,知识分子的集体无意识是其与支配性的社会政治力量间契合关系的特殊表现。(布迪厄、华康德,1998: 208)

无论如何拓展社会学的边界——是发展世界（全球）社会学（哈贝马斯），是发展公共社会学（布洛维），还是关注社会学的默会知识（费孝通）；无论社会学是向左行，还是往右走，我认为社会学都无法实现保卫社会的野心，甚至也无法保卫自己！因为社会学同社会相互嫌弃，最终在社会大变革和大转型的时代分道扬镳了。社会的漂浮与无根，社会学逃脱不了干系！但是追究起来，社会学不仅无法保卫社会，反而离社会而去，更多的责任在于社会，在某种程度上是社会抛弃了社会学！社会的漂浮和无根，使得社会学没有了皮。皮之不存，毛将焉附！

第三章　新社会原理：社会的知识样子

不管我们当下的社会处在何种形态，也不管学者对这样的社会做出怎样的界定与说明，知识都作为这个社会的基础或者都在为这个社会奠基，通过知识行动而扎根，从而显露了这个社会的诸多特征。

第一节　现代社会的知识原理

现代社会的知识原理能否表征为中轴原理、权力原理、女婢原理和知识人假设，尽管需要讨论，但可能提供了另一种思路的可能性。我们或许会沿着这种可能性深入到现代性的核心地带。

一、知识中轴原理

丹尼尔·贝尔[①]在《后工业社会的来临》（1973 年）中提出了"中轴原理"

① 2011 年 1 月 25 日丹尼尔·贝尔离我们而去，享年 91 岁。丹尼尔·贝尔（Daniel Bell，1919—2011），1919 年 5 月 10 日出生于曼哈顿下东区一个东欧犹太工人阶级家庭，贝尔对社会变迁和思想变迁原因及其后果有着很深的感性认识，这方面的关注贯穿了其整个学术生涯。出身贫寒，加上美国经济大萧条的冲击，年轻时的贝尔深受马克思主义影响，甚至于加入社会主义青（转下页）

(axial principle)的概念。这一概念在贝尔的整个后工业理论体系中居于核心的地位，是概念图式的方法论基础。贝尔说："在最近一百五十年间，西方社会中的社会紧张是由趋向平等和科层主义的矛盾冲击所造成的，这种冲击在工业社会的政治的社会结构中几乎已经消失。展望今后几十年，人们可以看到，希望更多地在控制着个人生活的那些组织(学校、医院、公司企业)中参与决策，以及日益增加对技术知识的需要(专业知识化，能者统治)形成了未来社会冲突的轴心。"(贝尔，1997：7)

(一) 中轴原理的提出

贝尔在分析后工业社会所发生的变化中概括出了社会发展的中轴原理。在贝尔看来，社会从工业社会向后工业社会过渡出现了巨大变化①，这些巨大变化中最大的变化就是社会中知识中轴的产生。在知识中轴的社会中，社会是围绕着知识建立起来的，理论知识居于社会的中心地位。这既是知识中轴社会的特征，也是知识中轴的原理，所以这个原理可以这样概括：后工业社会是围绕着知识组织起来的，其目的在于进行社会管理和指导革新和变革；理论知识变得极其重要，使得现代社会通过制定计划和进行预测来加以管理成为可能，因而是社会革新与制定政策的源泉。"围绕着知识而组织起来的后工业社会"这个中轴原理是把握后工业社会的钥匙。贝尔指出："更加一般地说后工业社会意味着新中轴结构和中轴原理的兴起：从商品生产社会转变为信息或知识社会；而且，在知识方式上抽象的中轴从经验主义或者试验成败的修修补补转变为指导发明和制定政策的理论和理论知识的汇编。"(贝尔，1997：539)相应地，这种变化也促发了政治权力范畴的新变化，即政治权力的构成要素开始突破传统意义的组成样式——知识，而非暴力和财富成了权力的首要支柱。

(接上页)年团，上街宣传革命，思想相当激进。晚年思想转向保守之后，他仍然认可别人对他思想"中间偏左"的评价。贝尔给自己制造了一个复杂标签贴在身上："经济上的社会主义者，政治上的自由主义者，文化上的保守主义者"。在他的所有著作中，《意识形态的终结》、《后工业社会的来临》以及《资本主义文化矛盾》成为20世纪学术经典，被誉为后工业社会三部曲。

① 贝尔把这些变化概括为这样八个方面：从产品生产经济转变为服务性经济；专业与技术人员将处于主导地位；围绕着知识组织社会；技术评估的作用日益重要；新的"智能技术"蓬勃兴起；工作的重心从处理人与自然的关系转向处理人与人之间的关系；资源、信息和时间的全方位匮乏；信息作为公共物品的本性将使经济活动由竞争转向合作。

事实上贝尔在讨论后工业社会或者知识社会的时候,是在基于知识中轴原理基础上思考。在使用“后工业”概念的时候也同样与知识中轴原理有瓜葛。一般认为,贝尔采用“后工业”一词有两个理由:一是强调社会形态变迁的“间质性和过渡性”;二是着重强调理论知识这一中轴原理。贝尔指出,没有一个概念或理论可以包罗或描述完所有的社会现实。每一个概念或理论都是在各种特征中选择其中一些或某些侧面,以突出社会变迁或有效地回答问题。在后工业社会中,知识“是组织新技术、经济增长和社会阶层的一个中轴”,并且越来越处于主导地位。掌握知识的阶级就是专业技术人员阶级,拥有这种由知识而转化的生产要素的是专业技术人员阶级,专业技术人员阶级是后工业社会的主导阶级。(贝尔,1997:124)因此,从阶级中轴看,从前工业社会、工业社会到后工业社会,占据主导地位的阶级分别是地主阶级、资本家阶级、专业技术人员阶级。而从生产要素的稀缺性上看,三个历史阶段的最稀缺的生产要素:土地、资本和由知识转化的生产要素。[①] 正是在历史的分析和对现实的把握基础上,贝尔提出了知识中轴原理。

(二)作为方法论的中轴原理

社会围绕着知识中轴建构起来,试图解决“现代社会何以可能”的问题,这就是社会根的基本内容,在贝尔这里就是社会成为社会或者社会被组织起来的历史逻辑;围绕着这个历史逻辑则内含或者包含了一个知识逻辑,这个知识逻辑就是知识中轴原理。

1. 社会结构与概念图式

社会结构是一种概念图式,而概念图式的基础就是中轴原理,并具有一个中轴结构。(贝尔,1997:8)贝尔说:“一个概念性图式从一个复杂的现实中选择特殊的属性,并按照共同的成规把它们分类,以辨别其同异。作为一种逻辑顺序的方法,概念性图式并无真伪之别,而只有有用与无用之分。”(贝尔,1997:8)贝尔认为,社会结构是一种概念性图式的反映,而非一种社会现实的反映。社会是许多不同关系织成的网,这些关系是不能只靠观察来认识的。在贝尔看

---

① 稀缺性生产要素的变化是和贝尔提出著名的“中轴原理”有关的。(仇立平,2007)

来，社会历史包含着无限复杂的矛盾关系[1]，从不同的角度可以观察到不同的矛盾关系，概括出不同的社会结构：社会学家们所说的社会结构，都是依据特定的原则，选取了特定的观察视角，对特定社会矛盾关系所做出的理论概括。那些被称之为社会结构的实质上就是这样产生的概念性图式。这种形成概念性图示的方法或原则就是"中轴原理"。我的看法，从知识论上，作为概念图式的基础社会中轴结构是中轴原理来源的真实所在，这个真实事实上构成了社会结构。所以，社会结构与概念图式在知识逻辑上是对应的，但是在实践逻辑上则并非完全对应。

2. 中轴原理与中轴结构

中轴原理与中轴结构作为社会理论的方法，切入社会产生与运行的内部机理。中轴原理和中轴结构的分析，成为一种把繁杂多变的宏观历史的可能前景进行条理化的方法。该方法在实践上把社会结构变化的实质特点认定为来自经济的变化性质，以及理论知识确定社会革新的变化方向的决定性作用，是对未来的探索。尤其是中轴原理考察在某一历史时期内，特定的中轴原理成为其他大多数社会关系的决定性因素。社会正是围绕着这些决定因素的"轴"而转动。

贝尔指出：许多社会科学的大师们都在他们的论述中含蓄地运用了中轴原理或中轴结构的思想。所以，托克维尔在《古代政府》一书中对自己著作的整个系统阐述——强调革命前后法国社会的连续性——都是以政权集中于国家之手这个中轴结构为依据的。在《美国的民主》一书中，平等是说明美国社会民主思想传播的中轴原理。对马克斯·韦伯来说，合理化过程是理解西方世界从传统社会变为现代社会的中轴原理；合理的统计，合理的技术，合理的经济道德，以及生活态度的合理化。对于马克思来说，商品生产是资本主义的中轴原理，而公司企业则是它的中轴结构。对雷蒙·阿隆来说，机械技术是工业社会的中轴原理，而工厂则是它的中轴结构。（贝尔，1997：9－10）

---

① 如果我们承认与事实相关的问题的区别，那么，作为两者结合体的认识，就有赖于事实顺序和逻辑顺序之间的正确序列。对经验来说，事实顺序是第一位的；对意义来说，逻辑顺序是第一位的。思想是发现一种表达基本格局的语言来认识自然。因此，知识就是我们用以建立各种关系的范畴的作用，正像在艺术领域内，感性就是我们为了"正确地"观察事物而接受的那套常规现象的作用。犹如爱因斯坦曾经说过的："理论决定着我们所能观察的问题。"（贝尔，1997：8）

3. 中轴原理的原理：首要性原则

“概念性图式和中轴原理之所以有价值，是它允许人们用多方面的立足点来设法了解社会变化，但它并不拒弃在特定计划内理解关键结构或中轴原理的‘首要逻辑’的价值。”（贝尔，1997：10－11）在解释世界的多元性与重点性的构成性特征中，中轴原理在强调社会研究或社会观察与解释的多元性同时强调了重点性原则。

“由于贝尔否认社会研究的纯客观性，承认社会研究中包含着主观选择，因此，他认为人们在选择社会研究的视角和对矛盾关系做出理论概括时，总是受某种价值目标或意义追求影响，突出那些比较重要的方向作为研究的轴心。”（李咏梅，2006）在方法论上，中轴原理似乎在重合着重点研究方法，也就是在肯定社会矛盾关系复杂性、多元性的同时，中轴原理则强调人们可以根据其主观需求，在复杂的矛盾关系中选择一种最重要的关系或最重要的因素作为轴心开展社会研究。

“作为一种逻辑顺序的方法，概念性图式并无真伪之别，而只有有用与无用之分。”贝尔认为，中轴原理和中轴结构的思想力图说明的不是因果关系（这只能用经验关系论来说明），而是趋中性。在寻找社会如何结合在一起这个问题的答案时，它设法在概念性图式的范围内说明其他结构环绕在周围的那种组织结构，或者是在一切逻辑中作为首要逻辑的动能原理。（贝尔，1997：10－15）

4. 多元性与轴心性

不同的概念图式对应不同的中轴，在不同概念图式上的不同中轴得出的观察结论是不同的。贝尔认为，那种“后工业社会是否会取代资本主义”的观点实际上是在两种不同的概念图式之间进行的一种错误对照，因为后工业社会和资本主义这两个不同的概念是分别按两种不同的中轴在不同的图式中确立起来的，或者说工业社会、后工业社会涉及的是一个社会中的社会—技术层面，而资本主义社会涉及的是社会—经济层面。这样人们在理解社会变化时就可以避免一些片面性的决定论，如经济决定论、技术决定论等，同时又可在概念性图式中确定出一个首要的逻辑。但我还是要提出这样的质疑：在不同层面上的不同中轴难道是不相干的吗？显然不是，资本主义与后工业社会之间的交集所产生的那个中轴是什么呢？这样的问题不仅显示出中轴原理的知识缺陷，同时也表达了附着在知识中轴上的意识形态润滑油被偷偷地涂上了。

“中轴原理”强调社会现实的复杂性，观察视角的多元性。但是提出中轴原理最主要的还是考察轴心性，围绕着什么运转是建构现代社会的核心主题或者是现代性成长的内在逻辑。所以中轴原理力图说明一种中心性，而非澄清经验关系中因果性。“社会如何结合在一起”这种社会根问题的分析与解答都同中轴原理的规则相关，比如社会成立的首要逻辑的动力机制和组织架构等。

（三）中轴原理的内容构成：围绕知识建构的社会

在社会历史观上，贝尔将知识作为决定社会形态更替的根本性力量。在他看来，在对社会以及社会形态的把握上存在着两种不同的中轴原则。一种原则是以生产资料的所有制作为中轴，将社会发展区分为封建主义、资本主义和社会主义等几个阶段；另一种原则是以生产力的发展作为中轴。在他看来，现代社会的区分不在于生产资料的所有制问题。“以中轴为基础，我们可以突出相同点与不同点。因此，以财产为中轴，美国和苏联之间就存在着一种矛盾的关系，一个是资本主义社会，一个是（中央集权的）社会主义社会。以生产和技术为中轴，苏联和美国就都是工业社会，因此又多少是一致的。在这方面，当人们观察苏联和美国时，就不需要完全依赖趋于一致的原则或固有冲突的原则，而可以具体说明以此进行区分的、旋转着的中轴。”（贝尔，1997：11）

1. 以知识为中轴划分社会类型

根据知识的变化，贝尔将人类社会的发展区分为前工业社会、工业社会和后工业社会三个发展阶段。生产力是现代社会的中轴。而前工业社会、工业社会、后工业社会的区分就在于其生产力的不同：前工业社会的中轴是传统主义，考虑土地和资源方面的限制；工业社会的中轴是经济增长，强调国家或私人对投资决策的控制；而后工业社会的中轴是理论知识，知识成为社会的主要资源。如果不考虑生产力和生产关系的联系，而是把它们分开，人们就可以看到资本主义社会和社会主义社会之间的不同联系。在不同的轴面上看到不同社会的发展形态。

2. 后工业社会生活方式与知识

后工业社会中社会结构的变化一个重要的方面就在于以知识构建的新生

活方式。“强烈依靠认识能力至上和理论知识至上的新的生活方式,不可避免地要与文化发展的趋势相冲突,这种文化力求加强自我,并且越来越反对受道德规范束缚和反对制度化。”(贝尔,1997：13)在后工业社会中新生活方式的形成同知识有重大的关系,在某种程度上这种生活方式是以知识为内容的。这种以知识为内容的生活方式必然引起社会自我认同和道德价值观念的变化。

3. 理论知识的首要地位

中轴原理最关键的内容就是在后工业社会中理论知识具有首要地位,新社会是围绕知识建构起来的。贝尔认为,在识别一个新兴的社会制度时,人们不仅要根据推断的社会趋向(如服务性经济的兴起或专业与技术阶级的扩大)来设法了解基本的社会变化,而且要根据成为社会制度中轴原理的某些明确特点,才能确立一种概念性图式。工业社会是机器和人协作生产商品。而后工业社会“是围绕着知识组织起来的,其目的在于进行社会管理和指导革新与变革：这反过来又产生新的社会关系和新的结构”。(贝尔,1997：21)当然,知识现在对于任何社会的运转都是必不可少的。后工业社会所不同的是知识本身性质的变化。对于组织决策和指导变革具有决定性意义的是理论知识处于中心地位——那就是：理论与经验相比占首位,而且在知识被编纂成抽象符号的系统以后,可以同任何规律体系一样用来说明许多不同领域内的经验。那么,理论知识为何在后工业社会中占据首要的地位呢？在贝尔看来,一个重要的原因在于对革新认识发生了变化,这个变化导致了对知识认知的变化。“每一个现代社会的存在,都依靠革新以及社会对变革进行管理,并力求预测未来,以便预作计划。承担管理社会的这种任务,使得社会有了制定计划和进行预测的需要。正是由于对革新的性质在认识上发生了变化,才使得理论知识变得如此重要。”(贝尔,1997：21)

在现实的生活中,后工业社会中知识越来越成为战略资源,并决定着领域的发展状况。贝尔说:“一个领域的发展日益依赖于理论工作的优先发展,它汇集整理出已有的内容,同时为经验验证指出了方向。实际上,理论知识正日益发展成一个社会的战略源泉,即中轴原理。而大学、研究机构等知识部门汇集和充实理论知识的场合则成了未来社会的中轴结构。”(贝尔,1997：28)

4. 知识成为社会权力基础

在后工业社会知识中轴原理的作用下,新的社会权力基础从财产标准或者政治标准转移到知识标准。原先工业社会处于统治地位的企业家，不得不让位于新的人物，即掌握新的智力知识技术的科学家、数学家、经济学家和工程师。在贝尔构筑的后工业社会理论王国中应当是科技治国。这里，专门技术是取得权力的基础，教育是取得权力的途径，统治者是科学家和研究人员，是知识分子阶层。"一个新型社会的出现带来了财富、权力和地位的分配问题，这对于任何社会来说都是中心问题。现在，财富、权力和地位不是阶级的标准，而是各阶级所寻求或获得的价值。社会上的阶级是根据划分阶层的基本轴心而产生的。西方社会划分阶层的两个主要轴心是财产和知识。与它们同时存在的是这样一个日益加强管理财产和知识，并造就一批暂时的中坚分子的政治制度。"（贝尔，1997：48）贝尔指出，前工业社会、工业社会的权力体系并未彻底消失，它们与后工业社会权力结构体系同时存在，并相互重叠、相互渗透，给现代西方社会权力的运转带来困难。

5. 知识与行动：成功行动源于知识

贝尔的这个观点直接对知识行动论有意义。我们可以考察贝尔的这样几个观点。第一，结论是：新智能技术知识是确定理性行动并识别这种理性行动的手段。第二，一切行动都是在确定性、风险性或不定性的情况下发生的。当制约因素是固定的和已知的时候，就存在确定性。当一系列可能的结果已经知道并能说出每一种结果或然率时，就意味着风险性。当一套可能的结果能够确定，但其或然率却全然未知的时候，就存在不定性。（贝尔，1997：33）从这里可以看出，行动的确定性或者风险性的把握完全同知识相关。第三，知识是行动成功的战略资源。在竞争中每个人的行动方针都必然通过相互判断对方的意图而形成。可取的行动是一种能导致最适宜或最佳解决方法的战略，即可以最大限度地扩大成果，或通过对风险性和不定性的判断而设法把损失缩小到最低限度的那种战略。（贝尔，1997：33－34）事实上判断本身就是知识的应用，不管这种知识是纯粹的理论知识，还是经验知识。尽管贝尔从宏大叙事转换到微小叙说看到了行动与知识的关系，但是同其他社会理论家一样依然没有看清知识与行动是同一个东西这个事实。

（四）社会真的围绕着知识中轴在转吗

"前工业社会、工业社会和后工业社会这些名词是以生产和使用的各种知识为中轴的概念顺序。"（贝尔，1997：11）知识对于任何社会的运转都是必不可少的。一般说来,知识可分为经验知识和理论知识。在前工业社会中,经验知识必不可少,理论知识可有可无。到了工业社会,理论知识的成分和比重在增加,理论知识的地位越来越重要。而到了未来的后工业社会,理论知识居于社会发展与运行的核心地位。围绕着知识组建起来的后工业社会,是一个典型的知识社会。在后工业社会中,理论知识是社会革新与制定政策的源泉,也是社会运行的机制。后工业社会知识总量的飞速增长和技术的迅猛发展使得后工业社会成为双重意义上的知识社会:一方面,社会革新的源泉越来越多地来自科学技术的研究和发展;另一方面,社会的力量按大部分国民生产总值和大部分就业情况来看越来越向知识领域集结,整个社会围绕着知识中轴进行社会资源的分配。贝尔的知识中轴原理给我们很多的思考和想象,但是也留下了理论和实践上的许多问题。我这里提出几个方面的追问加以考察。

1. 作为实在的知识中轴存在于一个社会面

现代性或者现代主义是现代社会的中轴线。“在最近一百年来的西方文化中,中轴线始终是‘现代主义’,它对传统进攻并确立体制。”(贝尔,1997:127)我在这种中轴原理、中轴结构和中轴线概念的基础上提出“社会面”概念,用来解释看待社会的不同视角所对应的社会事实。

第一,我这里提出“社会面”的概念,主要指涉社会事实上所存在或者所呈现的不同方面或者不同面相。应该说在一个社会面上有一个中轴,在不同的社会面上有不同的中轴。由这个概念得出的结论就是:知识中轴存在于一个社会面上。需要对社会面作出一些说明,这是个分析概念,却隐藏在社会事实的深度里。作为社会事实,社会存在多种面相,我们所知的往往并非是总体社会,而是社会面,或者是从社会面开始认识社会总体性事实。一个社会面有一个运转中轴,但是也可能有多个中轴。知识中轴原理的存在源于社会面的事实性存在。围绕着这个中轴社会会呈现不同的面相。

第二,后工业社会强调了后工业社会面的一个中轴。贝尔说:“‘后工业社会’的概念强调理论知识的中心地位是组织新技术、经济增长和社会阶层的一个中轴。”(贝尔,1997:124)这里特别提醒注意的是:贝尔明确说明,知识中轴仅仅是后工业社会中的一个中轴,而非这个社会全部中轴。只不过贝尔强调说:可以从实践中设法表明这种中轴原理正在先进的工业社会中变得越来越处于主导地位。

第三，同一个社会中存在着不同的中轴。“社会根据其政治制度与社会结构和文化的关系而有不同。在那种社会结构中（正如在政治秩序和文化中一样），有着建立体制的不同中轴。即使在经济或社会结构方面可以把不同社会按一个中轴来加以比较，它们如果按其他中轴来加以比较可以有显著的不同。因此，按照所有制的中轴，不同的社会可以定为资本主义的，但是按照政治一致性的中轴来比较，这些社会又可以区分为民主的和专制主义的。”（贝尔，1997：125－126）所以，贝尔说，如果我们把资本主义这个词限制在社会关系方面，而把工业这个词限制在技术方面的话，那么我们可以通过分析看到不同的序列如何显示出来。在这个意义上说，可以有社会主义的后工业社会，也可以有资本主义的后工业社会。（贝尔，1997：127）

第四，社会中存在中轴体制，不同的社会或者同一个社会中存在着不同的中轴体制。贝尔说：“我确实认为，社会的主要秩序或领域可以通过识别中轴体制或原理而得到最好的研究，因为这些体制或原理是其他体制结构汇聚的主要路线，它们是社会要解决的主要问题。在资本主义社会里，中轴体制是私人所有制，在后工业社会里，中轴体制是理论知识的中心地位。”（贝尔，1997：191）

知识中轴的提出无论在社会学方法论上，还是对社会面相的把握上都有着重要的意义和价值，但是不要无限夸大这个概念对解释现代社会的意义，最根本的就是不要误解了贝尔的文本意义。所以，我提出社会面概念可能有助于我们还原贝尔的知识中轴意义。但是社会面概念也不是一劳永逸的，因为社会的存在以及我们所看到的社会总归有一个基本面，也就是规定这个社会性质的那个面相；同时不同社会面也是相互联系的，所以有时也会出现社会叠面现象。因此知识中轴原理不能解决观察社会的所有问题，也难以看到社会的所有面相，但确实给我们提供了一个视角和社会发展的某个趋向。

2. 表象与实在：知识能做什么

（1）知识是什么：同行动者的行动无法分离

“知识是对事实或思想的一套有系统的阐述，提出合理的判断或者经验性的结果，它通过某种交流手段，以某种系统的方式传播给其他人。”（贝尔，1997：191）首先，在知识的构成上，在贝尔看来知识由两部分组成，即新判断知识和新提法知识。其次，贝尔认为，知识是社会基础设施投资的一部分。贝尔“提出一个有限的定义：知识是一种客观上已认识的事物，一种精神财富，冠以一个或一组名字,由版权或其他一些社会承认的形式(如出版)所认可。它受制于市场判断、上级的行政或政治决策的判断或者对成果价值或要求的当地社会资源的判断。从这个意义上说,知识是社会基础设施投资的一部分;它是书籍文章中有条理的内容或者甚至是录写了来有粗略计算的供传递的计算机程序”。[①]再次,知识增长的特点。贝尔认为,知识的计量包括两方面:一方面,在知识增长的方式上,知识“总量”指数性增长观点较为流行。另一方面,知识的增长是有限度的,到了未来的某个时间必然会出现一种饱和状态。同时,知识领域无限性也是贝尔坚持的观点。他认为,19 世纪时人们把知识视为一种有限的可穷尽的领域。与此相反,我们现在认为知识是无限的。贝尔认为,知识领域无限性的标志是知识有各种各样的分解形式。每一次进展都时快时慢地打开一些新的探索领域。另外,知识具有共享性特征。知识即使已经被出卖了,仍将伴随着生产者。知识一旦创造出来就是一种“集体的物品”,在性质上是对所有人敞开的。“在贝尔看来,在制造工业产品时人们建立了一个生产函数,并根据相对成本来决定各个生产要素的适当配置。这就是人们所说的劳动价值论。而后工业社会的特点不在于劳动价值论,而在于知识价值论。知识产生的过程也就是创新的过程,知识的汇集成为创新的向导。知识如果作为产品出售后知识的生产者仍具有这种知识。贝尔的这种观点就表明了知识的共享性。”(王善博,2000)

需要提出的问题就是:在贝尔对知识界定的所有内容中几乎见不到人的存在。(贝尔,1997:293)很显然,无论知识是什么都同人逃脱不了干系,是人通过社会行动创造、传播和应用着知识。离开了行动者的行动在一定意义上就没有知识,知识同行动者合二为一,知识同行动者的行动合二为一。尽管人是谁的问题尚需要解决,但是在回答知识是什么问题的时候,有一个关键的问题需要说明,即知识具有从属性,这个从属性不仅在本质上要依附于人的存在和行动,而且在资本社会层面上表现为知识无论何时都从属于资本。知识从属于资本的属性依然要通过阶级的存在方式而表现出来。所以只要有资本存在,就会存在那些代表人格化了的资本的资本家,技术精英的统治只有在统治工资劳

---

① 贝尔指出,不用说,这种功利主义的定义回避了“知识社会学”领域的某些问题:思想的社会背景,它们的内部联系,它们同某种结构基础的关系,等等。当然,对特殊知识系列的特性的任何估价,都必须考虑这些问题,然而这些不属于本书的讨论范围。(贝尔,1997:193)

动的范围内得以实现。作为知识载体的科学家和技术人员也是作为工资劳动者而存在的。作为科学劳动者、技术劳动者，尽管他们在工人阶级当中可能占有某种特权地位，但是，这一地位也只有在他们从属于资本的情况下才得到保障。

后工业社会对知识态度并不是那么明晰，事实上要比我们能够理解的复杂得多。从贝尔的这段话中我们可能有一定理解："人类从认识的伊甸园中被驱逐出来之后，他们一直在寻求一种共同的语言和统一的知识，寻找一套'首要原则'，在知识的认识论上使之成为经验模式和理性范畴的基础，从而形成一套永恒的真理。通天塔[①]图书馆模拟了这种傲慢自大：就像无边无际的空间，一切都在那里，一切又不在那里；就像哥德尔原理，知道它是矛盾，就使它不成其为矛盾了。诗人说，终了就是开端。这是衡量知识时曲折的反话和必要的谦恭。"（蔡翥、石侃，2003）

（2）知识的变化引进社会变化的机制在哪里

后工业社会日益增加对技术知识的需要，而知识技术已成为后工业社会社会冲突的轴心，处于社会运转的中心地位。知识对任何社会的运转都是必不可少的构件，但不同的是，后工业社会中，首先，知识本身的性质已经发生了变化。这种变化主要表现在两个方面：科学与技术之间关系的变化更趋于结合；理论与经验相比占首位。"围绕着技术知识组织起来的后工业社会，其目的在于进行社会管理和指导革新；而反过来在以技术知识为中轴运转的过程中，又产生了新的社会关系和新的社会结构，这使得技术知识对于后工业社会显得如此重要。"（蔡翥、石侃，2003）其次，知识增长的速度也发生了变化。后工业社会知识总量的飞速增长和技术的迅猛发展使得后工业社会成为双重意义上的知识社会，一方面，社会革新的源泉越来越多地来自知识；一方面，社会的力量按大部分国民生产总值和大部分就业情况来看越来越向知识领域集结，整个社会围绕着知识中轴进行社会资源的分配。

这些看似正确的说法是可以理解的，在某种程度上也是有一定道理的，但是在这种宏大叙事的背景下，如果我们进一步追问就会出现理论上无法解决的问题。我们的追问是：这些知识是如何发生变化的？这些变化是如何嵌入到社会变迁进程的？可以这么说，没有对行动的考察，没有对行动者的考察，宏大

---

① 《创世记》中的通天塔，预指人类经历的开始。

的叙事仅仅发挥着令人眩晕的功能,表象的复杂和多彩最多可以渲染叙事的言词,而背后的实在依然故我。只要知识与行动是分开的,只要分别对知识和(或)行动进行单向度的考察,都难以找到知识对社会功能的机制,即便是宏观的机制。

与其说后工业社会是围绕知识建构起来的,倒不如诚实地说这种社会是围绕着具有一定阶级属性的社会行动者的知识行动建构起来的。这就蕴含了知识行动理论的出场路径和实践逻辑。这就是要讨论贝尔后工业社会的知识中轴原理的出发点和最终结论。

3. 能人是谁

(1) 知识阶级:一个假命题

贝尔对后工业社会的分析在社会结构方面得出的首要结论是:正在兴起中的新社会里的主要阶级首先是一个以知识,而不是以财产为基础的专业阶级。(贝尔,1997:406)社会中增长最快的团体是技术—专业阶级。那么这个阶级就是知识阶级。贝尔假设,“就地位(社会尊重与承认,可能还有收入)而论,知识阶级可能是新社会中的最高阶级”,而且知识阶级在后工业社会得到不断扩展。贝尔在做出这个假设时很谨慎小心,表现在:第一,知识阶级可能是新社会中的最高阶级。这体现了贝尔的谨慎性和不确定性,没有肯定知识阶级就是新社会中的最高阶级。第二,如果知识阶级是新社会中的最高阶级,那么也是有条件的,这个条件就是在社会尊重和社会承认方面(可能还包括工资收入方面)是新社会中最高阶级。第三,知识阶级由四部分组成:科学阶层,技术阶层,行政阶层和文化阶层。[1] 第四,就能够观察到事实而言,知识阶级并没有成为一个新的政治阶级,“根据那个结构的性质,这个阶级以其内聚力或共同一致性的基础而言,并没有成为一个新的经济利益阶级或者争夺权力的一个新的政治阶级的内在理由”。(贝尔,1997:406)问题是:这个知识阶级是真实的吗?如果是虚构的,那么贝尔的假设肯定是假的。

---

① 贝尔所说的知识阶级各个组成部分之间并无内在利益的关联,这似乎同传统的阶级概念有着本质的差异。贝尔说:“虽然这些阶层总的说来是由一种共同的精神气质所联结起来的,但是,相互之间并无联结一起的内在利益,除了共同维护学术思想以外;事实上,它们之间有着很大的分离因素。”同时,阶级也不再意味着是一个特殊的人群,而是把取得、掌握和转移不同权力及其有关特权的程序制度化的一种体系。(贝尔,1997:408)

(2) 能人统治：到底谁的统治

后工业社会中的能人统治同知识阶级概念一样只具有想象的功能和诱惑的魅力，因而应该看作一个带有意识形态意味的乌托邦。①

后工业社会是一种"能者统治"的社会。所谓能者统治就是"依靠才能来获得合理权威的地位"。能者统治建立在一种以技术知识和受教育程度为基础的等级制度上，能者依靠才能来获取合理权威的地位。权威是一种以技术、学识、天资、技巧等类似的属性为基础的能力，实行能者统治能够使国家治理得更好。"一个社会如果不能使它的最优秀的人士担任其领导机构的头头，那它在社会学上和道德上是荒唐的。"贝尔说：后工业社会开始时的逻辑是能者统治。

贝尔反对平均主义，主张在承认差别基础之上的公正，认为在大学、企业和政府中均可实行能者统治，能者可以调和专业人员与公民之间的冲突。训练有素的能者统治可以使社会成为一个公正的社会，即使不是平等的社会。贝尔承认资本主义社会运行"机会均等"带来了社会不平等的事实，并且主张限制机会均等原则及其带来的社会不平等现象。贝尔的能者统治论属于一种典型的政治精英论。

我的观点是：首先，作为知识社会的后工业社会中能人统治也就是知识阶级的统治，但是如果知识阶级本身就是假象，那么无论是作为命题，还是作为现象，它都只能是虚构的。如果我们把能人看作知识人，那么这类人无论是获得知识，还是应用知识都必须同真实的资本结合才有可能，所以这时资本就成了一个隐含的压抑变量没有被贝尔识破。因此可以得出一个更为激进的观点：只要有阶级存在，只要有剥削存在，知识都从属于资本，从而转变为知识资本成为统治的先决条件。在这一点上，马克思的观点非常鲜明。其次，作为知识社会的后工业社会中无法调和知识阶级与普通民众之间的张力或冲突。贝尔主张的精英主义取向的能者统治与其关于现代政治的轴心原则所隐含的平等思想之间是有冲突的。后工业社会实行机会均等，却有可能带来结果的不均等，促成一种新的等级制度的形成，产生新的社会不平等现象。因为是否具有知识合法性根据这一判断本身就蕴含着权力，"一切知识之所以具有政治性，倒不是

① 贝尔在宣布意识形态终结的同时自己又设计了一个意识形态乌托邦，表面上看是一些具有诱惑力的新鲜观念，但是对社会的分析实质上仅仅浮在社会表层上，照我看来形成这种想象的原因是对马克思基本原理的否定。

因为它具有政治的后果或政治的用途,而是由于知识在权力关系里具有可能性的条件……对一系列特定的权力关系来说,知识与其说是有真假之分,不如说只有合法与否之别”。贝尔认为工业社会里资本家与工人之间的矛盾是主要矛盾,后工业社会中则变为知识阶级与民众之间、精英原则与平等原则之间的对立。专业阶级成为“技术权贵”,他们依靠其掌握的社会上最重要的资源——知识成为特权阶层。另一方面,公共性社会和全国性社会时代是平民参政的时代,平民要求更多的权利,更多地参与决策,以影响控制他们生活的决定。民众的日益增加的参政要求与日益专业化的决策技术是方向相反的发展趋势,民众的政治功效感越来越低,“参与越多反而导致更多的挫折”。因此,以技术知识和受教育程度为基础的等级制度受到民众的怀疑,人们把它看作社会不平等的根源。这在一定程度上正好应了贝尔的理论观点:后工业社会是围绕着理论知识建构起来的,而后工业社会中的冲突也是围绕知识而展开的。

透过讨论贝尔的知识中轴原理,想象着得到基本观点:第一,不管贝尔的知识中轴原理是否有效,知识的社会化和社会的知识化在同步推进着。但是需要说明的是,用这种宏大叙事的方法做出这样的说明等于什么都没有说,重要的是要把握社会知识化的机制,这无论如何离不开组成知识社会的微观个体,即行动者,可是如果知识还是知识、行动还是行动,而不能在观念上和实践上转换为行动者的知识行动,就无法获得创新性认识,也无法实现宏大叙事和微观说明之间的联通。我的目的很明显,即为知识行动论打通出场路径。第二,知识万能论将要毁灭知识,知识的阶级属性及其社会属性必须同社会结构的分析同步进行,没有对知识社会化的把握同样会失去社会知识化分析的钥匙,无法确切把握知识浮在表层的社会结构变迁。这个结论同样适合后面的讨论。第三,即便贝尔的后工业社会(即知识社会)的说法成立或者这个概念具有深度的想象力,那么是否能够昭示这样一种事实:后工业社会依靠知识扎根吗?寄托于知识的社会是一种真实的虚幻,具有这种思想的人是一种非常可爱的理想主义者。但是这对解决现代社会抑或后现代社会何以可能,或者“根扎何处,路在何方”的问题无济于事。没有知识与行动的结合,没有知识行动——一种古老的但是被视为新知的行动类型,这个社会面的中轴是不会转动的。所以,后现代社会相关的说法包括知识社会(后工业社会)依然是漂浮的想象。

归纳并发展贝尔的知识中轴原理,可以得出这样几个基本原理:第一,社会在不同的面相上有着不同的轴心和轴线,同时也有不同的中轴;也就是说社会面对应社会轴。第二，知识中轴是社会基本面上的社会组织与社会运行方式，可以根据知识中轴划分不同的社会类型和社会组织方式。第三，知识中轴的动力机制或者滚珠机制在于知识行动本身的内部结构，在社会基本面向上围绕知识而转动，知识是社会变迁的加速器。第四，在知识行动化的社会中，知识中轴作用的发挥源于知识保持架，如果把知识作为轴心，社会转轴的运行依赖知识，那么知识保持架则是关键的社会装置。第五，知识中轴中，社会意识形态是润滑剂，知识行动化的过程、知识建构社会的方式和社会转动的速率都同这个意识形态有关，所以，知识冲突内部隐含了知识的意识形态冲突，这就涉及知识的归属性问题，所以必须连同权力和资本一起考察。第六，现代性的知识注入成就了现代社会，知识与社会的互构簇生了现代社会的模式和类型，新现代性内在于新知识化。第七，资本的退却和权力的消失才有知识中轴的科学运转，知识中轴的轴线和转速在资本社会中依赖于资本和权力，好社会的到来需要知识的搀扶，但是这些知识是非资本化的和非权力化的，而是生活化的和行动化的。这是知识中轴原理中最为重要的一条。第八，知识中轴原理在方法论上的革命不取决于围绕知识而产生的现代社会和现代性，而在于知识转变行动的方式和程度，实践样式的革新才能彰显视角的意义。

贝尔是否利用自己的知识中轴原理分析我们当下的社会而得出结论不得而知，但是透过知识中轴原理，贝尔打破了我们对现代性的美好憧憬。在社会的乱象中，贝尔的说法日益成为资本主义的无方向性实践，这种实践就是社会主义思想的意外后果是社会主义日益拯救着资本主义：社会主义的经济思想和制度设计已经融入西方现代社会之中，革命的激进动能已经被无害地吸收，且有效地改良了西方资本主义社会。尽管这种实践还在继续，但是“资本主义不行了”的断言并没有随着贝尔的离去而终结。贝尔认为，韦伯在《新教伦理与资本主义精神》中提到的“资本主义精神”，原来同时包含“宗教冲动力”和“经济冲动力”，前者已经在后者的极度亢奋中耗尽，资本主义不再能为人类社会提供终极关怀了。通过对资本主义文化矛盾发展过程的分析，贝尔的结论是，原先赋予资本主义社会合法性、行使“道德监护权”的文化基础在现代性的冲击下已然解体。对资本主义何去何从，贝尔的思想可以用“白＋黑”模式来概括：人们白天“正派规矩”，晚上却“放浪形骸”。“一方面强调功能理性、专家决策、奖勤罚懒；另一方面强调天启情绪和反理性行为方式。”（贝尔，1992：119）而这就是贝尔预言或者描绘的资本主义文化和社会危机，“美国资本主义已经失去了它传统的合法性”。在一个知识中轴上,资本主义不行了!那么路在何方呢?在贝尔的影子里影影绰绰地看到,社会主义在他的思想中引导者贝尔前行。在1978年再版的《资本主义文化矛盾》序言中,贝尔说:“我是经济学领域内的社会主义者。对我来说,社会主义不是经济中央集权制或生产资料的集体所有制。它是对经济政策优先权的判定。”这种社会主义是以需要为基准确立“社会最低限度”,从而保证在社会资源的利用安排中群体价值优先于个体价值。

二、“知识/权力”:知识到底是谁的力量

新社会是围绕着知识建构起来的,而知识又是一种权力,这似乎能够在一定程度上解决我们所设定的问题:新社会是何以可能的。但是这里依然问题重重,其中一个仍然需要分析的问题就是行动以及行动者同知识的关系大多都被表象的分析给遮蔽了,比如知识与权力的关系难道同行动者的行动无关吗。但是很少有人去揭示这种深层的问题。我在这个部分主要通过介绍福柯和劳斯的“知识/权力”模式说明在这种知识模式下的社会行动模式所引发的社会新变化,从而内闪出知识行动论的实践逻辑。同时要说明的是此处并非要对福柯和劳斯的“知识/权力”进行研究,既无意图也没有行动,但会对二者的说法有一些简略讨论。

(一)福柯的“知识/权力”模式

权力并非外在于知识的实体,知识的生产与应用过程中都涉及权力关系,它内在于知识之中。它不仅只有压制的作用,还有积极生产的功能。知识并非只对于外在我们的世界的表象,而是我们与世界打交道的实践产物。按照科学实践哲学的观点,知识产生于建构性权力的发展和应用,这种权力不仅介入和操纵自然事件,同时也改造和控制着人际关系。知识是和权力共同起源、发展和传播的。福柯把权力意义加以延拓,提出“微观权力”概念,研究知识与权力的互动关系,形成了“知识/权力”模式。

1. 现代权力观的福柯发展

权力与知识的关系是一个永恒而又复杂的话题,二者之间存在着必然的张

力，既彼此渗透，又相互冲突。从发生学的角度看，权力与知识是一起产生的，权力产生于社会复杂性增加对知识的诉求。权力观在现代关照下与知识进行了勾连。

现代权力观在某种意义上就是知识权力观。在现代权力观的构成中，尼采占有一席之地，尼采较早地明确了“知识与权力合二为一”。尼采曾指出：“知识之所以是知识，不是因为它正确，而是因为它能够满足权力意志的需要。”在尼采的权力意志哲学中，知识与权力是紧密相连的，知识是权力的工具，因此知识随权力的增长而增长。权力意志离开知识是无法表达的。因为权力意志是追求知识解释的原动力，知识即权力的工具。同样的，既然不存在“自在的知识”，也就不存在与人无关的“绝对真理”。知识在权力中产生，求知的意志依赖于权力意志；求知的目的在于支配和控制知识，进而支配与控制他人。

福柯的权力观属于现代权力观谱系内容的组成部分。福柯继尼采之后进一步否定了知识的客观性、纯洁性、中立性，认为权力与知识是相互蕴含的。权力不是知识的障碍，权力产生知识。福柯在谈到权力的形式与层次时说，“事实上存在着的权力关系，它们是多种多样的，它们有不同的形式，它们可以在家庭关系内，在社会结构内或者在行政机关内运作，也可以存在于统治阶级与被统治阶级之间”。（福柯，1998：341）福柯通过知识考古学的挖掘，剥夺了知识的貌似客观性，揭穿了真理的幻象。他认为，对某一特定的权力关系来说，知识与其说有真伪之分，不如说只有合法与否的区别，任何知识都不是来自某一知识学科，而是来自于笼罩它的权力关系。即使是来自某一学科的知识，也是满足权力的需要而得以产生的。

“权力是种知识，知识是种权力”的说法概括了福柯权力知识观的核心内容，如果要加以评析，我倒认为这种知识权力观尽管在延续历史的基础上有所发展，对于解释社会生成的内在机制提供了新的中轴。

2. 权力是知识

福柯说：“我丝毫不是一个权力理论家。在某种范围内，我想说，权力作为一个独立的问题并不能引起我的兴趣。”而真正使福柯感兴趣的问题在于“主体如何能够说出关于自身的真实”，而这通过福柯缜密的谱系学分析我们看到又是与“一些人对另一些人使用的某种统治模式”，即“通过某些作用于我以及我作用于他人的权力关系而把自我建构为主体”密切相关的。正是在这个意义上,权力,这种与知识、自我相纠缠的形塑主体的关系才是他理论的重要概念。福柯指出:在研究疯癫和监狱的过程中越来越意识到一个中心问题——“什么是权力,或者说得更明确些,权力是如何实施的,当某人对另一个人实施权力的时候,究竟发生了什么?”

(1) 权力的网络化

首先,权力被福柯看作一种关系。权力关系可以看作处于流动的循环的过程中,“权力从未确定位置,它从不在某些人手中,从不像财产或财富那样被据为己有,权力运转着”。(福柯,1999a:27)只存在着某种关系性的权力,它在无数个点上体现出来,具有不确定性,而不是某人可以获得、占有的一种物,权力纯粹是一种关系,是一种结构性的活动。权力无处不在,不是因为它包容一切事物,而是因为它来自每个地方。

其次,权力被看作一种关系网络。“权力以网络的形式运作在这个网上,个人不仅流动着,而且他们总是既处于服从的地位又同时运用权力。”人们在权力的网络中运动既可能成为被权力控制、支配的对象,又可能同时成为实施权力的角色;个人在这种网络中既是被权力控制的对象又是发出权力的角色。每个人都处于相互交错的权力与知识构成的网中。“权力以网络的形式运作在这个网上,个人不仅流动着,而且他们总是既处于服从的地位,又同时运用权力。”(福柯,1999a:28)

(2) 权力的非中心化

福柯反对主权的概念,因为主权承认一个最高的权力中心的存在。福柯认为中心化了的权力只是对权力的过于简单化的理解,事实上国家机构只是权力的一个有限领域,真正的权力关系要复杂得多。福柯主张:“不要在它们中心,在可能是它们的普通机制或整体效力的地方,分析权力的规则和合法形式。相反,重要的是在权力的极限,在它的最后一条线上抓住权力,那里它变成毛细血管的状态;也就是说,在权力最地区性的、最局部的形式和制度中,抓住它并对它进行研究。”(福柯,1999a:26)

(3) 权力的无主体性

人的死亡预示着主体的消失。福柯认为,现代人并不是一个“受压制”的存在物,而是一个在“科学—规戒机制”之母体中被积极地构筑的存在物,一个“通过一整套的力量与躯体技术被精心组织起来的”道德的、法律的、心理的、医学的、性的存在物。福柯认为，人是在近代的知识结构中诞生的，是现代性的语言、知识的产物，或者说是近代开始的话语霸权的产物。随着现代性的知识结构被后现代性的知识结构所取代，这种主体也就消失了，权力也就无主体了。他的权力无主体的观念其实与权力是一种关系、一种相互交错的网络的观念是完全一致的。在权力的关系网络中，每一个人都只是权力的一个点，而并非绝对权力的主体，人并非权力的主体，而是权力运作的工具。（张铁山，2006）"福柯拒斥那种把良心、自我反省与自由联系在一起的启蒙运动模式，他继承了尼采在《道德系谱学》中提出的主张：自我知识，尤其是表现为道德意识的自我知识，乃是权力借以使个人将社会控制予以内化的策略。"（贝斯特，2001：66）

（4）权力知识化

福柯主张，权力通常产生出知识的后果，知识或真理也通常产生出权力的后果。福柯在其《规训与惩戒》一书中曾明确地指出知识本身不仅是一种解放的力量，相对地，知识也可能是一种压迫的工具。因此知识的力量存在着双元性，然而当今的社会科学研究者在探索知识的作用时，却经常将知识诠释为压迫的工具。福柯认为，权力"是一种权力类型，一种行使权力的轨道。它包括一系列手段、技术、程序、应用层次、目标。它是一种技术学"。这里"手段、技术、程序"是权力性知识，更直接说是一种行使权力者技术知识包括手段、程序等所组成的能力。现在的西方社会已经把自身当作科学的研究对象，许多理性方法广泛应用，强大的逻辑力量使众人相信社会本身就是这副面貌。但福柯却开始了怀疑："当社会变成科学研究的对象，人类行为变成供人分析和解决问题时，我相信这一切都与权力的机制有关。"就是说，当社会科学把人类行动作为研究对象的时候，就潜入了一种同权力的关系，现代社会科学就成为一种权力的知识。这种勾结毁坏了行动者生存的基础。当然这个比福柯更为尖锐激进的观点是我的发挥。

（5）关于权力的两点讨论

"生产性的权力通过层级监视、规范化裁决和检查等技术，驯顺了肉体，生产了符合规范和纪律的对象、知识；它激发了活动，而不是禁锢了活动；诱导了思想，而不是禁锢了思想；引发了话语，而不是打断了话语。这为知识与权力的结盟奠定了理论基础。"（吕振合、王德胜，2007）

第一，权力是知识的思索。

福柯的权力概念是非中心的、多元的、异质的、无主体的和知识化的，它拒斥传统整体化的权力概念。当然这里我更加注重权力的知识化状态，权力作为一种知识，导致权力世界发生了巨大变化。这个机制，我们将在“知识/权力”模式中得到了解。但是这里并非没有问题留下：我们要思考的是，权力作为一种知识是如何实现的，或者说权力知识化何以是可能的，离开了人是可能的吗？离开了人的行动是可能的吗？这就是下面要讨论的问题。

第二，匿名的权力。

权力在福柯那里，很大程度上被看作非人格的和匿名的力量，是离开人类主体的行动和意向而运作的，这就从方法论上把“谁控制、使用权力和为了谁的利益控制、使用权力的问题”放入括号中了。这意味着福柯在否定唯心主义人道主义的“自大的人”的同时，连同人本身也一起否定了。人都没有了，何谈权力呢？因为有了人才有了权力，而非相反。在1978年的一次谈话中，福柯自己明确谈到：“现在我仍然认为，权力在一个像我们这样的社会里行使和运转的方式，归根结底没有很好地被认识到。一般说来，这些研究都受到了马克思主义的影响。在西方工业社会里，谁行使权力，如何行使权力，对谁行使权力等问题，肯定是当前最实际的问题。19世纪的贫困问题，在我们今天的西方社会里，已不再是首要的问题了。反之，谁替我拿主意，谁禁止我干这件事而让我干另一件事，谁安排我的行动和时间，谁强迫我住在这个地方而在另一个地方工作，这些问题在我看来都是最根本的。我不相信‘谁行使权力’的问题能在‘权力是如何产生的’这个问题解决之前得到解决。”我这里要提出的观点正好同福柯的相反：权力如何产生的问题不仅不比谁的权力重要，而且也不比其优先。所以，我得出的结论就是：不解决人的问题，不解决人的行动问题，权力如何产生的问题是解决不了的。

3. 知识是种权力

知识不是权力关系的反映，不是权力关系的歪曲表达，它是权力关系的固有之物。一方面，权力生产知识；另一方面，知识以权力的形式发挥其功能，并且传播权力的影响。没有知识，权力无法运作；没有真理，权力无法实行；真理为权力立言，权力以真理的名义行事。

(1) 知识纪律化与知识权力

事实上，福柯正是在对知识纪律化或者学科化的分析中，得出了“科学知识作为一种集中的权力”的结论。他认为，知识的纪律化受制于国家的干预，科学知识的纪律化主要在大学中完成，主要在于大学挑选知识。这表明，科学知识进入大学，并占据了文化的主要地位，并与国家政治密切联系在一起。在一定意义上知识的学科化就是知识的权力化的一种外在形式，并导致权力的集中化。福柯认为学科的产生是一个重大事件，因为科学知识的纪律化导致了权力的集中化。他采用系谱学方法解释科学所具有的集中权力，甚至认为系谱学是反科学，是对具有集中权力知识的造反，而不是反对科学的内容、方法和概念。权力与知识是互相指涉的，每一种权力关系都相对应地建构起一个知识的领域，而不可避免的，任何知识也都同时地预设及建构了权力关系。因此，权力的重塑过程也是知识的学科化过程以及知识的纪律化过程，这个过程不可避免地会落入相互建构的权力关系。

(2) 知识是权力的形式

福柯宣称：真理始终就是权力。真理被福柯理解为“一个生产、规范、分布、循环和操作命题的有秩序的程序系统”。真理总是与权力系统内在地联系在一起的，正是权力系统“生产和支撑了它”：“我觉得最有意思的是去分析在欧洲，科学是如何像权力那样建立起来的。仅仅把科学说成是人们可以用来证明某些命题是错误的，并指出某些谬误和戳穿某些神话的各种程序的总和，这是不够的。科学也行使着某些权力，它是一种强迫你决定某些事情的权力，不过它也可能像江湖骗子那样欺骗了你而失去信誉。”一向被认为是圣洁的知识，原来也深深浸透着权力，拥有了知识便拥有了权力，科学产生了许多我们所服从的“真理”。在福柯看来，“真理无疑也是权力的一种形式”。它激发了尊敬和恐惧，由于它支配了一切，因此一切必须服从它。科学话语完全是通过排斥和命令（即通过在科学与非科学之间画一条线）来建构自身的。这意味着科学知识的确立，是建立在对所谓非科学的知识的排斥之上的。被排斥的知识作为“被征服的知识”，作为历史内容，永远被尘封和埋葬了。

(3) 知识在权力网络中

福柯揭示了权力和话语（知识）的联系：一切知识、言谈（话语）都处于权力网络之中，并在一定条件下转化为权力，没有纯乎其纯、不计功利的话语，存在的只是权力笼罩下的话语。“知识和权力是同一个过程的两个方面。知识不可能是中立的、纯粹的。福柯通过知识的系谱学，剥夺了知识的貌似客观性，揭穿了真理的幻象。他认为，对某一特定的权力关系来说，知识与其说是有真伪

之分,不如说只有合法与否的区别,任何知识都不是来自某一知识学科,而是来自于笼罩它的权力关系。"(刘郦,2006:32)

福柯指出,知识是权力的眼睛,而不是一层薄薄的面具,某种权力形式能够产生出对象和结构都极为不一样的知识。

4. "知识/权力"模式

"知识就是权力",即知识和权力之间内在的、共生的关系,那么是否可以理解为把知识等同于权力的"知识即权力"呢?我们看看福柯是如何看待这一问题的。福柯指出:"当我读到不管是'知识即权力',或是'权力即知识'的观点时,总是哈哈大笑。因为确切地说我的问题就是研究它们的关系:如果这是两个同一的东西,我就没法研究它们的联系了……我对两者提问的唯一事实就很好地证明了我不把它们视为同一。"(福柯,1997:146)同时福柯还认为:"如果我说过知识是权力的话,我就不用再说什么了,因为既然这两者是同一的,我看不出自己为什么还要指明它们的关系。"(钱翰,1997)

福柯认为,权力和知识是相互蕴含的,哪里有权力实施,哪里就有知识生产。"与现代理论把知识看成是中立的和客观的(实证主义)或者看成解放性的(马克思主义)相反,福柯强调知识与权力体系的不可分割性。他的'权力/知识'概念表现了后现代对理性和以理性名义提出的解放蓝图的怀疑。权力和知识之间的循环关系是福柯在以系谱学方法批判人文科学的过程中提出来的。产生于权力关系网络中的各门学科,如精神病学、社会学、犯罪学等,通过排斥、限制、监视和客观化等多种形式的实践与技术,反过来又发展、完善、传播了新的权力技术。诸如精神病院、医院、监狱这些机构,其作用有如一些观察个体行为、利用矫正技术进行实验,以期获得社会控制知识的实验室。"(贝斯特,2001:65)

在权力与知识的相互关系上,福柯首先挑战如下传统说法:权力和知识不相干,它们是截然分开来的。他指出,也许我们应当抛弃这样的信念:权力制造疯狂,同理,放弃权力是获得知识的条件。知识与权力的相互蕴含,知识和权力的相互关联性,不是外在的,而是内在的。知识是权力的工具;知识是权力的眼睛。知识也作用于权力,它能给人以权力,如果没有知识的散播、保存,权力也无法发挥作用;如果没有相关联的知识领域的建立,就没有权力关系,而任何知识都同时预设和构成了权力关系。因此"知识就是权力"。(刘郦,2006:119)

权力对知识起着促进或阻碍的作用，它或者鼓励和激励知识，或者征服、限制知识，在知识身上打上权力的烙印。权力对知识已不再适于用“远离”、“有害”、“无用”等字眼来说明。（刘北成，1995：219）“权力制造知识（而且，不仅仅是因为知识为权力服务，权力才鼓励知识，也不仅仅是因为知识有用，权力才使用知识）；权力和知识是直接相互连带的；不相应地建构一种知识领域就不可能有权力关系，不同时预设和建构权力关系就不会有任何知识……‘权力知识’，贯穿‘权力—知识’和构成‘权力—知识’的发展变化和矛盾斗争，决定了知识的形式及其可能的领域。”（福柯，1999b：29－30）

权力与知识之间的关系不是外在的，而是内在的水乳交融的，知识与权力已成为孪生姊妹，知识生成于权力的发展和运用，有知识的地方便有权力的生存土壤。“没有权力便没有知识，没有知识也就没有权力；权力控制了知识，知识也能给人以权力。”（黄忠敬，2003：134）“权力关系（以及反对它们的斗争和保护它们的机构）不仅对知识起着促进或阻碍的作用；它们也不只满足于怂恿或激励、歪曲或限制它；权力和知识不是唯一地由社会利益或意识形态的作用来连接的；因而，问题不在于确定权力如何征服知识，并使它终身侍奉，或是确定权力怎样在知识上打下权力的烙印，并把意识形态的内容和限制强加于知识。没有本身就是权力的一种形式，并以它的存在和功能与其他形式的权力相联系的传播、记录、积累和置换的制度，知识体便无法发挥作用。在这一层面上，既无知识也无社会，或者，既无科学也无国家，唯有‘知识/权力’这个根本形式。”（傅铿，1990：344）

（二）劳斯的“知识/权力”模式

劳斯“科学知识/权力观”的形成，深受福柯、海德格尔、库恩、哈金、卡特赖特、海西等人思想的影响。劳斯在其《知识与权力：朝向政治性的科学哲学》一书中，以福柯式“权力/知识”架构为主线，从“知识即实践”的观点出发，整合了库恩的范式、海德格尔的技术哲学、罗蒂的新实用主义诠释学、卡特赖特和哈金的新经验论和实验哲学、社会建构论的科学社会学和拉图尔的实验室研究，形成一个以“实验室”为核心的知识/权力理论。（殷杰、祁大为，2007）我这里不想介绍这个模式，最核心的问题就是：这个模式真的能够建构起真实的世界吗？

1. 劳斯的知识观：一种特性描述

劳斯提出要用对科学知识的动力学理解代替正统的科学知识观。在他看来，知识是能动的、异质的。知识并不是被占有或可以交换的东西，知识是由不同的（或异质的）彼此竞争的联盟相互调节的过程。

（1）知识的行动性

劳斯基于实践来理解科学，进而形成了"知识即实践"的思想，也就是赋予知识以行动性。由于知识的表象主义模式观在解决"理论的逼真度"问题上遇到难以逾越的鸿沟，科学哲学研究改变进路，从理论优位转向实际操作，新经验主义者是主要代表。[①] 新经验主义者认为科学知识的关键不在于事物的精确表象，而在于对事物的成功操作，这才是当代科学知识的主要特点。知识即实践，把行动赋予了知识，这对劳斯理解知识和知识权力产生了很大的影响。"毋庸置疑，劳斯基于实践理解科学，知识即实践的思想便在此基础上形成了。在劳斯科学知识/权力理论中，科学知识的含义是指实践，即对事物的成功操作，这是劳斯对科学知识这一概念的新界定。"（殷杰、祁大为，2007）这是劳斯对科学知识这一概念的新界定。"科学知识体现在实践中，从某种意义上说，这种实践支配着我们。"（劳斯，2004：260）这似乎是劳斯科学知识政治学的基本结论。照我看来，知识的行动性或者知识的实践性是在观念上走上知识行动的重要一步，这也是要讨论劳斯知识政治学对知识行动论有意义的表现。

（2）知识的斗争性

知识斗争性被知识行动性所内含，但是知识的斗争性更加凸现了知识权力模式的内容。[②] 劳斯的观点很鲜明：知识在斗争中产生和发展。没有挑战、斗争，就没有知识的产生和发展。哪里旧的对抗或斗争消失了，哪里的知识也就

---

① 新经验主义者指的是哈金、卡特赖特、海西和劳丹等哲学家，这是劳斯对他们的称谓。虽然他们在许多问题上存在分歧，但在他们的思想中却有着许多共同主题。其中最重要的是他们共同主张"科学不在于提高我们对事物表象的精确性，关键是提高我们解决问题的能力"，"技术控制，即介入和操纵事物的能力，不应看成是对先前知识的应用，而应看成是当今科学知识的主要特征"。劳斯认为，库恩著作中最具革命性的方面便是他所强调的"科学研究的实践维度"。因此，从表象走向实践，是新经验主义者和库恩的共识，这也深深地影响了劳斯。（殷杰、祁大为，2007）

② 劳斯指出，斗争或冲突也不能被归入传统经验主义范围。在知识领域中斗争是知识增长的方式和行动拓展的方向。

停止了增长。劳斯认为，一旦我们认识到知识仅仅通过其再生产和流通而存在，冲突或斗争的重要性就变得很明显了：斗争集中于并指向流通中的知识领域。斗争需要新的更有力的技术、更精密的仪器和更精确的理论模型以剔除可能不正确的或不真实的假说；同时，这些更新的知识反过来又提出新的研究方向或新的问题。因此，哪里某种知识得以产生和发展，哪里就有新的局部能力及其在新的背景中的扩张。在劳斯看来，知识应该被理解为一种策略的干涉，而不是一个孤立的领域。知识受抵制也能够由对动物粗暴、政治上的敏感、对军队力量的兴趣、无钱可赚等问题引起。所以，无论是科学知识的内在因素，还是外在因素，都会导致知识产生和拓展的知识斗争。[①] “劳斯的科学知识观仍然为我们开拓了一个全新的视野：权力及其斗争内在于知识，构成知识的一个部分。”（刘郦，2006：59）

（3）知识的生产性

“权力关系不仅仅生产知识并改造对象，它们同时也把自己的对象构造成生产性的。”（劳斯，2004：233）这个特性应该看作同知识的行动性一致的。动力学的、非统治的认识论还强调知识的生产性。在知识的生产（再生产）和流通过程中，出现了健康的新形式、财富的新形式（最明显的是获取和控制信息的形式）和新的破坏力量（如军事力量）。这种科学知识及其相关的控制和限定的不断扩展并不仅仅是补充的、附属的或外在的，而是知识流通和证明的内在方式。劳斯由此得出结论：“存在无数的真理，但没有本质的真理；同样，存在多种科学知识，但没有本质的科学知识。”普遍的、理性化的科学事业是不存在的。构成知识的内在因素和外在因素是相关联的，两者共同构成知识的产生和发展。“实验室的实践和仪器设备及相关知识、特定的计划和精确的技术以及工作环境、资金来源、权力斗争等都构成一个知识。”劳斯认为，影响知识的内外因素是相互作用、相互关联的，不能把它们截然区分开来，同时这些要素能在一个平等的基础上发挥作用。“劳斯的错误在于，他把知识的内外区分摧毁之后，赋

---

① 劳斯的分析并不是要坚持正统的知识内外的区分，而是表明：一方面，要认识到影响知识的各种因素是相互作用、相互关联的，不能把它们截然区分开来；另一方面，也要看到把影响知识的各种因素平等地对待是矫枉过正的行为。各种因素之间的差别并没有一个普遍的法则可以遵循（如内部因素决定知识之所以为知识，外部因素对知识只能起推动或阻碍的作用），而是一种局部的差别：有时某一因素可能构成知识的主要因素，而另一时则可能成为不相干的东西。（刘郦，2006：55－56）

予所有构成知识的因素以同等的地位，甚至认为知识及其联盟之间的斗争的胜负与知识的正确或错误几乎没有什么关系，把权力斗争放在决定性的位置上，从而走向绝对化。”（刘郦，2006：56）

（4）知识的地方性

这种地方性更多地涉及科学知识的情境性。劳斯说，科学知识首先和首要的是把握人们在实验室（或诊所、田野等）中如何活动。当然这种知识能够转移到实验室之外的其他各种场所。劳斯特别强调这种转移的意义和作用，指出：我们必须把转移理解为对某一地方性知识的改造，以促成另一种地方性知识。照劳斯看来，从一种地方性知识到另一种地方性知识的转移应该看作知识所具有的普遍特性。劳斯说：“在我看来，甚至理论知识也必须按照这样的实践性、地方性的把握来加以理解。”（劳斯，2004：77）劳斯认为，地方性知识的科学观至少吸收了三个流派的知识主张或观点，首先是库恩的主张，即科学知识包含于缺乏一致性解释时使用具体凡例的能力之中；其次是新经验主义者的观点，即科学中技术控制的扩张并不依赖于对该控制所作的理论解释的特定发展；再次是海德格尔的主张，即处于地方性物质性和社会情境中的技能和实践对所有的理解和解释来说都是十分重要的。劳斯特别强调：从根本上说科学知识是地方性知识，它体现在实践中，这些实践不能为了运用而被彻底抽象为理论或者独立于情境的规则。（劳斯，2004：113）科学知识的经验品质只有通过在实验室中把仪器运用于地方性的塑造时方能确立。科学家的知识取决于他们运用这些设备的技能知识。直到在实验室这样的地方性场合中如何行动，这是科学成果中不可或缺的组成部分。所以，如果不能够吸收这种累计的地方性经验，这种知识就不易传播。劳斯甚至认为在知识的发展和再生产中地方性的合作者共同体也是一个重要因素，甚至地方性程序和地方性设备等情境影响着知识的生产和传播，“人们必须首先学会在新的情境中如何做事，并使自己在先的知识适应新情境”。（劳斯，2004：114）不仅知识生产、知识传播[①]，就是知识应用也同知识的地方性有关，劳斯说：“自然科学知识能够表述为普遍规律，从中可以演绎出无尽的地方性例证，这使得科学的广泛应用成为可能。”（劳斯，2004：117）而且知识的地方性运用对科学知识的理解也是具有重大意义

① 劳斯明确指出：实验室里产生的知识被拓展到实验室之外，这不是通过对普遍规律的概括，而是通过把处于地方性情境的实践适用到新的地方性情境来实现的。（劳斯，2004：130）

的。“我们必须在运用中理解科学知识。这种运用涉及地方性的、存在性的知识，它处于制度、社会角色、工具和实践的塑造的寻视性把握之中，使科学成为我们世界中的一种可理解性的活动。”（劳斯，2004：130）

需要说明的是，劳斯所描述的知识特性远非这么几个方面，我这里仅仅是对知识相对论可能带来启发的几个方面加以讨论和介绍，因此不能误以为劳斯的知识观就那么简单。

2. 劳斯的权力观：“知识/权力”模式

劳斯的“知识/权力”模式在福柯模式的基础上得以发展，更体现其科学哲学的味道，尽管朝向知识政治学的方向迈进。

（1）对权力的理解

劳斯对权力的理解是非常复杂的，涉及的内容十分繁多，比如涉及行动、知识以及制度、角色等，我这里仅仅做一些最为简略的介绍。

“对‘权力’的定义超出了狭窄的‘社会’相互运动，包括特定行动的实践组合和物质对象的改变。科学‘微型世界’的构造和扩展，要求相应的物质材料、技术设备、实验过程、操作实践等。所有这些因素在这种实践的组合进而在权力联盟中扮演了一个特别重要的角色。”（刘郦，2006：108）

在劳斯看来，“权力”不再仅仅意味着政治或法律的权力。说某一实践包含权力关系，有权力的效果，或有效地使用了权力，就是说在某一特殊的社会背景之中，权力以某种有意义的方式规定和控制人们可能的行动领域。权力不仅出自一个中心或几个中心，压迫也不是仅仅表现为几种形式，相反权力无所不在，压迫多种多样。这种扩大了的权力是一种技术能力。权力并不是固定不变的和永恒的，相反，权力在时间上是暂时的，在社会上和空间上是扩展的，其组成部分是不同的（或异质的）。

对权力的理解，劳斯有这样几个特点：A. 更多地强调人与自然发生关系的过程中充满的权力因素，强调人对自然的支配和控制的权力（力量）。B. 更多地包括人们征服自然、改造自然的力量，这种力量就是培根所谓的知识力量。C. 作为权力的科学知识是一种积极的力量，是征服、控制事物的一种能力。

（2）“知识/权力”模式

还是要首先说明的是，这种模式可能是一种知识模式，更可能是一种实践模式。它是否能预示着这个时代的变化,仍然需要观察和讨论。

第一,澄清容易产生的误解。

不要认为,知识与权力就是一回事,事实远非那么简单。劳斯自己很清楚,他在解释“知识/权力”模式对知识与权力的看法。他明确指出:“权力和知识既不是两个不同的东西,也不是同一个东西,它们分别代表我们认识和相互交往的不同的实践方式。”(劳斯,1991:665)把知识和权力看作行动者认知和互动的实践方式,为知识行动论提供了思路。

第二,知识与权力的关系特征。

劳斯说:“传统的观点是把知识成果与其随后的应用区分开,这样,权力被看作知识的应用。因为新经验主义者把知识从精确的表象转变到对事物的成功操作和控制上来,所以在他们看来,上述区分不能成立,权力不再外在于知识或与知识相对立,权力成了知识的标志。”由此,知识与权力的关系由相互外在、相互对立转到相互内在进而融为一体,在某种意义上说知识就是权力,而权力也就是知识。

没有对权力和知识的互生性的关注,就不可能达到对知识的真正的认识。权力生产的特征不是再现和压制;关注与行动和实践而不是与信念的结合,强调局部的、非中心化的和非主体的行动策略。由于这种分析,权力便不适宜被判定为反理论的或与知识相分离。知识的发展会产生新的压制,同时权力的运用本身也会产生知识。(劳斯,2004:224)权力不仅仅是从外部侵入科学和科学知识。权力关系贯穿科学研究中的多数日常活动。科学知识产生于这些权力关系,而不是与它们相对抗的。劳斯认为,要理解科学知识,我们需要对技巧和实践操作知识作正面的解释,这些技巧和实践知识构造现象并把现象固定下来,并使科学家能够以可传达的方式干预和操纵它们。只有在这种技巧和实践中,知识和权力才结成一体。

“知识/权力”模式无论在理论上,还是在行动上都对我们产生非常大的影响,“体现在自然科学中的权力/知识形式有助于把我们的世界重构为可能的行动领域,并对我们生活中的重要问题产生根本的影响”。(劳斯,2004:261)在稍后我将对这种影响加以讨论。

第三,权力/知识形式贯穿自然科学之中。

劳斯则把科学研究的实验室理解为规范我们主体行动者的另一个权力的策源地,并把实验室内对科学现象的构造、分离和干涉、控制的技巧、策略看作现代社会中运作的权力关系网络的一部分。①

"权力"（权力以一种有意义的方式，规定和控制一定社会背景中的人可能的行动领域）拓宽国家政府的"政治"的范围（使那些似乎"非政治的"行动者和团体组织的日常实践也具有政治意义）。在这种更宽泛的政治实践中理解自然科学，我们势必会看到：科学知识的产生和发展深深根植于现象的构造和操纵上。实验室内微型世界构造、调配和控制的技巧、策略，必须被看作现代社会权力关系网络的一个组成部分。因此，实验室不是一个封闭的、孤立的象牙塔，而是现代权力关系的一个重要策源地。

科学家及其应用材料和他们的研究对象之间的关系，作为一种权力关系，不仅发生在实验室对微型世界的构造过程中，也常常表现为科学作用于实验室之外的日常生活和社会实践的政治影响。权力/知识形式贯穿自然科学之中。（刘郦，2006：144－145）由于知识的地方性特征，即把权力拓展到实验室之外的能力，"实验室可以看作福柯的权力之微观物理学的活动场所，这种权力最终改变了周围社会世界的面貌"。（劳斯，2004：130）

3. 行动：知识与权力

"劳斯感兴趣的并不是权力通过科学实践对自然的统治，而是根据权力去理解这些实践作用于我们和我们的生活方式的政治效果。科学知识本身就是实践，这种实践拥有我们。科学不断提供局部知识和技能，带来大量的全球化的策略效应。权力/知识形式包含在自然科学之中，它有助于重新形成我们对作为可能行动领域的世界的理解。"（刘郦，2006：152）

（1）行动领域对知识权力的内在性

"科学实践及其成果是通过权力关系来影响我们所有可能的行动的。"（劳斯，2004：240）在劳斯看来，一个行动领域通常由两部分组成：其一是物质环境和技术能力；其二是在那些环境中对行动的共同理解。科学实践的政治特征就在于科学实践有助于在上述两种方式中构造我们可能的行动领域：它改变了我们的物质环境和技术能力，也有助于形成（及被形成）使行动具有可理解性的概念和实践（同时它也通过后者来形成）。（劳斯，2004：196）以为说科学是

① 这当然受到福柯的影响。福柯把监狱、学校、医院、军队和工厂等看作现代社会各种权力、知识关系的"规训机构"，那么实验室也就自然地成了劳斯的分析机构。

政治的，科学就要像选举、造反、法律那样。这种观点在劳斯看来是错误的。科学的政治特征，一方面表现为科学对包含有狭义的政治学的实践组合的影响，另一方面是这些实践配置对科学的反作用。这种影响与被影响、作用与反作用的关系是紧密相连的。这种关系，成为知识与权力相互关系的焦点。（刘郦，2006：86）所以，如果说科学是政治的，那么这种政治性的意义在于对政治所发生的实践塑造。可以说没有行动就没有权力的呈现。

（2）“权力·知识·行动”链

行动同知识关联，知识成了一种在世的互动模式。劳斯指出，他反对这样的观点：知识和权力是行动者占有或使用的实在“事物”。他认为，知识不仅仅是一种表象（如一个文本、一种思想或一张图表），而是一种在世的互动模式。这种模式包含了被表象的对象或现象，也包含着情景安排——只有在这种情景中，表象才是可以理解的，他们对其他表象和实践才能有意义地联系起来。知识作为一种互动模式，必须是同行动或实践联系起来才能真正进入一种可以理解的表象情景，这就取决于知识本身的行动性特征。同时劳斯还指出：“知识主张只有在历史中，只有对其未来发展的预期中才是有意义的，有教益的。这种预期在科学知识中尤其明显，因为科学研究总是以未来为取向，它指向的是对当下的科学理解的进一步明晰化和最终的取代。”（劳斯，2004：2）

知识具有行动性，权力同样具有行动者的行动性。把权力同行动者联系在一起进行明确的分析，更加体现了劳斯对权力、知识与行动之间关联的清晰认知。对劳斯来说，权力并非仅仅指某个人、某个机构或某个群体所拥有或所运用的能力。行动者总是在确定的情境中行动，对他们来说什么行动是可能的取决于他们所处的情境。然而行动者自己的行动以及他人的行动改变着他们的情境，并因此改变着他们的可能行动。与权力有关的是，行动如何改变其他行动者的行动情境，如何改变他们行动的可能性和行动意愿。所以，劳斯明确指出：知识表达了在各种环境世界中的某些方面如何对其他方面的教益；而权力表达了行动者的活动如何影响他们自己以及其他他人后继的可能行动的形态。（劳斯，2004：2－3）劳斯进一步说：权力恰恰是这种场景或塑造的特征[①]，而不

① 那么，这种场景或塑造指涉什么呢？劳斯这样说：权力所涉及的所有解释（包括一切有意向的行动，而不仅仅是言谈）都预设了一个由实践、用具、社会角色和目的构成的塑造或场景，后者维系了解释之可能性的可理解性，和呈现于其中的各种事物的可理解性。（劳斯，2004：225）

是其中某种事物或关系。与权力相关的，是出于场景中的解释对场景本身的重构方式，对行动者及其可能行动的重构方式和限制方式。因此，当我们说到实践包含权力关系，产生权力效果或运用权力时，我们的意思是，实践以某种重要的方式塑造并限制了处于特定社会情境中的人的可能行动领域。（劳斯，2004：225－226）

（3）"知识/权力"对行动者的塑造

科学知识的发展根植于现象的建构和操纵，这种建构和操纵同时也发展出了新的技能，揭示的新的真理以及可能性。我们已经看到，通过科学技术和设备的标准化，通过对非科学的实践和情境的调整以适应科学材料和科学实践的应用，这些发展是如何被拓展到实验室之外的世界中去的。同时科学知识本身也成了实践或行动的组成部分。[①] 特别是实验室建构、操纵和控制已经成为现代社会权力网络的组成部分，使得科学知识成为可能的试验活动，直接涉及对人的控制；同时把这种权力关系的运作直接拓展到实验室之外转化为一种制度性的设置。因此，劳斯得到的结论就是，世界逐渐成了一个被构造的世界；权力把我们塑造成主体/行动者。

同时权力运作的空间结构也同样把我们建构为行动者。"对人进行封闭、组合、分类、隔离和分割的诸种方式代表了相关的权力/知识的空间组织。这些区分限制了我们的行动和互动模式。因此，它们塑造了我们的行动，并把我们构造成行动者。"（劳斯，2004：231）当行动的时间性得以确立的时候，时间渗透到行动者的身体中，各种权力控制也随之渗入其中，这个时候时间表就是权力表。这是劳斯所同意的福柯的观点。同时，在权力运作的空间形式方面，代表权力运作的可视性关系发生了变化，可视性成为一种权力的运作模式。在可视性的照耀下，"行动的空间就这样被构造出来了，再也没有什么东西能被逃脱作为权力运作的窥视"。（劳斯，2004：229）劳斯说，人或者按照相似的能力、社会化或功能通过情境几何学得以组合，或者组合成有凝聚力的群体并与他人分离开来，或者不断组成转瞬即逝的短暂群体，或者被安置在相应的位置上。无论如何，这些空间分布塑造了我们自身以及我们之间的社会互动的类型。所以，在劳斯看来，作为权力关系，空间分布同时在物质和概念层面上发挥作用。在

---

① 实际，劳斯要深入考察的就是：科学实践以及它所体现的科学知识是如何成为统治和限制形式的，是如何把我们变成现在这个样子的。（劳斯，2004：227）

概念层面上,分类为人们提供了自我理解[①](以及对周围事物理解)的合理方式和行动的合理方式,而新范畴的引入作为权力运作的重要方式,是因为它逐渐成了各种可能性行动塑造的组成部分。[②]

(4) 我们是谁

劳斯认为,在新权力观中,压制并不特别地仅仅针对特殊的事或人,也不被某些人拥有和操纵。它们在我们彼此的关系及我们与事物之间的关系中呈现出来,并遍布我们最细微和最日常的行为之中。并不是说这些权力关系压制我们的行为(有时可能会这样),而是说权力关系重新构造了我们行为的类型和关系。我们所做的、所遭遇的事更加封闭、孤立或分化,也得到更加仔细的测定、计算、定时和安排。不管我们做什么,我们变得更可见和更有责任。(刘郦,2006:152)

问题是,这种权力观所规定的"我们"是谁?不解决这样一个关键问题,权力对我们行动模式或关系影响达到何种程度是无法确认的。"我们是谁,我们在哪里,我们做过什么,更有档案可查。问题并不在于权力关系对我们的行为有更大的压制,而是我们以及我们面对的事物已经日益被迫生产我们存在和行动的记号。"(刘郦,2006:152)所以,劳斯在讨论海德格尔科学实践观的时候,对海德格尔所犯下的错误进行了清算。第一,不仅仅"社会实在"在某种程度上取决于语言和实践;自然世界同样也要求一个有目的的实践背景。"自然界也同样只有在有目的的实践塑造中才能获得确定的特征,因为这种塑造决定了什么是事物、性质和关系。"甚至夸张地说,确定事物本质的就是实践。第二,

① 在行动者自身理解和对这个理解的理解本身是否存在着一种"知识/权力"关系也还是应当讨论的。劳斯说:有时候人们能够表明为什么行动者以自身的方式理解自身,或者为什么他们不能用社会科学家的方式理解自身。但是这并不要求社会科学家承认这一描述是行动者自己解释的特色。它甚至并不要求社会科学家原原本本地复述行动者的自我解释。他们对行动者行动的解释必须符合某种一致性标准,并且可能必须说明行动者的言语行动,但是这并不意味着行动者的解释的可接受性是成功的社会科学家之解释的标准。无论如何,以行动者理解自身的方式理解他,这样的观念极其有问题,因为我们做出评价的唯一标准仍然是解释者的理解,而不是行动者的理解。(劳斯,2004:220)从这段话中,我们可以看出,"知识/权力"进入行动者的情形和状况,行动者的解释不仅不能优先于科学家的解释,所以在所谓一致性标准的幌子下行动者的地位绝对地被这种知识权力模式所规约。

② 为此劳斯还强调:因为它们对人做了重要限制,甚至制造出不同类型的人。(劳斯,2004:231)

“我们是谁”不仅在以我们为直接对象的社会科学人文科学研究中是问题所在，同时它在自然科学研究中也是如此，这将是知识权力关系问题的中心问题。第三，“我们是谁”的问题只能通过对世界的理解才能解决。劳斯说：认为我们是谁在人文科学和自然科学中都是问题之所在很可能成为我们解释某种特权的立场。其实，只有理解世界，“我们是谁”才是可以解答的。（劳斯，2004：195）

事实上，劳斯并没有把我们是谁的问题作为问题的中心，而是强调知识性实践是如何塑造这个世界，而这个世界何以得到把握的。“严格说来，在我们的解释中，我们（作为特定的存在者）并不是问题之所在，问题是在于存在是怎么一回事。……事物（以及实践和目的），它使得我们对世界有所把握。”（劳斯，2004：195）劳斯提醒我们：如果不改变我们对自己是谁的理解，如果不改变我们对生活中关键问题的理解，那么我们就不可能以这种方式重构可能的行动领域。

劳斯的“知识/权力”理论指出现代科学知识已不是传统认知的普遍规律，而是在实验室成功操作的技能。毫无疑问，这种操作技能是产生新知识和人工物的源泉，是将科学成果服务大众、造福人类的杠杆，也是促进社会发展的动力。

（三）“知识/权力”原理：反思“知识/权力”模式

在新社会还没有到来的时候，如果认为知识就是权力，只能说明持有这种观点者不是无知的人，就是白痴；如果知识持有者想自我满足或者想探索在未来社会中知识与权力的关系，而认为知识就是权力则是可以理解的。

1. 知识确实改变了世界

知识问题、权力问题和个人行为问题是福柯一生所探讨的三大问题。“知识确实改变了世界。”（福柯，1997：12）这是福柯对自己学术生涯的总结。福柯承认知识能改造人，真理不仅是解释世界的手段，而且是改造世界的手段，我们一旦掌握真理，自己就会得到改变，甚至个体会因此得到解放。

劳斯秉承福柯，在大叙事上，科学革命是一场匿名行动。“众所周知，这场革命从根本上改变了人们对自然的理解。……同时这场革命也从根本上改变了人是什么的问题。”（劳斯，2004：197）用“某种行动来改变他人”的方式，即权力在其中起作用的方式,其本质的方面是通过改变行动所处的世界来实现的。这种改变是运作于实验室之中以及拓展到实验室之外的权力的最根本的运作方式。(劳斯,2004: 112)科学实践及其成就本身就是改造世界的强大力量,表现在: (1)特定的科学概念和科学发明影响我们发现自我的可能的行动领域;(2)也许更重要的是,科学和技术的发展使世界越来越服从各种各样的科学变革和科学实践的持续进步,由此产生和加强了福柯描绘的各种压制策略和技巧。劳斯比福柯更进一步,认为知识改变世界的方式就是知识成为权力和成为一种行动能力。

2. 知识与权力相互勾结

传统中知识与权力的关系主要表现在: 知识是获取权力的一种手段,权力是阻碍探求真理的工具,知识是破除权力压抑、实现解放的前提。(劳斯,2004: 12)这时在知识与权力的所有互动关系中,权力与知识是彼此外在的。但是在福柯和劳斯的知识权力观中,知识与权力实现了勾结。福柯说:"我惊讶地发现,在人文科学里,所有门类的知识的发展都与权力的实施密不可分。"①人文科学本身是伴随着权力的机制一道产生的,是各种权力机制实践的产物,权力机制在各种记录、调查、报告、分析的程序过程中,建立起庞大的档案馆,在这一基础上人文科学得以形成;反过来,人文科学又为权力的更好运行提供了工具和解释。人文科学和权力之间的关系并不是外在的,而是密不可分的共生关系。福柯指出,"我们也许应当抛弃这样的信念: 权力造就癫狂,同理,权力的放弃是知识的条件之一。我们倒应当承认: 权力产生知识(这不单是因为知识为权力服务而鼓励它,或是由于知识有用而应用它);权力和知识正好是互相蕴含的;如果没有相关联的知识领域的建立,就没有权力关系,而任何知识都同时预设和构成了权力关系"。(阿兰·谢里登,1997: 181)权力产生知识,知识则以权力的形式发挥功能,传播权力的影响。权力与知识结盟,二者正好是互相蕴含的。在迈向新社会的过渡阶段,知识通过建构行动着的行动进而建构社会

---

① 哲学家,甚至知识分子们总是努力划一条不可逾越的界限把象征着真理和自由的知识领域与权力运作的领域分割开来,以此来确立和抬高自己的身份。(福柯,1997: 31)这是福柯得出的结论,但是这个结论也不是不可以讨论的,因为尽管可能存在福柯所表明的这种现象,而事实则是知识与权力确实在政治世界中,甚至在一般公众所理解的世界中是分隔的,这种分隔正是权力左右的结果,而非哲学家或者其他知识分子刻意为之。

的途径就是实现知识与权力的结盟，实现知识与权力的勾结，这既是这个社会特征的表现同时也是权力知识化和知识权力化的结果。

3. "知识/权力"的"福柯—劳斯命题"

在"知识/权力"关系问题上，福柯与劳斯留给我们的并非像以上所介绍的或者像其他人所理解的那样，事实上还有另一副面相。我把这副面相叫作"知识/权力"的"福柯—劳斯命题"。

(1) 福柯命题的内容

权力制造知识（而且，不仅仅是因为知识为权力服务，权力才鼓励知识，也不仅仅是因为知识有用，权力才使用知识）；权力和知识是直接相互连带的；不相应的建构一种知识领域，就不可能有权力关系，不同时预设和建构权力关系就不会有任何知识。（福柯，2006：16）形象地说，权力与知识的关系犹如一体两面。我连同福柯一起追问：这难道是真的吗？看看福柯一些看法，疑问就会陡然而生。

第一，知识与权力之间冲突的命题。

福柯认为当知识或真理与政治权力发生冲突的时候，知识仍然是软弱无力的。"政治权力有可能会摧毁我们，而世上所有的知识都阻止不了这件事情的发生。"（福柯，1997：12）知识同权力发生冲突是经常的和正常的，当这种权力指向政治权力或者传统权力的时候，知识只能节节败退；更为可悲和可怕的结果是：当政治权力要摧毁我们的时候，知识是无能为力的，世上所有的知识都难以阻止政治权力对我们的摧毁。在强大的政治权力面前，知识什么也不是。

第二，知识是权力的眼睛。

福柯指出，知识是权力的眼睛，而不是一层薄薄的面具，某种权力形式能够产生出对象和结构都极为不一样的知识。凡是知识所及的地方也是权力所及的地方。知识总是以真理的形式为权力作辩护。知识为权力划定范围，权力为知识确定形式，两者互相支撑。知识是无处不在的，权力也是无处不在的。（福柯，2007：45）知识浑身散发着权力气息，权力满身张贴着知识的标签。知识和权力处于一种长期历史上的亲缘关系，两者互相建构。实际上，权力能够生产。它生产现实，生产对象的领域和真理的仪式。个人及从他身上获得的知识都属于这种生产。（福柯，2007：181）生产知识似乎是权力的本能冲动。权力要求知识的承担者（即知识分子）不断地去发现真理和创造真理。真理的再生产，是权力的再生产，即延续的一种基本形式。因此，以权力为中心的知识是高度政治化的。依照我的说法——可能更绝对一些：知识是权力的看家狗，知识不仅是权力的眼睛还是权力的鼻子，更是权力的牙齿——它甚至会咬人的。

第三，知识是一种迷惑。

福柯剥掉了"真理"的神圣外衣，将真理与权力紧紧地捆绑在一起。在福柯看来，真理与权力结合便形成了一种特定的话语即法律。法律对人进行裁决、审判、分类，限定人们按照一定的程式进行生活。这样，真理是可以制造的，真理也一再地被制造出来。但是真理不是权力的目标，而是权力的手段。因此，真理总是处于一种流变状态。因为只有处于流动中的知识才有生命力。权力只有依凭于不断创新的真理才能维持、延续、扩张其影响力和地盘。人类的所有活动都被权力、知识、真理这些概念迷惑住了。（张国清，2001）我这里格外关注的是，我们人类所有的活动为何被权力、知识、真理这些概念迷惑住了，福柯意欲何为？我的理解，这里实际依然是福柯对知识与权力合谋的担忧，一旦知识和权力合谋，就没有了真理。只要权力而没有真理的社会是何等社会？

第四，谁行使权力不重要吗？

福柯指出：权力关系不仅对知识起着促进或阻碍的作用，它们也不只满足于怂恿或激励、歪曲或限制知识；权力和知识不是唯一由社会利益或意识形态的作用来联结的；任何知识都同时预设和构成了权力关系。因此，问题不在于确定权力如何征服知识并使它终身侍奉，或是确定权力怎样在知识上打下权力的烙印，并把意识形态的内容和限制强加于知识。那么问题是什么呢？离开了对行动者的把握能够了解这些机制吗？福柯的回答颇为干脆："谁在行使权力"并不重要，关键是"权力是如何运作的"。我的理解也更为直接：即便把"权力是如何运作的"看作要解决的关键问题，那么解决这个问题能离开"谁的权力"和"谁在行使权力"这样高度涉及行动者的问题吗？

（2）劳斯命题

第一，科学知识的效果并非中立的。

劳斯说：科学已经塑造了我们所居住的世界，塑造了我们赖以理解自身的可能性。虽然有充分的理由赞美这些科学效果，认为它们主要为我们更好的生存做出了贡献，而不是什么危险或者威胁，但是从种种上看，这些效果仍然不是中立的。（劳斯，2004：280）原因在于：权力不只是从外部侵犯科学和科学知识，权力关系浸透科学研究中的多数日常活动。科学知识产生于这些权力关系而不是与它们相对立。知识就是权力(力量),权力就是知识。知识与权力的合谋导致了知识的效果成为权力者,获得更多的益处的工具。这就是非中立的科学效果的一个重要表现。

第二,传统的压迫特性在知识中依然存在。

劳斯认为,科学中产生的权力不是一些特殊的行动者所拥有的财产,不为特殊的利益服务。但是在权力关系所构成的世界中我们看得到特殊具体的行动者和利益。所以,不管对权力做何种理解,传统的权力压迫特性依然存在,并将继续影响科学知识。理解科学知识的效果不仅要了解传统权力的压迫同时还要重视“毛细血管式”的权力关系。我们必须对照那贯穿科学实践本身的毛细血管式权力关系背景来理解传统观点承认的权力形式对科学的影响。

第三,还不清楚如何处理非中立科学知识效果问题。

如何处置并非中立的科学知识效果,劳斯给出的答案是：最终必将归结为我们对生活成问题的东西作基本的理解和批判。但是至于采用何种方法,劳斯认为还是不清楚的:“我们究竟是用个体可能性的实现,为了解放而进行的社会斗争,人类行动和互动的真正前景的复兴,还是用其他我们还不熟悉的方式来实现这种融合,仍然是不清楚的。”(劳斯,2004：280－281)

(3) 对“知识/权力”的“福柯—劳斯命题”的反思:“知识/权力”原理

“知识/权力”的“福柯—劳斯命题”留给我们许多关于社会形态和社会发展的思绪。这个思绪的开端就是社会变迁的动力。

除了传统的知识与权力之间的那种关联依然存在之外,知识与权力似乎真的勾结在一起了。但是我却把这种说法看作一种社会的反光,或这些反光落下的影子。社会反光概念是说我们在看待社会的时候,或者说我们在凝视社会的时候,社会作为给我们的东西往往是不真实的东西,不真实也就成为我们所看到的真实,于是便转化为一种事实。问题是这个反光往往是我们自己制造的一种反光贴。我们在真实以及这种真实的影子下生活。问题是如何看待这种真实和真实的影子。福柯视医学为“凝视”的科学,“凝视事实、可见者、具体、光线上升到名、可述者、抽象、符号的中间环节”。(于奇智,2002：2)在福柯看来,“凝视”是由逻辑维持的感知行动,作为“凝视”的技术总是遭到他者的“凝视”。福柯执著探索“凝视”的秘密,并“建构出一种功能……应将事物拆解,将它们揉碎。可见性不是物质本身的形式,更不是在接触光和事物时所表现出来的形式,而是由光本身创造出来的发光形式”。(德勒兹,2003：566)通过对“知识—

权力”的解读，福柯获得“凝视”的研究方式。（臧峰宇，2005）但是我的看法并非这样肯定[①]，这个看法就是：融进凝视的过程和真实的过程，知识权力就是一种反光贴。

（2）“知识/权力”命题与现实世界

作为对当代现实社会的批判，“知识/权力”模式是在彰显其力量。事实上，知识与权力之间所形构的场域无限广泛地建构于我们日常的社会生活之中。在当代社会的发展过程中，这些以知识为其结构的基础，内部皆存在其自然的权力分配模式，权威资源的分配与共享及其绵密的亲密网络关系（亲朋好友或同学的强系连带）共同塑造其个别类别的范围分界。

第一，“权力/知识”的复杂形态：多种权力与多种知识复杂纠葛。

首先，“知识与权力”的“一对多”关系。同一种权力与多种知识形式相适应。这些多样的知识相互之间相溶、同化、并列，甚至相互排斥、对立、抗争，非此即彼，呈现出更深层次的知识权力的蕴涵；进一步的，从根本上来说，即使对某一局部的具体的权力关系的追踪，也可以发现知识的无穷多样化的纠结，以及与之相应的无穷层次的知识与权力的联结。其次，“知识与权力”的“多对一”关系。多种权力关系同一种知识产生关联。这些权力关系不仅具有自身内在的、更深层次的权力/知识的联结，而且由彼此之间的作用又产生出新的、更复杂的权力与知识的交融。（刘郦，2006：159）在这些关系状态中，“知识/权力”模式最为直接的就是政治知识与政治权力的关系以及政治权力同普通知识的关系，这种关系更具有传统意义上的理解。“权力只是使构成知识成为可能的诸多因素中的一种，而不是唯一的一种，也不必是最有效的一种。但劳斯把知识和权力归结为一个事情的两个方面，用新的二分法代替纷繁复杂的科学实践领域；用权力解释一切科学知识、科学实践及其进步。最终把一切归结为权力，从而陷入了极端主义。”（刘郦，2006：161－162）

多种权力与多种知识复杂纠葛构成当今社会微观运转机制的典型特征，这个特征在某种意义上决定着我们的现代性如何再造和我们的目标社会何以可

---

① 福柯对于知识与人生的关系问题同样表现出了深刻的关切和忧虑。希望人们在其生命中发现一种新的音调，一种新的观看的方式，一种新的行为方式。希望个体能摆脱权力的注视，能摆脱权威话语的包围，而达到一个新的生活境界。可以想象，福柯的这些新奢望只能在新社会中实现。

能的细节问题，这就是“权力/知识”原理的根本要义。

第二，知识与意识形态的互构。

“整体而言，对知识的批判解构策略应该是多元的；而也相对地存在着不同解构策略的可能性。然而我们更需进一步注意及谨慎的是，在解构知识的过程中不可避免又隐然成为建构另一知识的可能性循环或套套逻辑。然而唯有透过此两相交替的交互作用中，知识方能成为行动过程所建构的具体表现。”（马财专，2002）把知识看作斗争的产物，而非公正无私的对真理的探索，这是“福柯—劳斯”命题的又一个特征。他们声称，知识不再是知识，而是完完全全的意识形态。这种把知识等同于意识形态的观点，无疑是一种社会化认识论的极端形式。因为知识与社会体制、意识形态毕竟是两个东西，而不是一个东西。知识性的言谈必须有所指称，必须与实在、对象有关，而不仅仅依赖于言谈规则。同时福柯认为，认知主体和对象都是权力/知识的产物，它们并不存在于权力关系之外，并不先于这种权力关系而存在。这样一来，既消除了主体，也消除了作为知识对象的客体。

世界是在我们的实践中呈现出来的东西，是我们对它采取行动时阻碍或迎合我们的东西。“科学研究和我们所做的其他事情一起改造世界和世界使自己被认识的方式。我们认识世界，不是作为主体，把我们面前的对象再现给我们；而是作为行动者，掌握和抓住包括我们自己在内的各种可能性。”行动与行动者才是世界的真实。“知识/权力”模式无论是知识上的还是实践上的，都可能是对真实之光的一种反射。但是我却想用这样的一种表达来靠近真实之光：“知识权力化和权力知识化”模式。在知识上，由于缺乏行动者的搀扶，“知识/权力”模式似乎在诉说着一个故事，很动听但不真实；在实践上，由于强化权力者的傲慢，“知识/权力”模式好像在建构着一种真实，很喧嚣但不现实。但是知识逐渐被权力化，权力也在持续地知识化，这是通向新社会的一个过程。社会离不开知识，现代性呈现的是知识的权力形态，这种形态把创新和应用知识的行动留在了倒影中。清洗知识上的污点是我们追求心仪社会的方式。但是这是否就是社会的一个根性，倒是值得我们用社会根的思路来思考——观察是无法实现的，不仅仅是因为社会反光。好在，我们通过知识行动论凝视这个过程可能会获得更多的收益。这些归纳就是在“福柯—劳斯”命题基础上得出的“知识/权力”原理的组成部分。

第二节 资本的奴婢：知识的现代性命运

知识与现代性甚至后现代性有着无法割舍的关联。这种关联给了我们无尽的美妙想象和持久的幻境冲动。但是真实是什么呢？知识，包括知识行动在幻觉里无限膨胀着自身的愿望，离开了资本以及资本书写的权力，知识什么都不是。我有些高抬知识：它是资本的婢女。通过这段直白的文字述说，可以看到知识作为其婢女的性质。

一、知识与劳动的异化关系

在人类历史上，知识的作用是随着生产力的发展和生产水平的提高而日益重要的。农业社会里，经济发展主要靠的是土地、人力、畜力和简单的工具。知识在促进生产力发展中的作用极小，社会发展十分缓慢。从人类社会的石器时期到前资本主义的工场手工业时期，生产和技术相互推动，体现了人类社会生产的初步知识化。在社会知识化的演进过程中社会知识化的水平和程度受制于社会发展的需要程度，也就是受制于社会统治者的发展需要。在不需要知识的地方是没有社会知识化的进行的。

（一）生产知识化演进历程

在前资本主义的手工工场时期，生产工具是粗糙的，生产过程是自然的，生产关系是固定的，生产要素中占主导地位的是劳动者，而非生产工具，生产者支出的只是一些体力，所以"无智是迷信之母，也是工业之母……制造业最繁荣的地方，即是人类最少思索的地方"。（马克思，2009a：252）在这种情况下，"18世纪中叶的制造家，宁愿使用半白痴的人，来担任若干单纯的工作。但构成工业秘密的，也就是这种单纯的工作"。（马克思，2009a：252）知识使用与工场手工业繁荣此时成了矛盾，工场手工业要想发展和繁荣就不能使用知识，就不用使用有知识的劳动者。因此在这种情况下社会知识化，特别是生产知识化和劳动者知识化，是不可能实现发展的，因为当时生产所需要的仅仅是劳动者的一些体力，根本不需要知识和技艺。

当资本主义发展到大机器工业生产时期，生产工具是机械的、精制的和知识化的，生产过程是交错的和连续性的，生产环境是复杂多变的，生产工具在生产过程中的地位和作用不断提高，这时“生产的过程成了科学的运用”，而且科学也成了“生产致富的手段，成了致富的手段”。（马克思、恩格斯，2009b：357）资本主义的生产过程成了知识的运用过程，生产过程的知识化水平和程度有了很大提高，所以马克思说：“随着大工业的发展，创造实际财富越来越不那么取决于劳动的时间和所花费的劳动数量了，而且日益依赖于这种一些作用场的强大力量，这些作用场在劳动时间内发功，可是它的本身（它们的巨大功效）跟生产上所要求的直接劳动时间并不相应（更确切地说，却是取决于科学总水平和技术的进步或者决定于科学总水平在生产中的运用）。”（马克思、恩格斯，1980：217）这句话说明，资本主义的生产要想创造出更多的财富并不取决于所投入的劳动量的多少，而是取决于社会科学总水平，即社会知识化水平，因此资本主义生产是建立在一定社会知识化水平的基础之上的。

随着资本主义机器大工业的发展，资本主义生产的社会知识化水平和生产知识化水平都有了很大提高。马克思在《哲学的贫困》一书中统计，英国1770年由知识生产力所带来的生产率与手工劳动生产率的的比例是4:1，到了1840年则达到了108:1。所以马克思指出：“资产阶级没有科学是不行的。”（马克思、恩格斯，1972a：390）

知识的广泛使用和生产知识化以及整个社会知识化水平提高，给劳动者知识化提出了更高的要求，与此相应也对传播知识的教育活动提出更高的要求。18世纪英国《工场法》中就对劳动者应接受的教育做了很多强制性规定并开始实施了劳动预备制度，把“初等教育宣布为劳动的强制性条件”，“工场教育是强制性的并且是劳动的条件之一”。在这种情况下，一部分工人实现了知识化，马克思把实现了知识化的一部分工人称为“高级的工人”，这些高级的工人其中“一部分有科学知识，一部分有手艺”。（马克思、恩格斯，1972b：461）但是知识化了的工人的数量不能同“被剥夺了知识的大量工人相比”。（马克思、恩格斯，2009b：358）这时“有知识的人和生产工人彼此分离得很远，知识不是用来为自己增加自然力的手段”。（马克思、恩格斯，2009b：358）所以知识的应用和劳动者知识化的资本需要的进展把工人畸形化为局部工人或者是机器的一部分,造成工人身心两方面的萎缩,以此作为社会知识化演化的代价。

资本主义生产知识化水平的提高使资本主义的生产水平和能力大规模和大幅度提高。"随着资本主义生产的扩展,科学因素第一次有意识地和广泛地加以发展并体现在生活中,其规模是以往的时代根本想象不到的。"(马克思、恩格斯,2009b:359)值得说明的是,随着资本主义劳动者知识化的进展[①]和生产知识化的演进,社会知识化的步伐加快了,社会知识化的水平和程度也有所提高,因此马克思感慨地说:"固定资本的发展表明,一般社会知识已经在多么大的程度上变成了直接的生产力,从而社会生活过程的条件本身在多么大的程度上受到一般知识的控制,并按照这种知识加以改造。它表明:社会生产力已经在多么大的程度上不仅以知识的形式,而且作为社会生活的直接器官,作为实际生活的直接器官被生产出来。"(马克思、恩格斯,1972c:293)

从知识化进程中的科学、技术和生产关系上来考察,在人类社会知识化的早期的"生产→技术→科学"关系模式逐步发展为"科学→技术→生产"的关系模式。资本主义大工业的建立促进了现代科学技术的发展。出于对价值(特别是对剩余价值)的追求,满足于资本发展和增殖的需要,开始重视按自然科学所揭示的客观世界本身的变化规律,按社会知识化自然演进的特点,实现对材料、能源的变换和加工,使得生产、技术和科学的关系发生了前所未有的变化,科学对于技术和生产提供了有力的促进和推动。比如在19世纪下半叶元素周期表和有机化学理论的出现,导致了化工技术和化学工业的诞生。从1831年发现电磁感应现象,到1876年发明电磁发电机,再到1882年建立起来的发电厂都是遵从科学到技术再到生产这一规律。我们可以从以下这样几个方面了解社会知识化,尤其是生产知识化的情况。首先,知识物化的周期缩短。据统计,18世纪前科技成果(即知识)转化为商品,或者说知识物化的周期平均是七十年,19世纪为十四年到七十年,20世纪上半叶为二十年以下。其次,从生产力要素构成情况来看,生产力主要要素走向高级化,加速了知识化的进程。在18世纪到19世纪资本比技术知识更为重要,但是随着生产知识化的自然演进技术或知识的重要性日显突出。在生产工具方面,内燃机、发电机、电动机和初级控制机的出现,实现了远距离输电,使机器系统突破了空间限制。在劳动对象方面,工业革命初期还完全依赖于自然物,第二次产业革命以来物理学、化学、生物学

① 是部分的工人实现了一定程度的知识化,而且是以另一部分工人变得更加无知为代价的。

对物质结构及其运动的认识不断深化，新材料不断发展，从而新的产业也就不断出现。如英国1858年首次合成苯胺紫染料，当时并没有引起英国纺织印染业的兴趣，而由于得不到廉价的植物染料，德国就抓住了这次机会大力发展以煤焦油为原料的染料工业。在1913年德国染料产量就占世界产量的80%，并带动了其他化学工业和制药工业的发展。在劳动者知识化方面，劳动者的整体素质和能力有了很大提高。再次，科技进步因素在发达国家经济增长中所占的份额或比值不断上升，在19世纪以前知识对经济增长的贡献率是很低的，可是到当下知识对经济增长的贡献率逐步提高。就是从制造业本身来看，当今的制造业与传统的制造业相比也发生了很大的变化，增加了许多知识和科技的内容，知识的含量越来越大。自从一大批国家进入工业化社会以后，科学技术以前所未有的速度向前发展，科技发明和新的技术成果不断涌现。技术进步在经济增长中的贡献份额不断提高，逐步实现了由“外生变量”向“内生变量”的转变。发达国家的经济发展比以往任何时候都更加依赖于知识的生产、扩散与应用。

生产知识化是以劳动者知识化为关键载体的，无论生产工具的知识化程度多高，无论要加工的生产资料含有多少知识的要素，没有知识化的劳动者生产的知识化最终是无法实现的。

（二）生产知识化演进的社会代价

在知识化的自然演进过程中会遇到很多问题，其中最重要的问题就是社会要为知识化的自然演进付出很大的代价。这个社会代价可以用知识异化来表现。（郭强，1999）

知识化的进展在历史上是以剥夺许多下层劳动者所创造的价值为条件的。在人类社会历史的发展过程中无知的人绝对地受到资本的剥削，而有知识的人不仅要受到资本的剥削，还要受到知识的奴役和剥削。知识不是劳动者致富的手段，而是劳动者接受剥削的条件。劳动者要想进入生产过程不仅要有劳动能力，还必须有知识和使用知识的能力。在历史发展过程中知识本来是增强个人智力和能力，促进其致富的工具和手段（马克思、恩格斯，1972c：34），但是它在资本规律的作用下就走向反面，成为一种异化的力量。科学社会学和科学史学家贝尔纳指出：“科学现在主要是被用来使少数人发财致富而把许多人毁掉。”

在知识化自然演进的过程中它使少数人发财而使多数人受穷。所以在早期知识化自然演进过程中知识使富裕的人更富裕,贫穷的人更贫穷。知识的资本属性是生产知识化偏离了知识的本质。“科学作为社会财富的一种形式,其特征恰恰在于,它的意义的增加不取决于自己获得多少科学知识,而是相反,取决于大家获得多少知识,取决于它使多少人致富。”(米库林斯基、里赫塔,1986:121)

知识的获得是一个艰难困苦的事情。知识的掌握程度在成为社会流动的一个原因并成为社会发展的机制手段的同时,知识受到资本规定的本质并没有任何改变,资本一直规定着社会成员获得多少知识、何时获得知识以及决定着何时应用和应用多少知识。资本对劳动的统治转向对知识的统治。即便是现在,对知识的占有不但不能取代对生产资料的占有,而是相反,对知识的占有正是对生产资料即资本占有的结果。

知识应用也同样是资本与知识的结合过程。马克思指出:科学的应用,“只是通过压制工人本身的智力和专业的发展而实现的”。(马克思、恩格斯,1972c:219)马克思还认为:“科学的这种应用……同样是建立在这一过程的智力同个别工人的知识、经验和技能相分离的基础之上的,正向生产的(物质的)条件的集中和发展以及这些条件转化为资本是建立在使工人丧失这些条件,使工人和这些条件相分离一样。”(马克思、恩格斯,2009b:358)

知识的资本属性和资本的统治本质,加速了劳动者知识化的进程,而劳动者知识化的发展又有助于生产知识化的发展。生产知识化的发展不仅可以使资本增殖,还可以使知识增殖。于是无钱获得知识,进而只有较少的知识,即未能知识化的劳动者或者知识化水平较低的劳动者将流入社会的最下层。知识的资本属性使社会主体大力发展教育事业,促进知识的广泛流通和传播,加强知识化建设和推动劳动者知识化的进行。教育的发展引起劳动者知识化水平的提高,而生产知识化的进展又会引起劳动结构的调整。在社会知识化(尤其是经济知识化)中的生产知识化过程中,有这样一个事实:哪个部门、哪个企业、哪个单位的知识化水平或者程度高,他们的失业率也就越高。所以德鲁克就认为:“知识工人的生产率将是知识社会的经济挑战,这将决定一个国家、一个产业社会中的一个机构的竞争地位;非知识工人的生产率将成为知识社会的社会挑战,这将决定知识社会给予非知识工人的合理收入、相应的尊严和地位的能力。”

在知识化自然演进的过程中，知识异化的又一个表现是知识与劳动的分离。在这一时期知识对劳动来说成了一种异己的和敌对的力量。“科学对劳动来说，表现为异己的、敌对的和统治的力量。”（马克思、恩格斯，2009b：366）尤其是在生产知识化的过程中“科学作为应用于生产的科学同时就直接同劳动相分离”。（马克思、恩格斯，2009b：357）。

（三）知识与劳动的异化关系

在人类社会的早期，如果说有知识的话，那么这种知识是同劳动结合在一起的。马克思指出，在物质生产时“范围有限的知识和经验是同劳动本身直接联系在一起的……因而整个说来从未超出制作方法积累的范围，这种积累是一代一代加以充实的，并且是很缓慢的，一点一点扩大的。（凭经验掌握每一种手艺的秘密。）手和脑并没有相互分离”。（马克思、恩格斯，2009b：357）但是原始社会的脑是作为手的动作和体力劳动的指挥而起作用的。

手和脑的统一进而体力劳动和脑力劳动的最初统一，是社会不发达的象征。尽管这个统一过程是漫长的，还最终产生了知识——劳动的分离。这次分离是体力劳动和脑力劳动分离的前奏。恩格斯说：“只要实际劳动的居民要为自己的必要劳动花费很长时间，以致没有多余的时间从事社会的公共事务……必然有一个脱离实际劳动的特殊的阶级来从事这些事务。”这种情况下“在这个完全委身于劳动的大多数人之旁，形成了一个脱离直接生产劳动的阶级，它从事社会的公共事务：劳动管理、政务、司法、科学、艺术等”。（马克思、恩格斯，1995c：321）脑力劳动和体力劳动的分离进而从事知识活动的团体或者社会阶层的出现，为知识和劳动的分离提供了社会条件。

由于生产力的落后，由于知识生产和知识传播活动的社会条件还没有成熟，这次知识和劳动的分离过程是比较缓慢的。但是资本主义发展到工业化阶段，这种分离达到了顶峰。原因是，黑暗的中世纪过后“科学以意想不到的力量重新一下子兴起，并且以神奇的速度发展起来”。（马克思、恩格斯，1995c：221）同时“随着资本主义生产的扩展，科学因素第一次被有意识地和广泛地加以发展、应用，其规模是以往任何时代根本想象不到的”。（马克思、恩格斯，2009b：359）因而这时知识被从劳动中分离出来，并同劳动相对立。知识从此被赋予了资本的属性，成为剩余价值增长的重要手段。马克思说：“科学分离出来成为与劳动相对立的、服务于资本的独立力量,一般说来是属于生产条件和劳动相分离的范畴。并且正是科学的这种分离和独立(最初只是对资本家有利)成为发展科学和知识的潜力的条件。”马克思还设想了知识和劳动相分离的时间表,认为“工场手工业分工的产物,就是物质生产过程的智力作为别人的财产和统治工人的力量同工人相对立。这个分离过程是在简单协作中开始,在工场手工业中得到发展,在大工业中完成”。(马克思、恩格斯,1972b：340－341)大工业的发展使知识具有了资本的属性,“大工业则把科学作为一种独立的生产能力与劳动分离开来,并迫使它为资本服务”。(马克思,1984：206)18世纪末英国经济学家威·汤普逊也认识到:“有知识的人和生产工人彼此分离得很远,知识不是用来为自己增加自身生产力的手段,都几乎到处与工人相对立……知识成了一种能同劳动分离并同相对立的工具。”(汤普逊,1924：274)社会出现的知识与劳动相分离的现象是科学不发达和资本主义制度发展的结果。“正是对科学的私有制方法,使科学从属于资本和垄断组织,给应用科学来反对社会利益而创造了条件。”(米库林斯基、里赫塔,1986：117)

随着社会知识化的进展,知识和劳动的分离状态行将结束,而新的知识和劳动的统一也即将开始。当然这次的知识劳动统一不是建立在“范围有限的知识和经验”基础之上的,而是建立在海量知识和高水平社会知识化,尤其是经济知识化的基础之上的。知识和劳动的再次统一会使脑力劳动和体力劳动的界限和距离进一步打破,脑力劳动的逐渐增多,体力劳动的逐渐减少到最终消失,是社会知识化推进的结果。

二、知识嵌入社会的反思

尽管讨论知识是社会根理论抑或知识行动论研究的题中之义,但是不管知识内部承载了多少行动的要素,也往往会冲淡知识行动的核心主题。我们去框而思越框而行,但是把知识与行动分裂开来的知识框依然是一种知识事实和社会事实,因此更多讨论知识的问题也是不得已而为之。我们在某种意义上也无法逃脱如来神掌。这似乎也是一个社会根理论的原理。

(一)知识和劳动:谁创造价值

知识与劳动究竟哪个在创造价值似乎是一个不值得争议的问题,因为在现代性的条件下知识与劳动谁也无法垄断价值的生成过程。但是问题出在意识形态因素的渗入。由于这一点，某种未来理论的一个重要的观点是：知识将代替劳动成为价值的独立实体，创造价值。这个理论认为：当知识以应用的形式系统地转化为资源时（通过发明社会计划），是它而不是劳动，成为剩余价值的源泉，知识和知识的应用代替了剩余价值源泉——劳动，价值的增加不是靠劳动而是靠知识，而"知识是一种不同于马克思所想的劳动"。所以要用新的"知识价值论"代替马克思的"劳动价值论"。果真如此吗？我认为这种说法存在的问题除了出在意识形态嵌入之外，还由方法论的无根性思维导致——也就是没有在方法上实现真正的根思。因为在知识上这种所谓理论并没有看到知识和劳动的关系，没有区别知识创造物质财富的作用和知识在价值形成中的作用，没有看到知识的种种特性等。所以，这种特定的知识价值论是被资本所遮蔽的根之上的思路。

知识只是一种沉淀劳动。马克思在谈到知识生产时指出：科学研究的知识生产活动"部分地以今人的协作为条件，部分地又以对前人的劳动的利用为条件"。（马克思、恩格斯，2009a：119）这里马克思所说的"前人劳动"就是图书情报中提供的知识。这是不是说知识同劳动一样可以创造价值、构成价值的实体呢？当然不是。因为构成价值实体创造价值的只能是活劳动，而任何物化劳动、沉淀劳动都不能创造价值。知识，作为沉淀劳动，尽管比物化劳动凝聚或沉淀了多重的劳动，尽管可以活化，但仍然是一种死劳动，而且这种活化必须靠生产者的活劳动才能实现。所以，从知识与劳动的关系上看，知识不能创造价值。

知识具有价值。它总体上由以下几个部分构成：主体价值即主要的脑力劳动和依附的体力劳动所创造的价值，也就是活劳动价值；载体价值；劳动资料价值即转移到知识中去的硬资料价值和软原料（情报信息资料等）价值。但是创造知识价值的只能是知识生产者提供的活劳动。因此不能因为知识有价值就认为知识可以创造价值。马克思曾指出："机器不在劳动过程中服务就没有用，它还会因自然界的物质变换的破坏作用而解体。铁会生锈，木会腐朽，纱不用织或编会成为废棉。劳动必须抓住这些东西，使它们由此复生。"（马克思、恩格斯，1972b：207－208）这就告诉我们：知识不论有多大的价值，如果不去用它，它永远也不会自动地同生产资料结合，进入生产过程中。在劳动过程中只有充分利用知识，才有可能增加价值使知识活化从而发挥其作用呢？只能靠生产者提供的活劳动。没有这种活劳动，知识就不会同生产资料结合进而发挥其作用。所以,从知识在生产过程中的作用和地位来看,知识仍然不能构成价值实体创造价值。

那么,是不是说知识在产品价值形成中就不起任何作用了呢?马克思科学地认识了知识力量的作用。他认为“固定资本的发展表明,一般的知识学问,已经在多么大的程度上变成了直接生产力,从而社会生活进程的条件本身已经在多么大的程度上受到一般知识的控制,并根据此种知识而进行改造”。(马克思,1963:358)就单从生产活动来看,知识在价值创造中的作用只是将自身的价值转移到新产品上,增大新产品的价值。知识如同一般生产资料一样只转移它原有的价值,并不创造新价值。它转移到新产品上的价值,无论如何不会大于创造它时投入的劳动价值量,“它们在劳动过程中所能丧失的最大限度的价值量,显然是以它们进入劳动过程时原有的价值量为限”。(马克思、恩格斯,1972b:232)但是知识这种生产资料与一般物态的生产资料又不尽相同。知识生产要花费人们更多更复杂的劳动,所以知识本身又凝结了比物质产品多得多的人类劳动,因此在生产过程中,它所转移的价值也多得多。这样人们便追求知识在生产过程中的应用。于是生产过程也就成了知识的运用过程,生产劳动便成了知识劳动,生产产品也便成了知识的物化。知识在生产过程中的作用随着科学技术的发展也变得越来越大。可这不是说知识在创造价值。所以我们不能混淆知识创造文明的作用和它在价值形成中的作用。

知识不创造价值,当然也不创造剩余价值。马克思说:“变为劳动力的那部分资本,在生产过程中改变自己的价值。它再生产自身的等价物和一个超过这个等价物而形成的余超——剩余价值。”(马克思、恩格斯,1972b:235)但是我们也应该看到,尽管知识不创造剩余价值,但通过生产剩余价值的活劳动的作用知识却会大量增加剩余价值。所以科学技术越发达,资本剥削手段越隐秘,榨取的剩余价值量越大。因为科学技术的发展使得生产成了知识的运用过程。而创造或形成知识价值的所有劳动,包括前人劳动和今人劳动(直接的、间接的、脑力的和体力的)都有可能活化,都有可能将自己形成的价值转移到新产品上去,从而增加剩余价值量。因而在科学技术日益发达的今天,资本剥削的对象变了,范围大了,它不仅榨取直接运用知识从事生产的劳动者,还剥削知识的生产者;不仅剥削今人,还剥削古人;不仅剥削直接生产知识的人,还包括间接生产知识的人。这样资本家榨取的剩余价值也就更多了。

所以,换一种说法可能会更加明确地证实马克思的劳动价值论:不是知识，而是知识劳动创造了价值。这个结论中有这样的问题需要澄清：第一，知识不等于知识劳动；第二，知识劳动是知识行动的一种关键类型；第三，知识劳动在为现代社会或者说是知识社会扎根。知识劳动的问题是一个相当复杂的问题，牵涉着它同脑力劳动的区别，但是无论怎样界说知识劳动，其关键词在劳动，这就是知识不能直接等同于劳动的关键所在。需要说明的是，知识劳动并不专属于知识分子，而是全体知识者所提供的一种劳动类型。

（二）知识与剥削：资本剥削的是知识还是工人

"知识价值论"延伸的观点为：知识代替劳动，成为剩余价值的源泉，工人不再创造剩余价值，因而工人在劳动中的地位已发生变化，工人已不再受剥削，受剥削的只是知识而已。但是真实的情况是：随着科学技术的发展和知识化的进展，尤其是工人知识化水平的提高，工人不仅仍然受剥削，而且受的剥削更重了；而且在同一生产过程中受剥削的人更多了。

首先，我们从工人的劳动过程来分析：随着新技术革命的兴起，科学知识的作用越来越大，"知识的生产力已经成为生产力、竞争力和经济成就的关键"，"成为经济推动力"。（奈斯比特，1984：21－20）特别是在一些发达的资本主义国家，生产成为知识化的生产，生产过程变成了知识的应用过程，而生产者也要求是掌握科学技术知识的脑力劳动者，所提供的劳动必须是知识劳动。工人如果不能提供以一定知识为基础并运用知识的劳动，就难以适应知识化大生产的需要，将会失业。既然资本的生产过程成了知识的利用过程，那么劳动者就必须有利用知识的能力。因为如果不能利用最新的科学技术，这些科技知识所蕴含的价值便不会转移到新产品中去，也不会增加剩余价值。所以工人活化知识的能力以及这些能力在生产过程中的发挥对剩余价值的形成和增加起决定作用，但工人的这种能力又必须以一定质量的知识为基础，即工人要花费大量的金钱和劳动去获得这些知识。实质上，这些知识就是工人的一种沉淀劳功。在生产过程中，这种劳动又会激发起同以往形成的活化知识的能力一起变成活劳动，从而运用知识进行劳动创造。所以资本对工人的剥削已不再局限在生产过程之中了，而是延伸到生产过程之外了。因而我们说，科学技术越发达，工人在资本主义国家受到的剥削越重，而不是所谓的不受剥削。

其次,我们从生产过程中所运用知识的来源来考察。新的科学技术革命,使知识的生产成为首要的产业。钱学森指出:知识的生产将成为首要的"工业",成为社会和经济发展的主要能动力。那么,知识的生产当然要花费人们的劳动,而且知识生产要比物质生产花费更多更复杂的人力劳动,它不仅以今人的协作为条件,还要以前人劳动的利用为条件。一种知识的产生到应用之前要花费生产者所提供的知识劳动(主要是脑力劳动相依附的体力劳动);流通劳动(载体的物化劳动和传播复制等);转移价值中的沉淀劳动(生产过程中的资料和原料、图书情报信息以及试验设备等)。所以,资本主义生产过程中应用的知识实质上就是人类高级的复杂的大量的沉淀劳动。在资本主义的商品经济中,资本家尽管花费一定金钱去购买新的科学技术去补偿创造它所需要的劳动,但这些补偿是有限的,对知识产品创造过程中知识生产者所提供的部分劳动以及古人他人沉淀在这样的知识产品中的劳动却是无偿地占有利用。因此,今天资本家不仅剥削直接从事生产的工人,还剥削离开生产过程的工人(像知识生产中资料的提供者等),甚至它还剥削死人(比如为知识生产提供知识原料的前人);不仅在物质生产领域中进行剥削,还把剥削的黑爪伸进了知识生产领域。

再次,从工人在资本主义生产过程中的地位来看,要说工人的变化,主要是知识化了的工人增多了,工人在生产中的职能更分化了。但这些仍改变不了工人受剥削的地位。科学技术的发展,使资本主义自动控制的机器体系代替了一般机器体系,工人实际成了机器的控制和管理者,从而造成了工人阶级的知识化。知识化了的工人阶级仍没有摆脱或改变其雇佣劳动的性质。马克思指出:"以这种或那种方式参加商品生产的人,从真正的工人到(有别于资本家的)经理、工程师,都属于生产劳动者的范围。"(马克思、恩格斯,1972b:147)工人职能的变化也不意味着工人雇佣性质的变化。无论工人的职能怎样变化,只要它完成与生产过程有关的某一职能,就是生产劳动,从而也就是生产工人,马克思说:"随着劳动过程本身协作性质的发展,生产劳动和它的承担者即生产工人的概念也就必然扩大。为了从事生产劳动,现在不一定要亲自动手;只要成为总体工人的一个部分,完成他所属的某一职能就够了。"(马克思、恩格斯,1972b:556)因此知识受剥削的说法只能是延缓资本主义衰老的一种借口,也是忽悠工人阶级的一种说法。

（三）知识与权力：权力转移到知识占有者手中了吗

马克思指出："政治权力只是经济权力的产物。"权力是和所有制联系在一起的，没有对生产资料的占有便没有权力，所以马克思说资本主义社会"工业上的最高权力成为资本的属性"。把这句话推而广之，后工业社会的最高权力依然成为资本的属性。从根性上讲，在剥削存在或者资本主义存在的任何社会中任何权力都同资本有关，没有了钱权力都会退回到虚幻的状态中。因此，"新社会中知识而不是生产资料成为权力的源泉，所以在新的社会中谁掌握了知识，谁就掌握了权力"尽管迎合了知识行动论的某处场景，但是从根上看依然是骗人的鬼话。在剥削广泛存在的社会中不论叫什么名字，知识都无法从根本上取代资本，理论知识无论怎样都代替不了生产资料的私有制而成为社会的基础，人类知识公有只能成为工业社会中资本私有的一点可怜巴巴的补充，权力不可能而且也永远不能真正转移到掌握知识者手中，特别是知识化的工人阶级身上。

尽管在新的历史时期，知识的力量加强了，知识在物质财富创造过程中的作用越来越大了，但是仍不能把生产资料同知识等同起来，把知识同资本等同起来。在现代资本主义国家，对知识的占有不但不能取代对生产资料的占有，反而恰恰相反，对知识的占有正是对生产资料的占有情况造成的结果。从知识同资本的关系来看，在资本主义国家的任何时期，知识都是资本的奴婢；而且资本主义越发展，科学技术越进步，资本对知识的控制力量越强大。它永远决定着工人阶级何时获得和获得多少知识，何时运用和运用多少知识。知识力量在资本主义国家的强弱程度也受制于它对资本的有利程度。

知识，无论是理论知识，还是信息知识，都不是现实的财富，这就是知识区别于物质的重要特性。所以获得了大量的知识并不等于获得了现实的财富，掌握了生产资料。在发达资本主义国家中有些科学家有很多的知识，但物质上并不富有，并不占有生产资料。从知识的这种特性来看，知识并不等于生产资料，知识获得和应用的前提是物质生产资料。因此，获得了知识，并不等于就获得了生产资料，获得了权力。权力仍然掌握在生产资料的占有者手中。

"权力转移"的深刻来源是生产力和生产关系的矛盾。恩格斯讲："社会制度的任何变化，所有制关系的每一次变革，都是同旧的所有制关系不再适应新的生产力发展的必然结果。”（马克思、恩格斯，1995a：218）所以，权力转移的根本在于生产关系的质变，这又以所有制关系的变化为标志。因此权力转移不仅仅是由生产要素的重要性的更迭引起的。这样，尽管科学技术在资本主义生产中发挥越来越大的作用，但是这些变化本身没有改变生产关系的实质，所有制关系当然也就没有发生质的变化。如此，权力并没有转移，而且当代资本主义国家的现实也证明了掌握企业和国家大权的依旧是极少数资本家和金融寡头。因此，知识并没有使权力转移。

（四）知识与社会：是时代的变化还是社会的更替

无论给社会起什么样的名字，无论知识在社会变革中发挥怎样的作用，我们生存的社会在性质上并没有什么样的变化。社会性质在根本上并不随着知识的变化而变化。可能社会的样子，或者说社会所呈现出来的样子同以往所理解的或者所认识的不一样而已。

判定社会更替或变迁的基本依据是社会关系，首先是生产关系是否发生质变。当然，一般社会关系发生变化，生产关系也会发生或多或少的变化。但是一般社会关系的变化，并不意味着生产关系一定发生变化或发生质变。那么，当代资本主义的生产关系是否发生质变了呢？当代资产阶级知识理论认为当代资本主义的生产关系发生了质变。在他们看来，当代资本主义的私有制正逐渐失去作用，理论知识正在代替私有制。所有制的变化也引起了人们在经济结构中所处的地位的变化，阶级划分的标准在信息社会中已经不是以生产资料的占有为基础，而是以知识的占有和熟练程度为基础。分配关系也随私有制失去作用而发生变化，有专门知识的人和没有专门知识的人之间的对立，代替了富人和穷人之间的对立，人与人之间的差别已经由对知识的占有取代了对生产资料的占有，人们的经济地位由掌握知识的多少来决定。

我们认为，当代资本主义生产关系并没有发生质的变化。资本主义的私有制仍然根深蒂固。知识作用的加强是资本力量增加的表现，知识不仅成为资本的奴婢，而且被吸收在资本中，表现为资本的属性。资本的阴影已经在知识领域布满。在当代资本主义社会中，知识的获得和使用绝不取决于单个人的愿望，而是受到资本的控制和支配。马克思指出“劳动资料发展成为机器体系，对资本来说并不是偶然的，而是使传统的继承下来的劳动资料适合于资本要求的历史性变革。因此，知识和智能的积累，社会智慧的一般生产力的积累，就同劳动相对立被吸收在资本当中，从而表现为资本的属性”。（马克思、恩格斯，1980b：298）所以，知识的资本属性不仅没有使私有制逐渐失去作用，反倒使私有制更加成熟和完善了。人们在社会经济结构中的地位也没有变，不仅人们占有物质生产资料的关系没有变，即便是人们对一种知识的占有多少，也是对物质生产资料占有情况，进而是阶级地位差别的结果和产物。所以在当代资本主义社会中，知识并不是影响一个人经济地位的决定性参数，阶级地位的不同造成知识占有的不同；资本主义的分配关系也没有随着知识作用的加强而发生质变。工人阶级和广大的劳动者永远在资本主义条件下受剥削，而且资本迫使工人阶级知识化，工人阶级获得和利用的知识越多，受的剥削就越重。所以在资本主义私有制条件下，工人阶级的知识化程度同受剥削的程度是一致的。

资本主义生产关系并没有随着新的科学技术革命的到来和知识力量的加强而发生根本变化。当然我们也不能否认，科学技术的发展，知识渗透到社会生活的各个方面，在一定程度上也引起了资本主义生产关系或多或少的变化，但是这种变化只是资本主义范围内的变化，是资本主义私有制允许和可能范围内的变化。因此不能把这种变化绝对化。所以，新技术革命带来的种种变化没有也并不能使资本主义私有制瓦解，使社会主义和资本主义“融合”为一种崭新的社会。

知识使我们所生存的这个社会变了个样子。同我们的知识框相左的社会走样似乎在诱惑和迷惑着我们，这种迷惑似乎使我们对我们的所在和我们前面的景象看走了眼。走样和走眼是当下西方社会理论所揭示知识的特点的形象说明——无论这种知识是表面高深的、一时无法读懂的，还是直观浅露的。[①] 社会走样了，变成了非社会，为此我们要回归社会，增加社会的社会性；但是对这种走样却不能看走眼，丑陋的看成了美好的，毁根的看成了护根的，只能增加社

① 能否用这种说法来概括或说明中国当下的社会思想所隐含的知识也是如此，真是不需要言说的事情。但是由于我们无法脱离自己的所在，不少人对中国社会转型后的那种同自己已知知识框不一致的社会走样也看走眼了，而且非常严重。在某种情况下，“路在何方”的知识追寻和“根扎何处”的问思都说明了这种走眼的情形。

会非社会化的程度和速度。

第三节 知识社会是新社会吗

知识社会——可以称为新社会,只是说社会呈现出来了不同于以往的样子而已。现代性(即便是后现代性)作为一种忽悠之作,给出的新社会也只能是我们所停留的地方。真的知识社会所给出的社会新形态还没有在根本上出现。但是我们却能够在对知识社会的理解中和传说中获得我们所追求的新社会的线索和想象。就让下面的叙说激起我们对新社会的想象吧!这种想象或许就是社会扎根的一种方法,也是社会根理论所倡导的那种知识行动。于是有了知识行动就离我们所追求的新社会越来越近了。

一、知识价值观的时代演进

"每一浪潮的前进无不伴随观念意识的波涛翻滚。"(曹锡仁等,1988)一个时代有一个时代的价值观念。时代的变化必然引起人们社会价值观念的变化。知识价值观的形成和发展是社会知识化推进的重要条件,可以说没有知识价值观的演进就不会有知识化建设的推进。不同时代的人们对知识的认识和看法也是不同的。因此不同时代的知识价值观也是不同的。我在此沿着历史发展的轨迹对不同时代的知识价值观做一些简略的考察,其目的在于观察是否有知识时代出现的逻辑线索,而这个线索可能有助于我们认清现代性的非现代性追求到底是否有逻辑要求。

表 1.4 时代与知识的对应表

时代名称	起止年代	主导知识	主导经济
农业时代	1650 年以前	经验知识	农业经济
工业时代	1650—1950	技术知识	工业经济

续表

时代名称	起止年代	主导知识	主导经济
信息时代	1950—2050	信息知识	信息经济
知识时代	2050 以后	综合知识	知识经济

（一）农业时代的知识价值观

农业时代的经济是自然经济，或者是自给自足的农业经济。在人类社会的农业时代里，农业时代的知识是以经验为中心的。人们年复一年的耕作积累了农业生产的经验以及经验知识，比如关于历法的知识、关于选种储种的知识、关于土地保墒的知识、关于耕作的技艺、关于收获的知识等，都围绕着农业生产积累起来的知识和经验。在中国落后地区目前还保留着农业生产经验的巨大作用。经验被人们看作最宝贵最重要的知识，这时只有经验才能称得上知识，而正是这种在人们的社会生产实践中得到和积累的知识才能指导生产，从而提高生产力，发展社会和经济。因而在农业时代中经验受到尊重，老人受到尊重。

在农业时代里人们之所以格外重视经验知识，是因为当时生产力发展缓慢，生产率低下。当时生产工具是粗糙的，生产过程是自然的，生产环境是静止的，生产要素中是劳动，而不是生产工具占主导地位，劳动者遇到的问题靠经验就可以解决。所以知识价值观的形成和变异始终由该时代生产力发展水平所决定所制约。因而，马克思指出：在自然经济条件下"他们进行生产的地盘即小块土地，不允许在工作中做任何分工，应用任何科学，因而也就没有任何多种多样的发展，没有任何不同的才能，没有任何丰富的社会关系"。（马克思、恩格斯，1961：217）所以，在以经验为主要知识的时代，重视过去、重视传统是基本的思维方式。

把经验作为一种最重要最宝贵的知识是人类农业时代知识价值观的生动体现，但把经验作为一种不可忽视的知识形态则超出了农业时代的时间限制。直到今天我们依然重视经验和经验知识的重大作用。在人类社会发展的工业时代、信息时代和知识时代经验不仅广泛存在，还发挥了和发挥着或即将要发挥重大作用。所以 OECD 在其《以知识为基础的经济》中，把隐含经验类知识看作十分难得的一种知识形态。因此在今天的社会中任何轻视经验和经验知识的思想和观念都是不正确的，当然我们在重视经验的同时也不能忽视和轻视科学知识的作用和威力。

表 1.5 农业时代的基本特点

基本内容	基本特点	简略说明
发展动力	农业革命*	正是农业革命中的技术变革推动了农业经济的发展，比如农具的改进与发明、耕作技术的产生与生产经验的积累等都有助于农业经济的快速发展。
产业内容	农业（种植业）	尽管在农业经济的发展也出现了手工业和作为资本主义萌芽的工场手工业，但这都是农业这个主导产业的依附产业。
效率标准	劳动生产率	每个人在单位时间内生产的产品数量，是衡量经济的重要标准，强调的是量的增加。
管理重点	作物管理	重点是田间管理。农业技术推进和农业经济的发展推动了管理方法和管理重点的变化，但是田间管理是农业管理的最基本特点。
生产方式	简单方式	这种方式的主要特点是非标准化、单一品种和低效率运行；在经营方式上一般是分散经营。
分配形式	单一方式	自然经济条件下分配形式是非常单一的。
社会主体	农民阶级	在农业时代后期尽管也有了非农人员，但农民是农业时代的社会主体。

* 农业革命有两种含义：一是指封建的农业生产向资本主义农业的变革，实质是由封建土地所有制向资本主义土地所有制的变革；二是在历史学上指与产业革命同时进行的农业技术革命，比如英国随圈地运动进行的新农业法的迅速扩展。但是我认为农业革命指的是农业生产工具的每一次更新和变化。

“传统社会的行动并不经常要求人们对达到某一目的的手段进行选择，因为传统模式本身要求人们根据总体的需要去行动。”（霍尔森纳，1984：20）尽管如此，在农业时代中也有一些技术得到发展。“在古代社会，人类的生产技术水平有了很大发展，逐渐把科学技术的研究成果运用于物质财富的生产实践之中。”（堺屋太一，1986：137）也就是说，农业时代的知识形态是以经验和经验知识为核心，以最初的科学知识和技术知识为内容。

在以经验为核心的知识价值观的推动下，人们重视对经验知识的获得和使用。这时社会知识化的知识内容是简单的，社会知识化的层次是较低的。当然在当时的情况下有较多经验的人，尤其是老年人是知识化水平和程度最高的人，其社会地位也是较高的。

（二）工业时代的知识价值观

17 世纪酝酿出的一场科技革命，特别是物理学革命，促进了科学突飞猛进的发展；社会知识量的增加以及生产经验的技术化，又促进了科技进步的速度。于是用于大工业生产的机器出现了，特别是改良蒸汽机的生产和使用，揭开了人类历史上的新篇章。从此，技术知识取代经验知识，成为工业时代的最重要的知识形态。

17 世纪中叶英国工业革命使人类社会迈向了工业化的发展道路。工业经济要求技术为该时代的主体知识形态。任何工业的发展，特别是工业发展的早期阶段都要求以技术为基础。从机器的研制到机器的使用再到机器的管理，没有技术是不可想象的。一个有丰富生产和劳动经验的农民放下锄头去操作一台机器，如果不进行知识更新和知识结构的调整，也就是说没有对机器性能的理解和掌握，他是很难操作机器的。所以工业的发展要求以技术为核心的知识结构。尽管如此，在工业时代技术知识并不排斥经验和经验知识，相反经验和经验知识，尤其是诀窍类知识或者是隐性经验类知识在工业时代占有越来越重要的地位。（郭强，1999：132）

表 1.6　工业时代的基本特点

基本内容	基本特点	简 略 说 明
发展动力	工业化	工业化推动着工业时代的发展和变化。
产业内容	制造业	包括重工业、轻工业和其他产业类型。
效率标准	劳动生产率	劳动生产率的提高是产品增加和自我复制的加快；如果没有新知识、新技术转化为新产品，劳动生产率越高产品积压越多，浪费越大，亏损越多。
管理重点	生产过程产量管理	工业时代的管理重点是生产过程，目的是增加产量，核心是提高劳动生产率。
生产方式	复杂化	标准化、专业化和社会化，大批量、单一产品；以工厂为中心，集约化生产。
分配形式	岗位分配	以岗位为中心，把人钉在特定的岗位上。
社会主体	工人阶级	工人阶层又可分为白领、蓝领等等级。

续表

基本内容	基本特点	简略说明
资本与资产	金融资本 有形资产	主要靠投入金融资本而产生效益；靠增加有形资产而增加产量。所有的投入都是有形的。
知识形式	技术知识	掌握技术和生产经验的工人在生产活动中居于较高的地位；技术是社会分层和社会流动的重要参数。
技术形式	制造技术	尤其是机器制造技术和产品制造技术是工业时代技术结构的主要构成因素。

经验只是知识在时间上的沉淀，是经过一定时间积累起来的知识。因而这种知识具有纵向性和稳定性。从知识分类的角度来分析，经验知识属于遗产知识，它的陈旧速度是很缓慢的，人们既可以在同一时期也可以在不同时期获得这种知识，并在社会实践中运用这些知识获取效益。技术知识并非如此，其最突出的特点是它本身具有横向性、经济性和高速的陈旧性。技术知识的横向性是说技术知识作为人类知识的一种形态，不是在社会上普遍流通的遗产知识，而是在社会各水平层面流动的时代性知识。技术知识还具有经济性，它的获得、流通和使用都是一种十分明显的经济行为，技术知识的运动是具有经济效益的。同时技术知识还具有高速的陈旧性，它会随着时间的不断变化而效用逐渐变小。

科学技术在大工业生产中的应用，更加促进了社会生产的发展和劳动生产率的不断提高，显示了科学技术知识的伟大作用。所以，马克思指出："随着大工业的发展，创造实际财富越来越不那么取决于劳动时间和所花费的劳动数量了，而且日益依赖于这样一些作用物的强大力量。这些作用物在劳动时间内发功，可是它的本身（它的巨大功效）跟它们在生产上所要求的直接劳动时间并不对立，更确切地说，却是取决于科学总水平和技术的进步，或者决定于科学总水平在生产中的运用。"（马克思、恩格斯，1972c：213）马克思的意思实质上就是随着社会知识化的进程特别是经济知识化的推进，社会财富的增加并不仅仅取决于劳动时间，还取决于科学总水平，即生产的知识化水平和经济知识化的程度。马克思还指出："新产品、新原料、新工艺的创造并不是来自车间，而是来自实验室。这就是说，生产成了一门'实验性的物质创造的物化了的科学'。"（马克思、恩格斯，1972c：221）技术知识在社会发展和经济增长中的巨大作用，必然会引起知识价值观发生变化，也为技术统治论准备了条件。美国第四任总统詹姆斯·麦迪生这样说："知识永远支配无知；一个民族要成为自己的主人就必须也只有用知识才能赋予他们的力量来武装自己。"

（三）信息时代的知识价值观

人类社会从20世纪50年代进入信息时代。在信息时代中信息经济得到了很大的发展，同时有关信息的知识、信息技术也日益取代工业技术成为信息时代的主体知识形式。可以这样说，随着信息时代的纵深发展，尤其是进入21世纪以后，不掌握信息知识和信息技术，不会使用信息机器的人，不能有效生产、传递和使用信息的人，很难在信息时代中生存。

表1.7　信息时代的基本特点

基本内容	基本特点	简 略 说 明
发展动力	信息化	以信息知识、信息技术、信息革命、信息经济为相互联系的组成部分的信息化是信息时代产生和发展的关键内容。没有信息化的推进，就没有信息时代的到来。
产业内容	信息产业	
效率标准	信息生产率	信息生产率的提高是获得和使用信息的多少和效益好坏。包括的内容是十分广泛的，比如生产信息的能力、知识转化信息的能力和效益、信息和知识转化为产品的能力和效益等。
管理重点	信息 知识管理	信息时代的管理重点是实施柔性管理，包括的内容有信息和知识的管理，目的是实现信息和知识的共享。
生产方式	复合化	非标准化、小批量、多品种、个性化；分散化生产、中空化管理。
分配形式	多样化分配	依业绩分配和以知识为基础进行分配。
社会主体	知识阶层	有一半以上的劳动者实现了知识化。
资本与资产	信息和知识资本与无形资产	主要靠投入信息和知识资本而产生效益；靠增加无形资产而增加产量。所有的投入都是无形的。
知识形式	信息知识	掌握信息技术和生产经验的工人在生产活动中居于较高的地位；信息和知识是社会分层和社会流动的重要参数。
技术形式	信息技术	尤其是信息和知识转化信息制造技术和信息和知识产品制造技术是信息时代技术结构的主要构成因素。

在信息时代中人们对知识的认识可以分为四个阶段，当然社会知识化建设也可以分为四个阶段。在信息时代的第一阶段即工业时代向信息时代的过渡时期，人们依然看重技术知识。我们可以从技术决定论等理论中看出这一点。在这个时期，人们普遍认为，有了技术就有了工作，获得的技术越多，获得的财富也就越多。人们之所以有这种认识，就是因为工业时代技术优势的惯性发展。

在信息时代发展的第二阶段，人们普遍认识到信息和知识的重要性。这从20世纪80年代中后期的知识理论可以看出。（郭强，1992）“如果没有知识，在这个时代是很难生存的。”“在信息社会里，我们已经使知识的生产系统化和增加我们的脑力。”“工业时代的中心是获取‘东西’，而未来时代的中心是获得知识和经验。”“以工业作个比喻，现在我们大量生产知识就像我们过去生产汽车一样，而这些知识就是我们经济的动力。”“在信息时代里，知识就是万能之源。”“第三次浪潮的生产，主要取决于知识和信息。”

表1.8 信息时代知识价值观的主要表现

时期分类	20世纪50年代到20世纪70年代末期	20世纪70年代末期到20世纪80年代中后期	20世纪80年代中后期到90年代中后期	21世纪初期到21世纪50年代
主要特点	工业时代到信息时代的过渡时期	信息时代的到来和信息经济的发展时期	信息时代和信息经济的纵深发展时期	信息时代向知识时代的过渡时期
知识类型	技术知识	知识重要性认识	高新技术知识	综合知识
主要原因	工业时代技术优势惯性发展	信息化推进和以知识为主要形式的信息的作用发挥	经济知识化推进和知识经济的产生与发展	社会知识化建设的普遍重视和经济知识化水平的提高
历史阶段	工业化后期	信息化初期	信息化中后期	知识化初期

在信息时代的第三阶段，即20世纪中后期，随着经济知识化的推进和知识经济的兴起与发展，人们特别重视高新技术知识。发展中国家把工业化和信息化、知识化协调推进而发达国家在完成工业化之后大力推进信息化和知识化，尤其是强调了在以信息技术为核心的高新技术群在经济增长中的作用。同时

人们还形成了知识就是资本、知识就是财富、知识就是资源等说法。

表 1.9 人类社会发展的信息化阶段

发展阶段	1945—1970	1955—1980	1970—1990	1980—2000
发展基础	科学基础	经营基础	社会基础	个人基础
目标	国防开发	国民生产总值	国民总福利	国民总共给
价值观	国家威望	经济增长	社会福利	自我实现
主体	国家	经营体	大众	个人
对象	自然	组织	社会	人类
基础科学	自然科学	经营科学	社会科学	行为科学
信息化模型	目标达成型	追求效率型	问题解决型	知识创造型

信息时代的第四阶段，即信息时代向知识时代的过渡时期，人们的知识价值观重视综合知识的地位和作用。无论是高级技术知识，还是最新的技术知识，都只是技术知识。我们知道，对现代化来说，无论是现代化的工业化阶段，还是现代化的信息化阶段，还是现代化的知识化阶段，仅仅有或仅仅强调技术知识是远远不够的，它所需的知识远比技术知识多得多，包括技术知识、科学知识、经验知识等一系列知识。这时知识是整合在一起的知识，而非单一的或者没有密切联系的知识。所以整体知识观是知识时代的最基本知识价值观。

关于知识观的时代演进的这种直白表述，仅仅能够在某种意义上呈现我们所经历的社会，由于知识价值的认知引领的时代变化所出现的症候。不同时代的知识价值观是不同的，不同的知识价值观也映视着这个时代的许多方面。按照社会演进的逻辑线索，知识社会似乎随着信息社会的终结而出现，但是这个社会就是我们所追求的新社会吗？或者我们所追寻的社会之根能否仅仅扎在知识的沃土中？这个追问才是我们讨论知识价值观时代演进的根本目的。

二、知识人的边缘性和集团化

知识阶级能否成为一个独立的阶级，某种意义上应该取决于知识人的社会定位和知识人的独立程度。把人看作一个经济动物成为一个时代的标志和学人的认同,而把人作为社会人也是一个时代的思想脉络,而且开拓了社会科学知识研究新天地。不仅把人看作经济人、社会人,还把人看作有知识的经济人和有知识的社会人,也就是说在知识化演进过程中把人看作整合的人是完整的人,那么这种人就称为知识人。在泰勒、韦伯和霍曼斯等人的那里人成了经济人,而"霍桑实验"[①]得出了人是社会人的假设。经济人假设把人局限在利益的范围之内,它同知识人的显著区别是经济人把人局限在利益的范围内,而知识人假说则把人开拓出来。在经济人和社会人的基础上,我根据知识社会本质的实现程度和社会知识化水平的提高,尤其是知识经济基础之上的知识阶级的形成而提出知识人的概念,并力求把它作为知识社会结构的分析框架。

(一) 知识人假设

知识人可以被视作知识化水平较高的人,但是并不能简单地说有知识的人就是知识人,尽管有知识的人具有知识人的某种特性。知识人的社会学假设是:人要想实现自己全部的社会本质和自己全部的经济利益,必须有且会使用特定的具有社会结构的知识。[②]

无论在什么样的时代或者社会中,人作为人而存在必须体现作为人的本性

---

① 这是把人看作社会人的一种社会实验,详细实验情况请参见梅奥:《工业文明的社会问题》,费孝通译,商务印书馆,1964 年。

② 对于知识人这个概念能否成立,德鲁克作了一些说明。这些说明是:在过去十年或十五年里,美国学术界就知识人的问题展开一场热烈的(而且常常是激烈的)争论。是否应该有知识人?能否有这样的人?后马克思主义者、激进的女权运动者和其他"持反对论者"等组成的一帮杂七杂八的人争辩说,不能有知识人这样的事(那些"解构主义者"的立场)。这群人中的其他人则断言,只能有有知识的人,而每个性别、民族群体、种族、"少数民族"都需要自己独特的文化、独特的(实际上是孤立主义的)知识人。由于这些人主要关心"人文学科",因此至今为止对希特勒的"非犹太民族的白种人的物理特征"、斯大林的"马克思主义遗传学"没有什么反响。但这些反传统主义者的论点引人联想起极权主义者的论点。然而他们的对象是一致的:博学多才,乃为知识人这一概念的核心,而不管像西方称之为"有知识的人"也好,还是像中国和日本称之为"文人"也好。对立的阵营(可以称之为"人文主义者")也鄙视现有的制度,但原因是它未能产生博学多才的知识人。人文主义批评家要求回到 19 世纪去,回到"大学文科"、"古典学课程"、德国受教育的人去。至今他们没有重复五十年前罗伯特·哈钦斯和莫蒂默·阿德勒在芝加哥大学所作的断言,即"知识"作为一个整体由少数"巨著"组成。但他们一脉相承了哈钦斯—阿德勒的"回到现代化前时代去"的观点。事实上双方都错了。(德鲁克,1998:210)

和价值，否则人就成为自己的对立面，就成为非人，这是马克思早就说明过的问题。必须承认，主体的反身性认识和主体对客体的认识（包括对知识客体的认识），是有助于使人真正成为人。但是我认为，在知识时代，不是知识越多，认识就可以越全面越正确，事实上知识过多可能是人认识自己的桎梏。认识到自己是人——这种认识本身就规定了人是人的条件——才是知识人假设得以成立的前提。

实现自我，是人成为人的先决条件。但是在自我实现的时候首先满足和实现自己的经济利益，人在完成社会化的时候就把自己看作经济人。经济利益的实现是社会化成功的体现或者呈现。在一定意义上经济利益的实现表明人的价值的实现。尽管知识人拒绝纯粹的经济人，但并不能否认自己是经济人。无论任何时候经济人的利益驱动都源于知识的获得与应用，即人社会化基础之上的知识化的实现程度。在知识经济到来的时候，在知识社会到来的时候，在知识人就要成为独立阶级的时候，知识化的经济人更取决于个人社会化基础上的知识化，即知识获取和知识应用能力的提高与增强。

人作为人最终要实现自己的全部社会本质包括自己的全部个性，能否实现这种体现人之所以为人的社会性应该说取决于许多因素，但是我认为这里最关键的因素就是知识因素。知识的获取包括从外域引进和自己对社会事实的体察而对知识的应用，包括知识应用于经济，知识应用于自身和知识应用于知识。人们的行动在知识社会中变成了知识的行动，变成了知识能力的体现，变成了知识和行动的统一。“我们现在认为的知识是知识显于行动之中，我们现在所说的知识是行动中有效的信息，着重于效果的信息。效果在人体之外，在社会和经济中，或在知识本身的提高之中。”（德鲁克，1998：49）知识获取和知识应用的知识化过程使人在一定程度上实现自己的社会本质和社会属性。

知识是一种社会行为的能力，且是一种社会关系以及知识成为社会地位的表征，那么知识人所获取的知识与所应用的知识往往是分裂的，知识的社会属性与人的社会属性也可能是分裂的。所以知识人必须获得和应用特定的知识，这种特定的知识与其社会身份是一致的、吻合的，当然人的社会地位和社会身份可以因社会化过程中特定的知识获得与继续社会化过程中特定知识获取特定知识应用而有所改变。但是在知识社会里，这种先赋的社会地位不可能随着知识化演进而一下子就完全消失，这是因为因知识而自致的社会地位是经常的、普遍的。所以知识人是更复杂的社会人。[①]

在知识人假设下还有一个有待验证的命题：有很多知识而且会应用特定的知识有助于实现自我。我认为部分情况并非如此，因为这取决于知识异化的程度和摆脱知识异化的程度。

知识人所具有的全部特征，使得知识人担当起了推进社会性的重任。刘小枫指出：涂尔干在推进孔德实证主义知识学时，带有这样的问题意识："知识人为何能为新的社会制度安排提供坚实的理性基础，以遏止激进个人主义（虚无主义）和国家主义对社会生活的威胁，并为现代社会的生活世界找到正当的道德秩序，克服现代世界形成过程中的精神紊乱。"（刘小枫，1998：7－8）尽管刘小枫在这里提到的知识人是某种特定的超越一般知识人之上的知识人——相当于超越普通行动者——但是应该说知识人所承担的社会责任是一致的——这是我引用这段话的用意。

（二）知识人的边缘化

源于知识分化和知识人个体特性的知识人的异质性是知识人边缘化的前因。从知识社会学的角度来看，社会科学本土化诉求的社会实在基础，是现代世界日益强化的国家间竞争和冲突的利益分化。社会的不断分化也使得社会科学的自我理解丧失了统一的形象；社会的分化促成了单个科学领域的自治性发展，营构出日益分化、操作上封闭的知识系统，使知识性的沟通变得困难，使社会知识为现代社会提供的沟通能力出现减缩。社会的沟通离不开知识，知识也是社会沟通的充分必要条件。在古代社会，沟通社会的知识是宗教的和习俗的知识，如今，社会知识代替了种种"非科学"的知识，而它的分化随社会分化而加剧，以致不能为现代社会提供沟通的知识，现代科学知识的分化在本质上取消了知识的沟通性质。（刘小枫，1998：142）不仅如此，现代知识人更可能是公义和自由的社会秩序的破坏者，要么把才智出售给政府或大资本家，要么一

---

① 哈耶克等人把知识人称为知识工作者。他认为，所谓知识工作者，有两层含义：一层含义是指知识产业的从业者。21 世纪的产业，是以知识为主要生产要素的，即知识产业是主导产业。知识产业的范围相当广泛。另一层含义是工作于传统产业中的知识型工作者。在知识经济时代，传统的农业、工业、服务业等仍将存在，这些产业将呈现出一些新的特点，产生一些新的具有知识含义的职位，并逐渐占有相当大的比例。处于这些职位的人，同样是知识工作者。

味对既存政权心怀敌意。

知识的分化和知识人的分化同科学的民族性原则也是有一定关系的。科学的民族原则依民族性价值理性或地域历史经验理性来建构理论，这一原则尽管企图挑战科学的普遍性原则，其自身的分化亦在两个层面延伸：民族—地域社会共同体本身的分化和国际（民族性国体间）社会共同体的分化。这引出知识群体分化的论题：在现代社会中，一体性知识分子阶层的消失，可以进一步说明科学原则的现代性症候。在传统社会中，僧侣、士人阶层在沟通社会各个阶层方面起决定性作用，作为一个阶层他们的身份是明确的，以拥有宗教资产作为权力的资本。在现代社会的变迁中，随着城市化的演进和现代科学知识的积累，知识分子阶层形成，并日益取代传统的宗教知识人型。（卢曼，1992：704）现代知识人面临的首要困境是，如何协调传统的文化价值资产、民族的思想积蓄与现代科学知识之间的紧张关系。随着社会分化和知识类型的分化，一个统一的知识分子阶层已不复存在。例如，在现代官僚组织的扩建中，出现了技术官僚知识人阶层；随着经济形态的发展及科学技术的商业化，形成了技术管理型知识人阶层。此外，随着大学教育的逐渐普及，大众知识人亦涌现出来，与所谓学院知识人阶层构成张力关系。（本-戴维，1988）刘小枫认为，由于现代社会已高度分化，现代知识人阶层的一体化程度远不如古代的宗教型知识人，与此相联系，现代社会知识系统的一体化程度也远不如古代宗教性知识系统。[①]

现代知识人在现代社会结构中的分化，必然导致文化理念的分化和冲突，知识人群体（或阶层）分化，与现代科学的分化在结构上是对应的。知识类型的分化，使知识人的知识公理系统不再是普遍性的；以现代科学知识为装备的市民化知识人在价值理念方面，与传统价值理念的知识类型在宇宙论、认识论、本体论等方面，都是冲突的。不仅如此，民族国家中的知识人担纲阶层使现代的价值理念冲突扩展到国际政治、文化领域。现代社会许多政治冲突和思想冲突是由阶层分化的现代知识人和民族国家知识人不同的理念冲突导致的，以至于可以说，知识领域里的阶级斗争和民族斗争愈演愈烈。

---

① 由于知识人总承担社会制度和文化秩序的正当性论证和实在形态的建构，古代社会中知识是宗教性的，知识人具有宗教身份；在现代社会中，社会制度和文化秩序的转型同时也是知识人的转型，这种转型由于现代社会高度分化变得更为困难。（刘小枫，1998：285）

（刘小枫，1998：144）

社会知识化的推进和知识经济的形成推动了新社会中阶级结构的变化，从而使得新兴知识人集体地"追求更为私有化的价值观"，同时民族地区性的经济增长鼓励了文化民族主义的新诉求，"文化个体主义和文化民族主义的携手引出了新的知识冲突结构"。（刘小枫，1998：286）

正是知识和社会的分化导致了知识人的分化。为此曼海姆提出了知识人阶层边缘化的论点[①]，他认为知识人应该对各种社会化的观点和党派阶级观点保持距离，即便知识人参加党派论争，也不应该丧失知识性的距离。（曼海姆，1936：258）曼海姆的知识人漂浮生存说是否成立或者说知识人能否获得社会知识客观把握的特殊能力能否成立，有着不同的观点。有一种观点认为它是不成立的。"曼海姆的知识存在约束论涉及的尽管不是真理的超验标准，而是社会知识的社会实在性，却因此使他的知识人的漂浮存在论点更成问题。知识人何以能与其社会性的存在归属保持距离？"所以"知识人阶层的社会边缘化是成问题的命题"。（刘小枫，1998：291）刘小枫认为从知识人的知识在在体上的个体性和知识人所属群体的社会性两个方面来看，曼海姆知识人边缘化命题是不成立的。从知识的生命载体（刘小枫称之为知识的在体）来看，知识和知识人是不能分开的，马克思把知识看作意识的存在方式，而且是意识的唯一存在方式；舍勒认为知识是个体参与实在时所获，认为"知识是一种存在关系"，这种关系是在整体上和个体上设置了它们的存在关系，一个参与了另一个的所在。一旦个体进入了知识状态，就离开了自然性的在之状态，也就是说知识总是根植于个体的生存状态之中的。同时刘小枫还认为从知识的社会生存条件和知识人生存的社会条件来说知识人边缘化的说法也是不成立的。知识的参与性质在社会共同体中表现为一种群体分化的知识运动。在这种运动过程中知识的社会化形式在古代社会和现代社会中是不相同的，尽管形式不同，趋向是相同的：知识的集体性和集团化。有知识就要进入有知识者的集体。所以知识人边缘化是成问题的。（刘小枫，1998：290－293）

我认为知识人边缘化的说法和否定知识人边缘化的说法是一样成立的。因为知识人的集体化是知识人在现代社会中所表征的一个重要特性，但是不能

---

① 这种观点同马克斯·韦伯的胞弟 A. 韦伯在文化社会学中提出的"社会的自由浮动的知识人"说法有关。（A. 韦伯，1927）

因此而否定知识人边缘化的特殊性。首先从知识载体来看，知识的载体可以分为两类，即知识的生命载体和知识的非生命载体。从知识生命载体方面来分析知识人的存在状态和知识的生存状态是一致的和同构的，这时知识人就必须属于存在于自身之内的知识的社会属性，因为这些知识是最具现代性的知识，尽管可能这些知识历史渊源流长。但是知识化运动使得知识的自由属性和细化特征具有私人性从而具有私有性。所以在这个时候知识人的漂浮和边缘化是社会事实，而非一种企望。[①] 从知识的非生命在体来看，知识人的边缘化特征就更为明显了。即便是职业的知识建构者，他的所有知识都不可能是自己生产的，都要从古人和他人那里获得自己所需的部分。这时知识便有了客体的性质。黏附在知识客体上的社会属性对获取这些知识的人来说可以因为认同而归属到这些知识所表征的社会群体，也可以因为不认同而成为批判这些知识所表征的知识群体。所以知识的非生命在体及其这种在体内知识的运动使得知识人有了更多的自由属性和游离特征。其次，从社会分层上看，正是由于知识在劳动中的作用使得社会的分化加速。社会知识化运动中的知识分化包括知识社会功能和社会属性的分化而导致了社会的分化，这种分化也促使了知识人的分化。知识人的社会分化是知识分化和社会分化的表征，这种分化在两种情况下进行或者是以两种模式演进即知识阶级内部的分层化和知识阶级外部的游离化。在知识人内部由于知识人所获知识类型不同和不同类型知识的功能不同，由于不同知识的知识人在其中的地位和感觉意义不同以及知识的不断夺取而所表现出的意识形态相异性论争，从而使得知识人内部进行经常地持续分化。同时社会流动作用作为个体的知识人的不断出现和从某一知识人群体中分离或者游离出来，从而形成了知识阶级外部的知识人的游离化和边缘化。哈耶克从知识论的角度分析了个人的自由选择与文明进化的关系：由于世界的不确定性和人类知识的进化性质，没有任何个人或一群人能够掌握资源有效配置所需的全部信息或知识。当我们进行社会分工时，其基本特征就是知识的分立，即每个分工中的个人知道别人不知道的知识，同时不知道别人（作为整体）知道的大部分知识。成功的机会可能从任何方向降临，伟大的社会必须保障所有的人在所有方向上创新的自由权利。在所有方向上进行的实验中，只有少数

---

① 刘小枫认为，曼海姆知识人边缘化的论点并不是对知识人在现代社会中生存位置的勘定，而是一种企望。（刘小枫，1998：291）

几个方向可能成功，每当机会降临时，必然是少数人看到了这些机会，并且准备好了去抓住机会，而大多数方向上的个体则靠模仿少数成功的个体而得以生存。所以，社会分工的核心和基础是“知识的分立”，只有通过某种“秩序”（制度）的协调，才能充分利用他们积累起来的专业知识。因此，不同的社会分工（角色）意味着从事不同类型（特点）的利用自己和他人知识的劳动。我认为知识的集体化演进和知识人集团化趋向是明显的，也是知识社会化和社会知识化交互融近的结果，但是知识人的边缘化与游离化也是社会实存。

作为知识人假设的知识人分裂化趋向与特征，从一个方面的视角看应该看作社会分化的结果与呈现——其程度是否可以看作社会断裂的表征还需要讨论——知识人离散化程度可以看作社会无根的又一个体现，迈向知识社会的时候，如果无法解决这种社会的根性问题，人类依然无法在知识的搀扶下迈出黑夜。

（三）知识人的集团化

知识的集体化（党派性、团体性）和私人化是现代社会典型的两极变化。“明天的知识人必须为在一个统一世界中生活做好准备。后资本主义社会既是知识社会，又是组织社会。两者相互依赖，又在概念、观点、价值观方面存有差异。即使不是全部，也是大多数知识人，作为组织成员将其知识付诸实践。知识人因此必须做好准备，同时在两种文化中生活和工作，即集中精力于文字和思想的‘知识分子’的文化和集中精力于人和工作的‘经理’的文化。知识分子需要作为工具的组织，组织能使他们将技术、专业知识付诸实践。经理把知识视作实现组织运行目的的手段。”（德鲁克，1998：214－215）

曼海姆也认识到，教育制度的官僚化趋向是与现代国家组织的官僚化扩展同步的，所以知识人日益成为政府、私人企业、工会和政党中的专家。在高度制度化的社会中，知识人自由漂浮的生存是难以想象的。刘小枫认为：知识人何以能够与其社会性的存在属性保持距离？更重要的问题在于，倘若承担社会制度和文化秩序正当性论证的知识人都变成了不问价值关切的技术性专家，社会制度的自由、公义程度和文化秩序善与美的程度，交给谁去料理？（刘小枫，1998：291－292）但是我认为知识人的集体性发展主要还不是在于知识人的社会责任，而是在于知识人的知识的社会属性。倘若知识人的知识成为意识形态的时候，知识人就毫不例外地成为一个社会性群体。一旦知识人的知识成为一种被某种人认为或者被社会垄断成意识形态的时候，知识人就不再是漂浮的和边缘化的，而是集团化的和阶级化的。“由国家统治者及其代言人垄断社会制度的正当性知识，这种社会制度的正当性知识形态就是意识形态。”（刘小枫，1998：294）知识人成为社会的统治者而非权力的统治者有时候并不是国家权力的代言人，但是知识人的知识导向给知识人某种意识形态的知识，规律的牵扯性就把知识人拉进了某种集团，成为知识阶级。

知识的联结性和知识人的共同利益可以使知识人形成一个独立的阶级。异质性的知识和知识人使知识人边缘化，而同质性的知识和知识人使得知识人成为一个独立阶级。恩格斯在《反杜林论》中说：“当社会总劳动所提供的产品除了满足社会全体成员最起码的生活需要以外只有少量剩余，因而劳动还占去社会大多数成员的全部或几乎全部时间的时候，这个社会就必然划分为阶级。在这个完全委身于劳动的大多数人一旁，形成了一个脱离直接生产劳动的阶级，它从事于社会的共同事务：劳动管理、政务、司法、科学、艺术等。”（马克思、恩格斯，1972：321）由此可知，知识人不但是一个阶级，而且是人类社会阶级分化的第一个直接产物。知识人的游离化和边缘化是知识人依附性的根源，但是在知识集体化演进的过程中和社会知识化的过程中知识人的集团化就变得引人注目起来。马克思说过，知识人出卖他们的知识和工人阶级出卖他们的劳力性质是一样的。知识人不但是一个独立的阶级，还是具有先进思想的阶级。“各国的历史都证明：工人阶级单靠自己本身的力量，只能形成工联主义的意识，即必须结成工会，必须同厂主斗争，必须向政府争取工人所必要的某些法律等的信念。而社会主义学说则是由有产阶级的有教养的人即知识人创造的哲学、历史和经济的理论中成长起来的。现代科学社会主义的创始人马克思和恩格斯本人，按他们的社会地位来说，也是资产阶级的知识人。同样，俄国社会民主主义的理论学说也是完全不依赖于工人运动的自发增长而产生的，它的产生是革命的社会主义知识分子的思想发展的自然和必然的结果。”（列宁，1960：247）只是由于以往人类社会生产中知识含量相对很低，知识人未能成为社会的最主要阶级，同时与知识经济的落后状况相应，知识人存在着软弱、动摇、空想、清高等缺点，但这正是每一个阶级（包括工人阶级）在其不成熟阶段所不可避免的缺点，随着知识经济的到来，知识人必将克服这些缺点，最终成为继工人阶级之后的一个最重要阶级。

知识人所在的集团构成的阶级我们可以称为知识阶级。丹尼尔·贝尔在其《后工业社会的来临》一书中就把由知识人所组成的阶级叫作知识阶级。(贝尔,1984：240)贝尔认为:“对知识阶级的任何进一步探讨,都必须详细探讨这些不同形式的垂直分层和分化。”那么知识阶级的这些分层分化又是什么呢?贝尔指出：在知识社会内部已经存在着不平常的分化,而且按照等级和支配地位的传统阶级界限来探讨这种分化,并不总是有效的,尽管这些可能都是重要的。其他社会学方面的差异也还是存在的。例如在知识社会的社会结构方面,在致力于职能合理性的技术知识分子和专家治国论者的经营模式以及日益成为启示录式的、虚无主义的文化人之间,存在着深刻的、不断增长的分裂现象。(贝尔,1984：241)

在社会转型时期,知识人暂时会与某些阶级形成对立,但这只是阶级蜕变过程中的暂时现象,而非我们所说的那种共时性阶级对立;或许在进入知识社会后,社会成员在拥有知识资源上仍会存在差异,但这种差异不足以构成严重阶级对立。知识人作为一个特殊的“阶级”,负有自己的使命：作为一个新时代的代表阶级,它要实现内部的团结;作为人类阶级社会的终结者,它要有博大的胸怀。(何二元,1999)

知识人既是一种人的性质,又是有知识、用知识的人所组成的群体。我们所说的知识人应该表明是一种人具有的知识的属性。“在我们正在进入的知识社会,人是最重要的。”(德鲁克,1998：210)知识社会必须把知识人这一概念作为核心。它必须是一种普遍的概念,因为知识社会是各种学科知识的社会,因为它是全球性的(存在于它的货币、经济学、进程、技术、最主要的问题中,首先是它的信息中)。后资本主义社会需要有一支统一的力量。它需要有一个领导群体,这个群体能将地方的、特定的、不同的传统集中到一种对价值共享的承诺上、一种对优秀概念的共识上以及相互尊重上。因此,知识社会的需要恰恰与解构主义者、激进的女权运动者或反西方者所建议的相反。它所需要的正是他们完全拒绝的东西：博学多才的知识人。(德鲁克,1998：213)在知识化演进过程中知识的属性演变为知识人的属性。在知识的生命在体中知识不像金钱那样是死的思想,事实上随着知识化推进知识更多地具有人格性。“人如其知”和“知如其人”就是对知识与知识人关系的说明。知识总是经由人得以体现,由人来教和学,由人来利用或误用。因此,向知识社会化和社会知识化的互为过程中把人放到了最重要的位置上。知识人在知识化的推进中责任是重大的。通向知识的途径无疑是拥有学科知识的人的责任。他们集体受托保管知识。要使学科知识变为知识，这要求学科知识的拥有者承担起充分理解自己的学科知识及其知识领域的责任。学科知识必须如实理解：严肃、缜密、严苛。这要求每种学科知识的带头人（从每个领域的最主要学者开始）承担起使自己的知识为人所理解的责任，并愿意为此而作不懈的努力。在知识社会，没有"学科知识之冠"。用中世纪伟大圣徒和哲学家圣彼拿文都拉的话来说，所有学科知识同样有价值，同样通向真理。但是，既然技能已成为学科知识，它们必须与知识融为一体。它们必须变成未来知识人的一部分。但是我们确实需要的（并能够界定知识社会知识人的）是理解学科知识的能力。每种学科知识怎么样？它试图做些什么？它最关心的是什么？它最主要的理论是什么？它主要的新见解是什么？它尚未顾及的重要领域、它的问题、它面临的挑战是什么？没有这种理解，学科知识本身就会毫无结果，实际上还会不成其为"学科知识"。它们将变得自傲和无效。因为每一种专科知识的主要新见解都来自另一种不同的专业，即来自于另一种学科知识。所以知识人对发展学科知识进而促进知识的整体进步有着不可推卸的责任。（德鲁克，1998：226－227）

在社会知识化和知识社会化推进中每个人都将有机会得到全面、自由的发展。同时，每个人全面、自由的发展才是发展知识与社会演进的基本动力。一方面，每个人都有创造的欲望，也都有机会、有可能提出独特构想，如果社会上的大量知识劳动者与创业资本相结合，就完全可能使个人的创新愿望得以实现并被社会承认。在知识化过程中即使是最普通的人，只要他有创新的欲望，只要他能够提出有价值的构思，他的构思就有可能发展成为一个新的产品、新的产业，甚至一个新的经济领域。（王德禄等，1999：298）要让人人都有创造的欲望，有创造的机会，在新的社会中每个人都有可能成为知识人。在以前所有社会中，知识人只是装饰。在知识社会，知识人是社会的象征、社会的标志、社会的旗手。知识人是社会的"原型"（用社会学家的术语），他或她界定社会的工作能力。但他或她还体现社会的价值观、信仰、承诺等。如果说封建时代的骑士是中世纪初期的上流社会阶层，"资产阶级"是资本主义社会的上流社会阶层，知识人将是知识成为最主要资源的后资本主义社会的上流社会阶层。这必定会改变知识人的含义。它必定会改变受教育的含义。因此可想而知，它会使知识人的定义成为一个重要的问题。由于知识成了关键的资源，知识人因而面

临新要求、新挑战和新责任。（德鲁克，1998：210）

随着人类社会知识化进程的不断推进，知识人成为社会的主导。社会结构的转型，工作性质的改变，要求知识人不但要具备有关的知识，还要能够将知识应用于工作任务中；不但能够将知识应用于工作任务中，还需要能够在工作中进行知识创新；不但要掌握今天的知识，还要有能力去学习对未来有用的知识。对于知识人而言，其个人、知识和工作本身是合为一体的。知识人和所在企业的关系，不是一个等级结构中固定的职位或头衔，而是任务——一个能够让他的专长和知识可以发挥作用的任务。

知识人的集团化形成和程度在一定意义上取决于知识人的知识化程度和隐含在知识化背景中的利益一致性程度。如果说知识人可以以阶级化的面目出现，那么社会永远不会出现一个阶级，因为知识化程度不同，其利益结构不同与财富占有不同（划分阶级的依据依然无法改变），从而据此出现不同的阶级。

总之，在经济人和社会人基础上提出知识人的假设是基于对知识人的知识的社会性分析或者说是对知识人进行知识社会性考察得出的结论。从知识社会性的立场出发，我认为知识人既是一种具有社会人属性的知识的对象性在体，又是一种对知识和人一体化进程，即知识与人整合的看法或者观点（作为知识经济发展和知识社会演进过程中知识社会学的主要观点），知识人还是对知识和知识人进行分析的概念分析框架。

三、知识社会的基本特征

知识社会是社会根理论的附带之思，但是这个概念应该可以激起我们对社会路在何方和根扎何处的许多想象，因此还是对知识社会的概念和特征加以说明，无论如何这个概念是同知识化以及知识行动不可分割地关联着。

（一）知识社会概念

知识社会的概念形成和发展有一个很长的过程。在这个过程中社会学家和经济学家都为此做出了贡献。事实上知识社会的概念提出要比知识经济概念的提出早得多，而且知识社会的理论研究也比较系统。但是对于知识社会到底是什么样子,人们并不怎么清楚。有关“知识社会”的性质及其出现的讨论,在弗里茨·马克卢普的著作中可以发现这种讨论的一些影子。“他的分析是由一种精心制作的、经验的、往往是数字统计式的信息结构所构成,这些信息的内容是关于诸如职业结构中出现的,旨在表明一个知识社会的确正在出现,并能因此根据其自我例证的方式——即以一种量的(合理的)方式——被证实的那些引人注目的转变和趋势。知识社会是人类行为的结果,但不是审慎的人类设计的结果。”(斯特尔,1998)知识社会作为对于人类行为持久而又发展着的需要和正在变化的环境的适应而出现。在人类行为所面对的环境中最有意义的变化就包括人类行为的不断“扩大”。面对这种不断扩大的变化人类应对的时代就是知识社会的出现。

1. 知识社会概念提出过程

最早采用“知识社会”这一术语的作者之一是罗伯特·E. 莱恩。(莱恩,1966：650)他通过说明科学知识的日益增长的社会意义而证实对这一概念的使用是正确的,并且用一种“初步的近似方法”将知识社会定义为这样一个社会,“作出最初的一个粗略定义,知识社会和其他社会相比,是这样的社会：它的成员：(1)寻找他们关于人类、自然和社会的种种信念的基础;(2)(或许是不自觉地)由现实真理的客观标准所引导,并且,在较高层次的教育中他们的研究遵循探索证据和推理的科学规则;(3)将相当多的资源投入到研究中,因此具有了大量的知识;(4)坚持不懈地努力收集、组织和解释他们的知识,以便为了手边的目的从中吸取进一步的意义;(5)既运用这种知识来倡导他们的价值和目标,也运用这种知识来阐述或许是修正他们的价值和目标并且发展它们。正如‘民主的’社会在政府和个人之间的关系方面有某种基础,‘富足的社会’在经济方面有某种基础一样,知识社会则在认识论和探究逻辑方面有它的基础”。(莱恩,1966：650)

贝尔对这一定义作出这样的评述:“这一类定义既不正确,也不错误：它们只是用语的错误。要对待全面的社会变化,需要考虑这些定义。然而为了社会政策的目的——为达到某种社会效用的特殊目的而决定社会资源分配的需要——我提出一个有限的定义：知识是一种客观上已经认识的事物,一种精神财富,冠于一个或一组名字,由版权或其他一些社会承认的形式(如出版)所认可。”根据这种说法,贝尔认为知识是社会基础设施投资的一部分。所以贝尔指出：这种功利主义的定义回避了“知识社会学”方面的有关问题，比如思想的社会背景、它们的内部联系、它们同某种结构基础的关系等。（贝尔，1984：197）

对莱恩的知识社会思想，斯特尔却认为：“换句话说，莱恩关于知识社会的思想是与关于科学的某种特殊理论的承诺紧密联系在一起的。并且也反映了（20世纪）60年代初期的那种伟大的乐观主义，后者提出科学会以某种方式考虑到这样一种社会的可能性，在那种社会里，常识会被科学的推理所取代。这就是说——如同莱恩在其定义中所强调的那样——知识社会的成员的行为（但愿只是下意识地）由‘真实真理’的标准所指导。”（斯特尔，1998：8）

在《不连续的时代》（1969）中，彼得·德鲁克也使用了知识社会的术语。这本著作所展示的论点是将知识置于“我们社会的中心以及经济和社会行为的基础”的地位。尽管在许多方面，德鲁克对于知识的强调都是开创性的，不过，他是否至迟在20世纪60年代后期，就将社会之中心地位赋予知识原则，和大约同时代的如贝尔做的一模一样，是不清楚的。虽然如此，德鲁克还是不遗余力地提供了许多信息来描写当代知识的某些新特征和属性。德鲁克在1993年出版的《后资本主义社会》一书中把“后资本主义社会”看作“知识社会”，并认为人类社会的21世纪是资本主义社会发展到后资本主义社会，是知识社会长入并完成的一个世纪。所以德鲁克指出“称我们的社会为‘知识社会’可能为时过早（而且肯定太放肆）。至今我们只有知识经济，但是我们的社会一定是‘后资本主义社会’”。（德鲁克，1998：22）

贝尔在对后工业社会出现的讨论中，也使用了“知识社会”这一术语。贝尔有的时候交替使用知识社会的概念和“后工业社会”的概念。例如，他曾经在他的讨论中声称，“显而易见，后工业社会就是一个知识社会”。贝尔指出：“显然，后工业社会是双重意义上的知识社会：首先，革新的源泉越来越多地来自研究和发展（更直接地说，由于理论知识居于中心地位，在科学和技术之间存在了一种新型关系）；第二，社会的力量——按大部分国民生产总值和大部分就业情况来衡量——越来越多的在知识领域。”（贝尔，1984：239）关于这样一种等式的基本的证实理由当然就是：“知识”是后工业社会的“一种基本资源”。事实上，贝尔表示，他本可以用“知识社会”来取代“后工业社会”的，因为这两个词和其他的词——例如“智力社会”。至少对于描述贝尔打算在他关于现代社会的结构和文化的研究中考察的社会之正在形成的结构的某些突出方面而言，也许是很合适的，尽管贝尔并没有把后工业社会叫作知识社会。[①] 贝尔的知识社会理论是建立在知识中轴理论的基础之上的。

在我看来，对知识社会概念形成和发展有贡献的还有加拿大社会学家尼科·斯特尔。[②] 斯特尔对历史上出现的这种知识社会理论作出了这样的评述："这些知识社会的理论相当恰如其分地将作为那个社会的特殊性质之基本方面的社会关系的那些属性确定为识别性的标志。这样，诸如'资本主义'社会或'工业'社会这样的名称便产生出来了。出于同样的理由，我打算将现在正在出现的那种社会称为'知识'社会，因为现代社会的主要机制或特性正日益受到'知识'的驱动。"（斯特尔，1998：8）

另外在20世纪中期由欧洲科学技术研究协会（EASST）和美国科学社会学研究协会（4S）联合组织的"知识社会的特征"国际学术讨论会以及20世纪90年代德国对知识社会的讨论等都对知识社会概念的形成和发展提供了思路。

2. 知识社会概念的基础

斯特尔以其广阔的理论视野对"知识社会"这一概念的使用进行了综合，并对种种不同用法的意义进行了社会学方面的批评性考察，我这里也试图对斯特尔的知识社会概念做出一些改造性阐述。

(1) 知识社会是真实的存在

在斯特尔看来，"知识社会"的概念意味着一个变化过程，虽说这个过程是渐进的而非革命性的，但却是十分真实的。在这个过程中，社会的确定特征发生了变化，新的特征正在出现；而那种正在生成的社会正日益受到"知识"的驱动。如果我们有理由把作为某个社会之基本方面的社会关系的那种特殊性质确定为识别性标志的话，那么，今天的"知识社会"概念正像过去的"工业社会"或"资本主义社会"概念一样，是相当恰如其分的。因此，斯特尔提出，如果现代社会仍仅仅根据财产（资本）和劳动而被认识，那么这种认识就会是不充分

① 贝尔并没有把后工业社会叫作知识社会，他曾指出，人们一直提出这样的问题："我为什么把这种推测性的概念称之为'后工业'社会，而不是叫作知识社会、信息社会或者是专业社会，因为所有这些似乎都与我所描绘的那些正在出现的明显情况有所吻合。当时，我无疑受到拉尔夫·达伦多夫在《工业社会中的阶级和阶级冲突》一书中所说的'后资本主义社会'和W. W. 罗斯托在《经济增长阶段》中所提出的'成熟后'经济这两种思想的影响。"（贝尔，1984：47）

② 这里主要介绍和讨论斯特尔知识社会概念的内涵和外延，斯特尔的知识社会概念具有十分明显的历史性，因为他的知识社会概念是建立在对以往知识社会概念的分析基础上的。

的。问题不在于这种认识以之作为前提的那种社会关系已经不复存在，而在于应当把日前正在发生的重大变化综合进去。“尽管劳动和财产的这些属性确实还没有完全消失，但一种新的原则，也就是‘知识’已经被加进来了。这个原则在某种程度上对作为社会的基本机制的财产和劳动既进行了改造，又提出了挑战。”

由此可以看出知识社会概念的出现是同对知识的社会作用的认识联系在一起的。但是我们也必须看出，知识的社会作用尽管越来越大，可是我们还看不出知识完全取代资本和劳动的作用和意义，而且资本和劳动应该看作社会演进的最基本的要素，这在任何时代都是适当的。知识可以使资本和劳动更有力和作用更大，但是知识永远不能取代资本和劳动。同时如果说知识社会是一种真实的存在，那么这种存在作为一种社会演进的渐进性变迁的结果，这种渐进性的变迁模式只能用知识化来表达，也就是说斯特尔的知识社会的说法甚至包括西方所有知识社会的表达都缺少过程性的逻辑概念，当找不到知识化这个概念的时候，任何知识社会的说法只能是观察到现实而非历史性的逻辑，这时犯错就成为必然——把知识等同于财富甚至劳动。这种错就使得历史的宏观和当下的细微无法利用逻辑混合在了一起。

（2）知识社会到来的必然性

斯特尔认为，“知识社会”的到来并非突然发生的；它所表示的不是一种革命性的发展，而是一个渐进的过程。在这个过程中，社会的确定特性发生了变化，而一种新的特性出现了。即便在今天，各种社会的死亡恰如它们之开始那样往往是缓慢的。贝尔也对这种变化做出这样的描述：后工业社会“在双重的含义上是一个知识社会：首先，革新的源泉日益从研究和发展中衍生出来（更直接地说，由于理论知识的中心地位，在科学和技术之间存在着一种新的关系）；第二，社会的‘分量’——由国民生产总值的较大部分和就业的较大份额所测定——在知识领域小日益增加”。知识社会并非是作为一个简单的、单峰展现的结果而出现的，也不是以某种明确方式出现的，知识社会并没有变成某种单向度的社会结构。各种知识社会通过保持不变，甚或通过变得不一样而成为彼此相类似的社会。新的通信和交通的技术模式打破了群体和个人之间的间隔，信仰、风格和商品融合了，但是，关于神圣的东西的信念之间的壁垒并没有倒塌。

知识社会的必然性还体现在知识的延续性和知识结构变化的突发性。在知识延续性的基础上知识革命（有时候称科学革命）的到来导致了社会结构的变化。当这种变化足以使社会的产业结构、阶级结构以至整个社会结构都发生巨大变化的时候，知识社会就自然而然（而非悄然）到来了。所以资本主义和社会主义都毫不例外地走向知识社会，这种知识社会肯定是公有制社会。① 在这里需要说明的是，由于一定程度上知识社会是知识延续性的结果，那么事实上无论现代性是以何种方式出现在逻辑上都不能是一种断然的去传统，而是延续传统的一种进程；彻底去传统只能带来断裂，特别是文化断裂，这种断裂也是社会无根的表现方式，正是在这个意义上我才提出西方现代性是对西方无根社会的表征。在社会变迁的过程中由于知识的延续性，任何社会无论是现代性社会还是后现代社会都必须在传统的基础上演进，否则就只能凸显社会的无根性。

（3）知识社会概念的分析功能基础

"知识社会"的概念首先立足于并且描述了经济生活的巨大变化。按照斯特尔的归纳，工业社会的经济最初主要是一种物质经济，其突出的特征是：这种经济在很大程度上为生产过程及其组织的物资投入所推动和所控制。斯特尔认为，现代社会（即前知识社会——引者注）主要是根据财产和劳动而被认识的。在社会、经济和政治的理论当中，劳动和财产（资本）长期联系在一起。劳动被看作财产，并被看作正在出现的财产的一个源泉。在知识社会，尽管劳动和财产的这些属性确实还没有完全消失，但一种新的原则，也就是"知识"已经被加进来了。知识的进入使得物质经济逐渐地转变成一种货币经济。在货币经济中，生产和分配过程方面的变化更加由符号的或以知识为基础的投入所决定。换言之，这种经济方面的变化意味着知识日益成为生产过程中的主导方面，日益成为生产过程扩张的基本条件。在这种经济中，很显然，"劳动时间的总数或有形资本的总数"的意义正在被削弱，而企业的大部分财富正日益体现在它对于信息、知识、专门人才的掌握及创造性的运用上。在这种经济中，起关键作用的"符号经济"往往是数据、技术轨道、统计、程序、产品销售和组织的"知识"，以及国内和国际日渐增多的信息流动，如此等等。

我的看法是：知识介入经济活动有一个漫长的历史过程，在这个过程中知

---

① 尽管这种说法可能是独断的或者是意识形态味十足的，但是走向知识社会的前景则是明显的，知识公共性所规定的公有社会特点也是显然的。

识的作用是逐渐显示出来并且日益占据重要地位,但是在以知识为基础的经济中(事实上,某种意义上说,原始经济也是以知识为基础的)或者说在知识经济中知识的作用无论多么强大,也离不开资本和劳动。事实上知识正是通过资本和劳动而体现出来的,劳动只不过成了知识劳动。也就是说只有当经济的变化足以引起阶级的变化和社会结构的变化的社会,这时的社会才有可能成为知识社会。

(4) 知识社会概念来源的科学研究

知识重要性的体现和劳动与财产社会重要性的衰退[①]是与社会心理的变化有关的。斯特尔指出:劳动和财产的社会重要性的衰退是与对于那些一度集中在工业社会的占有统治地位的生产力周围的信仰和信念的与日俱增的疏远感连在一起的。在个体和团体当中出现了一种越来越强烈的重新解释这个时代之占主导地位的情感的感受和需求。

现代社会通过科学技术革命所产生深刻变革的开端是从20世纪50年代开始的。斯特尔说:尽管贝尔指出对于社会进程给出准确年代的做法是鲁莽的,但他论证道,后工业社会的"象征性"的开端可以追溯到第二次世界大战结束时的那个时期,因为正是在这个时期,一种对于时间和社会变化的新意识开始出现了。与之形成对照的是,布洛克利和赫希霍恩在探寻作为后工业社会之典型表现的那些新的生产力——即知识、科学和技术出现的开端时,特别是在探寻这些新的生产力开始在生产中造成决定性的差异的那个时期时,得出了这样的结论:20世纪20年代已经发生了一种质的变化。在这个时候,至少在美国,劳动、时间和资本的输入是不变的,或者已经开始减少,而产出则开始上升。因此,用经济的术语来说,知识已经成为(附加)价值的重要来源。

斯特尔指出:在现代社会中,科学与日俱增的社会意义是分析它的知识结构的理由。当然,知识在社会生活中总是具有某种作用的;人们可以不无正当地谈论一个人类学的常数:人类行为是以知识为基础的。所有类型的社会团体和社会角色都依赖于知识并为知识所调节。个体之间的关系是建立在对于彼此的认识的基础上的。权力已经时常以知识方面的优势为基础。最后但并

---

① 使用"衰退"这个词是不合适的,因为"衰退"的使用只看到了资本和劳动形式上或者表面上作用在减退,事实上随之知识作用的越来越突出,资本和劳动在经济增长过程中的作用的表现形式发生了变化,并未表明资本和劳动的作用在"衰退"。

非是最不重要的一点是，社会的再生产不仅仅是物质的再生产，对于人来说，它始终是文化的再生产，也就是知识的再生产。

斯特尔的这个说法是具有开创性意义的，因为这样几句话概括出了：知识作为行动的基础，知识作为关系的基础，知识作为权利的基础和知识作为生产的基础。这些都是现代社会理论或者说是穿越时代的社会理论都要解决的问题，也是古今中外的理论家所孜孜以求的理论讨论，从西方社会理论来说吉登斯、哈贝马斯等实际也都为此而努力。我把这样的几个基础看作知识行动论的基础问题，实际社会根理论及知识行动论的全部理论或者这部著作的全部内容就是解决这样的基础问题。因为这些问题是我们社会扎根的沃土。斯特尔尽管提出了这些问题，但是并没有认真地或者全部地研究这些问题，需要赞赏的是斯特尔提出这些问题所隐含的学术洞见。

斯特尔认为，回溯起来，人们能够把各种各样的古代社会称为知识社会，例如，古代以色列就是依据宗教的，类似于法律的摩西知识（Tora-knowledge）所建立起来的一个社会。而在古埃及宗教的、天文的和农业的知识充当了权力的组织原则和基础。当代社会可以被描绘成某种知识社会，这种社会是以科学知识向其一切生活领域的渗透为基础的。马克思主义的社会理论总是把社会发展的决定性的意义赋予生产力或生产资料，因为人对于自然的理解以及人凭借其作为一个社会体的存在而达到的对自然的控制等，似乎是生产和财富的伟大基石。所以“一般的知识便成为一种直接的生产力”。（马克思、恩格斯，1972c：219－220）由拉多范·里克塔等人发展的科学技术革命的概念，已经分析了作为主要的变化动力的科学和技术知识。马克斯·韦伯对于西方文明之独特属性的有创建的研究强调了理性在保证社会行为方法的有效性方面的普遍运用。合理行为，因而合理化的源泉便见之于特殊的理智设计之中。贝尔已经将理论知识提到社会的轴心原则的高度。

在这些理论中所涉及的知识以及凭借这种知识而获得了影响和控制地位的那一群个体，往往被非常狭隘地概念化了。同时还存在着一种过高估计“客观的”技术——科学的或正规知识的效率的倾向。但是斯特尔认为：关于现代社会的各种理论在对被供应的“知识”进行概念化时、在对之所以需要越来越多的知识的原因进行概念化时、在对知识的传播方式进行概念化时，在对社会中的以这种或那种方式靠知识为生的个体的团体之迅速扩展进行概念化时，在对被认为是有实际效用的许多知识形式进行概念化时，在对知识可能对社会关系发生的各种作用进行概念化时,缺乏足够的细节和眼界。

我的改造性的评述在于:社会的真实性在于它负载于行动者身上的知识性,任何一种类型的社会即便是原始性社会都同知识有关的,这一点可能是构成社会或者知识的唯一意识性条件。如果知识社会作为一个概念成立的话,则源于超越历史的知识构成了生活的条件和历史的基础;如果知识社会作为一个实在成立的话,则源于知识社会的特定性或者知识社会概念的特定指涉性,这种指涉性实际也源于知识本身包括知识类型和知识化程度的特定性。

(5)知识社会概念出现的社会化标志

斯特尔把经济结构方面的变化和知识本身的种种变化看作知识社会概念出现的社会事实性标志。他认为知识社会的出现首先标志着经济结构方面的某种激烈的变化。工业社会中的生产过程是由许多要素支配的,就其作为某个变化着的、特别是增长着的经济之可能性的条件而言,这些要素的意义似乎正在衰退。它们是:初级产品或原材料的供应和需求方面的动力;就业对于生产的依赖;对初级产品进行加工的制造业的重要性;(手工劳动意义上的)工作的作用和工作的社会组织;商品和服务方面的跨国贸易的作用;时间和空间在生产中的作用以及对经济增长的限制性的作用。经济结构中的那些变化的最大共同点似乎是从一种经济转变到另一种经济,前者在很大程度上对生产过程及其组织的"物质"投入所推动和控制;而后种经济中的生产和分配过程方面的变化则更取决于"符号的"或以知识为基础的投入。

斯特尔认为,在知识社会中,企业的大部分财富日益体现在它的创造性和信息当中。总之,关键之处在于:对于商品和服务的生产来说,除了最标准的商品和服务以外,要素——而不是"劳动时间的总数或有形资本的总数——越来越成为"发达社会的经济的"重要组成部分"。因此,现代社会的任何社会学分析的关注中心都必须集中于知识在社会关系中的特殊性质和作用,并且理所当然地集中于这样的知识的主要传播者。更具体地说,可以用各种各样的术语来描绘科学向生活世界和经济生产的挺进:科学知识向大部分社会行为领域的渗透,包括向生产领域的渗透("科学化");其他形式的知识被科学知识所取代——尽管不是被消灭了,并且得到日益完善的专家、顾问和指导者阶层以及建立在专业知识的发展的基础上的相应机构的调节;并依赖于这些人和这些机构;作为一种直接的生产力的科学的出现;各种新型的政治行为的分化(例如科学和教育政策的分化)；一个新的生产部门的发展(知识的生产)；权力结构的变化(技术统治论)；作为社会不平等和社会一致性的基础的知识的出现：将权力建立在专长基础上的趋势；社会冲突的性质的转变，即从收入的分配和财产关系方面的分裂的斗争转变到要求获得一般的人类需求、并就此而发生冲突。将正在出现的这个社会称作一个知识社会，而不是像有时所出现的情况那样，称作一个科学社会，一个信息社会，一个后工业社会或一个技术文明社会。[①] 把这些变化作为社会本质的变化从而得出一种新社会出现的结论，如同我们所处的社会一样使我们不知所在。

德鲁克认为知识社会的到来在知识的变化上说知识应用于知识的时候，也就是说当出现了知识管理的时候，当出现了人们要主动地去管理知识的时候，这时候知识社会就出现了。所以知识社会的出现有知识本身变化的特征。斯特尔所描述的知识社会出现的经济领域的变化和知识本身的变化并没有超出社会学理论中未来学派诸如托夫勒等人的描述。而且我的评论是：这些描述多为世俗性描述而非学术性描述，因为无论是知识用于知识，还是知识用于非知识，作为特定性的知识社会及其概念，其标志还在于人类社会的历史性逻辑，也就是说当知识化程度达到了同以往有质的区别的时候，知识社会才能作为一种实在表现出来，知识社会概念也就成为这种表现的一种表达。

(二) 知识社会的追问

1. 知识社会是公有制的共产主义社会吗

采用价值中立的观点或框架来分析知识社会的社会性质，我们就会得到一

---

① 关于信息社会的讨论在很大的程度上是由对与所有事情——个人的和国家的、社会的和商业的、经济的和军事的事情——有关的相当大批量的信息之生产、加工和传递的关注所激发的。但是，每一个社会都不得不传递信息。人们较少谈及或几乎没有谈及信息、传播媒介，特别是人类传播媒介的本质的起源或者被传播的信息内容之所以有需求的原因以及由这种内容所引起的变化；关于信息社会的讨论通常也不涉及现代社会的一致性和统治，不涉及信息和传播技术的这种传播的任何经济效果是否恰恰不能也像“按照长期建立的和人们所熟悉的以市场为基础的标准便可以得到最好解释的现象”那样，为更加传统的经济论述所容纳等方面。“后工业社会”的范畴不是十分恰当，并且在某种程度上，是一个使人产生误解的范畴，因为“工业”或制造业并没有消失。工业的确是被改变了，但是没有“工业”，人们就不能真正地生活下去，就像人们不能仅仅通过闲暇而存在一样。

种超然感觉，但是这种感觉是一种方向却可能不是目前的现实。

(1) 知识社会中社会形态分析

社会中有没有所有制，到底对社会作不作所有制的分析，这是我们思考未来知识社会主要特征的一个中轴问题。一个社会中所有制是真实的存在，也是一种客观的存在，如何淡化这种所有制的意义和作用，这只是价值问题。

我认为任何社会中都毫不例外地存在所有制现象和所有制问题，当然知识社会也并不例外。在我们对未来社会理论的介绍和分析中几乎所有的未来学家对未来社会的描述中都把未来社会看作资本主义的延续，是具有资本主义主要特征的后资本主义社会。在意识形态上的价值有时会阻止知识行动理论发展和对知识社会性质的科学认识。

社会经济形态的理论是马克思主义理论的精髓。列宁说："从来也没有一个马克思主义者把马克思的理论……当作一种超过对某种社会经济形态的说明以外的东西。"（列宁，1960：57）何谓社会经济形态？马克思在《雇佣劳动与资本》中说，社会形态就是"随着物质生产资料、生产力的变化和发展而变化和改变的"社会关系的总和构成的"处于一定历史发展阶段上的社会，具有独有的特征的社会"。（马克思、恩格斯，1995a：363）马克思根据这个观点，提出了划分社会经济形态的两个具体标准，第一个是"物质生产资料、生产力"标准，他指出："各种经济时代的区别，不在于生产什么，而在于怎样生产，用什么劳动资料生产。劳动资料不仅是人类劳动力发展的测量器，而且是劳动借以进行的社会关系的指示器。"据此他把史前时期"按照制造工具和武器的材料，划分为石器时代、青铜器时代和铁器时代。以此类推，资本主义社会可以称作'机器时代'"。（马克思、恩格斯，1972b：204）第二个是"随着物质生产资料、生产力的变化和发展而变化和改变的""社会关系"的标准，即人们在生产中的分工合作关系和分配关系。

(2) 后工业社会的社会形态分析

西方社会学的未来学派对未来社会的分析中是一种价值有涉的观点：或者认为自己所处的社会是最好的，而竭力维护这种自己认可了的社会；或者是某种价值体系的代表者，所以对自己所处的价值体系进行维护性说明；或者对某种社会形态有偏见，因此竭力反对这种价值体系。在此我们对带有客观性的后工业社会的理论作为对象进行分析。

贝尔用自己的中轴原理对后工业社会（即知识社会）进行了分析。贝尔认为对社会形态进行分析有着不同的中轴。他说生产力主要是技术的生产力，但同样的生产力（比如技术）存在于不同的社会关系体系之中。所以分析不同社会的形态应该首先用技术中轴原理进行分析，从技术中轴来看不管是资本主义社会，还是社会主义社会都要经历前工业社会、工业社会和后工业社会，即知识社会。但是从所有制中轴来划分就可以把现在的社会划分为社会主义社会和资本主义社会。贝尔指出：在对社会进行分析的时候是有不同的视角，而不能对社会所有的特征面面俱到的考察。每一种概念图式不可能面面俱到，只能选择某些特征以突出历史变化，回答某些历史问题。我对贝尔的这种说法有着不同的看法，因为要认识某种社会现象或者某种社会事实必须求真，必须回答是什么和为什么的问题。照贝尔看，未来的社会既不是社会主义和共产主义社会，也不是资本主义社会，而是一种融合了两种社会优点的变种社会。所以贝尔强调说在后工业社会类型的这种知识社会中，社会生活是一种"公有社会"的生活，而不是一种"市场社会"的生活。这意味着，由公共机制或公共选择——而不是由市场或个体的喜好——所分配的商品和服务的份额有了相当大的增长。一个公有社会也是这样一种社会："权力"的数量和范围随着对于市场的外在方面的关切和公共义务的增加而增加。但是，作为一场个人之间的竞赛，社会交流变得困难多了，因为"政治要求和社会权力增加了，社会变化的加快和处于转变之中的文化样式使对旧的东西不知所措，而面向未来的方向又使得传统的指导方针和过去的道德规范受到侵蚀"。此外，正如贝尔强调的那样，在后工业社会，个体和团体越来越有可能参与公共活动；不过，"参与方面的每一次增加都导致一种悖论：团体——它们中的每一个都寻求有差异的或对抗性的目的——的数量越大，这些团体就越将有可能否定彼此的利益，当诸如此类的僵局发生时，随之便产生挫折感和软弱感"。换句话说，在这些环境之下，任何计划和控制社会行为的设计都是非常困难的。而且，贝尔在这种情况下所预见的那些条件有可能是对未来社会的结构和行为之本质弱点的一种更加现实的描绘。在这里贝尔看到了知识社会的公有形式和公有性质的趋向，但是他并没有真正说清知识社会的公有特点。

(3) 知识社会是公有的社会吗

我认为，如果有知识社会的话，那么这种真正的知识社会则是人类历史上真正出现公有社会的时代。但是出现知识社会的趋势或者某些特征并不能说明知识社会就到来了。事实上知识社会尽管出现了许多方面的特征或者趋势，但是真正的知识社会应该说离我们还很遥远，我这样认为在知识对社会发展作用加强的情况下在社会上出现了许多知识社会的趋势地方情况下公有制的真正实现才真正是知识社会到来的最突出标志。“无论从何种视角看，今天的知识经济都呈现出真正社会主义的形态。”（何二元，1999）首先，从“劳动资料”这一“测量器”和“指示器”来看，知识经济超越了机器时代，知识成了最重要的生产资料。第二，知识经济构成的社会关系，已经不再是无产阶级和资产阶级这两大对立阶级，而是一种网络的关系。当然，在这张巨大的社会关系网络中，我们仍然看到分配仍然是不公平的，它只是使美国微软公司总裁盖茨这样的人成为世界首富。知识分配的平等和资本获得机会的平等是知识社会平等的关键，在不平等的知识分配中和不平等的物质财富分配的框架中知识不可能是一种生产资料，或是一种财富。但是知识本身所具有的公共性质有要求知识社会实行公有制。知识经济和知识社会要求公有制，“公有制是实现有赖于知识财富成为人类最主要的财富，而物质财富则退于次要地位”。（吴季松，1998：224）知识作为生产资料，具有与物质生产资料完全不同的性质，知识资源具有无损耗性，用得越多，产生的社会财富、价值越大，因此，知识不能为少数人占有和垄断，信息共享才能实现其价值。

产品→商品→技术→信息→知识
↓　　↓　　↓　　↓　　↓
私有→交换→转移→共享→公有

现在甚至西方社会学家都已经能够比较公正地面对知识经济的现实，比如美国的海尔布伦纳就这样说：如果我们要问：当代什么力量可能在一定时间之后强大到足以动摇资本主义特权和职能堡垒的基础并建立自身的体制和社会结构来取代它们？答案肯定是支配我们时代的那一股力量——科学和科学技术的力量。中国学者张守一教授也认为：“21 世纪当知识经济占 GDP 的 50% 以上时，人类将进入知识社会，它分为初级、中级和高级三种形态，可以断定，高级知识社会就是共产主义社会。当今世界，可以分为发达国家、经济已经起飞的国家和经济尚未起飞的国家，今后它们将按顺序进入知识社会，但不排除跳跃式发展。随着知识社会的到来，工业社会的政治、经济和文化将随之发生深刻的变化。”（张守一，1998）

2. 知识社会的社会结构脆弱吗

"后资本主义社会的组织就这样不断地破坏社区，使之混乱和不稳定。"（德鲁克，1998：63）在描述知识社会结构的形式和性质的时候，我们必须要考虑知识在社会结构功能变迁中的作用和它对知识社会结构变迁中其他因素的影响。由于知识社会是人类的建构物，所以，斯特尔认为，社会结构和人类建构物的脆弱程度在知识社会中普遍上升。这从以下的看法中可以看出，即知识社会日益成为人类的建构物。例如，现在备有大量的客观知识，以便调节我们和自然、我们和我们自身的关系。在这里知识成为人地和人人关系的外在表现和关系调整或整合的基础。人地关系严格意义是人人关系的产物和很大程度上的表现形式，因为人地关系中的自然成了人化自然。所以对自然的物质占用意味着：通过为自然加上一个社会的结构，自然作为一个整体已经逐渐被改造成一个人类的产品。这个结构本质上就是客观化的知识，也就是对于我们认为是自然规律——它们被工程设计和建构所扩大——的东西的阐述和实现。社会的自我占用通过与此相类似的过程而发生，即借助于某些资料的社会生产和建构而发生，这种资料是社会的事实，它们构成了社会的和政治的现实，构成了支配社会行为的规则的实施，并构成了共同体生活的官僚化。（斯特尔，1998：344－345）

就我们当代的社会条件而言，人们能够给出的首要特性之一是一种纯粹的量的判断：社会和自然的上层建筑现在是如此之庞大，以致整个社会行为的绝大部分不是生产，而是再生产；特别是知识本身的再生产，以及首先使得特殊的效果和过程成为可能的那些条件的手段的再生产。与此同时，社会中每个个体的知识的整体程度被提高了，而知识的分布远非是集中的。因此，象征和概括从工业社会到知识社会的变化之性质的比较好的图景之一便会将前者当作一种以类似于金字塔的方式而组织和控制的共同体，而后一种类型的社会则更近似于没有确定中心的精致的镶嵌图案。这时以再生产活动或者是以知识所构建的社会及其结构也就必然是不稳定的，或者说是失衡的。知识是最容易变化的，而以知识为基础的经济和社会也是最容易变化的，这种变化是历史性的变化，因此知识共同体要比科学社会学中的科学共同体复杂得多，也易变得多。

知识社会在某种前所未有的程度上，是以当然包括摧毁其自身的能力在内的自制的社会关系和自制的未来为特征的。[①] 但是，这并不含有这样的意思，即诸如此类的能力——人们可以用不管什么样的形式来描绘诸如此类的累积的或附加的结果——合计起来就是在更大程度上和以某种更加有效的方式来控制和操纵社会行为的能力。原于知识功能的知识社会产生是人们知行结构的结果，同样知识社会的终结也同样可能是由知识功能的发挥所造成或引起，但是这种知识的功能是知识异化的结果。更大的行为能力具有与之相反的结果，因为它将管理集团的能力归结为计划和压制等，或者，从计划和操纵的潜在目标的角度来看，它正是加强抵制这些努力的能力。

知识既是变化的一个持续不断的源泉，又是社会组织的一个原则。知识社会为给予社会行为者以增加社会的自我改造的能力的权力提供了前所未有的手段。社会干预和作用于自身的能力是异乎寻常的。和政治实体一样，知识社会也好像是相当脆弱的。（斯特尔，1998：348）它们在政治上是脆弱的，这并非如同某些人可能论证的那样，是因为它们是自由民主制，而是因为它们是知识社会。知识社会加强了自由民主制的民主特性，但是也扩大了独裁和垄断，因为新的政治原则就是没有知识或者没有政治管理所必需的知识是参与不了民主的。知识社会的双面性是社会结构脆弱性的原因和表现。

首先，关于知识冲突的说法使得过去经济冲突的形式和内容都发生了很大的变化。当然知识冲突来源于知识内容和知识形式的冲突，尽管这种冲突在过去一直存在，但是在知识社会中知识冲突会越发严重和不可避免。有知识的人和知识少的人以及没有知识的人[②]（包括由这些人所组成的集团之间）的冲突在知识社会的任何时候都是存在的、严重的与不可避免的，阶级冲突变成了一种以知识为背景的多重冲突；在这种冲突的基础上还存在着知识社会的种种社会的经济的文化的冲突。而且这种冲突并不像斯特尔所说的"社会冲突比如说是被概括化了这意味着它们和起初的经济冲突一样，丧失了它们从前的特性"。（斯特尔，1998：350）

---

① 这种社会学功能主义的分析显示出在知识社会中由于知识而自致的社会关系和自致的社会未来体系是因为知识发挥了它的正功能。而知识的巨大的副功能在知识社会中一旦条件成熟就会爆发出来，这时知识社会就会因自身遭到毁灭性打击，因此知识社会可能摧毁其自身。

② 事实上在知识社会中没有知识的人和集团应该说是没有的，即使是有犯罪及其集团，它们的犯罪也是以知识为基础的。但是知识量的增加和知识种类的增多以及知识应用领域的扩大使得没有知识的人和由此而组成的集团成为现实。

第二，以知识为基础的顺从的社会关系是脆弱的。在知识社会中知识的多少和知识应用能力的大小是建立各种社会关系的条件和基础，知识，作为行动的理由和行动的能力，受到了极大控制和崇尚与提倡这种知识的知识管理阶级的内在遥控。知识控制的关系是知识社会中的普遍性法则。

第三，知识的合理性并没有掩盖不可避免的知识异化的后果。斯特尔指出：至少在那些已经批判地考察了技术和技术合理性的扩展的人当中普遍存在的担忧是：我们称之为社会现实的越来越厉害的偶然性的东西事实上将通常被运用于甚至是还要强大的集团的局部利益，并将无可估量地增加现代社会的社会、文化和政治的分裂。这个观点的表现和代表或许是这样的结论：发达的技术机构是高度集中和强化的社会控制的代理机构，它们的逻辑藐视和驱逐任何其他的价值，因而技术造就了它自己的政治，抵制对于其他关系的干涉，强加它自己的规则和价值，最后，为统治精英（他似乎能够蔑视它的限制）的利益服务。无论是赫尔穆特·谢尔斯基还是赫伯特·马尔库塞都根据各自的方针发展了关于技术合理性之规则的成功的和显然近乎是不可逆转的扩张的理论。不过，在谢尔斯基的科学文明的理论或马尔库塞对于单向度的人的论述中，技术合理性和发达工业社会中的统治之间的不可避免的效忠关系充其量是片面的。而就最坏的情况而言，它没有捕捉到发达社会的重要特征。或许自相矛盾的是，面对种种现存的社会布局，社会现实之日益增加的偶然性与其说是与解放的可能性相连，不如说是与某种对于缺乏适应性，甚或对于无助与无能的强烈感受联系在一起的。所以对知识的批判和对科学终结的认识是正确的但是是不全面的，批判意味着前进，那么对知识的批判使我们可以看出知识的本性，也可以看出知识发展的趋势和知识引导社会的演进。

许多个体在他们的行为能力方面有了增加，但这并不意味着知识社会中的知识的社会分配就是平等的，也并不表明一种超出工业社会状况的更大程度的平等。知识的分配是社会不平等的原因和结果。那些有权力的人更加容易接近知识；同时，在知识社会，接近了知识也就传递了影响，甚至传送了权力。不过，这里特别值得注意的还是这样的问题：近年来，知识——或许是在以知识为基础的职业或专长的作用中——已经越来越成为一般民众和地方共同体的基本压力集团和其他成分的助手。同样真实的还有，这种基本性的东西已经学会了如何去调动专长，并且已经在增进它们的利益和在使权力机构为难方面略为成功地利用了专长。

总之,知识在一般程度上超出以往任何时候而越来越容易为大部分人所接近和获得,这个升势同时亦促进了现代社会结构的脆弱性的扩大。如前所述现代社会的脆弱性源于知识,源于知识的社会性质,源于知识化的演进困难和问题,源于知识经济中把知识看作个人知识而非公共知识,源于知识社会的意识形态的人为控制,也就是说知识社会社会结构的脆弱性来自于知识的社会历史和以知识为基础的文化价值及其体系。知识社会的社会结构的脆弱性除了表现在以上已分析的,还表现在以知识权利的分化为表征的知识冲突,以及由这种冲突所引发的知识功能的分化。

3. 知识社会不是真实的

无论我们所理解的知识是公有制的未来社会还是一些人所理解的现实社会,都是虚假的。所以,不要把西方知识社会当真。以知识为基础的社会,表面好像是知识成为这种类型社会的根基,但是实际上是一种骗人的极具诱惑性的忽悠。知识如果不是知识行动,实际只能是一种存在,甚至连存在也不是,因为知识的存在方式是行动,不管这种行动是现实的还是历史的,是具体的还是抽象的。没有行动或者实践,一切知识和一切以知识为基础的社会都是虚化的真实。有了知识行动,就必须有知识行动者。知识行动者的离场或者缺席,对一个社会的形成,即便是知识性的建构,也是骗人的和"死性"的。而知识行动者的在场必然有行动者的社会地位以及确定这些地位的社会制度,所以没有对现实资本和资本主义批判的任何知识社会都是对人包括对读者的亵渎。

人的消失是资本的魔力,为了钱可以不要一切。没有人的知识社会根本就不是社会,没有那种消灭剥削的制度的存在的社会,根本不是真正的人的所追求的社会。真正的人不能被所谓美好的知识社会忽悠。对我们所生存的社会一定不要看走眼,这不仅是对社会科学家说的,也是对我们日常生活世界的每个普通行动者说的。这是真实的和根性的。

归结本章的结论就是:如果知识社会只是时代进化的一种趋向,或者只是知识者的带有客观性质的一种猜测,那么知识时代就不是我们所要祈求的新社会,知识的中轴原理与知识的奴婢性质无法缔造一种能够扎根的新社会原理,我们依然在途中。

第二篇　系铃与解铃：根系社会行动者

第四章　行动者环
第五章　ASD 框架中的行动者
第六章　行动者：组织社会学视野

篇首语

法国社会学家图海纳呼吁社会理论要迎接行动者的归来(图海纳,1984/2008),因为缺乏行动者的任何系统都是非社会特征的系统,这个系统包括社会也同样包括社会理论,特别是社会学。我的看法同图海纳略有不同。社会行动者问题不仅涉及社会理论的党性问题,也关联着知识的本质问题。回到行动者,抑或行动者的归来,说的是同一个问题。清醒者从行动者出发去观察我们所在的社会,比如马克斯·韦伯、帕森斯、吉登斯等都是非常清醒地把自己的社会理论起点建立在对行动者的分析基础上的,这也是社会理论扎根或有根的一种体现。但是非常遗憾的是,有不少的人,即便是很清醒的那些思想家,在知识的原野中尽情地玩耍了一番后却没有回到行动者。是忘了回去的路,或是不愿意回来,还是没有办法回来,这是值得思考的问题。当没有办法回来的时候,就需要一种工具来记着回去的路或者架桥修路。我提出"行动者环"的概念就是企图唤醒社会理论家别忘了回来的路,抑或用这个概念架通回来的路。

本篇第一章从行动环与行动结构链等概念出发,提出了社会行动者环的命题。行动者环概念的提出是基于这样的思考:知识行动论或者社会根理论要从行动者出发并能返回行动者;围绕行动者而建构一种新形态知识;行动者的存在方式或者说最为根本的社会性存在方式是以行动链为特征的行动者圈,这个圈就是带有环的内容。也就是说,提出行动者环的概念首先是基于行动者存在本身的特性和新社会理论的功能性特征。这就是行动者循环理论的基本观点。在社会,行动者是起点和终点自主构成的循环社会,仅社会而社会的社会是非社会，或者更为直接地说没有人的社会是非社会，是死去的社会；在社会理论，如果没有行动者作为起点和终点来构建，就没有真正的与活着的社会知识。行动者是日常生活领域的普通行动者，更为直接说就是普通人，就是社会底部的人。没有轰轰烈烈、没有指点江山、没有宏大叙述，在日常生活中生存，这就是普通人的现象描述。如果说人是社会之根，那么普通人是社会根之根。社会底部的人为社会奠基，从而构成社会的基础。正是这些熙熙攘攘的普通人构成真实的社会。尽管社会扎根取决于一个完整的互构故事，即行动者对社会的建构和社会对个人的建构。实际上这仅仅是一个简化的模式，真实的状态远比这样的模式复杂，比如个人更确切说是行动者对社会的建构，就不是单个行动者，而是处在互构过程中的行动者们对社会的建构，这就构成了多个环节、形成了多个环结，从而实现了个人与社会，行动者之间的环接，众多社会连环和链环，导致了社会与个人的互通，于是循环社会命题成立。

行动者问题不仅是所有社会理论都无法绕过的问题，同时也是异常繁复的问题。本篇在提出行动者环命题的基础上对瑞典社会学家汤姆·伯恩斯的ASD框架中的行动者问题进行了讨论。ASD是行动者—系统—动态学理论的英文简称(Actor-System-Dynamics)。伯恩斯认为，ASD理论是20世纪70年代系统论的最大成就。我在ASD框架下讨论行动者，要做的工作主要是：观察以系统论为基础的经济社会学是如何关心行动者的；思考行动者的行动同知识的关联在ASD中是如何实现的；分析行动者理论的主要观点和构成以及同知识行动论是如何关联的，并讨论对知识行动论有何启发。从而为重思社会科学的循环系统，重植社会科学包括社会学的全部框架的种子提供理路。同时我也在本篇的最后一章介绍了米歇尔·克罗齐耶和埃哈尔·费埃德伯格对行动者进行的组织社会学研究。从组织社会学的视野看待行动者，则有别有洞天的感受。

总之，我的感受是：社会以及社会理论所存在的无根问题最终还要取决于对社会行动者的态度——解铃还须系铃人。别忘了回家的路，回到行动者，是社会和社会学扎根之路。

第四章　行动者环

社会理论是行动者的地盘,没有行动者的出现,若非为了行动者的意愿,任何所谓的社会理论都是空洞的和假想的。对行动者的分析和考察并不仅仅在这篇内容中,事实上,这部著作就是关于行动者的一种论述,因此,在这部分内容中仅仅就一些主要问题或者说在其他地方讲述得比较少的问题再加以说明。知识行动论的逻辑起点必须是行动者。这从舒茨的现象学行动论和吉登斯的结构化行动论以及其他一切行动论的研究结论中可以明显地表露出来的。但是我的看法是确定的:行动者作为行动论的逻辑起点并没有解决与此相关的所有问题,甚至连最基本的党性问题都没有解决。所以尽管在相关的章节中对行动者问题做过一些认真的讨论,但是我认为还不够,还不能准确说明我的学术立场,因此非常有必要对行动者做反复的讨论和说明。需要说明的是,这种讨论绝对不是专门研究行动者。

第一节　社会行动者命题

行动者问题是一个恒定的社会科学主题,所以它的出现不是随着社会学产生的,同样也不是行动理论的特产。在社会科学产生的时候,研究者就把行动者看作人,或者人的一种;这种状况到如今也还没有改变,我们在一些所谓名著中经常会读到把行动者转换为人的说法，事实上这种说法很普遍。所以，行动者问题不是一个已经解决的问题或者是不需要解决的问题，实际上这个问题涉及社会科学的全部合法性的基础。行动者问题可以被嵌入到几乎所有的社会科学领地，行动者的命题同样是久远而常新的问题集束。

一、行动者环命题

（一）社会环概念

环是事物的一个比较明显的特征，“遗传”可能是与“连环”二字联系最紧密的词了，这是人种的“自连环”。在网络术语里，环（Loop）是在网络路由选择中的一种情形，在那里分组从没有到达它们的目的地，而是简单地通过一个恒定序列的网络节点不断地循环。

在社会理论范畴内应该有社会环的概念，因为社会环在某种意义上体现了社会各个要素的关联性，说明了社会的某种存在方式。社会环指涉的社会要素不间断链接的特征和属性。所以社会环往往又等同于社会链（social bonds），实际上社会环与社会链并非等同的概念，往往社会链构成了社会环，因为通过社会链在社会环结上实现社会环接从而留下社会环节。在整个社会的构成中，各个社会群体都是整个“社会链”中敏感的一环，种种社会因子会借助这个“链”上的各种方式和媒介载体萌生共长。在某种意义上社会互构就是通过社会的结构链（structural bonds）实现要素之间的链环和环结。

作为方法论上的意义，社会环的价值也是突出的。问题通常是由相互耦合的多个因果关系环构成。每个因果关系环又由若干个因果链组成，而每一个因果链代表一种因果关系。因果关系可能是线性的，也可能是非线性的；它们之间的作用方式可能是实时的，也可能是延时的。对于社会环所提供的方法论价值，需要从这样的概念中获得启发。单一的视角尽管可以采用，但是已经被互视法所取代，而互视法也在多视角方法的逼近下优势有所下降。在社会理论研究中，更需要提倡和使用“环视法”，这是基于社会环概念所提出的一种方法。环视法是一种洞见式地观察社会链接的方法，尽管已经大量使用，但是不够强调以及没有相应的知识基础或者概念依据。社会环的提出尽管很着急，但是总算为这种环视法提供了概念工具。

与社会环关联的概念可以参考结构洞概念。结构洞理论是罗纳德·伯特(Ronald Burt)结合奥地利学派和格兰诺维特的网络分析于1992年提出的。伯特认为,在社会网络中,某些个体之间存在无直接联系或关系间断的现象,从网络整体来看,好像网络结构中出现了洞穴,这就是结构洞。“结构洞”是指两个团体之间因缺少联系而在关系网络结构上形成一个空缺。而将无直接联系的两者连接起来的第三者拥有信息优势和控制优势,因此,组织和组织中的个人都要争取占据结构洞中的第三者位置。一个人如果要取得比别人更多的商业机会和利益,就必须掌握比别人更广的、更有价值的网络关系。(伯特,1992:13－34、45－49)我更愿意把结构洞转换成为结构缺,因为结构洞仅仅在社会关系的网络状况中发挥作用,而结构缺的概念可能在社会环的补充上更有意义。

在社会关系研究的概念上网络化也是一个重要术语,我把这个概念所表达的内容概括为“网格模式”。网格模式可以解释传统背景下的社会关系,比如以某人为中心社会关系的涟漪效应,在差序格局概念下仿佛就是一种自然的生成过程,但是在网格模式下就是主体利用资源行动的过程,而且这个过程不是用一种自然力的多米诺效应,而是一种点点链接、线线沟通的过程。这样就在一定程度上拓展了差序格局的解释效应。同时网格模式还可以解释在转型时期的特殊历史背景下社会关系的生成与演变特征,特别是可以揭示社会激发的传递效应:即通过格点构建关系和传播功能。网格模式在解释社会关系时强调社会关系的变化因素特别是事件激发,非常紧张的社会关系状态在某种自然社会事件的激发下可能变得和谐,反之也成立。这种激发的机制是通过网格模式来实现的,特别是通过格点的行动传递来实现。因此,这种模式强调社会关系的相互主体性或主体间性,同时也强调相互主体之间的行动扩展来放大社会动员和自发情感,通过行动实现情感链接和资源共享。社会关系转变的社会激发在过程上有两个,其一是激发态,在这个状态中,事件本身既定的情况下个体情感与社会动员互为关联并促使一种或者几种基态下不常见的社会关系出现;要说明的是,事件本身也具有激发源的性质,事件的性质、大小、程度等都会产生激发作用,放大社会动员的能量或者加重个体情感体验,因此有时会有人为放大事件以获得改变社会关系状态的效果。其二是后基态,就是在激发态后所形成的一种常态,激发态的时间一般是不长的;激发态的消失便会回到常态,但是这个常态又不是激发前的状态,所以叫作“后基态”。后基态社会关系是社会激发的结果。

（二）行动环

无论社会环体现出内环或者外环(链)的特征,但是有一点是肯定的,就是这种社会环是同行动环链接在一起的,而行动环是通过行动者环相互连接的。

1. 单个行动的链环

第一,行动原因环。

社会行动发生的时候,直接和间接的原因是链环在一起的,个人和社会的原因是互构的,自己的意图和无意识意图是成链的。这种社会行动成因的多向索引性就明确地表达为行动成因环。

第二,行动要素环,行动结构链。

构成行动的要素是繁复多变的,因而是环式的,进而需要环视的。社会行动结构链如何实现真实的环结,不需要使用解链的方法而是采取生成的方法,吉登斯所提出的结构化就是实现社会行动结构相连的关键方法。在吉登斯看来,结构既要理解为行动的结果,也要理解为行动的媒介;行动者的行动既维持着结构,同时也改变着结构。至于社会行动结构的内容同样是链式的和环式的,比如社会行动的时空结构、知识结构等。

第三,行动结果环。

第一种情形是行动的有意后果环,也就是说行动的后果是成串的而非单个的,即使表现为一个特定的后果,实际上并非一个真正的特定的后果,而是在这个特定后果背后还有一串不被我们所知道的后果。这个所知后果与不被我们所知的后果组成一个环链。不要把一个行动(事实上由于行动环的存在,一个单独的行动是不存在的)的后果单一化,而应该结构化。

第二种情形是社会行动的无意后果,这种后果在吉登斯那里研究得比较充分。任何行动的任何后果都包括了无意后果的部分,这种意外后果同样也不是单独出现的,也是相互关联的和结构化的。① 吉登斯还具体分析了这种意外后

① 行动的意外后果是人类活动的独有现象,社会学家默顿、吉登斯和贝克把它作为一个专门的社会学理论问题作了系统的讨论。默顿在前人研究的基础上把意外后果作为一个专门的社会学理论问题和范畴提出来,从功能主义和知识社会学的角度作了具体的研究。吉登斯将意外后果的范围扩展到风险,直接把现代社会的意外和风险与专家知识的特征及其运用联系起来,从而深化了这一问题的研究。由于不满吉登斯过分强调专家知识的作用而忽视意外后果以及人们对(转下页)

果串。

第三种情形是有意后果与意外后果所组成的后果结构所形成的社会行动后果环,在逻辑上是没有终点的,这就是事物的本身。如果我们把这样的东西拆分,得到的只能是知识框。

2. 多个行动的链环

多个行动的链环具有人为拆分出来的单个行动的后果环全部特征。同时也能展现自己所特有的性质。这个性质就是行动间链:行动串。任何社会行动无论被拆分得多么彻底,都不是同其他的行动没有关联的,行动是成串出现的,或者可以说是群现的,只不过被我们拆分了或者被我们忽视了。行动与行动之间是成链的,比如以知识或文明形式存在的行动作为一种静寂的行动是时刻在场的,这种静寂的行动与作为言行而出现的行动是同时存在的,并且是环式存在的。行动间性就是行动环链性,或者说行动间性表现为行动的环链特征。如果行动间是链式的,就应用更多地使用互视法进行观察;如果行动间是环式的,就多采用环视法进行考察。环链的不同,采用的方法也可能不同,这就是我把环与链区别开来的用意所在。

(三)行动者环

行动者环概念的提出是基于这样的思考:知识行动论或者社会根理论要从行动者出发并能返回行动者;围绕行动者而建构一种新形态知识;行动者的存在方式或者说最为根本的社会性存在方式是以行动链为特征的行动者圈,这个圈带有环的内容。也就是说,提出行动者环的概念首先是基于行动者存在本身的特性和新社会理论的功能性特征。这就是行动者循环理论的基本观点。

1. 行动圈:行动者与结构链

在当代社会学理论中,agent-structure 这个词一般表示作为个体的行动发出者和潜在的社会关系之间建立了某种关联,它常常和 agency 一起使用。也就是

(接上页)它的无知的重要性,贝克从行动者之间基于社会分层和权力分化而在知识和理性上产生的矛盾和冲突来解释意外后果和风险,认为正是这种矛盾和冲突造成人们对意外后果和风险的无知,并使工业社会转变成风险社会。(刘玉能、杨维灵,2008)

说，行动者并不是被动地接受环境，而是对环境具有反思能力，因而，行动者和结构之间不是一种决定与被决定的关系，而是彼此相互构成。结构不是与行动者相脱离，而恰恰是在行动者的互动和实践过程中建立起来的，行动者的反思和实践造就了结构，反过来，结构约束并使动了行动者。

2. 行动者环

行动者是行动的承担者，而行动则成为行动者的存在方式。行动者的关联性就是行动者环的本体论依据；从行动者开始回到行动者的环圈是行动论的价值观的体现。行动者循环可以看作社会结构的生存性特征，也可以看作循环社会的条件。这是拯救社会和社会理论的关键概念。

在行动者环的概念中行动者关联性是核心内容，这种关联性说明了行动本身的复杂性和社会的结构性，行动者从行动出发进入社会，社会是通过行动者的行动被建构出来的。所以行动者与社会的关联是通过行动者之间的关联来实现的。在社会，行动者是起点和终点自主构成的循环社会，仅社会而社会的社会是非社会，或者更为直接地说，没有人的社会是非社会，是死去的社会；在社会理论中，没有行动者作为起点和终点来构建，就没有真正的与活着的社会知识。

二、“人死了，行动者还活着”命题

（一）行动者循环

“人死了”，只能是一种带有价值意向的宣称。不管这种宣称是否真实，行动者都依然完好地以社会循环方式生存着。这是行动者与社会根之间关联的一个重要命题。

讨论“人的死去活来”似乎有着某种“回到行动者”的预示，但更多的是一种梳理和给出一个历史线索。追寻着这个历史，领略到人死去活来的生动故事。需要提醒的是，欣赏这种精彩的故事时须记住一个主线：行动者一直活着而且生命力顽强地活着，就像你我生动地活着一样。

行动者环式生存的命题在某种意义上承载着我们生活的社会的鲜活特征，或者说行动者们的环式生存本身展示了社会的根性顽强。人死了，行动者不能不活。人死了，展现的历史，那是过去的社会；死而复生，成为当下社会的知识形式，于是社会科学就是在这生生死死中获得灵感。但是真实社会的存在必须以活生生的行动者作为条件，所以行动者不仅活着，而且循环式地生存，使我们的社会成为循环社会，这样才有了传统社会到现代社会，现代社会到后现代社会，生生不息地延续下去。

（二）行动者展示行动

行动者承载社会的属性体现在行动者展示行动的特征上。有了行动者对行动的展示才有了社会的生动性，因为行动的特性规定了行动者的品质和个性。行动者通过其行动展示了我是谁以及我们是谁，社会才鲜活起来。汉娜·阿伦特在《人的条件》一书中指出：人们在言行中表明他们是谁、积极地展现其个性，从而使自己出现在人类世界中，虽然他们外表的特征并不显示其独特的体形和声音。同某人可能是“什么”（他可能表现的或隐藏的品质、天赋、才能和缺陷）截然不同的“谁”的展现蕴含于他的一言一行中。它只有在完全沉默和消极中才不显露，但它的展现作为一个刻意追求的目标几乎是达不到的，尽管一个人可以以同一方式占有和处置这一“谁”，并能处置他的品质。相反，这一点是很可能的——这个“谁”（在其他人看来是明确的、不会错的）依然隐藏在一个人自身的后面，就像希腊宗教中的守护神一样，他一生伴随着每一个人，总是从后面探头往前看，这样只有在那些与他正面相遇的人的眼中才是可见的。

行动者行动的展示是在行动者的互动过程中实现的，阿伦特说：言行的这一展示性品质只是在人们的相处（彼此既不赞成也不反对）中表现出来，即在人的纯粹的群体性中表现出来。虽然没人知道其言行向谁展示、何时展示，但是他必须甘冒展示的风险。由于其固有的以行为揭示行动者的倾向，行动需要充分展现我们曾称之为荣耀的闪光的辉煌，而这只有在公共领域才是可能的。

行动者展示行动同行动揭示行动者是同一个过程。阿伦特认为，在行为中不揭示行动者，行动就失去了其特有的品质，成为其他诸种成就中的一种。这样，行动就像制造是生产一种东西的手段一样，成了实现目的的一种手段。只要人类的群体性一丧失——即人们彼此要么和睦相处，要么反目成仇，就像在现代战争中人们为了取得有利于自己、不利于敌人的目标而采取行动和使用武力一样——这种情况就会发生。在这些状况中（这种状况永远是存在的），话语什么都未展现,展现只是来自行动本身,这一成就(同所有其他的成就一样)不能揭示"谁"——即行动者具有的独特的、显而易见的特征。

没有名字的行动(即"谁"与行动有关)是毫无意义的。事实上,任何行动都能够锁定它的行动者。行动展示行动者,而行动者展示行动,也就形成了一个链接个人与社会的环。如果不能在行动中展示自我,即展示行动者,这样的行动对行动者来说是无效的;只有在行动过程中解决了"我是谁"以及"我在哪里"这样的问题,对行动者才是有意义的,因此也才是有效的。同样行动者也必须展示行动,无法展示行动的人在一定程度上就不能定义为行动者,行动者必须通过一定形式把行动展示出来,包括行动的意图、行动过程等。所以,阿伦特的行动者展示行动实际也说明了这个意思。

"行动者展示行动"是知识行动论的党性宣称。正是在这种展示中,社会才是活生生的;正是这种展示,行动者才是活生生的。匿名行动的可耻性就表现在同展示行动者的行动相对立。消失了行动者的社会是无根的,消失了行动者的知识是堕落的。

(三)行动者的行动领域命题

行动者在哪里,在行动理论中是必须追问的根性问题。因为行动者在哪里,行动者的行动也在那里,同时行动理论者的党性也在那里。行动者行动领域的规定中,当下较为流行的观点就是布迪厄的"场域说"。尽管我不同意这种说法,但是"域"概念的使用总是能够引发某种联想。于是可以把行动者的行动领域或者空间,用一个概念加以概括,当然这个概念还需要进一步的规范和解释,这个概念就是"行动域"。可以说不解决"行动域"的问题,"行动环"、"行动串"等概念也无从真正解释。

1. 布迪厄给定的区域:场域

场域是布迪厄反思社会学后提出的一个新概念,场域是"在各种位置之间存在的客观关系的一个网络,或一个构型"。无论怎样解读场域所含有的内容,但是"域"的空间性特征是无法消解的。因而,在布迪厄看来,场域是行动者的行动领域,或者说是社会中的行动域。我们知道,行动者总是在一定具体的时空特别是空间中进行活动。布迪厄认为,社会行动者一旦进入场域,即是获得这个场域所特有的行为和表达的特殊代码,这是他进入场域必须交纳的入场费。在此过程中，习性会引导行动者将场域“建构成一个充满意义的世界，一个被赋予了感觉和价值，值得你去投入、去尽力的世界”。（布迪厄等，1998：172）行动者在他的位置空间和主观立场之间存在着同源关系：“社会游戏是那些忘却其为游戏的游戏，而幻象是某种游戏的入魔关系，这是精神结构与社会空间的客观结构之间的本体论契合关系的结果。因此，一些社会行动者如果立场接近，往往并非他们主动协调的结果，而是他们习性相近、社会空间位置接近的结果。社会行动者并不知道支配着他们行动的背后的幻象。行动者的策略总的来说可分为三种，即保守、继承和颠覆。”①

场域的概念尽管对解释行动者的行动域很有帮助，但是由于场域的不同行动者也散落在了不同的空寂中，于是一类行动者出场便以另一类行动者隐匿为条件，这时作为行动域的场域可能就被转换为某类行动者的地盘。所以场域概念里所含有的意识形态因子就会发酵，从而湮灭真正的社会行动者以及这些构成社会生成与社会变革的行动。行动域概念并非没有价值注入。

2. 社会根理论给定的地方：日常生活世界

从维特根斯坦对“日常语言”的强调，到卢曼的“互动系统”（相对于有规则的组织系统）；从常人方法学对“日常规则”的关注和德国的“日常史”，到哈贝马斯的“生活世界”（相对于有功能的行动系统），都对“日常世界”有一种偏爱，因为日常是一种去范式、去制度、去霸权的状态。哈贝马斯正是依据“生活世界”，提出了他的沟通理论以及“公共领域”的概念。跨学科和去学科正是需要回到科学的“日常生活世界”，回到摆脱学科“国家”控制的“公共领域”。在与日常生活批判理论有关的西方哲学家中，海德格尔通过对人的“日常共在”的剖析，揭示了现代日常生活世界的深刻与全面的异化，批判了人在日常生活中的沉沦，表达了对人类生存现状尤其是人的日常生存的忧虑。“在海德格尔的视野中，日常共在的世界或日常生活世界是一个全面异化的领域，一种非本真的存在状态。”（衣俊卿，1994：55）每个人的“在世”都不是个人的存在，而是作为“共在”而存在，作为“常人”而存在。

---

①　华康德写道：“所谓策略，他指的是客观趋向的‘行为方式’的积极展开，而不是对业已经过计算的目标的有意图的、预先计划好的追求；这些客观趋向的‘行为方式’乃是对规律性的服从，对连贯一致且能在社会中被理解的模式的形塑，哪怕它们并未遵循有意识的规则，也未致力于完成由某位策略家安排的事先考虑的目标。”（布迪厄等，1998：27）

对于日常生活世界的众多说法和理论都是有价值的，但是直接针对社会根理论的领域划定在日常生活领域最为根本的思路在于它的对象是普通人——日常生活世界的普通行动者。这是无须做更多解释或者说明的。如果把日常生活世界看作普通人生活的场域，那么这个场域概念也是可以接受的。

三、"社会扎根者：行动者"命题

（一）社会理论的扎根：行动者环

1. 从行动者开始返回行动者：环式扎根法

（1）从行动者出发

从行动者出发而非从行动出发构建社会科学理论是共识，也是社会科学家的行动。在社会学理论领域中，马克斯·韦伯开了个好头。他认为社会学（这个使用时含义十分模糊的词在这里所理解的意义上）应该称之为一门想解释性地理解社会行为、并且通过这种办法在社会行为的过程和影响上说明其原因的科学。同时，"行为"应该是一种人的举止（不管外在的或内在的举止，不为或容忍都一样），而且只有当行为者或行为者们用一种主观的意向与它相联系的时候。然而，"社会的"行为，根据行为者或行为者们所认为的行为的意向，关联着别人的举止，并在行为的过程中以此为取向。也就是说，韦伯不管用什么样的语言，不管隐含了什么样的用意，都明白地说明：社会学从行动出发必须以行动者为起点。但是韦伯选择了以新教徒为社会行动者，并以此出发讨论资本主义社会发展的过程，但是遗憾的是在新教伦理转化为资本主义精神促进资本主义发展的宏大历史叙事中，行动者消失了，并消失在那种理性化的话语体系中。帕森斯十分聪明，秉承了韦伯的起点思路，在建构其理论时一再声称自己的理论是唯意志论的行动论，而且这种行动论必须从行动者出发，但是同样遗憾的是帕森斯在结构的平面化下用 AGIL 模式屏蔽掉了行动者，本来作为起点的行动者就是模糊的。吉登斯的本体论关怀似乎也把行动者，特别是知识行动者视为改造已有行动论的起点形成了结构化理论，但是他所设计的第三条道路却使他忘记了回到行动者的路。出发了，在路上，风景秀丽，心旷神怡，然而忘了回去的路。

（2）回到行动者

是忘了回去的路，或是不愿意回来，还是没有办法回来，是值得思考的问题。当没有办法回来的时候，就需要提供一种工具来记着回去的路或者架桥修路。我提出"行动者环"的概念就是企图唤醒社会理论家别忘了回来的路，抑或用这个概念架通回来的路。

回到行动者并不仅仅是我的唤醒。法国当代社会学家阿兰·图海纳在其新著《回到行动者》一书中也明确表达了这个想法。该书的思想是针对忽略个人主体性"古典社会学"范式的困境提出的。图海纳在本书中试图以行动者及社会运动的概念，重新引入主体。他认为，在我们当前所处的后工业社会中，个人作用于社会和历史的方式主要是通过社会运动来实现的；而由个人运动出发构成的社会运动，可以创造出新的社会形态。

而我所表达的意思，行动者环概念的提出，不仅唤醒在实际领域我们要我们化，在社会学或者社会理论领域要想扎下根来，必须行动者出发回到行动者，从而形成一起为了行动者的社会理论。否则知识的无根同样会导致社会的无根。

2. 行动者是谁：不仅仅是宣称

行动者是谁，如同询问人民是谁或者人是谁一样的问题，但是如果不能说清行动者们的范围，那么行动者环的概念仅仅是一个概念而已。

我的声称是：行动者是日常生活领域的普通行动者，更直接说就是普通人，就是社会底部的人。没有轰轰烈烈、没有指点江山、没有宏大叙述，在日常生活中生存，这就是普通人的现象描述。

如果说人是社会之根，那么普通人是社会根之根。社会底部的人为社会奠基，从而构成社会的基础。正是这些熙熙攘攘的普通人才构成真实的社会。社会分离损害了社会发展成果的共享，底层所受的损害在埋着冲突的种子，普通人被视为"不成功者"乃至"失败者"制造了社会中大多数人的挫折感。社会底层真实的挣扎与痛苦，具体的生活者的不幸与抗争，失去了被关注的价值。把目光投向社会底层，不是为了展示苦难，而是为了正视当代社会中生命的真实；不是为了居高临下的优越感，而是为了社会共同体的协进发展；不是为了让精英人士展示"亲民"的姿态，而是为了展现社会对"以人为本"的理念的坚持。社会底层应当被作为整个社会的基层结构来对待，对于社会有机体来说，关注底层的人们，就是关注社会自身；关注那些不幸的人们，就是关注人本身。

根扎进行动者的土壤里才能长出真实的知识来。关注普通人是社会根理论的全部视角。所以,我把日常生活世界的普通行动者视为社会根理论的起点和终点。在某种意义上社会根理论又是一种环理论,因为环绕着日常行动者而建构(当然在本书中可能还只是一种宣称)。作为一种知识行动论,必须把知识行动者定位为这种理论的中心,但是这个知识行动者是谁的问题又是不得不问的问题。于是日常生活领域的普通行动者也就当然地成为这个理论的全部关注点。

(二) 行动者:社会扎根者

加芬克尔的《常人方法学研究》表达了一种具有社会建构主义倾向的考察社会秩序如何形成的新视角:社会秩序正是在社会行动者的实践之中巧妙地进行建构,芸芸众生在日常生活中依照常识推理的逻辑建构了我们的日常生活世界。建构主义者强调:现实和知识都是社会建构的,但这并非个人建构,而是“共同的建构”,即我们之所以有如此建构,是因为我们从共同体那里获得知识、体验和思想渊源。但是在强调社会被建构的过程特点时建构主义不应该忘记社会建构者无疑是社会行动者。

社会行动者是以环式特征出现的。这不仅是行动者的命题,同时也是内嵌在社会建构过程中的一种社会事实。

尽管社会扎根取决于一个完整的互构故事,即行动者对社会的建构和社会对个人的建构。实际上这仅仅是一个简化的模式,真实的状态远比这样的模式复杂,比如个人更确切说是行动者对社会的建构,就不是单个行动者而是处在互构过程中的行动者们对社会的建构,这就构成了多个环节,形成了多个环节,从而实现了个人与社会,行动者之间的那种环节,众多社会连环和链环,导致了社会与个人的互通,于是循环社会命题成立。

第二节 上帝并非真死

人的消失,主体的黄昏,这是一个非哲学的断言。要说到人的死活必须考察上帝的存在方式。因为,在这历史的过程中只有上帝死了,人才能活下来。

但是到底上帝真的死了吗？尼采说："上帝死了。"其实上帝死了这句话也不是尼采最先说的，司汤达就说过一句俏皮话："上帝的唯一优点就是他不存在。"然后又有"上帝是瞎子"。但是，上帝死了或瞎了之后，活过来的还并不是我们，而是人"类"。于是福柯接着说："人死了。"人死了，并不是说我们全死了，更不是说人类堕落了。人死了，我们这些个体才"一个个"地活过来了。通过死走向活，这是对生死状的另类回应。但是无论使用哪种回应方式，社会行动者是真实地活着，否则我们也就无法书写了。

一、黑格尔对上帝的拯救

（一）黑格尔的"上帝之死"

可以这样说，青年黑格尔较早地宣称了上帝的死。在《信仰和知识》(1802)、《精神现象学》(1807)等著作中都有"上帝之死"的说法。在《信仰和知识》一书中，黑格尔断言："新时代的宗教赖以为基础的情感是：上帝本身死了。"在《精神现象学》中黑格尔写道："它痛苦，而这种痛苦能够用下面这句冷酷的话来表示：上帝已经死了。"当谈到神圣本质的外在化，即它转变为肉身和死亡时，黑格尔又说"这样的死正是感受到上帝本身已经死了的苦恼意识的痛苦情感"。(俞吾金，2006)黑格尔说：在苦恼意识因丧失(自我)主体和实体而来的极度痛苦中，在苦恼意识这种此岸与彼岸可怕的分裂中，"上帝已经死了"。(黑格尔，1979：231)

（二）黑格尔对上帝的拯救

"上帝之死"无论是对世俗世界还是对精神世界都是一件大事，所以黑格尔并不能轻易地宣称上帝的死亡，即使是上帝死了，也要想法拯救上帝。因此黑格尔通过思辨理性复活上帝。正是理性对超感性世界的极度追求和夸张并将其作为感性世界的现实性的本质和根据，最终导致了此岸世界与彼岸世界的分裂，理性的虚假、抽象导致了上帝之死。这时候要想拯救上帝也必须发展一种更高形态的理性来使上帝复活。黑格尔认为，苦恼意识这种极端的虚无主义只是人类精神、意识发展到自我意识阶段特有的，而在人类精神、意识的后继发展中，随着"实体即主体"的理性视界的达至，在理性矛盾的自我和解中，苦恼意识这一形态特有的虚无主义将被消解,上帝在新的更高的理性形态中获得新生。(章忠民,2003a)这样黑格尔就拯救了上帝。

既然上帝又活了,所以晚年的黑格尔不但不再提到“上帝死了”的命题,而且赋予宗教和上帝以至高无上的地位:“上帝(神)是一切之始和一切之终。一切源出于此,一切复归于此。上帝(神)是核心,它赋予一切以生命,使一切生命形体具有精神和灵魂,并维系其存在。在宗教中,人将自身置于同此核心的既定关系中,而这一关系则将其他一切关系淹没。”(黑格尔,1999:4)

照我看来,事实上上帝一直没死,如果说是死了也只是一种假死。上帝的死去活来同人的死去活来密切相关。这种死去活来的故事演绎着人类的历史,也充盈着哲学以及社会理论的知识库存。这是我们讨论上帝死去活来这一问题对我们生存社会的意义所在。

二、上帝死了:尼采的宣称

(一)观点陈述

尼采告诉世人一切可怕的东西中最为可怕的事实,就是“上帝死了”!“在现在,一切都摇晃,全大地都震颤。”(尼采,1987:309)尼采关于“上帝死了”的言说与他早期的思想有着密切的联系。他早期曾经提到的“一切神必定会死亡”的见解在这里被表达为“一切神都腐烂了”。(俞吾金,2006)

尼采第一次明确地说出“上帝死了”这句话,是在1882年出版的《快乐的科学》(又译《快乐的知识》)第三卷第108节中。他这样写道:“上帝死了,但是,人们同样也会提供千年之久的洞穴来展示它的幻影。”显然,在这一节中,他还没有充分阐明“上帝死了”这句话的含义。在该书同一卷第125节中,这句话的含义得到了详尽的论述。这一节讲到:一个疯子大白天打着灯笼,在市场上不停地叫喊“我找上帝”,正好那里聚集着许多不信上帝的人。于是,这个疯子闯入了人群中:“上帝去哪儿了?”他大声喊道,“我要对你们说!我们已经杀死了他——你们和我!我们都是谋杀犯!但我们是如何做到这一点的呢?我们如何能将海水吸干?谁给了我们海绵去擦拭整个地平线?我们究竟做了什么才使大地脱离了它的太阳?……一切神都腐烂了!上帝死了!上帝殉难了!

我们已经杀死了他！作为最大的谋杀犯，我们将如何宽慰自己？迄今为止最神圣、最万能的它已经倒在我们的刀下——谁能清洗我们身上的血迹？用什么样的水才能清洗我们自身？”这个疯子把灯笼扔在地上，责怪自己来得太早，太不是时候了。尽管人们实际上已经谋杀了上帝，但他们居然没有意识到。这个疯子还跑到各个教堂里，唱起了《安魂弥撒曲》，当人们问他为什么这样做时，他回答道：“如果这些教堂不是上帝的墓穴和墓碑，它们还能是什么呢？”（尼采，2001：127）

尼采关于上帝之死的观点在《快乐的科学》中是借“疯子”之口说出来的，在《查拉图斯特拉如是说》中则是借“最丑陋的人”之口说出来的。

这就是尼采提出“上帝之死”的基本情况。这种说法就是一个故事，这个故事透露着种种神秘，流露着丝丝情感。但是这个故事也留给了我们阵阵谜团。

（二）几个追问

这里要追问几个问题：上帝为什么要死？是谁杀死了上帝？上帝真的被杀死了吗？与此相关的问题就是我们要研究的主题：上帝的死活同日常生活世界的行动者有多大关联？

1. 上帝为什么要死

“我们更愿意在这个意义上理解‘上帝死了’这句话，即上帝本人由于自己的原因已经远离他的活生生的在场了。但是，要说上帝是被其他存在物甚至是被人谋杀的，那是不可思议的。”（俞吾金，2006）“上帝死了”的宣称成了诊断社会与时代的一个信号，这个信号说明了高高在上的上帝成为此岸（世间普通人）无法达到的目标，最终成为人类耻辱和苦难的见证人，这个时候人类依然遭受的种种恐惧和灾难。因为上帝徒具无所不能的伟名与对人类的怜悯映衬出人类的耻辱和丑陋，人类就不能不杀死上帝，巨大而恐怖的虚无和分裂杀死了上帝！可以更直白地说，社会不是社会，人间不是人间，要上帝何用？所以上帝之死同社会状况有关。这是费力考察上帝之死的社会根理由。

首先，上帝没有用了，所以必须得死！

上帝的多愁善感属性，说明了上帝的生物性特征，这种特征也就注定了上帝必然有自然之死的结局。在尼采看来,“上帝”之所以要“死”,是因为“上帝”已经衰老了,他的“死”是历史的必然。上帝对人类的同情导致它的死亡。在《查拉图斯特拉如是说》第二卷第 25 节中,尼采写道: 从前魔鬼对他说过:“连上帝也有它的地狱,那就是他对人类的爱。”最近他又听说: 上帝死了;上帝死于他对人类的同情。也就是说,上帝的自然死亡源于“他对人类的同情”。为什么对人类的同情会导致上帝的自然死亡呢? 尽管尼采没有明说,但暗含着如下的意思,即上帝死于自己的多愁善感。“可是,一切创造者都是铁石心肠。”既然上帝没有这样的铁石心肠,他太多愁善感了,所以,正是这种情感上的折磨导致了上帝的自然死亡。(俞吾金,2006)

其次,上帝太有用了,所以必须得死!

上帝太有用了,能够洞察人类的一切,能够见证世间一切丑陋,所以上帝必死。这就是上帝被谋杀的原因。尼采在《查拉图斯特拉如是说》中假借那个丑陋的人说出的一席话:“他看见人类的深处,看见(人类)的一切隐秘的耻辱和丑陋,上帝明察一切和人类,所以他不能不死! 这样一个见证人不死,是人类不能忍受的。”(尼采,1987: 318)这个最丑陋的人说出了这样一个谜语:“什么是对见证人的复仇?”并且不等查拉图斯特拉回答,就承认自己是这个谜语的谜底。于是,善解谜语的查拉图斯特拉立即惊叫起来:“你就是上帝的谋杀者!”这个最丑陋的人非但不否认自己的谋杀行为,而且振振有词地说明了自己这么做的原因——上帝洞察一切,也洞察人类——这个上帝必须死去! 人类是无法忍受这样一个见证人的。显然,这个最丑陋的人的申辩表明,上帝是因为见证了人类的一切丑恶行为才遭到人类谋杀的。

2. 谁杀死了上帝

在《快乐的知识》中,尼采通过疯子之口说出了事情的真相,即上帝不是自然死亡的,而是被“我们”即“你们和我”共同谋杀的!“让我告诉你们吧! 是我们把上帝杀死了! 是你们和我杀死的! 咱们大伙全是凶手!”(尼采,2001: 126)“你们和我”在行动论里就转换为一种行动者。问题在于,你们和我,在杀死上帝的时候,产生动机的依据是什么? 是理性还是情感? 理性同知识要素有关联吗?“上帝死了”这句话意味着: 超感性世界已经失去了作用力,不再有生命力了。形而上学,即被尼采理解为柏拉图主义的西方哲学,已经终结了。尼采通过我和你们所进行的对上帝的谋杀行动,即抹去了所谓的超感性世界，同时也埋葬了柏拉图主义西方哲学所建构的行动理性。[①] 在尼采看来，“几千年来凡经哲学家处理的一切都变成了概念木乃伊，没有一件真实的东西活着逃脱他们的手掌”，一切都被他们抽象的理性之刀宰割和裁制了。崇尚理性的哲学家们拒绝任何感性和感官的东西，否认事物的丰富性和差异性，把一切丰富生动的事物都统统毫无差别地塞进一个预制的统一的理性框架中，人的“经验事实被削足适履地塞进某一事先想好的模式之中”。（卡西尔，1985：28）

如何评价“你们和我”杀死上帝的行动？尼采对这个行动评价很高。“从没有过比这更伟大的业绩，因此，我们的后代将生活在比至今一切历史都要高尚的历史中。”（尼采，2001：127）“你们和我”杀死上帝的伟大业绩可以使历史更大高尚，可以使后代更加幸福。

3. 上帝死了人怎么活

“上帝死了，人还怎么活下去”，这是我要直面的追问。没有上帝的日子，生活的意义在哪里呢？这些追问尼采都想到了。因为在尼采看来，上帝死了，对人来说没有关系，因为还有超人。尼采告诉世人：“上帝已死：现在我们热望着——超人生存！”（尼采，1987：292）“上帝死了”始终是尼采意欲摧毁旧世界，迎接新世界的一项使命。尼采要通过超人这个拯救者，赋予这个世界以目标，通过超人战胜上帝与虚无。

上帝已失去其存在的意义和价值，或者说，上帝之死意味着，人们不再需要上帝作为自己的目标和支撑。上帝不死，人就不会有安宁；上帝活着，人就难逃虚无之劫难。人们必须杀死上帝，为的是人的自由和解放。因此，人们现在为了生存，要用上帝来做牺牲品，将它献祭给那可怕的虚无。最终，尼采忍受不了极度的虚无和疯狂，在把上帝献祭给虚无之后，用超人取代了上帝，尽管他的超人本身也充满了（积极的）虚无主义精神。（庄穆，2003）超人的出现取代了死去的上帝，从而笼罩了上帝死后的生活。

“你们和我”杀死了上帝之后，又出来一个超人来同我们共同生活，但是超

---

① 西方哲学一直在理性的观念中打转，空耗心力，玩弄一个没有答案、没有出口的理性“迷宫”，假的被弄成真的，真的被弄成假的。结果，理性不仅没有使人接近真理，反而使人离真理越来越远，同时，“理性”把人们推向一个两难的危险境地：要么毁灭，要么成为荒谬的理性的人。（庄穆，2003）

人是谁呢？尼采只是把人的生存活动的目标、权力和范围，由超感性的彼岸世界下放到感性的此岸世界后，把个人的有血有肉的生存活动的效用标准，重又交给了一个依然是不食人间烟火的超人加以司掌。“（诸）神们全死了：我们现在要（使）超人生活起来！”查拉图斯特拉如是说。芸芸众生面对一个崭新的绝对（标准），仍然是自惭形秽，“人之于超人，就像猿猴之于人”，人世间此岸与彼岸的沟壑仍未消除。我们不仅没有能够更加高尚，而是重新进入到一个更加虚无的世界中。这就是尼采骗人之处。

4. 上帝真的杀死了吗

真实理解尼采，就可以知道上帝并没有被杀死，只是处在被杀死的过程中；或者也可以这样说，即便上帝被杀死了，但是真正知道这个事情还需要更多时日。“这件惊人的大事（杀死上帝）还在半途上走着哩，它还没有灌进人的耳朵哩。雷电需要时间，星球需要时间，凡大事都需要时间。即使完成大事，人们听到和看到大事也需要假以时日。这件大事还远着呢，比最远的星球还远，但是，总有一天会大功告成的。”（尼采，2001：127）从这段话里，至少可以知道：杀死上帝的这个大事还没有最后完成，也可以这样理解上帝的影响还在存在。所以从某种意义上说，上帝并没有真的被杀死，而是处在一个被杀死的过程中。

从事实层面上看，尽管在意识的层面上，尼采虚构出“超人”来取代上帝，然而在无意识的层面上，他仍然像他所指责的康德那样，归根到底是一个隐蔽的基督徒。（俞吾金，2006）从宏观上来考察，也应该是如此。无论是文艺复兴时期的思想家，还是英、法、德启蒙运动时期的思想家，他们批判宗教的矛头都是指向宗教在人间的代表教会及教会的权威，而不是批判宗教本身。“上帝”的观念虽然被怀疑、被否定，但在德国古典哲学的哲学家中，被否定的“上帝”又以“先验理性”、“绝对理念”的方式借尸还魂到人的身上，因而，“上帝”并没有真正“死亡”。（庄穆，2003）

5. 上帝的死活同日常生活世界的行动者有多大关联

这是我要说明的最为关键的问题。因为，上帝死了，人就显现了。一旦人从上帝的阴影中走出来，就有可能成为行动主体，就有可能成为行动者。上帝把人转换为行动者的过程中首先把人肢解为两个部分，在上帝的信仰体系中行动和生活，另一部分则不是。尼采在“上帝死了”这句话中所感受到的，隐含于西方基督教文化中的根本性悖论，即人性本恶与上帝救赎人类的行为之间的悖论。“假如人性本恶，那么人和人类根本上就是不可救赎的，沿着这一思路探索下去，必定会发现上帝是无能的和多余的，从而谋杀上帝，把他作为整个人类恶行的替罪羊和避雷针；假如上帝救赎人类的行为是明智的，也是有效的，那么人性本恶的理论和原罪说就必须被抛弃。这样一来，整个基督教文化赖以安身的基础就被抽掉了。无论人们在这个悖论中选择哪一条思路探索下去，其结果都只能是导致整个西方基督教文化大厦的倾覆。或许可以说，面对这个致命的悖论，尼采最终失去了理智。”（俞吾金，2006）要成为行动者，要更加理性地生活行动，必须改变行动背后的那种文化危机状态。从上帝之死所表征的西方文化的危机并不能简单把上帝谋杀就可以摆脱。“不从根本上化解基督教文化内蕴的这一悖论，西方文化能够脱离自己所处的危机状态吗？”（俞吾金，2006）

即便是上帝死了，日常生活世界的行动者也是沉寂的无语的，因为人或者说主体从上帝的阴影中走出来并不能清晰地回答这时的主体人到底是谁。抽象的人就像上帝一样。实质上这也就是一个祛魅和加魅的过程，上帝死了是祛魅而抽象的，人出来了这又是加魅，人终究是活着的，但是始终活在那令知识人无限遐思的魅影里。

“理性”把人们推向一个两难的危险境地：要么毁灭，要么成为荒谬的理性人，只有这两个选择。试想：如果人类的理性被否定弃了，人类主体的中心地位还能维持吗？但尼采只是使“主体”步入了“黄昏”，并没有宣判“人的死亡”，他只是寄希望于未来一种新的、饱含“强力意志”的人的诞生。但是，现代干瘪的理性之“人”不死，尼采哲学意义的“人”就难以诞生。所以，“上帝死亡”的时代必再走向“人的死亡”的时代。（庄穆，2003）

上帝之死在尼采那里并没有给人们之活留下地盘，超人的出现与登场只不过是尼采放养的上帝，人要真实地活下来，这时现代社会才成为可能。

第三节　人死了吗：基于知识的分析

“人之死”是福柯在《事物的秩序》（中文译本为《词与物》）中提出的一个关键概念。“人之死”已经成为福柯广为人知的一个著名论断。可以说，这是福柯继尼采说出“上帝死了”之后的又一惊世骇俗之语。需要得出的判断就是，人死了，但是行动者还活着。没有抽象的行动，除非把行动作为一种结构或者秩序，但是有抽象的人，所以人可以死，但是行动者无法消失，只要社会依然存在。这就是我从福柯的“人之死”得出的结论。

一、人的出现

人的消失同人的出现是同一个性质的问题，了解了人的出现对把握人的死亡也是有益的。福柯正是从人的出现来论证人的死亡的。①

(一) 人进入西方知识领域的条件

“随着物愈来愈变得反省的，并只是在它们自己的生成变化中探寻它们的可理解性原则，还放弃了表象的空间，人随之并且第一次进入了西方知识领域。”(福柯，2001：12)福柯这里显然表明了人的学说并不是一劳永逸的，而是在一定条件下才进入了知识领域的。福柯讲述了人进入知识领域的三个伴随条件：一是物的反省性而且体现出来的越来越强烈的反省；二是可理解原则的物的生成变化中的探索；三是对表象空间的放弃。福柯所强调的是物与人的关系，伴随着物以及物的变化而才显现出人的意义和人作为知识形式的出现，这才是福柯的本意，也就是说福柯所讲的人是连带着物的，这是福柯分析和建立物与词(人)知识框架的前提性命题。②

(二) 古典知识型中人并不存在

福柯指出：人，作为初始的和有深度的实在，作为所有可能认识之难弄的客体和独立自主的主体，在古典知识型中没有一席之地。(福柯，2001：404)福柯使用“知识型”这一新术语指称特定时期知识产生、运动以及表达的深层框

---

① 按福柯的说法，在18世纪末，话语不再起它在古典知识中曾经起的组织作用。在话语留下的空白处，人就产生了，这个人活着、讲着话并劳动着，这个人也了解生命、语言和劳动，最后，这个人也因活着、讲着话并劳动着而能被了解。

② “人”这一概念的诞生和消失要从词与物的关系角度入手：人在词与物的组合中曾经占据，即将占据什么位置。

架。通过对文艺复兴以来知识型转变流动的考察,福柯指出,在各个时期的知识型之间存在深层断裂。福柯认为,在古典知识型中,也就是在18世纪末之前,人并不存在。

第一,确认人的方法本身并不能说明人是存在着的。福柯说:我们可以说,普通语法、自然史和财富分析,在一定意义上,都是确认人的方法,普通语法和经济学使用了需求、欲望、或记忆和想象这样的概念。尽管如此,“这并不存在关于人本身的认识论意识。古典知识型沿着诸条线索被说出来了:这些线索并不孤立适合于人的特定领域”。(福柯,2001:402)

第二,人是近期的发明。“无论如何,有一件事是确实的:人并不是已向人类知识提出的最古老和最恒常的问题。……人是其中一个近期的构想。并不是在人与人秘密的周围,知识才在黑暗中游荡了好长时间。……只有一个与一个半世纪以前开始而也许正趋于结束的突变,才让人这个形象显露出来的。”(福柯,2001:505-506)福柯指出:诚如我们思想之考古学所轻易地表明的,人是近期的发明。(福柯,2001:506)这个发明的时间并不长,并不像人类本身那样长久,福柯甚至认为人完全是新近的创造物,知识造物主用自己的双手把人制造出来还不足两百年。(福柯,2001:402)

人是深度实在和近期发明,这不仅揭示了知识型的逻辑,同时也说明了“现代社会何以可能”这一问题与如何唤起或者唤醒人与发现作为行动者的人有着密切关系。真正的问题好像被掩盖了,这个真正的问题是知识中人的出现与人世间人的出现是两码事,人的出现与持续只有在这样两条线索中才能演绎出动人的故事。很显然,福柯人之死的故事仅仅在一个线索中可以追踪,这是很不幸的知识悲剧;但是好在人的存活并不依赖于这种“人之死”的知识性宣称。

(三)人出现的意义

尽管人是近期的一个构想,但是人的形象显露的意义是十分明显的。人的形象的显露并非一个古老的焦虑的释放,并不是向千年关切之明晰意识的过渡,并不是进入长期来停留在信念和哲学内的某物之客观性之中:它是知识之基本排列发生变化的结果。(福柯,2001:506)也就是说,人的出现是知识的内在逻辑的结果。正是这个结果为现代性的门槛奠基的。“从异的受限经验到医学知识的构成形式,从这些形式到物之序和‘同’之思,考古学分析可以得到的对象,是整个古典知识,或者还不如说,是把我们与古典思想分隔开来并构成我们的现代性的那个门槛。正是在这个门槛上,被称之为人的那个奇异的知识人物才首次出现,并打开了一个适于人文科学的空间。"(福柯,2001:14)可以这么说,正是在人作为知识(或者对象)的时刻,才开启了现代性道路。或者可以直接地说,正是由于人作为知识,才开辟了人文科学的天地,拓展了人文科学的空间。对知识行动论来说,人之出场意义更在于人转换成行动者的命题,为考察现代社会的可能,为揭露西方现代性的骗局打开了缺口。在知识上没有人难以有行动者,没有行动者以及行动者的社会行动,一切都是枉然。

(四)人的短寿性

"人"被福柯看作表征知识型的终结,现代知识型崛起的产物。"奇怪的是,有关人的知识在幼稚者的眼里是从苏格拉底以来最古老的研究了,人可能只是物之序中的某种裂缝,或者,无论如何,也只是一种构型,其轮廓是由他近来在知识中所占据的新位置所确定的。"由此产生了新人本主义的所有幻想,"人类学"所有唾手可得的锦囊妙计,它们都被视作对人所做的普遍的、一半是实证和一半是哲学的思考。(福柯,2001:12)从知识史的角度看,人只是一种知识构型,这种知识构型的成熟度取决于知识学科中的位置。无论人是怎样的一种知识构型,都是同物的知识连接的。所以福柯说,人是物之序中的某种裂缝,在物的知识中或者在物的研究中必然要关涉到人的存在和人的意义[①],于是就有了哲学对人的思考和社会学等学科对人的实证研究。

作为一种知识构型,人是短寿的,也就是具有短寿性。福柯说:人是近期的发明,并且正接近其终点。(福柯,2001:506)当知识造物主把人制造出来还不足两百年人就老了,"他老得这么快,以至于我们轻易地想象它在黑暗中等了数千年,等待他最终被人所知的那个感悟瞬间"。(福柯,2001:402)

人老了,说明抽象社会的垂死性,说明抽象人的生存时限。我的观点更是激进:人老了,社会却是常新,因为一则抽象的人在知识型的框架中在自我规定的时限内是要死去的,但是具体的人常在,正是由于这些具体人的具体的行

① 能否就此说,福柯是典型的,甚至是彻底的唯物主义者,这是需要慎重考虑的问题。按照我的看法,无论人类学出现得早晚,对物的思考与对人(自我)的反思在历史上基本上是同一个过程。

动，才使得这个社会更加鲜活。不管我们把社会描述为何种样子，结论都是一样的，由于行动的具体性，人老了，社会年轻了。

二、人的追问

我的看法，正是在对人存活的时空追问中，人的问题才在福柯那里显现出来，同时也才具有了人之死的判断。“哪里提出了这些问题（因只知道提出它们这样的可能性可能开启了一种未来的思想），哪里就必须任凭它们被悬置起来。”（福柯，2001：505）

（一）第一组追问

1. 追问的前提

第一，人不能在我思中给出和人不能在客观惰性之中。

福柯指出：如果人在世界上确实是一个“经验—先验”对子的场所，如果人应该成为这样一个悖谬的形象，即在这个形象中，认识的经验内容在自身的基础上释放出已使这些内容变得可能的种种条件，那么人就不能在我思的直接和至高无上的透明性中给出；但是，人也同样不能存在于按理并不通向，并且也不能通向自我意识的那些东西的客观惰性之中。（福柯，2001：420）在这里假设是前提，在这种假设之中，人是不可能在直接的我思中现出的；同时人也不存在于那种通向自我意识的客观性中。

第二，人是一种开放的存在方式。

福柯认为，人作为一种从没有被一劳永逸地被界定为开放型的存在方式，实际上是一种维度或者是通过无限浏览这种而建立起来的自我意识。“这个维度是从人在我思中并不加以反思的自身的一部分伸展到人据以重新领悟这个部分的思想活动。”（福柯，2001：420）正是这个维度把人延伸到知识的世界。福柯说，这个维度又从这个纯粹的领悟（1）进到经验充塞，（2）进到这些内容的混乱的高升，（3）进到那些避开自身的经验的突悬，（4）进到在非思的沙质疆域中被给出的东西的整个沉默境域。（福柯，2001：420）通过这种进入把人存在方式的开放特征表现出来；通过这种进入把人的知识属性开放式地固定在一个领域中，从而完成了人的存在。

第三，人是不解的场所。

说人是一个不解的场所是由于人是一个“经验—先验”对子。“人”规定为“经验—先验”的对子，由此一方面保证了人的绝对中心地位，使关于经验的判断回复到人自身，因为所谓先验，就是经验认识的方式、可能性与条件；另一方面，先验与经验则结成了一种悖谬的关系，使人成为悖谬的形象，人作为明确意识到自身的经验存在，在先验的可能性中却是一种被规定的存在。亦即是说，正是先验为经验提供了框架，在其中经验能够成为被意识到的对象，然而先验自身却无法直接地被对象化。由此，经验和先验就被福柯转换成我思和非思，非思构成了我思的形式，而我思正是以非思为条件成为可能。[①] 人作为“经验—先验”的对子，成为不解的场所。“这个不解总是使人的思被其特有的存在所超越，同时又使人在逃避人的那一切的基础上进行回忆。”（福柯，2001：420）

第四，人不停地呼吁自我认识。

由于人的给定方式、人的开放型存在方式和人存在于不解的场所，福柯认为，现代形式的先验反思的必然性处在一种未知的存在中。[②] 但是“这种存在是沉默的，但又是引人讲话的并秘密地被一个可能的话语所贯穿”。（福柯，2001：420）正是从这个未知出发，人不停地被呼吁自我认识。

2. 追问的内容

第一个追问：

人如何能思考人所不思的？人如何依据一种无声占据的方式而栖居在逃避人的场所中？人如何通过一种固定的运动来激活自身的这个形象，而这个形象是以一种难以对付的外在性的形式而呈现给人的？

解读：这个追问是对人存活的依据和人死亡的理由的一种反思，规定着人作为知识构型的基础。可以想象，当不思的东西称为思的对象的时候，而且人能够对这个不思的东西进行思的时候，知识也就出现了；同时人作为一种行动的主体不仅把自己，而且把同他人相关的外在性结合在自身中现出了一种知识

---

① 《福柯的人类学叙述与人类学中的康德、胡塞尔》，http：//www. yourblog. org/Data/20062/425839. html。

② 在康德那里这种必然性处于自然科学的存在之中。（福柯，2001：420）

型的形象。

第二个追问：

人如何能成为一个生命，即这个生命的血管或者神经网、脉搏和深埋的力量都无限超越直接地给予人的有关这些的经验？

解读：人作为生命体，其现实或者潜在的力量超越经验，从而强调内在力量的无限特征；但是人自身的经验在历史中往往以给定的形式呈现给人。

第三个追问：

人如何能成为这样一个劳动，即这个劳动的要求和法则是作为一个外来的精确性而强加给人的吗？

第四个追问：

人如何能成为一种语言的主体？即这种语言在几千年的形成中是无人的，语言体系逃避人，语言的意义在人暂时通过其话语而使之闪烁的词中几乎无可遏制地昏睡着，并且人一开始就被迫在语言的内部安置自己的言和思，好像人自己的言和思在某个时候只是激起这个无数可能性网络上的片断。

（二）第二组追问

如果说第一组的追问是讨论和思考人的本性和人的存在，那么这组追问实际上涉及人的消失或人的死亡而且这种追问更多的是从语言方面进行的。[①]

1. 第一个追问

如果同一种语言的涌现现在愈来愈坚决地要求我们虽应该，但尚不能加以思考的同一性，那么，这难道并不表明这整个构型现在将摇摇欲坠，并且人正随着语言的存在在我们境遇上较强烈地闪耀而正在死亡吗？

这个追问说明了人随着语言的存在而正在死亡，这个死亡表面上是同语言相关的实际上是同知识型牵连的。

2. 第二个追问

由于当语言注定散布时，人就被构建起来了，所以当语言重新聚合时，人难

---

① 福柯的这组追问的具体内容可参见：福柯，2001：504－505。

道不会被驱散吗？如果这是真的话，那么，把实际经验阐释为语言形式在人类秩序中的一种应用这种做法不就是一个谬误吗？——一个根深蒂固的谬误，因为它向我们隐藏我们现在必须加以思考的一切——把实际经验阐释为语言形式在人类秩序中的一种应用看作一个根深蒂固的谬误来源于这样的假设：人的建构与人的消失是同语言的散布与聚合有关的。

3. 第三个追问

难道我们不应该更加放弃对人做思考，或更加严格地说，应尽可能地缜密思考那与我们对语言的关切相关着的人的（以及所有人文科学可能性的土壤的）整个消失吗？

这个追问福柯是想说明应该放弃对人的思考，即放弃对人存在的思考，而是应该更多地思考人的消失，这才是事件的根本。我有同样的感觉，人的消失的思考不正是人文科学知识的反思性表现吗？不正是通过这种反思性更好地思考人的存活吗？也许这才是事物的本质。

4. 第四个追问

难道我们不应该承认，由于语言重新在那儿了，人就将重新回到这样一个宁静的非存在，即人在从前是由大写的话语的专横的同一性维持在这个宁静的非存在之中的？

福柯认为，语言的消解和分裂是人被建构起来的条件，他说：人曾经是语言的两种存在方式之间的一个形象；或者可以确切地说，语言在被置于表象的内部并似乎在表象中消解之后，只有当语言通过把自己分成小块，才能摆脱表象时，人才能被构建起来：人在一种成片断的语言的空隙中构成了自己的形象。（福柯，2001：505）问题在于宁静的非存在难道真的就是不存在吗？[①]

① “为什么存在存在，非存在不存在？”巴门尼德就是这么问的，但是理由是什么呢？这意味着非存在同样存在，“无”同样存在（nicht ist）。什么是连接存在和非存在的一个理路呢？是时间。海德格尔认为存在与不存在这个问题只能在时间的观念下加以思考。时间之中就是一个过程，存在的过程同样是不存在的过程，是一个过程。但是福柯的这个宁静的非存在是否是这种意义上的，还不得而知。但有一点是可以肯定的，非存在是一种存在。

三、人之死

“人之死”是福柯认识型理论逻辑推演的必然结果,因为他认为人类学相比于对无限和真理等的追求只能是次要的。也就是说,自康德以来直至尼采以前的整个西方哲学都丢掉了根本,这个局面只是从尼采开始才发生改变。“人之死”表明福柯要求我们摘掉自己头上现代性的假面具,去掉自己身上的现代人身份,因为由现代性发动的所谓的解放人类的运动通常偏离了本真自由的要求,遗忘了要对现代社会中无处不在的知识—权力关系进行持久的质疑。(莫伟民,2002)

(一) 询问:“人之死”导致什么

对世界保持清醒的反思性或批判性是真正学术的品质,这是无话可说的;但是问题在于一个宣称真的能够改变世界吗?改变一种思路,未必一定改变行动,尽管二者是关联的。

福柯的人之死在认识论上具有颠覆性意义。当自笛卡儿以来的绝对理性主义,尤其是自康德以来的人类学主体主义把哲学引向主体中心主义的死胡同时,福柯基于考古学和谱系学的批判不失为当代多维视野中崭新的和独创的一维。同时批判性的建构也是积极的和建设性的,福柯对哲学的前景和未来是充满充分信心的。福柯希望通过用语言、符号、匿名的体系、可变的结构来取代人这个主体,彻底摧毁自笛卡儿以来赋予主体至高无上地位的两百多年西方哲学,从而在具体的科技世界中为哲学寻找出路。(莫伟民,2002)

如果大写的主体死了,那么以屈从(即屈从于这样的主体)为特征的整个近代西方文明也必将发生翻天覆地的变化。(莫伟民,2002)以此为特征的西方文明有所变化,但是这种翻天覆地的变化还有待于进行。

在这样的主体死去的轰鸣声中,势必会诞生一个新的世界。新世界呈现新主体。在这个新世界中,主体不再是单个的,而是分裂为多个了,不再是至高无上的,而是有所依赖的,不再是绝对的起源,而是可不停改变的功能。具有这种特征的主体可能还在形成过程之中。但是目前为止还没有看到这样的新世界诞生。

(二) 人之死的含义

“人之死”中的“人”,不是具体的、历史的人,而是一种理论建构,或者说一种知识;“人”不是生理概念(human being),而是哲学人类学概念(man)。

1. 上帝死了人并没有自主

“人之死”的含义是人的中心地位的丧失。福柯认为自己不是非理性主义者,而是“反结构主义者”。上帝“死了”,人类的解放事业并没有彻底完成。上帝死了,并不是我们就可以自己做主了。福柯认为实际情况是:“知识/权力”通过主体控制了现代人,把每个人都通过区分、规训和主体化改造得符合主体标准,变得像机器一样千人一面。并且,由于知识和权力的共谋,主体对人的束缚以真理、科学和理性的面貌出现,社会的压迫都以人性的名义来进行,道德说教似乎成为自然规律。于是,主体压迫人的真相被掩盖,人们却不知道压迫来自何方。福柯的“人之死”就是要“杀死人”,杀死“知识/权力”建构的标准人、样板人,要从主体的压迫之下解放出来。

2. 人之死包括三层含义

第一,人去死吧。

“人之死”首先包含着“人去死吧”的欢呼和期待。追求的是道德从主体压迫之下解放。至于这是否预含着人死了而得到解脱的快感,我想至少在福柯那里有这样的意义。

第二,人要死了。

人要死了,追求的是思想从主客二分框架压迫之下的解放。思想解放了,才能破除“知识/权力”的魔障,从而得到道德解放。福柯的回答不是信口开河,而是先回顾文艺复兴以来西方四百多年的思想史,又考察了二战以来当代思想最新发展,然后得出的结论。福柯认为,主体观念目前正在瓦解,非主客二分的思想框架正在出现。也就是说,“人要死了”,主体正在“死去”。

第三,人已经死了。

这是福柯人之死的本意,因为正是人已经死了,才能彻底建构主体,才能真正拯救行动者。在福柯看来,尼采的上帝之死就意味着人之死,所以应该说在尼采时期人就死了。

（三）知识型与人之死

福柯关于“人之死”的论断，其实是福柯在“知识型”的考察中得出的。福柯的“知识型”进行的是局部的而非总体的研究，它指的是词与物被组合起来的那个空间。知识型决定着某一时期的“话语构成”，或者说知识型是构成特定时代知识体系共同的无意识基础。

福柯认为，在西方文化的不同时期，其实存在着不同的“知识型”，即文艺复兴时期知识型、古典知识型、现代知识型。在古典时期，人不是理性的源泉、知识的保障、道德自律的尺度。作为知识主体的“人”并不存在。到了现代，“人”这个原来知识的主宰变成了知识的客体，才出现了现代的“人”。[①] 在这个意义上，人是现代性的产物。福柯说：“他的知识向他揭示出所有这些内容都是外在于他、先于他的。它们的紧密性促使他，压迫他，穿越他，就好像他只是大自然的客体之一，历史进程中注定要锈蚀的面孔。”认识的局限反而成为知识可能性的基础，人的被奴役、被限定反而使他成为主宰。（李鲁祥、李晓林，2003）

如果说“人的诞生”是“知识型”变化的后果，“现代知识型”造就了“人”，那么，很容易就可以预见到这一事实：当代“知识型”的再次变化将导致“人”的死亡。福柯认为，人关于自身的迷梦已到了尽头，现代的丧钟正开始敲响，我们正在经历着又一次“知识型”的裂变。

福柯通过“知识型”的考察，表明现代“人”的观念无非是特定历史时期的一种文化与观念的建构，人的理性主体形象以及人类中心主义观念实际上是“现代性的一个发明（杜撰）”，福柯以此表达了对现代性进行批判的后现代态度。

（四）上帝之死和人之死的关联

福柯的“人之死”与尼采“上帝死了”有什么关系呢？福柯受尼采影响很

---

① 福柯首先从知识入手，认为知识有其历史的、社会的、经济的条件，它取决于具体人的具体关系，而非人的先验能力。康德关注的是普遍意义上的人类知识，福柯关注的则是具体的、局部的知识。也许，问题的症结在于，他们对理性的看法有着根本差异。康德要为形而上学寻找一种可靠的基础即理性，而福柯考古学要考察的问题之一就是：理性是怎样通过排斥非理性以确立自身真理的？以这种眼光来看，理性本身就处于不断分化之中，或者说，理性本身就需要为自己的合法性作出说明，它根本不能作为知识的基础。（李鲁祥、李晓林，2003：31）

大，自称是“尼采主义者”。光从字面上看，人们就很容易猜测“人之死”受到了“上帝死了”的启发。继尼采喊出“上帝死了”之后，福柯这位“法兰西的尼采”进而喊出“人死了”。福柯说：“人和上帝有着奇特的亲缘关系，他们是双生兄弟同时又视彼此为父子；上帝死了，人不可能不同时消亡。”

1. 对尼采的神之死的看法

第一，神之死和人之消失同义。

福柯说：通过文学批判，通过某一种生物主义，尼采重新发现了人与神相互属于的时候，在那时，神之死和人之消失同义，超人的许诺首先意味着人之死。（福柯，2001：446）从这里可以明显地看出，上帝之死和人之死是同义的，因为超人的出现也就意味着普通人的死亡。照我看来真正死的还不是上帝，因为事实上上帝被超人的取代仅仅意味着普通人的死亡。尼采提出“上帝死了”，而代之以“超人”和权力意志，是把人推向了上帝死后空缺出来的王座，是把主体和主体性推向了顶峰。尼采的权力意志是主体之强力意志，是人迈向超人的桥梁，而福柯的“知识/权力”是凌驾于主体之上，建构了主体的，奴役着主体的。

第二，杀死了上帝也等于杀死了自己。

“在我们今天，并且尼采仍然从远处表明了转折点，已被断言的，并不是上帝的不在场或死亡，而是人的终结（这个细微的、这个难以察觉的间距，这个在同一性形式中的退隐，都使得人的限定性变成了人的终结）。”（福柯，2001：446）今天的断言和尼采的关照是一致的，不是上帝的死亡或者不在场，而是人的消失。如果说有人杀死了上帝，实质上也就意味着杀死了自己。福柯说：上帝的死亡与人显得是局部联系的；难道不是人宣告自己杀死了上帝，并由此把自己的语言、思想和笑声置于已死的上帝的空间中，但也把自身呈现为是已杀死上帝的凶手，并且其存在包含有这个谋杀的自有和决定吗？这样人既比上帝之死要古老，又比上帝之死要年轻；由于人杀死了上帝，所以正是人自身应该对自己的限定性负责；但正是由于人是在上帝之死中谈话、思考和生存的，所以，人的谋杀本身注定要死亡的；新的、相同的诸神早已使未来的海洋上涨了；人将消失。远非上帝之死——或确切地说，在这个死亡之后并依据一种与该死亡的深刻相关性，尼采的思想所预告的，就是上帝的谋杀者之死；就是人的面目在笑声中爆裂和面具的返回；就是时间的深层之流的散布，人感到自己被这个深层之流带走了，并且人甚至在物的存在中猜到它的影响；这是大写的同一的返回与人的绝对散布的等同。（福柯，2001：503－504）上帝的谋杀者之死在福柯这里要比上帝之死有意义多了。“当尼采思想以逼近的事件、以大写的许诺——威胁这样的形式宣告人很快不再将是其所是——而是超人时，我们就懂得尼采思想所能具有的并且对我们来说仍能保留的震撼力量。”（福柯，2001：419）

第三，尼采上帝之死的知识学意义。

哲学的终结和文学中的语言两种事实正在证实着人正在消失。福柯说：“在整个19世纪，哲学的终结和一种临近的文化的许诺可能与限定性的思想和人在知识中的出现只是同一回事。在我们今天，事实即哲学始终并且仍然正在终结，以及事实即也许是在哲学中，但更在哲学之外和反对哲学，在文学中，如同在形式的反思中，语言问题才被提出的，这两个事实可能都证明人正在消失。”（福柯，2001：504）但是我的理解这种证实本身就是知识的增生过程，更具有知识学的意义，“在我们今天，我们只有在由人消失所产生的空档内才能思考。因为这个空档并不挖掘缺陷；它并不规定一个将被填满的空隙。它正是一个空间的展开；在这个空间中，它最终再次能思考”。（福柯，2001：446）这个空档才是知识产生的空间。

2. 福柯对尼采的超越

尼采主张“上帝死了”，福柯高呼“人之死”，都是要砸碎加诸人的锁链。从这个意义上说，福柯是一个尼采主义者。福柯提出“人之死”，认为主体压迫了人，极端地反对主体，要“让人去死”，这无疑与尼采背道而驰。从这个意义上说，福柯是一个反尼采主义者。从这个意义上说，福柯是一个篡改了尼采的尼采主义者。福柯的“人之死”，背叛的不仅是尼采，还全盘抛弃整个现代传统。在这个意义上说，福柯是一个后现代主义者，比尼采更具颠覆意义。（刘永谋，2007）但是从最终结果上说，福柯的命运同尼采一样，人类本身的局限性谁也无法超越。

在福柯眼中，人死了就是指“主体之死，大写的主体之死，作为知识、自由、语言和历史的源头和基础的主体之死”。在此基础上，福柯致力于揭示主体的真相：并不存在所谓先验的自我，主体实际上是在现代性进程中权力主体通过掩饰个体经验而构造出来的，“实际上，使肉体举止话语和欲望被认定和建构为个人，这正是权力最初的结果之一”。福柯以上的论述及意图都是要从整体上否定那种具有先验性的主体，代之以一种新的主体意识——一种回归自我关怀的主体。

在真实的现代性进程中，无论是上帝还是人都完好地活着，而且生动地活着，作为结果则明显是尼采死了，福柯也死了。

（五）人之死的意义

1. 人作为知识是人消失的条件

18 世纪晚期，人终于跻身于世界的中心，成为真理的奠定者和其客观性的担保人。然而人的出现也仅仅是知识构成的偶然改变，他无法提供比文艺复兴的相似性思维或者古典时期的语言模式更真实的认识。“然而，想到人只是一个近来的发明，一个尚未具有二百年的人物，一个人类知识中的简单褶痕，想到一旦人类知识发现一种新的形式，人就会消失，这是令人鼓舞的，并且是深切安慰的。”（福柯，2001：13）当人成为知识[①]，或者为知识的一种形式，此刻人变成人类，我成为我们，于是我没有了，人消失了。因此，不管人的消失如何令人鼓舞和安慰，人的消失是在人反思的行动后果出现的时候，人成为一种知识新形式的时候。所以，人消失的条件就是人被作为专门反思的对象或者知识的内容即一个学科。

2. 我们正伏在老虎背上

那么，问题是：危险何来呢？首先是一切都存在，唯独人不存在。当我们被蒙蔽的时候，我们难以在我们的记忆中保留那种世界存在的时间。当我们视作真的时候，实际上是不存在的，“在返回的哲学中，这里想说的是，人很久以来就已消失了并不停地在消失，并且我们的关于人的现代思想，我们对人的关切，我们的人道主义，仍在人的轰轰响的非存在上安静地高枕无忧。我们相信我们自身受到一种只属于我们并通过认识而向我们敞开世界真理的有限性的束缚，难道我们不应该想起我们在伏在一只老虎的背上吗？”[②]

---

① 知识从本质上说就是人走出自身的形式，只有走出自身才有知识出现，无论是人类学知识还是其他知识都是如此，日常生活的知识也不例外。

② 福柯说：“我们相信，如果人不存在，去暂时地假定世界、思想和真理会是什么样子的，这是在发挥悖论的作用。这是因为我们如此被人近来的明证性所蒙蔽，我们不再能在我们的记忆中保留太遥远的时间，在这个时间中存在着世界、世界的秩序、人类存在物，但人并不存在。”（福柯，2001：419）

3. 寂静而不安的土地

当一种状态出现的时候,空虚就存在。这种状态存在于一种弥散性中,而这种弥散性在于这样一种情景——表象的既汇集又散播的特性中。这是真实世界与虚拟世界交互的一种典型性症状。只要这种状态存在,我就是消失着的和消失了的,不仅我这个人不在了,连同人本身的一切都在消失的过程中,当然结果依然是永恒的存在。"在由表象既汇集又加以散播的这个弥散性中,存在着一个从四面八方都急切得到指名的基本的空虚:表象的基础必定消失了,与表象相似的那个人消失了,认为表象只是一种相似性的人也消失了。这个主体——同一个主体,被消除了。因最终从束缚自己的那种关系中解放出来,表象就能作为纯表象出现。"(福柯,2001:21)那么这种消失同其产生一样有起源问题,在福柯看来人的起源也是物的起源,同时也是知识的起源。首先在于人就是毫无起源的存在,是"既无故乡,又无日期的"存在,是其诞生从未可理解的存在,因为它从没有"发生"过。因此在来源的直接性中显示的,就是人与起源相分离,这个起源曾使人与人自己的生存同时代;在所有那些诞生于时间并可能死于时间的事物中间,人因与整个起源相分离,所以人早就在那里了。因此,正是在人身上,事物(即使那些悬于人之上的事物)才发现其开端;与其说人是在绵延的某个任何时候留下的痕迹,还不如说人是这样的一个开启,即在这个开启的基础上,一般的时间被重构,绵延能流淌,事物在自己的瞬间就能显现出来。虽然在经验领域中,事物总是从人那里消退,事物的零点难以把握,但相关于事物的这种退却,人基本上也觉得自己处于退却之中,并且正是通过这种形式,事物才能使自己稳固的先在性影响到初始经验的直接性。(福柯,2001:432-433)福柯说:"因设法揭示最深层的参差不齐的西方文化,我把种种裂缝、不稳定性、空隙还给了我们的沉寂的和天然静止的土地;再次在我们脚下显得不安的正是这块土地。"可以理解的是:当人消失的时候,天然寂静的土地也显得不安了。因为人的消失,正是在物之序的裂缝和由此带来的不稳定性和无限的疆域。人消失的意义显而易见。(福柯,2001:14-15)

在福柯的意义上,人不管是死是活,都同行动者有相当远的距离。只有当我们走进(近)的时候,才能看清谁是行动者和行动者在哪里。

第四节 无所不在和出处难寻的涂尔干

只有还原涂尔干,从行动者出发的社会学可能会找到源头。涂尔干说:"社会学的主旨,并不仅仅在于了解和重建业已消失的各种文明形式。相反,同所有实证科学一样,它所要解释的是与我们近在咫尺,从而能够对我们的观点和行为产生影响的现实的实在:这个实在就是人。更确切地说,就是今天的人,因为这才是我们最想了解的东西。"(涂尔干,1999:1)社会行动者在涂尔干这里是无法避免的研究对象。但是问题是社会事实同社会行动之间的关系何在,同时社会行动[①]与社会行动者的关联又是如何的,却在涂尔干许多的研究者的视野中消失了。即便是有一些讨论也是研究者的思想附加给涂尔干的。因为社会学在涂尔干这里是个转折点,所以,我还是就此问题加以讨论和说明。在讨论前首先要说明的是:(1)就我所知,涂尔干在其理论的阐述中很少使用行动者的概念,如果在我的讨论中出现,或者是我加上去的或者是被讨论文献作者强加上去的。(2)这里不是研究涂尔干的论述方式,所以仅仅涉及涂尔干内容的极少部分,论述中所存在所有问题不是知识行动论要解决的问题。[②]

一、问题的由来:对涂尔干的误解

把涂尔干当成一位社会决定论者好像是社会理论家的一种共识,就是在方

① 对于涂尔干(又译"迪尔凯姆")对行动的理解,我总觉得现在许多人在误解他的本意。涂尔干说,社会事实是一种集体意识(集体良知、集体表象),是一种超越个体存在的外在的规则,他指的就是一种个体之外的制度与规则,而个体在行动中,在行动的方向上是按照行动的倾向来行动的,而在做出具体行动时,可以按照所处的情景、按照自己的方式进行调整。参见吴清军:《理解行动的逻辑与事实的真相》,http://www.tsinghua.edu.cn/docsn/shxx/site/teacher/peijx/fangfalun.doc。

② 在现代社会理论中,涂尔干的幽灵也无处不在,他的思想几乎潜伏在所有流派的社会理论之中,不仅为它们提供营养,也为它们带来了没有穷尽的可能性。渠敬东:《一个无处不在的幽灵》,http://www.sociologybar.com/index.asp? xAction=xreadnews&NewsID=4389。

法论的层面上也把实证主义社会学看作个人与社会完全对立的理论。其实，这种看法早就应该被终结或者颠覆。因为大家误解了涂尔干。“涂尔干将作用于行动者个人的外部强制力所获得的行为及思维状态定义为‘社会事实’。它清楚地表明，社会事实是无法还原为表现行动者思想、主观和表象等个人事物的。也就是说，社会事实是一种独立于行动者的独特的集合性存在（集体表象）。它具有外在性与强制性等特征。社会事实的外在性表明它不仅比行动者个人更为重要，而且其作用独立于行动者。强制力指某种约束力或胁迫性力量，社会世界正是凭借着这一力量实施对个人的控制的。但涂尔干同时指出，通常情况下人们都是自觉地服从于来自团体的压力并甘愿受其左右的，所以平时他们并未意识到这一强制力的存在。只有当他们试图奋起反抗并因此而遭到惩罚时，才会切切实实地感受到这种无所不在的强制性力量。显然，涂尔干强调的，绝不仅仅只是一种作用于行动者个人的外部强制性力量，他实际上是在提倡一种社会决定论。对于他而言，社会事实不仅是一种作用于行动者个人的外在强制力，它同时也是一个决定着他们的行为倾向的集团性力量体系。”（朱伟珏，2004）

我的看法是，不管是隐含的还是显现的，涂尔干思想的出发点是人，要解决的问题是：人何以可能（人成为社会人何以可能），进而“社会何以可能”。[①]“社会学问题的要害，并非仅仅是去考察集体意识如何强制性地施加在个体身上，断然从二元论的角度看待社会与个体之间的关系，而应该把研究的焦点放在人何以成为具有团结精神的‘社会人’这一问题上，并通过‘集体表现’（collective representation）和象征仪式来解决这个问题。当然，涂尔干也没有漠视现代性所带来的转变，他有关‘机械团结’与‘有机团结’的划分，就是要讨论现代性的道德匮乏状态，并通过‘人的宗教’重新建构社会团结的基础。”（渠敬东，1999）这是所有真正社会学家甚至超越社会学家的所有社会科学学科都要解决的问题。单从社会学的历史轨迹中就可以明确地看出这一使命。涂尔干要解决“人何以可能”进而“社会何以可能”的问题不得

① 人的热情只能靠他们所遵从的道德来遏止。如果所有权威都丧失殆尽，那么剩下的只会是强者统治的法律，而战争，不管它是潜在的还是凸显的，都将是人类永远无法避免的病症。……这种无政府状态明显是一种病态现象，因为它是与社会的整个目标反向而行的，社会之所以存在，就是要消除，至少是削弱人们之间的相互争斗，把强力法则归属于更高的法则。（涂尔干，1984：XXXII）

不从人出发讨论所有的社会问题，但是问题还是很清晰的：人是谁？人同行动者存在何种关系？“老是等待着未来和死盯着未来的人，他的过去没有任何东西可以鼓励他去忍受现在的痛苦，因为过去对他来说只是一些亟待度过的阶段。使他能够欺骗自己的是，他总是想在不久的将来找到自己还未曾遇到过的幸福……无限的欲望像一种道德差别的标志每天都显示出来，而这种欲望只能在反常的和把反常当作规律的意识里产生。”（涂尔干，1951：256）很显然，涂尔干并没有说清这个根问题。

二、现代社会的可能：涂尔干关键词

“要想探讨现代社会之所以可能的问题，我们既不能仅仅从个人反思、调节和持存的角度出发，也不能单纯从组织制度和意识形态机器出发，而应该着重考察两者相互涉入和构成的实践逻辑。值得注意的是，正当马克斯·韦伯依据新教伦理的视角来考察世俗个体如何单独面对上帝，并把反思、劳动和积累作为一种救赎精神的时候，涂尔干却摸索和整理着现代社会如何可能的另一条路线。”（渠敬东，1999a）

（一）具体和匿名的媾和内含了行动者的意义

“如果我们把社会作为一种新的崇拜对象，那么社会的核心意涵已经变成了日常秩序本身，神的魔法（enchanting）也变成了日常生活的逻辑本身。也正是在这个意义上，社会不仅比原来那种圣俗两界截然分明、森严壁垒的宗教生活显得更加具体，更具有构成性，同时也比原来那种面对面的共同体更加抽象，更加具有匿名性，它不再像神那样凌驾于所有现实生活之上，而是通过在场（presence）的方式介入到行动筹划、意义解释、沟通与交换、成员资格的界定、规范承诺以及理想类型的建构等一切日常生活之中。”（渠敬东，1999）事实上，涂尔干尽管突出社会匿名性的方面，但是并没有像许多人所理解的那样抛弃社会的具体性，涂尔干的看法在某种程度上同社会事实存在的状态是一致的[①]，同时越是匿名的东西反而显得越具体（舒茨，1967），以至于诸如政府、人民、国家、民

① 这个事实状态就是：“现代性史无前例地将具体性与匿名性媾合起来。”（渠敬东，1999）

族、自由这些纯粹的抽象概念,也成了社会行动甚至社会运动的主要力量。(渠敬东,1999b)这里是否隐含了这样一个逻辑:作为社会学的对象是某种行动模式的社会事实,而这种行动方式的承担者就是行动者?我的看法是不论这种联系是多么牵强,内含的意义是无法否认的。

(二)社会的主体性推演个体性:一种独特的集体意识

当社会具有人格特征且有能力进行反思性筹划的时候,集体(collective body)也就是一种类型的行动主体,并且这种行动主体绝非一种超验的孤立实在,而是一个有机的生命,即有欲望、有感觉、会思考的社会行动主体。所以,这时不要把集团排除在行动主体的范畴之外,否则社会就是脱落的存在。当集体就是行动主体的时候,集体意识也就转化为集体的行动意识。个体行动者的行动意识在社会机制的调节下不断地涌进集体意识的潮流中,集体意识就成为一种行动取向的引导。涂尔干说:“在公众场合中发生的集体情感,不仅能表现当时群众中各个人的一种公共情感,而且除了各个人的公共情感以外,还具有一种特别的力量,即前面所述的‘集体现象’。它是公共生活的产物,是各分子彼此结合的反映。一种公共意识所以能够触及团体中的各个分子,也就是因为存在着这种集体现象的特殊力量。大家能够产生同样的感情,并不是每个分子不约而同地自动,而是在个人以外的这种特别力量,使各个人不由自主地产生同样的感情,个人不过是受这种集体力量牵动罢了。”(涂尔干,1999a:10)集体意识是所有个人意识的统一体和集合体,而社会则是以人类意识综合体的姿态出现的。“在道德领域内,集体意识在纯粹观念的意义上转化为一种精神力,散布在个人意识之中,引导个人的反思筹划及其行动取向;在制度领域内,集体意识则结晶为一种物质力,借助法律规范或纪律准则对个人的行动加以规定和调动。”(渠敬东,1999a)现在,我们要反过来说,社会的个人性难道不同真实的人有关吗?这个答案是肯定的。“尽管涂尔干始终强调社会是现在的(present),是一种具体的集体表现(collective representation),是生成性的实在。不过,把社会说成是一种具体的人格存在,只不过是涂尔干的一相情愿而已。”(渠敬东,1999b)我并不这样认为。如果把社会和个人完全看作两个概念,看作完全可以分割的两种东西,那么社会肯定是抽象性的,而非具体性的、非人格性的。事实上涂尔干并没有这样看，他所强调的给定性是因为人们忽视了这种给定性，而非社会本身就具有比个人创造性更具有优先性的事实。涂尔干的做法是还原某种社会事实：社会的个体化和个体的社会化。

（三）个人的可能性导致社会的无限性

无论把社会看作什么，没有对人的研究和观察不可能有社会学。社会学是研究人所组成的社会的学说。所以，涂尔干同样重视对人的研究。在他所有作品中最精湛的，也是最能代表其社会思想取向的著作《宗教生活的基本形式》的开篇，他就以非常坚定的语气告诫读者："社会学的主旨，并不仅仅在于了解和重建业已消失的各种文明形式。相反，同所有实证科学一样，它所要解释的是与我们近在咫尺，能够对我们的观点和行为产生影响的现实的实在：这个实在就是人。更确切地说，就是今天的人，因为这才是我们最想了解的东西。我们研究非常古老的宗教，不仅仅是为了对它的独特之处夸夸其谈，聊以自慰。我们之所以把它作为研究的主题，是因为它似乎比其他宗教更适合我们理解人的宗教本性，也就是说，它似乎更便于我们展示人性的本质的、永恒的方面。"（涂尔干，1999：1）

在人的研究方面我们得到的启发就是：不要轻易说涂尔干是决定论者或者其他什么，要说涂尔干是复杂的，正是在这种复杂的涂尔干对行动者的看法上才出现了无处不在和处处难寻的局面。渠敬东则有这样的理解：在平均化的日常实践逻辑中，个人被抹平了，变成了"常人"。现代性不仅遮蔽了个人，也首次造就了个体敞开和逃逸的可能性。在社会配置中，自我技术与社会技术形成了同质、平滑和匀称与断裂、分叉和变动的双向关系，使自我的治理获得了可能性，使主体化成为相对于常规化现代生活的另一个主题。在这种情况下，决定论倾向和个人主义倾向之间第一次出现了张力状态。正是在这个意义上，涂尔干开始尝试用社会决定论来建构个人主义。（渠敬东，1999a）尽管涂尔干没有明确表达对决定论的反感，但是也透露了某些意思。"但不是说承认社会强制的存在就非要排除个性的存在。"同时他还指出：一旦团体解散，社会影响不再作用于个人，我们静下心来细想，可能会惊异地发现自己那里产生的感情与原来的感情相比，其差距之大几乎令人难以置信。于是我们才知道，团体的影响和强制力使我们的感情和行为都变了形。社会影响不仅可以使人做出违背性情之事,更可以使人做出惊人之举。单独的个人,大多数不会出大乱子,但当他加入到人群中去以后,就可能会随着群众而形成暴乱。(涂尔干,1999a:6)

涂尔干指出:"人是双重的或者人具有两种存在:一是个体存在,它的基础是有机体,因此其活动范畴是受到严格限制的;二是社会存在,它代表着我们通过观察可以了解到的智力和道德秩序中的最高实在,即我所说的社会。在实践过程中,我们的这种双重本性所产生的结果是:道德观念不能被还原为功用的动机;理性在思维过程中不能还原为个体经验。只要个体从属于社会,他的思考和行动也就超越了自身。"(涂尔干,1999:17)同时涂尔干还指出:个人在原始社会是不存在的,它只是随着文明发展才逐渐产生出来。(涂尔干,2000a:153)社会实践过程中人的这种双重本性就使得现代社会不仅为个人设定了有限性,而且还为个人提供了诸多可能性。一旦分化和分工使自我成为道德实践的主体,自我治理和自我扩张便成了维系社会存在的关键所在。因此,个人解放的实质在于个人的自我调节(self-regulation)和自我控制(self-control)。换言之,个人的可能性,乃至社会的可能性都是建立在个人对自身有限性的自觉的基础上的。[①] 个人持存、规定和克制自身的力量才是现代个人的本质特征。在晚年的《宗教生活的基本形式》中,涂尔干再次提出所谓个体不仅仅是能够为自身行动做出规划,并通过纪律等形式进行自我治理和控制的存在,还是一个观念、感觉和习惯的意识系统,既是收敛的,又是开放的。涂尔干的晚期思想超越了他早期把社会单纯指认为有机体,把个体简单地看成有机体细胞的模式,而是站在道德个人主义的立场上,把人性宗教当成建构社会无限性的基础;换言之,正因为个人本身具有的成为道德实体的可能性,才有可能借助自身的有限性来构筑社会的无限性。(渠敬东,1999)个人的收敛和开放相关的个体存在的有限性和社会行动的可能性不仅决定了社会的无限性,也引发社会的可能性。但是不禁还是要追问:个人是谁?这个谁在哪里展现哪些所谓的可能性?也就是说没有行动的关照,没有行动者的思考,这些可能性是内卷化的或内卷性的,个体的社会化属性难以可能,社会也是如此。

① 人是有限的存在:他是整体的一部分。而且还可以再强调:人甚至是自身的有限存在。

三、涂尔干想干什么

一种可能行得通的想法就是：涂尔干试图打通“人—社会—人”的道路。[①]从人出发讨论社会的可能性之后再返回人，这可能是所有社会科学都要遵循的道路，但是事实上并非如此。有的没有这种意识，而有的有这种意识却完全忘记了回家的路。理解涂尔干，我们隐约可以领略到这种意识在其著作中的含糊呈现。

（一）是否存在张力

渠敬东认为，把涂尔干单纯看作一个实证主义者或社会决定论者，是很不公允的。[②] 如果从中单纯看到社会决定论这一部分，而忽视了道德个人主义的部分，就等于完全误解了他的问题。

对涂尔干而言，社会之所以为社会，是因为有道德基础，但在韦伯所谓的“诸神纷争”的情境下，现代道德已经无法归于原来意义上的宗教和集体良知，面对这样的两难局面，该怎么办呢？从这个角度看，在涂尔干那里，个人主义与社会决定论之间有一种张力。这种张力不只是他的社会理论的张力，实际上是现代性的张力。[③]

---

① 转换为这样的命题一样可以成立：现代人—现代性（现代社会）—现代人。当然这种模式只是作者针对涂尔干所得出的结论。而这个结论应该是符合涂尔干思想实际的。

② 在涂尔干看来，现代性有两条重要的线索，其一就是抽象社会的决定作用。不过，这种作用并不能简单说是社会决定个人。而是说现代社会的抽象维度，社会容量越来越大，社会密度越来越大，分工越来越细，机械团结意义上的集体良知瓦解了，对人的抽象性宰制越来越强。然而，从另一个角度来说，抽象性的内涵要比工具理性批判的说法复杂得多。分化和分工绝不只是现代性对主体性的宰制，相反，为什么道德个人主义意义上的自由建构只有在现代性状态下才有可能？请注意，这种个人主义不仅仅指的是个人自由，同时也有集体道德的意涵。因为现代性的一个重要前提就是启蒙。（《涂尔干的现代性主题：道德个人主义与法团公共性——青年学者渠敬东访谈录》，《公法评论》，2005 年 6 月 21 日）渠敬东在这里说明对涂尔干的理解要置于涂尔干分析的主题中去，作为涂尔干研究的主题性话题，现代性建构事实上有两条线索，简单说就是社会的和个人的。但是我有不同的看法，如果说有现代性本身或者对现代性分析的线索，那么这个线索就是这样的一条路径：现代人—现代性（现代社会）—现代人。

③ 渠敬东说：“所以，我更要说明一句，社会决定论与个人主义之间的张力，绝不能被简单地理解成社会与个人之间的张力。这样的理解，太浮泛了。”（渠敬东，2005）

我的看法是,涂尔干著作中所阐发的理论观点充满了张力,但是这个张力需要这样的解释:第一,这个张力不是二维的张力,而是一个张力圈。不能简单地把涂尔干看作一个实证主义者或社会决定论者,同样也不能简单地把涂尔干看作一个理解主义者或者个人主义者;不能简单地把涂尔干看作唯名论者,也不能简单地把涂尔干看作唯实论者。这种二元思想限制了对涂尔干的认知,张力固然存在,但远非这样简单的二元看法。第二,涂尔干张力表现为个人与社会之间关系的张力、生产(劳动)与生活之间关系的张力、社会现象正常与异常之间的关系张力、知识与行动之间关系等一系列社会事实的张力基础。这些张力所表现的社会事实可以看作现代性的张力,正是布满了这些张力的现代性使我们看清了现代社会在活生生的行动者的建构中鲜活起来。"涂尔干理论中社会决定论与个人主义之间的张力,并不是理论预设的张力,而是生活世界本身的张力。涂尔干告诉我们,正是在这种张力下,现代社会不仅蕴含着必然性的控制,还蕴含着前所未有的可能性,而且,这种可能性并不是围绕着原来意义上的宗教和科学展开的,而是一种新形式。"(渠敬东,1999)第三,这个张力还能够体现在涂尔干思想从逻辑到实证(从形而上学到社会学)、从实证到理解的转换过程中的知识和行动(现实)的多时空转换(体现了现代性增加的过程)中。

知识和行动的张力在涂尔干思想中也非常明显。涂尔干明确指出:我们之所以要小心谨慎地把各种理论和实践问题划分开来,并不是我们忽略了实践问题。恰恰相反,我们的目的就在于更好地解决实践问题。(涂尔干,2000a:7)然而,那些脚踏实地从事道德科学研究,而无力去勾画理想的人们却往往受到谴责。有人说,这些人只尊重事实,却无法超越事实,他们只会观察现实的状况,而无法为我们提供一种未来的行动准则。但涂尔干相信自己在《社会分工论》中可以祛除这种成见,因为他会阐明科学是如何帮助他们找到应该有的行动方式。(涂尔干,2000a:9)然而解决实践问题却从理论问题出发,并在理论领域中行动总是显露出了某种程度上的张力。

(二)人是谁呢

不能简单地把走出肉身的人看作真实人的象征。活生生的人才是社会科学的对象,才是社会理论的对象,才是社会学的对象。涂尔干所说的社会学对象事实上就是活生生的人,或者说可以还原为某种类型的行动者。我们从涂尔干的著述中可以隐隐约约看到作为行动者的人的生活和行动。如果把这些人用涂尔干的所有理论集中起来,我们就可以在一定程度上领略到涂尔干理论中的行动者系统。

1. 自杀者的阴影

问题是:涂尔干为何要研究自杀?可能的推论是:通过研究批判以个体心理学解释自杀现象的传统理论,建立了用社会事实的因果关系分析自杀的理论,阐述了社会与个人的关系,产生关于社会的知识从而发展社会学。需要做出的追问是:知识的目的何在?关照活着的人可能是涂尔干研究社会理论的真正意图。

自杀的类型可能蕴含了行动者的类型,比如利己型自杀者就表现出冷漠、忧郁幻想、多疑的特征;而利他型自杀者则充满了激情、意志、勇气;失范型自杀者则有愤怒、厌恶、训斥的个性特征。利己性自杀类型中,社会中个人和群体的关系很疏远,个人所处的群体内聚力太低,使个人偏向于自我孤立、离群索居和自由思考。如果个人所处的群体内聚力太强,以致贬低了成员的人格和个性,使这个群体中的个人只作为群体的一部分存在,而不能作为独立的个人思考和行动,这种情况下发生的自杀,是利他型自杀。自杀者是为了实现群体的利益履行自杀的义务,而非自杀的权利。利他型自杀发生的原因是个人过于融入社会。失范型自杀则是由社会混乱导致,在混乱中社会成员的行为失去了规范,增添了痛苦。宿命型自杀是由社会控制过度造成的,个人失去了所有希望。

通过对自杀的研究涂尔干得出三个命题:社会的人需要一个高于个人的社会目标;对这个目标所负的义务不至于使他失去自主;他的欲望应受到社会秩序给予的一定程度的限定。这三个命题实际是通过对死人的研究给活人的一种行动指南。

由此还可以得出一些同现实有关的学术追问:自杀者是受害者吗?如果是,那么是谁迫害的呢?

2. 劳动者:深度自我

从社会开始的劳动分工,给劳动者带来了种种变化。这个变化中最为突出的就是深度自为建构的可能性和现实性的不断增加。“涂尔干说，现代社会的出路就是重新塑造法团，并以法团为基础构建具有知性精神和纪律精神的深度自我。”有机社会的形成使差异性转化成了可能性，为主体化形式提供了可供滋长的空隙。社会分化的结果或者说劳动分工的结果必须也必然是人成为自由的人。[①] 在涂尔干看来，做一个人，实际上就是做一个行动自由的人。但是人何以实现或达到这种状态呢？涂尔干说：人要获得自由的状态，就必须拥有真正属于他，甚至只属于他自己的东西，由此他可能成为个人，而不只是对种族和群体的原始类型的单纯体现。同时涂尔干还认为，不管自由由什么构成，自由绝对不具有非人的、固定不变的和形而上学的性质，也不能作为经验的、易变的和具体的个人人格的基础。（涂尔干，2000a：361）从这里可以看出，人的自由在涂尔干看来是一种真实的、固定的和现实的东西。社会分化是创造个人自由的条件。只有在集体意识部分失去了他那咄咄逼人的严厉性的社会里，个人才可能判断行动上的某些自主权。涂尔干说：“传统社会的消失必然要求专业化同时得到发展，要求将个人意识从支撑它的有机环境和涵盖它的社会环境中解放出来。这种双重解放使个人行为变得更加独立。”（涂尔干，2000a：361－362）然而自由和依赖依然是社会生活中的一种张力，而这种张力也是一种社会事实。涂尔干社会分工研究的起点就是个人人格和社会团结的关系。“为什么个人变得越自主，他就会越依赖社会？为什么在个人不断膨胀的同时，他与社会的联系却越来越紧密？尽管这两者看似矛盾，但他们亦步亦趋的活动却是不容反驳的事实。”（涂尔干，2000a：9－10）这个事实源于社会团结的转型以及与此互为关联的劳动分工。正是由于劳动分工，人的异质化程度的提升，个人真正成为自主的主体，从而社会也具有这种主体性，于是现代社会第一次使社会建制和深度自我获得了多重可能性。于是“天平终于发生了倾斜”。[②] 从此以后，个人便跳出了集体习俗的樊笼，创造了各种新生事物。（涂尔干，2000a：155）

深度自我，在社会分工的大潮流中逐渐显现出来，但是这个自我是否会随着无休止的分工而坠入深渊呢？同时，这个自我是哪一个自我，是谁的自我，在

---

① 这同马克思观察到的社会分化功能完全相反，马克思站在阶级的立场上观察这种社会分化，劳动者的自由只是出卖自己劳动力的自由，其他的自由都从属于资本家的资本。

② 涂尔干认为，权力一旦被组织起来，就越来越倾向于独立化，越来越需要个人的行动。这样，个人行动的源泉就喷发出来了，这的确是前所未有的事。（涂尔干，2000a：155）

哪里呈现等,还需要时代的解释。

3. 教徒:按照什么行动

涂尔干宗教研究的对象是澳大利亚原始部落中的图腾崇拜,他的研究目的却是“理解现今的人”。在宗教社会学中涂尔干发展了其知识社会学理论。[①]这种理论强调了作为教徒的行动者的行动才是构成社会的源泉和社会建构教徒的动力。涂尔干说,只有在行动中,社会才能产生影响,而且只有构成社会的个人聚集起来共同行动,社会才能行动。在共同行动中,社会才意识到自身,并借此建立自己的地位。当然就宗教而言,涂尔干说,行动主宰着宗教生活,道理很简单,因为社会是宗教生活的来源。(涂尔干,2000b:140)这里显然预示了作为教徒的行动者的行动是同宗教本身甚至社会生活本身相互勾连的。不仅如此,行动还对良知产生而发生影响。“生活通过向生活本身的集中以及自发的机械的行动对生活的传递,产生了良知。”(涂尔干,2000b:40)行动产生良知,而知识则是良知的具体形式。“知识是自由思想达到其目的的唯一手段。当不合理的信仰和行动失去它的支持者,必须寻找新的信仰来启发个人的良知,而知识是良知的最高形式。”[②]

涂尔干认为宗教产生于虚无。他认为,图腾崇拜是信仰和仪式的完整复合,它包含了通过仪式表现出的对自然的态度,还包含一种宇宙论,表达了人类和自然组成的一个精神整体的思想。涂尔干想搞清楚,关于神的概念——也就

---

① 讨论涂尔干的知识社会学,首先应当注意一个事实,即涂尔干把他的知识理论安置在了他的宗教研究当中,因此他的知识理论并不独立于他的宗教研究而存在。但把知识理论放在这样一种从属的位置上,其好处是它使得涂尔干无须再对其知识社会学的方法论另行解释了,因为这一开始就得到了解释:涂尔干把宗教看作必然是一个集体的因而也是社会的现象,因此他也把知识的社会学条件定位到了相似的集体现象之中。按照实证主义的传统看法,宗教是科学知识的一种较不发达的形式,我们的所有理解范畴都是由它而来或者经由它而来的,因为宗教无非是对社会的符号表征和对人类社会组织及其自然环境之间关系的一种认知表达。但是,认为知识与宗教联系在一起,或者至少知识的范畴(即使不是其确切内容)与宗教联系在一起,立即导致了方法论和认识论上的困难,正如帕森斯指出的那样,在涂尔干的工作中存在着一种决定论和唯意志论、实证主义和唯心主义的基本的紧张关系。(帕森斯,1949:409－450)这些困难与涂尔干所采纳的方法论以及他随之对社会和“社会的”这些概念的理论构造有关。(刘文旋,2003)

② 涂尔干同时还指出:一旦掌握了知识,他就成了完全的自足者,成了对手嫉妒的对象;另一方面,只要习俗的来源逐渐模糊、消失,不再能满足新的需要时,就会寻找新的知识。(涂尔干,2000b:39)

是被他看作社会现实的象征表示，是如何开始有了一种超验的或强制性的属性，特别是因为原始社会不是那种靠它们惊人的力量制服一个人的“巨大的海中怪兽”；就是说，国家的建制在这样的社会里是缺少的。在宗教仪式上，当有一大群人聚集在一起，产生一种高度兴奋状态，涂尔干称作“发狂”或“兴高采烈”时，社会压力也能表现出来。此外，仪式的作用不仅加强了信徒与神之间的关系，也加强了个人与自己也是其中一员的社会组织之间的关系；通过仪式，集团组织便意识到自身的存在。象征形式是社会生活的必要条件，因为它使社会沟通成为心灵沟通，也就是说“所有个别情感合成一种共同的情感”。

“基督教的思想带给教徒亢奋的精神状态，使人的心理状态发生了变化，处于一种不自觉的状态之中，似乎感到他们的自我被提升了……因此他们在世俗的生活中获得了尊严。”（帕森斯，1961：680）由于在上帝面前人都是平等的，在基督教的世界观里，人与人的尊严是处于同一个高度的，也就是说，人的尊严是平等的，是没有差别的。

4. 知识者：一种知识社会学

显然，在对教徒的考察中涂尔干应用了或者发展了知识社会学的方法。但是在对知识本身和对教育的研究中涂尔干显然也应用了或者发展了知识社会学的方法。这里的发展主要体现了从人出发而讨论知识社会学的相关问题。

在教育学的研究中，涂尔干低估了行动者。涂尔干在对理想的教育的批判中让教育失去了理想。他说：“只有社会使人产生了对知识的需要时，人才会渴望得到知识；但也只有在社会本身感到需要知识时，社会才会使人产生对知识的需要。”对于知识的需要，在涂尔干看来，只有在社会感觉到了的时候，人才会感觉到。涂尔干显然低估了人，似乎人只可能有“极其单纯和在个人身体中有其根源的需要”，而其他需要只能是社会赐予的。当社会感觉了的时候，人是如何感觉到社会有这种感觉的呢？这些问题并非只是由逻辑本身提出的。“人只有在经验告诉他们不能不需要科学的情况下，才愿意要科学。但就个人生涯的安排而言，他们没有勇气去从事科学活动。……人除了这些极其单纯和个人身体中有其根源的需要之外，如果没有其他需要，那就不会去寻觅科学，何况不勤勉和不付出艰巨的努力便掌握不了科学。”人的需要催动着社会。为此，涂尔干认为，个人的知识比社会知识更真实（涂尔干，2000b：22－23），这种说法了体现了涂尔干在个人与社会关系上的张力。

在知识论的范围内,涂尔干把知识的行动者看作最隐秘的集体行动者,因为知识是一种积累的历史。涂尔干提出,关于知识的问题有两个基本的学说:一个是康德这样的学者,认为思想的范畴是先于经验的,即先验论;另一个是像洛克这样的学者,把范畴看作从经验中引申出来的,是由“零碎东西”连同“这个结构的施工工匠”即个人组成。涂尔干认为自己的理论结合这两种概念,它是一种理性的形式,是在传统的经验主义和先验论之间的一条中庸之道。还有关于认识的范畴的知识,他指出它们既不是内在的,也不是从个人经历中引申出来的,而是从社会中引申出来的,是人类群体的产物,是好几个世纪以来所积累起来的知识资本。“人之所以为人,只不过是因为他有了文明。所以,人不可避免地会感受到,在他之外存在着他从中获得人类本性特征的某些主动因素,它们作为仁慈的力量,帮助他、佑护他,确保他得到特许的命运。”(涂尔干,1999b:282)

从人出发,就是从行动者出发,才能建构知识的真实性世界。作为生动自我的行动者永远活着,死了的行动者只在关于人的知识场域中。我们社会的可能源于人的可能和行动者的可能,构筑一种有别于西方现代性的社会特性必须走进活生生的人群当中,这是作为特别类型的知识行动必须遵循的实践原则。

第五章　ASD 框架中的行动者

本章以《结构主义的视野——经济与社会的变迁》中文版(社会科学文献出版社,2000 年)为阅读对象,讨论瑞典社会学家汤姆·伯恩斯的 ASD 框架中的行动者问题。ASD 将社会关系、群体、组织和社区看作一系列各自具有独特内部结构和运动规律,彼此之间在一定程度上存在既定边界的社会系统,并且系统整体上是开放的,与外界环境保持着频繁互动。通过与外部互动和内部互动,社会系统不断获得新的要素并发生改变,由此也导致某种连续的变革。伯恩斯认为,ASD 理论是 20 世纪 70 年代系统论的最大成就。我在 ASD 框架下讨论行动者,要做的工作主要是: 观察以系统论为基础的经济社会学是如何关心行动者的;行动者的行动同知识的关联在 ASD 中是如何实现的;行动者理论的主要观点和构成以及同知识行动论的关联并对知识行动论的启发。从而为重思社会科学的循环系统,重植社会学包括社会科学的全部框架的种子提供理路。

第一节　行动者出场的路径: 重建抑或颠覆

行动者、行动与知识是传统研究者必须遵循的道路,也是构成行动者系统的基本要素。在对待知识的问题,伯恩斯是典型的建构主义者。他认为,在现代社会科学中,所有的知识都由社会建构,但是建构的方式和由此引发的后果不尽相同。知识生产和检验中所包含的社会和制度内容因其所处的科学、宗教、经济或者政治环境而异。(伯恩斯,2000:9)但是伯恩斯却这样说:尽管科学是生产经验性知识和有关理论知识的最可靠的方法,但运用知识的场合,却成了决定知识可靠性和确定性的重要条件。

一、知识有限性

知识有限性到理性有限性所确定的有限知识与有限理性限制了知识行动的能力。这应该看作知识行动论的又一条原理。伯恩斯说,人类出于自身目的创建了社会系统,但是人们创建系统的知识却是极为有限的,这些有限的知识使人们无力应对或者处置复杂而又富于变化的系统。这时,人们就不可能依据一定的知识事先预测出建立和实施社会系统所导致的种种后果。(伯恩斯,2000:9)为此,后来伯恩斯就在行动者系统中提出了行动的可知后果和行动意料外后果的结论。

知识有限性的提出对行动者来说是有意义的(不仅如此,即使对社会理论来说也是这样)。伯恩斯指出:这种有限知识也无力应对自己建构的系统给社会、经济、政治和环境的影响。也就是说人类对自己众多的伟大创造及其后果并不十分了解,甚至在很多情况下连专家也只是知道其中很少的一部分知识(系统运转及其后果等)。知识有限性的对象不仅包括日常生活的行动者,就是知识专家也同样受制于知识有限性的规定。

知识有限性甚至在这种有限性基础上的理性有限性以及所谓有限知识和有限理性,应该说都不是新鲜的说法,或者这种有限性的申明,实际在重复昨日的故事。问题是在我们的生活中也需要不断讲述这种故事,但是显然事实上的知识虚妄所带来的理性行动的无限性颠覆着这个故事的所有情节,似乎转换为另外的一个故事被某些行动者动情地讲述着。知识进而知识行动的有限性和无限性的张力在生活实践中不是消解了,而是膨胀着。这不仅指涉中国,也指涉其他所有国家。

二、知识破碎性:能力有限性

从知识有限性到能力有限性是伯恩斯思想发展的一个显著轨迹。首先,知识分工导致了知识破碎,知识破碎性源于知识高度专门化。伯恩斯认为,科学与技术领域的普遍分工使原本系统化的知识变得支离破碎,对知识生产者而言也是如此,他们的语言和认知系统高度专门化,彼此分离。其次,知识破碎性导致知识整合出现困难。"当要求组织并发展出高度整合的知识以便更好地理解、掌握复杂系统时,人类的能力表现得相当有限。"伯恩斯特别指出:最令人窘迫的是,对于自然、历史、社会、政治和经济生活,人类还从来没有像今天这样有如此多的了解。但是问题是人们并没有通过有效途径把这些知识组织和整合起来,以利于更好地理解和处理由人类众多伟大成就而引发的种种问题。现有的"信息"无比丰富,但就知识而言,则需要一种选择性机制择取相关,摒弃无关。(伯恩斯,2000:10)再次,"分化/整合"应该被看作事物——不管是物质性的,还是精神性的,不管是自然领域还是社会领域,即便是知识领域本身的一种被专家知识行动者——所建构的变迁规律性特点模式,问题是这种模式一旦被行动者所掌握并运用,就会出现外力拉动的非均衡性摆动,这种非均衡性摆动同"知/行"模式一样,是一种非真实的思维后果。最好的方法就是还原事物发展与变化的本来面目。这是相当复杂的题外话,这里按下不谈。

三、知识代沟

在伯恩斯看来,第一,知识存在代沟,知识破碎性成为知识代沟的理由。伯恩斯指出:在很大程度上是因为科学、技术知识过于散碎,科学领域内部诸部分以及科学与决策者及民众之间均存在知识代沟。同时行动者缺乏组织和整合知识的能力也是知识代沟出现的一个原因。(伯恩斯,2000:11)伯恩斯认为,在自然科学、普通民众和政治领袖之间存在着一种知识代沟,并由此在科学家与政策制定者的互动以及将专家知识纳入政策目标与问题解决的过程中产生了一系列的紧张、误解甚至破坏。(伯恩斯,2000:10－11)第二,现代人为弥合这一代沟做出了种种努力,比如建立科学咨询制度,将技术官员的意见纳入行政与司法制度,创办科学宣传园地,吸引公众关注等。

我认为,知识代沟的说法是有问题的,因为说到代沟就会使人想起不同辈分的沟通问题。我的看法是把知识代沟变为行动者知识沟,这有两个意图:其一是说知识沟,就是单指不同知识之间存在着隔阂,这是知识不整合现象的一种表现。其二是说行动者知识沟,一是说不同行动者之间存在着不同的知识,这些知识的不同实质上也就确定了行动者的类别,反过来说也应该是成立的;二是即便是同一个行动者其知识之间也存在着需要填平的沟壑。这个说法可能比伯恩斯的知识代沟包含更多的内容或者更准确一些。行动者知识沟的情形也是我们要加以分析的,但是因为我现在的主要任务是讨论伯恩斯的观点,所以只好把这么好的问题及行动者知识沟的问题留待以后处理。

我认为,知识沟的概念还可以从行动者知识沟延伸到社会知识沟,这样这个概念就能够在一定程度上解释社会阶层之间的某种差异存在的知识要素、制度要素与知识要素的关联,从而用更为复杂的方式说明复杂的社会事实。在这里,我仅仅提出知识沟、行动者知识沟和社会知识沟概念而已,这些概念对社会的说明倒是需要一番细说。

四、整合知识:寻找知识碎片化的黏合剂和知识性代沟填充剂

(一)讨论人们对知识沟的看法

伯恩斯认为人们对知识代沟的态度也存在问题。"对于知识破碎和知识代沟,如果不是因为人类建立的众多系统存在巨大危险和风险,人们就会简单地将之视作一种遗憾,或者纯粹就是现代大学与知识从业者的失败。"(伯恩斯,2000:11)尽管伯恩斯没有说知识沟存在的危险性有多大,但是公众对这种知识沟的认知,尤其是对这些知识沟的严重后果的认识还是存在问题的。

(二)人们为解决知识沟后果的努力

伯恩斯认为,在解决知识沟所带来的问题时,自然科学和技术仅仅提供概念、数据和知识,只扮演了次要的角色。与此同时,十分不幸的是,社会科学与人文科学对知识沟以及后果问题也仍然力不从心。(伯恩斯,2000:11)

当知识本身对知识沟力不从心的时候,行动者的行动也就在这种知识沟作用下表现为不幸的方式。这些作用落到行动者身上同样表现得很不幸。因为知识专门化导致的知识碎片化衍生了行动者能力的有限性,同时行动者知识沟也机制性地降低了行动者的行动能力。"行动者从不同的角度进入系统(使用不同的系统规范),虽然系统既具有社会属性又具有自然属性,但行动者从本质上说是在遵循系统不同的社会属性。因为高度抽象、无须背景和联系的知识存在,或者更精

确地说是缺乏相互关联的知识，人们因而无法全面理解系统的自然属性和社会属性，并将不可避免地导致失算、误解和失败。”（伯恩斯，2000：12－13）

在很大意义上，行动者的行动能力和后果甚至完全同知识沟关联，正是由于知识之间的不整合，由于社会知识沟的亘在与延伸，行动者的行动能力大打折扣，行动者的行动后果也会出现事与愿违的情景。这种现象必须引起研究者的重视，否则就会进入知识对知识沟无动于衷或者无能为力的境地，从而降低行动者的行动能力和抵消行动者的行动后果。

（三）ASD 的出场

对解决知识整合的问题，“ASD 不是为一种全新的、系统的方法，它明确认识并积极支持了使自然科学与技术进步系统化的要求，问题在于如何使社会科学知识系统化。ASD 从理论和实践两方面论证了需要研究并发展一套整合的知识系统”。（伯恩斯，2000：13）伯恩斯认为，ASD 在以下五个方面实现了创新：一是把人看作富有创造力（同时也具有破坏力）的，能够自我反省、自我转变的行动者；二是文化和制度是人类行动的主要环境，但对行动者而言，对文化和制度必须通过社会规范和规范系统加以内化；三是行动者的互动过程镶嵌于文化与制度结构之中；四是社会系统既能够反映出社会紧张和社会失范，也能够反映出社会道德冲突、社会群体利益冲突与斗争、社会关系与制度安排的内在矛盾；五是社会规范系统的发展和变化受以下因素影响，即通过互动发生的人类行动，由自然生态环境和产生并维系伤害制度的社会行动共同作用所形成的选择机制。我的解读是，ASD 的出现实质上就是行动者的出场，也是颠覆已有系统论的观点的出场，更是颠覆社会科学出发点和归宿点的新世界观的出场。

第二节　ASD 框架与行动者

行动者——系统动力学理论把社会系统分为三个层次：行动者、行动者的角色和地位；社会行动和互动的场景和过程；内生限制因素（物质因素、制度因素和文化因素)。“从长期看,社会系统中的行动者能够控制这些外生因素,从而使其内生于社会系统。”(伯恩斯,2000:171－172)

一、行动者:ASD 框架的构成者

(一) 行动者定义

物质、政治、文化等条件对行动者的行动加以限制。在受到限制的同时行动者还具有能动的常常是创造性的力量,从而塑造和再塑造物质环境和社会结构、社会制度。所以行动者能够有意地和无意地(通常是试错和失误)改变行动的条件。第一,个体与行动者是有差异的,也就是说行动者并非仅仅指个体,或者说个体并不是完整意义上的行动者。在伯恩斯看来,行动者的行动类型包括爱和分享、生产、合作、行使权力和斗争。个体与行动者还是有一定程度上的差异的。至于这些差异是什么、在哪里,我们尚不得而知,但是从伯恩斯的某些阐述中可以意识到这种差异。伯恩斯说:个体是不完全社会化、有知识的行动者,在某种意义上,他们以社会规则体系——在群体、社区和国家成员中共有的规则体系的形式——内化了社会结构。通过遵从这些规则体系,团体成员形成了某种活动模式,并产生影响现实的结果。简言之,他们客观化规则体系并影响现实世界。(伯恩斯,2000:178)第二,由此得出结论就是行动者内化了社会结构(客观化规则体系)并产生现实影响的社会成员。如果内化了或者客观化了社会规则系统,那么必定是具有明显知识形式的行动者,因此在某种程度上可以是知识行动者。因此,我得出了这样一个绝对结论:所有社会行动者都是知识行动者,只不过调动知识的能力和知识现场可得性不同,行动表现形态各异。

(二) 行动者的构成

伯恩斯从总体上把行动者的构成看作个体行动者、组织化群体行动者、组织行动者以及国家行动者。(伯恩斯,2000:171)在这四类行动者中实际上又可以归结为个体行动者和集体行动者。在伯恩斯看来,集体行动者是相对个人(体)行动者的,如组织化群体、企业、政府机构、议会、政党等都是这些行动者的主体。这类行动者能够做出决定,调动并分配资源,实施集体行动。此类社会行动者具有某种内在的结构,以制定内部规则,并使其具有强制力,进行各种决策,实施有目的的集体行动。这类行动者同个体行动者的差异可能就在于这种行动者是结构化了的,其结构内部也有保证行动的规则,并使这种规则和社会规则系统共同发生作用。集体行动者被看重,就是ASD理论同元社会学理论的差异性所在,因为在元社会学中,个体行动者被看重,从个体走向集体,是这种社会学发展的路径。从集体到社会,似乎距离更近一些,但是是否意味着知识沟更小一些或者更大一些则是需要讨论的。

(三)行动者行动目的性

"人的行动是有目的的,人们可以收集并整理信息,评估形势,做出决定。"(伯恩斯,2000:173)伯恩斯认为,社会行动者之间的交易不仅是为了交流感情或者"好玩",而且是为了在特定的社会结构中表现出他们的作用,追求他们的利益。"在以合作与冲突为形式的交易过程中行动者形成了(一个或多个)实际社会组织。他们的活动可能带有战略性特征,是把维持或变更特定规则体系作为追求的目的,而该规则体系有利于他们的利益,或者是损害那些所反对或者与之对立的行动者的利益。"(伯恩斯,2000:196)正是在行动者的这种行动目的的实现过程中构成了西方社会的紧张。何以如此?因为那些没有物质财产的行动者可能缺乏同等行动机会,包括按照有利的方向决定未来发展的机会,至少在所有权系统的背景中情况如此。缺乏财产资源的行动这也许提供诸如政治民主制等其他规则系统能够抵挡或限制对产权的充分剥夺。但是现代生活的组织化控制与受不同社会能动者拥护的民主原则之间的相互作用,造成了现代西方社会的紧张与动荡。实际上,这个结论可以推而广之,行动者行动目的的实现不仅导致了现代西方社会的紧张和动荡,在东方社会也适合这个结论。行动者行动资源的剥夺和行动目的之间的张力似乎是行动者过程中一种永恒的现象。这是否可以构成行动者的行动非预期后果也是值得思考的。

正像吉登斯提出的观点一样,伯恩斯也认为行动者想到在实现行动者自己所设计的行动目的的同时也会出现行动者自己的意外或非预期后果。伯恩斯说:行动者在其交易中所建构和重构的社会结构与活动模式,包括他们战略性建构与制度设计,未必是出于他们的本意。有时行动者开始相互冲突并可能以创造性方式进行"协商",但是产生的结果却出乎任何参与者的意料。所以,包括战略行动在内的社会行动,其未预期后果或者无意后果经常有助于破坏并重构既有规则系统及其资源基础。(伯恩斯,2000：197)很显然,这些未预期行动后果对社会结构和社会行动方式的构建是有意义的。

(四)行动者行动的依据

行动者行动的依据最基础的就是行动规则。没有规则就没有行动——当然这是从社会学意义上说的——在许多情况下这种规则行动的目的由形式来体现。

伯恩斯是规则论者,尽管他把行动者置于一个非常关键的位置上,但是在行动者背后总是有规则在指挥着行动者的各种行动。伯恩斯将社会规则理解为:1. 人类活动,无论是政治或经济活动,还是艺术或日常生活,在一定程度上都由社会性的规则所组织和控制;2. 社会规则的组合要素有：规则、规则体系、规则系统构建,制定、解释和执行规则,社会规则的维持、修订和转化等;3. 社会规则具有权威性,由社会奖惩、权力和控制网络共同支持;4. 社会规则不是自然给定的,而是社会行动的产物。所以,伯恩斯就把社会规则作为行动者社会行动的依据。伯恩斯指出,人类活动,无论政治活动、经济生产与交换,还是艺术或者日常生活,在一定程度上,都由社会性的规则和规则体系所组织和控制。根据社会规则系统理论,人类行为者(个人、群体、组织、社区、集合体)都认为是社会规则系统的制定者和传递者。规则体系理论假定不同的社会行为者常常倡导构建和管理社会生活的相互矛盾的而且声称是合法的规则系统。(周长城,1998)

"行动者主要依据社会规则体系(包括那些组织和支配社会统治的规则体系)来设计自己的行动,扮演各种角色,维护自身利益。"(伯恩斯,2000：173)我们对社会行动者的研究主要依据他们在社会系统中的角色与关系,而不是依据行动者单独的特征或特质。"伯恩斯在对上述流派进行分析比较后,创造性地提出规则互动理论,在行动者和结构之间架起一座桥梁,即'行动者←→规则←→系统结构',系统结构通过规则影响行动者的行为,行动者通过规则能动地反作用于系统,这接近于吉登斯的互动观点。"(王吴庆,2003)从这里也可以看出,伯恩斯尽管提出了行动者概念,并把这个概念作为其理论的核心概念,但是在考察行动者的时候并不是从行动者出发,而是从行动者所处的社会系统出发,因此也无法逃脱集体主义的研究方法论的局限。

(五) 行动者的知识性和创新性

1. 行动者是知识的承载者

"行动者是社会规则体系和对规则体系的实施十分重要的实践知识的负载者。同时他们赋予社会规则和行动场景以新的有时是出乎意料的诠释。"(伯恩斯,2000：173)从而我们可以看出行动者首先是知识行动者,因为行动者具有实施社会规则体系的实践知识,而且这种知识正是行动者对行动规则和行动场景进行自我性诠释的条件或者基础。

2. 行动者是社会规则和行动条件的创新者

伯恩斯说：更为普遍的是,行动者具有创新能力,比如他们通过发明新技术和新工艺,通过重新制定社会规范与制度来显示这种创新能力。由此得出结论就是：行动者是通过行动改变其行动的条件。(伯恩斯,2000：173)我认为这是一个非常经典的结论,行动者不管是创新者,还是知识者,最终还是通过自身的行动改变行动,并且通过这种改变来改变自身和世界。自我和世界的建构都是从行动者的行动开始的。

(六) 行动者行动的场景

行动者的行动都发生在具体的交易情境中。在这个情境中,不同的行动者拥有的用以实现其目的和利益的资源与机会是不均等的。行动和互动的可能性(包括资源控制)在行动者之间的分配状况,不仅决定了他们在不断变动的情境中的相对权力,而且决定了他们影响未来发展的能力。通过行动和互动,社会行动者支配并改变他们周围的物质环境、制度环境和文化环境。(伯恩斯,2000：173－174)

实际上,由于行动者资源和机会的不均等,也就决定了行动与互动的可能性,这种可能性又反过来影响到行动者的资源状况和机会把握情况[①],从而形成了一种决定行动者当下和未来发展的能力。实质是,行动者只有拥有更多的可能性才能使行动和互动得以实现,只有完成了这种实现,才能改变行动者的环

---

① 物质条件、气候、能源等自然资源的分布状况、(人类创造的)技术等既限制社会行动和互动,同时又创造一系列机会。(伯恩斯,2000：174)

境和行动者行动的环境。

二、行动者的能动特征

能动主体与结构一直是围绕着社会生活中参与的个人与社会系统之间的关系的基本问题，也是社会学理论研究的一个重要主题。“伯恩斯对互动主体能动性的理解为：(1)人类作为互动主体具有能动性，是能够自我反省、自我转变的行动者，对社会规则可选择反对、背离或执行；(2)能动主体包括个人、群体、组织、社区、集合体等行动者；(3)能动主体是社会规则系统的缔造者和传递者。”(王吴庆，2003)

(一) 人的能动性

伯恩斯说：人的能动性是指行动者的知识性、行动者在社会规则形成与变革过程中的创造性和能动作用、行动者在社会制度和社会生活形式的形成与重建中的策略行为与斗争。(伯恩斯，2000：181)

伯恩斯对人的能动性的界定在很大程度上说明了绝大多数行动者的特征。对于行动者在社会规则体系中的创造性和能动性，以及形成与重建社会生活的行动和斗争所表现出来的创造性和能动性，倒是需要特别加以讨论①，但是我的兴趣主要在于行动者的知识性上。行动者的知识性何以体现行动者的能动性倒是需要认真讨论的话题。可惜的是，伯恩斯并没有更多地讨论，这些较少的讨论我们可以在本研究中略微领略。

对于主要任务的限制，我这里只能提出这样几点想法：其一，行动者的知识性，也就是行动者的知识化，是行动者的本体论状况和知识的意识状况结合在一起的一个概念，它不是单一性质的属性特点，这是把唯物主义和唯心主义的误区还原的一个概念。这时，知识性的行动者或者行动者的知识化也就成为

---

① 伯恩斯认为，社会规则体系存在冲突与斗争是规则进化的动力源泉。他假定不同的社会行动者常常提出不同的规则体系，以构建并支配社会生活，并认为各自的体系具有最终的合理性。在某些共同分享的规则体系的诠释与遵从上，他们并不能达成一致。一般而言，在规范、法律、组织化原则、规则体系之间既有共识，也有冲突；另外，社会规则体系是社会斗争与社会转型的一个主要目标。一部分社会行动者试图改变规则体系，而另一部分人则试图维持它们，由此，行动者对旧的规则进行全新的或相反的诠释，或直接创新或采纳新的规则系统并将之付诸行动。

行动者理论的基点，只要是行动者，不管是何种类型的行动者，只要是在社会生活中行动，都应该具有这种认识论的本体论的特征，否则就会丢弃基本。

其二，即便按照伯恩斯的观点直接说也就是按照规则体系理论，行动者的知识性也是作为其能动性的基础性属性来看待的。规则——不管是内生还是集体机制的——在某种程度上也都是一种含有物质和精神或者二者合二为一的产物，这时规则本身的知识意义就是十分明显的了。这样说来，规则的认知、评价、选用等仅凭行动者的情感是无法完成的，只有在知识的基础上加以情感力量才能够做到。这种说法表面上是一种点对点的模式，即“知识/知识”，但是实际上是“行动者：规则知识/行动知识”的模式。没有行动者的知识化，就难以实现行动的制度化和社会的结构化——作为规则化的结果。

其三，行动者知识性是行动者社会生活的形式的实质性内容。行动者的社会生活包括了集体行动者的模式的过程，也包括了自我存在奠基和应对的内容，这其中也包括了行动者为了自身利益而进行斗争的过程。这些过程背后就是行动者的知识化过程，是增加行动者知识性的过程。行动者在建构自己生活世界的时候，行动者在确立自己生活形式的时候，不管自己是否意识到，也就是说不管自己是有意或无意，都是一个明显的知识性增加和知识化的过程。这个过程同其生活过程为一个过程，因而行动者知识性增加的过程不能仅仅说成就是一个意识化或者信仰化的过程，实际应该是一个物质化的精神过程。这些内容就是知识行动论的行动者知识性原则。

（二）社会行动者是内嵌在文化系统中的能动者

伯恩斯认为，文化是群体成员所共有的一套规则，并且体现在拥有它的个体和由个体组成的群体之中，它包括指定规则的意义并使它看起来是可以解释的。同时，他把制度定义为一套理想规则①，包括参与交往的个体和群体、交往环境和行为恰当的规则。但是伯恩斯在讨论文化与制度耦合关系时指出，制度只是由某文化的成员所拥有的理想类型，但这并不意味着行动者的行为或实际遵从的规则就与制度化的文化模式完全一致。（伯恩斯，2000：89－90）可见，在他看来，无论制度还是文化，均是用来调节人类行为的规则，制度是文化的组

---

① 制度结构是指管理组织、市场、政治系统、宗教组织等，分别在某一特定领域中结构化，并规范社会互动过程；文化结构包括语言和以货币为代表的其他符号系统。（王吴庆，2003）

成部分。(何东霞、何一鸣,2006)

由于行动者与规则关系以及规则与文化的关系,伯恩斯把社会行动者看作内嵌在文化系统中的能动者。社会能动者通过其交易维持、修正或转变着界定“结构性制约”与“机会结构”(opportunity structure)的规则体系。然而,即使在激烈变迁时期,行动者也不会从头做起。他们不能选择一个有替代性未来的完全不同的系统,因为他们的起点总是一个现行的社会文化系统,行动者被嵌入其中,而且他们的行动和交易受到该系统的制约。但是,他们通过实践、试验性学习、冲突与斗争逐渐开创一个未来。(伯恩斯,2000:222-223)

其一,行动者行动模式的选择,包括行动目的和行动起点的选择对行动者来说是意义重大的。从目的来说,行动者是同行动规则的生存紧密联系在一起的,这些规则体系的变动是行动者行动的结果,这里的行动主要是维持、修正这些同自己生存息息相关的规则系统。从起点上说,行动者行动的起点是以往行动奠基的知识文化高地。即便是对规则的制度性颠覆也无法逃脱历史。

其二,行动者是内嵌在特定的文化系统中的,这种内嵌性不仅规定了行动者的知识性、历史性和能动性,而且也内含了行动者的文化制约性。行动者的行动逃脱不了他所在的文化系统所内在的知识条件和历史结构。

“行动者—系统动力学理论是研究的出发点。将人类行为者的规则解释和规则的运用作为理论基础,伯恩斯用社会规则体系理论解释了文化的变迁与进化,他认为一个群体的文化是由该群体成员所拥有的一套规则构成,每一规则出现的频率由知道和使用它的人群的数量决定。文化变迁是一种规则在人群中的频率分布的变化,文化差异是人群中规则频率的不同所致,文化差异的程度取决于主群体和亚群体之间规则频率的差异。这样伯恩斯建立了自己的社会—文化选择的新进化主义理论。”(周长城,1998)

第三节 行动者与行动规则

伯恩斯认为自己的规则体系理论考察了不同规则体系相互对立、相互补充的途径,考察了行动者处理规则和规则体系矛盾的特定的制度化途径。(伯恩斯,2000:178)作为一种社会结构理论,规则体系理论能系统地取代结构功能主义和结构主义之类的理论。这主要是因为它将能动主体置于中心地位。规则体系理论渊源于马克思和韦伯的丰富理论传统，但又同他们的理论明显不同，甚至有所超越。这种超越是由于吸收了组织理论、比较制度分析、社会结构理论、结构语言学、常人方法学的研究成果，借鉴了一些发展了规则人和规则体系概念的当代学者的理论成果，这些学者包括吉登斯、戈夫曼等。（伯恩斯，2000：181）我最为简单的看法是，伯恩斯理论是否具有超越性和超越的程度如何，可暂且不论，但是把行动者凸显出来则是规则理论中最有特色的部分，是对新社会理论即社会根理论的较大启发之一，也是我这里讨论这种理论的出发点。

一、人类历史的深层结构

人类历史的深层结构是同行动者与行动规则的关联内嵌在一起的。伯恩斯说：行动者有意识地能动地使用、诠释、遵从规则体系[①]，同时也创造性地改良和改革现存的规则体系，结果就导致了制度的创新和变迁，并形成了人类历史的"深层结构"。"的确，人类过去与现在的大部分斗争都围绕着主要规则体系、社会核心经济政治制度的形成与变革而进行。"（伯恩斯，2000：177）

从行动者到行动规则，然后再到社会制度，是行动制度化的轨迹，也是社会变迁的过程。所以，任何脱离行动者的规则理论都无法揭示社会变迁的动因和社会变迁的过程性特征。这也是知识行动论从行动者出发的原因，当然这也是全部社会科学的研究起因和自然科学知识内嵌性的党性理念。[②] 但是问题依然是存在的，用伯恩斯的话说就是：在社会学领域有着悠久的历史，且成果颇丰的偏差行为的研究甚至也是倾向于关注逃避遵从规则的个人和群体，而不是关

---

① 伯恩斯认为行动者与规则互动有三种选择：第一，遵从规则，包括理解规则、分析情况、运用工具、资源以及实用行为技能，而且很多情况下还有必要动用权力与权威来强制遵从社会规则；第二，违反规则，在明知规则含义的前提下逆规则而行，需要冒受惩罚的风险；第三，逃避规则，利用和选择规则为自己特定目的的服务。（王吴庆，2003）

② 自然科学知识本身并不带有任何党性，但是要特别明晰的党性意识则是：认识自然现象、揭示自然规律的目的何在？即便是科学家忽视此意，但科学家本身就是一种类型的行动者，按照世俗说法还是精英行动者，这种类型的行动者从事知识生产的动机和目的也是社会科学研究的内容，更明确说是科学社会学、科学知识社会学或知识社会学的直接任务。任何知识都是行动的知识，任何行动都是行动者的行动，这是知识行动论的一条定理，也是迄今为止许多社会科学学科忽视或者视而不见的地方。

注为促进规则体系形成与变革而斗争的行动者和行动。(伯恩斯,2000：177)

(一) 行动者与行动规则系统

1. 行动者是行动规则承担者和参与者

这里,伯恩斯所说的社会规则系统(体系)在根本上就是行动的规则系统,因为社会规则必须转换为行动规则才能发挥作用,所以,任何规则只能是行动规则,而非其他。所以,我在表达规则的时候就直接称之为行动规则,当然这些规则既是行动的也是社会的,准确说就是行动的社会规则,尽管单个行动者的行动规则同社会的行动规则也是密切关联的。

社会行动者既是社会规则体系的创制者,也是这些规则的承载者。(伯恩斯,2000：6)行动者参与诠释、遵从、重组规则和规则体系,有时他们相互争斗以维持或重建规则体系。(伯恩斯,2000：176)如果说规则是行动规则或者行动的社会规则,那么这种规则无论是否体系化,都无法同行动者分割,所以规则也是行动者的行动规则。但是行动者的行动规则是结构性的,一方面意味着行动遵从行动规则,另一方面行动者还要参与行动规则的诠释和重组行动。

2. 行动者行动规则的基本假定

规则体系理论假定,不同的社会行动者常常提出不同的行动规则体系以建构和支配社会生活,并且认为各自的体系具有最终的合理性。

事实上行动规则的合理性也是牵涉行动者的行动权力的一种社会特征。因此行动者的类型不同,他们对待行动规则的态度也不同。尤其是在对规则的诠释和遵从上往往会出现不一致的现象。一部分社会行动者试图改变规则系统,而另一部分则试图维持它们。由此行动者对规则进行全新的或者西方的诠释(同传统的诠释相比而言),创造或者采纳新的规则和规则体系并将之引入到行动情境。(伯恩斯,2000：176－177)

3. 亚规则

为了澄清规则体系的模糊之处,消解规则体系的矛盾,或者为了导引规则体系的创新与发展,行动者创造并利用了亚规则。(伯恩斯,2000：177)但是伯恩斯这里并没有指出何谓亚规则,也许这正是对行动者创造性的内在性的保留。因为这里问题很多,比如在社会规则之外,行动者在个体的行动圈中自发形成的行动规则是否就是亚规则,如果是,这种亚规则同主流规则又存在何种关联等问题,都是应该说明的。

(二) 行动者的权力规则

社会权力对规则体系所发挥的作用机制是通过行动者来实现的。社会权力(和对资源的控制)使能动者(行动者)能够按照他们自身的目的和自身利益来建立、维持或变迁规则系统。其一,社会规则系统具有偏向性。在某种程度上,它决定特定社会领域内行动者之间在交易中的权力分配。其二,行动者的独特知识与策略允许在一个既定规则框架或制度中存在行动效益和权力大小。其三,社会能动者在改变或维持规则系统时通常具有的权力不平等。我对这三条定则中的第二条更感兴趣,请读者跟着我和伯恩斯的思路继续往下分析,当然这主要针对第二条定则——我或许会在此基础上提出新的知识行动者与规则的新规则。

原则是: 由规则系统引起的社会权力分配可以在不同程度上被认识和利用——也就是成为知识和工具;行动者意识可能性或者对其利用能力因为知识程度的不同可能有所不同。伯恩斯说: 潜在较弱的行动者在特定条件下面对更强大但知识较少的行动者时,能够用大量的知识去改善他们的地位。更典型的是,在社会情境中拥有大量的知识、较有权力的行动者,能够充分剥夺较弱行动者和其他知识较少的权力行动者的机会。(伯恩斯,2000: 190)为此我得出这样几条定则。

第一条,在一定条件下行动者知识的多少同权力的大小是一致的,这就是一致性定律。这个定律实际上也映照了知识就是权力的一种极端说法。[①] 可以

---

① 请参见福柯的有关论述。近代以来人类征服自然的历史在表明"知识就是力量"的同时,泛化并渗透到人与人之间社会关系中转变成为了"知识就是权力"。福柯通过知识考古学和权力系谱学的研究,揭示的知识与权力之间的同构关系值得我们深思。福柯是一个对知识和权力做了最好的解构和阐释的思想者。培根曾经说: 知识就是力量。而福柯进一步说: 知识就是权力。知识作为一种工具,不仅使掌握知识的人获得一定的权力;反过来,在掌握权力之后,知识又稳固了其拥有者的权力。"今天,技术上的合理性,就是统治上的合理性本身。"(霍克海默,1990: 113)在福柯的意义上,"知识就是权力",文人们垄断了有关艺术的知识,并且通过一整套有关艺术的新知识体系的建构,确立了他们在艺术领域里与艺人的权力关系。当然还有另外一种说法就是: 知识就是行动者的权力。这样,人人生而平等,无论出身"贵贱";人人生而平等,意即人人都有生存的权力;人人有生存的权力,也就自然有学习知识的权力,因为人是作为社会环境中的一个个体,人的生存是依靠知识的继承和发展实现的;人人有学习知识的权力,当然应有接受教育的权力,因为只有通过教育的行为,人,才能获得知识。

肯定地说，知识不是权力，但也肯定同权力有关，这种关联性的第一个特征就是这条定律所揭示的内容。

第一条附则一：在知识上的“多对少”的情形，知识多、权力弱的行动者在特定条件下可以凭借知识的优势在应对那些权力大但知识少的行动者中获得利益，这个利益就是通过知识改善地位——知识改变命运在特定情况下是真实的，但是一般情况下这是一个蒙骗有改变命运的迫切愿望的行动者的伪命题或者假命题。

第一条附则二：在社会情境中，有知有权者存在对少知、无权、少知无权行动者的剥夺的更多机会。这个机会不仅仅是因为知识，也不仅仅是因为权力，而是因为知识权力和权力知识。剥夺在阶级社会中是永恒的，在阶级社会中知识的分配同权力的分配是一样的，即在阶级社会中知识不平等也是永恒的，因此知识影响下的剥夺也就会遵循这个规则的附则。

第二条，行动者在对社会规则体系方面有类似的知识但是无相同的能力。行动者对社会行动与制度安排的规则有类似知识，但是在形成（或获知、采纳）有效行动者独特策略与程序方面表现为不同的能力。执行策略的能力也通常分配不平等，因而不同行动者在利用他们在既定社会组织中的机会时，他们的能力得以提高或者降低。最后，受特定社会规则系统制约的行动者所具有的维持或改变系统的中观权力也各不相同。行动者在行动规则方面所具有的相似知识是一种基础，但是这种基础并不能保证社会行动者创造或者吸纳规则的能力是一样的，最主要的要求在于不仅知识分配不平等，在知识不平等分配基础上也存在能力分配不平等的事实，这同行动者权力分配不平等的状况是一致的（在任何既定的社会系统中，体现在体系中的不平等权力通常在结构化社会行动与互动较高的中观层次上被反映或者重构）。其原因，伯恩斯列举如下：规则体系无意产生的效果，连续的学习过程、创新、在社会行动者（能动者）开始并没有注意到变迁的情况下改变中层权力的谈判与斗争及外部发展对于权力与中层权力关系的不平衡影响等。（伯恩斯，2000：190－191）

第三条，行动者对于行动规则的知识既存相似性也有差异性。行动者的知识相似性指涉行动者对这种规则知识的整体情况，而行动者的知识差异性主要表达了在知识获得和应用程度上的特点。伯恩斯说，即使是社会化了的成员，他们对于体现在现代社会特征的专门化规则系统所具有的知识拥有方面也存在着极大差异。这种差异既存在于社会中阶级与教育背景不同的行动者之间，又存在于不同职业和专业群体、农村与城市群体、不同民族种族以及各种亚文化群体之间，同时还存在于个人、群体与职业之间。正是由于知识的差异性才规定了行动者能力与效力的差异特征，很显然，能力差异又会导致行动者的社会权力与利益的差异性。"在专门化规则系统所规范的社会环境中，拥有关于该规则系统的知识（在社会中更具有策略意义的知识——我把这种知识更是看作实践知识或者是实践规则的行动知识）的差异转化为行动能力与效力的差异。当然，在一个或多个制度领域中行动能力的差异转化为社会行动者社会权力与利益的差异。"（伯恩斯，2000：192）

在社会行动规则的原则中伯恩斯提出要关注行动者和知识两个方面的内容，作为人类基本活动的社会规则形成和权力与知识有关：1. 建构或重构社会规则时，权力的激发或动用；2. 在规则形成与诠释的过程中知识的运用。前者关注的是那些有权力或权威来确立、建构某领域人类活动的社会规则的社会能动者；后者关注的是建构、重构和选择规则的过程中所应有的知识与技术。在现代社会中，典型的是根据形势化原则或法理原则、专家知识的系统应用原则等将这些活动理性地组织起来。（伯恩斯，2000：206）

二、行动者：知识性规则

（一）规则行动者抑或知识行动者

行动者属于具有既定规则体系的社区的一员，"知道"如何利用（及认知）这些规则的一部分或者全部。在此意义上，行动者是有意识的能动者，拥有遵从规则体系的具体场景或条件的定位知识。伯恩斯甚至得出这样的结论：社区或社会是由分享主要社会规则体系的理论知识和实践知识的人群组成。（伯恩斯，2000：177）在这个地方，我所关心的不是社会的组成，而尤其令人兴奋的是，行动者是知识行动者。[①] 正是因为这一点，才有了行动者是能动性的行动者的结论，行动者的能动性的全部理由都在行动者所有的知识库里了。很明显，

① 吉登斯有着丰富的和富有想象力的知识行动者思想，对此我在关于吉登斯的社会行动结构理论的讨论中已经有很大篇幅的诠释。这里要留意的是，相同或相似的思想总是在不同思想家的观点里重现。我认为这是社会事实的一种不需言说的相互映照。

伯恩斯把行动者对规则的知识看作两个有机的组成部分,即关于规则的理论知识和实践知识,这些知识构成了行动者的规则知识结构。只不过这里值得讨论的是:行动者的知识难道全部是规则知识吗?在伯恩斯那里似乎是如此。因为伯恩斯把规则体系的知识看作无所不包的东西,我们可以从其对主要规则体系的内容的说明就能够领略到这一点。伯恩斯说,主要规则体系有:语言、规范、法律、行为符码、家庭社会制度、社区、经济、组织、政府、社会关系。比如某一社区的成员熟知并使用本社区的语言,由于成员间的沟通基于共同的语言,因而沟通行动一般而言是可靠的(这不仅适用国家,而且适用于职业群体、地位群体和社会阶层)。(伯恩斯,2000:177－178)如果按照另一种知识分类,实际上这又牵涉了地方性知识的问题。

(二)知识在规则形成中的作用

系统知识的应用已经成为现代世界中社会规则形成的特征。所以,伯恩斯指出:在现代世界,社会行动的规则形成一般发动并应用专家的知识。(伯恩斯,2000:208)专家知识的专家很明显就是一种社会行动者,在伯恩斯看来主要包括在法律、过程、管理、市场、医药等方面具有系统、专门、正确的知识的人。这类行动者的知识在现代社会中呈现的形态与传统社会中的知识形态有很大不同,但是传统社会中那种自发状态的知识,比如体验性经验知识,往往受到重视。伯恩斯说:非个人性的、非职业性的“技术知识”的动员与应用构成了西方文明世界规则形成的主导逻辑,它对于现代国家、资本主义企业,甚至对于自发的社团都特别重要。(伯恩斯,2000:209)

(三)以专家为前台的知识竞争

由于现代社会的知识多种多样,尽管不同类型的专家之间的合作和不同知识之间的相互整合在复杂工作中司空见惯,但是知识竞争依然是存在的,而且这种竞争往往以专家竞争为表现形式,或者就成为专家竞争。伯恩斯指出:这些竞争被关键的能动者(权力化的社会行动者)有选择地、策略性地利用了。(伯恩斯,2000:211)

知识之间竞争的焦点,总的说来,主要集中在关于实际问题以及社会行动中知识应用的组织原则与规则是否合适或正确上。事实上,在一门学科知识的内部也存在着竞争，比如不同学派和不同学术群体的存在就表明了这种竞争，但是这种竞争只能表现在知识生产以及传播上，但它可能是关涉到知识在社会规则形成与遵从领域的应用或者成为后者的一个内在机制。[①]

这里涉及的一个社会理论中的重要问题需要我们注意：知识竞争是否同社会分化有关联？如果有，这种关联的程度如何？伯恩斯显然注意到了这个问题，指出：现代社会分化根植于各不相同的规则与认识论（我看更是知识论）的基础之上，根植于多种不同的行动逻辑之中。从这一角度来看，现代社会的分化问题不仅仅是个表面劳动分工的问题，而是个更为深刻也更错综复杂的问题。[②] 所以，我直接认为，知识分化是劳动分工的直接原因，同时也是社会分化的直接原因。[③]

（四）知识参与的社会建构

现代社会的特征——也可以表述为现代文化的特征，更多地表现为在社会行动规则的形成与组织中知识扮演了更为重要的角色——这是韦伯所具有的观点，也是伯格所努力验证的结论。（韦伯，1968）现代社会这种以文化特征表明的社会特征在某种程度上说出了现代社会的知识化性质。[④] 伯恩斯说，专业知识被用来建构和重构那些组织规范着目的性集体行动的规则，在专业知识基

---

① 只要规则被认为与技术知识结合，合法性就得到了加强。（伯恩斯，2000：209）这也说明了知识在为规则奠基，有了知识，规则就获得了某种程度的合法性。

② 就从规则本身来说，大量不同类别的限制性目标组织与制度不但制定并推行规则，还参与了规则制定的社会背景，他们在该背景中代表各自的利益并利用相关的技术。（伯恩斯，2000：211）我的诠释为：如果说规则是一种知识存在，那么在规则知识背后依然有一套知识系统，这套知识系统也就在某种程度上规定了规则的形成与应用知识。所以，在规则背后的社会情景中牵涉不同行动者群体利益的知识，或者是常识，或者是科学像一只看不见的手在有条不紊地指挥着一切。还要说明的是：说是知识，只是一个借口，而实际上是知识所含有的不同利益行动者——可能是死去的，也可能是还活着的，更多的是还活着的行动者。

③ 许多重要的知识形成与权力动员过程不受"现代理性统治"的既定制度化安排的控制。不但社会行动的非常规、非标准、非正式的领域（尤其是在非正式网络和社区中）在继续运行，而且，新的领域和非常规群体也出现了。（伯恩斯，2000：211－212）

④ 这种文化在现代政府、商业公司、工会以及其他一些经营性机构中尤为突出，同时也渗透到政党和志愿者组织之中。（伯恩斯，2000：192）实际，这种文化已经成为社会的结构因素，但是需要说明的是，这种知识却已经不是单纯专业知识，而是比专业知识更为复杂的知识，而且这些知识也形成了结构。

础被认为是最佳或者高效社会行动的选择或模式中，通过以形式化优化模式为目标的规则系统形式确定下来。（伯恩斯，2000：192）

社会政治——制度框架：社会生产与知识应用	专业知识：法律、技术、管理/经济（组织、市场、会计）等 ↓ 规则形成：规则提出、评估、选择、改进、替代、转型 ↓ 规则实施：特定类型的“理性社会行动”（缺乏可靠性、自发性、业余性或对传统的奉献精神）

图 2.1　现代规则形成与理性社会行动框图

特别要说明的是，在很多情况下，规则形成过程的产出与专业知识投入存在着微弱相关关系，甚至是反向相关关系。为此伯恩斯提出了规则形成的政治学理论的三个观点，我将对此做些诠释性介绍，或许加入了我的一些看法和观点。

观点之一，在规则形成时使用同规则制定者利益可能不尽相同的甚至是相互矛盾的“技术”，这些知识应该被看作规则制定者不愿意接受但是为了竞争或者长远利益的需要而不得已为之，这是一种知识的作为方式；同时在另外一些情况下，同样是为了斗争或者利益的需要，规则制定者并不考虑专家的知识性意见或者理性组织起来的社会行动。这是正反两种情况。

观点之二，行动者的行动优先权不取决于行动者的知识性，不管是专业还是业余的知识，而是取决于行动者利益关系。所以规则形成中的妥协机制把行动者的优先权让位给了权力和权力者（掌握权力的行动者），而掌握知识的行动者的行动权则被弃之。所以，在这种情况下，知识即便是专业知识也只能起到次要作用或者干脆不起作用。

观点之三，地方性知识与普适性知识之间的可显现鸿沟（另一种形式的行动者知识沟）在行动规则的形成中发生冲突，结果理论性知识的优先权让位给地方性知识（情景性知识和操作性知识）。伯恩斯说：情境知识并没有被合并到专家知识之中。情境知识在特征上可能是局部或者特定的。结果在专家“理论知识”和具体组织、制度的“实际或操作性知识”之间通常存在着实质性鸿沟或不协调。基于实际知识和队友小心对接消费系统考虑的规则形成可能替代或者从根本上变革“专家授意的规则”。（伯恩斯，2000：195－196）

三、进化：规则、知识还是行动(行动者承担)

社会规则是知识的主要单位，其制造、重构和转变是进化理论的焦点，而进化则意味着在代内和代际信息分布中将产生差异。(伯恩斯,2000：245)

(一) 不连贯性与进化

伯恩斯认为：现代社会存在规则扩散问题，即现代社会由大量社会规则所构建和管理，而人们往往仅知道有限的关于规则形成的知识，且基本未介入其中，或只介入一些与其有实际联系的领域；社会规则存在结构性不连贯问题。一方面，现代社会的巨大分化使特定规则体系可以系统地发展；另一方面，它又妨碍或阻止任何全面的总体规则形成。社会变得"越来越规范化"和具有"表面理性"，但与此同时，社会许多公民和领导者却缺乏对"总体社会秩序"和"总体理性"的认识。(王吴庆,2003)

社会行动者与社会运动积极地致力于处理具体、日常的分化问题和不连贯问题①，这些问题源于现代社会的复杂分化，源于逻辑上相互矛盾的社会组织之间的频繁接触(它容易导致模糊性、社会不确定性与冲突)。行动者在其活动中经常利用中观组织原则和中观规则。在某种情况下，行动者将新的、更高的秩序或者中观系统加以制度化，目的就是对付这些矛盾，并对社会子系统进行整合。(伯恩斯,2000：216)

对于行动者来说，社会文化的不连贯性产生在社会能动者试图将多重相互矛盾的规则系统②应用于同一个社会活动或者社会行动领域。"多/一"模式就是不连贯机制，在一般情况下，一套行动规则应对于一个行动领域，否则如果用

---

① 在伯恩斯这里，社会的不连贯是极其具有学术品位的一个问题。他认为，不同规则的制定群体和社团追求各自的利益、梦想以及知识发展模式，因此不同的规则制定过程之间的协调和整合在能动者介入的情况下常常很薄弱。这种状况就是结构不连贯。不连贯部分是由既定的冲突解决模式和任何特定现代社会中既定的社会整合模式加以调整。论点之一是，结构不连贯更具有社会边际领域的而不是核心领域的特征；之二是，边际领域的明朗程度与结构的不连贯在现代西方社会中表现不同。(伯恩斯,2000：217、219)

② 这些相互矛盾的规则系统是各种不同的社会能动者与群体基于不同目标，利用不同方法或策略进行建构与发展的产物。(伯恩斯,2000：224)

多元行动规则对应于一个行动领域，肯定出现行动的不连贯性，进而在整体上或者在后果上就会出现文化的不连贯性。“在缺乏有效中观规则的情况下，每当行动者试图应用多元性的、矛盾性的规则时，他们的社会活动模式就会不稳定。”（伯恩斯，2000：225）

不连贯性也会给行动者提供满足自己利益的机会或条件。因为规则系统的不连贯性使行动者能够根据自己的利益或采取符合其社会秩序梦想的方式将规则系统重构。当然这个说法同伯恩斯的其他说法一样在某种程度上是荒谬的，因为这些条件仅仅是条件，只有权力性行动者才可能把这些条件应用到行动规则的制定上，而对于普通行动者来说试图利用这些条件为自己谋利几乎是不可能的。“对于其他行动者，这种不连贯性产生了维持特定系统的力量，在该体系中有他们既得的利益或者该体系符合他们对于社会秩序的梦想。他们常常必须最小限度地改变或革新规则的策略。”（伯恩斯，2000：226）为此得出的结论是正确的：努力要创新与重构规则的人与这些寻求保持既有结构的人之间的斗争是社会生活的一个普遍模式。

（二）行动者与进化

伯恩斯认为，以往的行动理论或者社会变迁理论都是过多强调文化或者社会组织的变迁，很少考虑到微观现象和特殊的行动者。即使当微观现象被看作社会变迁过程的重要因素，个体行动者被看作社会行动的激起者时，也很少对他们进行分析。能动者对历史进程的影响局限在加速或者延缓这些过程。制度、文化和其他宏观社会力量是注意的中心。[①]

伯恩斯在讨论社会变迁的时候则还原到一种更为本原的状态，也就是说把行动者纳入到社会进化的中心进程中来思考。“我们将文化、制度和能动性等常用概念重新组合为新的形式，以便使其更精确、相互适应并适于动态分析。研究的目的不是否决众多的社会学理论，而是将它们重新整合以便更好地阐述能动性、环境、技术和社会动力问题。”（伯恩斯，2000：248）伯恩斯的分析，其出发点是行动者的系统动力学理论，以对人类行动者规则的解释和使用作为理论

---

① 伯恩斯指出，孔德、斯宾塞、帕森斯以及马克思、涂尔干都有这种倾向。哈贝马斯强调城市和更新文化的推论过程，他的研究范围反映的更多的是发展的观点，而不是进化的理论。（伯恩斯，2000：247）

基础将有助于阐述进化的过程,其中规则被看作信息的基本单位。(伯恩斯,2000:249)

文化是行动者的文化,文化体现在拥有它的个体和由个体组成的群体之中。群体文化就是该群体成员所共有的一套规则。这时候,在某种意义上,文化就是规则,而文化则是行动者的文化,规则也就必然是行动者的行动规则。文化结构也是由个体和群体行动者将规则和一般规则强加给个体的结果。文化变迁也就是成为一种规则在人群中频率分布的变化。制度也同样是行动者的行动秩序的规定。伯恩斯把制度看作一套规则,包括交往环境、参加交往的行动者以及行动的规则(包括行动者在特定环境中的角色)。伯恩斯指出:制度是由某文化的成员所拥有的理想类型,但是这并不意味着行动者的行动或者实际遵从的规则就将与社会科学家所描述的或者制度的文化模型所倡导的完全一致。(伯恩斯,2000:250)

行动者用规则系统来调节自己或他人的行动,用来解释他人的行为,用来对事件进行道德上的解释与评价。"人类了解指导自己和他人行动的规则体系,知道在某些环境下违反这些规则可以得到好处,于是个体和群体行动者就极力保持一种与制度再生相一致的文化,保证这种制度的规则被贯彻,也有许多非正式的约束来阻止交往中的偏离行为。"(伯恩斯,2000:250)

行动者拥有的规则将在特定情况下影响他们的行为,但是社会行动中规则的贯彻和实现并不是机械的。也就是说,在规则面前行动者是能动者。伯恩斯说,为了在特定的情境中使用规则,必须首先进行解释,于是就需要对该情境进行定义甚至对社会进行整理。社会行动者的规则范式与舞台表演不一样,演员可以相互或自己做出决定,安排布景、场次、角色和表演,即使情境已经决定,个体通常也知道不止一个可采用的规则,于是就有即兴创作的余地。在社会规则的情境中,伯恩斯认为,没有完全确定的情境。(伯恩斯,2000:251)

行动者所承载的行动创新在伯恩斯这里得到强调。伯恩斯认为,"在某种意义上,社会组织并不'适合'具体行动条件、行动过程,或者不适合既定的历史背景下完成的技术资源配置。在这种情况下,行动者通常引进规则创新并最终变革或者转换成社会组织的规则系统"。[①] 第一,既有社会规则系统或者规

---

① 当然,结果可能产生于政治过程的规则系统的创新,也导致了规则系统与具体行动背景不匹配。(伯恩斯,2000:226)

则群不能成功地应用于新问题所产生的情景或者新情境下出现的问题。结果，主要行动者或者群体转而去变换既有规则系统。正是通过这种规则系统的重构才能实现这些行动者的利益。第二，全新技术的引进与创新常常与既有的社会结构的规则相矛盾，这时候社会行动者（能动者）通过在技能与技术方面的创新改变着他们行动的条件，而且这个过程还通常是处在无意识之中的。第三，社会学习与创新以及在具体社会活动中对规则模糊性与矛盾性的规范，共同导致了新原则和规则系统的形成。第四，规则系统的改变常常是具体行动问题与活动的无意后果。当然也包括行动者关于诠释与遵从规则的斗争与谈判的行动之无意后果。第五，价值与意识形态的变迁改变了对社会规则系统的诠释、遵从（或忠诚）与发展。第六，环境与物理条件的变化改变资源的客货型、分配以及为资源分配而斗争的社会群体的规模等来影响行动的机会与结构。（伯恩斯，2000：227）

（三）进化过程

伯恩斯认为，人们通过两种途径习得社会规则：其一为直接的指导（“照我说的做”），其二为社会学习或模仿（“照我做的样子做”）。这样，教育或规则执行中的差异将导致规则的差异，也就是创新和偏离（对应于生物学中的变异）。但是，创新和偏离都是从属现象，即并不是制度化的或可再生的，不是为了延续而选择的。

选择是进化思想中的一个重要概念。为了了解制度和文化变迁的动力，必须了解选择过程。选择过程决定哪些制度安排、文化形式和规则将获得持续和再生。选择过程的进行或是造成令某种行动无法发生的环境，或者代价高昂，这是强制的方面。选择过程也通过资源配置进行，有选择地分配资源是个体或群体行动的重要功能。（伯恩斯，2000：245）

伯恩斯区分了绝对的选择和相对的选择。“当一个社会或物质的环境中的特定规则或者规则体系的实施并不能提供足够的产品以维持该社会体系再生时，就会产生规则的绝对选择。这种情况可能是承担该规则或规则体系的个体注意到该问题并有意识地抛弃有问题的规则而支持其他规则。当个体或群体在某一特定的物理或社会环境中竞争时，将会产生规则的相对选择。某些情况下，一个规则体系鼓励可能适合于维持该种群和它的规则体系。在这些情况下,没有发生针对这种规则的绝对选择。但是当个体或群体处于与他人竞争的情况下,如果他人的规则更有效,即在一定的时间内,资源的投入能得到更多的产出,他人会成为胜利者,规则就更容易成功再生。在这种情况下,就会产生采用更有效的规则的趋向。这种规则的相对选择和绝对选择也同样发生在辖区政府间竞争过程中。"(冯兴元,2001)

选择过程具有分两种途径:其一是一种强制途径,也就是要通过使某种行动无法发生的环境,或者使得这种行动的发生代价高昂;其二是通过资源配置进行,有选择地分配资源是个体或群体行动的重要功能。选择的环境包括社会生态、物质基础、地形、气候和资源配置,选择环境决定行动机会的结构和产出及分配的结构。伯恩斯还认为,某些类型的行动,比如在特定环境的压力和可能性中,会导致比其他单位投入更大。从中我们可以推断,对于政府的产出效率来说,有政府间的制度竞争比没有要好。(冯兴元,2001)伯恩斯把选择过程分为三种不同的形式:杰出人物如掌权者、革新者和领袖人物对规则的有意识的主动选择或称P选择;建立在共享社会规则人数和特定社会结构排列基础之上的社会结构的选择或称S选择,以及基于物质环境对人类行动的反应的M选择。遵守传递("照别人说的做"或"照别人做的做")是获得规则的有效途径。(周长城,1998)

过程被重视,体现了一种过程思想的价值。伯恩斯更加重视行动者对自己生活的行动规则的选择过程。他认为,行动者自己积极参加到这些(社会组织的重构和修正)过程中,去决定哪一(几)个体系将要统治特定领域的活动或社会过程。同时伯恩斯指出:需要说明的是,这种决定肯定是经过选择后的行动。或者说选择的过程就是决定的过程。更需要说明的是,这种选择是一种理性的活动。(伯恩斯,2000:222)实际,选择本身也是行动的一种类型,但是伯恩斯更愿意把这种选择看作一种理性活动。所以,提出了选择理性的概念。这里我要说明的是,伯恩斯在提出选择理性的同时提出了一个更加具有学术冲击力的概念就是过程理性。[①] 行动者选择理性不是一个"目标理性",而是一个过程理性,是人类秩序与自由的平衡。(伯恩斯,2000:223)

伯恩斯提出过程理性的概念是非常有意义的,因为这解释了行动的基本规

---

① 我的观点是:行动是过程性的,这是行动论的基本原则。不管你的行动论叫什么名字,行动的过程性是任何行动论者都必须承认的事实,是一种普适性的原理。

则，而且伯恩斯还认为，体现过程理性的选择理性是人类秩序和自由的平衡。这种平衡实际是一种行动和谐或者说是行动过程的和谐结果。

“事实上我们对社会理论包括全部社会科学知识反思也能发现，过程思维正在转换为过程思想，而且这种思想也在社会理性领域发挥着方法论的功能。”不仅如此，过程思想有助于科学洞见，过程思想以及在这种思想的基础上形成的过程理性对促进知识的增长，洋溢知识的真善美都是有益的。在生活世界里，生活本身就是过程，这种过程就是一种生存样式。因此，在很大程度上，人生的意义和乐趣在于生活过程本身！你若想拥有一个完美的人生，就不要吝惜你应有的付出，更不要忘了细细地领略和品尝这人生过程的种种风光与滋味。这种过程往往会比你期望的结局更精彩、更有意义！过程体验也就成为生活的最高体验，快感在过程中体验而非在结果中获得。（郭强，2007b）

伯恩斯是否强调过程理性来源于过程哲学不得而知，但在社会学中强化过程思维则有助于社会学知识的活化。所以，在行动者的行动过程理性启发下过程社会学获得认可。

第四节 ASD 能做什么：对其检视

“（20 世纪）60 年代，伯恩斯还在斯坦福大学求学时，就开始对行动者—系统动态学理论（The Theory of Actor-System Dynamics）感兴趣。行动者—系统动态学理论与稳定性和转化性一道将行为者与系统结合起来。在社会现象的描述中，这一理论强调能动主体的作用（即有知识的有创造性的个人和集体行动者）以及系统、制度、组织、社会关系的作用，行为主体（或称代理者）在被迫寻求特殊价值和利益的同时，采纳、改变和转化系统，如市场、商业企业、行政单位、政府机构等的制度安排。（20 世纪）70 年代和 80 年代期间，伯恩斯从理论分析到实证研究以及方法论上进一步发展和完善行动者—系统动态学理论。形成了以伯恩斯为主的国际学术界公认的社会理论学派——乌普萨拉学派，即规则—系统理论。”（周长城，1998）给予行动者突出的位置应该是 ASD 理论的最为突出的特色。

一、总体性评价

周长城对ASD理论有较高的评价,认为伯恩斯创造性地提出了社会规则系统理论这一新的社会理论,“在行动者和结构之间架起了一座桥梁”。“这一理论使人们认识现代社会中的市场、科层制和社会—技术系统等一些主要制度的新观点。社会规则理论倡导一种代理—结构动力学(agency-structuredy-namics),伯恩斯把自己的社会系统理论根植于韦伯后经吉登斯和戈夫曼(Goffman)等人发展的丰富的学术传统之中,为认识能动主体与结构之间的关系提供了一个新的视野。”(周长城,1998)如果让我对伯恩斯的学说做出总体性说明,只能这样说:行动者的加入使其理论内显了一种生动性。这种生动性可能就是ASD的活力。我的另一个看法就是:可能问题要比活力更为突出,因为在ASD这里,问题并非如此简单,行动者已经不是仅仅被框在了那种系统中,关键是行动者的行动的生动性与行动的活性特征被阉割了,原因在于过分关注那种体系(系统),把行动者的具体性忽视了;有了行动的地方,但搞不清是谁在行动。这是问题的关键,在追问部分会加以说明。

二、从嵌入到ASD

“‘嵌入’是行动者并非如原子个体一般地在社会网络之外行动或者决策,他不会一成不变地恪守其社会角色的职责。他力图进行的有目的的行动是嵌入在具体的、当前的社会关系网络中的。”(朱国宏,1999)“嵌入”机制在ASD理论中总是在场,不管是否有这个字眼出现。波兰尼率先提出“嵌入性”(embeddedness)方法。在《作为制度过程的经济》(1968)一文中,波兰尼认为:人类的经济活动嵌入并缠结于经济与非经济的制度之中。波兰尼的“嵌入”理论主张,个体行动者既不外在于社会环境,也不固执地坚守其既有的、普遍的社会规则与信条,而是“嵌入”于具体的、当前的社会关系网络中;正是在这种格局中,社会个体做出符合自己目的、能实现自己愿望的选择。[①] 嵌入性理念对新

---

① 在古典和新古典经济学家看来,个体的经济行为是独立于其社会关系的。社会制度及人的社会行为是由理性的原子化个体的自利追求而生成的东西。与此相应,帕森斯及其后 (转下页)

古典经济学中忽视社会情感联系、不受个人情感影响的理性的行动者的观点提出了挑战,同时嵌入性方法对社会理论发展也有着不可小觑的影响——尽管这种影响可能是潜在的。

波兰尼的"嵌入"理论在伯恩斯的"行动者—系统动态学"中有更进一步的发展。ASD 强调,社会规范是社会行动者行动的基准,正是在这个基准上,行动者通过有目的地收集、组织、筛选信息,并以社会规范为基准调适(adjustably-integrate)个体行为,进行角色扮演,寻求期望的收益。这时行为者既是社会规范的执行者,又是实施这些规范所必需的实践经验的载体,同时可能对社会规范和行动环境做出新的有时甚至是出乎意料的个体的解释,或者修正既有社会规范。"更为普遍的是,个体行为者能够改变环境,并在重建社会规范、社会制度、创建新的技术及工艺过程中,展示这种能力。行为者在行动和互动几率(包括资源控制)分配上的差异决定了他们在某一场景中的相互权利的大小及未来发展的能力。"[①]所以,从某种意义上,ASD 就是又一个版本的嵌入论。只不过这种嵌入更具有锲入的意味,因为是那么地严丝合缝。

三、检视与追问

伯恩斯的 ASD 框架在展示给我们一幅关于行动者行动规则的图景的同时也使我们陷入深深的思考:行动者是谁?行动者在哪里行动?行动者的行动

(接上页)继者主张,由于社会个体非常在乎他人对自己的看法,所以他会遵守各种为大家一致公认的社会规则。这些规则通过社会化机制内化于每个社会个体的心中,成为个体行为的有机组成部分。这种观点强调行动个体在社会环境中的嵌入深度,以至连冲突也被淡化了。在社会经济学家的视野里,"原子化个体"理论是社会化不足的个体理论,帕森斯的"个体"理论是社会化过度的个体理论。这两种理论都不足以解释个体的行动与其所在的社会现实的关系。(杨永福、段红涛、孟磊,2003)

① 人类的经济活动嵌入并缠结于经济与非经济的制度之中,即个体行动者既不外在于社会环境,也不固执地坚守其既有的、普遍的社会规则与信条,而是"嵌入"于具体的社会关系网络中。这个网络有其内部结构,即规则的使用、供给、监督与实施与操作层面相关;宪法决策与宪法层面相关,决策的制定与管理涉及集体选择层面;而且三个层面的行动规则中,层面越高,变动成本越大,越难完成;一个层面的行动规则变迁是在其上一层规则框架之下发生的。其间,有着复杂的、本土化的信息传递模式和协调机制。正是在这种由历史和文化积淀的格局中,社会个体和群体做出符合自己目的的、能实现自己愿望的选择。(杨永福、段红涛、孟磊,2003)

规则在多大程度上是真实的？

在某个理论视角中，把所有有知识能力的人都看作行动者显然是有问题的，因为这样就无法保证其理论的党性。但是如果不对行动者做某种理论上的限定，抽象的行动者就是匿名的行动者，实际上行动者也就在真实的层面上消失了。所以，在伯恩斯那里只能给我们展示那种生动性的生活影子，而真实生动性却在匿名行动者的抽象性中消失了。谁是行动者的问题解决不了，不仅这种知识的党性无法确证，其功用也同样会打折扣。

解决不了谁是行动者的问题，那么行动者在哪里的问题也同样会被屏蔽掉。如果在体系世界或者体系社会中，行动者本身就是一个体系；即便在组织世界中，那么这种组织的类型不同，行动者在其中的表现和行动也同样不同，这时的行动规则和行动后果都是完全不同的。

当然我所宣称的新社会力量所要讨论的行动者是在日常生活世界中行动的行动者，即便是精英，如果能返回到日常生活世界中行动也同样是要讨论的行动者。很显然，伯恩斯的行动者所在的世界中，如果行动者自身一样是匿名的不定的，对任何行动者都是适用的，可能是在经济领域中或市场体系社会中，也可能是在政治体系或官僚体系世界中，这时的规则就是这个世界中行动者的规则，尽管日常生活世界的行动者偶尔也可能串门进入这个世界中，但是基本上这个世界不属于日常生活的行动者的世界。

无论如何，不能说伯恩斯的讨论尤其是对行动者的讨论没有意义，因为让行动者出场本身就是对行动者的重视，而且揭示普通的行动者与规则之间的关联同样有助于我们对某些现象或事实的认识，但是我所要表达的意思则是，这不是社会根理论所要走的路径和要追求的目标。新社会是普通老百姓的，是日常生活世界的行动者的。对社会扎根来说，没有行动者是不行的；没有“谁是行动者”也是万万不行的；同样，当今世界没有知识搀扶的行动者就像中风了的人一样，不说给社会扎根，就是自我也处在失稳状态中。这就是我对伯恩斯“行动者—系统动态学理论”分析的结论。

第六章　行动者：组织社会学视野

在米歇尔·克罗齐耶和埃哈尔·费埃德伯格《行动者与系统》和埃哈尔·费埃德伯格《权力与规则：组织行动的动力》中有着丰富的组织社会学思想。但是这两本书中作者从组织社会学的视角看待行动者,则让人有别有洞天的感受。这里我就把读书笔记加上感受作为讨论行动者的资料。尽管较少出现社会根或者知识行动论等字眼,但是行动者作为这个理论的出发点和核心点也就昭示了这些资料的意义和价值。

第一节　行动者知识论

一、行动者理论与组织分析方法

照我的看法,不管是否得到认同,组织社会学理论是一种实质上的行动者社会学理论。当然这种说法并没有否认其他社会理论学科能够成为行动者理论的事实。

(一) 组织社会学与行动者社会学

组织社会学或者组织分析把行动者作为核心和作为出发点有自己的充分

理由，这就是一种明言启示，因为唯有行动者才是构成这个社会的或其中某一组织的有机要素。知识行动论行动者优先权的声明同组织社会学的知识建构的努力如出一辙。组织理论的出发点也同样可以看作社会根理论的出发点，这个出发点就是行动者而非无人的行动或者屏蔽行动者的那种所谓的结构或者系统。

1. 组织理论的出发点

费埃德伯格明确指出：运用组织分析方法来研究社会行动而建构起来的有组织行动的政治理论[①]，其“始于位居已经被建构的诸种行动领域之中的行动者”。这些行动者尽管拥有相对的自主能力，但是他们却通过战略性的相互依赖关系而联系在了一起，他们必须通过建构一种局部秩序来保证他们之间的相互合作。（费埃德伯格，2005：311）

费埃德伯格的这个说法实际说明了两点：其一，组织分析的起点是行动者，从行动者出发建构起组织社会学理论，更进一步说，没有行动者的出发点和行动者的出场，组织社会学只能是一种虚幻的学说而已；其二，行动者的出发点预设了行动合作的内涵，同样可以理解的是，没有行动者的行动合作以及在此基础上的行动者之间的关系，也不可能有社会行动。

很遗憾地告诉自己，费埃德伯格并没有认真地贯彻其行动者优先权的研究原则，“必须给以优先考虑的，既不是对结构的研究，也不是对行动者的研究，而是对行动的经验领域中的行动与组织过程的研究”。（费埃德伯格，2005：11）原因何在呢？费埃德伯格说：任何关于系统特征的假设，或者围绕系统的总体结构的假设，只能依据它们对行动者经验行动中的影响力获得证明，只有到了这一时刻，这一系统，也就是说，行动领域的结构，才能成为具体的存在，其影响力才能从经验上加以分析。正是因为这些要素是共同的结构要素，所以必须把行动者和系统放在一起来观察。而且也正是由于这个原因，必须优先考虑的是对行动的经验领域中的行动与组织过程的研究。我倒认为，这种说法是值得讨论的，共同的结构要素不是放弃行动者的条件或理由。系统特征的假设进而社

① 实际上也就是组织社会学理论。这一理论的目的“既不是在于创立一种有关其具备秩序的实体现，也不在于系统地阐述有关局部秩序的结构特性、规则和相互连接的一般规律”。（费埃德伯格，2005：311）

会总体结构的假设必须依照行动者和行动者的经验性行动来进行，正是由于行动者的活生生的行动参与，系统或者结构才成为真实的存在。即便是在行动的经验领域中对行动和组织过程的研究离开行动者行吗？所以，借故抛弃行动者是理论建构者思想中意识形态因素在作祟的可能表现。

2. 组织分析方法就是一种行动者理论

组织分析方法注重探索人类的集体行动，也就是注重探索促使这一行动发生的行动者，而且这样一来，它便暗示着一种关于那一行动者的理论。这一理论建立在存在着一个决策行动者的前提之上，此前提假设存在这样的行动者：他们的行为表达着诸种意图、思想、预期以及诸种计算，而且其行动在任何情况下，都不可能用先在的因素来解释。假定存在着有行动能力的行动者。（费埃德伯格，2005：198）从这个意义上说，组织分析理论就是实质上的行动者理论。因为无论其前提假设还是这种行动的承担者都只能是行动者。同时费埃德伯格也把行动者看作其组织社会学中组织分析的出发点。

事实上，不是所有的组织分析者都对此有着清晰的认知。行动者的缺位或者说行动者的消失是有些组织理论进行分析的知识特征。费埃德伯格指出：人类能动作用的缺位，既不仅仅是定量分析方法所特有的征象，也不是永久组织的经济方法抑或技术方法独有的特征。人类能动作用的缺位，也是许多组织制度学派理论的特征。（费埃德伯格，2005：199）

也许，这一（行动者）出发点看起来如此平常，如此显而易见，似乎对其做任何进一步的论述都是无益的。但是事实是否如此呢？费埃德伯格说，情况并非如此。甚至在今天，人们还在用这些方法来分析诸种组织和社会行动，仿佛这些组织和社会行动存在于一个没有真正的有血有肉的行动者的世界之中，仿佛它们是选择抑或模仿的客观法则的产物。（费埃德伯格，2005：198－199）这里的启发就是：社会行动以及由社会行动所建构的社会关系和社会制度等一切脱离具体行动者而存在的东西无不生存在有血有肉的活生生的行动者的世界中。问题是如果在当下，所谓的理论家还看不到这种事实，不是有意视而不见，就是无知到了顶点。

抛弃行动者甚至反行动者的现象在社会学领域和所谓的制度学派中表现得更为突出。费埃德伯格说，特别是有一种方法，完全用社会学的名义，藏匿着更为强烈鲜明的反行动者的偏见。（费埃德伯格，2005：200）在很大程度上，制度学派的研究方法同样也漠视行动环境建构中人的干预问题，而且并不关注人类的能动作用，不理会它在这些常规的、文化的抑或是规范的制约力量以及各种统治形式的创造和变化中所扮演的角色。事实上，无论是参照模仿的普遍法、进化的普遍法则和自然选择的普遍法则，参照制度化的规范和价值，参照行动的方案抑或是常规化的全部功能，还是参照诸种统治模式，这种观点都把组织的形式及其可能产生的功能模式看作客观机制的产物。这些客观机制，可以在不参照人的能动作用的情况下加以分析，也就是说，分析这些客观机制，无须对处于他抑或她的环境之中的行动者做任何持久的关注。（费埃德伯格，2005：311）

在组织分析中，行动者缺席的例证在马奇的著述中表现得非常充分。费埃德伯格比较详细地讨论了马奇有关行动者缺席的代表性观点。对人类选择机制研究的兴趣并没有使马奇发展成为一个实用主义者，也就是说没有促使他将行动者以及行动纳入到他的思考之中。“在马奇的理论背景中没有实用主义的位置，也就是说，缺少行动者的理论。”在马奇看来，一方面被用于理性决策理论中的偏好观念建立在根本不能为观察所证明的假设或前提的基础上；另一方面应该消除种种有关意向性的狂妄幻觉，放弃那种始终错误地认定存在于行动者意图与其行动的结果之间的紧密联系。“在这样的一种思路里，与行动者的愿望和意图相比，机会、偶然的遭遇、诸种巧合更为重要，行动者既被简化为诸种问题与解决方案的被动承载者，又被简化为诸种境遇与选择的消极承载者。”（费埃德伯格，2005：201）这种做法，按照费埃德伯格的看法，“与一种关于组织的思维方式的难以为继及其诸种缺陷相当吻合，这些组织将行动者清除出去，而不是从经验意义上，将他或她置于关系网络以及行动的直接领域之中”。（费埃德伯格，2005：11）

对组织的分析是不可能离开行动者来完成的。“作为行动的环境，它们是由行动者构成的，行动者即使不拥有所有的资料，他们也拥有种种意向，即使他们并非始终能够——远非始终能够——成功地实现他们的目标；他们有能力做出选择，即使他们只能凭借知觉这样做；而且他们能明智地调整自己，使自己适应情景的需要，抑或至少让自己去适应对环境的感知与理解，并且最终能够对行动进行部署。”（费埃德伯格，2005：201－202）

如果这里要引申或者说费埃德伯格的行动者理论对新社会理论或知识行动论有所启发的话，我也可以说：任何社会科学的真实性都必须表现为对行动者的分析，离开对行动者的分析就不可能是真实的社会科学，社会科学的理论实质是行动者理论。所以，无论是何种类型的社会科学或是社会学，特别是人文科学的某种学科无论做出怎样的论述，行动者都应该出现，不管这种出现是留在背景中还是在现场。作为新社会的理论的知识行动论同样遵循这个原则，而且它不是把对行动者的考察放在分析的背景中，而是让生动的行动者时时事事在现场。只不过，这里要预留的问题是，什么样的行动者在哪个现场。因为把行动者抽象实际也就是抛弃行动者，至少抛弃了行动者的行动生动性。

3. 对社会行动的组织研究导致的结果

对社会行动的组织维度进行研究，引导我们将每一个行动领域的结构化都看作一个具体结局，相对自主的行动者在一种有限理性的总体制约力量之中采取行动，达成这一结局，目的在于规约他们的冲突性合作，并对他们的策略性的相互依赖关系进行管理。这种结局不可能被还原成为行动环境，因为它始终是一种任意选择和随机性的创造。因此，没有任何一种普遍的法则，没有任何一种决定性因素，没有任何一种抽象的原理，能够解释它的形式和具体的动态过程。这种解释本身只能是局部的，也就是说，只能依据对这些特定环境中的行动者真实行动的经验认识，以及对他们合作的具体条件的经验认识。从这里既可推断出理论与行动的另一种关系，也可以推断出构想已生产的知识的有用性的另一种方式。（费埃德伯格，2005：11）

如果对此加以解读，那么得到的结论就是：行动者是自主的，但又是被规约的；行动者的行动是具体的，但又是可以抽象的或者走出行动者的身体的；行动者的行动领域都是具体，但又受到总体结构制约的；行动者的行动结果和研究者的研究成果都只能是局部的和特定的。这种说法也就规定了行动知识的有限性，如果把这些知识无限扩大到所有领域和所有行动者则将是一种灾难，一种认知上的知识灾难。

具体和特定既是费埃德伯格组织社会学知识的所有属性，同时也是所有原生态社会科学知识的所有属性，当然更是社会理论和社会学理论具体到行动理论的所有特性。企图概括一切是一种虚妄的意识形态。

（二）行动者研究与行动者确认

费埃德伯格在讨论这个问题时展现了这样两层意思，同时也说明了社会理论具体到他的理论就是组织分析的功能。[①]

1. 通过观察行动者的建构性来确认行动者

组织分析既能够确定个体行动者，也能够确定集体行动者。这种确定的条件就是：把集体行动者作为社会构成物来看待。一方面，因为集体总是必须按照它是如何得以形成以及如何得以维系的方式而加以解释；另一方面，因为相关行动者的身份认同（以及构成行动者互动的诸种利害关系的识别）在一定程度上是一种研究惯例的产物。这种研究惯例至关重要的优势在于：提醒人们注意每一个社会领域具有被建构的本质。[②]

2. 通过研究者的研究行动建构行动者

费埃德伯格认为，对于研究者来说，他所拥有的唯一的职责，就是从经验的意义上，对被研究领域的行动者进行解构和重构。那么何以可能呢？费埃德伯格说，行动者之间的相互作用建立起种种规则，通过研究可以对这些规则加以展示和分析。"依靠为研究提供动力的诸种研究问题，依靠对行动领域进行形态建构，行动者使他们相互联系在一起，研究者即可对行动者或多或少彻底地加以解构和重构。"（费埃德伯格，2005：205）这些建构性研究必须要说明行动者（集体行动者）的共同利益，在此基础上集体行动者形成并建立起他们的身份；同时也要说明群体作为一个集体行动者采取行动保护他们的共同利益。通过行动者的研究来建构行动者，这不仅有着十分明晰的意识形态意味，同时也是社会变迁的表现方式。行动者被另一类行动者所建构似乎具有注定性。更加明确，普通行动者尽管也是某一类别的知识行动者，但是被行动者的研究者——同样是另一类的知识行动者——所建构似乎是命中注定的。反脱域、抗建构在历史的流淌中似乎成为社会革命的永恒主题。

---

① 这种分析离吉登斯的研究还有很大距离。因为吉登斯揭示了研究者和被研究者（行动者）通过各自的行动实现双重诠释进而实现双向建构的意义。但是费埃德伯格同样也试图实现研究者与一般行动者的关联，但是要说明的是，这种关联更多的是在方法论意义上的，尽管也有本体论的含义在内（对这一点，费埃德伯格是否认的，他说：我们正在谈论的行动者/代理人，显而易见既可能是个体的人，也可能是集体的人），这里绝不暗含有关于行动者的本体论。（费埃德伯格，2005：205）

② 这种研究惯例实际就是建构主义的基本思路。从这里可以看出，费埃德伯格的行动者理论的基础应该看作建构主义，至少建构主义为其行动者理论提供了一种比较深厚的背景。

3. 社会实在存在于社会行动之中

费埃德伯格说,种种问题、解决问题的方案、各种制约力量、各种机遇、诸种实体对象、各种非物质设置、各种正式结构、各种制度,所有这一切并不存在于它们自身之中,就其本身而言,它们并不存在于人的能动行动之外,并不对立于人的能动行动而存在。所以,从社会事实的本身来看,社会事实存在于社会行动之中。某种意义上,社会行动是社会事实的存在方式。“毋庸讳言,各种各样的行动者受制于各种既定条件,这些既定条件限制他们的知觉和行动的可能性。然而,只要行动者能够在他们的行动中,并且通过他们的行动,来实现这些既定条件,在这样做的过程中,既使他们得以维系,又对他们转换变形。”(费埃德伯格,2005:206)社会行动是行动者的存在方式,同样社会实在也在社会行动中生存。

二、行动者:知识与行动的共生模式

知识与行动作为两个概念在研究者眼中永远是分离的,这种分离式思考却能够使我们了解事实的某些真相。

(一)鸿沟:在理论研究者与日常行动者之间

在理论研究者和日常行动者之间确实存在着知识上的不同,这种不同不仅是划分不同行动者的依据,更重要的是通过这种不同的分析实现两个世界之间的互构,很显然这种互构是通过填充知识生产和知识应用之间的鸿沟来实现的。

费埃德伯格认真地指出:为了能够产生作用,社会行动的组织分析研究,把赌注押在了知识上面,与此同时,它导致了知识和实践的关系的彻底改变。

那么,通过何种途径来实现这种知行关系的改变呢?费埃德伯格说,组织分析研究并不寻求建立可从一个行动环境移植到另一个行动环境之中的总体理论,以将其强加于实践之上。这一个分析研究使用它所生产的关于一个既定行动领域的知识,促使相关行动者一方学习一种新的推论方式,这种学习最终将会改变他们的行为。而且反过来,组织分析研究,运用对这些改变了的实践效果的观察，加强和深化了它所生产的关于行动环境的知识，以进一步理解诸种结构性特征。

通过这种方式，知识的生产与知识的实践应用密切联系在一起。（费埃德伯格，2005：14）照我看来，费埃德伯格填充知识与行动之间的鸿沟，最主要的做法还是放下了社会学的矜持的架子，面向具体行动领域，面向组织世界中的行动者，也就是说把分析作为联络和沟通行动者的工具，直接进入到行动者的行动过程中。这个意义就是我讨论组织中行动者的价值。

1. 冰火两重天

正是由于人为的建构，人们生存的世界被划分为两个完全不同的世界。这两个世界具有完全不同的特征。费埃德伯格指出：在这个世界里，一边是感情和情感构成的火热世界，这个世界令研究者心驰神往，但却让实践者备感受挫，因为这是人类非理性世界，它抗拒理性，抗拒体现于正式组织结构中活动的理性化进程；另一边是技术——经济理性的冰冷世界，这一世界没有遭到人们的质疑，而且正是因为它的存在，组织的发展——活动的可预见性和标准化——才变成可能的事。这两个世界之间不存在连续性：针对其中一个世界的制约力量，另一个世界表现出的是自己的"针锋相对"，对于第一个世界的指令，第二个世界做出的回答是置之不理与顽强对抗。[①] 这是一个冰火两重天的世界，在火热世界中，激情燃烧着岁月；在冰冷世界里，理性统治着一切。费埃德伯格企图用组织社会学，更直接地说是用社会学来打通这两个世界。而我则想用知识行动者在两个世界中来往穿梭。知识行动驾驭的理性点燃激情，从而温暖世界。

2. 知识的类化

要解决知识与行动之间的关系，必须了解社会学家与行动者知识的差异性。费埃德伯格认为，社会学家所产生的知识同组织中的行动者当前所拥有的"一般性知识"并不相同。社会学家的知识有着其自身的特定性，而且这种知

---

① 实际上也并非完全如此，费埃德伯格这么说，只能说明他是一个典型的传统行动论者，尽管他提出了看似具有创新性的组织社会学的有关思想，因为情感世界和理性世界的划分本身就是一种研究视界而非真实情况，这种研究视角导致了研究者眼中世界的变形。（费埃德伯格，2005：51）

识为一般性知识带来诸种新的元素，因此能够丰富一般性知识，事实上能够使这种一般性知识得以更新。毋庸讳言，这种知识的特定性以社会学家的外在性立场为依据，尽管这样一种外在可能性会远没有人们能够想象的那么彻底。（费埃德伯格，2005：416－417）

这与舒茨的观点相似，但是也有特色：第一，社会学家同一般行动者一样拥有日常生活的知识，这就是社会学家也是一般行动者的缘故，因为没有一个社会学家会声称同日常生活世界有关。所以，社会学家的知识在很大程度上同一般行动者的知识是有关的。第二，但是社会学家的知识不仅仅满足于日常生活世界中行动知识的既有状态，而是对一般行动者的一般性知识的丰富。日常生活的新颖性和一般行动者的创新行动都来源于或者在一定程度上来源于这种不断丰富的知识。第三，社会学家的这种知识既不像费埃德伯格等人述说的那种外在性和客观性，也不是一种完全价值涉入的内在性，而是一种以社会学家日常生活的体验性为基础的知识形式。

只有社会学知识作用于一般行动者，这种知识才有意义和作用，社会学家的影响力才存在。费埃德伯格指出：社会学家的贡献就是提供知识。这种知识只有与一种推论联系在一起，而且只有这种知识能够让这一推论为人所理解，并因此能够使行动者以一种崭新的方式来认识和破解他们以为自己了解的现实，才能产生一种影响力。（费埃德伯格，2005：416）

社会学家的知识是否有用，是否有影响力取决于两类行动者。第一类行动者就是从事变革的社会实业家，第二类是与计划变革的行动者。第一类行动者能够把社会学家带入社会变革的实践进程，所以认为社会学家的知识影响力取决于从事变革的实业家。第二类能够把社会学家的知识转变为行动，并进而转变为自己的组成部分。“社会学家的知识影响力还取决于与计划变革相关的行动者。为了使这种知识转变为行动，他们中间的每个人都必须接受社会学家生产的这种知识，接受这种知识的诸种实践的意涵，并且把它变成他们自己的组成部分。”（费埃德伯格，2005：416）

（二）方法

理论的实在性同理论所指向对象的经验性有重大关系，这样理论的功能才能发挥。费埃德伯格认为，理论唯有与一种情景在经验的意义上相关，也就是说，唯有与一簇经验的相互依存关系相关联时，理论自身才变得具体实在，它将揭示出来，并且运用一种崭新的方式对其进行分析。（费埃德伯格，2005：312）而这种分析所得出的知识就可以进入到行动者的行动领域，成为某种行动的组成部分，当然这是我的思想，但是费埃德伯格确实表达了这样一个意思的前层意义，“为此，分析者的功能也就清晰起来：把新的知识带到行动领域，并且帮助被研究的行动领域之中的行动者运用这类知识”。[①] 为此费埃德伯格提出了这种知识产生的具体方法。需要说明的是，费埃德伯格所提出的研究方法和方法论有着非常丰富的内容，这里所给出的这个方面，仅仅是我的理解加上对思考知识行动论有意义的几个方法。

1. 零距离法

零距离法指的就是研究者和行动者的领域之间没有距离。研究者“就必须通过相关行动者主体的立场，走一条迂回曲折的道路，这意味着，至少在暂时的情况下，分析者与他或她所研究的领域之间的距离将不复存在”。（费埃德伯格，2005：316）

研究者的目标“既不是对行动者和他们的行动做出判断，也不是驱散他们的诸种幻觉或者证明他们错的。相反，其目标应是找到他们实际上这样做、这样说或者这样想的理由”。要实现这样的研究目标，要求研究者直接进入他正在分析的行动领域，抛开对其所观察的行动者要做出最后的评价的想法，以便能设身处地地将自己放在行动者的位置上，严肃认真地体会行动者的情感，采纳行动者的主张，并且采取行动者那样的行动。（费埃德伯格，2005：319）由于在同一个行动领域，研究者要采取这种零距离方法就必须设法进入行动者，按照费埃德伯格的说法就是不要企图对行动者的行动进行评价，而是设身处地地思考行动者，体会行动者的情感，采纳行动者的行动主张，采取行动者那样的行动。

我对这种方法并不怎么看好，因为完全参与观察法并不适合所有的社会学研究领域，但是为了研究某些特定的行动采取这种方法还是有效的。所以，零

---

① 分析者的贡献主要限定在两个方面：一方面，生产研究视野里行动者系统中有关规则的属性、模式以及权力结构的具体知识；另一方面，安排建立一种交流沟通的结构化过程，通过这一过程，诸种沟通成果可以为人专用于各相关利益集团，并确保相关利益集团的看法可以进入游戏或进入行动者之间游戏的条款之中。（费埃德伯格，2005：314）

距离法——说得好听些——是带有幻想的某种知识追求;说得难听些,就是自欺欺人的说辞。靠近行动者也许是一种比较现实的说法或者方法,所以如果要修改这种方法就只能叫作“靠近法”。

2. 同情法

费埃德伯格指出:组织研究首先要做的依然还是确定对于正在讨论的领域之中的行动者的同情(empathy)。这样一种同情本身使得我们将自己置于这些行动者的内心的位置上,并且从内部理解行动者的逻辑。(费埃德伯格,2005:318)费埃德伯格还认为在组织分析中,研究者要寻求并且提醒人们注意的正是行动者主体的观点,只有具备了这个条件,研究者才能从内部重新建构并且理解行动情景所固有的逻辑。(费埃德伯格,2005:319)

当然这里所概括的这种同情方法也许就是费埃德伯格的一种研究心态。如果我对这种方法加以创新性说明或者是加上我的观点进行说明,那就是:第一,同情作为一种研究方法其主要目的就是进入行动者的内心深处,把握行动者的行动意图。第二,同情作为社会学的研究方法,应该是与理解一同成为行动者的观察窗口,因为同情的目的是理解,通过同情行动者进入行动者的内心,进而理解行动者的内在行动逻辑。第三,同情与理解和建构一同成为社会学渐进性的研究方法。通过同情行动者进而理解行动者的行动逻辑,其最终目的还是建构理论上的行动模式和把这些知识进入到行动者的行动过程中,进而进入整个行动者身体之中。要强调的是,费埃德伯格所提出的同情法与马克斯·韦伯的移情方法有异曲同工之妙,可以肯定的是这是受到韦伯社会行动论影响的一种思路。

3. 原封法

研究者接纳行动者的所有论点、所有的辩护理由、所有的描述,不对行动者进行反驳,不对行动者进行简化,也不对行动者进行改动,甚至不用行动领域中的其他行动者的观点来反对他们。(费埃德伯格,2005:322)这就是我所归纳的原封法。这种方法直接针对的是原生态行动和本真行动者,实际上就是保持真实从而获得真思和真知。这种方法坚持了面向真实的现象学原则,但是在方法论上则是对现象学悬置方法的背叛或反动。我赞成这种方法,而且坚持在新社会理论研究中采取这种原生态方法。但是我要强调的就是:要把原封法和还原法一同采用,对社会学来说可能更有意义。因为行动者和行动的非纯化是转型社会的典型特征，要把对行动者以及行动的所有一切都封存起来或者保持原生态是不容易的，因为行动者以及行动和行动领域都是在变化的，而且在某种情况下研究者并不占有甚至不能分有所研究的领域，所以在这个意义上说原封法是有局限的。但是我们可以练就这样的一种本领，就使拨开重重迷雾一定程度上还原行动者的那种原生态进而对此进行观察和研究成为可能。因此，可能坚持原封和还原并用的方法社会学才会有更强的解释力。

4. 外在法

这种方法事实上是所有实证主义的社会学家都采用的一种研究方法，因为只有把行动者放在一个系统中或者一个结构中，才能在一定意义上知晓行动者的行动意图和由社会结构因素所制约的行动情景。这是一种在给定性假设基础上理解和观察行动者的方法。当然，对费埃德伯格来说，这种方法是对其他研究方法的有效补充。费埃德伯格认为，仅在行动者的主体世界中漫游和穿越还是不够的。所以，在沉浸于行动者的主体性世界之后，研究者必须重新获得其外在性，即重新恢复一种外在于行动者系统的地位，以便能够获得分析视野中行动领域整体的图景，而不是仅仅采纳这一领域中行动者的观点，并对其观点进行释义。（费埃德伯格，2005：324－325）我的看法就是能够把这些方法综合起来运用，对社会学家研究社会行动者及其行动才是有益的。因为在行动者的主体世界中漫游是研究者获得灵感和始终保持主体性关怀的最为重要的来源之一。同时还必须把行动者放入某个系统中加以考察，这样才可能保持观察结果的客观性以及在此基础上的有效性。“在这种情况下，有关行动者的知识，是以他们的心理和社会特征为依据的，然而这种知识所关注的内容，却外在于他们的行动得以在其中展现的经验环境，与经验环境不相关，所以，这样的知识不会成为有助于解释集体行动的关键知识。很自然，这样的知识趋于使所有的中介的行程受阻，这些中介存在于人的特征与这些特征在行动中的现实化。可是实际情况刚刚相反，试图从行动者实际行动抑或实践之外，离开其实际行动或实践，来理解一个系统，注定要走进死胡同。正是行动者给系统带来了生命活力，并且只有通过行动者的行动，系统的结构性制约才能实现。一个系统无论将何种程度的制约力量强加在其成员身上，这些成员都会始终不断地用他们的行动来将制约力量进行转换，即使这种行动要利用系统本身的结构性要素，而且提供这一转换，对其某些特性和维度进行复制。”（费埃德伯格，2005：10）

5. 出戏法

进入和同情,可能会渗入其中,从而模糊行动者和研究者之间的差异。[①] 研究者的释义模式与行动者自身在其行动领域里所形成的有关事件链及运行机制的系统概念之间,已不复存在根本性的差异,差异仅仅表现为程度上的不同,这种不同建立在利益的差异、程序的差异和方法手段的差异的基础之上。(费埃德伯格,2005：336)研究者的知识和行动者在行动领域的知识之间并没有划出一条泾渭分明的线,其间的差异最多也只是观察视角的一种效果。

但是行动者和研究者之所以是两种不同类型的行动者[②],这种差异最直接的表现是研究者和行动者的目标不同。因为研究者的利益在于所研究的领域之外,同时研究者的行动的直接目的在于：生产经验知识。以此经验知识为基础,可以重构一个系统的同一性,重构其各种特征,重构其作为一个系统的逻辑,重构其游戏以及规则的诸种机制。为此拥有独特的方法、资源和手段来实现其目的。但是行动者的目的就是日常生活,而且日常生活的知识也无须由研究者提供[③],只不过行动者被置于研究视域之中,也被置入了同步展示他们(行动)的过程之中,被置入了他们构成的模式及互为条件的展示过程之中。(费埃德伯格,2005：337)而一旦研究者投入过多,就会变成一种被研究的对象,所以出戏也是基本方法。

(三) 具体知识的意义

具体知识作为知识系统中的一种类型实际上又是一个非常庞杂的体系,在

---

① 研究者实际上也是一种典型的行动者,科学知识社会学专门对这类行动者进行研究,巴黎学派的许多研究就是针对这种类型的行动者。

② 我们要看到,社会学家在其余有待于重构的系统的关系之中是一位毋庸置疑的行动者,但是他本人,即使不说永远不会,那么也只是说仅在例外的情况下会偶然成为变革的实业家。假如再往前一步,人们可能会说,这二者角色是不相同的。通过成为变革的实业家,社会学家就会即刻投身于行动的环境之中,并且随后变成其结构的关键构成要素之一,这样一种情形使他事实上无力生产出构成他作为社会学家的贡献的那类知识。这不是一个理论问题,而是一个事实问题。(费埃德伯格,2005：145)社会学家作为某种类型的社会行动者所构成的行动结构远比这种说法所表明的更为复杂和多变。

③ 研究者分析所依据的事实,从严格意义上说,没有任何东西是可以让行动领域中这样的行动者受益的,因为研究者的知识和行动者的知识之间并没有鸿沟,对于日常生活的大部分事实(知识),行动者们业已知晓,至少是以直觉的方式和彼此分离的方式知道的。(费埃德伯格,2005：336 - 337)

费埃德伯格这里具体知识是特指的，也就是说是特指组织社会学知识。知识的窄化可能会限制分析的领域和减少知识的适用性，这些方面则由读者来判断。

1. 具体知识的应用场域

知识的应用场域就是具体行动领域，这种规定在于组织知识的特定性。通过组织分析而得到的知识具有实用价值。费埃德伯格指出：这种知识的确是一种特定类型的知识。这种特定性主要表现为：这种知识不是普适性的知识，不是任何场所、任何行动者、任何时刻都可以任意使用的知识，“这种知识是不‘可应用的’（无论从这一词语的经典意义上还是通常意义来说），因为它的诸种结论和释义不具有外部的有效性，因而，无须进一步告诫，它们也不能够被转移到任何一种其他的环境那里，以便在那里‘加以应用’”。这种知识的特定性倒是在于能够适用于一种特定的场域和特定的行动者，费埃德伯格说。然而，这种知识是可由我们所研究的具体行动领域的行动者“来使用的”。这些行动者能够应用由社会学家分析所生产的知识来理解他们的行动领域。他们能够在其中发现一种“镜像效应”，因为这种新的知识能够让他们把自己的行动放回到所有其他行动者的行动环境之中，他们每天都在面对这样的环境，所以，这可以部分地解释他们所面临的环境。运用这种新的知识，他们发现了一种与他们自己的实践拉开一定距离的方法，并且找到了一种改造实践的方法。由这类改造所释放出来的动力反过来构成一种标准，用来检测诸种分析以及引发分析的知识的有效性和相关价值。（费埃德伯格，2005：418）

2. 组织社会学知识的特定性

组织社会学生产的知识是一种新型的、具体的和特定的知识。[①] 这样一种知识，是由社会学家最初所做的工作引进的，是一种独立探索和苦心经营的成果，其间没有相关利益群体的参与。但是这是否能够说明这种社会学知识的客

---

① 在任何时刻，关于一个层面的知识，都不能够使人做出有关另一个层面的可靠预测，更不可能做出关于人们的行动在每一个层面上的可靠预测，并且“最低”层面上的人们的行动，绝不可能成为“最高”层面上人们的行动发生变化与质变的最终原因，也不可能成为总体结构变化的最终原因。局部秩序的特点，永远不可能从有关总体结构的抽象知识和一般知识中推断出来。（费埃德伯格，2005：9－10）也就是说局部秩序或者局部知识只能来源于局部事实或视域，但是很显然这是一种陷在具体知识上的绝对性观点，事实并非如此，在知识社会学特别是科学知识社会学的原理中可以看出这一切。

观性则另当别论,而且事实上只要社会学家作为行动者,不管何种类型的行动者,由于研究方法的限制,其价值都会在一定程度上进入行动者以及行动的研究过程并隐含在其生产的知识之中。

这种类型的知识都是一种特定的知识,不是一种抽象的知识、普遍的知识,不像通常在管理学科之中使用的那种限定性的模式可能会有的样子。这种知识的具体性和特定性在于它建立在对于经验性行动描述的基础之上,其合理性可以通过重新建构相关行动者情境的结构和逻辑来理解,可以通过由此发现(相互)依存的诸种重要关系的重构来理解(这些关系既塑造着行动者的结构,也塑造着其诸种突发性的效能)。(费埃德伯格,2005:413)由此可以说,行动者与研究者的经验性和行动者行动的情境性也就在一定程度上规定了这种社会学知识的特定性和具体性。正是由于这种特定性和具体性,这种(组织社会学)知识能够让我们深入地理解行动的环境,理解行动化解强加的诸种制约,理解行动环境所隐蔽的诸种机遇及构成参与者之间关系的诸种实际的利害得失。这种知识为所有相关行动者(这些行动者存在于组织的各种层面)内心的变革提供一种认知的基础。(费埃德伯格,2005:415)需要说明的是,这种知识的局限性也是明显的,因为行动者不仅仅是组织行动者还是个体行动者,行动者的行动领域不管是具体还是抽象的都不会被完全限定在组织体系内部,正是这种知识的特定性和具体性规定着这种知识的适用性和有效性。

3. 组织社会学对变革进程的贡献

组织社会学还必须对社会变革做出贡献,这是组织社会学家的一种追求。费埃德伯格认为,这种贡献可以从三个层面上加以理解。(费埃德伯格,2005:380)

第一,必须生产这种特定和具体的知识,它是关于有待改变的系统结构既具体又普遍的知识;没有这种知识,组织社会学家就不会对变革进程中的行动者有任何贡献。也就是说,这种知识为行动者提供变革动力,并对这种变革进行理解与解释。第二,必须为这种知识的交流和传播创造出诸种令人满意的条件,其目的是让这种知识变得令人信服,并且使之对行动具有实际价值。第三,这种知识以及这种知识背后的推论必须用于一个自我诊断和自我纠正的集体与进程,并对这一进程进行驾驭。

组织社会学知识对社会变革的贡献的三个方面的表现实际上就是费埃德

伯格对组织社会学知识生产、传播和应用的要求。这个过程不仅仅包括了知识的生产过程，也包括了知识的传播过程和知识的应用过程，我则把这样一个系列的过程和结果称为知识化。这就使费埃德伯格思考对传统社会学研究的一种颠覆性，因为以往的社会学研究尽管具有明确的应用性内涵，但是由于研究领域的宽泛和无视行动者的存在，更多的只是为了解释说明和理解这个社会，而不是通过行动者来认识和建构社会。但是费埃德伯格则把知识生产、知识传播和知识应用连接起来，"由此带来了知识与实践之间的一种全然不同的关系。它运用自己生产的有关一个既定环境的知识，以诱导置身于这一环境的行动者对实践做出诸种更改。而且反过来，它又运用这种被更改了的实践来巩固它所生产的有关这一环境的知识。由此来进一步认知者以环境的诸种特征和结构。知识的生产与知识在行动之中的运用紧密地联系在了一起"。（费埃德伯格，2005：419）

4. 行动者与组织分析的推论模式

克罗齐耶和费埃德伯格认为，对行动者的研究存在着两种推论模式，而且这两种推论模式都有其局限性，只有互为补充，才能很好地使用。

（1）策略性推论模式

策略性推论模式从行动者出发，发现只有它才能通过自己的限制来解释行动者在表面上不合理的系统。策略性推论是一种解释性工具。其主要要点包括：A. 组织的每个参与者都可以被视作具有自身策略的行动者。这些策略和理性既不能仅仅依据这些行动者的偏好和动机来理解，也不能依据他们行动的结果来理解。确实，无论是看这些结果，还是看这些行动者的声明甚至其追求的目标，他们的行动均可能会显得不合理。在行动者所参与的游戏中，任何具体的行动，只有当其与游戏内部所固有的赢利与失利的种种机遇相联系时，才有意义。B. 如果了解每个行动者的行动策略，了解他们考虑到实现自己的行动所带来的不确定性因素而去顺从客观的限制，那么就可以重构游戏，从这一游戏出发，行动者的这些策略都可以变得同样合理。鉴于可以从每个行动者所表示的态度出发对这些策略做一些合理的趋近推论，那么就可以从组织成员自身的经历发现影响他们行动的游戏。C. 行动者要想赢利或者至少想把自己的损失减少到最低限度时，意识到受到了限制，而不得不采取"立于不败之地"的战略，即在游戏中采取理性的战略，因而也是一种授权游戏规则限制自己的战略。

对行动者来说，屈从于游戏的规则是理性的选择，所以，无论行动者最初动机如何，他们最终都要在寻求实现共同目标的过程中进行合作。D. 作为社会学现象，组织隐藏也就成了一种文化的建构，这一建构使人们能够为自己的行动提供方向，以获取不可或缺的最低限度的合作，并且同时允许他们维持自己的自主领域，成为自由的代理人。（克罗齐耶、费埃德伯格，2007：221）

（2）系统性推论模式

系统性推论从系统出发，追溯组织建构规则的偶然的、任意的、自然的维度，而行动者恰恰是这一切维度的源泉。这种推论，拒绝线性分析，强调行动者行动的逻辑和系统，强调关系和行动系统的意义和作用，认为"这些关系和许多系统的特性在限制行动者可能很理性地提出目标的同时，对行动者行动取向也产生着极有分量的影响"。（克罗齐耶、费埃德伯格，2007：225）

（四）行动者与组织关系的模式

1. 行动者与组织关系的分析模式（先验假设）

在行动者与组织关系的关联方面，存在两种简化的抽象模式。一方面，通过将行动者隔离开来，这些模式将无限的自由和理性赋予了行动者，将他们视为独立自主、理性的能动的行动者；对运用个人与相似的组织的建构规范、协商谈判的经济模式，以及与群体和类型相关的社会模式进行简化。这种简化的分析模式并没有真正解释行动者行动与组织之间关系的真谛。克罗齐耶和费埃德伯格这样反问：假如不是从一开始就夸大行动者的自由和理性，只是到了后来又不得不施加诸种任意专断的限制，而是将这种做法倒转过来，重建行动者的自由和理性，使之如同他们终究会有的那样，既是有限的，又是根据条件而变化的，将行动者的行动与他在其中被观察到的环境联系起来，这样做难道不会更有效吗？（克罗齐耶、费埃德伯格，2007：38）

2. 关于行动者与组织之间关系的经验模式

所有的行动者只拥有有限的自由，相应地也就只能拥有有限的理性。换句话说，行动者——他们的自由和理性，他们的目标和需求，他们的感情特征——是社会的构建，而不是抽象的实体。

（1）行动者的行动计划与目标

第一，内容和观点。这条内容概括说就是：行动者很少有明确的目标，严密的计划则更少。针对性观点是：行动总是经过深思熟虑的，即由明确的主体通过筹划所传递的、作为从一开始就确立目标而发生作用的行动。克罗齐耶和费埃德伯格明确指出：这种说法既是虚幻的，又是错误的。（克罗齐耶、费埃德伯格，2007：39）这种针对性认识在某种程度上是针对舒茨现象学社会学中对行动者行动的规定。这些规定可以参阅我在舒茨部分对舒茨行动论的考察。

第二，论证与说明。首先，行动者的计划和目标具有多重属性。行动者的行动计划和目标是多重的，或多或少是含混的，或多或少是明显的，或多或少是矛盾的。这种多重的属性又决定了这种行动目标的多变特征。其次，行动者在行动过程中会改变其计划和目标，会在中途或者之后舍去其中一些目标和计划，发现或确定另外的目标和计划；同时由于始料未及和无法预见的结果迫使行动者"重新考虑他们的立场"、"重新调整他们的针对行动"，从而把某一时刻的手段作为另一时刻的目标，完成行动中手段和目标的转换。

（2）行动的积极特性

在行动者行动受到约束限制的同时，行动者的行动是积极的。行动者的行动永远无法被直接加以确定，即使是被动消极的，那也始终是某种意义上的选择的结果。行动者行动的积极特征实际上说明了行动者的行动自由特性，正是由于行动者是自由的，行动者行动也是随着行动者对行动过程的把握、对行动类型的选择、对行动结果的预期而显示出行动的积极属性。行动者的自由属性在某种程度上规定了行动本身的积极特性。只有被统治的行动者，没有被统治的行动。行动无所不在的特性给行动披上了积极的外衣。

（3）行动者的行动理性

"人们不能认为，行动者的行动总有明确的目标，但也不能反过来认为，他们的行动可能都不是理性的。"（克罗齐耶、费埃德伯格，2007：39）行动者行动是有理性的，并由这些理性预示着行动的意义。第一，行动者的行动理性是相对于行动背景的。第二，行动者的行动理性是相对于行动游戏的。就第一个方面说，行动者的行动理性是相对于行动过程中的一些机遇和能够说明这些机遇特征的行动背景而言，而不是相对于行动的一些特定目标。对第二方面来说，行动者的行动是相对于其他行动者的行动、决策以及他们之间建立起来的行动游戏而言。相对于他人和相对于背景是行动者行动意义的所在，这些都把行动者的行动理性放在了一个可理解的领域内。

(4) 行动者行动的两面性

第一,进攻性。为了提高地位,必须抓住机遇。这是进攻性策略的主要表现。第二,防御性。为了维护和扩大自己的自由余地和行动能力,而采取防御性策略。克罗齐耶和费埃德伯格认为,这种对应不是必然的,也就是说并不意味着在相关时间框架内的任何必然的对应,只是体现了一个行动相对不同的对象来说具有的二元特性。就我的分析,某种行动有时同时具有两种指向,也就是说行动的两面性有时可以共存。这已经不是一种对应的关联了,而是一种行动者的行动策略。这是对费埃德伯格的一种补充。

(5) 行动者的非理性行动

对于策略行动来说,非理性行动这样的东西已经不再存在。"策略概念的实用价值,它既适用于看上去最为理性的行为,也同样适用于看似完全无规律的行动。"①

克罗齐耶和费埃德伯格对使用策略的经验概念所得出的关于行动者的结论,有自己的评价,"对行动者的思考仍然很不够,因为行动者的行动不能脱离他们从中获得和理性的背景之外来解释"。但是,策略作为一种概念的最主要的效用,是迫使人们超越行动者与目标的那种无益的二分法。当一种关于目标的研究倾向于将行动者与组织隔离开来,并将他们对立起来的同时,一种有关策略的研究却认定,将在组织环境之中对行动者的理性加以探究,而且组织的构造反过来将通过行动者的经验加以理解。(克罗齐耶、费埃德伯格,2007:40)

第二节 行动者与行动

一、行动者

行动者出场所提出的问题:"行动者"一旦出场,这种危险所带来的影响就

① 克罗齐耶和费埃德伯格说明:分析家在日益控制这种行动的情绪和情感关系时,发现了一些规律性。这些规律只相对于某个策略才有意义。因此这一策略不是别的,而是事后推理出来的基础,是经验上可观察到的行动的规律性的依据。这样的策略绝不等同于意愿的行动,而且也不一定是有意识的。(克罗齐耶、费埃德伯格,2007:39-40)

特别巨大。行动者痛恨不确定性，而且时时不断地感到压力，为了节省时间，他们总是急于抓住为其节省时间和精力的"类型"，以理解始终要离他们而去的现实。对于他们来说，将他们的决策建立在这种肤浅的类型划分基础上，这种诱惑始终是巨大的。他们最为频繁地将类型与常识性观念进行对照，而且当这些划分的类型与其熟悉的常识性观念相对应时，他们就会倾向于这样做。（费埃德伯格，2005：196－197）

（一）如何定义行动者

那么什么是行动者呢，或者说如何界定行动者呢？费埃德伯格说：（在组织理论中——所论及的）既不是具有超级理性、至高无上的超人，也不是像海绵一般简单地吸纳诸种外在规范的人，亦不是论述简单的结构性支撑，而是"认知型社会人"。（费埃德伯格，2005：202）

这种说法事实上说明了行动者的基本属性：行动者是知识行动者。第一，行动者是认识性的，进而是知识化的；第二，行动者是人性化的，进而是社会化的。

行动者这个概念或者这个词的使用，"并不暗示抑或包括任何一种关于那种历史行动者的高深莫测的玄学，也不包括对行动者可能是什么的先在定义抑或规范性概念，亦不包括关于他或她为'获得'这样一种属性而必须满足的诸种条件的先在定义或规范性概念"。（费埃德伯格，2005：203）费埃德伯格为此这样界定行动者[①]：他参与阐发对于自我和他人的定义，参与行为、态度、资源以及目标的创造；而且他或她的历史来对他或她进行标示时，绝不可能简单地将他或她还原为历史本身。这句话明确地表示：行动者在行动中改变了自己，行动起点的自我并不等于在行动终点的自我，无论如何无法把行动者还原为行动者的历史自身，这种观点事实上就是现象学的社会学观点。

费埃德伯格把行动者看作决策行动者，但是照我的观点，费埃德伯格所描述的行动者更是知识行动者。

第一，行动者的行动知识性。这是行动者作为知识行动者的一个比较合适的理由。费埃德伯格说，一个行动领域的所有个体行动者都始终在不断地推测

---

① 费埃德伯格对行动者概念的表述有的时候要加上社会行动者，有的时候又加上决策行动者，而且使用后一概念的时候偏多。

他们的同伴，每一个人都在对其同伴的个性、兴趣、愿望和计划做出种种假设。一种持续性的相互作用在不断地进行，在此过程中，每个人都在对其他每个人的行动进行译解，以便能够做出相应的反应；他知道每个人在做同一件事，每个人都知道他们都在这么做，而且每个人自己都清楚其他人也知道他在做什么。（费埃德伯格，2005：202）这段话，说明了行动者是知识行动者，也说明他们的行动都是某种类型的知识行动；同时这种说明或者解释同舒茨对行动者的类型化行动的描述如出一辙。

第二，行动者的行动是研究型的，进而证实行动者就是知识行动者。[①] 费埃德伯格说：这些决策行动者大致可以比作一种研究者，对于这样一种研究者，他为一种没有确定性的世界所包围，这一世界既是自然世界，又是社会世界，但他从没停止过对世界做出种种假设，从未停止过建立诸种关系网络以及诸种联盟，这样一来，他就可以对这些假设进行证实，在遭遇其他人固执地提出反对意见时，进一步确立这些假设。（费埃德伯格，2005：203）假设和验证是行动者行动的基本逻辑，从这个意义上说，任何忽视行动者行动知识或者对行动者知识属性的任何不被看重的社会学家都是睁眼瞎。睁开眼睛就知道行动者是知识行动者，这些行动者的行动是知识行动。

第三，行动者是改变行动规则的积极存在者。在行动领域，每个行动者都被设想成为积极的存在者，这些行动者不只是被动地服从周围的环境，而且也对周围环境进行积极建构，这些行动者在其行动领域之中积极适应游戏规则的同时，又反过来通过自己的行动来积极地改变这些规则。（费埃德伯格，2005：202）因此这些行动者既是行动环境的积极适应者，也是行动环境的积极建构者。从行动者的来源说，“行动者既是社会性的构造，也是文化性的构造，而且同时也是分析性的构造”。（费埃德伯格，2005：241）

（二）行动者的属性特点

费埃德伯格认为，行动者可以用三个形容词来形容：经验的、显示人本性的和精于计算的。也可以概括为经验、人本和理性构成行动者的基本属性。

---

① 但是对此也要有清楚的认识，无限理性只能毁掉研究者的形象。行动者并非无所不知，他们不能预知一切；他们对本质的诸种潜在状态的认识，从根本上说是不完全的。（费埃德伯格，2005：216）

1. 行动者身份确认

什么是行动者，如何确认是行动者，包括如何自我确认行动者的身份，并不是一个一劳永逸的问题（费埃德伯格，2005：203－204），也是需要说明的。费埃德伯格这样说明：行动领域中的个体并不凭借他或她对诸种事件的理解和控制而获得行动者身份；也不是由于他突然意识到了自己的利益，意识到了有利他行为的种种可能性而获得这种身份；亦不是因为他可能体现了历史感或"社会运动"的方向，不是因为他可能参与"社会生产"而更有理由获得这一身份。（费埃德伯格，2005：203）所以，从这里可以看出：行动者身份的获得不是因为其对行动的理解和控制能力，也不是由于行动利益的关联。那么是什么因素导致行动者身份确认的呢？费埃德伯格说，行动者拥有这种身份，只是因为他隶属于那被研究的领域，只是因为在可证实的程度上他的行动对构建这一领域所起的作用。这样行动者身份确认需要明白：只要行动者对组织功能的建构起作用，就可以认定他是行动者。为此，要区分：第一，真正行动者和系统规则代理人。真正行动者在系统内是自主的，不再完全地独自一人去承担系统内指派给他的功能。但是在一个系统中没有哪个行动者为"系统内指派给他的功能"所限制。所有行动者都超出和超越这些指派的任务和角色，参与系统规则包括遵守和创新这些规则。"这样一来，既起到了维护这些规则的作用，又起到了改变这些规则的作用。"不能成为行动者的人，根本就不可能成为"系统规则的代理人"。第二，理想社会行动者和行动者。"严格来讲，理想社会行动者将会听从召唤，捍卫自己成为行动者，而不是成为经济利益的承载者。"（费埃德伯格，2005：205）

延伸出来的问题就是：组织中的行动者是否一定等同于社会行动者，囿于组织社会学知识范围内的行动者应该说是社会行动者，但是组织社会学之外的行动者也是大量的社会行动者。这就是组织社会学与一般社会学的差异所在，超越组织分析的社会理论有着十分宽阔的视域。所以在分析行动者或行动系统等内容的时候，不能陷入组织社会学知识所挖好的陷阱。这个时候行动者的认定就不是那么简单的事情了，参与组织的建构者或者对组织建构起作用者可以认定为行动者，没有参与组织建构的组织外的普通人只要是以他人行动为取向的行动的发起者与实施者都可以被认定为社会行动者。

2. 行动者理性

由于行动者是人类行动者或能动者，他们拥有理性，拥有计算能力。这是行动者以及行动的基本规定。我这里讨论的费埃德伯格的理性仅仅是从行动者的特性上来加以说明的，实际上费埃德伯格的理性内容十分丰富，在以后的讨论中就可以领略到这一点。

第一，知识可以延伸到理性吗？

行动者行动得以可能的条件是一种"策略本能"（strategic instinct）。也就是说，行动者的行动不应该归于以往的社会化，而应归于他们对其行动领域里的种种机遇和制约力量的感知，应归于他们对游戏中对手行动或多或少的直接性预期，应归于他们对各自短期利益或长期利益的相应理解。（费埃德伯格，2005：215－216）照我的看法：最为直接地说，由于行动者是知识行动者，由于知识行动者的行动是知识行动，行动者的行动才是可能的，否则就不是行动，充其量只是举止而已。

当然这里涉及一个对于知识行动论来说最为致命的问题：知识等于理性吗，或者说知识就是理性吗？显然，这种问法也存在问题。因为知识充其量只能充当理性的基础或者背景。我将在其他地方详细分析这个问题。

第二，有限理性对行动者的规定。

费埃德伯格说，我们所谈的理性，既不假定存在着一个无所不知的行动者，也不假定存在着一个透明的世界。（费埃德伯格，2005：216）这是有限理性提出的前提。所以，这种理性包含着所有的局限性——认知的局限性、感情的局限性、文化的局限性、意识形态的局限性，以及诸如此类的局限性。有限理性的概念"超越世界的两分：一边是绩效、利益和计算的冰冷冷的世界，另一边是文化、情感和礼赠的温暖的世界"。[①] 有限理性概念使得理性不再必须与功利主义和纯粹工具主义思维方式联系在一起；不再必须被看作文化的对立面或规范

---

① 对世界的这种二分法，既没有事实依据，也已经过时。（费埃德伯格，2005：217）但是，这种二分法依然没能建立的事实并没有减弱它所具有的力量，它继续对北美的组织研究领域进行构造。（费埃德伯格，2005：228）问题在于这种对世界的两分法作为一种方法论而形成的知识着实建构了这个世界，并且继续建构着它，尤其是行动者的知识世界，最为可怕的是：这种知识还成为一种工具，尤其是成为行动者行动去向的一种工具，从而越发使这个世界走了样。新社会理论就是力图纠正这种越走越远的歧途。

的对立面，或者是情感以及感受性的对立面。[①] 所以，费埃德伯格认为，世间根本就不存在所谓的纯粹的或者偏袒理性，即根本就不存在那种没有局限性（认知局限性、情感局限性和结构局限性）的理性。而理性始终是文化的理性，理性始终是情景性理性和以经验为依据的理性。

如果行动者的理性无所不包，那么这种理性就是虚假的。行动者的理性所暗示的各种推理、预期和计算，既没有排除无知，也没有排除直觉，也没有排除历史的作用和诸种制度的影响，也没有排除情感和诸种情绪。（费埃德伯格，2005：216）我的观点更激进一些，理性和感性，同其他二分概念一样只具有方法论的意义，但是由于知识的局限性，这种方法论意义的概念则把行动者的行动理解肢解化，当然后果是虚幻的世界代替了真实的事物。所以，如果使用理性这个概念的话，必须对理性加以限制。也就是说，尽管在传统概念的意义上，不能直接说，理性包括了无知和情感等因素，但是也应该像费埃德伯格所说，理性并没有排除掉行动者行动中所存在的那种无知和情感。所以理性应该是有限理性。[②]

（三）有能力的行动者

不管理性有限性如何，行动者都是有能力的，有能力是行动者最为基本的特性。费埃德伯格把行动者拥有的权力看作行动者的行动能力。权力可以而且必须被界定为一种行动者的能力，勇于塑造对自己有利的或多或少是持久性的交换过程。行动者拥有的能力越大，他的行动对他者的重要性（实际效力[③]）

---

① 费埃德伯格说，功利的和道德的动机，在真正的行动条件中总是纠缠在一起，即使是为了研究而尝试将它们分离开来的努力，最终让人们看到的景象也只会是虚幻的、乏味无聊的，甚至会产生相反的结果（counterproductive）。（费埃德伯格，2005：217）

② 有限理性这一概念的最主要用途恰恰在于，它能够使我们运用决策清理障碍，将任何有关位于可见行动背后的理性、动机以及利益的分类向后推延，直到研究过程结束。有限理性的概念只能依据事实起到干预作用，此时，行动领域的结构抑或占主导地位的“游戏规则”，已经变得清晰可见。（费埃德伯格，2005：218）

③ 对于每个行动者来说，假如行动可能性的实际效力根本就是一种自然假定，其实只是非常有限的效力时，情况就会变得更为复杂。为了提高自己在协商过程中的地位，行动者寻求一切类型的可以操纵的对象。对于行动者来说，张力的根源在于游戏之中既构成资源，又构成一种风险赌注。人们同样也能够理解，行动者为何赋予问题的重要性，而且围绕这种重要性进行如此之多的、通常又是极为暧昧的争斗。（费埃德伯格，2005：113）

也就越大。因为,在费埃德伯格看来,行动者的行动一定同他者相关。"一位行动者(自我)为了能够进入与其他诸位行动者(他者)的一种讨价还价的关系,其行动对自己想获得结果的追求和达成具有重要意义,他必须为自己创造行动的诸种可能性,这些可能性与他者计划的成功(他者的计划当然并不一定要与他的计划相同)相关。"(费埃德伯格,2005:120)很显然,这种权力实质就是对他者的权力。行动者拥有对他者的权力就是一种能力,行动者(自我)拥有的对他者的权力,始终与他敲诈他者的能力联系在一起,他不让自己做出某种使他者对其产生指望(或逐渐产生指望)的行动,以使他所要的结果得以发生。(费埃德伯格,2005:134)

行动者的能力对行动者的行动以及行动系统都有重要的意义。行动者掌握着起初发展起来的而用于应对环境"天然"的不确定性的种种技能,将新的要求强加给其他的参与者。行动者独特的能力对于建构整个系统的运行起着至关重要的作用。这一技能在系统的运行上打上了自己的印记,并依照其逻辑,通过技术、工具、过程以及规则对系统的运行进行控制。不确定性被整合进了由行动者为了应付它们而创立的种种技能之中,永远存在于其中,并反过来通过它们促进的交换活动和权力游戏对这些不确定性进行(重新)构造。这里费埃德伯格实际上就对行动能力的内容做出了简要的规定,也就是说不确定性构成了行动者的能力要素。识别、把握和构造不确定性是行动者行动能力的表现。没有一个行动者能够完全做到对权力不感兴趣。这里的权力意味着行动者的行动能力。所以,没有任何一个社会领域的行动者,能够付得起如此的代价:全然漠视与自己行动能力相关的事情,因为没有了这些能力,他就完全变成了一个被动的、他人手中使用的工具。(费埃德伯格,2005:273)

(四)行动者知识

1. 作为管辖权的行动知识

行动者掌握的实用知识的领域为行动者提供控制相对应的诸种不确定性的领域。为了控制不确定性,要开发一种实用知识的领域。在费埃德伯格看来这种不确定性的控制的实用知识领域和能力就是一种"管辖权"(competence)。费埃德伯格认为,不确定性不仅仅是给定的,而且同样始终是管辖权生产、发现和控制的。(费埃德伯格,2005:291)

2. 行动者实用知识发展的条件

实用知识（实际知识技能）的意义就在于能够使行动者控制不确定性，而不确定性对他人来说则是极力要规避的东西。同时行动者所使用的这种控制不确定性的实用知识只有在实践的过程中才能发扬光大，而且越是在困难的条件下使用，越是在错综复杂的条件下加以运用，这种实用知识的发展得就越完备。（费埃德伯格，2005：291－292）费埃德伯格这里也在一定程度上说明了行动者行动知识所具有的功能性特征，这种知识是行动的知识，是解决行动问题的知识，是随着行动进行而发展着的知识。

3. 行动过程与知识学习过程

正是这种实际的行动过程或者实践行动过程，一方面为行动者创造了一个学习的机会，并由此丰富他们的知识，增加他们的技能。而另一方面，这一行动还具有另一种附属性的好处：正是他们能够掌握（控制）的复杂局面（不确定性），在不容易消除或简化的讨价还价的境遇之中确保了他们的优势地位。所以，行动者的行动变成了行动者学习知识即获得知识的过程，同时也是应用知识的过程，从而完成了行动过程和知识过程的统一。这是费埃德伯格知识论和行动论完美结合之处。

二、行动者行动

行动展现行动者，同理，行动者必须行动才能称为行动者。所以，理解行动在费埃德伯格这里就显得特别重要。

（一）行动概念

1. 社会行动理解

（1）理解社会行动的基本要求

应用过程分析法对社会行动进行理解是费埃德伯格提出的基本要求。只有通过对行动过程的把握和分析才能认知行动者的行动自主性和行动制约化，才能了解行动的内在机制。

首先，要了解行动过程的实质。行动者之间的相互依赖，使得合作成为必不可少的条件。但是，行动者仍然保持着某种程度的自主权，并且出于多种原因,他们继续追求着各自不同的利益。要理解社会行动,就必须研究这些过程的实质,必须分析其赖以产生的机制、人为的产物、目标和社会设置。认知和了解行动过程的实质和这些过程的产生条件等就可以把握行动者的行动利益机制。其次,在把握行动者行动过程实质的基础上对行动过程结果加以说明,这是把握行动者行动制约性的认知途径。费埃德伯格说,并非不重要的是,人们必须说明这些过程的诸种后果,也就是说,它们被引入既定行动领域之中的崭新的结构。这类新的结构,对相关行动者来说,构成了同等数量的新的制约力量。(费埃德伯格,2005:4)

(2) 什么是社会行动

费埃德伯格指出:社会行动的具体概念,是从集体行动分析的总体领域移位过程中派生出来的。所以,这种社会行动——无论在实际领域之中的社会行动延伸到何处——都被用作概念表述这样一种行动:始终以一组多少固定的、相互联系的游戏作为中介。(费埃德伯格,2005:107)

费埃德伯格所理解的社会行动首先是同行动游戏联系在一起的一种个人的或者集体(组织)的行动,当然这种游戏实际是包括行动规则在内的一种行动框架;同时这种行动同权力也是内在包容的,或者是否可以直接说行动本身就是一种权力。① 费埃德伯格说,不存在没有权力的社会行动,而且权力总是引发行动领域的建构,也就是说,导致一种相关行动者的行动规则的建立。(费埃德伯格,2005:108-109)行动是理性的结果,还是计算的结果,是纯粹工具理性的产物,受制于明确的、容易观察到的目的/手段关系的支配。(费埃德伯格,2005:4)所以从某个意义上说,没有理性也就没有真正意义上的行动(或者说是社会理论意义上,更直接说是社会学意义上的行动)。当然这种说法涉及更复杂的关系,我在其他地方会详加讨论的。

2. 作为交换的行动

行动作为交换的对象和产物,在费埃德伯格这里得到重视。在费埃德伯格看来,一个行动者的准则和行动逻辑与其他行动者的准则和行动逻辑相对等。

---

① 这个说法实际上是费埃德伯格观点的延伸,因为当福柯把话语,特别是个人话语作为权力的时候,也就意味着能行动就是有权力行动,行动同权力也就合二为一了。费埃德伯格没有直接这么说,但是其用意是明显的。

如果一个人不愿意被其他人当作简单的工具来使用，那么最好的办法就是自己拥有某种可供交换的东西，也就是说，具有一种稀缺价值的、与出价相关的类型的行动。（费埃德伯格，2005：270）获得行动平等权的东西只有行动本身。

3. 作为互为权力的行动

行动实现的内在规定就是权力，行动实现本身也是行动者向他者实施权力。在费埃德伯格看来，即便互动也是一种实现权力的机制，所以权力构成行动或者互动的核心内核。费埃德伯格说，简而言之，一些行动者的自发的行动，作为他们对所处情境可感知的制约力量产生作用，不仅并不始终与他人所需要的行动相对应，甚至可能与之刚好相反。如果行动者要想成功地完成行动任务，无论他们做什么，无论是喜欢还是违背自己的意愿去做，都会被引导着寻求相互影响对方的力量，也就是说，彼此向对方实施自己的权力。[①]（费埃德伯格，2005：271）

4. 集体行动

集体行动和集体行动者[②]是组织分析特别是组织社会学研究必须首先涉及的问题。这里的集体行动实际上就是组织的行动。克罗齐耶和费埃德伯格在《行动者与系统》中所设定的中心任务就是讨论组织行动如何可能的问题。克罗齐耶和费埃德伯格说：在何种情况下，以什么样的制约为代价，人们的集体行动，即所谓的有组织的行动，才有可能实现。这是其关注的中心问题。原因何在呢？克罗齐耶和费埃德伯格认为，集体行动之所以对我们的社会构成的问题具有如此关键的作用，首先是因为，集体行动不是一种自然现象，而是一种社会建构，其存在本身就是问题，我们必须解释清楚它得以产生和维系的条件。（克罗齐耶、费埃德伯格，2007：1）我这里要说明的是，克罗齐耶和费埃德伯格所说的集体行动或者组织行动，从学科边界来说是属于组织社会学的范畴；我

---

① “的确，一旦人们承认行动者的自主权和行动者行动具有或然性及不确定性的本质，诉诸权力的概念就变得绝对必要。然而，在一种没有行动者的社会学之中，人们可以根据非个体性的诸种过程进行推论，而无须求助权力的概念。”（费埃德伯格，2005：302）

② 这也是克罗齐耶和费埃德伯格留给我们的问题。当克罗齐耶和费埃德伯格不加修饰地说到行动者的时候，我们有时候真的难以确定他是个体行动者，还是集体行动者：如果二者难以界分，问题就大了。因为个体行动者既可以在一个集体中行动，从而产生沟通性互动，也可以单独行动。不同类型的行动者之行动涉及的条件以及行动的结果是不同的。

们所说的集体行动，尽管可能以组织行动为基础，但是往往是超越组织行动之上的那种非组织内的行动者所参与的社会性集体行动，也就是说这时的集体行动可能已经超越了组织的边界。所以它是社会理论（社会学理论）的核心范畴，而非仅仅是组织社会学的一个范畴。

（1）集体行动的联合性

集体行动不是自然而然的，也不会是无缘无故的，通常它是战胜自然、解决物质问题而在人们之间形成和进行的一种联合行动。克罗齐耶和费埃德伯格就把集体行动看作一种个体行动者组织起来的联合行动。（克罗齐耶、费埃德伯格，2007：9）克罗齐耶和费埃德伯格还认为，集体行动说到底并非他物，只是日常政治而已。[①]

（2）集体行动的互补性

这种互补性说明集体行动与组织的关系。集体行动和组织是互补的，它们是同一个问题不可分割的两个方面。这个问题就是在其内部发生的行动以及行动领域的结构化问题。[②] 人们不能仅仅根据有待解决的问题的"内在"特性，来确定并想象出某种集体行动：这样的集体行动肯定会陷入无从解决的相互矛盾之中。（克罗齐耶、费埃德伯格，2007：5）

（3）集体行动的建构性

集体行动不是自然的而是建构的，是一种社会建构。行动者在建构的领域内"合理的"行动，这些结构本身就是任意的，是其手段的奴隶。这些手段的应用，旨在解决他们之间的合作问题。中立的没有结构化的领域根本不存在。所以，透明的社会是一种幻想。

（4）集体行动的模式化

不同集体行动建构有不同的模式。正是这种不同的建构模式构成了解决

---

① 克罗齐耶和费埃德伯格认为，实证主义和科学理性主义者都用各自不同的方法，预言了"政治的终结"，即会出现一个理性社会，回归到自我并掌握自我，出现一个社会透明的纪元。但是克罗齐耶和费埃德伯格似乎并不同意这种意见，他们的意见是：强权与统治的关系，永远是偶然的，而且是不可更改的偶然，也就是说，这一关系绝不是建立在任何证据、任何历史传统或文化之上的。简而言之，凡事均为政治，因为权力无所不在。（克罗齐耶、费埃德伯格，2007：11－12）

② 从不确定性中获得权力集体行动结构表现权力，"归根到底，一个组织的领导人，还是诸种资本的持有者，无论人们会说什么，都是从不确定来源的控制中获得他们实际权力的。人们对此不应该产生任何误解。这种不确定性来源是基本的，也是模糊的，甚至就其大多数意图而言是抽象的，对我们日常生活来说始终是如此"。（克罗齐耶、费埃德伯格，2007：90）

问题的方案。（克罗齐耶、费埃德伯格，2007：8）不仅如此，集体行动本身建构也有其模式化特征，或者说集体行动本身就是一种模式的行动类型。

（二）行动者行动权力

克罗齐耶和费埃德伯格指出：独立自主而理性的行动者的模式，深深地扎根于我们的文化之中，并且在我们的推论中起着重要作用。（克罗齐耶、费埃德伯格，2007：48）但是这么重要的问题，却在社会行动理论中成了空白。"权力在我们的社会理论中，真的成了永久的空白。随着旧式神秘观念的式微，这一空白认知领域只是简单地被另一种神秘观念填补了而已，这另一神秘观念从某种角度看，稍现代化了一点，但在权力的运行机制上表现出了完全的无知。"[①]（克罗齐耶、费埃德伯格，2007：13）由于行动者行动权力的规定，行动者是同权力内含在一起的。[②] 行动本身就是行动者的权力，实现行动也是行动者拥有和实现权力的特征。

1. 权力作为行动者的行动能力

研究社会行动为何必须涉及权力问题，不管是抽象的社会权力，还是具体

① 这种说法可能是需要商榷的，因为权力问题是伴随着社会学成熟而成长的，没有不把权力作为理论核心的社会学和社会理论，即便是组织社会学也同样遵循着这样一个似乎是约定俗成的规矩。而且在福柯那里权力问题的研究同知识的研究结合起来成为了一种被许多人看重的研究视角。显然，克罗齐耶和费埃德伯格对福柯的权力观是不满意的。"明确地承认权力现象是一种关系，是人们集体计划与其实际实现之间的不可避免而又是自动的协调，实际上，如果这一承认不再是一个简单修辞效果的话，那么，这一承认就迫使人们走出强调分析具体过程这一论述的苛刻逻辑，通过这些过程，这种论述就会变成事实。总的看来，这导向另一种方法：从行动者出发，试图研究行动范围的结构化过程以及连同结构化过程一起的协调中介，结构化过程作为权力建构连同其原动力将协调中介强加于推论本身。"福柯的这些分析和论证，"的确仅仅构成某些未来研究在计划性和方法论层面的表述而已，在这方面，还显得不令人满意。这种对权力的构思新颖的表述在这里显得有些像某个抽象概念，就像某个嫁接物，既难以进入其最终结合，也难以进入其总体行进过程"。（克罗齐耶、费埃德伯格，2007：23）这个说法并不令人特别信服，因为福柯确实开辟了权力研究，尤其是权力与知识关系研究的新路子，组织分析（组织社会学的权力分析）离福柯的知识与权力的分析还有一段距离。阅读他们的著作明显有这种距离感。

② 费埃德伯格认为：权力不是一种属性，它不可能被占有；它不是一件商品，人们可以把它带回家，或者储藏在某个地方。（费埃德伯格，2005：109）这种对权力的界定实际否定了权力本身的某种特征，当权力表征着行动者的行动能力的时候，不仅同知识有关，还含有了知识所存在的时空结构，这时，权力可能就具有了某种被占有、被储藏的属性。

的行动者本身所具有的权力。克罗齐耶和费埃德伯格指出：脱离权力的社会行动是不存在的，任何权力都意味着一种领域的结构化存在，并同时构成领域的结构化。（克罗齐耶、费埃德伯格，2007：233）所以，用我的话说就是：社会权力内置于社会行动之中，正是通过个体的或集体的社会行动来展示、说明、应用权力。可以极端地说，没有社会行动权力也就无法真实地存在，权力和行动是一种选择性亲和的关系。

第一，权力被定义为行动的诸种可能性的不均衡交换。

费埃德伯格首先把权力定义为行动的诸种可能性的不均衡交换，他说：在任何一个行动领域中，权力都被定义为行动的诸种可能性的不均衡交换。照我看来，这种不均衡交换可能正好是行动者行动权力的表现形式。

第二，权力是行动者行动能力。

费埃德伯格还指出：权力可以并且必须被界定为一种行动者的能力，勇于塑造对自己有利的或多或少是持久性的交换过程。在界定行动者的时候，费埃德伯格就明确指出，行动者是有能力的行动者，有能力是行动者的本质属性之一，但是这里的能力实质是行动者拥有权力，拥有能够行动的行动权力。有了权力，行动者就有了行动能力。

由于行动者的权力是一种行动能力，行动者被权力所规定。首先，权力是行动者获利的工具。行动者要想在行动中获得利益必须行使权力。“一个行动者只有被控制和被行使权力，才能反过来对他人行使权力和控制他人，进而从中获利。”从这里可以看出克罗齐耶和费埃德伯格所提出的权力互为性。其次，行动者因为权力而存在。克罗齐耶和费埃德伯格说，每个行动者都无法逃避权力关系的限制，否则就是放弃了他个人的策略，甚至是在他人面前消失。这是因为，为了能够面对他人时拥有权力的来源，人们不得不部分地满足他人对自己的期望，这就构成了一个限制性因素。（克罗齐耶、费埃德伯格，2007：89）实际，没有权力也就没有行动（社会行动），没有行动也就没有行动者，或者说行动者就消失了。权力是行动者的存在方式。

第三，行动权力是一种关系。

费埃德伯格认为，权力是一种关系。不存在没有关系的权力，不存在没有交换的关系。行动者进入权力关系的目的是让其他行动者同其合作，以实施行动计划。权力既然是一种关系，就不可能由拥有权力的人单方面地强加于不拥有权力的人，它与协商性交换无法分离。因此权力包含了相互作用的成分。

（费埃德伯格，2005：111）这种界定是同行动者的行动属性连接在一起的，行动者不是一个不同其他行动者相互联系的孤立行为者，而是一个同其他行动者存在着千丝万缕联系的社会行动者，行动者的行动不是没有任何意义的举止，而是充满着社会意义的社会行动。这时行动者所拥有的行动能力就表现为非常复杂的关系形式。

权力是一种关系，而非行动者的某种属性。权力只有通过在某种关系中的实施才能表现出来。在这种关系中，一方或多方行动者必须依赖另一方（或多方）行动者才能达到共同目的，而这一共同目的又制约着他们各自的目标。所以，克罗齐耶和费埃德伯格说，权力只能通过在某个给定的关系里的行动者的交换中表现出来。（克罗齐耶、费埃德伯格，2007：52）归纳起来就是：权力是种关系，并且通过行动者的行动交换来实现。在行动者同其他人的关系中，一方面，这种关系作为各个不同行动者、不同目标之间的特殊关系和自主调解关系时，总是同某个游戏结构联系在一起。这个游戏结构实际上界定了行动者能够控制不确定性因素的必然性——不管这种不确定性是自然的，还是人为的，这都说明行动者同游戏参与者的关系是一种权力关系。另一方面，行动者同他人之间的关系都是权力关系。克罗齐耶和费埃德伯格说，因为行动者存在着，作为一个相对自主的行动者而非一个简单的工具，正是行动者利用这种自主性审视自己的美好愿望、待人态度才能继续存在。

克罗齐耶和费埃德伯格所说的权力不同于现有的权威所掌有的权力。首先，权力是行动者行动的偶然结果，是行动者之间关系状态和行动交换的保证。“权力是行动者在某个特定的游戏结构中，动用在其控制之下合适的不确定性因素所导致的始终属于偶然的结果，用以保证他们与其他游戏参与者之间的关系与交易。”（克罗齐耶、费埃德伯格，2007：14）其次，权力是社会关系的维度。克罗齐耶和费埃德伯格说，权力不是某种权威结构的简单体现和产物，无论是组织性权威结构，还是社会性权威结构。权力最多是某种属性或者某种产权，人们也许可以获得其财物。权力，作为所有社会关系不可回避的基本维度，始终可以作为暗含谈判和整合的集体行动胚芽而被研究。（克罗齐耶、费埃德伯格，2007：15）

可以概括说，首先，权力是一种工具性关系。这并不否认权力关系的存在导致了一系列极度强烈的情感现象，反过来则深深地限制了权力的展开。可以说，所有的权力关系都是工具性的，作为一种协商关系，它旨在强调，权力只是从目的的角度才被建构出来，按照工具性的逻辑，此目的激发了行动者一方的资源投入。(克罗齐耶、费埃德伯格,2007:52-53)其次,权力关系是一种不具有传递性的关系。再次,权力关系是一种不平衡的相互关系。

第四,行动者的行动权力更多地拥有对他者的权力。

费埃德伯格认为,行动者(自我)拥有对于他者的权力,始终与他敲诈他者的能力联系在一起;他不让自己做出某种使他者对其产生指望(抑或逐渐产生指望)的行为,以使他所要的结果发生。(费埃德伯格,2005:34)这样就显示了行动者同其他行动者之间的权力交换关系,而且在这种关系中,任何一个行动者都希望做出符合自己愿望的行动和结果。对行动者之间所形成或存在的交流关系,克罗齐耶和费埃德伯格说,完全的交流是不可能的,进入与他人的关系,寻找他人,向他人敞开心扉,同时隐藏自己,保护自己免于侵犯,免于向他人暴露自己。简言之,无论对关系的排斥和理性化程度如何,个体与他人的任何关系都是策略性的,并包含权力成分。这是提高其结构甚至通过启动深沉和强大的感情机制的冲突性关系来完成的,因为赌注说到底是这个人或那个人本身的身份,或者——如果有人愿意的话,我们也可以说——是这个行动者对另外一个行动者的摧毁。(克罗齐耶、费埃德伯格,2007:197-198)

2. 行动者行动权力特征

费埃德伯格认为,行动者行动的权力最大的特征就是不能被节省。当然权力不仅是一种实践,而且也存在于行动领域的先在结构中,抑或更为准确地说,存在于诸种资源的不对称之中。这些先在结构使行动者能够利用此类资源以从事他们的交易。但是这并不意味着人们能够把权力节省下来。自己的权力节省不了,却还要浪费别人的权力,因为行动者(自我)拥有对于他者的权力,始终与他敲诈他者的能力联系在一起。

其次,行动者的行动权力不仅不能被节省而且任何行动者都不能储存权力,即使是权力真正存在于诸种结构中。行动者将始终依据行动活动结构配置给他的不对称资源来实施权力。透过权力的实施行动者赋予权力以现实性和有效性,行动者只是通过这种方式,才将资源的不对称性转化为社会行动。(费埃德伯格,2005:109-110)

3. 行动者行动权力与不确定性

“不确定性来源被强加给了他们所有的人,这一个不确定性是组织的生存问题，以及与此相伴的行动者从事游戏能力的问题。”（克罗齐耶、费埃德伯格，2007：90）这就是说，不确定性问题既涉及组织生存问题，也涉及行动者行动能力问题。所以不确定性问题在组织社会学中是不可回避的核心问题之一。

（1）*行动者面对权力的唯一方法*

行动者面对其他行动者的行动的时候，也就是面对权力的时候，行动者唯一的方法就是交换自己的行动资源包括行动本身在内。费埃德伯格说，行动者面对无法规避依赖性及其必然的结果——权力，所做出的唯一选择或者面对这种现象的唯一方法就是：小心谨慎地去运用他们不得不用于交换的所有的资源，而且最为重要的是，小心谨慎地运用其他一切的资源，亦即他们的自主权利与其自我行动的效力。①

（2）*不确定意味权力*

第一，不确定性是行动者进行交换的主要资源。

这种说法必须要解释行动者行动本身的不确定性问题，在以后的说明中会涉及这个问题的。费埃德伯格指出，行动者在寻找圆满解决他们面对问题的方案时，必须将总体意义上的不确定性，抑或不如说，将诸种具体不确定性考虑在内，与此同时，这类不确定性也是行动者在彼此之间进行商讨的主要资源。也就是说行动者的行动要想成功就必须考虑行动和行动中的这种不确定性，并把这种不确定性看作调整行动方向和目标的一种机制，因为行动者在行动中时刻要想着把不确定性作为资源同其他行动者进行交换。

第二，控制了不确定性就控制了行动者。

费埃德伯格说，如果不确定性存在，那么能够控制不确定性的行动者，即使仅能对不确定性部分地加以控制，即可利用不确定性，将他们的意愿强加于那些依存于不确定性的人们。（费埃德伯格，2005：265）这里有一个理论假设或前提，就是如果行动者的行动是不确定性，抑或行动过程中存在着不确定性，那么这种不确定性是可以利用的，一个行动者通过控制不确定性来影响和控制不确定性的行动者，或者说把自己的行动意愿强加给另一个行动者。所以，费埃

---

① 行动者行使权力的时候也是自己开始行动之时，但是这必然又是同其他行动者发生联系的时候，要想使行动成功必须同其他行动者进行交换，交换的对象在以往的行动论理论家那里是不包括行动本身在内的，但是在费埃德伯格这里交换就包括行动者行动本身。（费埃德伯格，2005：285）

德伯格说，就解决的问题而言，从行动者的观点上看，不确定性意味着权力。[①]

第三，从不确定性中获得权力。

归根到底，一个组织的领导人，还是诸种资本的持有者，无论人们会说什么，都是从不确定来源的控制中获得他们实际权力的。人们对此不应该产生任何误解。这种不确定性来源是基本的，也是模糊的，甚至就其大多数意图而言是抽象的，对我们日常生活来说始终是如此。（克罗齐耶、费埃德伯格，2007：90）

（3）权力存在于不确定性之中

第一，不确定性由行动者来负载。

其一表现为，赋予其凝聚力及一致性的行动者的系统和游戏结构，始终是围绕着“自然的”或“人为的”不确定性而被建构的，这些不确定性从要解决问题的技术特性、经济特性抑或其他特性中生发出来。行动者的行动场域及其行动规则，在费埃德伯格这里都是由不确定性建构起来的。其二表现为，至少在短期内，这些不确定性由行动者所负载。可以这么理解：行动者是不确定性真实存在的载体，没有了行动者和行动者的行动，这种不确定性也就无从存在了。其三表现为，已知的制约条件构成了游戏建构和游戏结果的制约因素，而行动者正是通过这类游戏建构才使其合作成为可能。（费埃德伯格，2005：265）正是在这种限制性结构的建构过程中行动者之间的合作方可以实现。这种限制性结构本身又由实质的不确定性构成。

第二，行动者管理不确定性的权力是一种自主性或自由余地。

集体行动的每一结构，皆为权力的一种现象，皆为权力的一种效应，也是权力的一种事实。作为人类的一种建构，集体行动组织进行权力分配，推出权力规范化形式，“驯服权力”并制造权力。这样一来，行动者即可以在其诸种努力中进行合作。所以，权力是其第一要素和中介力量——它存在于相关行动者各种各样的目标与风险赌注之间，这些相关的行动者彼此之间拥有某些相对自主的领域。（费埃德伯格，2005：266）正是由于这个总自主的领域行动是可能的，行动者才是自由的，这也许就是行动者理论要得出的基本结论之一。没有自我的权力实现，没有自主领域的生成和拓展，行动者的行动是抽象的而非具体的，

① 我的看法是：不仅就解决问题的视角看不确定性是一种权力，实际上无论怎么看不确定性都是一种权力，或至少是权力的一种表征。

实际上也是难以实现的。

(4) 作为自主权力的能力是一种自由余地

第一,行动者自由与行动者行动自主。

首先,行动者的自由(知识)对行动者自主性的规定。所有的人首先而且最重要的是有一个能够思考的头脑。换句话说,行动者能够行使自己的自由,用更加具体的话说,就是行动者是一个拥有自主权的行动主体,能够进行计算和操作,能够让自己适应环境,并且根据他的合作伙伴的诸种情景和行动策略,做出种种新的回应。所以行动者是有能力的行动者,“大量的行动者能够找到让自己的愿望为人所感受到的途径,并且对系统和他们的合作伙伴产生影响”。(克罗齐耶、费埃德伯格,2007：31)

其次,行动者的自主性也规定了行动的自由性。克罗齐耶和费埃德伯格说,人类的行动绝不能被视同机械的服从,或是被既有结构压迫的产物。人类的行动始终是自由的表现和自由的产物,无论这自由在程度上是多么微不足道。它反映出：在强加给行动者的诸种制约的框架内,行动者做出种种选择,以利用能够获得的种种时机。由于这种原因,行动从来都是完全不可预见的,因为它不是被决定出来的;相反它始终依据环境条件而变化。(克罗齐耶、费埃德伯格,2007：31)克罗齐耶和费埃德伯格认为,正是这种行动的不确定性规定了行动是自由的。(克罗齐耶、费埃德伯格,2007：46)但是我的观点是：这是一种自欺欺人的看法,因为不管行动是否是给定的,行动在一定程度上都是可知或者说在一定程度上都是可预知的,也就是说,行动的自主性不是行动是否可以预知的先决条件,正是由于行动的预知性才有行动的自主性和行动的最终可能性。

第二,行动自主性与权力。

行动自主性[①]是权力存在的理由,正确地说,权力观念只有在行动自主性的条件下才有意义。“只有当诸位行动者拥有某些最低限度的自主权时,人们才能够谈论它们之间的权力关系。”(费埃德伯格,2005：302)实际上,行动自主性和权力是一种互为的关系,有了权力就意味着有了行动的自主性,同样,有了行动自主性也就意味着有了行动的权力。那么如何衡量行动自主性呢?费埃德

① 费埃德伯格说:“照我看来,自主权的这一定义在其否定性的论断之中仿佛是唯一真实的和可以接受的定义。”(费埃德伯格,2005：302)

伯格认为,衡量自主权唯一的具体尺度就是行动者的能力。这不是一种理论上的能力,而是一种具体实在的能力,自主权与期待他们做事的能力无关,与以不同的方式做事的能力也无关。但是这种能力同行动者行动是否可能有关。需要说明的是,照我看来,这种行动必须是社会行动而非不具有社会意义的某些举止,也就是说非纯生理性行动的能力才构成某种权力。

第三,自由余地的重要性。

自主性为行动者的行动留下了自由余地。费埃德伯格说,自由余地的重要意义在于,它是一个系统的中心性程度的相关指标,这一系统与其成员的个人决策领域相关联。这种中心性越是拥有约束力,行动者就越是依赖于这种系统。但是就行动者所拥有的某种自主权而言,行动者将永远都不可能完全依赖于那一系统。(费埃德伯格,2005:286)行动者的行动自由余地越大,就意味着行动者越挣脱那些行动系统和行动规则的约束,这时的行动也就越具有丰富性和创造性。依赖和挣脱的这种张力不仅是行动成为可能的条件,甚至可以说是社会何以可能的条件。

(5)不确定性的行动者对立

不确定性内设了行动者之间的权力关系。克罗齐耶和费埃德伯格指出:如果存在不确定因素,能够操纵不确定性因素的行动者就会利用它,与依赖他的人进行不正当的交易。因为不确定因素的存在,在行动者看来就是权力:作为个人或作为集体的行动者之间的关系,在他们相互的问题上,使处在由权力和依赖性构成的不平等的领域之内的。的确,在始终存在于问题中的不确定性因素前面,行动者是不平等的。那些利用自己地位资源而掌控不确定性因素的人,会利用他们的权力将自己的意愿强加于人。(克罗齐耶、费埃德伯格,2007:9)

第一,不确定性的张力。

有些人力图消除不确定性,而另外的人则竭力捍卫不确定性。一些人企图消除不确定性的诸种不懈努力始终遇到另一些捍卫不确定性的人所做出的同样的不懈努力的对抗。这种对抗构成了社会中丰富多彩的生活画卷,给行动者带来无尽的思考和探索。

费埃德伯格说,想要消除不确定性的人,采用的方式是将不确定性理性化,也就是将各种问题丛生、难以预料的事件之链转换成一个自动的过程,以便将不确定性从人们的奇思妙想之中抽离出来。捍卫不确定性的人,则显然是在受到最佳控制、最为理性化的事件之链中保护不确定性，甚至创造出新的不确定性，以便持守或重新建构某种可供实用的自由余地。（费埃德伯格，2005：293）

行动链中的这种清除和捍卫的对抗，把行动渲染得如此神秘；而表现行动链的事件链也把行动中的每一个事件烘托得如此生动。

第二，行动者的类别：在不确定性的对抗力量中确立。

所有行动者都受到两种力量的驱使①，与此同时在他们之间制造出革新者和持守者。也就是说，消除和捍卫不确定性的对抗力量确立了两类行动者。②这时对待不确定性的态度成为划分行动者不同类型的依据。

驱使行动者行动的力量结构中存在着两种力量，其中一种引导行动者对自己获得的知识和技能做出估价并加以运用。他们获得知识和技能的方式是，卓有成效地控制"他们"各自的不确定性，找到真正有效的手段。假如无法消除不确定性，那么他们至少要降低不确定性产生的威胁。另一种力量引导行动者对同样的不确定性进行捍卫和保护，事实上就是把这些不确定性加以夸大，为的是在他们与他人的交易中，进一步扩展自己的知识和技能而对这些不确定性加以利用。（费埃德伯格，2005：293）

（6）行动者行动能力变迁

第一，行动者能力与结构。

通过行动发展起来的能力，或者是为了行动而获取的能力，与诸种结构都是无法分割的。在这些结构内部，社会行动必须得以展开。通过行动取得并发展后，建构在行动中且出于行动目标的这些能力与必须展开个体社会行动的内部结构是不可分割的。在其互为条件的互相影响过程中，这两个因素构成了一个系统。（克罗齐耶、费埃德伯格，2007：199）

第二，行动者作为行动能力的自由人。

首先，组织必须同人联系起来，只有同行动者联系起来才是有意义的。这是组织所具有属性中最为关键也是最为重要的属性。当然，这是我的观点。克罗齐耶和费埃德伯格也有类似的观点。比如，二位就明确指出：组织是建立在

---

① 行动者行动的两种力量以及它们所代表的相互对立的利益结伴而行。这两种力量是消除或捍卫不确定性的力量。（费埃德伯格，2005：293）

② 如果真的按照这种说法进行分类，把所有行动者只分为两类（即革新者和守旧者）是不全面的，因为在现实的生活中还有中立者，或者更确切地说是相对中立者。当然我反对这种分类。

人性基础之上的,因此不可能超越有限理性这个范围,组织也只有人类思考的大脑才能够设想出来。

其次,行动者是行动能力的自由人。如果不是一定意义上的自由人,就没有社会行动者,而只是举止承载者;同样,如果没有一定范围的行动能力,也就没有社会行动者,可能只是植物人。克罗齐耶和费埃德伯格说,个体行动者是一个自由人,他自行管理所有人的活动,这并不仅在他开始投入行动时是如此,他管理估算的能力和选择的能力,即他自认为非常合理的限定策略的能力。(克罗齐耶、费埃德伯格,2007:82)各种限制性力量对于行动者的理性与自由构成制约,但是它们不能完全取消行动者的理性和自由。(克罗齐耶、费埃德伯格,2007:138)

第三,社会行动者能力的变动性。

行动者行动能力的变动性取决于行动不确定的把握和变化。个体或团体行动者的能力,简而言之,就是社会行动者的能力,是随着对对手将采取的行动的不确定性所控制的不确定性领域的范围变化而变化的。占据了这种不确定性就能左右各方的行动能力。可以解释为:行动者尽可能地扩张自己的自由余地的同时,缩小对手的自由余地,以这种方式将对手陷于制约之中,比如使对手的行动事先就处于完全可知的状态。(克罗齐耶、费埃德伯格,2007:57)

(三)行动者行动选择与行动策略

1. 行动者行动策略原理

一个既定的组织状况,永远不会对一个行动者实现完全的控制。行动者总是能够保证一定的自由度和协商的余地。凭借着这种余地(它对构成的各方以及就整体的组织来说,意味着不确定性来源的存在),每位行动者对其他的行动者拥有一定的权力,这种权力之所以很大,是因为它所控制的不确定性来源对这些人来说是始终存在的,其影响一样强大,即这种力量通过实际方式影响着行动者自身制定策略和继续实施策略的能力。依据其参与组织内部的行动,人们对于行动者的行动是能够也应该加以分析的,因为其行为是通过参与组织、使用权力来使受益最大化的理性策略来表达的。换言之,通过努力控制它的参与者和整个组织,他总是不时地试图利用这种自由的余地,就他的参与程度来进行协商，从而使他的这种参与能够对他有所回报。[①]

克罗齐耶和费埃德伯格在阐述这一原理的时候，实际上表达了如下几层意思：第一，行动者进而行动者的行动是自由的，不管这种自由度有多大；第二，这种自由度是行动者的行动得以可能的必要条件；第三，行动者的自由余地是同对控制不确定性的权力联系在一起的；第四，这种权力表现为行动者实施行动策略的能力。

但是我也有一种不祥的预感：一旦行动者脱离了组织或者其行动是一种单独的社会行动，那么这个原理是否是合适的或者说是否具有意义，将会难以判定。老话实说，行动者的行动应该是自由的，不应该被局限在一定的地方，否则就是"坐牢"，这谈何自由？只可能是被研究者或者观察者所绑架的自由。

2. 行动者行动策略

克罗齐耶和费埃德伯格把行动者的行动策略划分为两种。需要说明的是，行动者在实施其理性策略时，表现为两个方面，同时也是理性策略实施的两种效果。（克罗齐耶、费埃德伯格，2007：78）"这两种不同策略的指向及其各自的重要性，在时间和空间上发生着变化，这种变化是根据每一个行动者所处的境遇以及自身所具有的强项而决定的。"

第一，行动的基本策略。

扩大自己的行动余地，增加自我行动的确定性，减少他人的行动自由，增加他人行动的危险性就是行动的基本策略。进攻型与防御型是行动者行动策略的两种类型。行动策略是行动者行动权力或不确定性对抗张力扩张的结果。所以，这种策略也表现在互相对立的两个方面。一方面，存在着一种进攻性策略：每个参与者都力图减少其他参与者的自由余地和自主性，从而使其行动具有较大的可预测性；行动者在行动的时候总是竭力控制组织内其他行动者来满足其自身需求。（克罗齐耶、费埃德伯格，2007：78）这种情形就是克罗齐耶和费埃德伯格所说的行动中的行动进攻性策略的内容。另一方面，存在着防御性

---

① 克罗齐耶和费埃德伯格看来，结构功能主义者的观点似乎也证明了这条原理。"所有的行动者为了自己都有一种本能的、多少是有意识的倾向要修改他们被设定的功能作用，规避来自他们合作者的期待与其施加的压力，目的就是维护或者扩展自己的自由余地。"（克罗齐耶、费埃德伯格，2007：84）

策略：每个参与者都在力图保护自己的自主领域和自由余地，并且如果可能的话，将其扩大，以减少自己行动的确定性。[①] 扩大自己的行动自主领域和自由余地同缩小他者行动自主领域和自由余地可以统一在同一个行动过程中，这也是行动者获得行动成功的要求和表现。“行动者在行动中尽力避免其他行动者对他的控制，这种规避通过它自身的自由度和操作自由余地的系统性保护来加以实现。”（克罗齐耶、费埃德伯格，2007：79）

第二，行动者对行动规则的策略。

简单说，行动者对行动规则的策略就是在一种状态中逃避规则和维护规则的双向性取向。如果把行动者行动自主领域和自由余地转换为行动规则，同样行动者在行动中相当充分地表现出了双向矛盾的特征，行动者的行动也是双向的。“在很大程度上，既由诸种对规则的逃避的尝试构成（力图歪曲规则或者绕开规则），又由对规则肯定的努力构成（以防卫的方式使用规则，作为一种对自己的保护，以防备其他人规避规则的尝试产生作用）。在后一种情形中，行动者不仅不试图逃避规则，相反，坚持维护规则中的规定，以迫使其他行动者‘尊重规则’，防止他们歪曲规则。”（费埃德伯格，2005：172）逃避规则和维护规则同时在一个行动过程中存在，并表现为行动者的行动张力。[②]

行动者的行动策略都是保证行动者行动成功的条件，这些条件构成了社会行动的丰富内涵和行动者作为知识行动者的典型特征。

3. 行动者行动选择的结构性制约

第一，行动者的行动受制于以文化为主导的结构和规则。

行动者的行动必须存活在一定的社会结构之中。行动者从来不是在无结构的领域中行动的。这里的结构就是行动者所处的文化，无论是民族文化，还是职业文化或者组织文化，都以一种先在的结构形式，作为一种给定性制约着

---

① 让一个人变得可预测，相当于在他本人的行动与那些新的行动者的行动之间建立一种牢固的关系，他的行动是确定的，新行动者的行动是不可确定的、不可预测的，新行动者介入的游戏是他本人的可预测的行动正在制造的游戏。（费埃德伯格，2005：117－118）因此预测性和确定性是行动者维持行动权力的两个指标。很显然，无法预测和不确定性则同其对应。

② 这个命题所面临的追问就是：行动者何以能够逃避对自己不利的行动规则从而获得更多的自主领域和自由余地。同样的问题是行动者又何以能够维持对自己行动保证成功的那些规则（或者从这些规则中获得好处）。我想如果不解决行动者的属性问题，这些问题都无从解释（不是不需要解释）。

行动者的理性和选择能力。同时，不仅如此，行动者的行动自由，还受到他们所在的行动领域中物质条件和社会条件的限制，这些条件是通过一系列包罗万象的，抑或是统一性的结构和规则来维系的。（费埃德伯格，2005：7－8）所以任何行动、任何行动者的行动无论有多大的自由余地和自主领域都必须存活在一定的社会结构之中，而且文化成为这种结构的最突出要素。

第二，行动者的行动不能从行动存活的结构中产生。

行动者的行动永远不可能简化为统一性的结构，同时行动者的行动也不能从统一性的结构中推演出来。而事实上，首先，行动者的行动是一个人“加工”的产物，他们既从统一性的结构中获取材料（要素），也从局部交互作用和交换中出现的策略性机遇中获得材料（要素），将其融入原有的格局之中；其次，这些“加工”，抑或布局安排的过程就是行动制度化的过程，通过各种物质和非物质的机制，经过不断重复，被整合为日常惯例，并被制度化；其三，行动者的行动仍然具有不稳定性或潜在的不稳定性。[①]

第三，行动者行动选择本身的投机性。

行动者对行动的选择建立在“投机性”的基础上，其投机领域或多或少是可以选择的延伸领域。同时，即使文化因素等所有制约因素都能充分地限制行动者的选择范围，它们也无法消除行动者选择的投机性。这种投机性在某种条件下就是行动者的行动权力所发挥作用的结果，同时行动者的行动环境也使这种选择本身有了互动性质，“行动环境有两个引人注目的特征：一方面，行动者们至少部分地意识到他们之间存在着相互依赖关系，他们对于行动领域之中的自己的对手的行动，不可能置若罔闻，所以他们会试图事先预测对手的行动。另一方面，行动者的诸种偏好选择正是他们相互作用过程中形成的”。（费埃德伯格，2005：15）

（四）行动者行动理性

1. 情境理性及其功能

费埃德伯格认为，不管是对以往的实情分析还是对预期变化的研究，行动

---

① “占据主导地位的局部秩序，从这些加工的有机结合和调整之中呈现出来，它不能被一次还原为那些统一性的结构。它始终只是通过折射它们，通过作为它们的中介，来进行复制活动。因此，居主导地位的局部秩序，是一个相对独立的政治结构，它调节着各利益集团之间的冲突，从而保证其中个人的利益、目标和集体的利益、目标能得到相互调整。”（费埃德伯格，2005：8）

者的行动不管是遵循功利理性，还是朝向价值理性，这些行动都会体现“情境理性”(situated rationality)的特征。“始终就应该视作一种情境化理性的表征，亦即一种选择的表征，也就是说，是我们所关注的那一行动者所押上的一种赌注或是他对于一方的选取，这取决于在其与对手所进行的游戏之中，他对其当下的情境的诸种机会和制约力量的认知领悟。”(费埃德伯格，2005：219)

情境理性预示了行动者的行动可能涉及两种维度和两个层面。第一，行动者的行动指涉个体的历史，这个历史主要是行动者的行动学习过程，特别是体验的经历过程。“通过这个过程，他获得诸种认知能力和关系能力，这些能力既限制着他对情境的领悟，也对他调整自己的行动以与情境相适应的能力构成条件限制。”第二，行动者的行动向后指涉直接的制约力量和机遇。这些制约力量和机遇来自于个体被建构的诸种游戏的参与，来自于他对相互依存关系潜在结构的介入。(费埃德伯格，2005：219)

我认为，提出情境理性的意义可能更直面行动者获得行动者行动的历史与现实理由，即行动动机提供了一种概念工具。

2. 行动者行动理性

有两种类型的理性在费埃德伯格这里得到了很好的说明，尽管这种理性并不是他提出来的。费埃德伯格指出：对于任何一个特定的决策者来说，理性都是他现在和过去的资源宝藏。[①]

(1) 全知理性和有限理性体现一种世界观

费埃德伯格介绍西蒙的观点时指出，全知理性(客观理性)使我们发现自己不仅生活在一个完全透明的世界中，也生活在一个全知全能的世界中。但是这种理性把行动者的行动引入歧途，必须承认与之相对应的有限理性。有限理性的概念，在理性观念本质意义上的相对化过程中落到了实处。(费埃德伯格，

---

① R. 布东提出理性是两种效应的联合的产物：地位效应(Position Effect)，也就是说，理性取决于特定行动环境中的决策者或者行动者所处的地位，这一地位决定他获得信息的途径；气质效应(Disposition Effect)，理性取决于同一决策者的心智、认知和情感气质，这种气质有一部分始终是在其过去的社会化过程中形成的。(费埃德伯格，2005：35) D. 若旺提出过渡社会化概念。个体的人不只是他们过去历史的玩物，他们的行为也不仅仅是他们社会化的一种反映：人的行动是这种社会化和行动环境互动的产物，是与行动环境带来的制约和提出的机遇互动的产物。(费埃德伯格，2005：40)照我看来，社会化就是行动理性充盈的过程和结果。行动者的行动理性在社会化过程中总可以找到出处。

2005：35）这两种理性体现了两种世界观。

（2）行动产生理性和非理性

在行动与行动理性的关系上，应该肯定理性来源于行动，无论这种理性以何种形式存在。同样的道理，非理性也是行动的结果，如果不能同行动连接在一起，任何理性或者非理性都是抽象之物。费埃德伯格说，对于人类行动的有限理性的承认，将禁止把那些反对理性的人推崇的非理性置于首要地位，抑或禁止将人类行为的非理性设置在与组织的理性、组织结构理性、程序理性和目标理性相对立的位置上。理性与非理性这二者，都是人类行为的产物，也就是说，都是有限理性和程序理性的同一产物。（费埃德伯格，2005：41）

（3）有限理性是人类行动的共同条件

第一，有限理性是所有人类行动的共同条件。

有限理性，是所有人类行动的共同条件，它融入一切事物之中：日常的人类行为、物质工具手段、规则、程序以及诸种结构，它们被想象成为具有导向作用和调节作用，并且将其与集体的目标连接在一起。

我要延伸说明的是：首先，理性就是行动的理性，所以是行动可能的条件，没有理性也就没有社会性行动，也就没有我们所研究的对象。其次，行动理性是同行动目标相关联的，不管理性具有何种导向和调节作用，都是指向行动目的的。

第二，行动比理性更重要。

作为人类行为的产物，理性不可能宣称其优越于使理性得以产生的行动。尽管费埃德伯格并没有提出行动优于理性，但是我的延伸意见倒是行动优于理性。原因在于：作为行动的产物和行动的条件，理性是行动的理性，在行动中产生。

第三，理性不能简化为有限理性。

尽管有限理性成为社会中广为存在的事实理性，但是在对知识行动者进行分析中不能简单地把行动者的行动理性简化为有限理性。费埃德伯格认为，人们的理性也就不能简化为有限理性；有限理性是一种复杂混合体的产物，构成复合混合体的要素有情感，有通过社会化过程而被传授并且业已被内化的行为习惯，有道德和伦理的诸多思考，还有工具性的策略和计算。（费埃德伯格，2005：103）在费埃德伯格这里有限理性把行动的情感动力和理性要求调和起来了。

（五）行动者行动规则

知识与规则的关联是社会理论，特别是知识社会理论的核心内容。“构成组织社会学探索方法的主要贡献就是生产详尽入微的经验性知识[①]和运用这些知识。这种知识涉及诸种游戏规则和深层结构，这些规则和结构控制着即将被改变的那一系统的成员之间的合作。同时这些经验性知识是关于作为干预目标的结构和行动领域的知识。社会学的研究方法强调：必须要坚持不断地生产这种知识，必须要坚持不断地帮助行动者，通过一种被构造的、用于反馈分析结果的过程的建构来运用这种知识。”[②]（费埃德伯格，2005：377－378）

1. 规则即知识

费埃德伯格明确指出：人可以把组织的结构和规则，看作一种资本化的知识，抑或是积累而成的知识。费埃德伯格的“规则即知识”观点有两点是需要特别说明的。

（1）规则是知识普遍化的工具

规则的认知维度不仅包含了规则的知识内容，还包括了规则的行动意义，从而使规则成为知识普遍化的工具，成为知识行动的合法性表达。无论是成文的还是不成文的，是显在的还是隐含的，组织社会行动和建构人类合作的各种规则始终都包含着一种认知的维度。规则是集体的认知工具，由此规则建立在某种知识的基础之上，或者说建立在实用知识的基础之上。作为认知工具，将这种知识加以整理，并且把这些知识普遍化。知识的普遍化意味着规则的普适性，所以规则既整理知识也容有知识，同时强化自身。

（2）知识利益化特征的规则规定

在规则作为一种认知工具的同时，使知识具有利益的形态，这种形态就规

---

① 社会学研究方法对变革动力的贡献都在于经验性知识的生产，这种知识通过运用研究方法的概念框架和推论被生产出来。还说，社会学研究方法的至关重要的贡献就是推论，只要它能够造就出相关行动者系统及声望的一种总体经验性知识领域；另一方面，为一种更为广泛的思考提供指向，并就由此被揭示出来的诸种问题以及问题的真正意义进行反思。（费埃德伯格，2005：378）这是费埃德伯格对社会学研究方法的看法，事实上由于社会学方法论的具体化对社会变革贡献的知识形式是不同的，这是要特别说明的。

② 只有通过这一过程，分析的诸种结果才能“被转移”到有待改变的行动领域之中的行动者那里，才能“被转换”为行动。（费埃德伯格，2005：378）

定了知识行动的方向性。这应该看作知识行动论的定则之一。“这种认知的维度自身绞缠于一种政治性的交换网络之中，这一网络将那些实用知识固定化，并对它进行部分的遮蔽，简而言之，使知识具有利益的形态。”（费埃德伯格，2005：295）知识的普遍化与知识的固定化是同一个过程，这个过程是以知识为利益形式为代价的。

2. 规则的不确定性与混合性

（1）规则实施的不确定性

规则对行动领域的改造表现在规则的实施不仅可以加以调整，而且还可以悬置，这样规则就具有一种明显的不确定性。“正是规则在这样一种程度上建构着行动领域摒弃对实际行动进行塑造：规则的实施可以加以调整，或者甚至能够加以悬置，也就是说，规则的实施完成在根本上是不确定性的。从长远的意义上说，没有权力的平衡作为支撑的规则，总是会变成一种空洞无物的形式。”（费埃德伯格，2005：147）规则的这个特性，在我看来，可能适用于所有行动者，实际行动者正是由于把握了这种规则特性，行动者行动的自主性才得以实现，行动者的行动自主领域才得以形成。

（2）规则的混合性或混合规则

行动的实际规则始终来源于正式规定与非正式过程的相互结合。正式规则根植于权力结构之中，植根于交换和协商谈判的非正式过程之中，而且正式结构反过来又为非正式过程提供诸种依据和资源。（费埃德伯格，2005：151）这时的规则就是一种混合规则。在知识行动论的视野中，行动者的行动规则都是混合规则，这些规则都是日常生活领域或世界中行动者生活的规则，这些规则更多地来源于非正式的社会过程中。

3. 行动规则对行动者的意义

（1）通过规则确认行动者身份

行动规则对行动者是极其重要的。行动者的存活必须认同并通过规则来确认自己的行动者身份。费埃德伯格说，因为行动者要存活下来必须同这些规则相认同，并且通过规则来获得或者确定行动者的身份。“作为拥有自主性的行动者，人们不能将他与其他系统规则的参与分离开来，仿佛就是这种参与将作为一个具有自主性的行动者的他一笔勾销。作为一个领域的行动者而存在就意味着，参与这一领域的种种规则的制定，无论是以直接的方式参与，还是以间接的方式参与，是以亲历的方式参与，还是通过中介的方式参与，所有这一切都意味着，成为游戏之中的行动者，成为维系诸种规则的具有包容性的经验系统中的行动者。”（费埃德伯格，2005：235）

（2）行动者与行动规则的距离

行动者离不开规则，并不是说行动者同规则是完全一致的，实际上系统中的行动者又不会完全融入这种规则之中，因为作为行动者无论在何种系统中都有一定的自主性：第一，通过这种自主性同相关的规则保持最低限度的距离，从而这也是行动者区别于其他行动者的标准，距离的远近同行动者的行动历史和行动理性有关；第二，也与相关的一组行动者保持最低限度的距离，而规则通过建构此组行动者的关系将他们联系在一起。（费埃德伯格，2005：234）从这里出发就形成了行动者的独立行动到行动者之间的互动，于是就进入了集体行动的层面。

4. 行动者的行动规则与标准

如果把行动看作游戏，行动者的行动规则就是游戏规则。在费埃德伯格看来，这些游戏规则，如同行动者的个人历史一样，在塑造行动者的认知能力和关系能力的过程中起着重要的作用；而且随后根据这种规则制订出行动标准，行动者们根据这种标准做出他们的选择抑或决定他们将如何行动。但是行动标准由于行动者之间的相互依存关系的存在变得多种多样，行动者可以对标准进行重新界定，让标准大量增殖，对标准进行修改。“只要他们的行动对被观察到的一种情境的既定条件所做出的反应是合理的，以经验为依据的，那么就可以将其用作发现这一行动环境的指标和工具。”（费埃德伯格，2005：218－219）

5. 作为规则的游戏或者游戏规则

行动者理论的基本假设是：赢得游戏。“游戏的性质和规则时刻影响着行动者的战略，但反过来也受到这些战略的影响。一方面，对于行动者来说，不可能只有或者很少只有一种可能的战略；另一方面，行动者施加的压力也可能使游戏发生转变。”（克罗齐耶、费埃德伯格，2007：235）费埃德伯格说：“行动者理论的基本假设是：行动者的行动可以被比作诸种策略，对于每个行动者来说，这种策略皆对应于一种合理的，而且相对而言是直觉性的估算，来计算他在一

个游戏中获胜或者失败的机会。”（费埃德伯格，2005：238）

（1）游戏的概念：关于行动的概念

第一，使用游戏概念的要求。

组织中的行动成为游戏的代名词，所以“游戏”有组织行动的基本的概念，也就是说，是展现在一种策略性相互依赖环境中的行动的概念。只有在游戏的观念中，我们才能将自由与约束、行动者的自主权与他们的行动的整合调和在一起。也就是说有了游戏概念，就可以使行动者的行动获得自由和快乐，同时也有了规则的制约。

第二，游戏是人类行动的建构。

游戏是人类的建构，也就是说游戏既是一种政治性建构，也是一种文化性建构，也是社会化的建构。作为一个整合的经验性机制，游戏与游戏者的认知能力和关系能力连接在一起，但它依然是随情景而变化的。游戏指涉行动者的权变性。在一个更宽泛的层面上，游戏强调秩序现象与整合现象的权变性以及被构造性，强调社会的未定性特征、非自然性特征及人为设计的特征。（费埃德伯格，2005：239）实际上，不仅游戏是社会行动的建构，社会行动进而社会行动建构的事实也成为游戏的内容和被游戏建构的内容。

第三，行动者即游戏者。

行动者是游戏者，无论在组织体系中，还是日常生活中，只要有游戏存在，就有行动者存在。同时只要有社会行动的承担者，行动者的存在也就必然有游戏场域的存在。在一场游戏中，尽管游戏者是自由的，但是为了更多地获取他们的利益，他们又不得不接受强加给它们的种种约束，一直到后来它们能够改变这些约束为止。游戏的结果将不是通过对参与者行动的直接控制得到的，而是通过游戏者获取的诸种导向而实现的，这些导向是经由他们从事的游戏的属性和规则而获得的，在这一游戏中，他们继续追求着自己的利益。（费埃德伯格，2005：241）

（2）观察游戏的两种视角

第一种观察视角是：行动者的自利策略的观察视角。这种视角展示出了行动者们自身在游戏中采取行为的方式，并且发挥着揭示游戏本质的作用，在此基础上并且在此之中，隐藏在行动者行动背后的计算才变得有意义。第二种观察视角是：行动者集体目标取向一致的观察视角。这种视角展示出游戏的结局，抑或更进一步，展示出诸种不同游戏的结局。个体与集体的观察视角，不仅是知识的，同时也是行动者的行动视角。特别是行动者的类型不同可能影响其行动视角的选择与应用，为此得出结论就是：唯有游戏，作为整合的一种社会机制，能够成功地超越这两种观察视角，并且成功地把它们连接在一起。“通过游戏的建构，行动者建构起他们的合作关系，对此问题进行重新界定，并由此重新建构行动领域。”（费埃德伯格，2005：241）

第三节 行动者系统

行动者系统显然是对行动者进行分析的概念。在知识行动论中，行动者系统则主要对行动者自身加以分析和讨论，这种分析和讨论在吉登斯的结构化行动论中呈现得越发明显，我可以延伸出许多关于知识行动者的定则，比如关于行动者知识特性、行动者结构化、行动者类型化等，但是在克罗齐耶和费埃德伯格的分析中，行动者系统主要讨论的是行动者与系统之间的某种关系。这时行动者的分析就从内部溢出来了。克罗齐耶和费埃德伯格在说明行动者和系统之间的关系时，非常强调行动者和系统之间的相互依存的强关联。他们指出：当行动者游离于系统之外时，他实际上是不存在的，因为正是系统在设定行动者的自由度以及他在自己行动中可利用的合理性。但是系统只是通过行动者存在的，因为行动者是唯一的系统支撑者，是唯一能够赋予系统生命并且能够让系统发生变化的因素。（克罗齐耶、费埃德伯格，2007：28）

一、行动者存在

（一）行动者与行动者系统

1. 行动者的行动根据：行动环境的条件

行动者行动条件的认定和认定行动者是根据行动条件来行动的，是事实层面与知识层面上的两个问题。行动者行动条件的认定在某种程度上是知识行动成功的必要条件；但是对组织社会学的知识观点——进而社会理论的核心观点就是“认定行动者是根据行动条件来行动”。费埃德伯格认为，组织分析的最重要的贡献就是认定“行动者是根据条件来行动的（contingent）”。也就是说行动者的行动不是先天的和给定的，而是有条件的。解释行动条件是行动理论的不可逾越的问题。组织分析理论也是如此。原因正在于通过坚决主张将行动者置于行动环境中具有必要性，坚持认为对他们的理性进行重构具有必要性，与此同时，将其作为行动环境的特征。把行动者的行动置入行动环境中实际就规定了行动者的行动条件和行动限制，实质也内含了对行动者行动理性进行重构的条件。要说明的是，第一点是毋庸置疑的，对第二点我则心存疑虑，因为行动者在对自己行动理性进行重构的同时，是否有所谓的组织理论研究者对这种行动理性进行重构？如果有，它的资格和权力何在？当然这需要知识社会学的分析，也同样说明知识行动论的内置性和理性。

2. 行动环境寓意着行动领域的存在

行动者并不独立于行动领域而存在，事实上行动者及其行动存活在行动领域中，这是由行动者的行动本质特性规定的，也就是说行动者行动得以成立的条件是必须要有行动环境存在，这样行动才是有意义的——不管这种环境是什么样子的。

行动领域的结构对行动者的理性和他们的行动构成了条件限制，又对行动领域的结构构成影响。这样就形成了一种互构模式。这种模式不仅是行动领域中行动者的实践模式，同时也是对行动者行动领域进行解释的认知模式。

3. 行动者存活在行动者系统中

行动者的所在是社会理论的关键问题，存活在抽象的体系中，还是漂浮不定，是行动论必须解答的问题。如果找不到行动者的所在或者找出了一个非所在的地方，行动者理论则是虚构的或者说是没有地气的。费埃德伯格则把行动者安放在行动者系统中。“关于行动者的推论，不可能在与经验行动者系统相关的另一种思路路径之外得以形成，我们所关注的行动者隶属于这一经验的行动者系统。”（费埃德伯格，2005：241）行动者隶属于行动者系统，行动者行动存活在行动系统中。费埃德伯格认为，事实上，行动者既不存在于社会真空之中，也不存在于一个同质的、统一联合的社会领域之中，而是存在于一种社会世界之中。这一世界彻底为竞争所分隔，为混乱无序地纠缠在一起的大量异质的局部规则所分割，这些规则的相互交叠、连接以及等级分层永远都不可能完成。

所以,也就不能把行动者的理性与行动放回到游戏的框架之内(他们的理性和行动在其间得以展现),人们就无法对他们的理性和行动加以分析。(费埃德伯格,2005：241)因此分析行动者及其行动理性必须把行动者放在一个特定的框架内,这个框架就是行动者得以存活的系统。[①]

(二) 行动者社会学以系统为核心

1. 以系统为核心建立行动者社会学

离开行动者的行动环境和行动者行动的社会学是不存在的。"这样的行动者社会学是不可能建立的：它独立于行动者的行动环境之外,独立于对于人类系统的理解之外",而行动者的行动是在人类系统的内部得以展现的。(费埃德伯格,2005：241)这里我要提出的质疑就是：当系统被看作制约体系的时候,行动者是否还活着？当社会行动全部从活着的行动者身上走出了的时候,无疑行动者就变成了死一般的行动者,这时的系统还有什么意义？[②]

2. 行动者社会学与系统社会学之关联

费埃德伯格说,想要把行动者社会学与系统社会学区分开来的尝试,或者说想要将行动取向(文化取向)的观点从系统取向的观点中分离出去的尝试,都是没有意义的带有误导性的做法。因为行动者的行动和系统是无法分离开来的,只有以始终不断地建构和重构一个系统的行动为依据,人们才可能对这个系统做出解释。所以,系统的理解是以行动为前提的,同时行动的观察必须以系统为背景。"行动只有与系统相关时才具有意义。"(费埃德伯格,2005：241)

费埃德伯格在行动者理论研究上的真正观点就是如此,本来建立行动者理论拓展社会行动理论的边界和为社会行动论奠基具有扎根的意义,但是把社会

① 在一个系统中,各种各样的个体行动者与集体行动者,从来都不仅仅是规则系统的外在代理人,而应该都是这个规则系统的内在组成者。实际上行动者就是这种规则系统的组成者,或这种规则系统的肇始者。

② 费埃德伯格这样解释：系统概念的运用所关注的中心是一种经验性的社会过程,也就是说,是经验上可观察到的、现实行动者如何建构他们用于整合和规制自己的交易的模式。这一整合模式,不是一种抽象的原则,而是一种经验性的机制。(费埃德伯格,2005：244)但是当结构和规则被纳入系统概念的时候,这种经验性机制又何以发挥功能呢？

行动论中的行动者理论转换为系统理论，却走向了反面，犯下了不可饶恕的错误，行动者在系统的天空中时隐时现，倒是诱人，但却害人。

3. 建构行动者系统理论的要求

行动者的行动整合机制的揭示与说明是建构行动者系统理论的基本要求。所以费埃德伯格是否看到了其行动者理论的致命之处不得而知，但是他却明确提出了建构行动者理论的要求。费埃德伯格说，行动者系统理论必须能够说明各种各样的行动者行动是如何得以整合的，或者说是通过什么样的经验机制得以整合的，他们的行动又是如何得以相互强化，并且这一个系统（整合的这些机制）的特征是如何依次既对行动者有关问题的认知（界定）城市影响，又对行动者有关问题的处理（解决）产生影响的。（费埃德伯格，2005：241）假如说明不了这些问题，那么这样的行动者系统理论就难以成立。

在某种意义上，行动者理论以系统为核心，可能是符合实际的；但问题是这种核心的说法是否会倒回到那种所谓的结构制约，从而吸干行动者身上所有的血液，使干瘪行动者出现，这时这种理论的终结结果连同社会性的终结完全可以被预见。帕森斯的幽灵时时刻刻显现在外界面前。这是需要警醒的。我所坚守的就是：从行动者出发并以行动者为核心。

二、行动者系统

在行动者与系统之间存在这样一种整体性关系。人们可以说，行动者从来都不是完全自由的，而且在某种程度上是接受正式系统“征用”的。克罗齐耶和费埃德伯格说，只有我们承认系统同样也受到行动者的影响，甚至于与行动者施加诸种压力和控制而被败坏，这种情况才是真实的。（克罗齐耶、费埃德伯格，2007：30）行动者存活的系统是一种游戏规则系统。而这些规则系统从来不会以某种方式存在于行动者之外。因此，只要是行动者就要存在于一定的系统中，而作为系统中的行动者他们置身于系统规则之中。（费埃德伯格，2005：241）既然系统对行动和行动者来说如此重要，那么理解系统也就成为理解这种重要性的关键点之一。行动者系统是进入行动者的必经之路，也是进入行动者行动的必经之路，因此分析行动者系统是至关重要的事情，也是保持学科知识“本体论关怀”的生动体现。

(一) 系统概念的说明

要先从费埃德伯格对系统概念适用的考虑来理解这一个概念所具有的特性和意义。克罗齐耶和费埃德伯格首先说明了社会学的系统概念。“对社会学家来说,系统概念通过一些类似于社会系统或政治系统的表述,往往是指一些功能论的模式,根据这些功能论模式,人类整体被称为系统,且通常被称为一个很大的系统,或者指整个社会,或者指某个社会中特定的活动领域,都包含着一些独立的功能和一些同态调节的机制,以便完成并维持他们的平衡。”(克罗齐耶、费埃德伯格,2007:230－231)显然这里的系统不是二人所说的社会学意义上的概念。

1. 系统是一个非常具体的概念。[①] “我们这里所说的系统,指的是一个非常具体的概念,没有任何一丝功能决定论的印迹可归于这一个概念。”费埃德伯格的这一说明,预示了行动者对系统概念的误解,一般而言系统是同抽象联系在一起的概念。但是在费埃德伯格这里,系统仅仅只是作为一个分析性的工具来使用,它使我们能够认真对待行动者的有限理性和权变理性并运用这一概念去发现系统环境的诸种属性和特征,这一切既是行动者的资源,也是行动者的制约力量。(费埃德伯格,2005:241)许多看似行动者的制约力量使我们似乎看到了帕森斯的社会结构的影子,但是费埃德伯格似乎要比帕森斯聪明,因为这里的系统又成为了行动者的行动资源。

2. 系统概念是一个必须被填充和具体化的概念。系统的概念是一个理论框架,不是在事实前面其特征可以被描述的一个实体。系统是行动者的系统,所以,费埃德伯格说,系统是行动者创造的产物;它是分析所允许被展示出来的对象,既不比其更多,也不比其更少。“系统概念更多地对应于一种完全理论化的世界观,这一世界观是有限世界观,因此可以通过一系列先在的指标加以界

---

① 但是在早些时候,克罗齐耶和费埃德伯格还没有这样说,二人特别感叹:很不幸,系统的概念是一个极其模糊的概念。他们认为,系统这个模糊的概念,是既抽象又具体的。抽象在于它是观察者在实际的某个建构过程中实现的,但无法予以确定:这不是要讲价值系统或者用帕森斯的话说,要将标准维持功能孤立起来。之所以具体,是因为恰恰相反,该概念声称所说明的是一种具体的生活组织的持存与发展。(克罗齐耶、费埃德伯格,2007:231)是否把系统看作既抽象又具体的就能够调和系统的同一性和整体性还是需要分析的,无论是抽象的还是具体的系统,作为概念都是无法完全满足对行动者行动的社会学分析要求。这种系统说似乎具有帕森斯论的嫌疑。

定，而不是对应于一种敞开世界的现实。”系统是建构的，而非事实存在的，这样就降低了系统对行动者进行制约的可能性，也是系统逐步脱离结构的影子。

3. 系统概念的使用并不包含一种对这些行动者的预先安排或者描述。系统这一概念可以简单地归结为：一种关于某种最低限度的秩序和规则的探索性假设。这种最低限度的秩序和规则，隐藏在诸种权力决策的那种显在无序状态的背后，参与权力决策的，是个体行动者和集体行动者，在一定既定的行动领域中，这些行动者被置于决策性的相互依赖的境地。① 从系统的实体意义到系统被行动者所建构再到系统的方法性特征，这时系统被改造成为一种脱离了原来意义的复杂性体系。

（二）系统存在的证明和证据

一个系统存在的唯一证据是对它自身的诸种作用或结果所进行的展示，其踪迹我们可以从诸种衍射置于两种结构之间，一种结构是外在于我们研究的那一行动系统的行动领域结构，另一结构是内部占主导地位的结构。② 费埃德伯格的这个说法是否可以看作行动的外部结构和内部结构不得而知，但是很明显的就是我们从行动者的行动结构中可以提供证据证明系统的存在。这种结构所发挥的功能就是系统存在的结果。我的看法就更激进一些，因为作为行动者行动系统而存在的系统在行动者行动的任何一个过程中和行动者的任何一个动机中都可以见到结构性功能存在，这个证据在舒茨的论述中有更为鲜明的表现。

---

① 费埃德伯格还指出：不仅如此，具体展现这一最低限度的秩序和规则的，恰恰正是一种研究过程，它以经验的方式，对其行动者进行重新塑造，对他们的相互依赖关系进行重新建构，对其诸种边界和权力均衡依据其效能进行重新建构。所以，只要通过经验地展示规则机制的存在，这些规则机制确保参与者的行为与权力决策的有效整合，而且只要在此之后，这样一种系统的特征才能得以描述，这一系统将物质和非物质的设置、正式的构成要素与非正式的过程融合为一个整体。（费埃德伯格，2005：237）

② 为了证明一个系统的存在，人们必须能够证明，这一个系统内的诸种互动的结构如果（再）生产出具体情境的属性与使之得以产生的行动的格局，或者说，行动的最初格局是如何通过自我维系的诸种内生过程来使自身得以保全。只有到了这时，人们才能够说明系统如何构造一种文化，系统如何对于行动者的理性和身份并且成为这一现实知觉的过滤器，以及系统如何由此造成使自身稳定或失去稳定的诸种条件。（费埃德伯格，2005：248）

(三) 系统的首要特征

系统的首要特征是要素关联,特别是由行动者之间的关系构成的关联,而关联的实现则表现为行动者的行动共识。这些内容统一概括为行动系统的首要特征。系统中行动者之间的相互依赖,似乎首先表现为这样一个事实:没有一个行动者可以单方面做出任何一个决策,所有行动的必不可少的先决条件,就是达成一个可以接受的共识。(克罗齐耶、费埃德伯格,2007:247)这里共识成为行动者行动的条件,但是共识何以可能,在克罗齐耶和费埃德伯格那里是不予解释的,因为他们更多地强调作为系统和结构对行动的影响或者作为行动的条件。

三、行动者行动系统

"每个行动者都既能够被看作一个系统的代言人,也能够被看作那一系统的产物。"(费埃德伯格,2005:247)实质上,行动者与系统之间存在着这样一种互构机制。但是把系统纯粹看成行动者的行动系统,可能具有本体论意义,但是在表现形式上,系统并不全部呈现行动者的行动场景。这是需要申明的,因为费埃德伯格给了我们一种比较混乱的说法。

(一) 具体行动系统的提出

1. 具体行动系统是组织分析的新对象

克罗齐耶和费埃德伯格对以往抽象的和具体的系统概念,都不满意,故此提出了要把具体行动系统作为组织分析的新研究对象。"我们所设定的新的研究对象,即具体行动系统……的构成以及对其的使用,都以特殊的方式依赖于策略性和系统性的推论模式的链接之上,而这种链接是以同样的方式进行的。"(克罗齐耶、费埃德伯格,2007:231)克罗齐耶和费埃德伯格明确指出:这一新的研究对象是一种具体的对象,而不仅仅是一种哲学的建构。具体行动系统的提出是同行动者的组织研究的方法论建构链接在一起的,不从这个意义上理解具体行动系统,就无从认知费埃德伯格的组织社会学方法论;问题是不能仅仅停留在这个层面上考察具体行动系统,而应该扩大视域,把这种具体行动系统看作进入行动者或者以行动者为起点的社会根理论的全部入口。所以具体行动系统不能仅仅限定在组织社会学的知识领域中，而是应当跨越组织社会学的分支学科属性进入社会理论的全部领域。这从具体行动系统的意义中可以观察出来。

2. 具体行动系统的意义

具体行动系统的提出，意味着人们解释行动者的行动，必须把他们的行动与他们其中的一个组成部分的那一具体系统联系起来，将其行动与行动者的结构布局联系起来，与权力结构联系起来，与游戏的诸种规则联系起来（这些游戏规则对他们的交换和互动进行着塑造）。[①] 具体行动系统的这种方法论意义不仅体现了行动者研究内容的拓展，而且体现了行动者与研究者之间的互通。知识行动论行动者行动也同样遵循这种规则。同时具体行动系统的意义在更广大的意义上说，具体行动系统与构成这个系统的要素之间的关联性摆脱了普通社会行动系统的那种抽象性而显现出来或者某种意义上说建构出来一种行动的真实性和生动性，于是社会的鲜活特征也就越发明显。

（二）具体行动系统的理解

1. 使用具体行动系统的基本假定

具体行动系统这一概念，预先假定参与者拥有某种最低限度的知识以及最低限度的日常知识的传播途径，这一切是系统中的参与者有能力对相互之间的行动做出正确的预期，并能够形成某种最低限度上的相互控制。[②]

具体行动系统可以理解为：第一，行动者拥有一定程度的知识，这些知识构成行动者能力的基础并成为行动者社会化的内容；第二，行动者能够传播知识，传播和应用知识的知识化过程构成了具体行动系统的整合性条件；第三，正是由于有了知识和能力，行动者才能真正实现其行动和达到行动的预期并被社

---

① 费埃德伯格认为，将重要性赋予自我维持的动力，是一种行动主义研究视角的最终作为。这种视角是这样的：以行动者的行动为起点，来理解行动者如何通过自己的行动，建构和改变诸种系统框架。没有这些框架，他们的行动将变得既没有意义，又杂乱无章。（费埃德伯格，2005：253）

② 在费埃德伯格看来，市场不能算作一个具体行动系统。因为与具体行动系统相反，它预先假定没有一个行动者对其他人的行动进行预期，或者关注自己与其他人行动的关系，而且其交换也是自然而然完成的。（费埃德伯格，2005：157）

会化(相互关联的行动对行动者的意义)。

2. 具体行动系统定义

结构化了的行动规则应该被整体看作具体行动系统。克罗齐耶和费埃德伯格则把这个系统放入到游戏系统中来观察,认为一个用相对稳定的游戏机制协调参与者行动的、用构成其他游戏的调节机制保持其结构即各个游戏的稳定性和游戏之间关系的稳定的、结构化的人类群体。① "说到底,具体行动系统不过是结构化了的游戏整体。"(克罗齐耶、费埃德伯格,2007:276)这种具体行动系统包括了多元素在内的结构化体系,比如包括了规则体系、行动者体系以及时空结构等内容。这些内容的整体为行动者的行动提供环境。

3. 具体行动系统是权力的关系

具体行动系统与具体行动领域是相互关联的两个概念。具体行动系统维系着行动领域或者具体行动领域。在这种维系的过程中体现了某种权力关系,可以说没有权力的作用具体行动系统也无法发挥作用,或者更直接地说是无法维系具体行动领域。费埃德伯格认为,行动领域和具体行动领域不是同一个概念,代表的意义是不同的,每一个行动领域都可以被理解为由一种"具体行动系统"维系的领域。具体行动系统在维系着行动者的行动领域。同时具体行动系统同权力相关,可以说具体行动系统是权力与交换的策略性相互作用及过程的产物,同时有助于对权力与交换互动与过程进行调节与规制。(费埃德伯格,2005:154)

4. 具体行动系统与普通社会系统的区别

普通社会系统与具体行动系统之间是有差异的。如果说二者之间最大的差异在于社会系统包括了具体行动系统,在克罗齐耶和费埃德伯格看来具体行动系统仅仅解决集体行动的问题,他们"把它称为行动系统,只是为了用它来解决集体行动的问题、相互依存的问题以及合作与冲突的问题"。(克罗齐耶、费埃德伯格,2005:277)但是社会行动系统或者普通社会系统不仅解决集体行动

---

① 克罗齐耶和费埃德伯格说,"组织"这个概念非常符合具体行动系统的定义,所以,组织是一类特殊的具体行动系统,它表现出一些独有的特征:更为强烈的结构化倾向,更为明确的目标的存在,围绕这些目标的游戏的形式化,参与者对目标存在的自觉等。(克罗齐耶、费埃德伯格,2007:277-278)很显然,这里并没有把市场看作组织,因为,市场并不是一个具体行动系统。

的具体问题，还涉及所有行动者的行动领域和内容。从方法论上说，社会系统表现为既定的事实，即使不是自然既定之物，这样说是因为我们无法在理解它的协调机制的基础上证明它的存在。相反，具体行动系统则是可以经验性论证的，也就是说这种系统的存在和调节模式可以用经验的方法加以证明。

（三）具体行动系统概念的功能

具体行动系统的被建构性规定了它的功能就是生产出具体行动者，行动者行动的所有一切都在这种具体行动系统中运转，这就是具体行动系统的最大功能。所以费埃德伯格认为，具体行动系统是被建构的。费埃德伯格说，每一个具体行动系统都是围绕着某种“整合者”得以建构的。而这种建构性表明，具体行动系统生产出行动者，也就是说行动者是从具体行动系统中产生出来的。为此具体行动系统为行动者提供了这样一个位置并发挥其功能[①]，“行动者处在这样的一种位置上：在各种不同参与者矛盾冲突的利益之间进行裁决，运用他们实际的、如果事实上不是正式的地位，来维持某些规则，调整行动者之间的种种关系，使得这种关系再次达到平衡状态”。利益裁决、维持规则、调整关系、平衡状态是具体行动系统中行动者的功能，这种功能是维系系统生存的功能，“没有这种调整，系统就会萎缩”。（费埃德伯格，2005：158）

可以说，具体行动系统概念的功能要超出费埃德伯格所说的，因为这个概念对行动论来说具有基础意义，同样对知识行动论来说也具有根本意义。就具体行动系统本身来说，可能与行动者之间存在着一种互构的特征，不仅具体行动系统建构了行动者，同样行动者的行动也规定了具体行动系统的边界，这个边界的规定对我们认知社会的构成具有本体论意义。具体行动系统是行动论者进入行动者和进入行动的一个关键性概念。

（四）具体行动系统的特征

具体行动系统，作为一个独立的概念，本身即有其特点。这种系统表现出的关系性、自主性、复合性以及空间性在很大程度上构成了这种具体行动系统

---

① 这个功能是否可以转换为具体行动系统的功能是需要留意观察的。按照费埃德伯格的意思，行动者裁决、维持和平衡的功能说不定也可以转换为系统的功能。

的典型特征。

1. 具体行动系统的关系特征

标示具体行动系统特征的,是行动者之间高度紧密的相互依赖关系。正是由于这一事实的存在,行动者们不能或者不再能够允许他们忽略自身行动作用于他人所产生的种种回应。他们的诸种决定,不仅对系统内部的互动产生着影响,对系统滋生也产生着影响。如果行动者之间没有各种各样的关系或者关联,那么这个系统严格意义上就不能称之为系统。所有行动者之间的关系特征,即成为这个具体行动系统的特征,也表现为这种关系的功能,比如产生与维系系统。行动者们发现自己事实上置身于彼此策略性的互动的情境之中,他们很自然地会想要一种更为公开的方式来经营这种相互依赖关系,并且由此以一种更为明确的方式,使这种相互依赖关系变得井然有序。(费埃德伯格,2005:243-244)

2. 具体行动系统的相对自主性

具体行动系统具有相对自主性,所以同帕森斯的"社会系统"不是一回事。除非人们承认局部的社会系统具有它们相对的自主性,研究局部社会系统(我在这里将其称为具体行动系统)事实上才有意义的。(费埃德伯格,2005:253)

从费埃德伯格的这句话中,我们可以看出,局部社会系统同局部行动系统是一回事,但是这种系统同组织社会学知识以外的那种社会系统存在不同,最大不同可能在于这种系统的自主性程度不同。如果社会系统或者局部社会系统具有自主性,那么这种系统就成为具体行动系统,这时候具体性和情境性就构成了这种系统的特征,或者规定了这种系统就是具体行动系统而非其他抽象的社会系统。

3. 具体行动系统的复合性

作为行动系统的具体化体现了多重的复合性。从构成到来源,从存活到结构,这种系统都体现为多种要素掺入的复合性。克罗齐耶和费埃德伯格说,具体行动系统是一个被建构起来的系统,是偶然的系统。系统并不是一成不变的,因为行动者可以对抗它,可以用行动有意或者无意地改变这种系统。具体行动系统就像组织一样,不是自然既定之物。(克罗齐耶、费埃德伯格,2007:

270）但是，系统里也包含了一种自然的东西，也就是更加稳定的因素，这些因素超出了行动者力所能及的范围，至少在短期内是这样。（克罗齐耶、费埃德伯格，2007：235）

4. 具体行动系统的存在场所

具体行动系统的领域在哪里，也就是说具体行动系统在什么地方存在，也是值得考察的问题。在正式组织中，在行动环境中，具体行动系统都可以存在。所以，费埃德伯格说，人类集体行动所构造的具体行动系统既存在于正式组织中，也存在于更为松散的诸种行动环境之中。（费埃德伯格，2005：163）

我的意见是，具体行动系统若存在，将是无所不在的：在个体行动者中，在个体行动者的行动环境中，在集体行动者中，在集体行动者的行动环境中都能够存在。组织社会学更多地强调组织中个体行动者或者集体行动者的具体行动系统，事实上即便是单独的行动者也同样存在着广泛的具体行动系统。实际，具体行动系统的具体程度也许是一个真实的存在，但是对分析者来说则成为研究的必需，否则就会造成行动领域的虚化——进而造成社会的虚化（社会的非社会化），无法真正进入行动者及其行动。那么，这样的研究可能是无效的。

（五）行动者进入社会

行动者不能进入社会，就难以成为社会行动者；而无法成为社会行动者所作出的行动似乎也难以满足社会行动的要求。用什么方式进入社会，则是行动者理论必须要思考的内容。在知识行动论看来，获得知识和应用知识的知识化机制是进入社会的制度化要求。这同通过学习进入社会具有交叉性，而且远远超出这个单一的途径，但是能够提出通过学习进入已经为知识行动论提供了较为广泛的思想资源。

1. 行动者与社会

克罗齐耶和费埃德伯格指出，根本不存在这样一种完全处于控制之中的社会。（克罗齐耶、费埃德伯格，2007：14）原因何在呢？克罗齐耶和费埃德伯格说，构成这个社会系统的个体或集体行动者，永远不可能被限制在某些抽象空洞的功能之中。正是这些完全的行动者，在这些系统强加给他们的经常显得沉重的限制中,拥有一些自由度,并以策略的方式作用于他们和别人的互动之中。这一硕果仅存的自由度推翻了那些最为高明的准则规定,让作为不同战略之间的共同中介而存在的权力,变成了不可避免的整体监管中心机制。所以,不存在没有权力的社会行动,同时没有结构也就没有权力。如果发挥这种观点就是:只由行动者组成的社会才是活的社会,才是具体的社会而非抽象的社会,因为行动者的行动既有自由的一面,也有被制约的一面,这时社会既不是完全无规则,不受控制和约束的社会,也不是完全处于控制之中的社会。这就是社会的复杂性。

2. 社会改革观

创新程度是社会发达程度的重要变量。克罗齐耶和费埃德伯格的社会观最为突出或者典型的是,从创新程度来界定社会的发达程度。他们认为,从某种程度上说,最为发达的社会,通常是富于创新性的社会。一个社会越复杂,整合程度越低,它所拥有的资源就会越丰富,就越能从根本上改变自己。(克罗齐耶、费埃德伯格,2007:386)复杂的社会就是更容易改革的社会。透明的社会也是一种幻想。(克罗齐耶、费埃德伯格,2007:6)改革与创新就成为社会发育成熟的一个标志。然而,创新的基础何在,创新是否为一种知识行动,是谁的创新(普通行动者还是精英)等问题,在这里则是免于讨论的。如若加以深化说明,社会根理论的另一种说法即知识行动论就会出场了。

3. 通过学习进入社会

从根本上,不管是何种类型社会的可能,包括现代社会的可能,源于人如何组成社会,但是从起源上总得说:行动者进入社会是现代性社会可能性的先决条件。行动者进入社会是社会的基点也是社会理论的逻辑起点。行动者进入社会的过程与行动是社会根理论成为可能的通途。行动者进入社会的结果才决定着社会的样子和程度。

克罗齐耶和费埃德伯格指出:“如果我们必须选择一个口号的话,我们更愿意说:通过学习进入社会。”(克罗齐耶、费埃德伯格,2007:434)这句话寓意深刻。我的理解,不仅是具体行动者,就是集体行动者同样是通过学习而进入社会的,这体现了一种社会化机制,也说明了社会行动的制度化机制。向自己学习、向他人学习、向组织学习是迈向社会的通路。

克罗齐耶和费埃德伯格的观点是：第一，集体学习是一个过程，通过这个过程，全体行动者，也就是行动系统的参与者，用他们的情感、认知和关系来学习新的游戏模式，这就是说，他们在发明和定位。（克罗齐耶、费埃德伯格，2007：382－383）这种发明和定位同时也是发现社会行动模式和生活方式的过程，很显然，发现的过程也是学习的过程，学习的过程也是调动行动者情感、认知和关系的过程，也是行动者参与组织的过程。当然这个过程也是行动者进入社会的过程。第二，对于每个行动者来说，只要别人学会了，自己就可以很快学会。行动规则的传染性就是这样，要进入社会必须把握进入社会的条件，这个条件就是了解游戏的规则从而进入游戏过程。因此社会的进步如同学习的过程，是所有行动者参与的过程。当然这些观点都是我在克罗齐耶和费埃德伯格基础上的发挥，这也是我研究克罗齐耶和费埃德伯格著作的初衷。第三，所有行动者的学习才是新游戏成功的条件。生活即游戏，行动即游戏。进入一个新的行动领域也就是进入了一个新的游戏过程。游戏的成功最终要取决于学习。首先，新游戏的学习，对个人来说，既是对制度的征服，又是新能力的获得。学习新的游戏意味着获得了能力，了解了游戏的规则，为成功的行动提供了条件。其次，任何一种学习都要求决裂。这个决裂是与过去、与自我决裂，学习对个体行动者来说意味着获得新知，也意味着获得新的行动方式，这种获得没有决裂是难以实现的。“没有什么学习是可以通过一个和谐的渐进演变而实现的。”（克罗齐耶、费埃德伯格，2007：387）

通过学习进入社会，这是对行动者的要求，也是社会成为可能的根本所在。这个结论对现代性弥漫的社会也同样是适合的。这个结论成为接入知识行动论的豁口。

如果要对这一章内容进行总结，那么对克罗齐耶和费埃德伯格行动者理论所赞同的表述（读书笔记式的介绍）和发挥就是知识行动论中的首要声明，即行动者是社会根理论的出发点的逻辑框架；克罗齐耶和费埃德伯格的思想不是我的，但是这不妨碍这些思想成为知识行动论的行动者理论起点思维的资源。这些资源以及连同这些资源之上的那些评说或者发挥，构成知识行动论行动者研究的全部思维的起点而非全部，真正的行动者研究应该是遍布这部著作的所有章节。

参考文献

1. 直接参考文献（文中标注的文献）

谢里登,1997,《求真意志——密歇尔·福柯的心路历程》,上海人民出版社。

阿隆,1988,《社会学主要思潮》,上海译文出版社。

——,2000,《社会学主要思潮》,葛志强、胡秉成、王沪宁译,华夏出版社。

阿伦特,1999,《人的条件》,上海人民出版社。

——,2008,《极权主义的起源》,林骧华译,三联书店。

普林茨,2001,《爱这个世界：汉娜·阿伦特传》,社会科学文献出版社。

费埃德伯格,2005,《权力与规则：组织行动的动力》,上海人民出版社。

涂尔干,1999,《宗教生活的基本形式》,上海人民出版社。

——,2000a,《社会分工论》,三联书店。

——,2000b,《涂尔干论宗教》,华夏出版社。

杜尔凯姆(涂尔干),1988,《自杀论》,浙江人民出版社。

安然,2001,《华勒斯坦的现代化思想研究》,北京大学硕士论文。

包亚明,1997,《后现代性与公正游戏——利奥塔访谈、书信录》,上海人民出版社。

鲍曼,2001,《全球化：人类的后果》,郭国良、徐建华译,商务印书馆。

——,2002,《通过社会学去思考》,高华等绎,社会科学文献出版社。

——,2003a,《共同体》,欧阳景根译,江苏人民出版社。

——,2003b,《现代性与矛盾性》,邵迎生译,商务印书馆。

——,2005,《被围困的社会》,郇建立译,江苏人民出版社。

鲍德里亚,1976/2006,1997,《象征交换与死亡》,车槿山译,译林出版社。

贝克、吉登斯、拉什,2001,《自反性现代化》,赵文书译,商务印书馆。

贝斯特,1999,《后现代理论:批判性的质疑》,中央编译出版社。

本-戴维,1988,《科学家在社会中的角色》,四川人民出版社。

本雅明,1989,《发达资本主义时代的抒情诗人:论波德莱尔》,张旭东、魏文生译,三联书店。

——,1994,《论波德莱尔的几个主题》,《人类困境中的审美精神:哲人、诗人论美文选》,刘小枫主编,东方出版中心。

——,1999,《经验与贫乏》,王炳钧、杨劲译,百花文艺出版社。

德鲁克,1998,《后资本主义社会》,上海译文出版社。

柏拉图,1986,《理想国》,郭斌和、张竹明译,商务印书馆。

伯恩斯坦,1992,《超越客观主义与相对主义》,郭小平等译,光明日报出版社。

伯格森,1963,《形而上学导言》,刘放桐译,商务印书馆。

博曼,2006,《社会科学的新哲学》,上海人民出版社。

布迪厄、华康德,1998/2004,《实践与反思:反思社会学导引》,李猛、李康译,中央编译出版社。

布洛维,2006a,《公共社会学的批判转向(上)》,单提平摘译,《国外理论动态》第9期。

——,2006b,《公共社会学的批判转向(下)》,单提平摘译,《国外理论动态》第10期。

——,2007a,《公共社会学》(郑翔整理),《社会》第1期。

——,2007,《公共社会学》,沈原译,社会科学文献出版社。

特纳,2003,《社会理论指南》,李康译,上海人民出版社。

蔡翥、石侃,2003,《后工业社会理论:贝尔与马克思的对话》,《江苏教育学院学报》(社会科学版)第2期。

曹锡仁等,1988,《社会现代化与观念的演进》,贵州人民出版社。

曹卫东,2002,《资本主义制度化危机与世界的未来》,《中国教育报》,6月

6 日。

陈春文,2003,《(明镜)杂志访谈中的海德格尔》,《西北师大学报》第 1 期。

陈定闳,1990,《中国社会思想史》,北京大学出版社。

陈芬在,2005,《科学活动是实践中的社会活动》,《伦理学研究》第 2 期。

陈嘉明,2003,《社会知识论》,《哲学动态》第 2 期。

陈明,2005,《原始宗教的演进与儒学理念的形成》, http://www.yuandao.com/tongren/yszjdyjyrxlndxc.html。

陈伟,2007,《沃勒斯坦与美国衰落的神话》,《中国图书商报》,10 月 9 日。

成伯清,1999,《格奥尔格·齐美尔,现代性的诊断》,杭州大学出版社。

成素梅,2006,《拉图尔的科学哲学观——在巴黎对拉图尔的专访》,《哲学动态》第 9 期。

程家明,2004,《人的本质的可能性及其向现实性的转化》,中国哲学大会发表。

弗里斯比,2003,《现代性的碎片:齐美尔、克拉考尔和本雅明作品中的现代性理论》,商务印书馆。

贝尔,1997,《后工业社会的来临:对社会预测的一项探索》,新华出版社。

——,1989,《资本主义文化矛盾》,三联书店。

凯尔纳、贝斯特,1999,《后现代理论——批判性的质疑》,中央编译出版社。

德浪蒂,2003,《社会理论的基础:起源与流变》,《社会理论指南》,布莱恩·特纳主编,上海人民出版社。

丁东红,2004,《"作为主体的人死了"?》,《学习时报》,3 月 15 日。

邓正来,1999,《自由与秩序——哈耶克社会理论的研究》,江西教育出版社。

恩格斯,1971,《自然辩证法》,人民出版社。

卡西尔,1985,《人论》,上海译文出版社。

樊平,1998,《社会转型和社会失范:谁来制定规则和遵守规则》,《中国社会现象分析》,刘英杰等著,中国城市出版社。

樊志辉,2003,《先验、超验、经验、实践——后实践哲学视野下的人学导论》,《求是学刊》第 2 期。

费希特,1980,《论学者的使命》,梁志学、沈真译,商务印书馆。

——,1995,《伦理学体系》,梁志学、李理译,中国社会科学出版社。

冯钢,2008,《社会理论在中国面临的困境》, http://www.sociologybar.com/index.asp? xAction = xReadNews&NewsID = 4783。

冯俊,1997,《从现代主义向后现代主义的哲学转向》,《中国人民大学学报》第5期。

冯兴元,2001,《中国辖区政府间竞争理论分析框架2001》,《中国农村观察》第1期。

冯之俊等主编,1998,《知识经济与中国发展》,中共中央党校出版社。

傅铿,1990,《文化,人类的镜子:西方文化理论导论》,上海人民出版社。

高尔泰,1981,《关于人的本质》,《甘肃师大学报》第2期。

高懿德、牛磊,2003,《论社会秩序问题与社会哲学的主题》,《学术论坛》第4期。

仇立平,2007,《阶段分层:对当代中国社会分层的另一种解读——基于学理层面思考的中国阶级分层》,《上海大学学报》(社会科学版)第2期。

吉尔兹,2000,《地方性知识》,王海龙、张家暄译,中央编译出版社。

龚正荣,2004,《论知识与知识性劳动》,《浙江师范大学学报》(社会科学版)第4期。

弗兰克,2000,《白银资本:重视经济全球化中的东方》,刘北成译,中央编译出版社。

郭强,1992,《简评现代西方知识观》,《许昌学院学报》第2期。

——,1999,《我的知识经济观》,中国经济出版社。

——,2000,《现代知识社会学》,中国社会出版社。

——,2004,《知识与行动:一种结构性关联》,上海大学博士论文。

——,2005,《应对突发性公共安全事件的知识化策略》,《中国科技论坛》第1期。

——,2006a,《高度现代性条件下知识缺失与风险叠加》,《西南大学学报》第1期。

——,2006b,《现代社会的漂浮:无根的现代性及其呈现》,《社会》第4期。

——,2007a,《试论风险社会的应对机制——风险的知识社会学考察》,《西南大学学报》第2期。

——,2007b,《过程理性是否可能的初步讨论》,《创新》第2期。

——,2008,《独存·淹没·漂浮:寻求社会行动论的归宿》,《社会》第

5 期。

——,2010,《双重抛弃：社会与社会学的张力》,《社会》第 3 期。

哈贝马斯,1994,《交往行动理论》第一卷,重庆出版社。

——,2002a,《后民族结构》,上海人民出版社。

——,2009,《哈贝马斯精粹》,曹卫东译,南京大学出版社。

——、米夏埃尔·哈勒,2001,《作为未来的过去》,浙江人民出版社。

海德格尔,1996a,《海德格尔选集》,孙周兴编,上海三联书店。

——,1996b,《诗人何为》,《海德格尔选集》,孙周兴编,上海三联书店。

——,1996c,《存在与时间》,陈嘉映、王庆节译,三联书店。

——,2002b,《哈贝马斯在华讲演集》,人民出版社。

——,2003,《存在与时间》,商务印书馆。

韩庆祥、邹诗鹏,2001,《人学：人的问题的当代阐释》,云南人民出版社。

韩庆祥,1992,《马克思主义人学思想发微》,中国社会科学出版社。

何东霞、何一鸣,2006,《文化与制度耦合：一个文献综述》,《学术研究》第 10 期。

何二元,1999,《知识经济与社会经济形态》,《文艺评论》第 1 期。

贺来,2005,《“现代性”的反省与马克思哲学研究纵深推进的生长点》,《求是学刊》第 1 期。

——,2005,《关注我们这个时代的哲学——现代性视域中的马克思主义研究(笔谈)》,《求是学刊》第 1 期。

黑格尔,1956,《历史哲学》,王造时译,三联书店。

——,1961,《法哲学原理》,范扬、张企泰译,商务印书馆。

——,1979,《精神现象学：下卷》,贺麟、王玖兴译,商务印书馆。

——,1999,《宗教哲学》上卷,中国社会出版社。

恒山,1999,《法的价值之概念辨析》,《中外法学》第 5 期。

胡国祥,1996,《关于社会力的几个问题》,《湖北大学学报》(哲学社会科学版)第 6 期。

郇建立,2005,《论鲍曼社会理论的核心议题》,《社会》第 6 期。

黄力之,2002,《论马克思主义文化哲学的当代建构》,《山东社会科学》第 2 期。

黄颂杰,2004,《走向实践哲学》,《文汇报》,9 月 5 日。

黄裕生,2004,《康德哲学的使命,为知识和权利奠定基础》,《人民日报》,7月23日。

黄忠敬,2003,《知识·权力·控制:基础教育课程文化研究》,复旦大学出版社。

霍布斯,1985,《利维坦》,黎思复、黎廷弼译,商务印书馆。

霍尔茨纳,1984,《知识社会学》,傅正元、蒋琦译,湖北人民出版社。

霍俊,2003,《论社会力》,《预测》第2期。

吉登斯,1998a,《社会的构成》,李康、李猛译,三联书店。

——,1998b,《民族—国家与暴力》,胡宗泽、赵力涛译,三联书店。

——,1998c,《现代性与自我认同:现代晚期的自我与社会》,赵旭东等译,三联书店。

——,2000,《现代性的后果》,田禾译,译林出版社。

——,2002,《社会学方法的新规则:一种对解释社会学的建设批判》,田佑中、刘江涛译,社会科学文献出版社。

——,2003,《为社会学辩护》,社会科学文献出版社。

亚历山大,2000,《社会学二十讲:二战以来的理论发展》,贾春增、董天民等译,华夏出版社。

堺屋太一,1986,《知识价值革命:工业社会的终结和知识价值社会的开始》,金泰相译,东方出版社。

康德,1996,《判断力批判》(下卷),商务印书馆。

柯武刚、史漫飞、韩朝华,2000,《制度经济学:社会秩序与公共政策》,商务印书馆。

库利,1989,《人类本性与社会秩序》,包凡一、王源译,华夏出版社。

郎友兴,2000,《安东尼·吉登斯:第三条道路》,浙江大学出版社。

李国昌,2000,《论知识实践》,《探索》第6期。

李继樊,2002,《努力提升我国人力资源能力建设的先进性》,《理论前沿》第18期。

李俊,2002,《当前我国社会风险的体制根源》,《理论月刊》第6期。

李鲁祥、李晓林,2003,《尼采的"上帝之死"与福柯的"人之死"》,《兰州大学学报》第4期。

李培林,2000,《中国早期现代化:社会学思想与方法的导入》,《社会学研究》第1期。

——,2003,《努力回答社会发展中提出的新问题》,《人民日报》,6月11日。

李庆钧,2003,《霍布斯的秩序解说与转型期社会秩序的构建》,《江海学刊》第6期。

李蜀人,2004,《论康德道德的形而上学的建立》,《西南民族大学学报》第4期。

李小方,1990,《马克斯·韦伯的理解社会学述评》,《国外社会学》第2期。

李新春,2003,《高科技企业的合约特征与企业家性质》,《中国工业经济》第6期。

李燕,2005,《科学文化及其原创力之哲学解析》, http://philo.ruc.edu.cn/dept/teacher/mp/liyan/200503/585.html。

李佑新,2004,《现代性的双重意蕴及其实质问题》,《南开学报》(哲学社会科学版)第1期。

李志逵,1981,《欧洲哲学史》下卷, 中国人民大学出版社。

卡尼,1998,《论瓦尔特·本雅明》,《本雅明思想肖像》,刘北成著,上海人民出版社。

厉无畏,2002,《认识劳动价值理论 改革收入分配制度》,《中国经济快讯周刊》第16期。

列宁,1960,《列宁选集》第1卷,人民出版社。

刘北成,1995,《福柯思想肖像》,北京师范大学出版社。

刘春霞,2003,《“SARS”照见的文化休克与人文关怀》,http://www.henu.edu.cn/。

刘鸿武,2000,《历史学——对人之本质的理性反思与精神体验》,《光明日报》,5月12日。

刘怀玉,2007,《列斐伏尔:日常生活的恐怖主义批判》,《求是学刊》第3期。

刘郦,2006,《知识与权力——科学知识的政治学》,崇文书局。

刘文旋,2003,《社会、集体表征和人类认知——涂尔干的知识社会学》,《哲学研究》第9期。

刘小枫,1994,《走向十字架上的真:20世纪基督教神学引论》,上海三联书店。

——,1998,《现代性社会理论绪论——现代性与现代中国》,上海三联书店。

刘永谋,2007,《论福柯的“人之死”》, http://www.rwlh.com/forum/dispbbs.asp?boardid=31&id=763。

刘玉安,1993,《西方社会学史》,山东大学出版社。

刘玉能、杨维灵,2008,《社会行动的意外后果,一个理论简史》,《浙江大学学报》(人文社会科学版)第3期。

卢曼,1992/1995,《社会的知识》,载《保守主义》,尼斯贝著,丘辛晔译,桂冠出版社。

卢梭,2003,《社会契约论》,何兆武译,商务印书馆。

吕炳强,2000,《凝视与社会行动(上)》,《社会学研究》第3期。

吕振合、王德胜,2007,《知识与权力:从福柯的观点看学科场域中的权力运作》,《自然辩证法研究》第9期。

莱恩,1966,《知识社会中政治和意识形态衰落》,《社会学评论》(第二十一卷)第5期。

罗蒂,1987,《哲学与自然之镜》,李幼蒸译,三联书店。

罗如春,2004,《经验与贫乏——论现代性语境下的本雅明》, http://www.culstudies.com。

罗森堡、特纳,1992,《社会心理学:社会学的观点》,南开大学出版社。

洛克,1981,《人类理解论》,关文运译,商务印书馆。

马财专,2002,《解构“专家”的权力场域,论知识与权力的社会关系》, http://www.cc.org.cn/。

沃特斯,2000,《现代社会学理论》,杨善华等译,华夏出版社。

韦伯,1998,《学术与政治》,冯克利译,三联书店。

——,1997,《经济与社会》,商务印书馆。

——,1999,《社会科学方法导论》,杨富斌译,华夏出版社。

舍勒,1997,《资本主义的未来》,罗悌伦等译,三联书店。

卡林内斯库,2002,《现代性的五幅面孔:现代主义、先锋派、颓废、媚俗艺术、后现代主义》,顾爱彬、李瑞华译,商务印书馆。

伯曼,2003,《一切坚固的东西都烟消云散了——现代性体验》,徐大建、张辑译,商务印书馆。

马拥军,2001,《哲学史上的主体与对象关系》,《华侨大学学报》第4期。

波洛玛,1989,《当代社会学理论》,孙立平译,华夏出版社。

——,1992,《变革时代的人和社会》,刘凝译,桂冠出版社。

曼海姆,1992,《知识阶层:它的过去和现在的角色》,《国外社会学》第4期。

毛丹,2007,《保卫社会学的公共性》,《南方周末》,8月2日。

梅奥,1964,《工业文明的社会问题》,商务印书馆。

梅珍生,2004,《论荀子礼学的深度结构》,《江汉论坛》第8期。

孟德斯鸠,1961,《论法的精神》(上),商务印书馆。

米尔斯,2001,《社会学的想象力》,张强、陈永强译,三联书店。

米库林斯基、里赫塔主编,1986,《社会主义与科学》,人民出版社。

福柯,1997,《权力的眼睛:福柯访谈录》,严锋译,上海人民出版社。

——,1973,《必须保卫社会》,上海人民出版社。

——,1999b,《规训与惩罚》,刘北成、杨远婴译,三联书店。

——,2001,《词与物:人文科学考古学》,莫伟民译,上海三联书店。

——,2007,《知识考古学》,谢强、马月译,三联书店。

——,《结构主义与后结构主义》,《"知识就是权力吗?"》,钱翰著,《读者》第7期。

克罗齐耶、费埃德伯格,2007,《行动者与系统:集体行动的政治学》,张月译,上海人民出版社。

莫少群,2003,《颠覆社会学的元话语——鲍德里亚"社会性的终结"说之解析》,《社会科学战线》第1期。

莫伟民,2002,《福柯的反人类学主体主义和哲学的出路》,《哲学研究》第1期。

牟发松,2006,《传统中国的"社会"在哪里——〈社会与国家关系视野下的汉唐历史变迁〉代前言》,《社会与国家关系视野下的汉唐历史变迁》,牟发松主编,华东师范大学出版社。

奈斯比特,1984,《大趋势:改变我们生活的十个新趋向》,新华出版社。

尼采,2007,《曙光》,田立年译,漓江出版社。

——,2000,《查拉图斯特拉如是说》,张友谊译,漓江出版社。

——,2001,《快乐的知识》,黄名嘉译,中央编译出版社。

多德,2002,《社会理论与现代性》,陶传进译,社会科学文献出版社。

斯特尔,1998,《知识社会》,殷晓蓉译,上海译文出版社。

诺斯,1994,《制度变迁与经济绩效》,三联书店。

欧阳康,2002,《社会认识论: 人类社会自我认识之谜的哲学探索》,云南人民出版社。

潘捷军,2005,《"十一五"时期社会风险问题刍议》,《中国社会发展战略》第3期。

彭富春,2000,《海德格尔的迷途》,《开放时代》第9期。

彭霄,2004,《全球化、民族国家与世界公民社会——哈贝马斯国际政治思想述评》,《欧洲研究》第1期。

珀杜等,1992,《西方社会学: 人物·学派·思想》,贾春增、李强等译,河北人民出版社。

齐美尔,2000,《金钱、性别、现代生活风格》,顾仁明译,学林出版社。

——,2002,《社会是如何可能的: 齐美尔社会学文选》,林荣远编译,广西师范大学出版社。

特纳,1988,《现代西方社会学理论》,范伟达等译,天津人民出版社。

——,1991,《早期社会学分析中的"行动"概念》,《国外社会学》第6期。

米德,1992,《心灵、自我与社会》,赵月瑟译,上海译文出版社。

秦扬、邹吉忠,2003,《试论社会秩序的本质及其问题》,《西南民族大学学报》第7期。

渠敬东,1999b,《缺席与断裂: 有关失范的社会学研究》,上海人民出版社。

——,1999a,《涂尔干的遗产——现代社会及其可能性》,《社会学研究》第1期。

——,2002,《涂尔干的现代性主题,道德个人主义与法团公共性》,《公法评论》,http://www.gongfa.com/qujingdongfangtan.Html。

——,2005,《涂尔干的现代性主题,道德个人主义与法团公共性——青年学者渠敬东访谈录》,《公法评论》,6月21日。

——,2007,《一个无处不在的幽灵》,http://www.sociologybar.com/index.asp?xAction=xreadnews&NewsID=4389。

任平,1996,《学生不是教学认识活动的唯一主体》,《广东民族学院学报》

第2期。

——,2003,《当代视野中的马克思》,江苏人民出版社。

桑新民,1993,《呼唤新世纪的教育哲学: 人类自身生产探秘》,教育科学出版社。

石天强,2005,《"寓言"与文学实践——论本雅明的美学思想与文学批评》,《广东技术师范学院学报》第1期。

斯宾诺莎,1963,《神学政治论》,温锡增译,商务印书馆。

斯特龙伯格,2005,《西方现代思想史》,刘北成、赵国新译,中央编译出版社。

宋林飞,1997,《西方社会学理论》,南京大学出版社。

邵兵,2003,《面对"猜疑的瘟疫"》,《大地》第9期。

孙立平,1993a,《市场过渡理论及其存在的问题》,《战略与管理》第5期。

——,1993b,《自由流动资源与自由活动空间——论改革过程中中国社会结构的变迁》,《探索》第116期。

——,1994,《改革前后中国大陆国家、民间统治精英及民众间互动关系的演变》《中国社会科学季刊(香港)》第5期。

孙立平等,1999,《改革以来中国社会结构的变迁》,《中国社会科学》第2期。

孙美堂,2002,《从哲学转向的角度看马克思哲学的现代性》,《中国人民大学学报》第2期。

孙绵涛,2003,《论人类生活方式的本质及其复归——关于知识信息社会生活方式的探讨》,《浙江社会科学》第11期。

单提平,2006,《评〈公共社会学的批判转向〉》,《国外理论动态》第9期。

伯恩斯,2000,《结构主义的视野: 经济与社会的变迁》,社会科学文献出版社。

万书辉,2003,《本雅明: 关于经验的几个问题》,《求索》第4期。

汪丁丁,2002,《知识劳动的工资问题》,《书城》第12期。

——,2004,《社会科学的根本问题,社会何以可能》, http://blog.sina.com.cn/s/blog_4abfaeef01008onw.html。

汪晖,1999,《关于现代性问题答问——答柯凯军先生问》,《天涯》第1期。

王德禄等,1999,《知识管理——竞争力之源》,江苏人民出版社。

王奋宇,1988,《论社会意识形态向社会心理的内化及其过程》,《社会学研究》第5期。

王贵明,2000,《论对经济必然性的扬弃》,《重庆大学学报》第1期。

王建民,2006,《场域:“大社会”的终结?对布迪厄、华康德〈实践与反思〉的一种解读》,《学习与实践》第7期。

王庆明,2008,《社会学的社会学:从反思性到自主性》,《晋阳学刊》第4期。

王善博,2000,《贝尔的中轴原理以及理论意义》,《山东大学学报》第6期。

王昊庆,2003,《伯恩斯规则理论视野下的会计准则》,《财会月刊》第1期。

王啸,2003,《教育人学:当代教育学的人学路向》,江苏教育出版社。

王养冲,1996,《西方近代社会学思想的演进》,华东师范大学出版社。

王志弘,2002,《技术中介的人与自我:网际空间、分身组态与记忆装置》,《资讯社会研究》第3期。

王治河,1998,《基础的塌陷,当代西方哲学中的反基础主义》,见《扑朔迷离的游戏:后现代哲学思潮研究》,社会科学文献出版社。

汤普逊,1924/1997,《最能促进人类幸福的财富分配原理的研究》,商务印书馆。

威廉斯,2005,《关键词:文化与社会的词汇》,刘建基译,三联书店。

文军,2003,《布迪厄“反思社会学”及其对社会学研究的启示》,《上海行政学院学报》第1期。

——,2007,《论当代西方社会学理论的基本特征与发展趋势》,《社会科学研究》第1期。

——,2007,《社会学理论的变革及其发展趋势》,《光明日报》,12月4日。

闻翔,2008,《社会学的公共关怀和道德担当——评介麦克·布洛维的〈公共社会学〉》,《社会学研究》第1期。

吴国盛,2001,《技术与人文》,《北京社会科学》第2期。

吴小英,1999,《社会学危机的含义》,《社会学研究》第1期。

吴莹等,2008,《跟随行动者重组社会——读拉图尔的〈重组社会:行动者网络理论〉》,《社会学研究》第2期。

吴征宇,2003,《从霍布斯到沃尔兹——结构现实主义思想的古典与当今形态》,《欧洲研究》第6期。

武云,2005,《走近有托之乡评〈自由主义的终结〉》,《青岛大学学报》第6期。

薇依,2003,《扎根：人类责任宣言绪论》,徐卫翔译,三联书店。

席恒,2001,《孔德其人及对社会学的理论贡献》,《西北大学学报》(哲学社会科学版)第4期。

肖万源、徐远和,1994,《中国古代人学思想概要》,东方出版社。

肖文明,2008,《观察现代性——卢曼社会系统理论的新视野》,《社会学研究》第5期。

肖瑛,2006,《回到"社会的"社会学》,《社会》(第二十六卷)第5期。

谢晖,2001,《诠释方法——通向法律的真理之路》,《学习与探索》第5期。

谢立中,2003,《现代性的问题及处方——涂尔干主义的历史效果》,《社会学研究》第5期。

徐贲,2002,《阿伦特公民观述评》,《二十一世纪》,2月。

徐迅雷,2004,《思想的人和劳动的人》,《解放日报》,5月5日。

薛恒,2003,《苏东剧变：自由主义的终结》,《世纪中国》(http://www.cc.org.cn/)。

杨大春,1998,《政治、哲学、文化》,《文本的世界：从结构主义到后结构主义》,中国社会科学出版社。

杨懋春,1983,《社会学》,台湾商务印书馆。

杨学功,2002,《也谈马克思哲学的人文关怀——兼与俞吾金先生商榷》,《哲学研究》第6期。

杨永福、段红涛、孟磊,2003,《制度性规则建构方法研究综述》,《经济学动态》第6期。

叶舒宪,2000,《〈金枝〉到〈黑色雅典娜〉——二十世纪西方文化导报》,《导报》第6期。

——,2003,《文化寻根的学术意义与思想意义》,《文艺理论与批评》第6期。

华勒斯坦,1998,《现代世界体系》,高等教育出版社。

——,2002,《自由主义的终结》,郝名玮、张凡译,社会科学文献出版社。

——,2003,《华勒斯坦精粹》,黄光耀、洪霞译,南京大学出版社。

——,2008,《意义和方向感》,《生产》(第五辑),汪民安主编,广西师范大学出版社。

——,1997,《开放社会科学》,刘锋译,三联书店。

衣俊卿,1994,《现代化与日常生活批判：人自身现代化的文化透视》,黑龙江教育出版社。

——,2004,《现代性的维度及其当代命运》,《中国社会科学》第4期。

——,2005,《关注我们这个时代的哲学(笔谈)》,《求是学刊》第1期。

易晖,2004,《消费主义时代的“阅读经济学”》,《中国青年报》,11月14日。

殷鼎,1988,《理解的命运：解释学初论》,三联书店。

殷杰、祁大为,2007,《劳斯科学知识/权力观探析》,《科学技术与辩证法》第4期。

尹树广,2003,《现代性理论的批判维度及其问题》,《山东大学学报》(哲学社会科学版)第3期。

于海,1993,《西方社会思想史》,复旦大学出版社。

于奇智,2002,《凝视之爱：福柯医学历史哲学论稿》,中央编译出版社。

俞吾金,2003,《现代性现象学》,《江海学刊》第1—2期。

——,2004,《从传统知识论到生存实践论》,《文史哲》第2期。

——,2006,《究竟如何理解尼采的话“上帝死了”》,《哲学研究》第9期。

袁祖社,2004,《“全球公民社会”的生成及文化意义——兼论“世界公民人格”与全球“公共价值”意识的内蕴》,《北京大学学报》第7期。

袁贵仁,1996,《马克思的人学思想》,北京师范大学出版社。

劳斯,2004,《知识与权力——走向科学的政治哲学》,北京大学出版社。

臧峰宇,2005,《论“知识权力”的“凝视”》,《大连大学学报》第3期。

臧佩洪,2002,《马克思是后形而上学意义上的现代性批判者吗——论现代性批判语境下的马克思》,《南京社会科学》第10期。

曾志,2003,《哲学引论：中西哲学基本问题举要》,中央广播电视大学出版社。

张传有,1997,《西方社会思想的历史进程》,武汉大学出版社。

张国清,2001,《他者权利问题——知识—权力论的哲学批判》,《南京社会科学》第10期。

张国珍,1997,《人的本质新论》,《湖南师范大学社会科学学报》第3期。

张华夏,2000,《博弈论与霍布斯问题——兼答陈晓平教授的批评》,《自然辩证法通讯》第5期。

张静,2003,《理念缺失与行动迟滞》,《解放日报》,5月26日。

张璐诗,2007,《社会学家吉登斯广州"舌战群儒"》,《新京报》,12月4日。

张能为,2001,《康德与现代哲学》,安徽大学出版社。

张守一,1998,《论知识社会》,《开发研究》第3期。

张铁山,2006,《论福柯的科学知识权力观》,《新乡师范专科学校学报》第11期。

张钰、张襄誉,2002,《吉登斯"反思性现代性"理论述评》,《社会》第10期。

张志伟、欧阳谦,2000,《西方哲学智慧》,中国人民大学出版社。

章忠民,2003a,《尼采的"上帝之死"——虚无主义的演绎及其反拨》,《学术论坛》第2期。

——,2003b,《海德格尔论终极关怀》,《哲学动态》第3期。

章国锋,2000,《哈贝马斯访谈录》,《外国文学评论》第1期。

赵敦华,1996,《西方哲学通史》第一卷《古代中世纪部分》,北京大学出版社。

赵磊,2008,《不应忘却马克思的追问——对美国次贷危机根源的反思》,《经济学动态》第11期。

赵晓力,2003,《知识关系与自由主义的"俭省治理"——评邓正来"知与无知的知识观"》,http://bbs.pku.edu.cn:1217/cgi-bin/index。

郑莉,2006,《超越后现代社会学 建构后现代性社会学——鲍曼的理论构想及方法论探析》,《社会》第2期。

《中国社会科学》编辑部,2008,《构建具有中国特色中国风格和中国气派的当代哲学社会科学——2006—2007中国社会科学学术前沿扫描》,《中国社会科学院院报》,1月10日。

——,2008,《时代精神的中国表达——建构具有中国气派的当代社会科学》,中国网(china.com.cn)1月14日。此文还载于高翔主编《中国社会科学学术前沿(2006—2007)》,社会科学文献出版社,2007年。

中国社会科学院哲学研究所,1981,《论康德黑格尔哲学》,上海人民出版社。

周长城,1998,《汤姆·R.伯恩斯及其行动者——系统动态学理论》,《国外社会科学》第3期。

周大亚,2005,《中国社会多级分层的结构化趋势》,《学术动态(北京)》第30期。

周慧之,2002,《现代性:走出个人行动与社会结构的二元困境?——吉登斯现代性思想评论及中国现代性问题探讨》,《社会科学论坛》第2期。

周濂,2005,《华勒斯坦,"唱衰"美国三十年》,http://www.frchina.net/data/personArticle.php? id=284。

朱阿蕾罗,1999,《从现代之根到后现代之茎》,萧俊明译,《哲学家和他的假面具》,施兰格等著,社会科学文献出版社。

朱国宏,1999,《经济社会学》,复旦大学出版社。

朱伟珏,2006,《社会学方法新规则——试论布迪厄对涂尔干社会学方法规则的超越》,《浙江社会科学》第5期。

朱元鸿,1999,《欧洲·社会·理论·布希亚的消逝艺术》,《国外社会学》第5期。

庄穆,2003,《"人之死"与死后之人——评析后现代主义"人之死"哲学话语》,《福州大学学报》(哲学社会科学版)第4期。

庄秀丽,《社会性软件与人的主体性》,维基百科网络杂志2004年8月31日,或者 http://www.online-edu.org/newarticle/articles/35/785.Html。

Bauman, Z., 1987, *Legislators and Interpreters: On Modernity, Post-modernity and Intellectuals*.

——, 1991, *Modernity and Ambivalence*, Cambridge: Polity Press.

——, 1997, *Postmodernity and its Discontents*, Cambridge: Polity Press.

——, 1998, *Globalization*, Cambridge: Polity Press.

——, 2001, *Community*, Cambridge: Polity Press.

——, 2002, *Society under Siege*, Cambridge: Polity Press.

Bech, U., 1992, *Risk Society*, London: Sage Publication.

Beilharz, P., 2000, *Zygmunt Bauman: Dialectic of Modernity*, SAGE Publications.

Berger, 1963, *Invitation to Sociology: An Humanistic Perspective*, Harmondsworth: Penguin Books.

Bourdieu, 1993, *Sociology in Question*, London: Sage.

Bvles. Jeff,2001,"Tales of the Kefir Furnaeeman," *Village Voice* 1(August).

Cole, Stephen, 1994, " Introduction: What's Wrong with Sociolgoy?", *Sociological Forum*,Vol.9,No.2.

Durkheim, E., 1951, *Suicide*, Trans. by J. Spaulding & G. Simpson, Glencoe: Free Press.

——,1982, *The Rules of Sociological Method and Selected Texts on Sociology*, The Macmillan Press ITD.

——,1984,*The Division Labour in Society*, Trans. by W. Halls, N. Y.: Free Press.

——,1987,*Social Theory and Modern Sociology*, Cambridge: Polity Press.

Evanston,1961, *The Theories of Society*, *Foundations of Modern Sociological Theory*,The Free Press of Glencoe,Inc, Northwestern University Press.

Simmel, G., 1978,*The Philosophy of Money*,London: Routledge & Kegan.

——,1950,*The Sociology of George Simmel*,The Free Press.

——,Kurt H. Wolff,1964, *The Field of Sociology*,in *The Sociology of Geory Simmel*,Free Press.

Giddens, 1979, *Central Problems in Social Theory*, London: The Macmillan Press L td.

——,1993, *New Rules of SociologicalMethod*, Cambridge: Polity Press.

Glaser,B. & Strauss,A.,1967,*The Discovery of Grounded Theory: Strategies for Qualitative Research*, Chicago: Aldine.

Gouldner,A. W.,1970,*The Coming Crisis of Western Sociology*, New York: Basic Books.

Arendt, Hannah, 1958,*The Human Condition*,Chicago: University of Chicago Press.

Lefebvre, Henri,1994,*Everydaylife in the Modern World*,New Brunswick and London: Transaction Publisher.

Baudrillard, Jean,1983, *Or the End of the Social*, *In the Shadow of the Silent Majorities*, New York: Semiotexte.

——, 1990,*Cool Memories*, London: Verso.

——,1993,*Symbolic Exchange and Death*, London: Sage.

Rouse, Joseph, 1991, *The Dynamics of Power and Knowledge in Science*, The Journal of philosophy.

Wolff, Kurt ed. and trans, 1950, *The Sociology of Georg*, New York: Free Press.

Luhmann, 1982, *The Differentiation of Society*, Trans. by S. Holmos & C. Larmore, New York: Columbia University Press.

——, 1995, *Social Systems*, Trans. by J. Bednarz Jr. & D. Baecker, Stanford, California: Stanford University Press.

——, 1998, *Love as Passion: The Codification of Intimacy*, Trans. by J. Gaines & D. L. Jones, Stanford, California: Stanford University Press.

——, 1999. "The Concept of Society," in *Blackwell Reader in Contemporary Social Theory*, ed. by Elliott, A., Oxford: Blackwell Publishers L td.

Foucault, M., 1994, *The Order of Things: A Archaeology of the Human Sciences*, New York, Vintage.

Heidegger, M., 1986, *Seinundzeit*, Maxniem eyer Verlag.

——, 1988, *Antwort*, Pfullingen: Neske.

——, 1992, *Intimations of Postmodernity*, London: Routledge.

Gane, Mike ed., 1993, "Baudrillard Live", *Selected Interviews*, London: Routledge.

Parsons, T., 1951, *Social System*, New York: Free Press.

Burt, Ronald, 1992, *Structural Holes: The Social Structure of Competition*. Cambridge: Harvard University Press.

Schutz, A., 1967, *The Phenomenology of Social World*, Trans. by G. Walsh & F. Lahnert.

Smart, B. 1999, *Facing Modernity: Ambivalence, Reflexivity and Morality*, London: Sage.

Smith, D. 1999, *Zygmunt Bauman: Prophet of Postmodernity*, Cambridge: Polity Press.

Stark, David, 2001, "Review on Actor Network Theory and After," *Contemporary Sociology* 30(1).

Strauss, A., 1987, *Qualita tive Analysis for SocialScientists*, Cambridge: Cambridge University Press.

Touraine, A., 1984, " the waning sociological image of social life," *International Journal of Comparative Sociology*, Volume 25, Numbers 1 and 2.

——,1992,"Is Sociology Still the the Study of Society?", Beilharz,P., and et al.(eds.)*Between Totalitarianism and Postmodernity*: *A Thesis Eleven Reader*, the MIT Press.

——,2003,"The Decline of the Social,"*Comparative Sociology*, Vol. 2 (3).

Wernick,A. 2000, "From Comte to Baudrillard: Socio 2 Theology after the End of the Social," *Theory*, *Culture & Society*, Vol. 17 (6).

Wolfe, A., 1989, *Whose Keeper? Social Science and Moral Obligation*, University of California Press.

Zeitlin, I., 1968, *Ideology and the Development of Sociological Theory*, Englewood Cliffs,New Jews: Prentice-Hall.

Bauman, Zygmunt, *Prophet of Postmodernity*,Cambridge: Polity Press.

2. 间接参考文献(文中非标注文献)

《中国社会科学》编辑部,2008,《构建具有中国特色中国风格与中国气派的当代社会科学》,《中国社会科学院院报》,1月10日。

汪爱群,2003,《马克思社会发展理论及其启示》,《安徽工业大学学报》(社会科学版)第4期。

于幼军,1998,《马克思的社会发展理论及其当代价值》,《中国社会科学》第4期。

杨韬、张羽佳,2001,《从技术思天道——关于海德格尔和庄子对技术与天道关系的思考》,《自然辩证法研究》第9期。

章忠民,2002,《黑格尔的当代意义》,复旦大学博士论文。

黄婕,2007,《浅评海德格尔的技术观》,《长江大学学报》(社会科学版)第1期。

段祥贵,2007,《拱廊漫步:论本雅明的"闲逛者"及其当代文化意义》,广西师范大学硕士论文。

沈语冰,2003,《现代性哲学的主题》,《浙江学刊》第2期。

唐皇凤,2009,《风险治理与民主:西方民主理论的新视阈》,《武汉大学学报》(哲学社会科学版)第5期。

哈斯其其格,2009,《中国转型期农村社会风险管理机制研究》,西南财经大学博士论文。

厉无畏、郭时征,2002,《深化认识劳动价值理论 改革我国收入分配制度》,《毛泽东邓小平理论研究》第2期。

黄岩,2003,《深化劳动价值论,构筑合理的收入分配制度》,《北京航空航天大学学报》(社会科学版)第S1期。

吕翠凤,2003,《秩序问题与社会哲学的主题》,《山东师范大学学报》(人文社会科学版)第4期。

范彧,2007,《试析网络的社会风险效应》,华中科技大学硕士论文。

宋娅菲,2006,《浅析马克思的人学思想——从"人的本质"谈起》,《台声·新视角》第1期。

许洪波,2004,《社会化的重复与断裂》,吉林大学硕士论文。

吴国盛,2001,《技术与人文》,《北京社会科学》第2期。

周怡,2000,《社会结构:由"形构"到"解构"——结构功能主义、结构主义和后结构主义理论之走向》,《社会学研究》第3期。

于春梅,2002,《论知识产权保护的哲学依据及其方法论措施》,大连理工大学硕士论文。

石倬英、郭强,1989,《现代知识学探微》,《宁夏大学学报》(社会科学版)第2期。

郭强、施琴芬、梁凯,2003,《知识价值观的时代演进》,《中外科技信息》第7期。

郭强,2004,《SARS风险与风险城市的安全策略》,《广州大学学报》(社会科学版)第3期。

K.洛维特、蔡剑锋,2005,《马克思基于人的"自我异化"对资产阶级—资本主义世界的解释》,《世界哲学》第6期。

J.D.贝尔纳、张改珍、张纪昌、陈蕾、杨艳,2005,《马克思与科学》,《山东科技大学学报》(社会科学版)第2期。

叶险明,2003,《马克思的"时代观"与知识经济——对"知识经济"的一种时代观梳理》,《马克思主义研究》第2期。

丁东红,2004,《“作为主体的人死了”?》,《学习时报》,3月15日。

郁建立,2001,《不确定性与安全感的丧失——鲍曼眼中的“后现代性及其缺憾”》,《博览群书》第1期。

曹然,2009,《传媒的后现代性预言:狂欢、异化与迷失——从〈娱乐至死〉看当下传媒文化》,《海南广播电视大学学报》第2期。

贺建平,2003,《仿真世界中的媒介权力:鲍德里亚传播思想解读》,《西南政法大学学报》第6期。

吴能武,2005,《后民族结构与世界公民社会》,华东师范大学硕士论文。

魏光启,2007,《哈贝马斯全球公民社会构想探析》,《阜阳师范学院学报》(社会科学版)第4期。

李青龙,2004,《哈贝马斯主权终结思想评析》,华东师范大学硕士论文。

杨勇,2006,《哈贝马斯话语民主的价值与缺失》,黑龙江大学硕士论文。

常艳,2005,《国家主权原则在当代国际关系中的地位及其变化》,黑龙江大学硕士论文。

何光沪,2005,《没有机长的国际航班——对“全球化—区域化”的宗教哲学省思》,《人文杂志》第2期。

贺东航、刘天旭,2008,《风险社会背景下的县域和谐社会构建》,《甘肃理论学刊》第4期。

薛红,2001,《在个体化浪潮之中的性别身份和婚姻家庭——贝克的〈风险社会〉中的性别和婚姻家庭分析》,《国外社会科学》第3期。

陈伟,2007,《沃勒斯坦与美国衰落的神话》,《中国图书商报》,10月9日。

杨华、程娟,2007,《风险社会理论视角下当代环境问题及其治理》,《江南论坛》第10期。

山小琪,2005,《现代性的制度之维》,复旦大学博士论文。

雷鸣,2005,《政治体系中的信任与秩序》,西北师范大学硕士论文。

李国亮,2010,《吉登斯现代性视野下的风险与信任》,《南方论刊》第5期。

胡颖峰,2009,《吉登斯现代性社会理论与“第三条道路”思想研究》,华中科技大学博士论文。

成飞,2010,《简述社会学的公共属性与和谐社会建设》,《传承》第33期。

李咏梅,2006,《〈资本主义文化矛盾〉批判》,苏州大学硕士论文。

高亚春、郭佩惠,2007,《贝尔的后马克思主义“意谓”——以知识和技术为中轴的思考》,《云南师范大学学报》(哲学社会科学版)第4期。

王善博,2000,《贝尔的中轴原理及其理论意义》,《山东大学学报》(哲学社会科学版)第6期。

庄国雄,1988,《“中轴原理”及其引出的思考——谈谈“后工业社会”理论的方法论基础》,《探索与争鸣》第6期。

张云超,2005,《权力话语的另类表述》,西南师范大学硕士论文。

王弋璇,2008,《暴力与冲突》,上海外国语大学博士论文。

陈炳辉,2002,《福柯的权力观》,《厦门大学学报》(哲学社会科学版)第4期。

吕振合,2007,《解构“权力”:福柯与马克思主义权力观比较分析》,《内蒙古农业大学学报》(社会科学版)第1期。

任俊英,2006,《典型报道的话语分析》,复旦大学博士论文。

王锐铭,2007,《福柯的权力理论研究》,《吕梁教育学院学报》第1期。

熊和平,2005,《课程、知识与认识论》,《教育理论与实践》第13期。

周磊,2010,《法律与身体》,华东政法大学硕士论文。

张家军,2005,《学校教育的隐性力量》,华东师范大学博士论文。

靳玉军、张家军,2008,《论课程知识的意识形态性质》,《课程·教材·教法》第5期。

郜书锴,2010,《论欧美传播学者的批判思维与学术启示——以新媒体与权力关系的最新理论研究为例》,《东南传播》第10期。

秦广强、张雨红,2008,《权力研究的后现代转向》,《中共浙江省委党校学报》第4期。

姚国宏,2008,《论知识构成中的权力要素》,《江苏社会科学》第6期。

邓飞虎、牛秋实,2003,《对知识、启蒙与人生的反思——米歇尔·福柯的后现代主义哲学思想》,《淮南师范学院学报》第2期。

吕振合、王德胜,2007,《知识与权力:从福柯的观点看学科场域中的权力运作》,《自然辩证法研究》第9期。

李素艳,2008,《从宏观政治到微观政治》,吉林大学博士论文。

刘保国,2003,《从马克思主义阶级本质理论看知识分子的阶级属性》,《政治学研究》第3期。

刘保国,2003,《知识改变了资本主义生产关系吗》,《社会科学研究》第

6 期。

刘兴欣,2007,《从知识资本理论看马克思资本理论的发展》,《全国高等财经院校〈资本论〉研究会第 24 届学术年会论文集》7 月 1 日。

陈则孚,2001,《知识资本研究》,中共中央党校博士论文。

殷晓蓉,1999,《理解知识社会——评尼科·斯特尔的〈知识社会〉》,《社会科学家》第 S1 期。

吴永忠,2008,《知识社会的概念考辨与理论梳理》,《自然辩证法通讯》第 3 期。

章忠民,2002,《黑格尔的当代意义》,复旦大学博士论文。

胡书庆,2009,《"人之死":一个神话诗学措辞》,《枣庄学院学报》第 4 期。

李文华,2005,《涂尔干的人性观、社会观、科学观和方法观》,《甘肃社会科学》第 5 期。

朱爱平,2003,《社会有源集的运行研究》,天津大学博士论文。

郝凤霞,2003,《技术的社会选择》,复旦大学博士论文。

彭翔,2006,《当代企业技术规则经营研究》,四川大学硕士论文。

李俊奎,2004,《当代中国社会利益结构变迁研究》,南京师范大学博士论文。

杨永福、段红涛、孟磊,2003,《制度性规则建构方法研究综述》,《经济学动态》第 6 期。

张银岳,2007,《超越传统:现代法国组织社会学研究》,上海大学博士论文。

蔡灿新、聂新军,2010,《权力、规则与秩序:一个组织分析框架》,《宏观经济研究》第 1 期。

全三卷简目

第一卷 · 社会根论

前言：我的不完全交代

引论：根性、根感和根思的三通论

第一篇　社会根性域境：我们遭遇鬼打墙

　　第一章　社会何在：我们遭遇鬼打墙

　　第二章　保卫社会还是守护个人：社会根性探寻

　　第三章　新社会原理：社会的知识样子

第二篇　系铃与解铃：根系社会行动者

　　第四章　行动者环

　　第五章　ASD 框架中的行动者

　　第六章　行动者：组织社会学视野

第二卷 · 船到桥头

第三篇　强强纲领：知识逻辑的展开

　　第七章　强知识弱行动

　　第八章　强行动弱知识

　　第九章　知识行动：并非在知识与行动之间

第四篇　新新相映：实践逻辑的演进
第十章　新资本主义：是回光返照吗
第十一章　新社会主义：能起死回生吗

第三卷·生活在原处

第五篇　等等我可以再来一次：社会扎根的现象学考究
第十二章　舒茨张力：生活、行动与知识的内在关联
第十三章　不把理所当然作为理所当然：沿着舒茨道路想下去
第六篇　哈耶克陷阱：扮演玩弄知识惨剧的角色
第十四章　知识·行动·规则
第十五章　行动·知识·规则
第十六章　规则·行动·知识
第七篇　中性社会的知识形态：吉登斯理论的社会根思
第十七章　知识行动者
第十八章　行动知识化
第十九章　知识行动化
后　记